城市轨道交通结构抗震设计

王君杰 黄 勇 董正方 赵 密 著

中国建筑工业出版社

图书在版编目（CIP）数据

城市轨道交通结构抗震设计/王君杰等著. —北京：
中国建筑工业出版社，2019.3
ISBN 978-7-112-23047-1

Ⅰ. ①城… Ⅱ. ①王… Ⅲ. ①城市铁路-防震设
计 Ⅳ. ①U239.5

中国版本图书馆 CIP 数据核字（2018）第 274440 号

本书围绕最新版的《城市轨道交通结构抗震设计规范》编写而成，全面、系统、详细地介绍了轨道交通结构抗震设计的基本理论、设计计算方法、构造措施和应用案例。该书的著者为《城市轨道交通结构抗震设计规范》的编制人，其中，本书第一著者——同济大学土木工程学院桥梁工程系教授王君杰亦为该规范的主编人，因此该书所讲述的内容具有理论水平高、技术先进、数据严谨、结论可靠的特点。

该书可以与《城市轨道交通结构抗震设计规范》配合阅读使用，以便读者加深对该规范的理解；该书更是一部城市轨道交通结构抗震设计的专著，一部难得的好书，适合高等院校相关专业的师生、科研机构的相关专业人员和结构设计人员阅读使用。

责任编辑：张伯熙
责任校对：党　蕾

城市轨道交通结构抗震设计

王君杰　黄　勇　董正方　赵　密　著

*

中国建筑工业出版社出版、发行（北京海淀三里河路 9 号）
各地新华书店、建筑书店经销
霸州市顺浩图文科技发展有限公司制版
北京圣夫亚美印刷有限公司印刷

*

开本：787×1092 毫米　1/16　印张：27　字数：671 千字
2019 年 4 月第一版　2019 年 4 月第一次印刷
定价：**85.00** 元
ISBN 978-7-112-23047-1
（32576）

著 者 简 介

王君杰，1962 年生人。1985 年毕业于哈尔滨建筑工程学院道路桥梁专业，获学士学位；1988 年于中国地震局工程力学研究所获地震工程专业硕士学位；1993 年于中国地震局工程力学研究所获地震工程专业博士学位；1993～1995 年在大连理工大学土木工程博士后流动站工作；1995 年秋起在同济大学工作，现为同济大学土木工程学院桥梁工程系教授。主要从事桥梁抗震和桥梁冲击方面的研究。迄今为止负责或参加了 20 余项国家或部委等的研究项目，负责了较多重大桥梁工程的抗震专题研究工作，发表抗震相关论文 100 余篇。主编了《城市轨道交通结构抗震设计规范》GB 50909—2014。

住房和城乡建设部城市轨道交通标准化技术委员会委员，中国地震学会强震动观测技术与应用专业委员会委员，中国地震学会地震工程专业委员会委员，上海市振动工程学会常务理事。

前　言

城市轨道交通，具有高速、准时、低能耗、少污染、安全、舒适、运量大等特点，是大城市解决公共交通问题的主要工具之一。

2003 年 9 月，国务院发布《关于加强城市快速轨道交通建设管理的通知》，我国众多大中城市进行了城市轨道交通规划，并将成为大中城市公共交通的主要工具，影响到城市和区域功能的正常运转。

1995 年日本兵库县南部地震造成了轨道交通系统的严重震害，引起了工程界的广泛重视。我国很多大城市处于强震区，城市轨道交通的抗震安全是一个需要考虑的重要问题。由于我国技术管理体制的特点，公路、铁路和建筑抗震分别由不同部门制定技术标准，在技术路线、技术要求、计算和验算方法、材料参数取值等方面不能协调一致，给城市轨道交通结构的设计者造成了很大的困扰。为解决此问题，2007 年，建设部标准定额司立项编写《城市轨道交通结构抗震设计规范》GB 50909—2014，并于 2014 年颁布执行。

为系统地阐述城市轨道交通结构抗震设计的主要理论和方法问题，以作者在地震工程领域多年来的研究工作为基础，参考和吸收了日本、美国和欧洲等国家和地区的相关抗震研究成果，完成此书。全书分为 8 章，王君杰负责本书内容设置和章节划分，并负责第 1 章、第 2 章的 2.1～2.5 节、第 5 章、第 6 章以及附录 B、附录 D 的撰写；黄勇负责第 3 章、第 8 章的撰写；董正方负责第 4 章、第 7 章和附录 C 的撰写；赵密负责了第 2 章的 2.6 节、2.7 节及附录 A 的撰写。

第 1 章重点总结了国内外城市轨道交通结构的典型震害，并对工程结构抗震设计理论的发展和规范现状进行了概要总结。第 2 章对相关的重要抗震分析理论与方法进行了阐述，特别强调了土体计算域及虚拟计算边界问题。第 3 章叙述了城市轨道交通地上结构的建模和分析方法，对扣件的静、动力本构模型和超长高架区间结构的地震反应计算方法进行了重点讨论。第 4 章讨论了城市轨道交通地下结构的抗震建模和设计计算方法。第 5 章对基于性能抗震设计方法的研究成果进行了详细总结，对基于性能抗震设计的整体框架进行了系统的论述。第 6 章对城市轨道交通结构的各种验算指标和验算方法进行了系统的阐述。第 7 章和第 8 章对城市轨道交通结构的抗震构造措施和减震措施进行了讨论。

研究生陈玮、颜海泉、伊藤隆吉、张宁勇、罗荃、陆锐、章小檀、陈虎、贾明晓、燕斌、韩鹏、高磊、董正方、郭进、王青桥、姚毅超、何剑、王文彪等的学位论文在不同程度上对本书的完成作出了贡献，第一作者对学生们辛勤和出色的工作表示感谢。感谢博士研究生苏俊省和宋彦臣，硕士研究生尹海蛟、高昊、朱红云等在书稿整理过程中完成的大量的文字整理和绘图工作。

感谢扬州大学建筑科学与工程学院陈令坤副教授为第 5 章第 5.10 节提供的素材和计算结果。

4

感谢天津轨道交通集团有限公司在《城市轨道交通结构抗震设计规范》编写过程中所提供的各方面的大力支持。感谢《城市轨道交通结构抗震设计规范》编写组一起工作的来自不同单位的专家，规范编写过程中对相关理论和技术问题的讨论，使本书少出现错误。特别感谢北京工业大学的亓路宽教授、中国城市建设研究院有限公司交通院秦国栋院长、天津轨道交通集团有限公司朱敢平总工程师的大力支持。

本书的完成，部分得到了国家重点研发计划"长线型地面交通结构地震破坏效应分析及韧性抗震技术（2018YFC1504306）"、国家自然科学基金项目"缆索承重桥梁地震破坏机制的数值模拟方法研究（90715022）"、"城市轨道交通高架桥约束连接系统抗震性能研究（51278471）""城市轨道交通地下结构抗震计算方法与性能指标研究（51408195）"，中国地震局行业专项"高烈度区高墩大跨桥梁地震破坏预测与控制（200808021）"，住房和城乡建设部项目"强震区城市轨道交通结构抗震设计理论与关键技术研究（2008-k3-1）"，天津市建设管理委员会项目"天津城市轨道交通建设与运营安全关键问题与技术研究（2008-25）"，住房和城乡建设部标准定额司项目"城市轨道交通结构抗震设计规范（20072205）"等项目的支持，特此致谢。

城市轨道交通结构抗震涉及地上和地下结构、涉及结构安全和行车安全，十分复杂，一直缺少系统的论述和整合。作者不揣冒昧写成此书，希望可以为我国的工程设计人员提供一本较为系统的参考资料。由于作者水平所限，加之该领域针对性的研究工作仍有待进一步的加强和深入，因此书中疏漏与疑问之处在所难免，恳请读者不吝批评指正。

2018 年秋于同济大学桥梁馆

目　　录

第1章 轨道交通结构震害与抗震设计概况

1.1 轨道交通地上结构震害

1.1.1 轨道交通地上结构主体构件震害

调查资料显示，强烈地震经常会造成轨道交通结构的严重破坏。轨道交通地上结构的典型震害形式有：地上车站及高架区间等垮塌、落梁，墩柱倾覆或断裂，基础沉塌，支座及连接装置破坏，轨道弯曲失效等。

Mizuno 和 Nozawa[1]统计了日本新干线在 1995 年阪神地震、2004 年新潟地震、2011 年东北大地震主震和大余震中震损情况，见表 1.1-1。

日本新干线震害统计[1]   表 1.1-1

地震	1995 阪神地震	2004 新潟地震	2011 东北地震	
日期	1995.1.17	2004.10.23	2011.3.11	2011.4.7
震级	7.3	6.8	9	7.1
死亡人数	6434	68	19238	4
基础设施损失(RMB 亿元)	4950	850	8450	
震损线路及长度(km)	山阳线(83)	上越线(65)	东北线(536)	
脱轨(处)	0	1	1[19]	0
相关人员伤亡(人)	0	0	0	0
垮塌桥梁(座)	8	0	0	0
桥梁落梁(座)	72	1	2	7
高架桥墩柱损伤(根)	708	47	约100	约20
隧道损伤(座)	4	4	0	0
铁路电杆损伤(根)	43	61	约540	约240
铁路变压器损伤(个)	3	1	约10	约10
恢复天数	82	67	49	

注：损失换算按 1 元人民币（RMB）兑换 20 日元计算。

1995 年日本阪神地震时，铁路系统受灾比较严重。受到影响的有 JR 山阳新干线、JR 东海道本线、阪急电铁、阪神电铁、神户新交通 Port Island 线等[2]。以框架结构为主的铁路高架桥受到了很大的破坏，严重震害区段，如从下食满高架桥处的新大阪站到六甲隧道入口，共有 5 座高架桥（9 联）严重破坏[3]，其中 2 层框架式 3 座（7 联），1 层框架式 2 座（2 联）。大多为剪切破坏，尚未完全破坏的墩柱上下端虽然也出现弯曲损伤，但伴随水平剪切的轴压力的作用明显。

下食满高架桥是一座 2 层 3 跨 RC 框架式高架桥，其地面以上构造如图 1.1-1[4]；十多米长桩基础跨越冲积层（10～20m），支撑在洪积砂砾层上，强烈地震动使墩柱上端破坏而整体下挫 1 层；第一野间高架桥是一座 1 层 3 跨 RC 框架式高架桥，处于台地地质上，桩基础支撑在洪积砂砾层上，因墩柱上端破坏而落梁；时友高架桥是一座 2 层 3 跨 RC 框架式高架桥，桩基础支撑在武库川薄冲积砂层下洪积砂砾层上，因墩柱上端破坏而横向下挫 1 层。阪水高架桥是一座 2 层 3 跨 RC 框架式高架桥，桩基础穿过不足 10m 的冲积粘土层支撑在洪积砂砾层上，因墩柱上端破坏而下挫 1 层。神呪高架桥是一座 1 层 3 跨 RC 框架式高架桥，桩基础也在冲积层上，但处于与山地交界处倾斜面上，因墩柱上端破坏而落梁。该区段典型震害如图 1.1-2[3,5]。

2011 年日本东北地方太平洋冲地震使日本东北、关东等地的铁路设施遭到破坏，东北新干线、三陆铁道、仙台市地下铁等都有震害现象出现[6]。

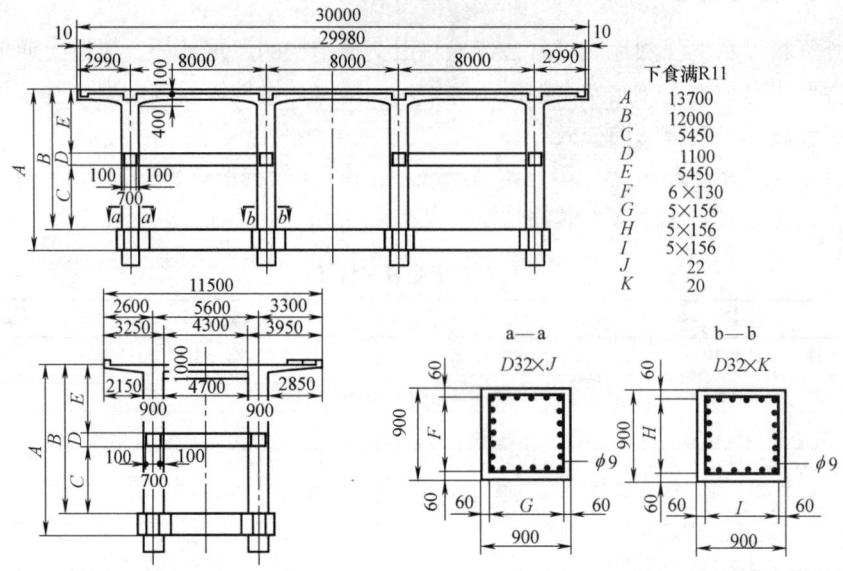

图 1.1-1　下食满高架桥构造图（单位：mm）

(a)　　　　　　　　　　　　　　　(b)

图 1.1-2　日本神户地震时铁路高架桥破坏情况（一）

(a) 下食满高架桥整层下挫（2 层消失）；(b) 第一野间高架桥落梁

图 1.1-2　日本神户地震时铁路高架桥破坏情况（二）

（c）时友高架桥整层横向下挫（2 层消失）；（d）阪水高架桥整层下挫（1 层消失）；（e）神咒高架桥落梁

2011 年日本东北地方太平洋冲地震使得日本东北、关东等地的铁路设施遭到破坏，东北新干线、三陆铁道、仙台市营地下铁等都有震害现象出现。

第 1 中曾根高架桥[6]位于日本岩手县北上市，是一座 9 联 3 跨或 4 跨框架中间简支挂梁组成的单层高架桥，其桥墩高为 7.5m，墩柱尺寸为 0.85m×0.85m，桩基础，其结构形式及震害示意如图 1.1-3，具体桥墩震害情况如图 1.1-4。可以看出，该框架式高架桥

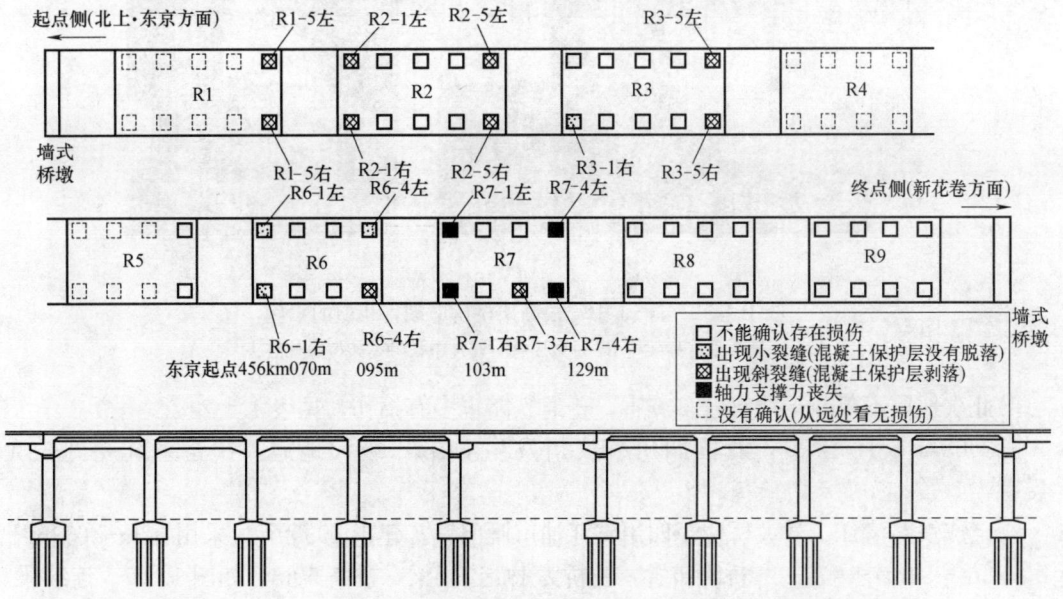

图 1.1-3　第 1 中曾根高架桥结构形式及日本东北大地震中震害状况示意

损伤部位都集中在桥墩上端，其中支承挂梁的墩柱（即每联框架的边墩）破坏更为严重。

图 1.1-4 第 1 中曾根高架桥桥墩震害状况

与第 1 中曾根高架桥震害相类似，第 3 爱宕高架桥、中长町高架桥框架式高架桥等都有墩柱上端部的震害现象，如图 1.1-5。此外，东北新干线上其他典型震害如图 1.1-6。

图 1.1-5 与第 1 中曾根高架桥桥墩震害相似的案例
(a) 第 3 爱宕高架桥 R7 桥墩震害；(b) 中长町高架桥墩柱震害

此次地震不仅新干线有较多震害，普通铁路也多有损伤，见表 1.1-2[1]。

2008 年 5 月 12 日，我国四川省汶川发生 Ms8.0 级大地震，铁路系统受到较大震害[7]。

宝成铁路清江 7 号大桥位于四川省江油市雁门镇，建于 1995 年，采用 32m＋(53m＋2×88m＋53m)＋6×32m 桥跨布置，主桥为 PC 连续梁，桥高 50m，如图 1.1-7。连续梁

图 1.1-6　东北新干线的其他震害

（*a*）菱田高架桥 P15 桥墩震害；（*b*）第 2 小田原高架桥 R1 联中层系梁开裂；

（*c*）松塚高架桥桥墩挡块破坏；（*d*）东北新干线电杆震害

日本东北大地震中普通铁路震害统计		表 1. 1-2
日期	3. 11	4. 7
铁轨变形(处)	2200	620
桥梁损伤(座)	120	30
铁路变压器损伤(个)	30	10
车站损伤(个)	80	20
隧道损伤(座)	30	2
土工结构损伤(个)	170	10
落石崩塌(处)	20	10

部分的主桥墩采用钢筋混凝土圆形空心墩，墩身为 C30 钢筋混凝土。2008 年 5 月 12 日汶川地震中，引桥矩形实体墩出现贯通水平裂缝（剪断型）[8]。现场调查表明，墩身开裂主要表现为环向裂纹，出现在墩底附近的施工缝位置。墩身开裂较集中出现在 20～30m 墩高的矩形实体墩，其中清江 7 号大桥连续梁（大里程端）附近的简支梁矩形桥墩开裂现象最为严重，空心高墩、圆形墩开裂现象很少。

下行线的清江 2 号特大桥（与清江 7 号特大桥并行），设计为拱桥，在地震中，拱圈立柱出现裂缝，如图 1.1-8。

(a)   *(b)*

图 1.1-7   清江 7 号特大桥 32m 简支梁矩形实体墩墩身开裂

（*a*）清江 7 号特大桥和 2 号特大桥；（*b*）矩形实体墩墩身开裂

图 1.1-8   清江 2 号特大桥钢筋混凝土拱桥拱圈立柱开裂

    广岳铁路 K50＋425m 穿心店大桥孔跨布置为：$2×20m＋3×32m＋1×24m$。地震造成上部梁体纵向显著错位。后 4 孔梁的活动支座滑脱，呈倾斜状态。6 号桥台梁缝达 40cm 以上，5 号墩梁缝 20cm，0～4 号墩台顶梁缝全部顶死。1～5 号墩身遭到破坏，均有一道或多道贯通的水平裂缝和不同程度的竖向裂缝。该桥震害概况如图 1.1-9。

图 1.1-9   广岳铁路穿心店大桥震害

    阳安铁路桥梁横隔板出现保护层脱落、掉块、露筋，部分横隔板钢件锈蚀开焊，导致两片梁体不能共同工作，典型震害如图 1.1-10。

1.1.2 轨道交通桥梁支座震害

桥梁支座是桥梁相对较薄弱的部位，震害极其普遍。常见的主要破坏形式有锚固螺栓拔出或剪断、活动支座拉脱、支座本体构造的破坏、支座垫石开裂等。

1995年阪神地震前，日本多采用钢支座，地震时边挡块、各部固定螺栓、支座肋板等都有震害现象。与使用钢支座的桥梁比，使用橡胶支座的桥梁震害相对轻一些；在使用钢支座的桥梁中，支承板支座（BP支座，Bearing Plant）要比其他类型钢支座震害轻[9]。

图1.1-10 阳安铁路桥横隔板典型震害

生田桥位于神户高铁东西线三宫站至元町站之间，上部结构为3跨连续钢箱梁，桥长50m，下部结构两端为RC桥墩，中间为钢框架式桥墩，支座在固定点采用铰轴固定支座，可动点采用铰轴滑动支座，中间钢桥墩底采用转动支座。桥梁结构形式及震害位置如图1.1-11，震害现象如图1.1-12。P1桥墩上固定支座锚固螺栓剪断，主梁最大横向位移达1m；P2桥墩钢管柱断裂；P4桥墩上滑动支座边挡块螺栓和支座下部断裂。

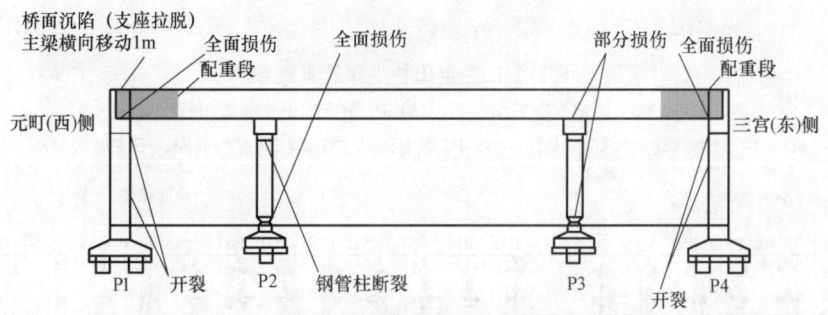

图1.1-11 生田桥结构图及震害位置

六甲山区间桥位于神户新交通六甲线上鱼崎站至南鱼崎站之间，为20跨简支钢箱梁桥，采用钢桥墩，每跨支座均为一固定一滑动形式。桥梁结构形式及震害位置如图1.1-13，震害现象如图1.1-14。地震造成部分钢主梁出现屈曲，支座出现破坏。P50墩上滑动支座上部破损、下部变形，P53墩上滑动支座锚固螺栓和边挡块螺栓断裂。

其他一些典型铁路桥支座破坏的实例参如图1.1-15。

2011年日本东北地方太平洋冲地震对许多铁路设施造成了破坏，支座震害现象更是多见[9]。富久山桥位于东北新干线上郡山和福岛之间，建于1978年，为29.85m×5组合钢箱梁简支梁桥，支座为弧形钢支座（线支座）。震害现象如图1.1-16，T5梁跨钢支座横向挡块断裂破坏，主梁最大横向位移达200mm。

八反田川桥位于东北新干线上福岛和白石藏王之间，建于1979年，为28.2m×2组合钢箱梁简支梁桥，支座为弧形钢支座（线支座）。桥梁震害现象如图1.1-17，钢支座横向挡块断裂破坏，主梁最大横向位移达300mm。

图 1.1-12　生田桥支座震害现象

（*a*）P1 墩上固定支座损伤状态；（*b*）P1 墩上固定支座锚固螺栓剪断；

（*c*）P4 墩上滑动支座损伤状态；（*d*）P4 墩上滑动支座边挡块螺栓剪断，下支座板脱离

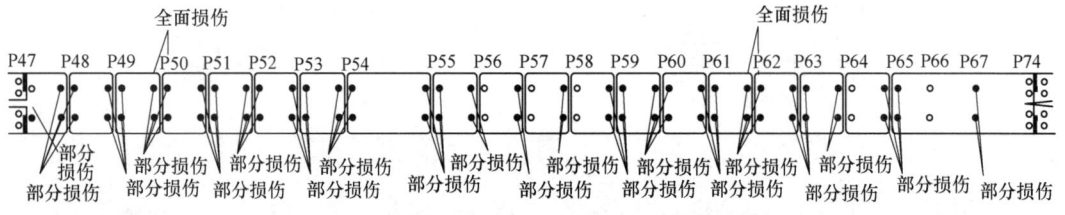

图 1.1-13　六甲山区间桥结构图及震害位置

图 1.1-14　六甲山区间桥支座震害现象

（*a*）P50 墩上支座损伤状态；（*b*）P53 墩上支座锚固螺栓剪断

(a) (b)

图 1.1-15　阪神地震中其他铁道桥支座震害现象实例

(a) 神户临港线第二阪神国道跨线桥支座震害；(b) 神户新交通拱桥引桥 P50 墩上支座挡块孔变形

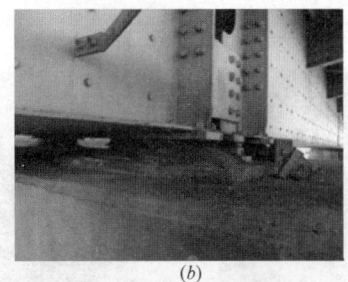

(a) (b) (c)

图 1.1-16　富久山桥支座震害现象

(a) 支座挡块断裂；(b) 支座状况（一）；(c) 支座状况（二）

东北新干线花京院跨线桥，位于日本宫城县仙台市，在仙台至古川之间。1981 年建造，为 73m 组合钢箱梁简支梁桥，支座为铰轴式支座。桥上为板式承轨台轨道系统，主梁外侧装有减震隔声壁。在 2011 年日本东北大地震中，固定支座一侧左边支座铰轴错断，

(a) (b)

图 1.1-17　八反田川桥支座震害（一）

(a) 横向位移达 300mm；(b) 支座垫石破坏

(c)　　　　　　　　　　　　　(d)

图 1.1-17　八反田川桥支座震害（二）

(c) 支座挡块破坏（一）；(d) 支座挡块破坏（二）

右边支座铰轴支挡损坏，而向一侧滑脱，致使主梁横向移动。主要震害及机理如图1.1-18。

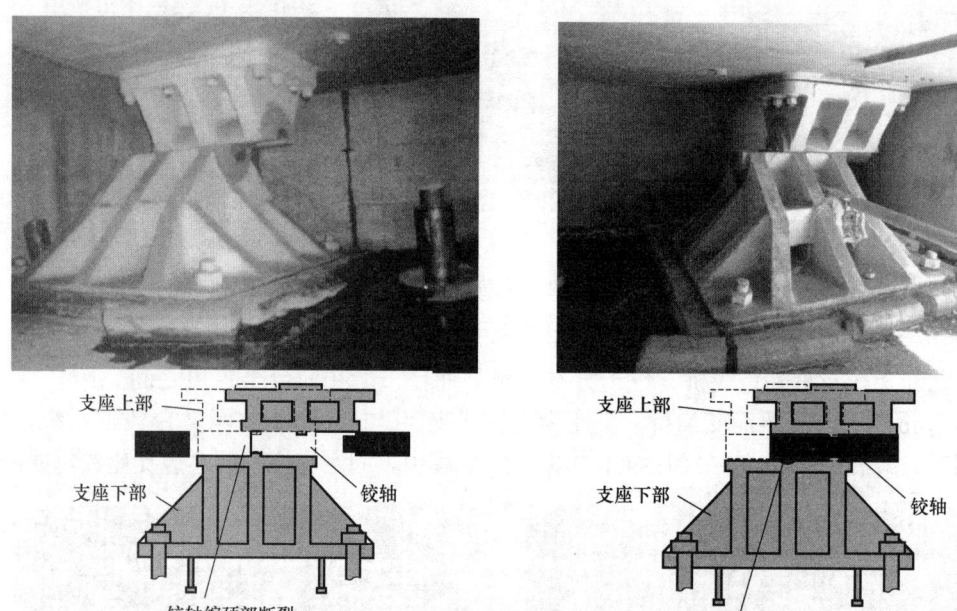

图 1.1-18　花京院跨线桥支座震害及机理

　　北上川桥位于普通铁路气仙沼线，建于 1968 年，为 46.8m×1＋3×(183.7m×3) 的下承式钢桁架桥，支座形式为固定端铰轴支座，可动端滚轴支座。桥梁结构及震害位置如图 1.1-19。主要震害如图 1.1-20，表现为锚固螺栓拔出、支座垫石破损、主梁横向最大位移达 40mm 等。

　　2008 年我国汶川地震也同样对铁路桥梁支座造成了震害。宝成铁路清江 7 号大桥连续梁采用 TPZ-1 型盆式橡胶支座，地震中，连续梁固定支座锚栓完全剪坏，活动支座限位板损坏。震害现象如图 1.1-21[8]。

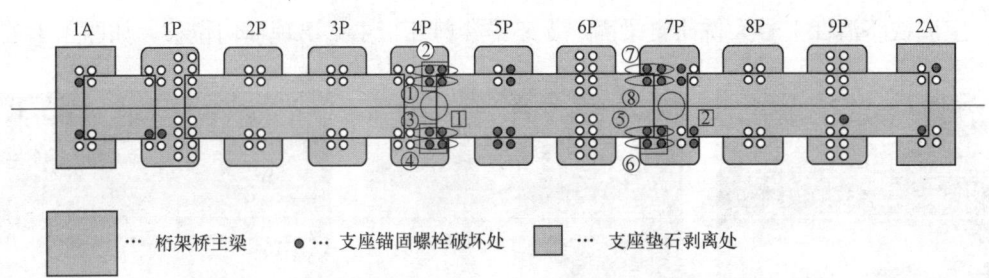

▮	··· 桁架桥主梁	●	··· 支座锚固螺栓破坏处	▮ ··· 支座垫石剥离处

图 1.1-19　北上川桥结构图及震害位置

图 1.1-20　北上川桥支座震害

(a)

(b)

图 1.1-21　连续梁支座上下板横向错位和连续梁支座锚栓剪断

(a) 固定支座锚固螺栓剪断；(b) 活动支座横向限位板断裂

11

宝成铁路清江 7 号大桥简支梁固定支座锚栓剪坏，主梁出现横向位移，如图 1.1-22。

图 1.1-22 清江 7 号特大桥 32m 简支梁支移座横向位移

桥上轨道温度调节器损坏。部分简支梁横向位移，造成梁缝偏大，梁缝钢盖板跌落、掉砟，如图 1.1-23。

图 1.1-23 清江 7 号特大桥 32m 简支梁支座横向位移

在汶川地震中，陇海铁路线上的桥梁的梁体移位，支座螺栓剪断震害较为普遍，受损桥梁也较多[10]。陇海铁路千河大桥，全长 384.7m，震后支座螺栓被剪切破坏较多，横向预应力钢筋失效，防震落梁支架不同程度受损，如图 1.1-24。

图 1.1-24 陇海铁路千河大桥支座等震害

陇海线下行码头大桥，全长 501.6m，支座 60 个，类型为摇轴支座。地震后部分支座水平限位板被挤出、变形，板上螺栓被剪断；第十三孔 3 号支座纵向位移 45mm，摇轴整体向宝鸡方向倾斜，倾斜角度超过 7°，南侧水平限位板螺栓剪断 1 根；第十四孔 3 号、第十五孔 2 号等弧形垂直限位板被挤出、变形，板上螺栓被剪断，如图 1.1-25。

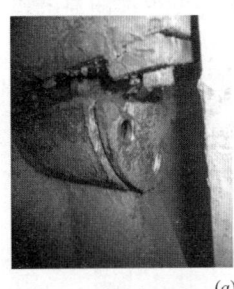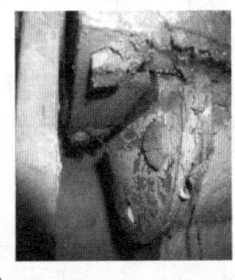

（a）　　　　　　　　　　　　　　　　　　　（b）

图 1.1-25　陇海铁路下行码头大桥支座震害
（a）下行第十四孔 3 号支座；（b）下行第十五孔 2 号支座

另外，防震落梁支架松动、脱焊，致使支座垫石及顶帽开裂、破损，此病害较为普遍，受损桥梁也较多，如白塔沟渭河特大桥，地震后部分桥墩防震落梁支架松动，墩台面破损，如图 1.1-26。

图 1.1-26　白塔沟渭河特大桥防震落梁支架震害

1.2　地下结构震害

1995 年日本阪神地震中，共计 30 座隧道受轻、中度损坏，10 座隧道受严重损坏需维修补强。神户市内有市营地铁和民营神户高速铁道 2 条线路，地下隧道顶拱衬砌剥落、侧壁开裂是常出现的震害。

大开车站位于神户市区，建成于 1964 年，距震中约 15km。车站为矩形框架结构，有两种横断面，如图 1.2-1。一种是两层钢筋混凝土闭合框架，底层为站台，其顶面位于地下 4.8m；上层是站厅层，上覆土厚 1.9m。另一种为地下一层钢筋混凝土闭合框架结构。车站设计时并未考虑抗震要求，仅按静力设计。地震中车站内共有 30 个中间柱有严重屈曲，上方出现严重的塌陷，最大的地方达到 2.5m，图 1.2-2 是车站顶面地面下沉和车站中柱破坏等震害。顶板两端采用刚性节点，由于中柱的破坏，侧墙上部倒角部位附近外侧受弯发生张拉破坏，使得顶板在中柱左右两侧的位置发生折弯，在顶板中央稍偏的部位坍塌最大，顶板中线两侧 2m 内的纵向裂缝宽度达 150～250mm；侧墙上部倒角混凝土部分

13

剥落，侧墙顶部和底部出现很宽的裂缝，在一些部位侧墙内主筋出现压屈，从而侧墙稍微向内鼓出，可见明显的漏水现象；底板和侧墙以及中柱的连接部位附近也出现明显的纵向裂缝。此外，神户市营地铁的三宫站和上泽站都出现了钢筋混凝土柱严重破坏、侧墙及上下楼板出现裂缝，但钢柱震害不明显，盾构隧道比其他类型隧道损伤要轻一些[5]。图1.2-3是阪神地震中三个地铁车站钢筋混凝土柱的震害现象。图1.2-4是阪神地震中竖井与盾构连接处的震害。

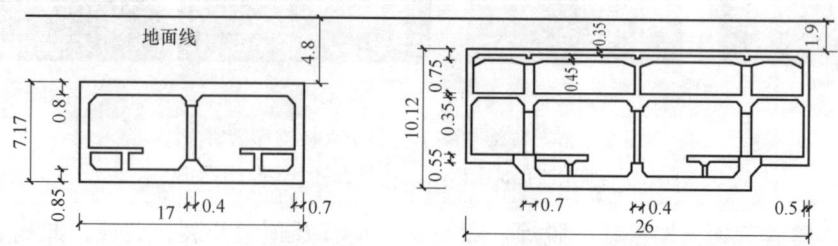

图 1.2-1　大开车站典型截面

图 1.2-2　大开车站地面下沉及中柱破坏

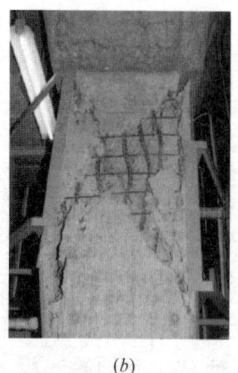
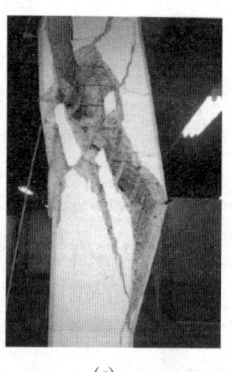

(a)　　　　　　　　　　(b)　　　　　　　　　　(c)

图 1.2-3　阪神地震中地铁车站钢筋混凝土柱的震害现象比较

(a) 大开车站箱形框架中柱震害；(b) 三宫车站 3 层箱形框架柱震害；(c) 上泽车站框架柱震害

阪神地震中，山岭隧道也有震害出现，六甲隧道的侧壁出现压缩破坏、拱顶衬砌有剥落[11]，如图 1.2-5 所示。

此外，1985 年墨西哥地震中，地下水道盾构隧道受到了损害，如图 1.2-6，隧道埋深约 30m，混凝土管片发生相对错动，环间螺栓剪断，拱顶轴向产生连续裂缝。

图 1.2-4　阪神地震中竖井与盾构连接处震害

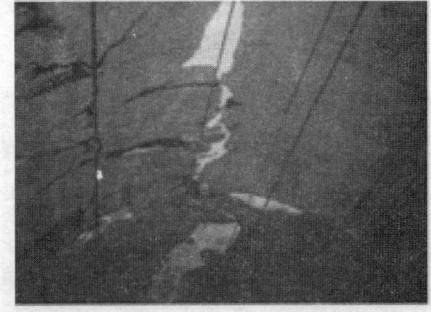

图 1.2-5　六甲隧道侧壁压缩破坏及拱顶剥落

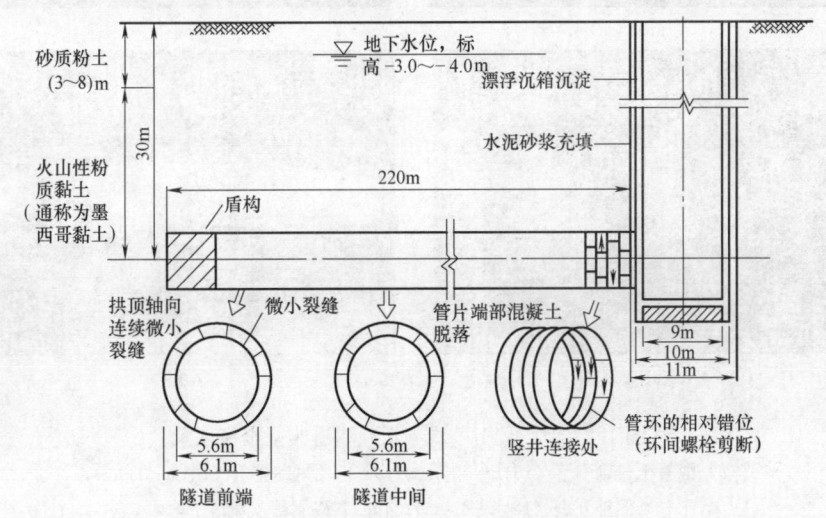

图 1.2-6　墨西哥地震中盾构隧道震害

　　1999 年中国台湾省集集地震，震级 7.3 级，受损的隧道共 54 座，包括 44 座公路隧道、7 座铁路隧道、3 座水利隧道，其中，严重破坏的有 15 座、中等破坏的 11 座、轻微破坏的 28 座[11]。在隧道震害中，衬砌开裂最为常见，然后是洞口边坡坍塌与衬砌剥落。铁路隧道震害统计见表 1.2-1，其中三义 1 号线（新）隧道主体损伤严重。

台湾集集地震中铁路隧道震害统计　　　　表 1.2-1

序号	隧道名称	工法	长度(m)	宽度(m)	有无衬砌	震中距(km)	断层距(km)	受损情况
1	集集 1 号线	矿山法	350	5	有	6.1	5.5	衬砌龟裂
2	集集 2 号线	矿山法	1400	5	有	<1	11	衬砌龟裂
3	集集 3 号线	矿山法	250	5	有	4.5	15.9	衬砌龟裂
4	集集 5 号线	矿山法	150	5	有	5.5	16.4	衬砌龟裂
5	三义 1 号线（新）	新奥法	7540	9.1	有	60	11	衬砌龟裂、剥落、错位，路面开裂
6	三义 1 号线（旧）	矿山法	250	5	有	64	14.5	衬砌龟裂、剥落
7	三义 2 号线	矿山法	700	5	有	63	13	衬砌龟裂、剥落

三义 1 号线（新）隧道位于台湾苗栗县三义车站南方约 800m 处，为双轨电气化标准断面。历经集集地震与数次强余震后，该隧道有 8 个主要区段出现震害，均位于覆盖厚度约 150m 的主体段[11]。典型震害如图 1.2-7。

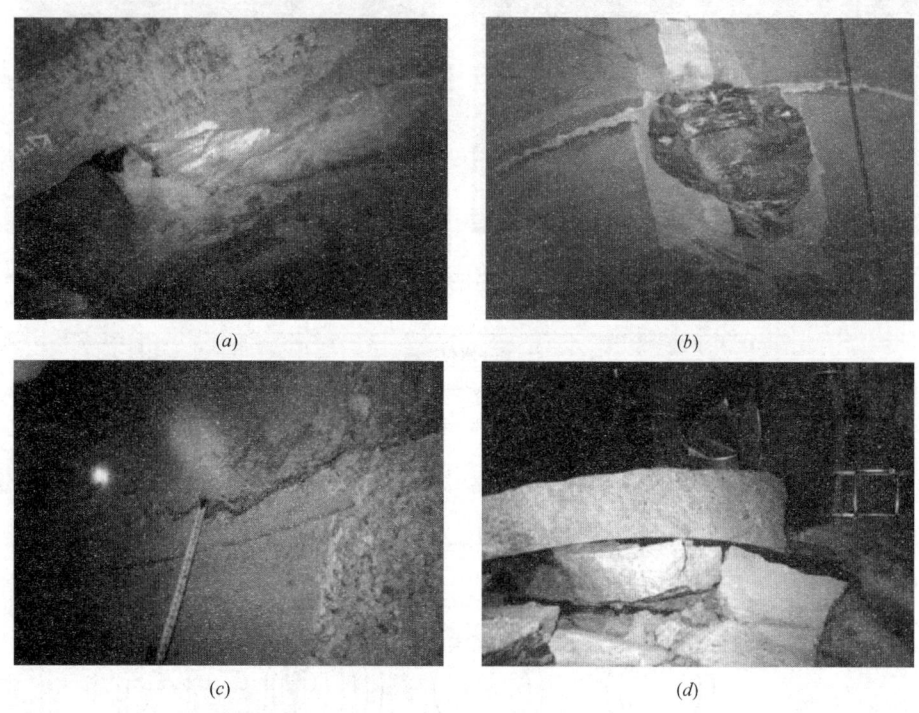

(a)　　　　　　　　　　　　　　　*(b)*

(c)　　　　　　　　　　　　　　　*(d)*

图 1.2-7　三义 1 号线（新）隧道典型震害现象

(a) 混凝土衬砌剥落（161k＋300m）；(b) 拱顶衬砌剥落（161k＋380m）；

(c) 侧壁开裂（164k＋400m）；(d) 衬砌剥落，塌落于地面

2004 年日本新潟发生 6.8 级地震，许多山岭隧道因地层挤压而严重破坏。受损隧道 24 座，其中上越新干线的浦佐—长冈间的堀内（3.3km）、鱼沼（8.624km）、妙见（1.459km）、泷谷（2.673km）4 条隧道都遭受了或多或少的震害[12]。较严重的有鱼沼隧道东京方向出口 2.4km 附近拱顶衬砌剥落，混凝土块约 1m 长。此处向东京方向 6～7m 路基混凝土和轨道板式承轨台出现隆起现象。拱顶衬砌塌落处向新潟方向 20～30m 附近

中央通路底面出现裂缝，如图 1.2-8。妙见隧道也出现拱顶开裂现象，大规模边坡崩塌使得其南端的榎峠隧道出口被崩塌岩石所阻塞，如图 1.2-9。另外，川口町的天王隧道和牛岛隧道也有不同程度的震害，如图 1.2-10、图 1.2-11。

图 1.2-8　鱼沼隧道拱顶混凝土剥落和路基、承轨台等隆起

图 1.2-9　妙见隧道拱顶开裂和榎峠隧道洞口边坡崩塌

图 1.2-10　天王隧道衬砌开裂、剥落

图 1.2-11　牛岛隧道洞口开裂

2008 年中国汶川地震对当地城市的轨道交通隧道渗漏产生了较大影响，尤其洞口附近管片受到挤裂较为严重，图 1.2-12 是成都地铁的震害情况[13]。震害现象有以下几个特点：①地震新增了许多漏水部位，部分原先堵漏的部位现又开始漏水，没堵漏的部位现渗水量明显加大；②14 环管片发生错台现象；③在靠近端头 10 环范围内的隧道，尤其靠近小天竺站端头隧道，受影响相对严重；端头段共有 5 环管片受挤压破损，右线隧道第 574 环管片有 2 根管片连接螺栓的螺母松动滑出，右线第 578 环处轨道轨距拉杆螺母松动滑落。具体统计数据见表 1.2-2～表 1.2-6。

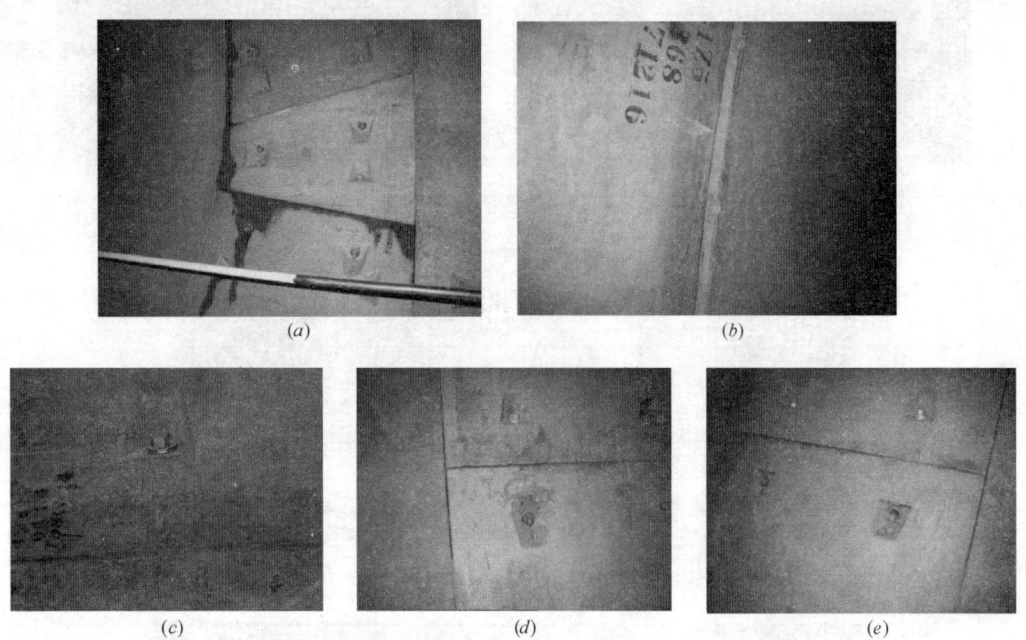

图 1.2-12　成都地铁震害
(a) 管片渗水增加；(b) 管片发生错台；(c) 管片受挤压出现裂缝；
(d) 管片受挤压破损；(e) 连接螺栓帽松动滑落

成都地铁一号线三标段新增错台统计　　　　　　　　　　　　　　表 1.2-2

右线			左线		
序号	错台发生的位置环号	备注	序号	错台发生的位置环号	备注
1	144、145	—	1	377、378	严重错台
2	480、481	—	2	224、225、226	—
3	482、483	错台较严重	3	206、207	—

成都地铁一号线三标段新增渗水统计　　　　　　　　　　　　　　表 1.2-3

右线			左线		
序号	发生的位置环号	备注	序号	发生的位置环号	备注
1	505	505 环 B1 与 L1 块纵缝渗水	1	86	86 环 B3 左上角纵缝渗水
2	513、514	513 环与 514 环环缝 3 点渗水	2	471	471 环 2 点到 3 点环缝渗水
			3	498、497	498 环与 497 环 L2 块环缝漏水

成都地铁一号线四标段管片错台统计　　　　　　　　表1.2-4

线别	区间	受损数量	受损部位(环号)
左线	火车南站～桐梓林区间	共36环管片发生超过1cm以上的错台	71、261～262、278～280、284、316～328、347～348、457～465、470～474
左线	桐梓林站～倪家桥站区间	共47环管片发生超过1cm以上的错台	13～21、52～61、218～225、315～320、329～335、349～355
右线	火车南站～桐梓林区间	共33环管片发生超过1cm以上的错台	26、55、75、101～104、127、150～152、216、218、232～235、256、260、558、559、577～579、596～600
右线	桐梓林站～倪家桥站区间	共32环管片发生超过1cm以上的错台	9、14～19、39～45、71～73、82～85、87～90、96～97、99、105～108、139

成都地铁一号线四标段管片破损统计　　　　　　　　表1.2-5

线别	区间	受损数量	局部受损部位(环号)
左线	火车南站～桐梓林站区间	共16环管片局部破损	48、93～95、105、108、155、196、225、229、278、280～281、326～327、335
左线	桐梓林站～倪家桥站区间	共34环管片局部破损	18、19、119～120、283、316、331、341、345、349～355、359、362、374、378、411、419、420、423

成都地铁一号线四标段隧道结构渗水统计　　　　　　表1.2-6

线别	区间	受损数量	局部受损部位(环号)
左线	火车南站～桐梓林站区间	共78环管片渗水	285～287、324～329、338、360～366、371～375、379～383、402～405、411～415、421～425、432～437、444～445、460～470、483～485、511～513
左线	桐梓林站～倪家桥站区间	共13环管片渗水	86、101、115、119、126、136、140、145、147、156、159、170、380
左线	桐梓林站～倪家桥站区间	共1环管片漏水	390(漏水)
右线	火车南站～桐梓林站区间	共40环管片渗水	216、256～260、294、295、301～302、365、400、404、405、409～415、420～435、439～442、450～451、456～457、466、481～483
右线	桐梓林站～倪家桥站区间	共1环管片渗水	3

1.3 列车地震脱轨震害

在地震中，由于轨道变形过大引起车辆脱轨，造成人员伤亡和设备损坏，也是一种严重的震害形式。2004年日本新潟地震，造成上越新干线列车出轨[14]，见图1.3-1。脱轨时，325号新干线列车已停电，同时拉下了紧急制动，但仍行走了1.4km才停下来。

2010年中国台湾省高雄甲仙地震，台中以南有6辆列车停在高铁路线上。北上的"110次"列车疑似转向架脱离轨道，"403次"列车集电弓掉落。地震造成当时行驶的高铁列车失去平衡，偏向轨道左侧，如图1.3-2所示。2011年东日本大地震时，东北新干线一辆正在试运行的列车在仙台站附近出现脱轨[15]，见图1.3-3。2016年日本熊本地震，九州新干线列车发生脱轨事故，24根车轴中有22根脱轨，与以往震害不同的是此次脱轨为两侧脱轨，车辆和铁轨的一部分受到了损害，见图1.3-4。

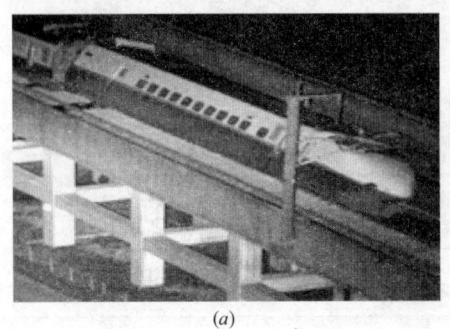

（a）　　　　　　　　　　　　　（b）　　　　　　　　　　（c）

图1.3-1　2004年新潟地震列车脱轨
（a）列车脱轨；（b）列车擦痕；（c）被撞坏的栏杆

图1.3-2　2010年台湾高雄地震列车脱轨

图1.3-3　2011年东日本大地震中列车脱轨　　　图1.3-4　2016年日本熊本地震中列车脱轨

　　一些地震中虽然没有出现列车脱轨的现象，但轨道系统严重变形，也会对列车行驶带来隐患，如汶川地震中[8]，广岳铁路震后约30%的钢轨发生严重扭曲变形，导致约50%的钢轨不可恢复，需要更换。K52+459m柿子坪大桥全长180m，地震后桥面轨道扭曲严重，见图1.3-5。第一孔梁的双片Ⅱ形梁间的盖板完全掉落，致使道砟下泄，轨枕悬空。

2011 年日本东北大地震[9]，东北新干线花京院跨线桥板式承轨台轨道系统出现横向错位，见图 1.3-6。

图 1.3-5　柿子坪大桥铁轨扭曲　　　　　　图 1.3-6　花京院跨线桥承轨台横向错位

1.4　轨道交通结构抗震设计概况

1.4.1　震害现象分析

1995 年日本阪神地震中，轨道交通结构发生了大量的震害，震后进行了总结和大量的分析工作。从调查结果来看，日本新干线常见的框架式高架桥损伤部位都集中在桥墩上端，其中支承挂梁的墩柱破坏更为严重；单墩式简支或连续梁桥的桥墩，有出现剪切破坏的现象；钢支座横向约束挡块破坏比较普遍。从结构设计角度来看产生其震害的原因有：墩柱配筋不够合理、主筋截断位置不合理、钢支座抗震设计存在缺陷。

佐藤新二等[3]利用地震前地脉动资料、实测地震动特征、基础地基地震动特性等对新干线六甲隧道西侧震害严重的框架式高架桥震害机理进行了分析，认为虽有多种因素导致此类高架的震害，但墩柱的抗剪切能力不足是根本原因。石井浩明等[4]针对山阳县下食满 R11 高架桥和第 2 野间高架桥，采用人工地震动进行了地震反应分析，算得的两榀框架中间梁上部桥墩的剪切破坏与真实震害一致。日本钢桥技术研究会[9]在其研究报告中针对地震中受损严重的铁路钢桥进行了震害分析；首先针对日本新干线典型钢桥，建立杆系有限元模型，采用反应谱法进行了地震反应分析，围绕跨径、墩高、斜角等因素的影响进行了讨论；然后针对实际震害中破坏严重的第 2 阪神国道跨线桥和神户高速铁道上的生田跨线桥，分别采用鸟取车站和神户海洋气象台实测地震动记录进行了地震反应分析，认为采用概念设计原则和减隔震体系可避免许多不必要的震害；地震中支座的状况可能影响着整体结构地震反应的发展。Michel Bruneau[15]针对阪神地震中钢桥的破坏情况，分析了震害原因，比较了日本与北美钢桥设计要求的不同，并总结了该地震震害的启示。小林将志等[16]对 2011 年东日本大地震中震害严重的钢筋混凝土单层框架式高架桥的地震反应进行了数值模拟，推演了其震害损伤发展的过程。这些研究工作对抗震规范的修订都起到了积极的促进作用。

对于轨道交通结构中的隧道区间和地下车站,其主要破坏是由于断层错断或土体位移变形引起的。震害的主要特征是:①隧道侧壁及拱顶开裂、钢筋外露、大量地下水溢出;②地铁车站中柱倒塌破坏,导致隧道结构顶板塌落;③隧道节段结合处挤压或拉伸破坏,导致局部混凝土溃损,造成大量溢水;④地下隧道出入地面处震害严重。陈正动和黄璨辉[11]总结了典型的山岭隧道震害现象,见表1.4-1。

山岭隧道震害类型及其产生机理[11]　　　　　　　　表 1.4-1

山岭隧道震害破坏类型		破坏机制探讨	参考实例
断层剪断破坏	剪切	受断层错动引起隧道衬砌因地层相对位移而剪切破坏	中国台湾集集地震石冈坝引水隧道,日本阪神地震盐屋谷川放水隧道
洞口边坡坍塌破坏	崩落	洞口边坡破坏,应属边坡稳定问题	中国台湾集集地震,日本关东地震、日本阪神地震等多数隧道受震破坏案例
衬砌轴向龟裂($\theta=\pm45°$)	S波 振动方向	可能因垂直入射S波引起衬砌 $\theta=\pm45°$ 位置产生纵向裂缝	中国台湾集集地震三义隧道,日本阪神地震六甲隧道与盘潼隧道、日本新潟地震鱼沼隧道与妙见隧道
衬砌轴向龟裂($\theta=0°$与$\pm90°$)	S波 45° P波	可能因沿45°入射的S波或垂直入射的P波引起衬砌在 $\theta=0°$ 与 $\pm90°$ 位置产生纵向裂缝	中国台湾集集地震三义隧道
衬砌横向龟裂	P波	可能因P波沿隧道轴向入射,引起施工缝处产生裂缝	中国台湾集集地震三义隧道
衬砌单侧斜向龟裂	S波 振动方向	可能因垂直入射S波引起衬砌发生斜向裂缝	中国台湾集集地震三义隧道
衬砌环状斜向龟裂		可能因沿轴向垂直入射的S波引起衬砌发生斜向裂缝	中国台湾集集地震三义隧道
底板(路面)龟裂或隆起	P波	可能因较高频率的P波导致隧道底拱径向位移放大	中国台湾集集地震三义隧道的通风通道,日本阪神地震六甲隧道、日本新潟地震时的鱼沼隧道与妙见隧道,土耳其Bolu隧道

续表

山岭隧道震害破坏类型	破坏机制探讨	参考实例
侧壁向内挤压变形	待研究	中国台湾集集地震三义隧道

卢志杰[11]对中国台湾省集集地震中震害严重的新、旧三义隧道进行了地震反应分析，其数值结果发现因几何形状的原因，在避车洞角落附近受力特别大，有明显应力集中现象；此外，衬砌某些位置受力呈张拉状态，这些计算结果都与震害现象相同。王明年等[17]对我国汶川地震中 56 座隧道进行了震害调查、统计分析，探讨了各种隧道震害的机理，研究了山岭隧道坡形对地震动加速度的影响。

地震中，即使轨道交通结构本身在地震中安然无恙，但其上行驶的列车可能因地震影响而脱轨，尤其是随着目前高架区间在轨道交通结构中的大量应用和列车运行速度的不断提高，这一问题变得越来越重要。在发生的几次地震脱轨事件中，大多分析认为地震卓越频率与高架桥自振频率接近导致脱轨发生。

2004 年日本新潟地震后，日本铁路综合研究所[14]对该地震中出现列车脱轨的情况进行了数值模拟，推断出地震动与列车脱轨的各个位置之间的关系。由承轨台上刮痕等判断10 号车第 4 轴在 K206+217m 处脱轨，约 0.8s、3.9s、4.5s 后 8、5、4 号车相继发生脱轨现象。分析了导致该事故发生的地震动特性、车辆速度、地质条件等可能原因。Kenji Horioka[18]对 2011 年东日本大地震中新干线脱轨的机理进行了分析，认为地震卓越频率与高架桥自振频率相接近造成的共振是导致脱轨发生的主要原因。

针对轨道交通结构震害现象的定量分析主要采用有限元法，利用震害附近的强震记录，进行非线性地震反应分析，将计算结果与实际震害比较，研究其导致震害的机理。分析过程中，对结构构件采用合理的非线性本构以及符合实际的约束连接条件是正确模拟震害现象的关键。高架区间的轨道是通过扣件与轨枕连接，轨枕与混凝土道床、桥面常浇筑为整体式道床，因此由于钢轨—扣件系统的约束作用，地震作用下相邻跨之间的地震反应存在耦联，轨道系统的影响往往不能忽略[19-21]，尤其是考虑地震中列车出轨安全问题时[22-24]。

1.4.2　建模与计算方法

过去几十年，结构动力学、地震工程学理论得到了很大的发展和完善；与此同时，结构分析有限元方法的快速进步与更新的计算机硬件和软件技术相结合，使得工程结构分析的数值计算技术得到了巨大的发展。以此为基础，根据结构地震反应分析所要达到的具体目标的不同，可以建立不同精细程度的力学分析模型。这使得工程结构地震反应的计算可以统一在一套系统和完整的规则之下，工程抗震设计的计算方法也随之得到规则化，减少经验建模的成分。从当前的计算机能力来看，一般的抗震计算已经可以无困难地完成，但对于超大规模的建模与计算，特别是考虑地基—结构动力相互作用以及需要考虑强非线性的情况，计算量可能很大，相关的计算技术（如多尺度分析建模方法和并行计算技术等）正在发展之中。

上与结构相互作用是抗震建模和计算中的一个重要问题，对于城市轨道交通结构尤其如此。这个问题可以这样来描述：土体可以看成是半无限的，抗震计算只能取出很小的局部土体与结构一起作为分析的对象，这样就形成虚拟的计算边界。为了保持在虚拟计算边界处的动力学状态的正确性，一方面需要建立虚拟计算边界处的力学模型，另一方面需要给出虚拟计算边界处正确的地震动输入。虚拟计算边界的早期思想是远置边界，即将虚拟计算边界设置离结构足够远，以至于其对所关心结构反应的影响可以忽略不计。但这可能导致不可接受的计算时间的消耗。为此，在过去 30 多年的时间里，不断研究和发展了各种边界力学模型以及与之配合的地震动输入，代表性的结果是粘弹性边界力学模型[25,26]。

当然，建立在对结构地震反应特征深刻认识基础上的各种简化方法仍然在工程设计中广泛使用，以寻求在理论精确-实际可达精度、计算消耗-经济性等多种相互制约因素之间的平衡。也就是说，从工程设计的角度来看，计算模型并非在理论上越精确越好；必须认识到抗震计算模型化过程中存在的众多不确定性因素。

城市轨道交通结构包括地上结构和地下结构，抗震建模与计算方法需要根据不同情况进行选择。从地震工程理论[27]来看，抗震建模与计算方法可以总体上划分为静力法、拟静力法和动力法三类。静力法包括等效惯性力法（主要应用于振动效应不显著的对象，如挡土结构等）、静力有限元方法（主要应用于地下结构）等；拟静力法主要包括弹性反应谱方法和非弹性反应谱方法；动力法指时间历程分析方法。

对于地上结构，弹性反应谱方法是应用较多的方法，其基本理论、计算方法等方面都已经成熟，并且经过数十年的应用检验，是一个简单且可靠的方法，为工程师所熟悉和掌握。弹塑性反应谱方法是弹性反应谱方法的拓展，可以考虑结构弹塑性效应；但结构进入弹塑性状态后，力学行为不满足叠加原理，因此弹塑性反应谱方法仅应用于地震反应受第一振型控制的振动特性简单的结构。尽管如此，因弹塑性反应谱方法简单且具有统计意义，在其适用的场合仍然是一种有效的抗震计算方法，日本《铁路结构设计规范（抗震设计篇）》[28]将其作为可以选择的抗震设计方法之一。

考虑到地下结构的地震反应特点，以及建模和计算量等方面的原因，地下结构抗震计算较多采用静力有限元方法，如反应位移法和反应加速度法。日本学者提出并发展了静力有限元方法，川岛一彦[29]和小泉淳[30]对这两种方法进行了系统的总结。

近年来，为了配合基于性能的抗震设计理论和设计规范的发展，国内外研究者一直在努力研究相适应的地震反应建模和计算方法。作为一种结构地震反应的近似计算方法，静力推覆分析得到了较多的研究与讨论。静力推覆分析的用处主要有二：第一个用处是用来获得结构与某种加载模式对应的力-位移曲线，用于抗震分析和设计；第二个用处是用来近似计算结构的地震反应。从目前已有的研究成果来看，将静力推覆分析用于第二个目的存在很大的疑问，还不能被认为是可以接受的用于工程抗震计算的可靠方法。另外一个得到深入研究和讨论的是增量动力分析方法。增量动力分析方法将时间历程分析方法与基本的概率统计相结合，概念简单、易于理解和易于实现，从计算技术和计算能力来看，应用此方法已无实质性困难，是一种比较有实用前景的方法。

1.4.3 抗震措施与技术

对于一个工程场地，未来可能遭受的地震具有很大的不确定性，因此抗震设计所依据的地震动参数也存在很大的不确定性，单纯依赖计算分析并不能完全有效地控制结构的抗震性能，而且结构物复杂的震害现象也不是现有地震工程理论所能完全解释的。因此，结构的抗震安全在很大程度上还依赖于震害经验的总结以及抗震设计经验的积累。在这个过程中，提出了很多有效的措施，发展了很多有效的抗震技术，对提高结构的抗震性能起到了很大的作用。

钢筋混凝土和钢构件在历次强烈地震中都受到了很多破坏。基于震害调查和模型试验，从概念设计和构造细节等方面对结构体系都进行了大量的研究，成果已经为工程师广泛接受，并写入抗震设计规范之中。

从以往的震害看，桥梁支座、连接装置等约束连接系统是桥梁结构体系中抗震性能比较薄弱的环节。当支座在强震作用下失效时，不仅仅意味着其基本的荷载传递、位移适应及缓冲耗能功能的丧失，更意味着结构边界条件发生了变化。震害中的主梁移位、梁间碰撞、落梁乃至垮塌等都与支座破坏的状态紧密相关。桥梁的约束连接系统一般包括支座、支挡限位装置、缓冲耗能装置、连梁装置、伸缩装置保护器、防落差垫石以及满足梁端搁置长度的平台等。支座、伸缩装置及梁端搁置平台是保障桥梁正常使用所必需的组成部分，而其他装置则可根据抗震设计需要进行选取设置。对于城市轨道交通高架区间而言，则还应将安装在主梁上的轨道系统（由钢轨、扣件、轨枕、道床等组成）考虑进来；城市轨道交通大多采用无砟轨道、无缝线路、整体道床，轨道约束对高架区间的抗震性能的影响不容忽视。

处于工程结构抗震前沿的减隔震理论试图利用一些合理的构造措施来达到预定的抗震目的。为了减轻强震对桥梁的破坏，减隔震、防落梁技术得到了迅速的发展。利用支座等装置改变结构振动频率或通过减震耗能装置耗散部分地震能量，以隔离或减弱输入结构的地震能量（即便是普通支座也具有某些抗震附加功能）；而限制上部结构的过大位移，防止落梁的发生则是防落梁约束连接装置的主要任务。2008 年我国汶川地震后，许多桥梁开始进行抗震加固，减隔震、防落梁系统往往成为方案首选。中国土木工程学会城市轨道交通技术推广委员会[31]也在调研基础上提出加强防落梁构造措施的建议。

地下结构减隔震技术总的来说滞后于地上结构减隔震技术[29,30]。目前应用于地下结构的减隔震方法，主要有两种途径：一是改变地下结构的本身的性能，例如刚度、质量、强度、阻尼等；二是在地下结构与地层之间设置减震层。针对前者，当前主要是通过改进连接部位的刚度，比如采用可挠连接、弹性接头垫来实现；后者主要是通过采取新型材料（如聚合 polymer 系材料、硅胶 silicone 系材料等）隔离隧道与周边土层，使地震时土层的变形得到较好地吸收。

在设计结构时，应当尽可能吸取和采用以前总结得出的行之有效的实践做法，采用一定的抗震构造措施和抗震控制技术，使设计的结构具有：明确的计算简图和合理的地震作用传递途径；必要的承载力、良好的变形能力和耗能能力；合理的刚度和承载力分布，避免因局部削弱或突变形成薄弱部位，对可能出现的薄弱部位，采取有效措施以提高抗震能力。

1.4.4　城市轨道交通结构抗震设计规范概况

国内与城市轨道交通结构有关的规范主要包括《地铁设计规范》GB 50157[32]，《城市道路与轨道交通合建桥梁设计规范》CJJ 242[33]，但该二规范并没有详细的抗震设计规定。高架区间结构主要参考《铁路工程抗震设计规范》GB 50111[34]、《公路桥梁抗震设计细则》JTG/T B02—01—2008[35]和《公路工程抗震规范》JTG B02[36]；高架车站主要参考《建筑抗震设计规范》GB 50011[37]；地下车站和区间隧道主要参考《铁路工程抗震设计规范》和《建筑抗震设计规范》等。然而城市轨道交通结构与一般工民建结构、铁路或公路桥梁隧道、埋地管线等结构相比，在结构形式、自振周期、车辆荷载、约束条件等诸多方面存在显著差异，需要建立有针对性的抗震设计方法和技术标准。上海市较早制定了地方专门规范《地下铁道建筑结构抗震设计规范》DG/T J08—2064—2009[38]，但不包括高架区间结构和高架车站。2014 年颁布的《城市轨道交通结构抗震设计规范》GB 50909[39]则是针对城市轨道地上和地下结构的特定抗震设计规范。

国外比较典型的规范主要包括：欧洲共同体主要参考抗震规范 Eurocode（欧洲统一规范)[40]；日本主要参考《铁路结构设计规范（抗震设计篇)》[28]、《沉管隧道抗震设计规范》[41]、《日本隧道标准规范（山岭篇）及解释》[42]等；美国主要参考交通工程师协会的《公路桥梁抗震设计指南》[43]、铁路工程协会的《铁路工程手册》[44]、《公路结构抗震加固手册》[45]等。

在抗震控制技术方面，多数国家将其放入相关的抗震设计规范中，独立形成设计指南的主要有美国交通工程师协会的《桥梁减隔震设计指南》[46]、日本建设省的《公路桥梁隔震设计指南》[47]。

参 考 文 献

[1] Masato Abe and Makoto Shimamura. Performance of railway bridges during the 2011 Tohoku Earthquake [J]. Journal of performance of constructed facilities，2014，28（1）：13-23.

[2] 台湾地震工程研究中心. 日本阪神淡路地震引起阪神大震災之訪查與探討（NCREE-95-001）[R]. 1995.

[3] 佐藤新二，中村丰，西永雅行. 兵庫県南部地震による鉄道高架橋の被害分析 [J]. 地震工学研究発表会講演概要，1995，23：265-268.

[4] 石井浩明，土屋智史，梅原秀哲. 兵庫県南部地震により被災したRC鉄道高架橋の耐震性能照查に関する研究 [J]. 土木学会中部支部研究発表会講演概要集，2000，541-542.

[5] （社）建設コンサルタンツ協会. 阪神・淡路大震災被害調査報告書 [R]. 1995.

[6] 土木学会东日本大震灾被害调查团. 緊急地震調査報告書 [R]. 2011.

[7] 中国地震局工程力学研究所. 汶川 8.0 级地震建筑震害研究及震害数据库建设 [R]. 2014.

[8] 中国中铁二院工程集团有限责任公司. 汶川地震铁路桥梁调查 [R]. 2008.

[9] 钢桥技术研究会. 東日本大震災鋼構造物調査特別委員会報告書 [R]. 2012.

[10] 中国中铁一院工程集团有限责任公司. 西安铁路局既有铁路汶川地震灾害评估 [R]. 2008.

[11] 卢志杰. 隧道受震反应分析之研究 [D]. 2009.

[12] 長岡技術科学大学. 新潟県中越地震被害報告書 [R]. 2005.

[13] 林刚，罗世培，倪娟. 地铁结构地震破坏及处理措施 [J]. 现代隧道技术，2009，46（4）：36-41.

[14] 地震による新幹線脱線シミュレーション解析グループ. 新潟県中越地震新幹線脱線シミュレーション解析 [R]. 鉄道総合技術研究所（特別 52 号），2008，（12）：1-110.

[15] Michel Bruneau. Performance of steel bridges during the 1995 Hyogoken-Nanbu（Kobe，Japan）earthquake - a North American perspective [J]. Engineering Structures. 1998，20（12）：1063-1078.

[16] 小林将志，水野光一朗，仓冈希树，等. 東北地方太平洋沖地震により損傷したRCラーメン高架橋に対する被害分析 [J]. 土木学会论文集 A1，2013，69（4）：1790-1797.

[17] 王明年, 林国进, 于丽, 等. 隧道抗震与减震 [M]. 北京: 科学出版社, 2012.

[18] Kenji Horioka. Clarification of mechanism of shinkansen derailment in the 2011 Great East Japan Earthquake and countermeasures against earthquake [J]. JR EAST Technical Review-No. 27: 13-16.

[19] 张俊杰. 考虑轨道结构的轨道交通高架桥抗震分析 [C]. 上海: 上海市公路学会第四届年会学术论文集. 2000.

[20] 马坤全, 陈文艳. 轨道交通无缝线路对高架桥抗震性能的影响 [J]. 城市轨道交通研究, 2002, 5 (1): 32-39.

[21] 黄勇, 王君杰. 轨道约束对城市轨道交通高架桥地震反应的影响 [J]. 地震工程与工程振动. 2014, 34 (4): 1-7.

[22] 王少林. 地震作用下高速列车-轨道-桥梁耦合振动及行车安全性分析 [D]. 西南交通大学博士研究生学位论文. 2012.

[23] 陈令坤. 近场地震作用下高速铁路列车—桥梁动力响应研究 [R]. 北京交通大学博士后研究工作报告. 2014.12.

[24] Montenegro A M. A methodology for the assessment of the train running safety on bridges [D]. Porto: University of Porto, 2015.

[25] 廖振鹏. 工程波动理论导论 [M]. 北京: 科学出版社, 2002.

[26] 刘晶波, 吕彦东. 结构-地基动力相互作用问题分析的一种直接方法 [J]. 土木工程学报, 1998, 31 (3): 55-64.

[27] 胡聿贤. 地震工程学 [D]. 北京: 地震出版社, 2006.

[28] 日本铁道技术综合研究所. 鉄道構造物等設計標準同解説-耐震設計 [S]. 日本东京: 丸善株式会社出版事业部, 2012.

[29] 川岛一彦. 地下构造物的耐震设计 [M]. 鹿岛出版会, 1994.

[30] 小泉淳. 盾构隧道的抗震研究及算例 [M]. 张稳军, 袁大军译. 北京: 中国建筑工业出版社, 2009.

[31] 中国土木工程学会. 5.12 汶川特大地震后震区城市轨道交通调研 [C]. 中国科协 2008 防灾减灾论坛. 2008.

[32] 中华人民共和国行业标准. 地铁设计规范 GB 50157—2013 [S]. 北京: 中国建筑工业出版社, 2013.

[33] 中华人民共和国行业标准. 城市道路与轨道交通合建桥梁设计规范 [S]. 北京: 中国建筑工业出版社, 2016.

[34] 中华人民共和国行业标准. 铁路工程抗震设计规范 (2009 年版) [S]. 北京: 中国计划出版社, 2009.

[35] 中华人民共和国行业推荐性标准. 公路桥梁抗震设计细则 [S]. 北京: 人民交通出版社, 2008.

[36] 中华人民共和国行业标准. 公路工程抗震规范 [S]. 北京: 人民交通出版社, 2013.

[37] 中华人民共和国国家标准. 建筑抗震设计规范 [S]. 北京: 中国建筑工业出版社, 2010.

[38] 上海市工程建设规范. 地下铁道建筑结构抗震设计规范 [S]. 上海: 上海市建筑建材业市场管理总站, 2009.

[39] 中华人民共和国行业标准. 城市轨道交通结构抗震设计规范 [S]. 北京: 中国建筑工业出版社, 2014.

[40] Eurocode 8. Design provisions for earthquake resistance of structures Part2: Bridges [S]. European Committee for Standardization , CEN, 2005.

[41] 屠树根 (译). 日本沉管隧道抗震设计细则 [J]. 世界隧道, 1995, 32 (2): 12-35.

[42] 关宝树, 麦倜曾 (译). 日本隧道标准规范 (山岭篇) 及解释 [S]. 成都: 西南交通大学出版社, 1988.

[43] AASHTO. Guide specifications for LRFD seismic bridge design (2nd Edition) [S]. American Association of State Highway and Transportation Officials, Washington, DC, 2011.

[44] The American Railway Engineering and Maintenance of Way Association. Manual for railway engineering [s]. Chesterfield, MO: Mira Digital Publishing, 2007.

[45] MCEER, Seismic Retrofitting Manual for Highway Structures, Part 1-Bridges and Part 2- Retaining Structures, Slopes, Tunnels, Culverts and Roadways, Dec. 2006, MCEER-06-SP10 and MCEER-06-SP11

[46] AASHTO. Guide specifications for seismic isolation design [S]. American Association of State Highway and Transportation Officials, Washington, DC, 2010.

[47] 土木设计所. 建设省道路桥免震设计法指南 [S]. 财团法人土木研究中心, 1992.

第 2 章 抗震计算基本理论

2.1 有限域土-结构地震相互作用体系运动方程

2.1.1 有限域土-结构地震相互作用模型

引起地表和工程结构严重破坏的地壳板块破裂通常发生在地表以下几千米至几十千米。一般情况下，从破裂区到工程结构所在位置的距离为几千米到几百千米，由于区域范围过大、地球介质和工程结构的力学性质复杂，进行包括破裂区和工程结构的动力学分析和计算几乎是不可能的。从已有的研究结果和工程实践来看，最一般的分析对象包括工程结构及其周围局部的地表介质。这相当于在几十至几百千米的区域内虚拟取出一个有限域进行计算分析，该有限域的边界称为虚拟计算边界，见图 2.1-1。虚拟计算边界将地表介质划分为内域和外域，内域与工程结构是抗震建模与分析的对象。

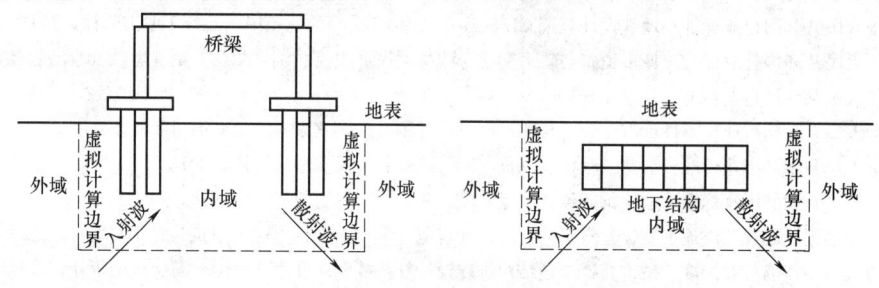

图 2.1-1 半空间和有限计算域

由于计算边界是虚拟的，并不是真实存在的物理边界，因此在对内域进行有限元建模时，必须对虚拟边界行为进行恰当的描述，以使得在虚拟边界上的受力和运动状态与原介质的真实状态尽可能保持一致。在这方面已经开展了一些研究，其中力学上易于理解、有限元计算易于实现的做法是在虚拟计算边界上设置粘弹性力学元件。Lysmer[1]、Deeks[2]较早开展了此方面的研究，刘晶波[3,4]等人则完成了卓有成效的工作，使粘弹性力学元件的理论得到了系统的论述和实用化。从有限元建模的角度来看，粘弹性力学元件是由等效线性弹簧和阻尼器构成的简单力学元件。采用粘弹性力学元件的结构有限元计算模型如图 2.1-2，粘弹性力学元件参数的确定方法见附录 A。

2.1.2 运动方程

在一个绝对坐标系下，图 2.1-2 力学图示所对应的运动方程一般可以写为：

$$\begin{bmatrix} \mathbf{M}_{ss} & \mathbf{M}_{sb} \\ \mathbf{M}_{bs} & \mathbf{M}_{bb} \end{bmatrix} \begin{Bmatrix} \ddot{\mathbf{u}}_s \\ \ddot{\mathbf{u}}_b \end{Bmatrix} + \begin{bmatrix} \mathbf{C}_{ss} & \mathbf{C}_{sb} \\ \mathbf{C}_{bs} & \mathbf{C}_{bb} \end{bmatrix} \begin{Bmatrix} \dot{\mathbf{u}}_s \\ \dot{\mathbf{u}}_b \end{Bmatrix} + \begin{bmatrix} \mathbf{K}_{ss} & \mathbf{K}_{sb} \\ \mathbf{K}_{bs} & \mathbf{K}_{bb} \end{bmatrix} \begin{Bmatrix} \mathbf{u}_s \\ \mathbf{u}_b \end{Bmatrix} = \begin{Bmatrix} 0 \\ \mathbf{p}_b \end{Bmatrix} \tag{2.1-1}$$

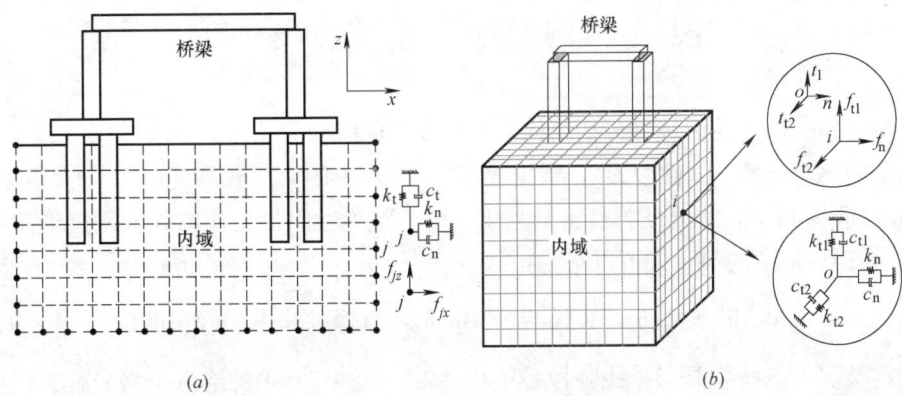

图 2.1-2　粘弹性边界力学元件和有限元计算模型

(a) 平面模型；(b) 三维模型

式中　　　　　　　　　　$\mathbf{u}_s$——与内域（包括结构在内）自由度对应的绝对位移；

$\mathbf{u}_b$——与边界自由度对应的绝对位移；

$\mathbf{p}_b$——作用在虚拟计算边界自由度上的力；

位移向量上的"·"和"··"——对时间的一阶导数和二阶导数。

虚拟计算边界上的运动是地震入射波场与散射波场共同作用的结果。假定在虚拟计算边界附近地层介质的力学状态是线弹性的，叠加原理成立，则内域边界自由度所受到的作用力是入射波场（自由场）产生的作用力 $\mathbf{p}_{bf}$ 与散射波场产生的作用力 $\mathbf{p}_{bs}$ 之和，即：

$$\mathbf{p}_b = \mathbf{p}_{bf} + \mathbf{p}_{bs} \tag{2.1-2}$$

散射波场在边界自由度上的位移可以表示为绝对位移减去自由场位移，从而 $\mathbf{p}_{bs}$ 可以写为：

$$\mathbf{p}_{bs} = -(\mathbf{C}_b^{ve} \dot{\mathbf{u}}_{bs} + \mathbf{K}_b^{ve} \mathbf{u}_{bs}) = -[\mathbf{C}_b^{ve}(\dot{\mathbf{u}}_b - \dot{\mathbf{u}}_{bf}) + \mathbf{K}_b^{ve}(\mathbf{u}_b - \mathbf{u}_{bf})]$$
$$= (\mathbf{C}_b^{ve} \dot{\mathbf{u}}_{bf} + \mathbf{K}_b^{ve} \mathbf{u}_{bf}) - (\mathbf{C}_b^{ve} \dot{\mathbf{u}}_b + \mathbf{K}_b^{ve} \mathbf{u}_b) \tag{2.1-3}$$

式中　$\mathbf{C}_b^{ve}$ 和 $\mathbf{K}_b^{ve}$——粘弹性力学元件按有限元方法形成的等效阻尼矩阵和等效刚度矩阵。

将式（2.1-3）代入式（2.1-2）得到：

$$\mathbf{p}_b = \mathbf{p}_{bf} + \mathbf{C}_b^{ve} \dot{\mathbf{u}}_{bf} + \mathbf{K}_b^{ve} \mathbf{u}_{bf} - \mathbf{C}_b^{ve} \dot{\mathbf{u}}_b - \mathbf{K}_b^{ve} \mathbf{u}_b \tag{2.1-4}$$

将式（2.1-4）代入式（2.1-1）可以得到：

$$\begin{bmatrix} \mathbf{M}_{ss} & \mathbf{M}_{sb} \\ \mathbf{M}_{bs} & \mathbf{M}_{bb} \end{bmatrix} \begin{Bmatrix} \ddot{\mathbf{u}}_s \\ \ddot{\mathbf{u}}_b \end{Bmatrix} + \begin{bmatrix} \mathbf{C}_{ss} & \mathbf{C}_{sb} \\ \mathbf{C}_{bs} & \mathbf{C}_{bb}+\mathbf{C}_b^{ve} \end{bmatrix} \begin{Bmatrix} \dot{\mathbf{u}}_s \\ \dot{\mathbf{u}}_b \end{Bmatrix} + \begin{bmatrix} \mathbf{K}_{ss} & \mathbf{K}_{sb} \\ \mathbf{K}_{bs} & \mathbf{K}_{bb}+\mathbf{K}_b^{ve} \end{bmatrix} \begin{Bmatrix} \mathbf{u}_s \\ \mathbf{u}_b \end{Bmatrix} = \begin{Bmatrix} 0 \\ \mathbf{p}_{b,eff} \end{Bmatrix}$$
$$\tag{2.1-5}$$

式中　$\mathbf{p}_{b,eff}$——以绝对位移表达运动方程时作用在虚拟计算边界自由度上的等效作用力。

$$\mathbf{p}_{b,eff} = \mathbf{p}_{bf} + \mathbf{C}_b^{ve} \dot{\mathbf{u}}_{bf} + \mathbf{K}_b^{ve} \mathbf{u}_{bf} \tag{2.1-6}$$

从式（2.1-6）可以看到，在虚拟计算边界处采用粘弹性力学元件，计算域土-结构地震相互作用运动方程以绝对位移为基本未知数；在虚拟计算边界上，需要同时施加自由场运动产生的力、自由场运动速度产生的等效阻尼力和自由场位移产生的等效弹性力。

当考虑系统可能受其他荷载作用，则式（2.1-5）可以进一步写为：

$$\begin{bmatrix} \mathbf{M}_{ss} & \mathbf{M}_{sb} \\ \mathbf{M}_{bs} & \mathbf{M}_{bb} \end{bmatrix} \begin{Bmatrix} \ddot{\mathbf{u}}_s \\ \ddot{\mathbf{u}}_b \end{Bmatrix} + \begin{bmatrix} \mathbf{C}_{ss} & \mathbf{C}_{sb} \\ \mathbf{C}_{bs} & \mathbf{C}_{bb}+\mathbf{C}_b^{ve} \end{bmatrix} \begin{Bmatrix} \dot{\mathbf{u}}_s \\ \dot{\mathbf{u}}_b \end{Bmatrix} + \begin{bmatrix} \mathbf{K}_{ss} & \mathbf{K}_{sb} \\ \mathbf{K}_{bs} & \mathbf{K}_{bb}+\mathbf{K}_b^{ve} \end{bmatrix} \begin{Bmatrix} \mathbf{u}_s \\ \mathbf{u}_b \end{Bmatrix} = \begin{Bmatrix} 0 \\ \mathbf{p}_{b,eff} \end{Bmatrix} + \begin{Bmatrix} \mathbf{p(t)} \\ 0 \end{Bmatrix}$$

$$(2.1\text{-}7)$$

式中　$\mathbf{p}(t)$——作用在内域（包括结构）自由度上的时变荷载。

若假定 $\mathbf{K}_b^{ve} \to \infty$（刚性边界），根据式（2.1-7）中的第二式和式（2.1-6）可知 $\mathbf{u}_b = \mathbf{u}_{bf}$（由附录 A 可知，当介质弹性常数趋于 ∞ 时，粘弹性阻尼是比粘弹性刚度低阶的 ∞）；此时式（2.1-7）中的第一式可以写为：

$$\mathbf{M}_{ss}\ddot{\mathbf{u}}_s + \mathbf{C}_{ss}\dot{\mathbf{u}}_s + \mathbf{K}_{ss}\mathbf{u}_s = -\mathbf{M}_{sb}\ddot{\mathbf{u}}_{bf} - \mathbf{C}_{sb}\dot{\mathbf{u}}_{bf} - \mathbf{K}_{sb}\mathbf{u}_{bf} + \mathbf{p}(t) \qquad (2.1\text{-}8)$$

一些情况下（特别是对于线弹性系统），将式（2.1-7）中的绝对位移分解为拟静力位移 $\bar{u}$ 与动力位移 $\tilde{u}$ 之和[5]，对于反应的计算会带来方便：

$$\begin{Bmatrix} \mathbf{u}_s \\ \mathbf{u}_b \end{Bmatrix} = \bar{\mathbf{u}} + \tilde{\mathbf{u}} = \begin{Bmatrix} \bar{\mathbf{u}}_s \\ \bar{\mathbf{u}}_b \end{Bmatrix} + \begin{Bmatrix} \tilde{\mathbf{u}}_s \\ \tilde{\mathbf{u}}_b \end{Bmatrix} \qquad (2.1\text{-}9)$$

式（2.1-9）中的拟静力位移可以表达为：

$$\begin{bmatrix} \mathbf{K}_{ss} & \mathbf{K}_{sb} \\ \mathbf{K}_{bs} & \mathbf{K}_{bb}+\mathbf{K}_b^{ve} \end{bmatrix} \begin{Bmatrix} \bar{\mathbf{u}}_s \\ \bar{\mathbf{u}}_b \end{Bmatrix} = \begin{Bmatrix} 0 \\ \mathbf{p}_{b,eff} \end{Bmatrix} \qquad (2.1\text{-}10)$$

由式（2.1-10）可以解得：

$$\begin{Bmatrix} \bar{\mathbf{u}}_s \\ \bar{\mathbf{u}}_b \end{Bmatrix} = \begin{Bmatrix} \mathbf{R}_{sb}Hp_{b,eff} \\ Hp_{b,eff} \end{Bmatrix} = \begin{Bmatrix} \mathbf{R}_{sb} \\ \mathbf{I}_{bb} \end{Bmatrix} Hp_{b,eff} \qquad (2.1\text{-}11)$$

式中　$\mathbf{I}_{bb}$——与虚拟计算边界自由度对应的单位矩阵。

其他符号的定义为：

$$\mathbf{R}_{sb} = -\mathbf{K}_{ss}^{-1}\mathbf{K}_{sb} \qquad (2.1\text{-}12a)$$

$$\mathbf{H} = [-\mathbf{K}_{bs}\mathbf{K}_{ss}^{-1}\mathbf{K}_{sb} + (\mathbf{K}_{bb}+\mathbf{K}_b^{ve})]^{-1} \qquad (2.1\text{-}12b)$$

将式（2.1-9）代入式（2.1-7），并引用式（2.1-10），可以得到：

$$\begin{bmatrix} \mathbf{M}_{ss} & \mathbf{M}_{sb} \\ \mathbf{M}_{bs} & \mathbf{M}_{bb} \end{bmatrix} \begin{Bmatrix} \ddot{\tilde{\mathbf{u}}}_s \\ \ddot{\tilde{\mathbf{u}}}_b \end{Bmatrix} + \begin{bmatrix} \mathbf{C}_{ss} & \mathbf{C}_{sb} \\ \mathbf{C}_{bs} & \mathbf{C}_{bb}+\mathbf{C}_b^{ve} \end{bmatrix} \begin{Bmatrix} \dot{\tilde{\mathbf{u}}}_s \\ \dot{\tilde{\mathbf{u}}}_b \end{Bmatrix} + \begin{bmatrix} \mathbf{K}_{ss} & \mathbf{K}_{sb} \\ \mathbf{K}_{bs} & \mathbf{K}_{bb}+\mathbf{K}_b^{ve} \end{bmatrix} \begin{Bmatrix} \tilde{\mathbf{u}}_s \\ \tilde{\mathbf{u}}_b \end{Bmatrix}$$

$$= -\begin{bmatrix} \mathbf{M}_{ss} & \mathbf{M}_{sb} \\ \mathbf{M}_{bs} & \mathbf{M}_{bb} \end{bmatrix} \begin{Bmatrix} \ddot{\bar{\mathbf{u}}}_s \\ \ddot{\bar{\mathbf{u}}}_b \end{Bmatrix} - \begin{bmatrix} \mathbf{C}_{ss} & \mathbf{C}_{sb} \\ \mathbf{C}_{bs} & \mathbf{C}_{bb}+\mathbf{C}_b^{ve} \end{bmatrix} \begin{Bmatrix} \dot{\bar{\mathbf{u}}}_s \\ \dot{\bar{\mathbf{u}}}_b \end{Bmatrix} + \begin{Bmatrix} \mathbf{p} \\ 0 \end{Bmatrix}$$

$$(2.1\text{-}13)$$

若假定 $\mathbf{K}_b^{ve} \to \infty$，则可知 $\mathbf{H}p_{b,eff} = \mathbf{u}_{bf}$，则式（2.1-11）可以简化为：

$$\begin{Bmatrix} \bar{\mathbf{u}}_s \\ \bar{\mathbf{u}}_b \end{Bmatrix} = \begin{bmatrix} \mathbf{R}_{sb} \\ \mathbf{I}_{bb} \end{bmatrix} \mathbf{u}_{bf} \qquad (2.1\text{-}11a)$$

此时，由式（2.1-11a）第二式可知 $\bar{\mathbf{u}}_b = \mathbf{u}_{bf}$；同时，由式（2.1-13）的第二行可知 $\tilde{\mathbf{u}}_b = 0$。因而式（2.1-9）可以简化为：

$$\begin{Bmatrix} \mathbf{u}_s \\ \mathbf{u}_b \end{Bmatrix} = \bar{\mathbf{u}} + \tilde{\mathbf{u}} = \begin{Bmatrix} \bar{\mathbf{u}}_s \\ \bar{\mathbf{u}}_b \end{Bmatrix} + \begin{Bmatrix} \tilde{\mathbf{u}}_s \\ 0 \end{Bmatrix} \tag{2.1-9a}$$

进一步，由式（2.1-13）的第一行可以得到式（2.1-9a）的动力反应解答：

$$\mathbf{M}_{ss}\,\tilde{\ddot{\mathbf{u}}}_s + \mathbf{C}_{ss}\,\tilde{\dot{\mathbf{u}}}_s + \mathbf{K}_{ss}\,\tilde{\mathbf{u}}_s = \mathbf{p}_{eff} = -\left[\mathbf{M}_{ss}\,\mathbf{R}_{sb} + \mathbf{M}_{sb}\right]\ddot{\mathbf{u}}_{bf} - \left[\mathbf{C}_{ss}\,\mathbf{R}_{sb} + \mathbf{C}_{sb}\right]\dot{\mathbf{u}}_{bf} \tag{2.1-14}$$

基本力学分析所建立的与图 2.1-2 所对应的有限域计算模型在地震动作用下的运动方程以计算对象的绝对位移为基本未知变量，称为绝对位移法。若假定虚拟计算边界上的地震动满足空间刚体运动学关系（对地震动作用引入了简化假定），则称之为一致地震动作用假定。此种简化假定下，$\mathbf{R}_{sb}$ 为由 1、0 两个数值构成的三列矩阵，而 $\mathbf{u}_{bf} = \{\mathbf{u}_{bfx},\ \mathbf{u}_{bfy},\ \mathbf{u}_{bfz}\}^{\mathrm{T}}$。

在一致地震动作用假定下，计算对象的运动由参考点运动引起的刚体运动和以刚体运动为参考位置的相对运动叠加得到。结构的刚体运动不产生结构的相对变形，因此不产生结构内力；即一般情况下应由式（2.1-9）的结构的绝对位移计算结构的内力，而采用一致地震动作用假定时，结构的地震内力完全由动力位移 $\tilde{\mathbf{u}}$ 决定。此时 $\tilde{\mathbf{u}}$ 根据式（2.1-13）计算，并称之为相对位移法。

从目前的工程抗震实践来看，相对位移法可以满足类型广泛的众多结构的抗震设计需求，而且简单、涉及的问题比较少；同时，从地震工程理论发展逻辑来看，也有一个从简单到复杂、从粗略到精细的过程。因此，与相对位移法相关的抗震建模方法、地震动作用模型和数值计算精度等问题都得到了广泛而深入的讨论，工程应用广泛。

比较而言，绝对位移法因为涉及的问题较多且复杂，讨论和应用的远不够全面和深入。不过随着大型结构抗震设计要求的提高，考虑地震动空间变化的地震需求分析逐渐成为一项基本工作，因此绝对位移法正在引起重视和讨论。Wilson EL[6] 在其著作中对采用绝对位移法所引起的数值计算精度问题进行了初步的讨论，分析了绝对位移法和相对位移法在数值计算方面的差异，指出了为保证绝对位移法的计算精度需要注意和解决的主要问题。

式（2.1-7）、式（2.1-8）、式（2.1-13）和式（2.1-14）可以统一写为：

$$\mathbf{M}\ddot{\mathbf{u}} + \mathbf{C}\dot{\mathbf{u}} + \mathbf{K}\mathbf{u} = \mathbf{p}_{eff} \tag{2.1-15}$$

对于非线性结构系统，式（2.1-15）仍然成立，但因结构非线性性质的存在，刚度矩阵需要改写为如下形式：

$$\mathbf{K} = \mathbf{K}(\dot{\mathbf{u}},\ \dot{\mathbf{u}}_b;\ \mathbf{u},\ \mathbf{u}_b) \tag{2.1-16}$$

2.2　线弹性运动方程求解的直接积分法

具有粘性阻尼的线弹性单自由度振子的运动方程可以写为：

$$\begin{cases} \ddot{u} + 2\xi\omega\dot{u} + \omega^2 u = p \\ \dot{u}(t=0) = \dot{u}_0;\ u(t=0) = u_0 \end{cases} \tag{2.2-1}$$

式（2.2-1）有很多数值求解方法，本节简述几种有效的方法。

对于实际工程振动问题，仪器实际测量到的作用力、加速度、速度、位移等数据都是以离散时间的方式描述的。例如，多数地震地面加速度计的采样时间间隔 Δt 取 0.01s，在 Δt 内，仪器不能给出地震地面加速度的变化信息。从目前的工程实践来看，一般假定在 Δt 内，地震地面加速度按某次多项式规律变化。在此种假定下，可以得到式（2.2-1）在仪器精度下的"精确"解答，且不存在数值稳定性问题。

2.2.1 线性单自由度振动方程求解的一次多项式内插方法

假设荷载过程 $p(t)$ 以等间隔时间增量 $\Delta t(\Delta t = t_{i+1} - t_i)$ 离散为一个时间序列，且在 Δt 内按线性规律变化，如图 2.2-1，此时 Δt 内的荷载可以表示为：

$$p(\tau) = p_i + \frac{\Delta p_i}{\Delta t}\tau \tag{2.2-2}$$

在上述假定下，式（2.2-1）的解答可以写为[7]：

$$u_{i+1} = Au_i + B\dot{u}_i + Cp_i + Dp_{i+1} \tag{2.2-3a}$$

$$\dot{u}_{i+1} = A'u_i + B'\dot{u}_i + C'p_i + D'p_{i+1} \tag{2.2-3b}$$

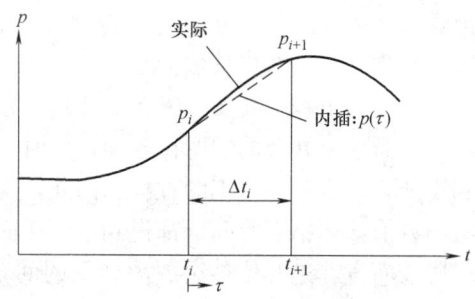

图 2.2-1　线性内插法符号标记

式中：

$$A = e^{-\zeta\omega_n\Delta t}\left(\frac{\zeta}{\sqrt{1-\zeta^2}}\sin\omega_d\Delta t + \cos\omega_d\Delta t\right) \tag{2.2-4a}$$

$$B = e^{-\zeta\omega_n\Delta t}\left(\frac{1}{\omega_d}\sin\omega_d\Delta t\right) \tag{2.2-4b}$$

$$C = \frac{1}{k}\left\{\frac{2\zeta}{\omega_n\Delta t} + e^{-\zeta\omega_n\Delta t}\left[\left(\frac{1-2\zeta^2}{\omega_d\Delta t} - \frac{\zeta}{\sqrt{1-\zeta^2}}\right)\sin\omega_d\Delta t - \left(1 + \frac{2\zeta}{\omega_d\Delta t}\right)\cos\omega_d\Delta t\right]\right\} \tag{2.2-4c}$$

$$D = \frac{1}{k}\left[1 - \frac{2\zeta}{\omega_d\Delta t} + e^{-\zeta\omega_n\Delta t}\left(\frac{2\zeta^2-1}{\omega_d\Delta t}\sin\omega_d\Delta t + \frac{2\zeta}{\omega_d\Delta t}\cos\omega_d\Delta t\right)\right] \tag{2.2-4d}$$

$$A' = -e^{-\zeta\omega_n\Delta t}\left(\frac{\omega_n}{\sqrt{1-\zeta^2}}\sin\omega_d\Delta t\right) \tag{2.2-4e}$$

$$B' = e^{-\zeta\omega_n\Delta t}\left(\cos\omega_d\Delta t - \frac{\zeta}{\sqrt{1-\zeta^2}}\sin\omega_d\Delta t\right) \tag{2.2-4f}$$

$$C' = \frac{1}{k}\left\{-\frac{t}{\Delta t} + e^{-\zeta\omega_n\Delta t}\left[\left(\frac{\omega_n}{\sqrt{1-\zeta^2}} + \frac{\zeta}{\Delta t\sqrt{1-\zeta^2}}\right)\sin\omega_d\Delta t + \frac{1}{\Delta t}\cos\omega_d\Delta t\right]\right\} \tag{2.2-4g}$$

$$D' = \frac{1}{k\Delta t}\left[1 - e^{-\zeta\omega_n\Delta t}\left(\frac{\zeta}{\sqrt{1-\zeta^2}}\sin\omega_d\Delta t + \cos\omega_d\Delta t\right)\right] \tag{2.2-4h}$$

2.2.2　线性单自由度振动方程求解的三次多项式内插方法

一般情况下，假定加速度在 Δt 内线性变化，但若采用地震地面位移作为输入，则从线性加速度导出的位移函数在 Δt 内为三次函数。这样处理是为了保证加速度、速度和位移之间的协调性。因此，在求解式（2.2-1）时，考虑次数最高为 3 的多项式荷载模型，如图 2.2-2。该方法由 Wilson E L[6] 提出。

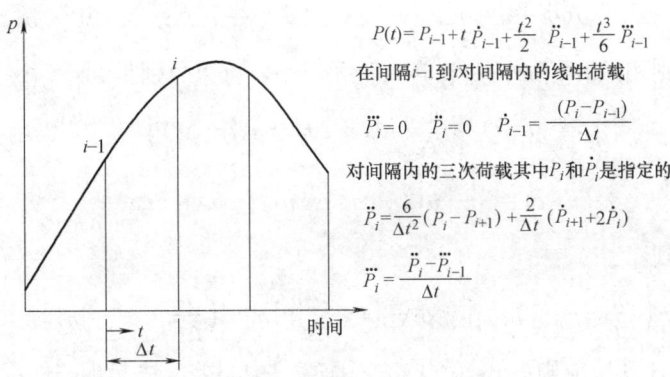

$$P(t)=P_{i-1}+t\,\dot{P}_{i-1}+\frac{t^2}{2}\ddot{P}_{i-1}+\frac{t^3}{6}\dddot{P}_{i-1}$$

在间隔 $i-1$ 到 i 间隔内的线性荷载

$$\ddot{P}_i=0\quad \ddot{P}_i=0\quad \dot{P}_{i-1}=\frac{(P_i-P_{i-1})}{\Delta t}$$

对间隔内的三次荷载其中 P_i 和 $\dot{P}_i$ 是指定的

$$\ddot{P}_i=\frac{6}{\Delta t^2}(P_i-P_{i+1})+\frac{2}{\Delta t}(\dot{P}_{i+1}+2\dot{P}_i)$$

$$\dddot{P}_i=\frac{\ddot{P}_i-\ddot{P}_{i-1}}{\Delta t}$$

图 2.2-2　多项式荷载模型

在 3 次多项式荷载模型下，在时刻 t_{i-1} 至 t_i 内，式（2.2-1）可以写为：

$$\ddot{u}+2\xi\omega\dot{u}+\omega^2 u=p(t)=p_{i-1}+t\dot{p}_{i-1}+\frac{1}{2}t^2\ddot{p}_{i-1}+\frac{1}{6}t^3\dddot{p}_{i-1} \tag{2.2-5}$$

Wilson[6]给出了式（2.2-5）解答的递推公式：

$$\mathbf{u}_i=\mathbf{A}\cdot\mathbf{p}_{i-1} \tag{2.2-6}$$

$$u=\{u\quad \dot{u}\quad \ddot{u}\}^{\mathrm{T}} \tag{2.2-6a}$$

$$\mathbf{p}_{i-1}=\{\dot{u}_{i-1}\quad u_{i-1}\quad p_{i-1}\quad \dot{p}_{i-1}\quad \ddot{p}_{i-1}\quad \dddot{p}_{i-1}\}^{\mathrm{T}} \tag{2.2-6b}$$

表 2.2-1 给出了式（2.2-6）的具体递推计算过程。

Wilson 的递推算法[6]（原表 13.2）　　　　　　　　　　表 2.2-1

系数计算：

$\omega_{\mathrm{D}}=\omega\sqrt{1-\xi^2}\qquad \bar{\omega}=\omega\xi\qquad \bar{\xi}=\xi/\sqrt{1-\xi^2}\qquad a_0=2\xi\omega\qquad a_1=\omega_{\mathrm{D}}^2-\bar{\omega}^2\qquad a_2=2\bar{\omega}\omega_{\mathrm{D}}$

$S(\Delta t)=e^{-\xi\omega\Delta t}\sin(\omega_{\mathrm{D}}\Delta t)\qquad \dot{S}(\Delta t)=-\bar{\omega}S(\Delta t)+\omega_{\mathrm{D}}C(\Delta t)\qquad \ddot{S}(\Delta t)=-a_1 S(\Delta t)-a_2 C(\Delta t)$

$C(\Delta t)=e^{-\xi\omega\Delta t}\cos(\omega_{\mathrm{D}}\Delta t)\qquad \dot{C}(\Delta t)=-\bar{\omega}C(\Delta t)-\omega_{\mathrm{D}}S(\Delta t)\qquad \ddot{C}(\Delta t)=-a_1 C(\Delta t)+a_2 C(\Delta t)$

$$\mathbf{B}(\Delta t)=\begin{bmatrix} S(\Delta t) & C(\Delta t) & 1.0 & \Delta t & \Delta t^2 & \Delta t^3 \\ \dot{S}(\Delta t) & \dot{C}(\Delta t) & 0 & 1.0 & 2\Delta t & 3\Delta t^2 \\ \ddot{S}(\Delta t) & \ddot{C}(\Delta t) & 0 & 0 & 2.0 & 6\Delta t \end{bmatrix}\qquad \mathbf{C}^{-1}=\begin{bmatrix} \omega_{\mathrm{D}} & -\bar{\omega} & 0 & 1.0 & 0 & 0 \\ 0 & 1.0 & 1.0 & 0 & 0 & 0 \\ 0 & 0 & \omega^2 & a_0 & 2.0 & 0 \\ 0 & 0 & \omega^2 & 2a_0 & 6.0 & 0 \\ 0 & 0 & 0 & 2\omega^2 & 6a_0 & 0 \\ 0 & 0 & 0 & 0 & 6\omega^2 \end{bmatrix}$$

$\mathbf{A}=\mathbf{B}(\Delta t)\cdot\mathbf{C}$

递归计算：$i=1,2,3$

(1) $\ddot{p}_i=6(p_i-p_{i+1})/\Delta t^2+2(\dot{p}_{i+1}+2\dot{p}_i)/\Delta t$

(2) $\dddot{p}_{i-1}=(\ddot{p}_i-\ddot{p}_{i-1})/\Delta t$

(3) $\mathbf{u}=\mathbf{A}\cdot\mathbf{p}_{i-1}$

(4) $i=i+1$，返回(1)

2.2.3 单自由度振子的差分算法

将位移函数按泰勒级数展开，得到前差分公式：

$$u(t+\Delta t)=u(t)+\dot{u}(t)\Delta t+\frac{1}{2}\ddot{u}(t)\Delta t^2+\frac{1}{6}\dddot{u}(t+\Delta t)\Delta t^3+o(\Delta t^3)$$

同理可以得到后差分公式：

$$u(t-\Delta t)=u(t)-\dot{u}(t)\Delta t+\frac{1}{2}\ddot{u}(t)\Delta t^2-\frac{1}{6}\dddot{u}(t+\Delta t)\Delta t^3+o(\Delta t^4)$$

以上两式分别相减和相加，并忽略高阶无穷小，可以分别得到：

$$\dot{u}(t)=\frac{1}{2\Delta t}[u(t+\Delta t)-u(t-\Delta t)] \tag{2.2-7a}$$

$$\ddot{u}(t)=\frac{1}{\Delta t^2}[u(t+\Delta t)-2u(t)+u(t-\Delta t)] \tag{2.2-7b}$$

代入运动方程得到：

$$\left(\frac{m}{\Delta t^2}+\frac{c}{2\Delta t}\right)u_{i+1}=p_i-\left(k-\frac{2m}{\Delta t^2}\right)u_i-\left(\frac{m}{\Delta t^2}-\frac{c}{2\Delta t}\right)u_{i-1} \tag{2.2-8}$$

第 $i+1$ 步的速度反应则按式（2.2-7a）计算。中心差分法起步条件：

$$u_{-1}=u_0-\Delta t\dot{u}_0+\frac{\Delta t^2}{2}\ddot{u}_0;\quad \ddot{u}_0=\frac{1}{m}(p_0-c\dot{u}_0-ku_0) \tag{2.2-9}$$

中心差分法是条件稳定的，其临界步长为：

$$\Delta t_{cr}=\frac{T}{\pi} \tag{2.2-10}$$

李小军等[8]将中心差分法与 Newmark 法结合，给出了一种修正的差分格式：

$$\dot{u}_{i+1}=\dot{u}_i+\frac{1}{m}\left[\frac{\Delta t}{2}(p_{i+1}+p_i)+\left(\frac{1}{2}\Delta tk+c\right)u_{i+1}-\left(\frac{1}{2}\Delta tk-c\right)u_i\right] \tag{2.2-11a}$$

$$u_{i+1}=\frac{1}{2}\Delta t^2\frac{1}{m}p_i+\left(1-\frac{1}{2}\Delta t^2\frac{1}{m}k\right)u_i+\left(\Delta tI-\frac{1}{2}\Delta t^2\frac{1}{m}c\right)\dot{u}_i \tag{2.2-11b}$$

李小军差分格式仍然是条件稳定的，稳定条件可以统一写为：

$$\Delta t_{cr}=0.865\frac{T}{\pi} \tag{2.2-12}$$

2.2.4 Newmark 方法族

1959 年，Newmark[9]为解决冲击波和地震作用下结构动态反应计算问题，提出了一个积分法族。50 多年以来，Newmark 方法已经广泛应用于各类工程结构的动力反应计算中。

采用泰勒级数展开，可以得到：

$$u_t=u_{t-\Delta t}+\Delta t\dot{u}_{t-\Delta t}+\frac{1}{2}\Delta t^2\ddot{u}_{t-\Delta t}+\frac{1}{6}\Delta t^3\dddot{u}_{t-\Delta t}+\cdots \tag{2.2-13a}$$

$$\dot{u}_t=\dot{u}_{t-\Delta t}+\Delta t\ddot{u}_{t-\Delta t}+\frac{1}{2}\Delta t^2\dddot{u}_{t-\Delta t}+\cdots \tag{2.2-13b}$$

Newmark 截断了上述泰勒级数，并以如下形式来表达：

$$u_t=u_{t-\Delta t}+\Delta t\dot{u}_{t-\Delta t}+\frac{1}{2}\Delta t^2\ddot{u}_{t-\Delta t}+\beta\Delta t^3\dddot{u}_{t-\Delta t} \tag{2.2-14a}$$

$$\dot{u}_t = \dot{u}_{t-\Delta t} + \Delta t\, \ddot{u}_{t-\Delta t} + \gamma \Delta t^2\, \dddot{u}_{t-\Delta t} \tag{2.2-14b}$$

若假定加速度在时间步长内是线性变化的，则有：

$$\dddot{u}_t = \frac{\ddot{u}_t - \ddot{u}_{t-\Delta t}}{\Delta t} \tag{2.2-15}$$

将式（2.2-15）代入式（2.2-14）可以得到标准形式的 Newmark 方程：

$$u_t = u_{t-\Delta t} + \Delta t\, \dot{u}_{t-\Delta t} + \left(\frac{1}{2} - \beta\right)\Delta t^2\, \ddot{u}_{t-\Delta t} + \beta \Delta t^2\, \ddot{u}_t \tag{2.2-16a}$$

$$\dot{u}_t = \dot{u}_{t-\Delta t} + (1-\gamma)\Delta t\, \ddot{u}_{t-\Delta t} + \gamma \Delta t\, \ddot{u}_t \tag{2.2-16b}$$

根据式（2.2-16）假定和动力学方程可以得到：

$$\hat{k} u_{t+\Delta t} = \hat{p} \tag{2.2-17}$$

式中

$$\hat{k} = k + \frac{1}{\beta \Delta t^2} m + \frac{\gamma}{\beta \Delta t} c \tag{2.2-17a}$$

$$\hat{p} = p_{t+\Delta t} + m\left[\frac{1}{\beta \Delta t^2} u_t + \frac{1}{\beta \Delta t} \dot{u}_t + \left(\frac{1}{2\beta} - 1\right)\ddot{u}_t\right]$$

$$+ c\left[\frac{\gamma}{\beta \Delta t} u_t + \left(\frac{\gamma}{\beta} - 1\right)\dot{u}_t + \left(\frac{\gamma}{2\beta} - 1\right)\Delta t\, \ddot{u}_t\right] \tag{2.2-17b}$$

反应速度如下计算：

$$\dot{u}_{t+\Delta t} = \frac{\gamma}{\beta \Delta t}(u_{t+\Delta t} - u_t) + \left(1 - \frac{\gamma}{\beta}\right)\dot{u}_t + \left(1 - \frac{1}{2\beta}\right)\Delta t\, \ddot{u}_t \tag{2.2-18a}$$

$$\ddot{u}_{t+\Delta t} = \frac{1}{\beta \Delta t^2}(u_{t+\Delta t} - u_t) - \frac{1}{\beta \Delta t}\dot{u}_t - \left(\frac{1}{2\beta} - 1\right)\ddot{u}_t \tag{2.2-18b}$$

Newmark 法的临界步长为：

$$\Delta t_{cr} = \frac{1}{\sqrt{(\gamma + 1/2)^2 - 4\beta}} \frac{T}{\pi} \tag{2.2-19}$$

参数 β 和 γ 的取值影响算法的精度和稳定性。只有当 γ 取 $1/2$ 时，该方法才具有二阶精度，因此一般均取 $\gamma = 1/2$，$0 \leqslant \beta \leqslant 1/4$。且当 $\gamma = 1/2$、$\beta = 1/4$ 时，$\Delta t_{cr} = \infty$，即为无条件稳定的；此时相当于假定在 Δt 区间内，结构反应的加速度为常数，因此也称为常加速度法。

2.2.5　小结

对于多自由度结构体系，上述直接积分方法的数学格式不变，但需要将标量反应改写为向量反应，相应质量、阻尼和刚度改写为矩阵，荷载改写为荷载向量。

中心差分法：

$$\left(\frac{1}{\Delta t^2}\mathbf{M} + \frac{1}{2\Delta t}\mathbf{C}\right)\mathbf{u}_{i+1} = \mathbf{p}_i - \left(\mathbf{K} - \frac{2}{\Delta t^2}\mathbf{M}\right)\mathbf{u}_i - \left(\frac{1}{\Delta t^2}\mathbf{M} - \frac{1}{2\Delta t}\mathbf{C}\right)\mathbf{u}_{i-1} \tag{2.2-20a}$$

$$\dot{\mathbf{u}}_{i+1} = \frac{1}{2\Delta t}(\mathbf{u}_{i+1} - \mathbf{u}_{i-1}) \tag{2.2-20b}$$

$$\ddot{\mathbf{u}}(t) = \frac{1}{\Delta t^2}\left[\mathbf{u}(t+\Delta t) - 2\mathbf{u}(t) + \mathbf{u}(t-\Delta t)\right] \tag{2.2-20c}$$

李小军差分法：

$$\mathbf{u}_{i+1} = \frac{1}{2}\Delta t^2 \mathbf{M}^{-1}\mathbf{p}_i + \left(\mathbf{I} - \frac{1}{2}\Delta t^2 \mathbf{M}^{-1}\mathbf{K}\right)\mathbf{u}_i + \left(\Delta t\mathbf{I} - \frac{1}{2}\Delta t^2 \mathbf{M}^{-1}\mathbf{C}\right)\dot{\mathbf{u}}_i \quad (2.2\text{-}21a)$$

$$\dot{\mathbf{u}}_{i+1} = \dot{\mathbf{u}}_i + \mathbf{M}^{-1}\left[\frac{\Delta t}{2}(\mathbf{p}_{i+1} + \mathbf{p}_i) - \left(\frac{1}{2}\Delta t\mathbf{K} + \mathbf{C}\right)\mathbf{u}_{i+1} - \left(\frac{1}{2}\Delta t\mathbf{K} - \mathbf{C}\right)\mathbf{u}_i\right] \quad (2.2\text{-}21b)$$

Newmark 方法族：

$$\hat{\mathbf{K}} \cdot \Delta\mathbf{u}_i = \Delta\hat{\mathbf{p}}_i \quad (2.2\text{-}22a)$$

式中

$$\hat{\mathbf{K}} = \mathbf{K} + \frac{1}{\beta\Delta t^2}\mathbf{M} + \frac{\gamma}{\beta\Delta t}\mathbf{C} \quad (2.2\text{-}22b)$$

$$\Delta\hat{\mathbf{p}}_{i+1} = \Delta\mathbf{p}_{i+1} + \left(\frac{1}{\beta\Delta t}\mathbf{M} + \frac{\gamma}{\beta}\mathbf{C}\right)\dot{\mathbf{u}}_i + \left[\frac{1}{2\beta}\mathbf{M} + \Delta t\left(\frac{\gamma}{2\beta} - 1\right)C\right]\ddot{\mathbf{u}}_i \quad (2.2\text{-}22c)$$

速度和加速度反应增量为：

$$\Delta\dot{\mathbf{u}}_i = \frac{\gamma}{\beta\Delta t}\Delta\mathbf{u}_i - \frac{\gamma}{\beta}\dot{\mathbf{u}}_i + \Delta t\left(1 - \frac{\gamma}{2\beta}\right)\ddot{\mathbf{u}}_i \quad (2.2\text{-}23a)$$

$$\Delta\ddot{\mathbf{u}}_{i+1} = \frac{1}{\beta\Delta t^2}\Delta\mathbf{u}_i - \frac{1}{\beta\Delta t}\dot{\mathbf{u}}_i - \frac{1}{2\beta}\ddot{\mathbf{u}}_i \quad (2.2\text{-}23b)$$

t_{i+1} 时刻的反应为：

$$\mathbf{u}_{i+1} = \mathbf{u}_i + \Delta\mathbf{u}_i; \quad \dot{\mathbf{u}}_{i+1} = \dot{\mathbf{u}}_i + \Delta\dot{\mathbf{u}}_i; \quad \ddot{\mathbf{u}}_{i+1} = \ddot{\mathbf{u}}_i + \Delta\ddot{\mathbf{u}}_i \quad (2.2\text{-}24)$$

从差分法的稳定性条件可以看到，若高频振动对结构动力反应贡献大，则需要考虑的周期 T 可能很小，因此 Δt 必须选择很小；同时从差分法的表达式可以看到，质量矩阵对角元素必须都大于 0，如有对角元素接近 0，则 Δt 也将接近 0，差分法失效；因此使用差分法时，不宜使个别单元尺度比其他单元小很多，否则会使临界积分步长变小，增加计算量。

另外，差分法中，刚度 K 不出现在递推公式的左端，当 M 是满秩对角阵且 C 可以忽略或是对角阵时，则式（2.2-20a）左端系数矩阵极易于计算；之后，仅需进行矩阵乘法运算就可以获得位移向量；然而，当 M 或 C 是非对角阵时，中心差分法仍需要求解耦联的代数方程组；对李小军差分法，则只要求 M 满秩、对角，就可以避免求解耦联的代数方程组。

Newmark 法的有效刚度矩阵 $\hat{\mathbf{K}}$ 中包含 K，一般来说 K 是非对角阵，因此需要求解耦联的代数方程组。Newmark 法是一族方法，通过参数 β 和 γ 取不同值，可以得到稳定性不同的方法，见表 2.2-2。

Newmark 方法族 表 2.2-2

方法	γ	β	δ	$\Delta t/T$	精　度
中心差分法	1/2	0	0	0.3183	对于较小的 Δt 极好；对于较大的 Δt 则不稳定
线性加速度法	1/2	1/6	0	0.5513	对于较小的 Δt 非常好；对于较大的 Δt 则不稳定
常加速度法	1/2	1/4	0	∞	对于较小的 Δt 非常好；无条件稳定

2.3　线弹性运动方程求解的向量叠加法

2.3.1　结构的自由振动频率与振型

根据常微分方程解的理论，与式（2.1-15）对应的特征值问题可以写为：

$$[\lambda \mathbf{M}+\mathbf{K}]\boldsymbol{\psi}=0 \tag{2.3-1}$$

式中　λ——特征值；

　　　$\boldsymbol{\psi}$——特征向量。

对于可以承受静、动力作用的工程结构，刚度矩阵是正定的，而质量矩阵是正定的或半正定的，此时可以证明 λ 可以表示为 $\lambda=-\omega^2$，ω 为实数，$\boldsymbol{\psi}$ 为实数向量。对于结构振动问题，ω 称为无阻尼自由振动频率或模态频率，$\boldsymbol{\psi}$ 称为无阻尼振型向量或模态向量。

对于具有 n 个动力自由的结构体系，可以通过解式（2.3-1）的数学特征值问题获得 n 个无阻尼自由振动频率 ω_j 和对应的振型向量 $\boldsymbol{\psi}_j$（$j=1,2,\cdots,n$），并构成自由振动频率矩阵 $\boldsymbol{\Omega}^2$ 和特征向量矩阵 $\boldsymbol{\Psi}$：

$$\boldsymbol{\Omega}^2=\begin{bmatrix} \omega_1^2 & & & \\ & \omega_2^2 & & \\ & & \ddots & \\ & & & \omega_n^2 \end{bmatrix},\boldsymbol{\Psi}=[\boldsymbol{\psi}_1,\ \boldsymbol{\psi}_2,\ \cdots,\ \boldsymbol{\psi}_n]=\begin{bmatrix} \psi_{11} & \psi_{12} & \cdots & \psi_{1n} \\ \psi_{21} & \psi_{22} & \cdots & \psi_{2n} \\ \vdots & \vdots & \ddots & \vdots \\ \psi_{n1} & \psi_{n2} & \cdots & \psi_{nn} \end{bmatrix} \tag{2.3-2}$$

由于振型向量（特征向量）$\boldsymbol{\psi}_j$ 仅代表一个不变的比例关系，因此对其乘以一个非零常数，仍然是同一个振型向量。因此重新定义振型向量矩阵为：

$$\boldsymbol{\Phi}=[\varphi_1,\ \varphi_2,\ \cdots,\ \varphi_n]\quad \boldsymbol{\varphi}_i=\frac{1}{\sqrt{m_i}}\boldsymbol{\psi}_i\quad m_i=\boldsymbol{\psi}_i^{\mathrm{T}}\mathbf{M}\boldsymbol{\psi}_i \tag{2.3-3}$$

可以证明：

$$\boldsymbol{\Phi}^{\mathrm{T}}\mathbf{M}\boldsymbol{\Phi}=\mathbf{I} \tag{2.3-4a}$$

$$\boldsymbol{\Phi}^{\mathrm{T}}\mathbf{K}\boldsymbol{\Phi}=\boldsymbol{\Omega}^2 \tag{2.3-4b}$$

式中　$\mathbf{I}$——单位矩阵。

2.3.2　振型向量叠加法

作变换：

$$\mathbf{u}=\boldsymbol{\Phi}\mathbf{x} \tag{2.3-5}$$

并引用式（2.3-4）的加权正交关系，则式（2.1-15）可以解耦为一系列独立的广义单自由度振动方程：

$$\begin{cases} \ddot{x}_j+2\xi_j\omega_j\dot{x}_j+\omega_j^2 x_j=p_j(t) \\ \dot{x}_{j0}=\boldsymbol{\varphi}_j^{\mathrm{T}}\mathbf{M}\,\dot{\mathbf{u}}_0;\quad x_{j0}=\boldsymbol{\varphi}_j^{\mathrm{T}}\mathbf{M}\mathbf{u}_0 \end{cases},j=1,2,\cdots \tag{2.3-6}$$

式中　x_j——振型广义坐标；

$p_j(t)$——振型广义荷载。

$$p_j(t) = \boldsymbol{\varphi}_j^{\mathrm{T}} \mathbf{p}_{\mathrm{eff}}(t) \qquad (2.3\text{-}7)$$

式（2.3-6）可以采用 2.2 节中的任何一种方法进行数值求解。

对于线性结构体系，任意反应量 $\mathbf{z}$ 与结构位移反应之间存在着线性关系：

$$\mathbf{z} = \mathbf{Qu} = \mathbf{Gx} \qquad (2.3\text{-}8)$$

式中 $\mathbf{Q}$、$\mathbf{G}$——常系数实矩阵。

$\mathbf{z}$ 的任一分量 z_k 可表示为：

$$z_k(t) = \sum_{i=1}^{n} g_{ki} x_i(t) \qquad (2.3\text{-}9)$$

2.3.3　单一荷载空间分布模式的 LDR 叠加方法

单一荷载空间分布模式的 LDR（Load Dependent Ritz）方法，利用外荷载空间分布模式构造出一组 Krylov 向量基，然后用 Rayleigh-Ritz 方法来进行特征空间逼近，然后通过线性变换来求解动力学方程。该方法由 Wilson E L 和袁明武[10]提出。对于一种特定的外荷载空间分布模式，LDR 方法使用较少阶数的 Ritz 向量就可以将高阶振型的贡献提取出来，这对于求解结构反应有很大优势。当 LDR 方法求解的振动方程外荷载的空间分布模式只有一种时，LDR 的计算流程见表 2.3-1。

单一荷载空间分布模式的 LDR 向量的计算方法　　　　　　表 2.3-1

---

1. 给定刚度矩阵、质量矩阵和外荷载向量 $\mathbf{K}$、$\mathbf{M}$ 和 $\mathbf{f}$
2. 求解 $\mathbf{K} y_1 = \mathbf{f}$ 得到 y_1
3. 对 y_1 进行归一化处理：$\boldsymbol{\psi}_1 = \dfrac{y_1}{\sqrt{y_1^{\mathrm{T}} \mathbf{M} y_1}}$

---

4. For $j = 2, 3, \cdots, l$ do
① 求解 $\mathbf{K} y_j = \mathbf{M} \boldsymbol{\psi}_{j-1}$ 得到 y_j
② 对于 $k = 2, 3, \cdots, j-1$，重复以下步骤，使得 y_j 与 $\boldsymbol{\Psi}_{j-1} = [\psi_1, \psi_2, \cdots, \psi_{j-1}]$ 正交化：

$$y_j = y_j - (\psi_k^{\mathrm{T}} M y_j) \psi_k$$

③ 对 y_j 进行归一化处理：$\boldsymbol{\psi}_j = \dfrac{y_j}{\sqrt{y_j^{\mathrm{T}} \mathbf{M} y_j}}$

End For

---

5. 计算减缩刚度矩阵和质量矩阵，并求解特征向量：

$$\widetilde{\mathbf{K}} = \boldsymbol{\Psi}^{\mathrm{T}} \mathbf{K} \boldsymbol{\Psi}; \qquad \widetilde{\mathbf{M}} = \boldsymbol{\Psi}^{\mathrm{T}} \mathbf{M} \boldsymbol{\Psi}$$
$$\widetilde{\mathbf{K}} \mathbf{Z} = \widetilde{\mathbf{M}} \boldsymbol{\Lambda} \mathbf{Z}$$

6. $\widetilde{\Lambda}$ 为原问题的近似特征值矩阵，减缩矩阵的特征向量矩阵可以变换为近似特征向量：
$$\boldsymbol{\Phi} = \boldsymbol{\Psi} \mathbf{Z}$$

根据 $\boldsymbol{\Phi}$ 的计算过程可知：

$$\boldsymbol{\Phi}^{\mathrm{T}} \mathbf{M} \boldsymbol{\Phi} = \mathbf{Z}^{\mathrm{T}} \boldsymbol{\Psi}^{\mathrm{T}} \mathbf{M} \boldsymbol{\Psi} \mathbf{Z} = \mathbf{Z}^{\mathrm{T}} \widetilde{\mathbf{M}} \mathbf{Z} = \mathbf{I} \qquad (2.3\text{-}10a)$$

$$\boldsymbol{\Phi}^{\mathrm{T}} \mathbf{K} \boldsymbol{\Phi} = \mathbf{Z}^{\mathrm{T}} \boldsymbol{\Psi}^{\mathrm{T}} \mathbf{K} \boldsymbol{\Psi} \mathbf{Z} = \mathbf{Z}^{\mathrm{T}} \widetilde{\mathbf{K}} \mathbf{Z} = \widetilde{\boldsymbol{\Lambda}} \qquad (2.3\text{-}10b)$$

由于广义特征向量的正交性，$\mathbf{Z}^{\mathrm{T}} \widetilde{\mathbf{K}} \mathbf{Z}$ 是对角阵，故 $\boldsymbol{\Phi}$ 关于质量矩阵和刚度矩阵加权正交。

2.3.4　多荷载空间分布模式的 LDR 叠加方法

多荷载空间分布模式的块 LDR 方法。当外荷载空间分布模式不止一种时，如多分量一致地震动输入或者是多点地震动输入的情况，2.3.3 节的算法不适用。针对多荷载空间分布模式，Nour-Omid 和 Clough[11] 提出了分块 Lanczos 法，又称作适用于多荷载分布模式的块 LDR 方法。其基本思路是先生成一组块 Krylov 基底，然后利用 Lanczos 方法的特点来进行迭代计算。

生成 Krylov 基底的方法是先选取 k 个初始向量（结构静力响应）形成一个向量组 $\mathbf{R}_0$，将 $\mathbf{R}_0$ 用 Gram-Schmidt 方法 $\mathbf{M}$-正交化，成为初始块 $\mathbf{G}_1$，然后利用：

$$\overline{\mathbf{R}}_1 = \mathbf{K}^{-1}\mathbf{M}\mathbf{G}_1 \tag{2.3-11}$$

生成下一个向量组 $\overline{\mathbf{R}}_1$，将新生成的向量组 $\overline{\mathbf{R}}_1$ 相对于初始块 $\mathbf{G}_1$ 进行 $\mathbf{M}$-正交化为 $\mathbf{R}_1$，然后再将 $\mathbf{R}_1$ 自身正交化形成下一个块 $\mathbf{G}_2$，其余的块生成的步骤类似，最终的结果是生成了若干个向量块，其中向量块之间两两正交，组成向量块的列向量之间也是两两正交的。

根据 Nour-Omid 和 Clough 的研究，这种分块计算方法适合于荷载与响应耦合的情况，即一个方向的荷载输入会引起另外一个方向的位移。这种生成 Krylov 子空间的方法可以扩展到 LDR 方法上，按上述方法生成块 Krylov 基底后，对原动力学方程变换，解耦后对每个自由度积分运算。块 LDR 方法的计算流程见表 2.3-2。

多荷载空间分布模式的 LDR 向量的计算方法　　　　　　　　　　　　表 2.3-2

---

1. 假设外荷载可以表示为 $\mathbf{Ph}(t)=[p_1,p_2,\cdots,p_k][\eta_1(t),\eta_2(t),\cdots,\eta_k(t)]^{\mathrm{T}}$，首先求解静力响应 $\mathbf{R}_0=\mathbf{K}^{-1}\mathbf{P}$，然后挑出 $\mathbf{R}_0$ 矩阵列的最大线性无关组，仍记为 $\mathbf{R}_0$。将 $\mathbf{R}_0$ 进行列 $\mathbf{M}$-正交化，即表示为任意两列 $\mathbf{M}$-正交的矩阵 $\mathbf{G}_1$ 与一个上三角矩阵 $\mathbf{B}_1$ 的乘积：$\mathbf{R}_0=\mathbf{G}_1\mathbf{B}_1$。最后将 $\mathbf{G}_1$ 归一化，其归一化系数吸收进 $\mathbf{B}_1$ 矩阵，即满足 $\mathbf{G}_1^{\mathrm{T}}\mathbf{M}\mathbf{G}_1=\mathbf{I}$

2. 计算：
$\overline{\mathbf{R}}_1=\mathbf{K}^{-1}\mathbf{M}\mathbf{G}_1$，即用 $\mathbf{K}^{-1}\mathbf{M}$ 扩展 Krylov 向量空间；
$\mathbf{R}_1=\overline{\mathbf{R}}_1-\mathbf{G}_1(\mathbf{G}_1^{\mathrm{T}}\mathbf{M}\overline{\mathbf{R}}_1)$，即去掉 $\overline{\mathbf{R}}_1$ 中与 $\mathbf{G}_1$ 平行的部分，使得 $\mathbf{G}_1$ 与 $\mathbf{R}_1$ 满足 $\mathbf{M}$-正交；
$\mathbf{R}_1=\mathbf{G}_2\mathbf{B}_2$，类似 1 中的列 $\mathbf{M}$-正交化，生成矩阵 $\mathbf{G}_2$

For　　　$j=2,3,\cdots,l$　　　do
① 计算：
$\overline{\mathbf{R}}_j=\mathbf{K}^{-1}\mathbf{M}\mathbf{G}_j$（扩展 Krylov 空间）
② 将新生成的向量组 $\overline{\mathbf{R}}_j$ 关于已生成的向量块 $\mathbf{G}_1,\mathbf{G}_2,\cdots,$ 进行 $\mathbf{M}$-正交化（可证明理论上只需要显式地与前两个向量块进行 $\mathbf{M}$-正交即可）：
$\mathbf{R}_j=\overline{\mathbf{R}}_j-\mathbf{G}_j\mathbf{A}_j-\mathbf{G}_{j-1}\mathbf{B}_j$，$\mathbf{A}_j=\mathbf{G}_j^{\mathrm{T}}\mathbf{M}\overline{\mathbf{R}}_j$
$\mathbf{B}_j$ 为对 $\mathbf{R}_{j-1}$ 正交化过程中生成的上三角矩阵
③重正交化：
IF $\max(\mathbf{R}_j^{\mathrm{T}}\mathbf{M}\mathbf{G}_1)>tol$，then
$\mathbf{w}=[\mathbf{G}_1,\mathbf{G}_2,\cdots,\mathbf{G}_j]^{\mathrm{T}}\mathbf{M}\mathbf{R}_j$
$\mathbf{R}_j=\mathbf{R}_j-[\mathbf{G}_1,\mathbf{G}_2,\cdots,\mathbf{G}_j]\mathbf{w}$，如果正交性丧失，则显式进行全向量组重正交化
ENDIF
④对新生成的 R_{j-1} 进行 M-正交归一化：
$\mathbf{R}_j=\mathbf{G}_{j+1}\mathbf{B}_{j+1}$
End For

---

3. 计算减缩刚度矩阵和质量矩阵，并求解特征向量：
$\widetilde{\mathbf{K}}=\mathbf{G}^{\mathrm{T}}\mathbf{K}\mathbf{G},\widetilde{\mathbf{M}}=\mathbf{G}^{\mathrm{T}}\mathbf{M}\mathbf{G}$

$\widetilde{\mathbf{K}}\mathbf{Z}=\widetilde{\mathbf{M}}\mathbf{Z}\boldsymbol{\Lambda}$
其中 $\mathbf{G}=[\mathbf{G}_1,\mathbf{G}_2,\cdots,\mathbf{G}_l]$
4. 变换为近似特征向量：
$\boldsymbol{\Phi}=\mathbf{G}\mathbf{Z}$

算法中重正交化是必需的。由于矩阵的对称性，步骤 2-②中正交化只是对于前两步的块向量正交，理论上不需要与其余块向量进行正交化，而实际计算中由于计算机舍入误差的影响正交性很容易丧失，因此步骤 2-③重正交化保证了新生成的块正交于之前生成的所有的块。

2.3.5　向量叠加法计算效率的比较

对于多荷载空间分布模式，还可以采用以下两种处理方法：①对荷载的不同空间分布模式，分别采用 LDR 法计算，再进行叠加；②先将多个荷载分布模式求代数和然后进行 LDR 法计算。第一种处理方法计算量较大，第二种方法可能会丢失外荷载空间分布的信息。为了进行对比，在本小节的对比计算中，也考虑了这两种方法。

为说明 LDR 方法的计算效率，赵东晓和王君杰[12]以连续梁桥为例进行了计算。计算模型如图 2.3-1。该桥共有九跨，有限元分析模型划分为 184 个梁单元，共有 179 个自由节点，对应 1074 个未约束的动力自由度。以直接积分方法的计算结果作为向量叠加法相对误差的比较标准，对于本例，直接积分法耗时 383.65s。

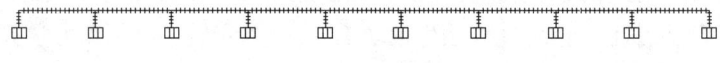

图 2.3-1　梁桥的有限元离散模型

为了对结构地震反应计算的误差和计算效率进行比较，定义了以下相对误差：

$$Err = \frac{1}{n}\sum_{i=1}^{n}\frac{\|X(t_i) - X_d(t_i)\|_2}{\|X_d(t_i)\|_2} \tag{2.3-12}$$

式中　X_d——直接积分法的结果；

　　$X_d(t_i)$——t_i 时刻各自由度上的位移；

　　X——其余方法计算的结果；

　　n——总的时间步数。

为了更清楚地显示误差的大小，取式（2.3-12）的负对数：

$$Error = -\log10(Err) \tag{2.3-13}$$

如此，$Error$ 的值越大，相对误差 Err 的值越小。

图 2.3-2 是单方向地震动输入下，计算的耗时与精度的比较。从图 2.3-2（a）和（b）

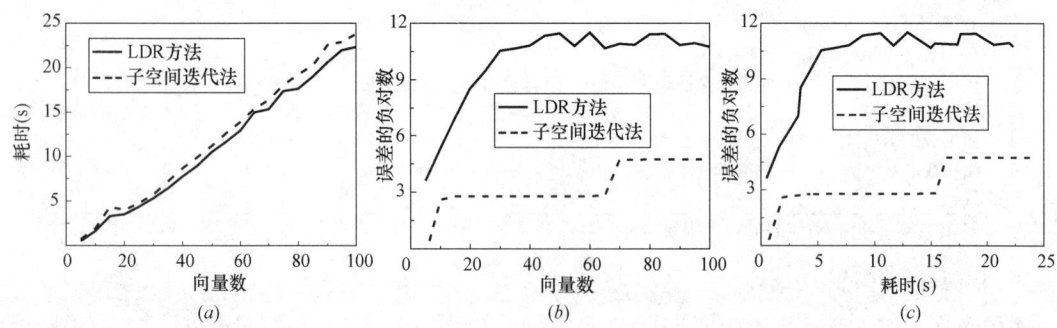

图 2.3-2　子空间迭代法与 LDR 方法效率比较

（a）两种方法的耗时比较；（b）两种方法的误差比较；（c）两种方法的耗时-误差曲线

可以看到，如果使用同样多的向量，LDR 方法与子空间迭代法加上静力修正计算响应的耗时基本一致，但 LDR 方法的误差比子空间迭代法低很多。从图 2.3-2（c）可以看出，总体效率方面，LDR 方法也是优于静力修正的子空间方法。

对于三个方向地震动输入情况，选取三条空间荷载分布各异的地震时程曲线，针对两种情况进行计算。第一种情况是直接将地震动时程施加在顺桥向、横桥向和竖向；第二种情况是将桥梁旋转一定角度，然后再将同样的时程加在总体坐标的 x 方向、y 方向和 z 方向，即将刚度矩阵和质量矩阵进行一个正交变换，正交变换矩阵为旋转矩阵。计算第二种情况的目的是使一条地震时程同时在三个方向上激发出位移响应，也即不同的荷载空间分布所造成的结构的响应之间是耦合的，而第一种情况由于结构本身的对称性，一个方向的荷载一般不会引起另外一个方向的响应，因此这种情况是非耦合的。

图 2.3-3 是非耦合情况下的计算结果。相同向量数下，分块 LDR 方法耗时最少，而三方向分别计算的多重 LDR 法耗时最高；分块 LDR 和三方向分别计算的误差相近，且优于求和 LDR 法的误差。至于总体效率，由图 2.3-3（c）可以看出，多重 LDR 法结果与分块 LDR 方法相当，而求和 LDR 法的效率低。

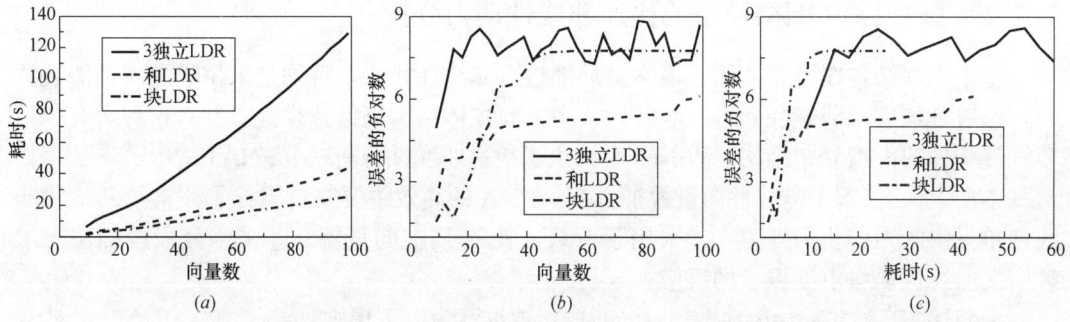

图 2.3-3　非耦合情况三重 LDR 法、求和 LDR 法及分块 LDR 法效率比较
（a）三种方法的耗时比较；（b）三种方法的误差比较；（c）三种方法的耗时-误差曲线

图 2.3-4 是耦合情况下的计算结果。可以看出，在 Krylov 子空间维数相同条件下，三种方法耗时与误差的相对关系与非耦合情况下类似。而从图 2.3-4（c）可以看出，计算效率则是分块 LDR 方法最高。因此，耦合情况下分块 LDR 方法的优势较为明显。

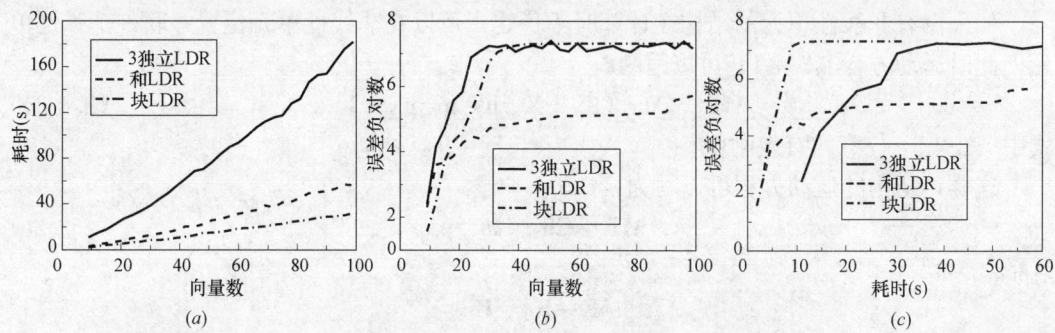

图 2.3-4　耦合情况三重 LDR 法、求和 LDR 法及分块 LDR 法效率比较
（a）三种方法的耗时比较；（b）三种方法的误差比较；（c）三种方法的耗时-误差曲线

2.4 非线性动力学方程求解

2.4.1 增量直接积分方法

当采用中心差分法或李小军差分法求解非线性动力学方程时，其数学表达式与线弹性情况相同，但刚度矩阵需要采用切线刚度。采用差分法计算时，由于结构一般是随变形的增加而变软，刚度降低，质量不变，因此结构的自振周期变长，计算的稳定性将变好。在非线性分析中，每个增量步的刚度矩阵是修改的，显式差分方法不需要对刚度矩阵求逆，在计算效率上有很大优势。

非线性直接积分方法的主要误差来自于以切线刚度矩阵代替割线刚度矩阵，这是非线性分析的共性。$\hat{\mathbf{K}}\Delta\mathbf{u}=\Delta\hat{\mathbf{p}}$ 从形式上看与静力问题的方程完全一样，可采用静力问题中的非线性分析方法进行迭代求解，如 Newton-Raphson（NR）法。

2.4.2 基于 LDR 缩减模型的快速非线性动力分析

土木工程结构在地震作用下通常是局部进入非线性状态，特别是采用隔震、消能装置时，一般是隔震或消能装置进入非线性状态，而主体结构仍保持弹性。针对这种含有少量非线性构件的大型复杂结构，Wilson[6]给出了快速非线性分析法（FNA）。

本质上说，FNA 是一种向量叠加方法。FNA 的高效主要来自于：①非常技巧地将非线性单元中的力转化为外力；②采用了荷载依赖的 Ritz 向量解；③采用分段精确法来求解广义非线性单自由度振子的反应。

为叙述 FNA 方法，运动方程（2.1-15）被重写为以下形式：

$$\mathbf{M}\ddot{\mathbf{u}}+\mathbf{C}\dot{\mathbf{u}}+\mathbf{K}_0\mathbf{u}+\mathbf{p}_{nl}=\mathbf{p} \tag{2.4-1}$$

式中　$\mathbf{u}$——独立位移；

$\mathbf{K}_0$——结构的刚度矩阵，但不包括非线性单元的刚度，且其维数与 u 的维数对应；

$\mathbf{M}$、$\mathbf{C}$——与 $\mathbf{K}_0$ 对应的质量和阻尼矩阵；

$\mathbf{p}$——外荷载向量；

$\mathbf{p}_{nl}$——非线性单元力。

如果没有非线性单元的结构在计算时不稳定，可以在非线性单元位置并联一个弹性单元，此时运动方程（2.4-1）可以写为：

$$\mathbf{M}\ddot{\mathbf{u}}+\mathbf{C}\dot{\mathbf{u}}+(\mathbf{K}_0+\mathbf{K}_e)\mathbf{u}=\mathbf{p}-\mathbf{p}_{nl}+\mathbf{K}_e\mathbf{u} \tag{2.4-2a}$$

式中　$\mathbf{K}_e$——任意的有效刚度。

这样，结构的运动方程可以写为：

$$\mathbf{M}\ddot{\mathbf{u}}+\mathbf{C}\dot{\mathbf{u}}+\mathbf{K}\mathbf{u}=\mathbf{p}_{\text{eff}} \tag{2.4-2b}$$

式中

$$\mathbf{K}=\mathbf{K}_0+\mathbf{K}_e \tag{2.4-3a}$$

$$\mathbf{p}_{\text{eff}}=\mathbf{p}-\mathbf{p}_{nl}+\mathbf{K}_e\mathbf{u} \tag{2.4-3b}$$

经验表明，若 $\mathbf{K}_e$ 选择适当，则未知荷载向量（$-\mathbf{p}_{nl}+\mathbf{K}_e\mathbf{u}$）就会很小，计算的效率和收敛速度就高。

在任意时刻，非线性单元中的变形和其一阶导数可以通过如下的位移转换方程得到：

$$\mathbf{d} = \mathbf{b}\mathbf{u} \tag{2.4-4}$$

式中　$\mathbf{b}$——位移转换矩阵，对于小位移情形，位移转换矩阵 $\mathbf{b}$ 不随时间变化。

若非线性单元的位移和速度已知，则在任意时间点上，非线性单元中的力 p_{nl} 可以利用非线性单元的非线性材料属性通过迭代计算得到。

求解方程（2.4-2）的第一步是计算一组正交的 LDR 向量 $\mathbf{\Phi}$，并作变换：

$$\mathbf{u} = \mathbf{\Phi}\mathbf{x} \tag{2.4-5}$$

则运动方程（2.4-2）可以解耦为：

$$\ddot{x}_j + 2\xi_j\omega_j\dot{x}_j + \omega_j^2 x_j = p_j \qquad j = 1, 2, \cdots, n \tag{2.4-6}$$

式中　n——里兹向量数目。

$$p_j = \boldsymbol{\varphi}_j^{\mathrm{T}}\mathbf{p} = \boldsymbol{\varphi}_j^{\mathrm{T}}\mathbf{p}_0 - \boldsymbol{\varphi}_j^{\mathrm{T}}\mathbf{p}_{nl} + \boldsymbol{\varphi}_j^{\mathrm{T}}\mathbf{K}_e\mathbf{u} \tag{2.4-7}$$

根据式（2.4-4），非线性单元上的变形可以写为：

$$\mathbf{d} = \mathbf{B}\mathbf{q} \quad ; \mathbf{B} = \mathbf{b}\mathbf{\Phi} \tag{2.4-8}$$

在任一时刻，根据非线性单元的材料本构，可以计算出其单元节点力向量 $\mathbf{f}$，进而可以得到非线性广义力：

$$\mathbf{p}_{nl} = \mathbf{B}^{\mathrm{T}}\mathbf{f} \tag{2.4-9}$$

附加有效弹性力可以重写为：

$$\mathbf{p}_e = \mathbf{\Phi}^{\mathrm{T}}\mathbf{K}_e\mathbf{u} = \mathbf{\Phi}^{\mathrm{T}}\mathbf{b}^{\mathrm{T}}\mathbf{k}_e\mathbf{b}\mathbf{u} = \mathbf{B}^{\mathrm{T}}\mathbf{k}_e\mathbf{d} \tag{2.4-10}$$

式中　$\mathbf{k}_e$——非线性单元局部坐标系下的附加有效弹性刚度矩阵。

振型方程（2.4-6）中，p_j 是振型广义荷载。对于非线性单元而言，它是在同一时刻的所有振型反应的函数。因此，振型方程必须同时积分，而且需要通过迭代以获得在时刻 t 处的所有振型方程的解。振型方程（2.4-6）可采用 2.4.1 节叙述的方法求解。表 2.4-1 描述了 FNA 方法的计算过程。

FNA 方法的计算流程[6]（原表 18.1）　　　　　　表 2.4-1

Ⅰ 初始计算-逐步求解计算之前：
1. 为无非线性单元的结构计算 N 个荷载相关的 Ritz 向量 $\mathbf{\Phi}$
2. 计算 $N \times L$ 矩阵 $\mathbf{B}$，其中 L 是所有非线性单元中的 DOF 总数

Ⅱ 非线性求解-在时间 $\Delta t, 2\Delta t, 3\Delta t \cdots$
1. 采用泰勒级数估计在 t 时刻的解答：

$$q_j(t) = q_j(t-\Delta t) + \Delta t \cdot \dot{q}_j(t-\Delta t) + \frac{\Delta t}{2}\ddot{q}_j(t-\Delta t)$$

$$\dot{q}_j(t) = \dot{q}_j(t-\Delta t) + \Delta t \cdot \ddot{q}_j(t-\Delta t)$$

2. 为第 i 步迭代，计算 L 个非线性变形和速度：

$$d^i = \mathbf{B}q^i \quad ; \quad \dot{d}^i = \mathbf{B}\dot{q}^i$$

3. 根据非线性单元中的变形和速度历史，计算非线性力 $f^i(t)$
4. 计算新模态力向量：

$$\mathbf{p}^i = \mathbf{p} - \mathbf{B}^{\mathrm{T}}[\mathbf{f}(t) - \mathbf{k}_e\mathbf{d}(t)]$$

5. 为下次迭代使用分段精确积分法求解模态方程，得到：

$$q^i; \quad \dot{q}^i; \quad \ddot{q}^i$$

6. 计算误差范数：

$$err = \Big[\sum_{n=1}^{N}|\bar{f}_n^i(t)| - \sum_{n=1}^{N}|\bar{f}_n^{i-1}(t)|\Big] / \sum_{n=1}^{N}|\bar{f}_n^i(t)|$$

7. 检验收敛（允许误差 Tol 是给定的）
若 $err > Tol$，则转到步骤 2，$i = i+1$
若 $err < Tol$，则转到步骤 1，$t = t+\Delta t$

2.5 振动阻尼

2.5.1 阻尼参数的实测

　　振动耗能是材料和结构的固有属性之一。从概念上讲，振动耗能机理主要包括：①材料的内摩擦作用使机械能量逐渐转化为热能消失在周围的介质中；②节点、构件接触部位的摩擦耗散能量；③非结构性构件（或附属物）的耗能；④结构与周围流体（如空气、水）之间的摩擦耗能等。上述耗能机理导致材料的应力-应变关系、构件或结构层面上的力-位移关系呈现出复杂的非线性函数形式。因此，也可以说振动耗能来自非线性。

　　从现有的结构动力学建模方法来看，耗能有两种处理方法：①精确处理方法。直接引用描述力学性质的非线性函数。但这种方法将导致一个非线性二阶微分方程组，非线性函数中的参数的准确获得和方程组的求解都面临巨大的挑战，以至于难于针对全结构采用这种处理方法。②等效线性化方法。这种方法将非线性力学函数等效为一个与应变（位移）呈线性函数关系和一个与应变率（速度）呈线性函数关系［也有将非线性力学函数关系等效为与应变（位移）呈复数线性关系的，但不常用］，与应变（位移）相关的比例系数称为线弹性刚度系数，与应变率（速度）相关的比例系数称为阻尼系数。等效线性化方法导致一个二阶常微分方程组，求解的数学理论完善，且存在可靠、实用的计算工具。

　　基于有限元理论，质量和刚度两个属性参数有系统和可靠的确定方法，但阻尼参数的确定则仍然依赖实测统计。数十年来，研究者一直通过原型和模型实测手段，意图在宏观层面上了解阻尼比的取值和影响因素。Stevenson[13]对早期的研究进行了总结，其中代表性的成果见表 2.5-1 和表 2.5-2。

典型的 Newmark 型阻尼比取值[13]　　　　　　表 2.5-1

应力水平	结构类型和条件	阻尼比（%）
低应力： 1/4 屈服点以下	1. 供水管线	0.2
	2. 钢、混凝土或预应力混凝土；无开裂、无节点滑移	0.5～1.0
工作应力： 1/2 屈服点以下	1. 供水管线	0.5～1.0
	2. 焊接钢结构、预应力混凝土、混凝土（只有直裂缝）	2
	3. 显著开裂混凝土	3～5
	4. 栓接钢结构、有铆钉或栓接点的木结构	5～7
接近屈服点	1. 供水管线	2
	2. 焊接钢结构、预应力混凝土（预应力没有完全丧失）	5
	3. 预应力混凝土（预应力完全丧失）	7
	4. 混凝土	7～10
	5. 栓接钢结构、栓接木结构	10～15
	6. 铆钉木结构	15～20
超过屈服点，永久应变 大于屈服点应变	1. 供水管线	5
	2. 焊接钢结构	7～10
	3. 预应力混凝土、混凝土	10～15
	4. 栓接钢结构、木结构	20

美国核电结构阻尼比取值[13]　　　　　　　　　　　　　　　表 2.5-2

结构或构件	安全运行地震（OBE）	安全停堆地震（SSE）
设备或直径大于 12in 管道系统	2	3
直径不大于 12in 管道系统	1	2
焊接钢结构	2	4
栓接钢结构	4	7
预应力混凝土结构	2	5
混凝土结构	4	7

Stevenson 在其论文中还总结了土-结构相互作用阻尼、地震波散逸效应等效阻尼、水阻尼以及高振型阻尼问题。但限于当时的研究水平，主要是提出了问题。

Li 与 Mau[14] 以 1989 年美国洛马普列塔地震与 1987 年美国惠蒂尔地震中 16 幢钢筋混凝土结构的地震反应观测记录为依据，识别得到的基本模态阻尼比（32 个阻尼比数值）的变化范围为 0.02～0.12。2006 年，Kashima 和 Kitagawa[15] 以日本 19 幢钢筋混凝土结构的地震反应观测记录为依据，识别得到的基本模态阻尼比（38 个阻尼比数值）的变化范围为 0.01～0.06。上述各种试验实测识别得到的阻尼比，均有一个较大的范围，表明影响结构阻尼比的因素较多，现行不考虑结构形式（剪力墙、框架、框架-剪力墙）、建筑高度、结构变形与受力状态（弹性、开裂、屈服），而对钢筋混凝土建筑结构统一采用常数阻尼比的做法显然与实际不符，这种粗糙的处理办法严重影响结构动力设计的可靠性。

实际上，1982 年张相庭等[16] 就做了大量的钢筋混凝土构件（梁、板、门式框架）试验，取得了近 200 个实测数据，并据此统计得到了结构基频阻尼比随变形的关系式：

$$\xi = \eta \xi_0; \quad \eta = 1 + \frac{\mu}{0.315\mu + 1.3906} \tag{2.5-1}$$

式中　ξ_0——构件的初始阻尼比；

　　　μ——位移延性系数。

2003 年，Fritz[17] 应用 121 个钢筋混凝土结构实测阻尼比数值，统计得到了如下阻尼比与振动幅值的关系：

$$\xi = 0.05 \left(\frac{\Delta}{H}\right)^{0.25} \tag{2.5-2}$$

式中　H——建筑物高度；

　　　Δ——建筑物顶部横向振动位移。

汪帜辉和汪梦甫[18] 以混凝土悬臂构件自由振动试验数据为基础，得到了混凝土悬臂构件与振动幅值相关的阻尼比计算公式为：

$$\xi = \eta \xi_0; \quad \eta = 9.0255 \left(\frac{\Delta}{H}\right)^{0.3306} \tag{2.5-3}$$

Rebelo[19] 采用自由振动衰减法和环境振动法测试了 6 座位于奥地利的中小跨铁路桥梁的动力特性，结果表明：列车通过后自由衰减测试的阻尼比远大于环境激励下测试的阻尼比，列车激励下自由衰减测试的阻尼比一般大于 0.05，而环境激励下的阻尼比为 0.02 左右。

Kaustell[20] 通过试验研究表明铁路钢混组合桥梁的阻尼比和振幅及加速度有很大的

正相关性，并给出了阻尼比和振动加速度的关系式：

$$\xi=0.06\left(1+\frac{0.104}{0.06}a\right)=\eta\xi_0;\quad \eta=1+1.79a \tag{2.5-4}$$

式中　a——加速度（m/s^2）。

Kaustell 的试验所得到的结论是十分有趣的。依据该试验结论，阻尼与加速度成比例，见式（2.5-4）。但 Kaustell 并非是唯一提出此观点的研究者。2015 年，尚守平、甘宜诚和蒋林[21]也提出了相同的观点。但从数学的角度来看，假定加速度成比例的阻尼将导致复数质量，这与假定复数刚度阻尼类似。

2016 年，李湛等[22]对一座钢管混凝土中承式系杆拱桥、一座四跨预应力连续梁桥在不同车辆荷载工况下的阻尼进行了测量和识别，结果也表明阻尼比与桥梁的结构形式和激励的强度有关。

2.5.2　材料的物理阻尼模型

首先考虑与质量矩阵、刚度矩阵类似的形成过程获得阻尼矩阵。作如下假定：①对于任何一种材料，存在一个振动耗能常数 η；②材料的阻尼力等于材料的振动耗能常数 η 与材料振动速度 $\dot{u}$ 的乘积。根据有限元基本原理，单元阻尼矩阵 $\mathbf{C}^e$ 为：

$$\mathbf{C}^e=\frac{\eta^e}{\rho^e}\mathbf{M}^e=2\alpha^e\mathbf{M}^e;\quad \alpha^e=\frac{\eta^e}{2\rho^e} \tag{2.5-5}$$

式中　α^e——材料的振动衰减常数；

　　　ρ^e——单元材料的质量密度。

由式（2.5-5）可知，单元阻尼矩阵 $\mathbf{C}^e$ 与单元质量矩阵 $\mathbf{M}^e$ 成比例，比例系数为 α^e。α^e 取决于单元材料的振动耗能常数 η^e 与质量密度 ρ^e 的比值。α^e 并不是逐个单元变化，而是因材料不同而变化。当结构不同区域由不同材料构成时，应根据不同区域确定不同的 α^e 值。此时用式（2.5-5）计算单元阻尼矩阵 $\mathbf{C}^e$，然后根据与单元质量矩阵 $\mathbf{M}^e$ 集成结构质量矩阵 $\mathbf{M}$ 相同的集成规则集成结构阻尼矩阵 $\mathbf{C}$。

若采用 Kelvin-Voigt 阻尼模型假定，则阻尼应力可表示为：

$$\sigma=\mu\,\dot{\varepsilon}\,\text{或}\,\tau=\mu\,\dot{\gamma} \tag{2.5-6}$$

根据有限元理论，可以得到：

$$\mathbf{C}^e=\frac{\mu^e}{E^e}\mathbf{K}^e=2\beta^e\mathbf{K}^e;\quad \beta^e=\frac{\mu^e}{2E^e} \tag{2.5-7}$$

式中　β^e——性质与 α^e 类似；

　　　E^e——单元材料的弹性模量；

　　　$\mathbf{K}^e$——单元的刚度矩阵。

若采用混合阻尼假定，则可以得到：

$$\mathbf{C}^e=2(\alpha^e\mathbf{M}^e+\beta^e\mathbf{K}^e) \tag{2.5-8}$$

结构体系总的材料阻尼矩阵 $\mathbf{C}_M$ 可以采用一般的有限元方法集成，表示为：

$$\mathbf{C}_M=\sum\mathbf{C}^e \tag{2.5-9}$$

当对于全结构取相同的 α^e 和 β^e 时，即为工程结构动力分析和设计中广泛采用的 Rayleigh 阻尼模型。

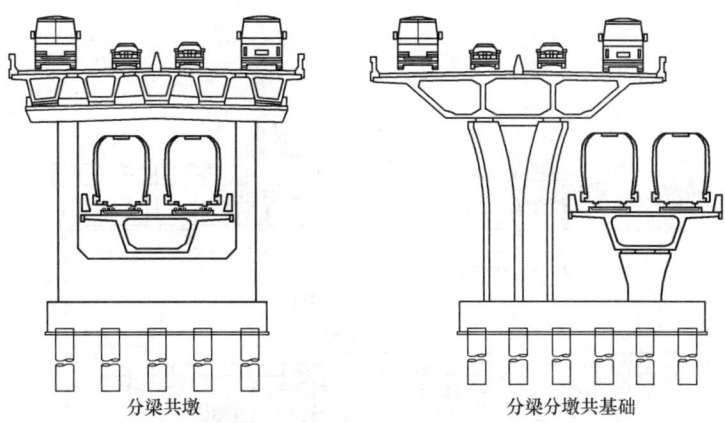

分梁共墩　　　　　　　　　　分梁分墩共基础

图 3.1-2　公-轨合建高架区间断面构造示意图（二）

　　高架车站的形式很多，根据站台结构与承轨结构之间的力学关系，可划分为两大类，即"桥-建"分离类型和"桥-建"合一类型。"桥-建"分离类型的案例见图 3.1-3，该类型高架车站的站台结构与承轨结构之间在受力关系上基本分离，相互影响小，一般情况下可以独立进行力学计算。

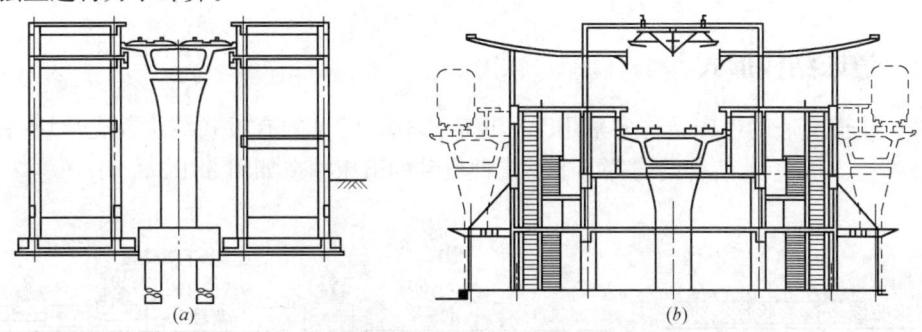

(a)　　　　　　　　　　　　　　　(b)

图 3.1-3　桥-建分离型区间高架断面构造示意图
(a) 北京地铁 5 号线天通苑站；(b) 上海轨道交通 5 号线东川路站

　　"桥-建"合一高架车站的共同特点是，站台结构与承轨结构的受力耦合，独立进行计算可能产生不合理的力学分析结果。"桥-建"合一的高架车站的典型案例见图 3.1-4。

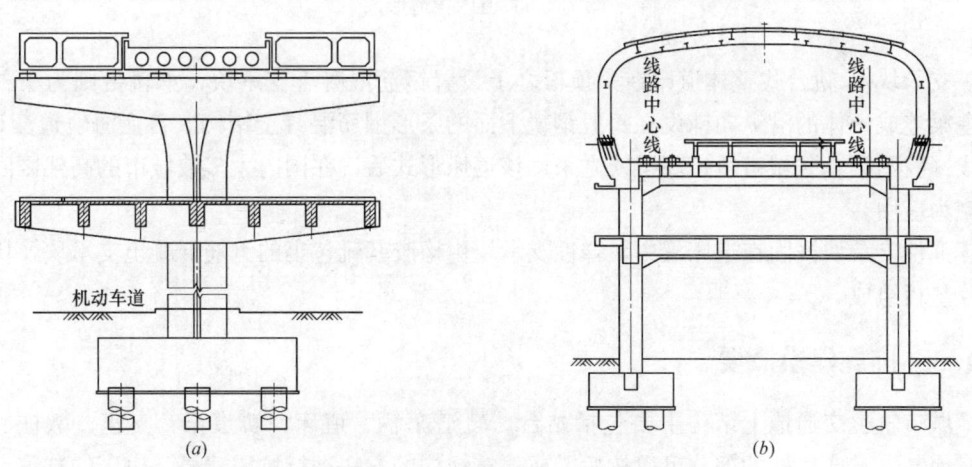

(a)　　　　　　　　　　　　　　　(b)

图 3.1-4　桥-建合一型区间高架断面构造示意图（一）
(a) 长春轻轨 4 号线卫星路站；(b) 深圳 4 号线白石龙站

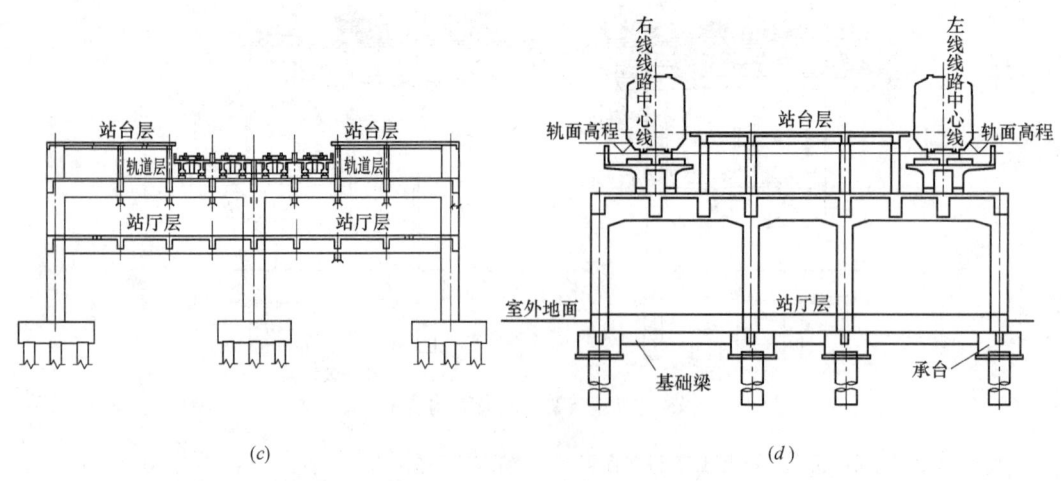

(c) 　　　　　　　　　　　　　　　　　　　(d)

图 3.1-4　桥-建合一型区间高架断面构造示意图（二）

（c）莞惠城际轨道交通惠环站；（d）宁波 1 号线五乡站

3.1.2　道床结构形式

城市轨道交通的道床结构多采用无砟道床形式，常见的有板式结构、支承块-承轨台结构、弹性支承块-承轨台结构等。上述三种典型的道床构造如图 3.1-5。

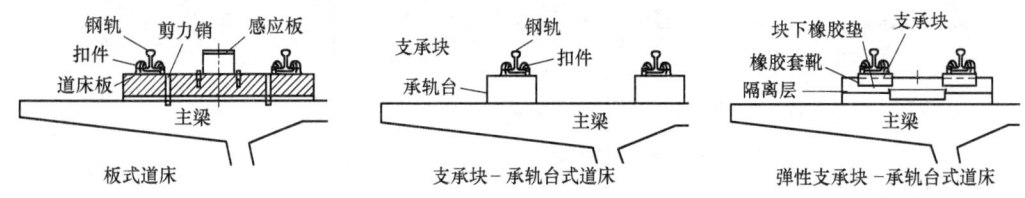

图 3.1-5　道床构造形式

支承块-承轨台式整体道床在梁顶板之上设置钢筋混凝土支承块，承轨台则为一种与桥主梁连成一体的沿纵向铺设在每股钢轨下面的条形钢筋混凝土结构。自上海轨道交通 3 号线（我国第 1 条城市轨道高架线）采用该道床形式后，在国内大多数城市的高架区间上也广为应用。

弹性支承块嵌固在道床板中，弹性支承块由橡胶套靴包裹的钢筋混凝土支承块及块下橡胶垫板组成。

3.1.3　抗震建模概要

城市轨道交通地上结构主要包括站台、轨道车辆、道床、轨道梁、支座、墩柱、基础、地基。道床以外的部分可以按桥梁或建筑结构的方法进行抗震建模。道床的抗震动力分析模型则可以概括为如图 3.1-6 所示。

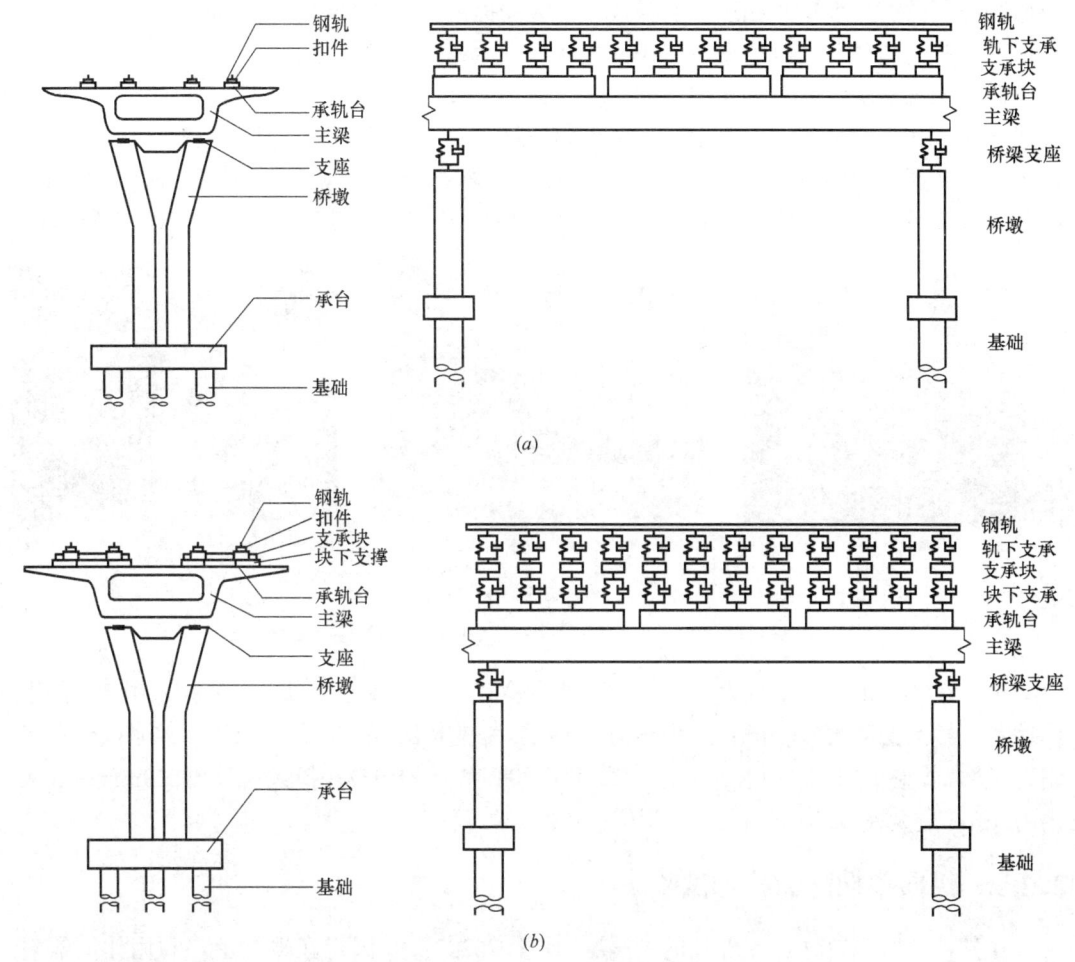

图 3.1-6 城市轨道交通地面结构抗震计算建模示意
（*a*）支承块-承轨台道床；（*b*）弹性支承块-承轨台道床

从已有的研究和应用成果来看，车辆一般采用刚体-弹簧进行建模；道床根据具体情况采用刚体、弹性体或较为复杂的耦联模型；轨道梁、墩柱、桩等一般采用梁单元进行建模，但对于短粗桥墩、壁式桥墩、块式构件或需要（如节点）进行详细分析时，需要采用实体或板壳单元进行建模；扣件、支座一般采用力学特征复杂程度不同的弹簧单元建模；地基的抗震建模有多种形式，如宏弹簧单元、平面土单元，必要且计算能力满足时也可采用实体单元。

3.2 轨道扣件

3.2.1 简述

在无砟轨道结构中，纵桥向梁轨相互作用是通过扣件阻力来实现的。扣件的纵向阻力由橡胶垫层的剪切变形和扣压件的弹性变形共同提供。当梁轨相对位移超过扣件总的弹性变形（临界滑动位移）时，钢轨与扣件之间将发生相对滑动。

震害调查显示，轨道高架结构的破坏与轨道-扣件-轨道梁之间的耦合作用有关。合理地描述轨道扣件在地震中的力学行为对准确地计算高架区间结构的地震反应有重要意义。作者针对我国常用的三种扣件进行了试验研究，其中 WJ-2A 型扣件在高架区间中常用、DTIII2 型和 ZX-3 型扣件在地下结构中常用。所选的三种扣件基本结构如图 3.2-1 所示。

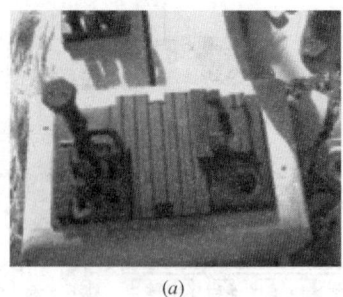

(a) (b) (c)

图 3.2-1   试验扣件样本

(a) WJ-2A 型扣件；(b) DTIII2 型扣件；(c) ZX-3 型扣件

试验在中国地震局工程力学研究所燕郊实验室进行，静力及拟静力试验采用 50t 静态作动器（最大位移±250mm；最大出力 45t；最大速度 500mm/s；可采用力控制或位移控制）。动力试验采用 50t 动态作动器（最大工作频率 2～10Hz；最大位移±250mm；最大出力 45t；最大速度 500mm/s；采用位移控制）。

3.2.2   纵向单向静力拉伸试验

扣件将一段钢轨（1.29m 长的 60 轨，质量 78.23kg）固定在轨枕上，利用作动器对钢轨施加纵向拉力，记录纵向力和钢轨相对轨枕的纵向位移；当钢轨滑移时卸载，得到纵向力-位移曲线和钢轨临界纵向阻力；试验加载速率在 0.3mm/s 以下，每增加 0.3mm 的位移，保持 30s；当位移达到 3mm 时卸载，并继续测定 2min，直至钢轨充分回行。重复 3 次，每次加卸载间隔不少于 3min，取平均值。力作动器精度为±0.5kN，采用拉线位移计测量轨顶与轨枕间相对位移，精度为±0.1mm。试验现场如图 3.2-2，力-位移关系如图 3.2-3。

图 3.2-2   纵向单向拉伸试验现场照片

3.2.3 双向拉压拟静力循环加载试验

与纵向单向拉伸试验基本相同，但改变为每步往复加载。加载步如表 3.2-1，每个加载位移往复 3 次，加载速率为 0.2mm/s。在位移达到 2.1mm 后，以 ±0.3mm 为步距加载，直至钢轨完全从轨枕上脱离或扣件完全失效（位移达到 3mm）。试验结果如图 3.2-4。

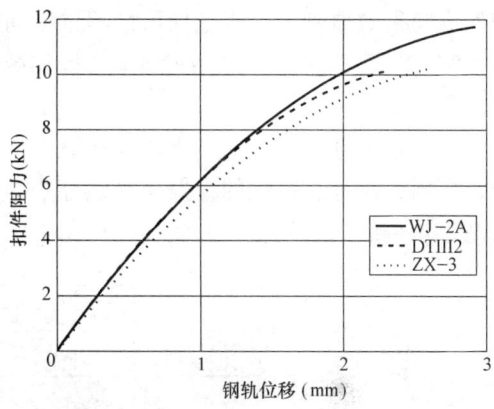

图 3.2-3　单向拉伸状态下扣件阻力与钢轨纵向位移的关系曲线

纵向双向拉压分步加载位移　　　　　　　　　　　　　　表 3.2-1

序号	型号	分步加载位移（mm）								
		1	2	3	4	5	6	7	8	9
1	WJ-2A 型	±0.1	±0.2	±0.3	±0.6	±0.9	±1.2	±1.5	±1.8	±2.1
2	DTIII2 型	±0.1	±0.2	±0.3	±0.6	±0.9	±1.2	±1.5	±1.8	±2.1
3	ZX-3 型	±0.1	±0.2	±0.3	±0.6	±0.9	±1.2	±1.5	±1.8	±2.1

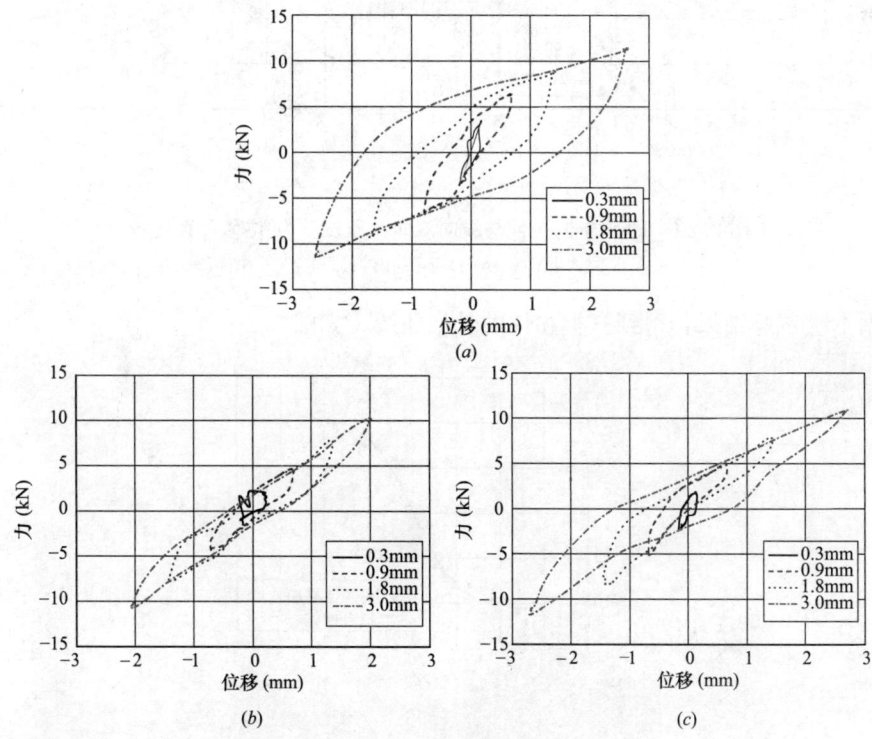

图 3.2-4　纵向双向拉压试验力-位移关系
(a) WJ-2A 扣件；(b) DTIII2 扣件；(c) ZX-3 扣件

扣件纵向失效原则为：当施加荷载超过纵向防爬阻力后，钢轨沿纵向滑移。试验中，针对 WJ-2A 扣件（防爬阻力约 7kN），力控加载接近 15kN 时，位移已经达到 30mm，停止了作动器工作。

图 3.2-5 是纵向单向静力拉伸试验和纵向双向拉压试验得到的力-位移关系曲线。可以看到，不同方法加载得到的骨架曲线趋势基本一致。在实际数据处理时，单向加载存在起始点调零是否准确的问题，往复加载存在位移与力中心调整是否准确的问题。

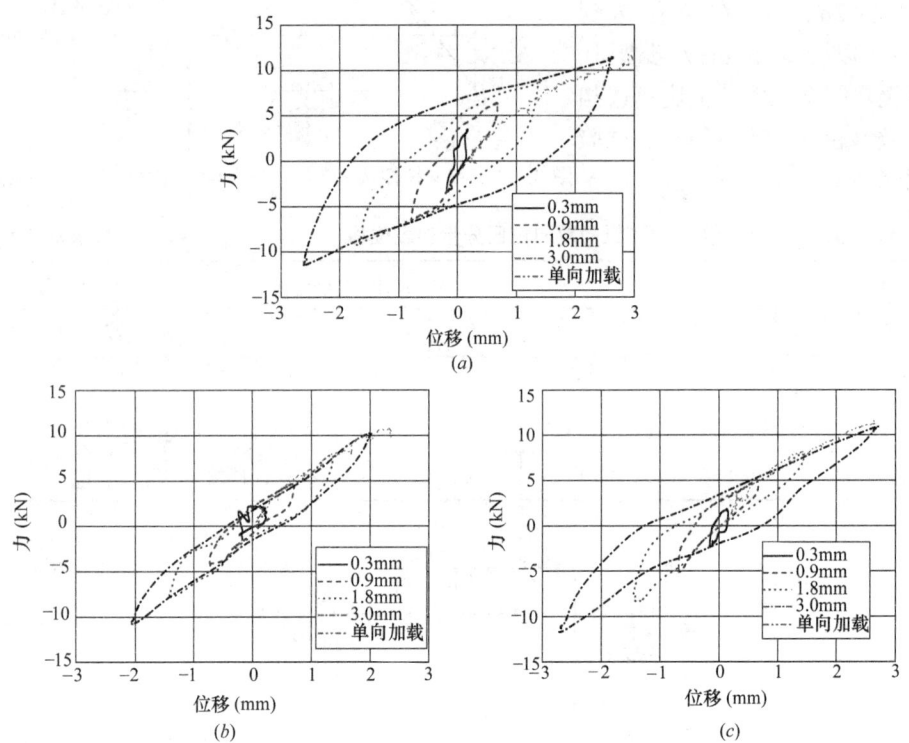

图 3.2-5　纵向单向拉伸与纵向双向拉压试验力-位移关系比较
(a) WJ-2A 扣件；(b) DTIII2 扣件；(c) ZX-3 扣件

根据本次试验结果，得到三类扣件的骨架曲线，如图 3.2-6。

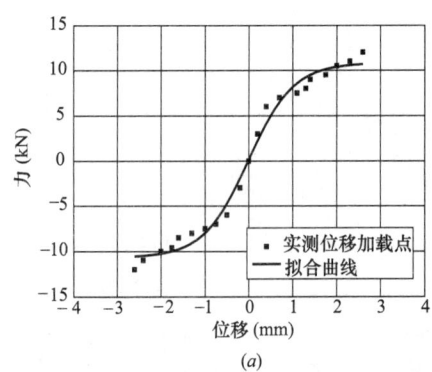

图 3.2-6　纵向双向拉压试验拟合得到的骨架曲线（一）
（a）WJ-2A 扣件

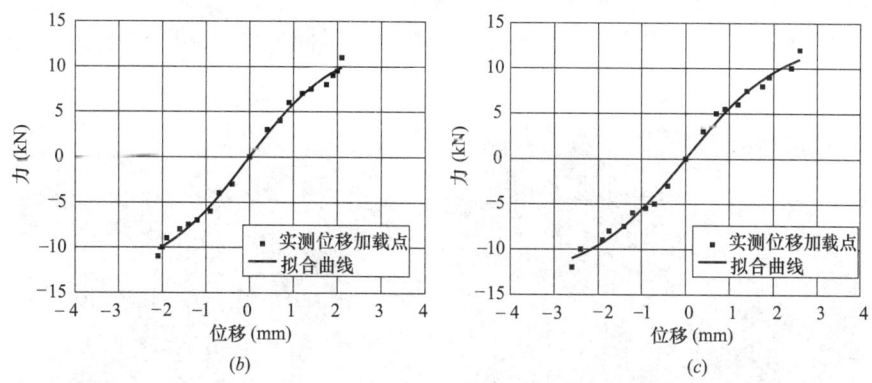

图 3.2-6　纵向双向拉压试验拟合得到的骨架曲线（二）
（b）DTIII2 扣件；（c）ZX-3 扣件

通过对试验数据的观察，发现 Hardin-Drnevich 模型（后有详细说明；弹簧刚度分别是：12kN/mm、8.5kN/mm、7kN/mm；临界位移：1.5238mm、2.85714mm、3.8095mm）能够较好地描述试验数据反映出来的滞回规律，如图 3.2-7。

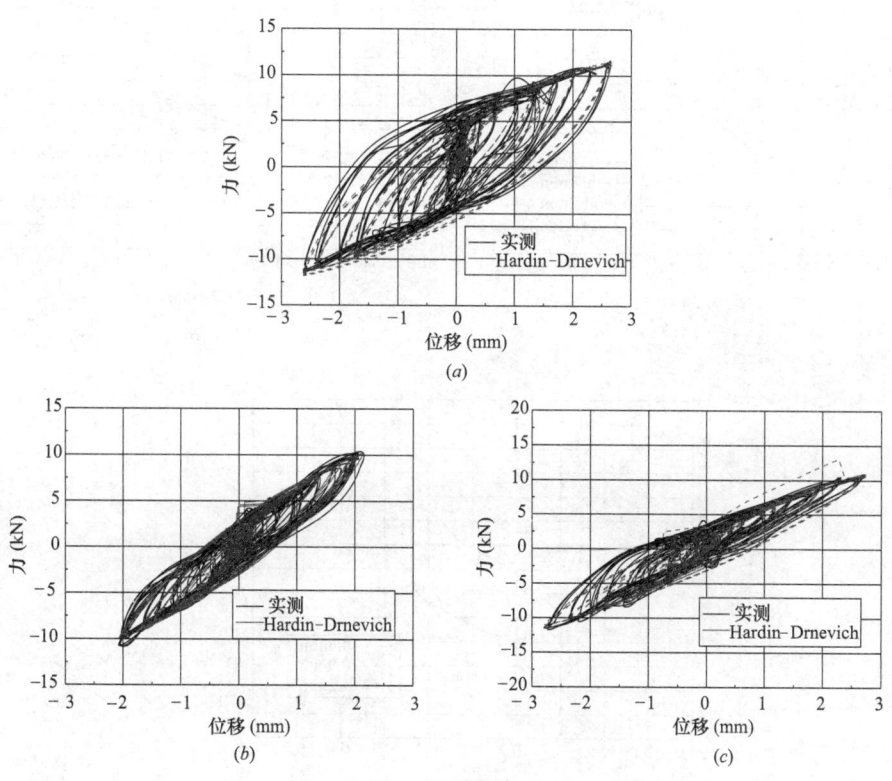

图 3.2-7　Hardin-Drnevich 模型与实测曲线比较
（a）WJ-2A 扣件；（b）DTIII2 扣件；（c）ZX-3 扣件

横向双向拉压循环加载试验如图 3.2-8。试验结果的力-位移关系如图 3.2-9。当位移超过 2mm 后，下部轨枕开始振动，扣件并未出现螺栓拔出、弹条变形等预想的破坏形式。扣件构件的损伤形式主要表现为轨距块的磨损及锚固螺栓、T 形螺栓垫片的磨损，如图 3.2-10。

图 3.2-8　横向双向拉压及破坏试验现场照片

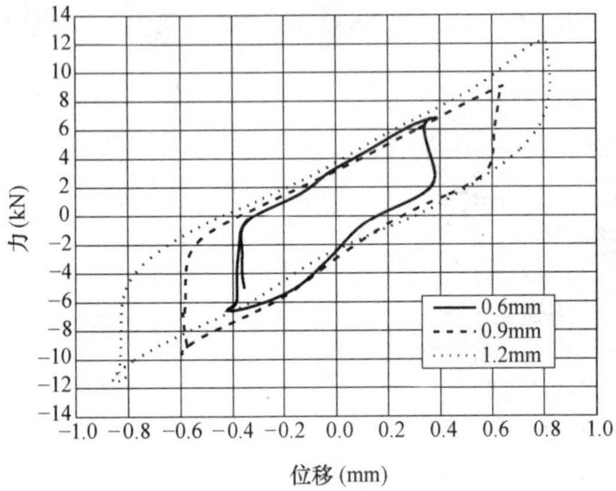

(a)

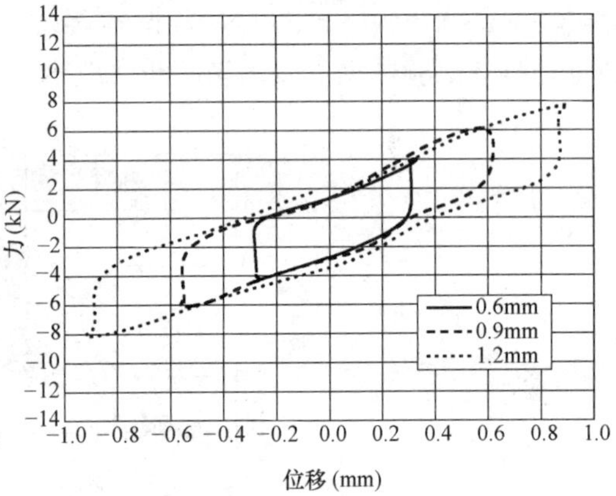

(b)

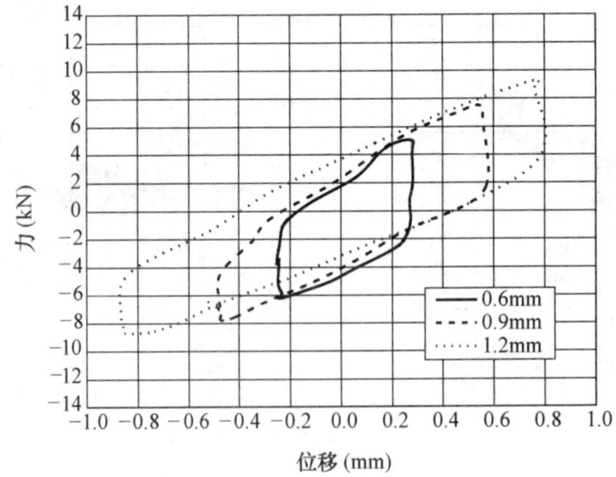

(c)

图 3.2-9　横向双向拉压及破坏试验力-位移关系

(a) WJ-2A 扣件；(b) DTIII2 扣件；(c) ZX-3 扣件

(a)　　　　　　　　　　　(b)　　　　　　　　　　(c)

图 3.2-10　扣件损伤主要形式

(a) 轨距块磨损；(b) 锚固螺栓垫块磨损；(c) T 形螺栓垫片磨损

3.2.4　纵向双向拉压变频动力加载试验

试验现场如图 3.2-11，作动器由位移控制，加载位移见表 3.2-2。加载频率按照 0.1Hz、0.5Hz、1Hz 分别加载，每次做 11 个循环，中间间隔 10s 以上。试验结果如图 3.2-12。

图 3.2-11　纵向双向拉压变频动力加载试验现场照片

纵向双向拉压变频动力加载试验的控制位移　　　　　　　表 3.2-2

序号	型号	分步加载位移(mm)					
		1	2	3	4	5	6
1	WJ-2A 型	±0.3	±0.5	±0.75	±1	±1.5	±2
2	DTIII2 型	±0.3	±0.5	±0.75	±1	±1.5	±2
3	ZX-3 型	±0.3	±0.5	±0.75	±1	±1.5	±2

从图 3.2-12 可以看出：频率对刚度的影响并不显著，与之相比，位移幅值对刚度的影响比较突出。这与轨道扣件在克服扣压力过程中进入摩擦滑移状态相符合。小阻力 WJ-2A 型扣件动态耗能能力大于 DTIII2 和 ZX-3 型扣件。三类扣件不同频率下的骨架曲线如图 3.2-13。

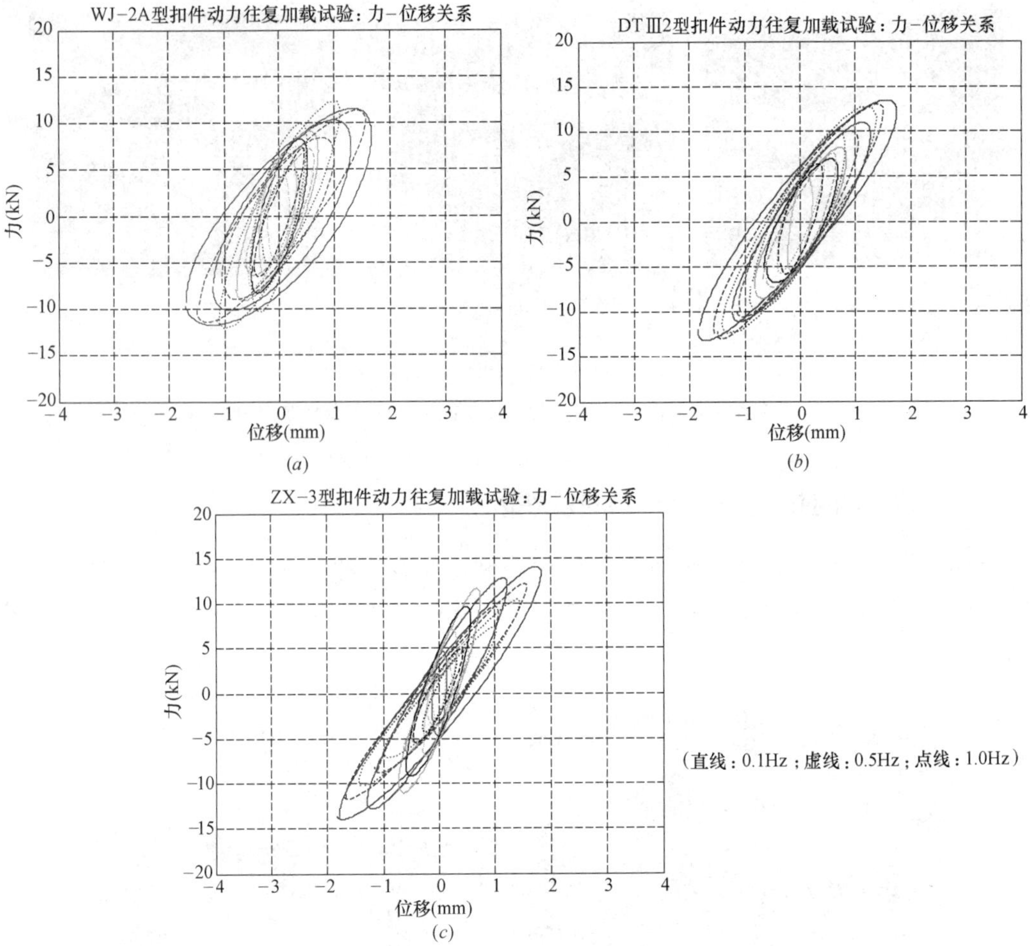

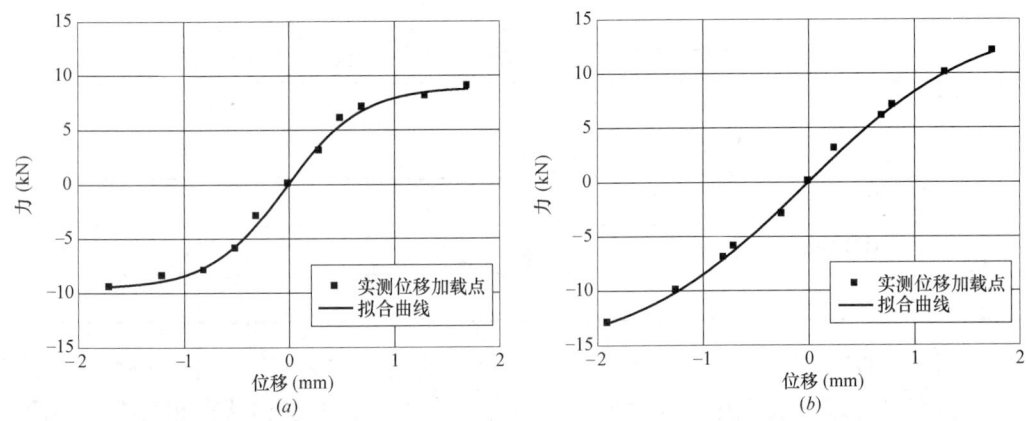

图 3.2-12 纵向双向拉压变频动力加载试验力-位移关系

(*a*) WJ-2A 扣件；(*b*) DTⅢ2 扣件；(*c*) ZX-3 扣件

图 3.2-13 纵向双向拉压变频动力加载试验拟合得到的骨架曲线（一）

(*a*) WJ-2A 扣件 0.1Hz；(*b*) DTⅢ2 扣件 0.1Hz；

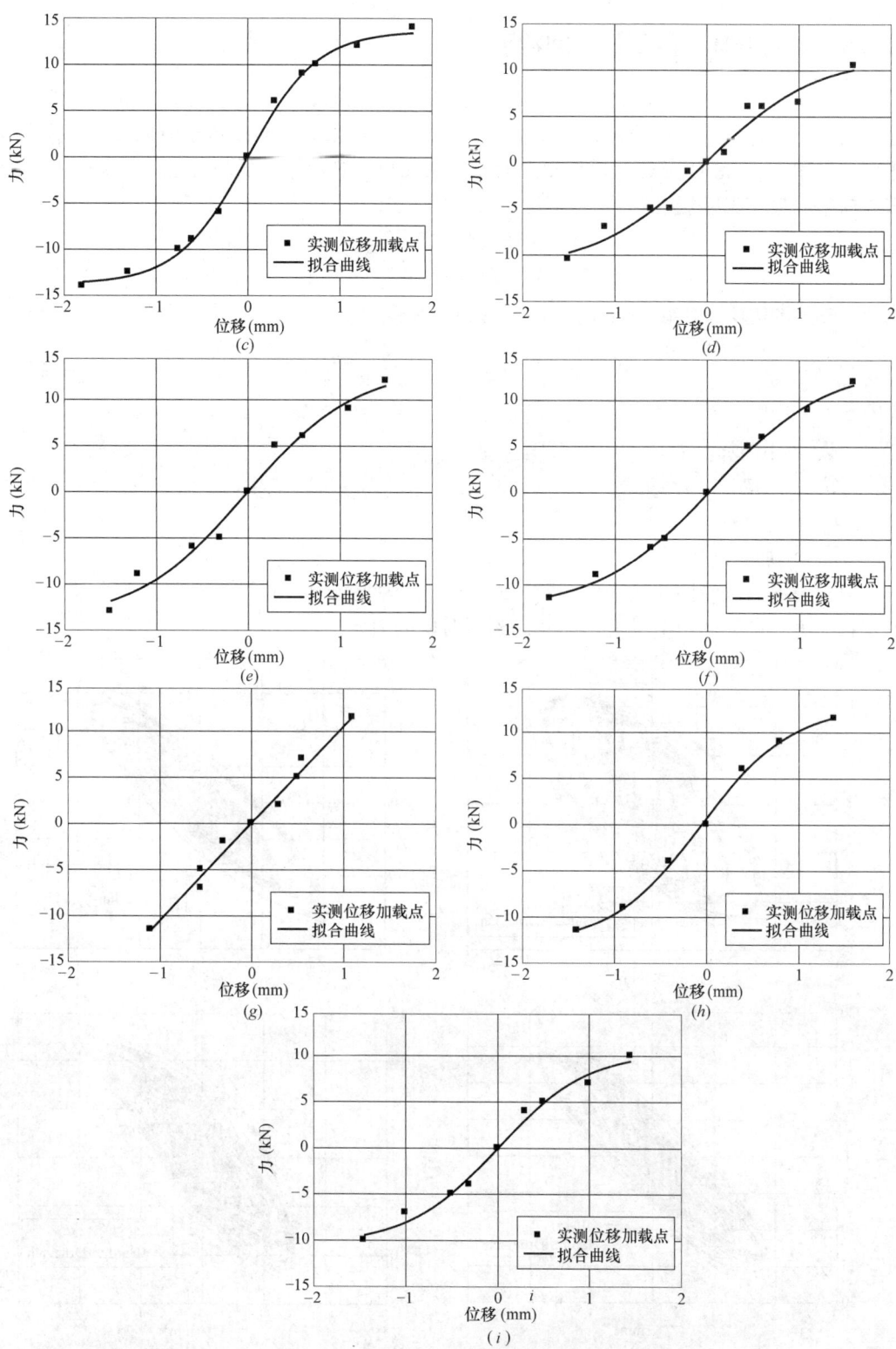

图 3.2-13　纵向双向拉压变频动力加载试验拟合得到的骨架曲线（二）
(c) ZX-3 扣件 0.1Hz；(d) WJ-2A 扣件 0.5Hz；(e) DTIII2 扣件 0.5Hz；(f) ZX-3 扣件 0.5Hz；
(g) WJ-2A 扣件 1.0Hz；(h) DTIII3 扣件 1.0Hz；(i) ZX-3 扣件 1.0Hz

3.2.5 纵向循环加载下的滞回特征

由试验得到的滞回曲线的形状可知,在纵向动力加卸载下,三类扣件的滞回曲线形状近似椭圆形。显然,与折线形骨架曲线相比,这里曲线形骨架曲线对于模拟试验数据更为适宜。采用 Hardin-Drnevich 模型得到的滞回曲线与实测数据的比较如图 3.2-14。拟合试验数据采用最小二乘法准则:

$$E = \min_{\varphi(d) \in \Phi} \sum_{i=1}^{m} \left[\varphi(d_i) - f_i \right]^2 \tag{3.2-1}$$

式中 Φ——由参数向量 $[G, d_r]^T$ 决定的函数族:

$$\Phi = \left\{ \varphi \mid f - f_m = \frac{G(d - d_m)}{1 + |d - d_m|/2d_r} \right\} \tag{3.2-2}$$

式中 f——力;

　　d——位移;

　　G——初始剪切模量;

　　d_r——临界位移;

d_m, f_m——加卸载转折点。

拟合过程只以滞回曲线最外圈的 (d_i, f_i) 作为观测值,此时 (d_m, f_m) 取值为左上角(右下角)点处的历史最大位移及此刻所对应的力。

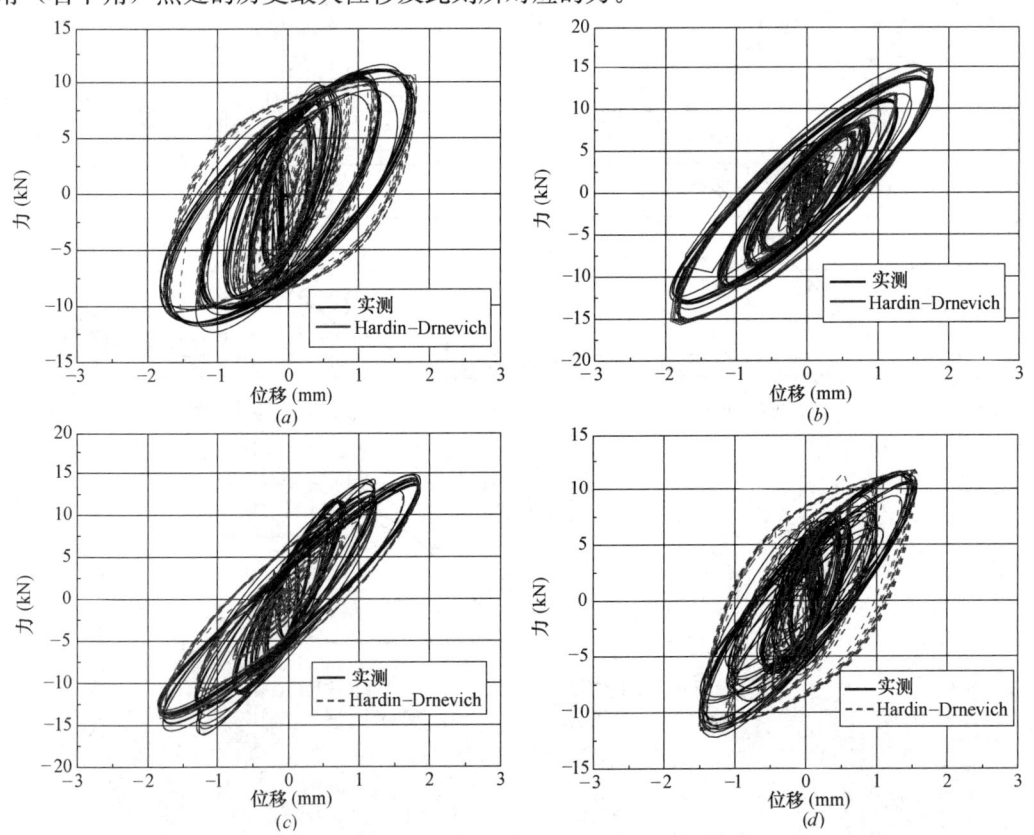

图 3.2-14 扣件纵向加卸载 Hardin-Drnevich 模型与实测结果比较(一)

(a) WJ-2A 扣件 0.1Hz;(b) DTIII2 扣件 0.1Hz;(c) ZX-3 扣件 0.1Hz;(d) WJ-2A 扣件 0.5Hz

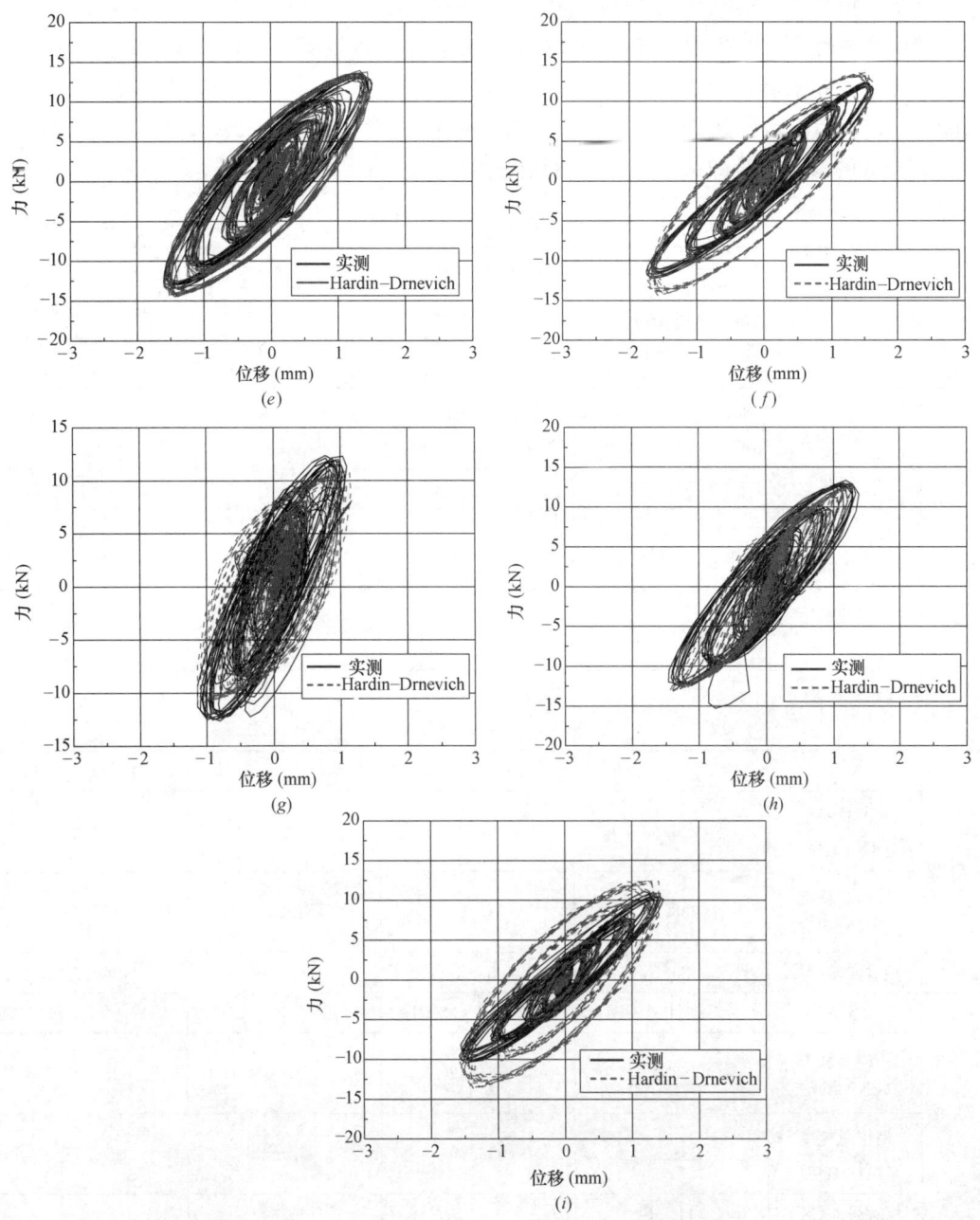

图 3.2-14　扣件纵向加卸载 Hardin-Drnevich 模型与实测结果比较（二）

(*e*) DTIII2 扣件 0.5Hz；(*f*) ZX-3 扣件 0.5Hz；(*g*) WJ-2A 扣件 1.0Hz；

(*h*) DTIII2 扣件 1.0Hz；(*i*) ZX-3 扣件 1.0Hz

　　表 3.2-3 给出了以实测滞回曲线总耗能为基准的相对误差。一般来说，判断模型的好坏，一方面要看其加卸载关系是否与实测情况符合，另一方面还应考察所用模型耗能是否与实测情况接近。可以观察到，从拟静力循环加载到不同频率的动力循环加载，对 WJ-2A 和 DTIII2 扣件，采用 Hardin-Drnevich 模型可以得到形状与实测数据加卸载趋势相接

近的结果，但对于 ZX-3 动力 0.1Hz 的实测曲线那样跳出外圈的变化，较难模拟，这当然与参数的合理性有关，但更与相应扣件的本构是否遵循该模型的加卸载规则有关。从计算得到的耗能误差来看，除了表中黑体字部分，误差约在 $0.01\% \sim 20\%$ 之间。应该说模型都能在一定程度上反映所研究的三种扣件的本构关系。特别是 WJ-2A 动力 0.1Hz 最大位移 1.79mm 的参数拟合效果较好，相对误差仅为 0.01%。

往复荷载作用下扣件耗能　　　　　　　　　　　　　　表 3.2-3

工况		静力试验,最大位移 2.66mm		动力试验,加载频率0.1Hz,最大位移1.79mm		动力试验,加载频率0.5Hz,最大位移1.57mm		动力试验,加载频率1.0Hz,最大位移1.16mm	
		Hardin-Drnevich 模型							
WJ-2A	参数	弹簧刚度(kN/mm)	临界位移(mm)	弹簧刚度(kN/mm)	临界位移(mm)	弹簧刚度(kN/mm)	临界位移(mm)	弹簧刚度(kN/mm)	临界位移(mm)
		12	1.52	38	0.33	43	0.33	43	0.38
	实测总耗能(kN·mm)	579.05		1068.91		567.02		449.17	
	模型总耗能(kN·mm)	474.07		1068.81		828.72		592.79	
	相对误差(%)	18.13		0.01		−46.15		−31.97	
DTIII2	参数	8.5	2.86	14.3	2.86	14.3	3.33	51	0.33
	实测总耗能(kN·mm)	246.95		804.8		601.86		443.22	
	模型总耗能(kN·mm)	238.18		775.72		663.04		265.03	
	相对误差(%)	3.55		3.61		−10.17		40.2	
ZX-3	参数	7	3.81	12	3.81	12	4.76	12	5.71
	实测总耗能(kN·mm)	268.45		761.42		410.69		283.33	
	模型总耗能(kN·mm)	238.54		656.74		671.4		615.07	
	相对误差(%)	11.14		13.75		−63.48		−117.09	

为了进一步说明上述观察结果，利用动态作动器对钢轨施加纵向地震动位移时间过程，如图 3.2-15。对施加的位移时间过程进行带通滤波（0.01～1Hz），并调零修正后进行动力试验。

按照前述试验使用的钢轨的情况建立计算模型如图 3.2-16（a），采用前述 Hardin-Drnevich 模型（工况 0.1Hz 的相关参数）进行地震反应计算。在轨道一端输入地震动位移时程，输出扣件连接节点处数值模拟的钢轨轴向力的时程，再与实际测量的力-位移关系比较，如图 3.2-16（b）。从滞回曲线的外形看，Hardin-Drnevich 模型可以在一定程度

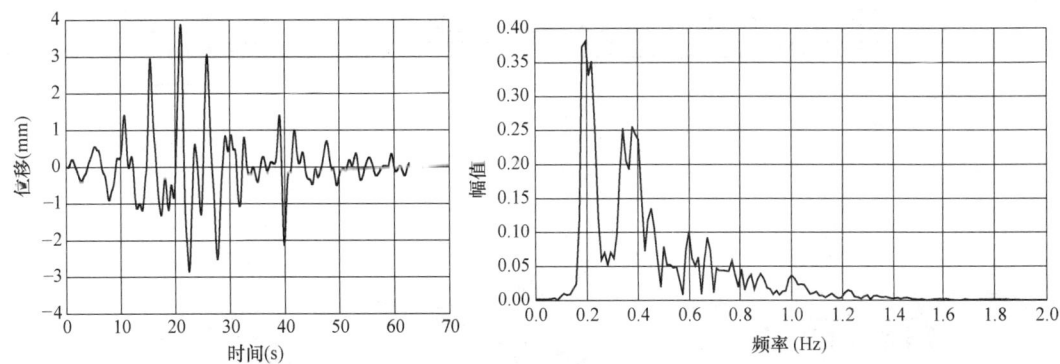

图 3.2-15　地震动位移时程和频谱（1985，La Union，Michoacan Mexico，N90E）

上模拟 WJ-2A 扣件在地震作用下的本构关系。从耗能情况看，实测耗能 152.48kN·mm，数值模拟耗能 123.64kN·mm，相对误差约为 18.91%。可见在等幅往复荷载中拟合较好的参数，在地震动中不一定拟合得理想。

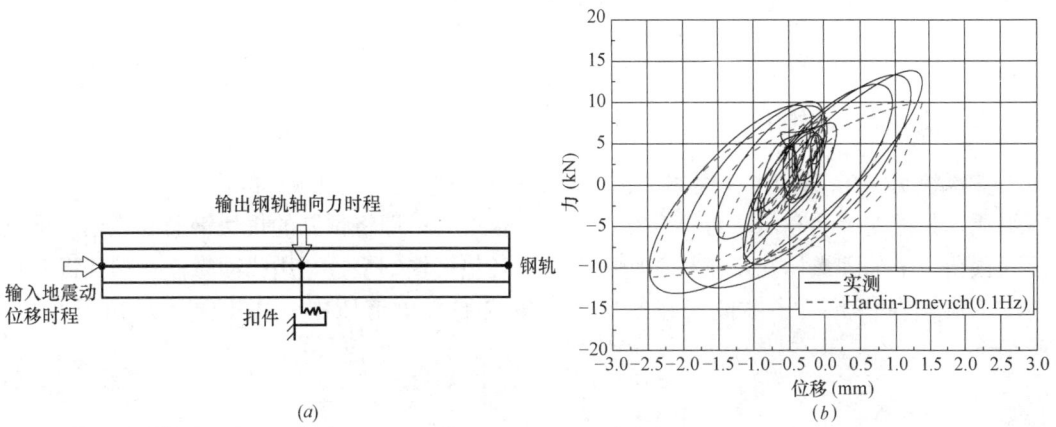

图 3.2-16　纵向地震动输入 WJ-2A 扣件数值计算结果与实测结果滞回曲线比较
（a）试验计算模型；（b）滞回曲线

　　显然，针对特定类型扣件的动力本构关系的研究还不充分，这对正确模拟地震中行车安全验算所需的主梁梁端错位和转角是个挑战。本章 3.7 节将采用在往复荷载作用下拟合效果较好的 WJ-2A 型扣件 Hardin-Drnevich 模型工况 0.1Hz 的参数，来计算考虑扣件非线性的整桥地震反应。

3.3　道床系统建模

3.3.1　板式整体道床

　　板式整体道床的结构组成主要包括混凝土底座或轨道板、水泥沥青（CA）砂浆调整层、凸形挡台及扣件系统。其建模示意如图 3.3-1 所示。

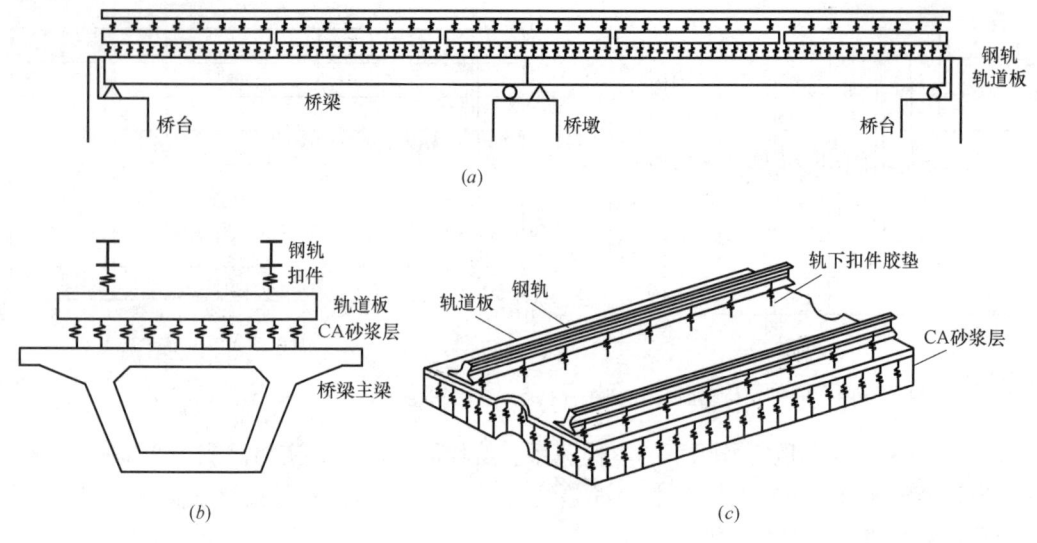

图 3.3-1　板式整体道床抗震建模示意

(*a*) 立面；(*b*) 横断面；(*c*) 三维示意

3.3.2　支承块-承轨台道床

支承块-承轨台道床由弹性扣件、混凝土支承块、混凝土道板、隔离层（混凝土底座）等组成，是把支承块和承轨台结合在一起的结构形式；即将预制的每块钢筋混凝土支承块顶面预留一个锚固螺栓孔，在相邻两股钢轨下各垫一块钢垫板，用锚固螺栓及扣件将钢轨与支承块连在一起，并将预制好的支承块置入混凝土道床中。其建模示意如图 3.3-2 所示。

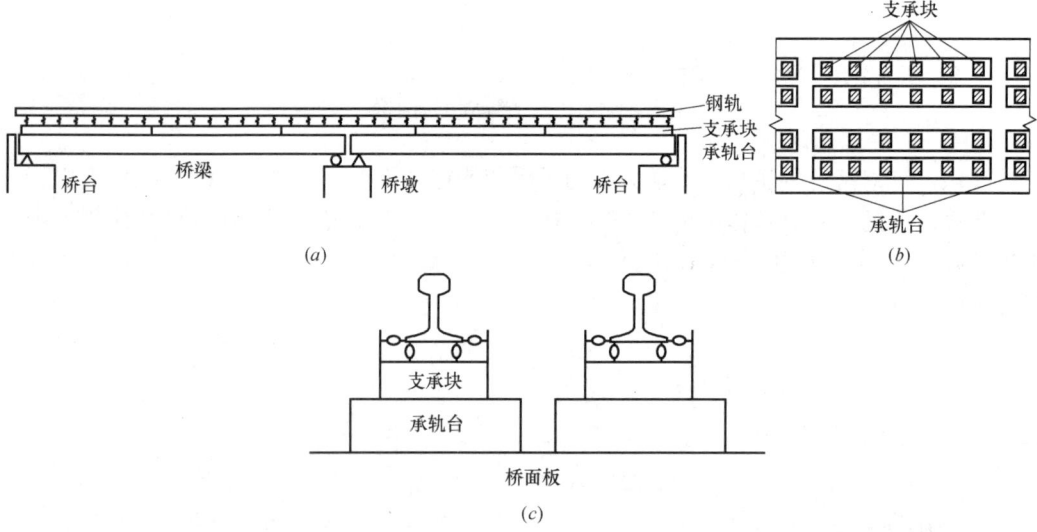

图 3.3-2　支承块-承轨台整体道床抗震建模示意

(*a*) 立面；(*b*) 平面；(*c*) 横断面

3.3.3　弹性支承块-承轨台道床

弹性支承块式无砟轨道由弹性扣件、混凝土支承块、块下弹性垫层、套靴、混凝土道板、隔离层（混凝土底座）等组成，依据道床所用弹性材料的不同，分为橡胶浮置板和钢弹簧浮置板。

橡胶浮置板在广州地铁 2 号线中应用较多，其减振效果主要通过橡胶套靴及垫板来实现。其建模示意如图 3.3-3 所示。

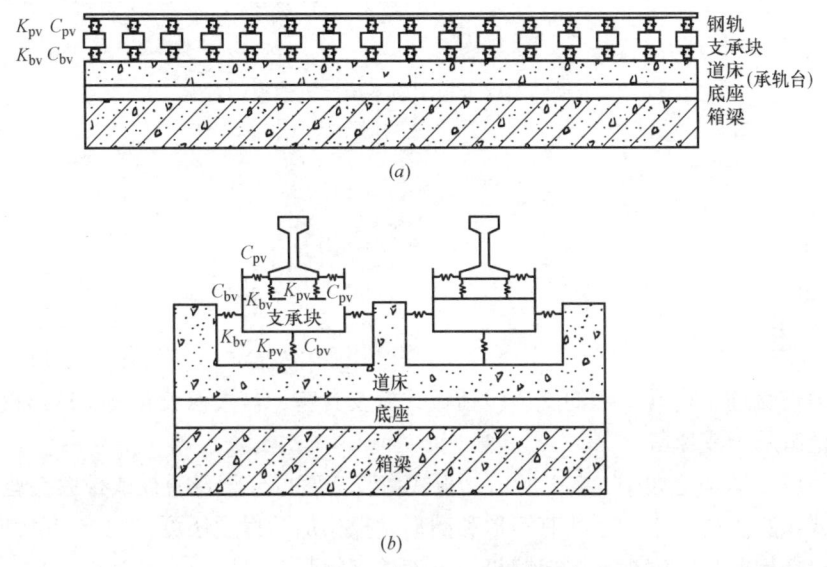

图 3.3-3　橡胶浮置板承轨系统抗震建模示意
（a）立面；（b）横断面

图 3.3-3 中，K_{pv}、K_{ph}、C_{pv}、C_{ph} 分别表示扣件的竖向刚度、横向刚度、竖向阻尼、横向阻尼，K_{bv}、K_{bh}、C_{bv}、C_{bh} 分别表示橡胶套靴及垫板的竖向刚度、横向刚度、竖向阻尼、横向阻尼。

钢弹簧式浮置板无砟轨道由钢轨、扣件、浮置板、钢弹簧、底座等组成。钢弹簧浮置板道床是德国 GERB（隔而固）公司研制的弹簧隔振器浮置板轨道，它采用螺旋弹簧支承浮置板道床，在减振消能方面，弹簧隔振器浮置板轨道比橡胶支承式浮置板轨道的效果还要好。钢弹簧浮置板减振轨道自首次在北京地铁 13 号线试用以来，已陆续在上海地铁、广州地铁中得到采用，并逐步延伸到深圳地铁、南京地铁、杭州地铁及成都地铁。其建模示意如图 3.3-4 所示。

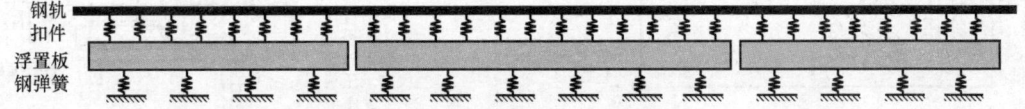

图 3.3-4　钢弹簧浮置板承轨系统抗震建模示意（一）

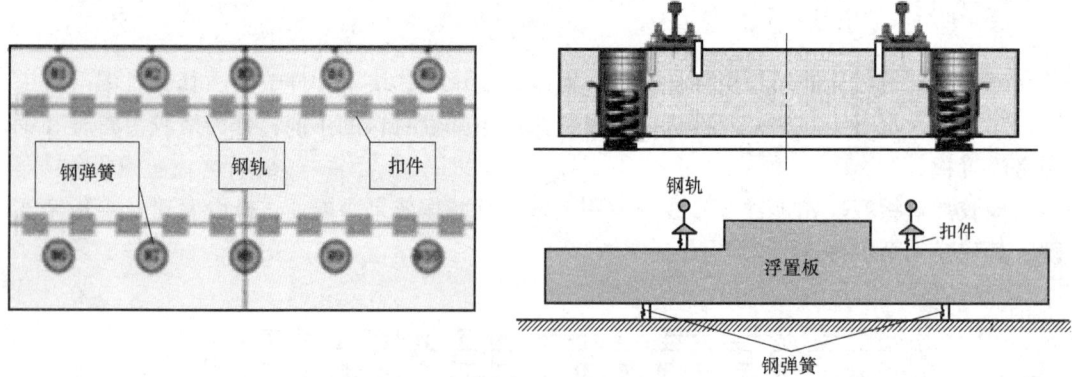

图 3.3-4　钢弹簧浮置板承轨系统抗震建模示意（二）

3.4　支座

3.4.1　简述

　　城市轨道交通结构常采用的支座包括板式橡胶支座、盆式橡胶支座、球形钢支座以及特殊设计的减隔振支座等。

　　板式橡胶支座构造如图 3.4-1 所示。板式橡胶支座可分为普通板式橡胶支座和聚四氟乙烯滑板式橡胶支座，常用形状有矩形和圆形。根据加劲程度还可将此类产品细分为简易橡胶垫、层叠橡胶垫、钢板夹层橡胶垫等。该类支座竖向承压、水平受剪，且可以承受一定程度的多向转动，可作为固定支座、活动支座和水平力分散支座使用。固定支座一般厚度相对较薄，能满足梁体竖向支承反力和梁端自由转动即可；活动支座通过橡胶剪切变形和四氟板的滑动完成梁体的水平位移，橡胶层厚度取决于所需位移量；水平力分散支座的橡胶厚度相同，共同分担水平力、完成水平位移。这种支座由于变形较大，在我国城市轨道中已经很少使用，但在日本等地仍有大量使用。

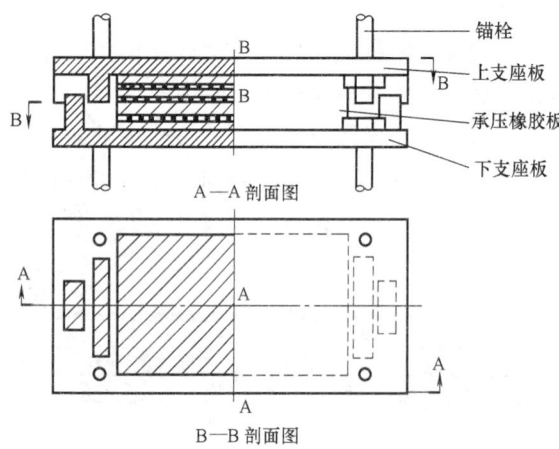

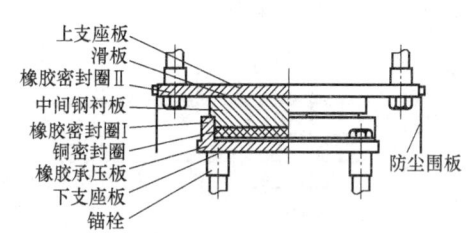

图 3.4-1　铁路桥梁板式橡胶支座构造示意图　　　图 3.4-2　铁路桥梁盆式支座构造示意图

盆式支座（Pot Bearing）利用设置在钢盆中的橡胶板承压并实现转动，利用四氟板与不锈钢板之间的滑动来满足梁体水平位移，多将其归为钢支座的一种。典型盆式支座的构造如图3.4-2所示，固定支座由上支座板、密封圈、橡胶承压板、底盆等构件组成；自由滑动支座（双向或多向活动支座）和导向滑动支座（单向活动支座）则包括上支座板（包括顶板和不锈钢滑板）、聚四氟乙烯滑板、中间钢衬板、密封圈、橡胶承压板、底盆等。底盆主要用来约束橡胶板的变形，橡胶承压板则用来传递支座反力。由于橡胶弹性体具有一定的变形能力，因此在任何的水平方向都能进行倾斜位移。密封圈有效地密封了盆环和中间钢衬板之间的缝隙，不仅可防止因弹性块倾斜位移产生的磨蚀，而且可以帮助调节各种变形。四氟板与不锈钢板之间的相对滑动可以满足活动支座水平位移的要求。中间钢衬板位于橡胶板与四氟板之间，其下面凸出嵌入底盆凹槽内，可灵活转动，上顶面留有镶嵌四氟板的凹槽。这种支座在轨道交通中使用最为广泛。

球形钢支座（Spherical Bearing）通过支座板与平面聚四氟乙烯滑板间及球冠衬板与球面聚四氟乙烯滑板间的滑动实现水平移动和转动；球形钢支座由上支座板（含不锈钢板）、球冠衬板、下支座板、平面聚四氟乙烯板、球面聚四氟乙烯板和防尘结构等组成。

球形钢支座通过上下两部分相吻合的球形部件适应构件产生的转动，同时将竖向力传给下部结构。下支座板主要起着固定球面四氟板的作用，并传递支座反力于下部结构；支座的转动是通过球冠衬板与球面四氟板之间的滑动来实现的；支座的水平位移是通过平面四氟板与上支座板的不锈钢板之间滑动来实现的；上支座板上设置不同的导向构造可约束支座的单向或多向的位移。其构造示意如图3.4-3所示。

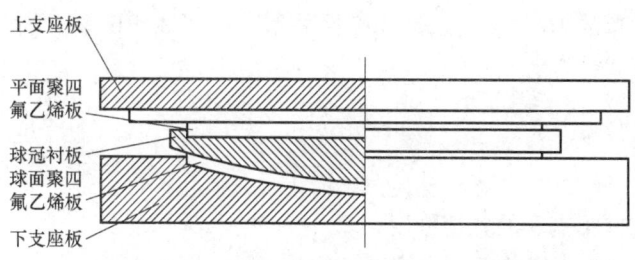

图3.4-3 铁路桥梁球形支座构造示意图

摩擦摆隔震支座（Friction Pendulum Bearing）是通过结构在曲面上滑动时，其自重提供的自复位能力帮助上部结构回到原来的位置，并利用钟摆机理延长了结构的自振周期。其构造示意如图3.4-4所示。

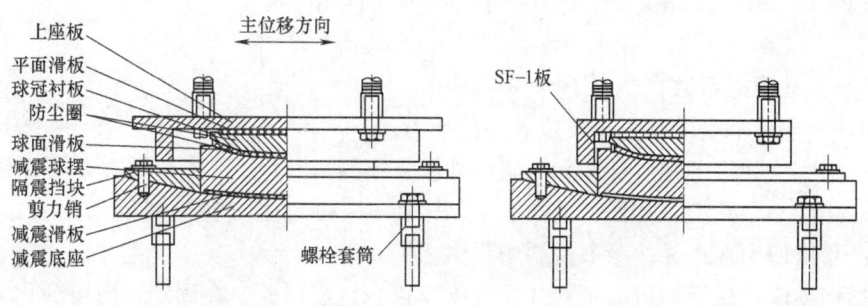

图3.4-4 铁路桥梁摩擦摆隔震支座构造示意图

一般情况下，抗震分析时，支座被模型化为一组弹簧，其力学模型如图 3.4-5。针对不同支座类型及分析的精细程度，可以考虑各自由度方向采取线性弹簧或者非线性弹簧来模拟。采用线性弹簧时，只需考虑各自由度方向的支承刚度。但若采用非线性弹簧，则可以根据情况考虑利用图中右侧各个元件的串并联组合来建立模型，以考虑各种非线性因素的影响。建模的关键，第一是对力学现象的抽象和模型化，第二是确定出合理的力学参数。

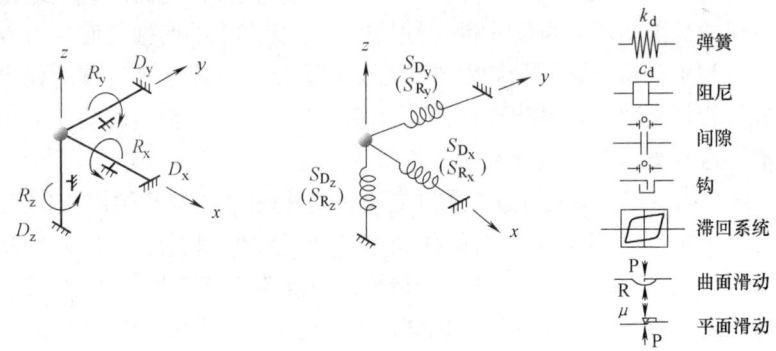

图 3.4-5　支座的简单力学模型

3.4.2　支座的力-位移关系模型

常用到的最简单的力-位移关系是线弹性关系，如图 3.4-6（a）所示。例如，板式橡胶支座，可以按下式计算：

$$F = k_h \cdot \delta \tag{3.4-1a}$$

$$k_h = \frac{A \cdot G}{T} \tag{3.4-1b}$$

式中　k_h——板式橡胶支座的剪切刚度；

　　　A——板式橡胶支座的剪切面积；

　　　G——板式橡胶支座的动剪切模量；

　　　T——橡胶层的总厚度；

　　　δ——位移。

支座表面的可滑动方向可以模型化为图 3.4-6（b）所示的非线性力-位移关系（刚塑性本构模型）。该力-位移关系中只有一个需要确定的力学参数 F_y：

$$F_y = \mu \cdot N \tag{3.4-2}$$

式中　μ——动摩擦系数；

　　　N——支座承受的垂直于支座表面的压力。

一些支座（如铅芯橡胶支座和高阻尼橡胶支座等），其水平力-位移关系可以模型化为简单的双线性力学模型，如图 3.4-6（c）。图中，k_1 和 k_2 是支座的初始刚度和二次刚度，一般由产品供应商在产品的参数说明中提供。

球形钢支座简化模型可参考板式橡胶支座进行抗震建模。在固定方向可简化为约束或根据产品力学特性确定线性刚度；在可滑动方向，可采用图 3.4-6（b）所示的刚塑性模

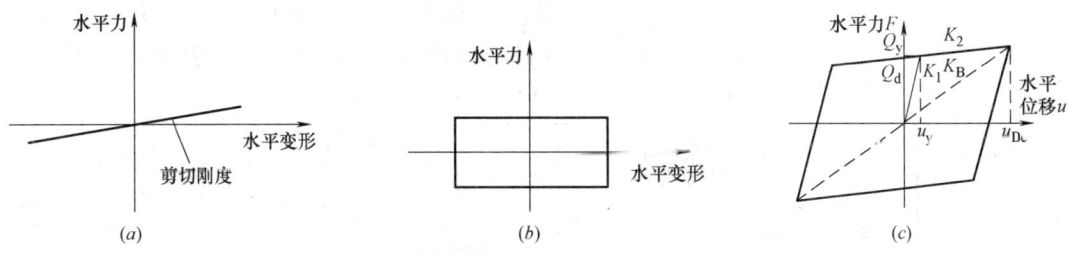

图 3.4-6　支座的简单力-位移关系模型

(a) 线弹性力-位移关系；(b) 干摩擦力-位移关系；(c) 双线性力-位移关系

型。摩擦摆隔震支座可采用双线性模型，如图 3.4-6（c）所示。

以上所提及的力-位移关系模型即滞回模型，作为一种简化模型，一般无需提供加卸载准则信息，如日本铁道规范、中国公路桥梁设计细则等皆是如此规定。当需要详细考虑支座的一些非线性特性时，可以采用确定骨架曲线和加卸载准则来建立，在此不再赘述。

需要注意的是还有一种支座建模方法，无需骨架曲线和加卸载准则，只需调整模型参数即可，比如 Bounc-Wen 模型。

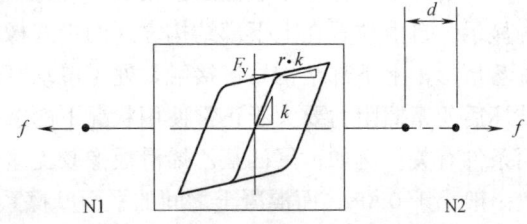

图 3.4-7　支座滞回系统模型

如图 3.4-7 所示为单轴塑性模型的基本模拟图，Park，Wen and Ang (1986) 建议该滞回系统的力与位移关系采用下式：

$$f=r \cdot k \cdot d+(1-r) \cdot F_{y} \cdot z \tag{3.4-3}$$

式中　k——初始刚度；

　　　F_{y}——屈服力；

　　　r——屈服后刚度折减率；

　　　d——两节点的相对变形；

　　　z——滞回响应内部参数。

z 使用 Wen（1976）建议的如下微分方程计算：

$$\dot{z}=\frac{k}{F_{y}}\{1-|z|^{s}[\alpha \mathrm{sgn}(\dot{d}z)+\beta]\} \cdot \dot{d} \tag{3.4-4}$$

式中　α、β——决定滞回曲线形状的参数；

　　　s——决定屈服点的转移区域大小的常数；

　　　$\dot{d}$——两节点间变形的变化率。

α 和 β 决定了屈服后的响应特性，当 $\alpha+\beta>0$ 时为软化系统；当 $\alpha+\beta<0$ 时为硬化系统。滞回系统中的耗能能力由滞回环的面积决定，面积越大耗能能力越强。

s 值决定了弹性阶段和塑性阶段之间的变化区域，即发生屈服的区段形状的常数，该值越大屈服点越明显，滞回曲线越接近于理想双折线弹塑性系统；s 值一般小于 30。

此外，还可以根据支座力学特点建立模型，如针对球形钢支座或摩擦摆支座，可采用图 3.4-8 建立力学模型。

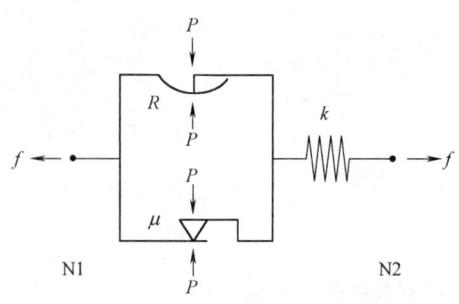

图 3.4-8 球形钢支座或摩擦摆
隔震支座力学模型

带有半径为 R_b 球面的滑动装置在位移 d_{bd} 时提供的恢复为 $N_{Sd}d_{bd}/R_b$，其中 N_{SD} 为竖向压力，力与位移的关系为：

$$F_{max}=\frac{N_{Sd}}{R_b}d_{bd}+\mu_d N_{Sd}\,\mathrm{sign}(\dot{d}_{bd})$$

(3.4-5)

每周能量耗散：

$$E_D=4\mu_d N_{Sd}d_{bd} \qquad (3.4-6)$$

动力摩擦系数 μ_d 主要取决于滑动表面的构成、是否使用润滑、地震状态下滑动面上的支座压力和滑动速度。

3.4.3 支座破坏后的力学模型

一些情况下（比如定量判断落梁等），需要定量考虑支座破坏后的力学行为[2]。震害调查显示，自由放置在上下部结构之间的板式橡胶支座，地震过程中经常发生板式橡胶支座脱落情形，上下部结构直接接触，处于滑动摩擦状态。从震害现象推断，多数情况下支座破坏后的摩擦阻力要大于正常使用状况下的摩擦阻力。此时的摩擦系数与支承压力及接触面条件有关。例如，聚四氟乙烯滑板橡胶支座中，聚四氟乙烯板与不锈钢板之间的摩擦系数一般小于 0.08，而混凝土之间的平面摩擦系数可能高达 0.55 左右。通过简化支座损伤发展过程，突出震害中常遇的破坏模式，对于板式橡胶支座和聚四氟乙烯滑板橡胶支座，考虑破坏后力学特征的简化本构模型如图 3.4-9。假定力达到临界滑动摩擦力时，上下部结构进入滑动状态。

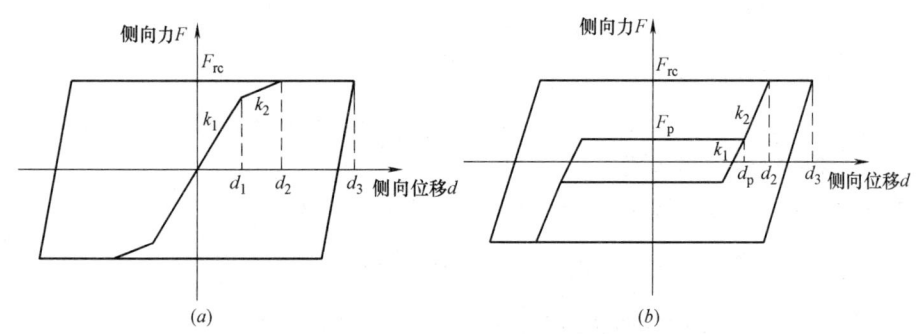

图 3.4-9 考虑损伤的橡胶支座恢复力模型

(a) 板式橡胶支座；(b) 聚四氟乙烯滑板橡胶支座

图 3.4-9 中 k_1 为板式橡胶支座剪切刚度，可按式（3.4.1b）确定，此段是正常使用功能阶段；k_2 为支座显著损伤后刚度，此段为支座超出正常使用位移范围，进入上下部直接摩擦之前的刚度变化阶段。d_1 为支座的极限剪切位移（产品指标），d_2 为支座的完全失效位移（需要试验确定），d_3 为上下部结构间可能滑动的最大位移，在无其他限位装置条件下，可取梁的搁置长度。从 d_2 到 d_3 为上下部直接摩擦阶段。F_p 为聚四氟乙烯滑板橡胶支座临界滑动摩擦力，F_{rc} 为支座失效后上下部结构间临界滑动摩擦力，二者均可按式

（3.4-2）确定；d_p 为滑动支座容许位移（产品指标）。加卸载准则还需通过大量试验确定；若无试验数据支持，可采用双线性 Takeda 加卸载准则。

盆式支座上下扣板锚固于上下部结构上，其震害现象要比板式橡胶支座复杂，可将其破坏分为损伤后进入干摩擦状态和损伤后进入咬合状态两种类型。考虑损伤后进入干摩擦状态的盆式固定支座和活动支座的恢复力模型如图 3.4-10 所示。假定力达到临界滑动摩擦力时，上下部结构进入滑动状态。

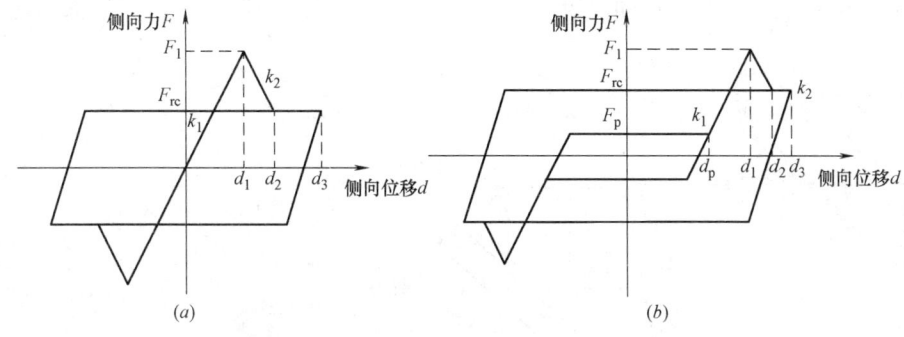

图 3.4-10　盆式支座破断-干摩擦力-位移关系模型

（a）盆式固定支座；（b）盆式滑动支座

在图 3.4-10 中，k_1 为盆式支座剪切刚度；F_1 为盆式支座容许承受的最大水平力；d_1 对固定支座而言为支座的极限剪切位移，对活动支座而言是支座极限滑动水平位移，由试验确定；其余参数意义同前述。

破坏后进入咬合状态的盆式支座的恢复力模型如图 3.4-11 所示。d_k 为支座的破坏后咬合极限剪切位移；F_p、d_p 同前述。因这种损伤情况复杂，极端处理方法为支座破坏后即被卡死，上下部结构相对位移为 0。

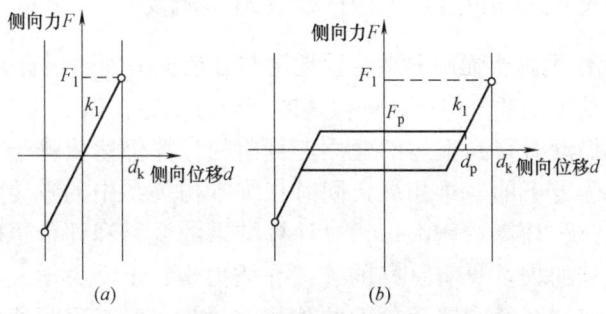

图 3.4-11　盆式支座破断-咬合力-位移关系模型

（a）盆式固定支座；（b）盆式滑动支座

球形钢支座的震害实例并不多，但在阪神地震中出现过支座破坏伴随落梁的现象。这种支座的破坏也应分为损伤后进入干摩擦状态和损伤后进入咬合状态两种类型。损伤后进入咬合状态的球形固定支座和滑动支座的模型可按照盆式支座同样处理，但损伤后进入干摩擦状态的球形活动钢支座则略有不同。图 3.4-12 是考虑损伤后干摩擦的一种球形滑动支座的恢复力模型[2]，其中 F_0 为屈服摩擦力，按式（3.4-2）确定；刚度 k_p 为：

$$k_p = N_{sd}/R_b \qquad (3.4\text{-}7)$$

式中　R_b——球形支座的球面半径。

球形支座的最大恢复力：

$$F_{q1} = (N_{sd}/R_b) \cdot d_{bd} + \mu_d N_{sd} \cdot \text{sign}(\dot{d}_{bd}) \qquad (3.4\text{-}8)$$

式中　d_{bd}——球形支座极限位移，其导数表示速度；

　　　F_{q2}——球形支座容许承受的最大水平力。

k_2、d_2、d_3、F_{rc}意义均同前述。假定力达到临界滑动摩擦力时，上下部结构进入滑动状态。

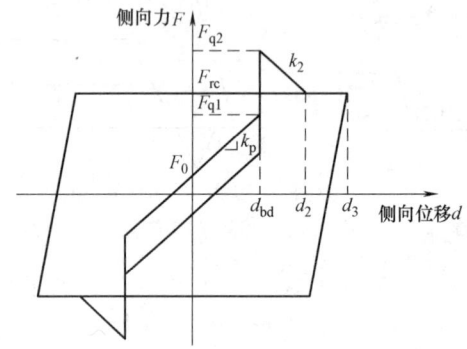

图 3.4-12　考虑损伤后干摩擦的球形滑动支座的恢复力模型

3.5　结构-桩-土地震相互作用的集中参数模型

3.5.1　结构-桩-土地震相互作用集中参数模型概要

桩-土地震相互作用是半无限复杂特性地层与复杂桩基础的耦合非线性动力学问题，其一般的计算理论见第 2 章。但第 2 章叙述的一般方法存在以下几个不足：①土的三维静、动力本构模型仍没有得到很好的建立，目前的计算仍然依赖于土的一维本构的研究结果及其在附加假定下的三维拓展，同时三维本构关系中的重要参数的合理确定也是一个巨大的挑战；②计算量巨大；③对计算结果的解释和评价也颇为困扰，要求使用这种方法进行计算的人员具有良好的连续介质力学、土动力学、有限元方法的背景知识和熟练使用大型复杂的有限元软件的技能，并非一般工程师所能正确掌握和正确使用。因此，学者们一直在研究可以满足设计精度要求的简化、实用的桩-土地震相互作用的建模方法。

集中参数建模方法最早由彭津（Penzien）[3]于 1964 年提出，用于解决软土场地桩基础桥梁抗震计算问题，之后不断得到发展和完善，成为目前土木工程抗震计算中考虑桩-土地震相互作用的实用方法。从有限元方法的角度来看，集中参数方法将地层半空间模型化为一个无几何尺度的抽象的力学单元，可称为宏单元，如图 3.5-1。

宏单元的技术思路是：首先定义一些特性简单的力学元件，用于描述复杂力学现象的

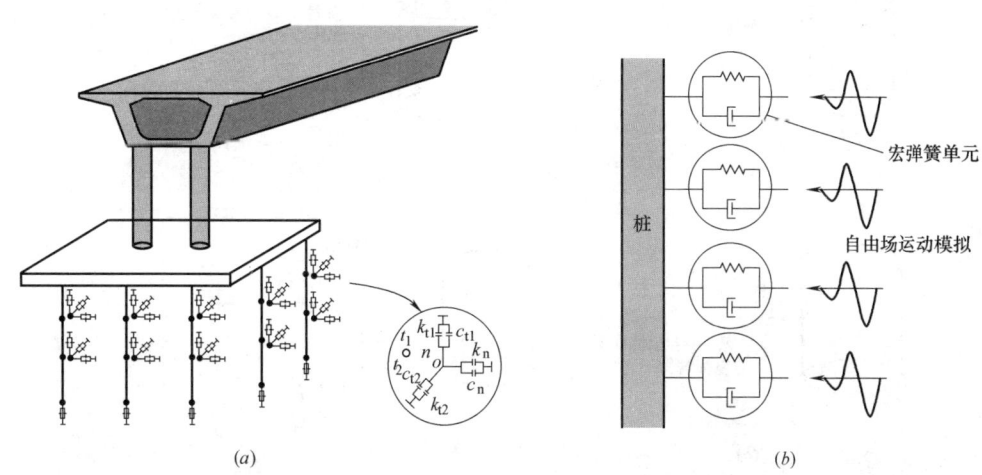

图 3.5-1 桩-土地震相互作用集中参数建模

(a) 土宏单元模型；(b) 地震动输入模型

某一特征；然后按一定规则将简单的元件进行集成，构造出宏单元（组合单元），实现对桩-土地震相互作用复杂力学现象的描述。

建立土宏单元的技术基础是对桩-土地震相互作用机理的深入理解，如图 3.5-2。基本力学现象为：①桩的主动面和被动面受到土压力，土可能进入强的非线性状态（图 3.5-2a）；②桩-土界面相对滑动引起摩擦（图 3.5-2b）；③桩-土之间可能重复发生脱离-接触（图 3.5-2c）。桩-土地震相互作用宏单元构造的第一步是针对上述力学特征构造出相应的力学元件。

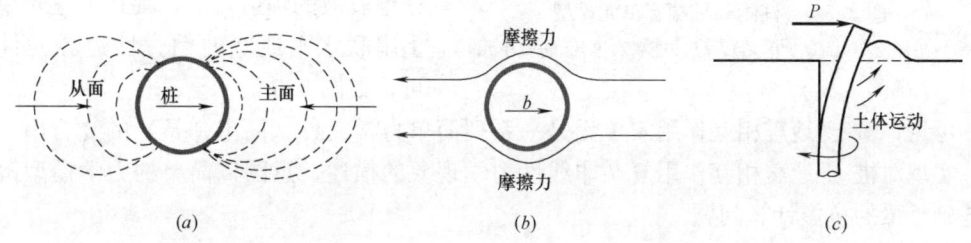

图 3.5-2 桩-土地震相互作用机理

(a) 主、被动土压力；(b) 桩侧土摩擦力；(c) 桩变形和脱离示意

桩-土地震相互作用的宏单元有复杂程度不同的模型，典型的模型如图 3.5-3；其中 (a)、(b) 两种宏单元简单，在工程抗震设计中有较多应用。Boulanger 模型[4] 和 Taciroglu 模型[5] 可以更好地考虑土的非线性力学行为、桩-土之间的分离和桩-土之间的摩擦，即可以较好地反映在图 3.5-2 中的桩-土地震相互作用机理，因而得到越来越多的研究和应用。

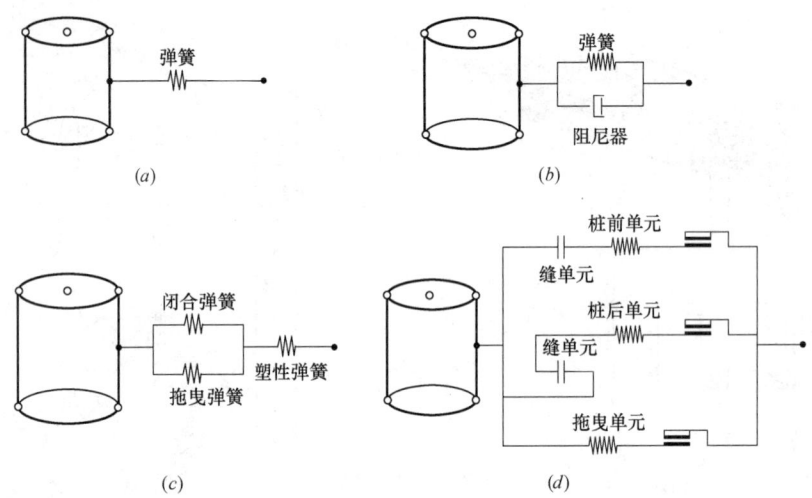

图 3.5-3　典型的桩-土地震相互作用集中参数模型

(a) 单一弹簧模型；(b) 弹簧＋阻尼器模型；(c) Boulanger 模型；(d) Taciroglu 模型

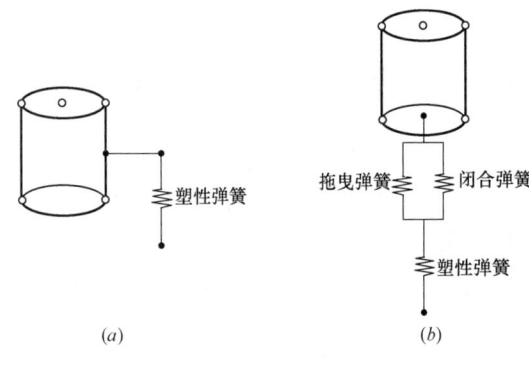

图 3.5-4　桩侧和桩端宏单元模型

(a) 桩侧宏单元（t-z 单元）；(b) 桩端宏单元（q-z 单元）

Boulanger 和 Taciroglu 宏单元模型可以用于描述桩-土水平相互作用、桩-土竖向相互作用和桩端与土的相互作用，分别称为 p-y 宏单元（图 3.5-3c 和 d）、t-z 宏单元和 q-z 宏单元，后两者如图 3.5-4。

从基本力学元件来看，宏单元一般由土的弹-塑性元件、摩擦元件和缝隙元件构成。若要在以上宏单元模型中考虑地震波的辐射效应，则在上述宏单元上串联水平或竖向粘弹性边界元件即可，如图 3.5-5。

可见，桩-土地震相互作用宏单元是一系列简单力学元件（简单弹簧）的复合串、并联，实现对桩-土地震相互作用复杂非线性力学现象的描述，意图以简单的力学模型解决桩基础桥梁的抗震计算问题。

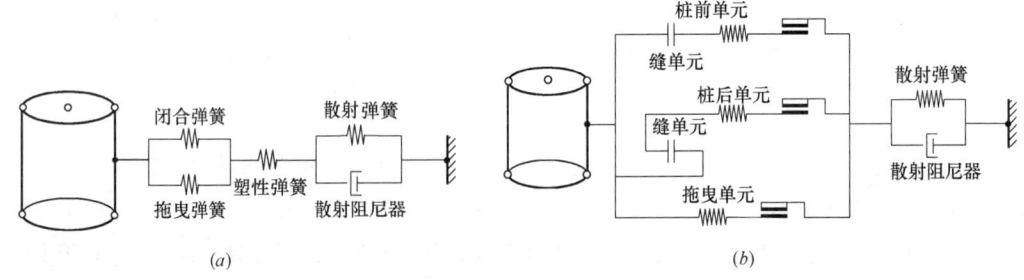

图 3.5-5　集成宏单元（一）

(a) Boulanger 模型水平集成；(b) Taciroglu 模型水平集成

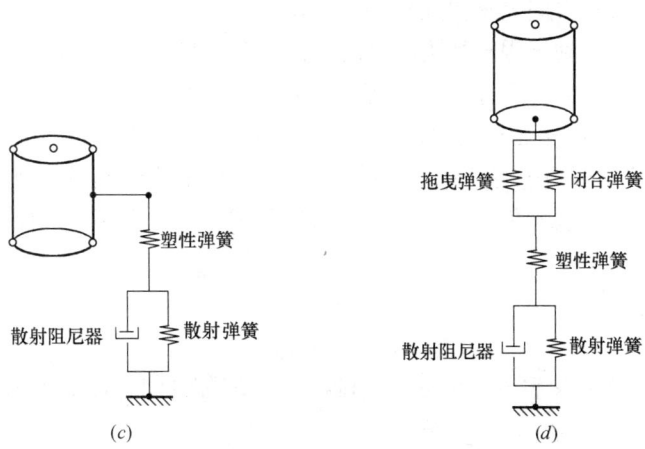

图 3.5-5　集成宏单元（二）

（*c*）桩底侧向宏单元（*t-z* 单元）竖向集成；（*d*）桩端宏单元（*q-z* 单元）竖向集成

3.5.2　拖曳元件

拖曳元件描述桩侧与土之间的侧向摩阻力，是一个非线性弹簧，本构关系如图 3.5-6。

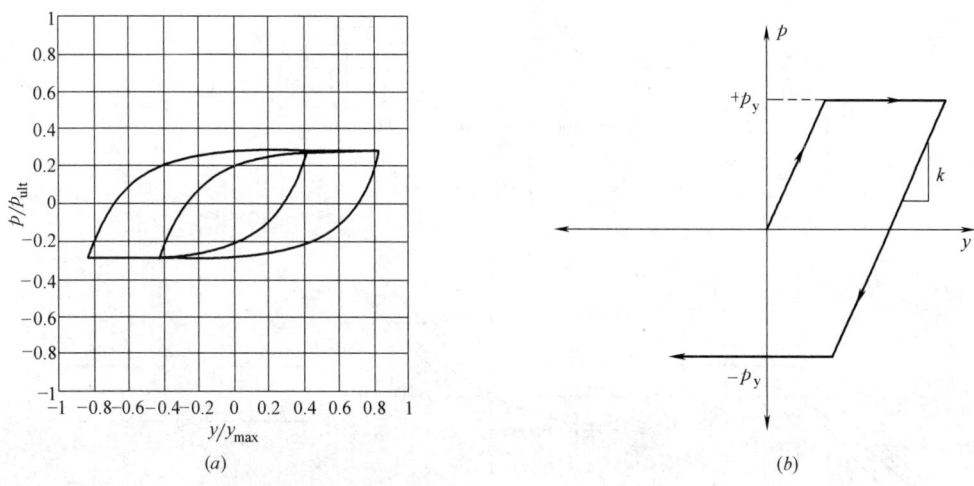

图 3.5-6　拖曳元件力学关系

（*a*）Boulanger；（*b*）Taciroglu

Boulanger 等建议的拖曳元件的本构关系可以表示为如下数学函数：

$$\frac{p_{d}}{C_{d} \cdot p_{ult}} = 1 - \left(1 - \frac{p_{d0}}{C_{d} \cdot p_{ult}}\right) \cdot \frac{y_{50}}{y_{50} + 2\left|y_{g} - y_{g0}\right|} \tag{3.5-1}$$

式中　C_{d}——最大的桩侧向摩阻力与动力 *p-y* 单元中土的极限承载力的比值，Wilson 建议 C_{d} 取为 0.3；

　　　p_{d0}——当前荷载方向上拖曳元件的初始摩阻力；

y_{g0}——当前荷载方向上拖曳元件的初始位移。

y_{50}——桩周土达到极限土抗力一半时桩的挠曲变形；

y_g——当前荷载方向上拖曳元件所对应的位移。

式（3.5-1）控制 Boulanger 拖曳元件加卸载时力—位移关系。

Taciroglu 等建议用理想弹-塑性关系描述拖曳元件的力学行为，如图 3.5-6（b）。图中 k 表示摩擦刚度，p_y 表示极限摩擦力。卸载段与加载段具有相同的刚度 k，即遵循随动强化法则。

3.5.3 缝隙元件

缝隙元件的作用相当于一个开关，控制着桩-土缝隙的闭合，如图 3.5-7。

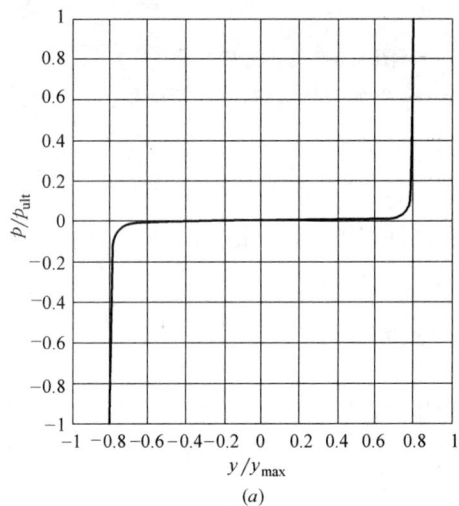

(a)

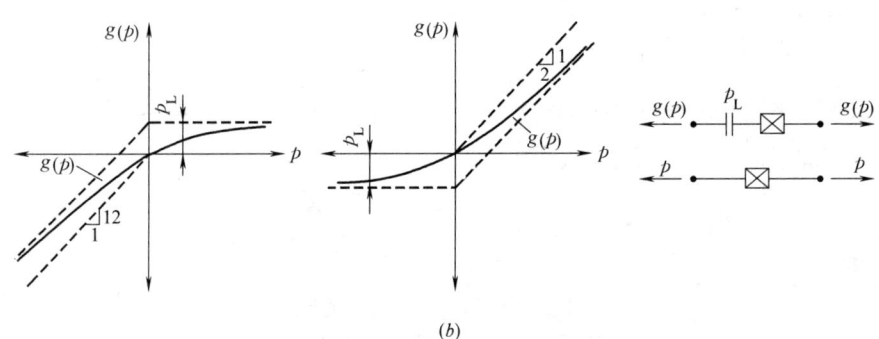

(b)

图 3.5-7 缝隙单元力学曲线

(a) Boulanger；(b) Taciroglu

Boulanger 等建议的缝隙元件力学行为可以用以下数学函数描述：

$$\frac{p_c}{1.8p_{ult}} = \frac{y_{50}}{y_{50}+50(y_{0+}-y_g)} - \frac{y_{50}}{y_{50}-50(y_{0-}-y_g)} \tag{3.5-2}$$

式中　y_{0+} 和 y_{0-}——本阶段荷载作用前桩-土界面的最大正方向间隙和最大负方向间隙，

y_{0+} 和 y_{0-} 初始值设为 $y_{50}/100$ 和 $-y_{50}/100$；

系数 1.8——确保初次加载时 p_c 可以达到 p_{ult}；

y_{50}——桩周土达到极限土抗力一半时桩的挠曲变形；

y_g——当前荷载方向上缝隙元件所对应的位移。

循环荷载下，由于土的非线性变形，桩-土之间发生频繁的脱离-接触现象；在桩-土界面处，缝隙随振动的持续而变大。一个稳定的宏单元模型应可以使脱离-接触行为的数值计算收敛。严格强制满足脱离-接触条件通常会导致在平衡迭代（如采用 NR 方法）中发生数值振荡；而在闭合和张开阶段进行平滑过渡，则可以避免数值计算的收敛问题。而且，实际情况下桩-土之间的接触和脱离往往是不均匀的（在一个单元尺度范围内，并不是理想化的瞬时实现完全脱离或完全接触），平滑过渡也可以更准确地表达实际的脱离-接触行为。Taciroglu 等采用一个投影算子 $g(p)$ 来实现平滑过渡：

$$g(p)=p-\frac{1}{2\beta}\log\Big(\frac{e^{2\beta p}+1}{2}\Big),\ \beta=\frac{\log(2)}{2p_L} \tag{3.5-3}$$

$$\frac{\partial g(p)}{\partial\varepsilon}=\frac{\partial g}{\partial p}\frac{\partial p}{\partial\varepsilon}=\frac{1}{(2^{p/p_L}+1)}\frac{\partial p}{\partial\varepsilon} \tag{3.5-4}$$

式中　p——通过投影算子传递的应力；

p_L——一个限制脱离应力，表达了平滑过渡相对于理想脱离-接触行为的偏离程度（对于理想脱离接触行为，限制脱离应力则为 0，接触应力则等于 p）。

由式（3.5-3）可知：

$$\lim_{\sigma\to+\infty}g(p)=p_L;\ \lim_{\sigma\to-\infty}g(p)=p+p_L \tag{3.5-5}$$

图 3.5-7（b）说明了 Taciroglu 等的缝隙单元是如何投影一个与其相连的一般的力学元件（图中的 X-箱）的应力的。用户定义的强度参数 p_L 决定缝隙的方向。在式（3.5-5）中，$p_L>0$ 将在此元件中产生一个极限拉反应；$p_L<0$ 将在此元件中产生一个极限压反应。应当注意到，投影算子通过式（3.5-4）为任何以串联方式连接到缝隙元件的其他类型元件（图 3.5-7b）提供切线刚度。

3.5.4　土材料元件

土的材料非线性行为分为垂直于桩轴线方向的 p-y 元件、顺桩轴方向的 t-z 元件和桩端的 q-z 元件，三者的数学表达形式可以统一写为式（3.5-6），其循环荷载下的本构曲线如图 3.5-8。其本构曲线初始为一刚性段，刚性段土体抗力的范围介于 $-C_r p_{ult}<p<C_r p_{ult}$。其中，$C_r$ 表示在初始加载阶段当塑性屈服刚发生时的 p/p_{ult} 的比值，一般可取为 0.2。超过刚性段，塑性弹簧的数学表达式见公式（3.5-6）。卸载时，为刚性卸载。当卸载结束，进行反向加载时，初始段同

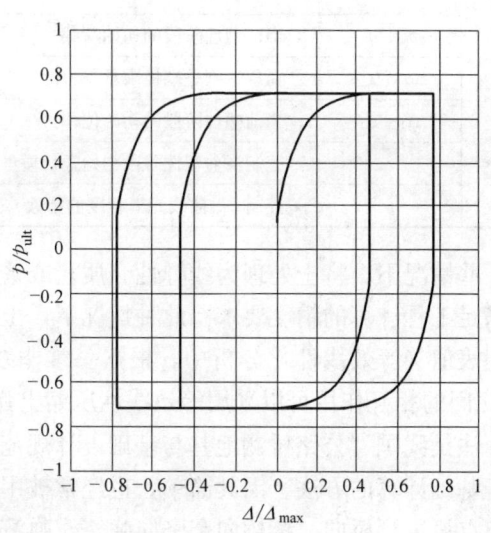

图 3.5-8　土材料非线性的本构曲线（Boulanger）

107

样为一刚性段，超过指定长度的刚性段后仍然受式（3.5-6）控制。

$$\frac{p}{p_{ult}} = 1 - \left(1 - \frac{p_0}{p_{ult}}\right) \cdot \left(\frac{c\Delta_{50}}{c\Delta_{50} + |\Delta - \Delta_0|}\right)^n \tag{3.5-6}$$

对于 $p\text{-}y$ 元件、$t\text{-}z$ 元件和 $q\text{-}z$ 元件，式（3.5-4）中参数的物理意义和细节规定见表 3.5-1。需要指出的是，土材料非线性行为的表示方式不是仅有表 3.5-1 所阐述的一种，其他具有代表性的土材料非线性元件参数的详细确定方法见附录 B。

土非线性力学行为参数 表 3.5-1

方向	符号	物理意义	实现细节
$p\text{-}y$	p_{ult}	动力 $p\text{-}y$ 单元在当前荷载作用方向上的极限承载力	初始刚性部分为：$-C_r p_{ult} < p < C_r p_{ult}$；其中：$C_r = p/p_{ult}$，$C_r$ 为塑性弹簧第一次达到塑性屈服时的抗力与极限抗力的比值。可看出，初始刚性部分的范围是 $2C_r p$。塑性部分：当荷载超过刚性范围后，塑性弹簧便进入塑性阶段
	p_0	当前塑性阶段的初始荷载	
	$\Delta_{50} = y_{50}$	荷载达到极限承载力一半时所对应的桩的位移	
	$\Delta_0 = y_0$	当前塑性阶段的初始位移	
	c	控制当前塑性阶段初始正切模量的常数	
	n	控制 $p\text{-}y$ 曲线光滑程度的指数	
$t\text{-}z$	$p_{ult} = t_{ult}$	动力 $t\text{-}z$ 单元在当前荷载作用方向上的竖向极限摩阻力	$t\text{-}z$ 模型弹簧的滞回效应参考 $p\text{-}y$ 模型。$t\text{-}z$ 弹簧的组成与 $p\text{-}y$ 弹簧的组成类似，只是没有间隙弹簧部分
	$p_0 = t_0$	当前塑性阶段的初始荷载	
	$\Delta_{50} = z_{50}$	荷载达到竖向极限摩阻力的一半时所对应的桩的位移	
	$\Delta_0 = z_0$	当前塑性阶段的初始位移	
	c	控制当前塑性阶段初始正切模量的常数	
	n	控制 $t\text{-}z$ 曲线光滑程度的指数	
$q\text{-}z$	$p_{ult} = q_{ult}$	动力 $q\text{-}z$ 单元在当前荷载作用方向上的桩端极限承载力	C_r' 表示在初始加载阶段当塑性屈服刚发生时的 q/q_{max} 的比值。可知刚性段的土体抗力范围初始值是 $2C_r' q_{max}$，与 $p\text{-}y$ 模型不同的是，此值会随着塑性屈服而发生移动和增长，但最大增长范围不能超过 $0.7 q_{max}$
	$p_0 = q_0$	当前塑性阶段的初始荷载	
	$\Delta_{50} = z_{50}$	荷载达到桩端极限承载力的一半时桩的位移	
	$\Delta_0 = z_0$	当前塑性阶段的初始位移	
	c	控制当前塑性阶段初始正切模量的常数	
	n	控制 $q\text{-}z$ 曲线光滑程度的指数	

一些情况下，将土处理为线弹性介质，或采用等效线性化方法考虑土的非线性压缩也可以满足工程计算的精度要求。此种情况下，土的剪切模量 G 和阻尼比 ξ 可以取为某个适当的代表值（等效线性化分析中，根据一维非线性剪切土层的等效线性分析方法确定）。土-桩之间的相互作用可以采用等效线性压缩土弹簧 k_i 表达。

m 法是我国《公路桥涵地基与基础设计规范》JTG D63—2007[6] 所采用的常规荷载下进行桩基础计算的方法。因其简单，也经常被用于抗震计算。对竖直桩，可在桩身模型的单元节点设置顺桥向、横桥向和竖向弹簧，弹簧系数按照下式计算：

$$k_i = b_1 \cdot l \cdot m \cdot z \tag{3.5-7}$$

式中 k_i——第 i 层土桩土的水平弹簧的刚度系数 (kN/m);

   b_1——桩的计算宽度 (m);

   l——桩节点弹簧的所辖桩段长度 (m), 可取节点位置上下两个单元长度之和的 1/2;

   m 非岩石地基水平抗力系数的比例系数 (kN/m⁴);

   z——节点位置计算深度 (m)。

需要说明的是, m 法只适于结构在地面处位移较小的情况, 规范中建议的 m 值适用于结构在地面处位移最大值不超过 6mm 的情况。

3.5.5 宏单元综合力学行为

p-y 宏单元、t-z 宏单元和 q-z 宏单元在循环荷载下的集成力学行为如图 3.5-9～图 3.5-11。画图所采用的土性参数见表 3.5-2。

土的材料参数   表 3.5-2

土的类型	摩擦角 $\varphi(°)$	初始地基模量 k(kN/m³)	重度 γ(kN/m³)	不排水抗剪强度 c_u(kN/m²)	极限主应力一半时的应变值 ε_{50}
砂土	37	35000	20	—	—
粘土	—	—	15	37	0.01

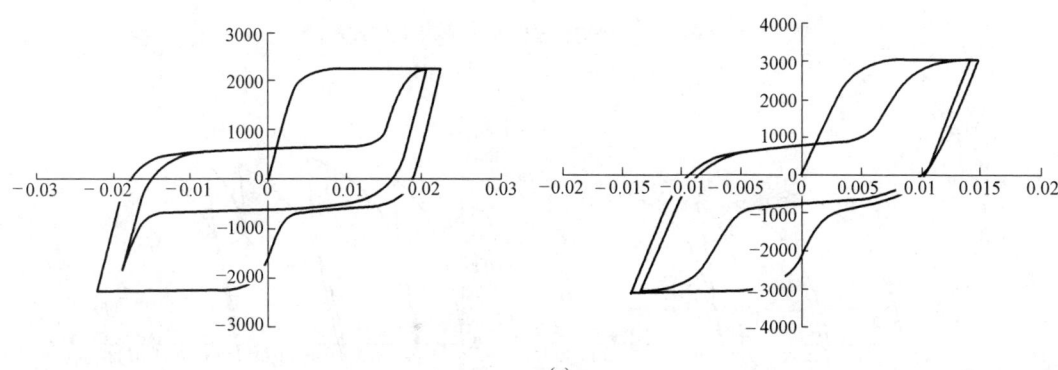

(a)

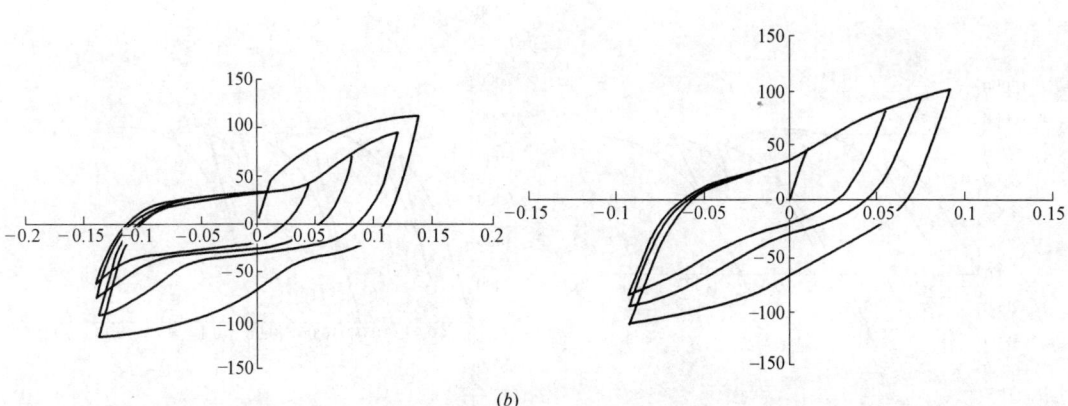

(b)

图 3.5-9 p-y 宏单元集成力学行为
(a) 砂土;(b) 粘土

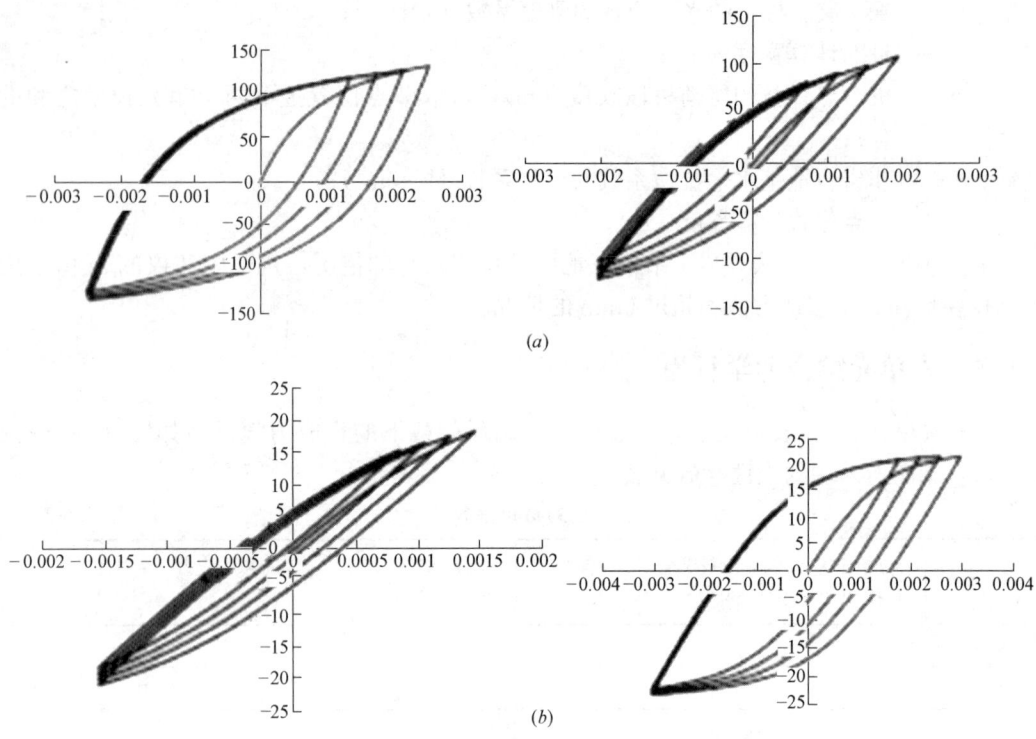

图 3.5-10　t-z 宏单元集成力学行为

（a）砂土；（b）粘土

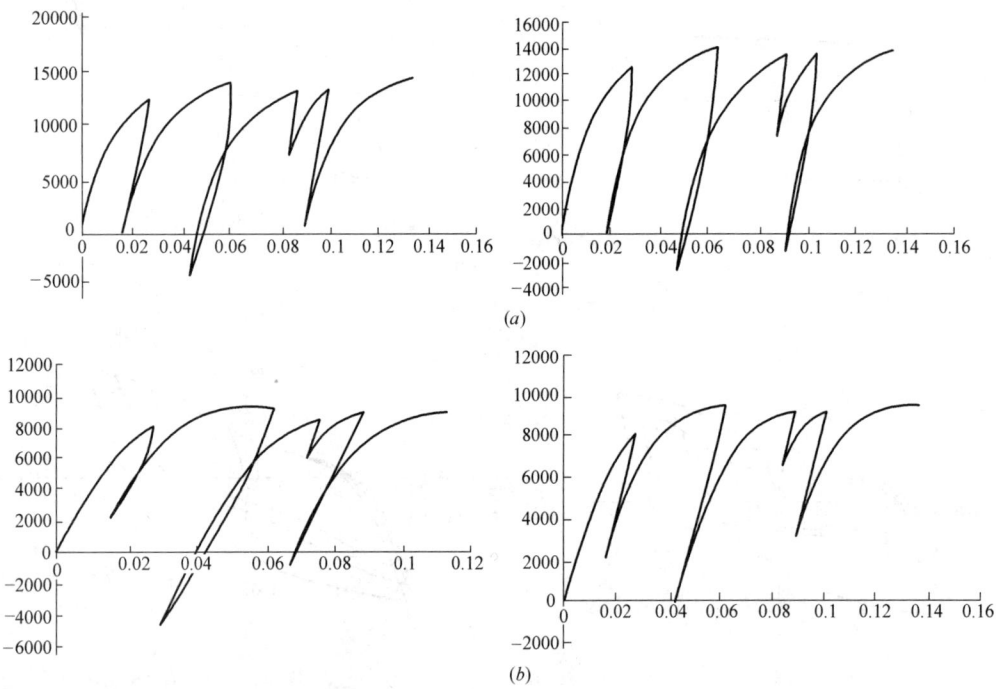

图 3.5-11　q-z 宏单元集成力学行为

（a）砂土；（b）粘土

3.5.6　群桩效应

群桩基础的地震效应主要包括两个方面（图 3.5-12）[7,8]：①"遮拦效应（Shadowing Effect）"，反映的是同一列桩效应之间的重叠（Overlapping）；②"边缘效应（Edge Effects）"，反映的是同一行桩效应之间的重叠。群桩效应的结果是减小了群桩基础中每一个单桩的土抗力，即在相同的桩头位移条件下，群桩中各桩的土体抗力小于对应的独立单桩，侧向位移则比独立单桩大。如果各桩的平均荷载（剪力）与独立单桩相等，则群桩将比单桩产生更大的侧向变形，图 3.5-13 是试验示例[7,8]。

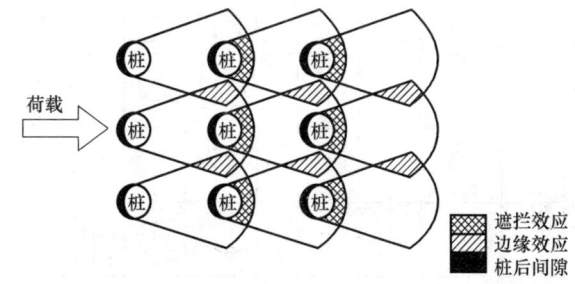

图 3.5-12　侧向荷载下群桩相互作用效应示意[7,8]

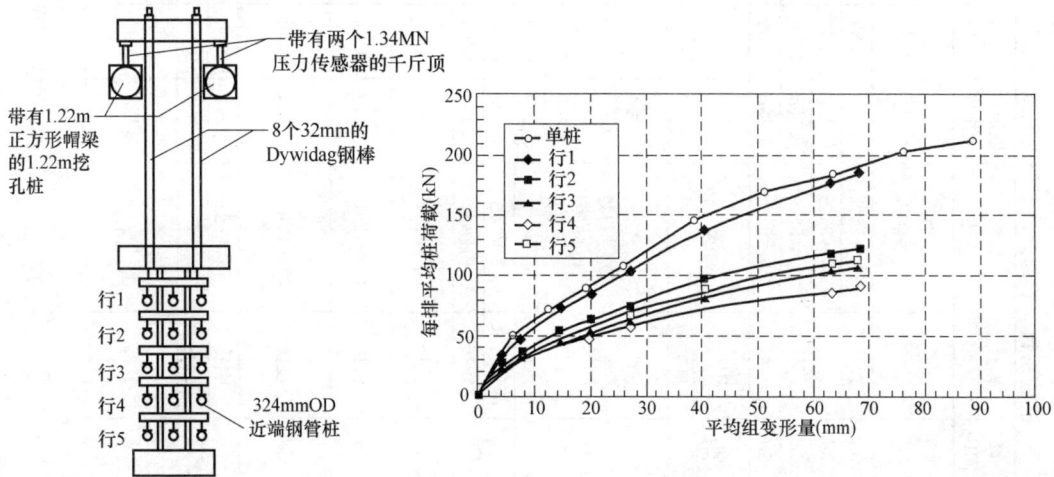

图 3.5-13　平均第一周峰值荷载与峰值位移之间的关系[7,8]

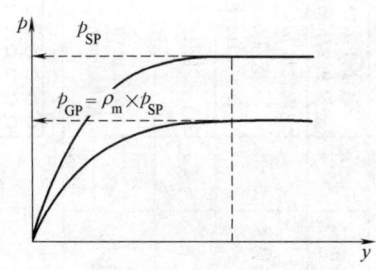

图 3.5-14　考虑群桩效应的修正因子 ρ 及其修正后的 p-y 曲线

影响群桩力学行为的因素很多，如土的力学性质、桩间距、桩顶约束程度、水平加载模式等。1987 年 Brown 等[9]提出了群桩修正因子，即对桩群中的每一桩的 p-y 曲线分别乘以不同的修正因子 ρ 以近似考虑群桩效应，其概念如图 3.5-14。表 3.5-3 是修正系数 ρ 的一些研究结果[10,11]。

3.5.7　桩-土地震相互作用集中参数模型的规范化考虑

在日本《铁路结构设计规范（抗震设计篇）》[12]中，土与桩基础静力相互作用建模采用集中参数法。桩基础的地基反力假定为弹塑性体（双线性），如图 3.5-15。

群桩系数 ρ 的部分试验研究结果

表 3.5-3

土类	试验地点	试验类型	群桩尺度	桩型	桩间距	桩顶约束	土性描述	桩顶最大挠度	1	2	3	4	5	6	7	引用文献
砂性土	Huston	现场试验	3×3	钢管桩:$d=273mm$ 壁厚:9.27mm 管内注浆	3d	铰接	$\varphi'=38°$ $D_r>90\%$	0.15d	0.80	0.40	0.30	—	—	—	—	Brown (1988)
	Florida	离心机模型试验	3×3	圆型管桩 $d=430mm$,桩长 $L=13.3m$	3d	铰接	$D_r=55\%$	0.18d	0.80	0.45	0.30	—	—	—	—	Mc Vay (1995)
					3d		$D_r=33\%$	0.15d	0.65	0.45	0.35	—	—	—	—	
					5d		$D_r=55\%$	0.18d	1.00	0.85	0.70	0.30	—	—	—	
					5d		$D_r=33\%$	0.19d	1.00	0.85	0.70	0.30	—	—	—	
	Stuart, Florida	现场试验	4×4	混凝土方桩:$d=760mm$;2组, 其中1组群桩带承台	3d	刚接	$\varphi'=32°\sim42°$	0.11d	0.80	0.70	0.30	0.30	—	—	—	Ruesta (1997)
						铰接		0.13d	0.80	0.70	0.30	0.30	—	—	—	
	Florida	离心机模型试验	3×3	圆型桩:$d=429mm$; 方桩:$L=13.7m$	3d	刚接	$D_r=33\%$ 和 55%	0.23d	0.80	0.40	0.30	—	—	—	—	Mc Vay (1998)
			4×3					0.25d	0.80	0.40	0.30	0.30	0.30	—	—	
			5×3					0.26d	0.80	0.40	0.30	0.20	0.30	0.30	—	
			6×3					0.26d	0.80	0.40	0.30	0.20	0.20	0.30	—	
			7×3					0.20d	0.80	0.40	0.30	0.20	0.20	0.20	0.30	
粘性土			3×2		3d	部分约束	粉砂土	0.20d	0.50	0.40	0.30	—	—	—	—	Brown (2001)
			4×3			铰接	粉砂土	0.15d	0.90	0.70	0.50	0.40	—	—	—	
	France	现场试验	2×3	H形钢板桩	3d	铰接	$C_r=20kPa$	0.05d	0.90	0.50	—	—	—	—	—	Meimon (1986)
	Huston	现场试验	3×3	钢管桩:$d=273mm$; 壁厚9.27mm;桩内灌浆	3d	铰接	$C_r=72kPa$	0.11d	0.70	0.60	0.50	—	—	—	—	Brown (1987)
	Salt Lake City,Utah	现场试验	3×3	钢管桩:$d=224mm$; 壁厚9.5mm; $L=9.1m$;桩内灌浆	3d	铰接	$C_r=50kPa$	0.19d	0.60	0.38	0.43	—	—	—	—	Rollins (1998)
			4×3			刚接 部分约束	软粘土	0.51d	0.80	0.40	0.20	0.30	—	—	—	Brown (2001)
					3d			0.20d	0.64	0.32	0.16	0.24	—	—	—	
	Salt Lake City,Utah	现场试验	3×3	钢管桩:$d=324mm$; 壁厚9mm,壁厚9.27mm;$L=11.9m$	5.65d	铰接	$C_r=$ 70~105kPa	0.20d	0.95	0.88	0.7	0.73	0.46	—	—	Rollins (2006)
			4×3		4.4d			0.12d	0.90	0.80	0.69	0.45	—	—	—	
			5×3		3.3d			0.28d	0.82	0.61	0.45	—	—	—	—	

注释

荷载方向

7 6 5 4 3 2 1

(1)群桩尺度:m 为荷载方向桩列数目;n 为垂直荷载方向桩列的数目

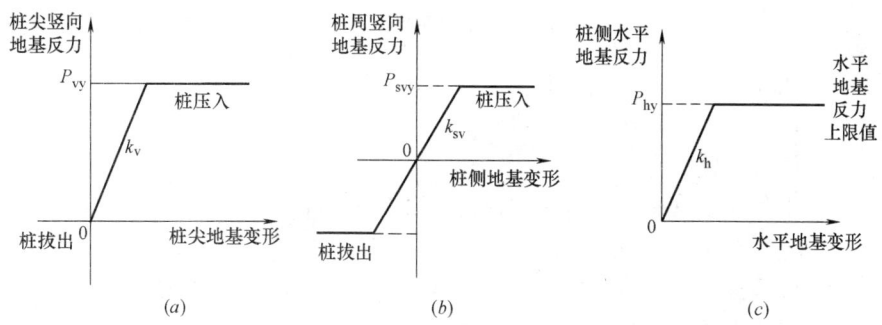

图 3.5-15　桩-土相互作用地基弹簧模型

(a) 桩尖竖向地基弹簧；(b) 桩侧竖向地基弹簧；(c) 桩侧水平地基弹簧

表 3.5-4 给出了地基反力种类和上限值的确定方法。地基反力达到上限值则变为塑性。

地基反力的上限值　　　　　　　　　　　　　　　　表 3.5-4

地基反力的种类	地基反力的上限值
桩尖竖向地基反力	单桩桩尖地基竖向极限承载力
桩周竖向地基反力	桩周地基极限摩阻力
桩侧水平地基反力	桩侧地基水平极限承载力

桩尖竖向地基反力的初始斜率（桩尖设计竖向弹簧刚度系数）k_v 为桩尖土达到规定的竖向承载力强度 P_{vy} 时的值，不考虑桩尖受拉地基反力；桩侧竖向地基反力的初始斜率（桩侧设计剪切弹簧刚度系数）k_{sv} 为桩侧土达到计算范围内规定的最大桩周摩阻力值；桩侧水平地基反力的初始斜率（桩侧设计水平抗压弹簧刚度系数）k_h 为桩侧土达到计算范围内规定的有效土抗力时的值。

《城市轨道交通结构抗震设计规范》[13] 采用与日本《铁路结构设计规范（抗震设计篇）》[12]（图 3.5-15）相同的方法表达土-桩相互作用弹簧，但对弹簧刚度和反力上限值的计算方法进行了修正。

k_v、k_{sv} 和 k_h 这几个地基弹簧刚度需要根据桩基类型、地基变形模量、桩尖直径等参数来确定。

桩侧水平地基弹簧初始刚度 k_h，按下式计算：

$$k_h = K_h D \Delta l \qquad (3.5-8)$$

式中　K_h——计算位置桩侧土水平基床系数（kN/m³），根据我国《城市轨道交通岩土工程勘察规范》可以得到；

Δl——水平弹簧刚度计算范围内桩的长度（m）；

D——桩的直径或宽度（m）。

水平地基反力上限值，可以根据我国《铁路桥涵地基和基础设计规范》TB 10093—2017 的规定，考虑土的主动被动土压力和粘聚力按下列公式计算：

$$P_{hy} = [\sigma_p] D_0 \Delta l \qquad (3.5-9)$$

$$[\sigma_p] = k[\gamma z(\eta K_p - K_a) + 2c(\eta \sqrt{K_p} + \sqrt{K_a})] \qquad (3.5-10a)$$

$$K_p = \tan^2\left(45° + \frac{\varphi}{2}\right) \qquad (3.5-10b)$$

$$K_a = \tan^2\left(45° - \frac{\varphi}{2}\right) \tag{3.5-10c}$$

式中　D_0——桩构件侧面土抗力的计算宽度（m），见表 3.5-5；

　　　$[\sigma_p]$——桩侧水平地基压应力（kPa）；

　　　z——计算位置的深度（m）；

　　　γ——土的重度（有水时考虑水浮力）（kN/m³）；

　　　c——土的粘聚力（kPa）；

　　　k——桩构件相互影响系数；

　　　K_p——被动土压力系数；

　　　K_a——主动土压力系数；

　　　φ——土的内摩擦角；

　　　η——系数，$\eta = D_0/D$。

桩构件侧面土抗力的计算宽度 D_0　　　　　　　表 3.5-5

基础截面形状	矩形（宽度为 b）	圆形（直径为 d）
计算宽度 D_0	$b \geqslant 1\mathrm{m}: b+1; b<1\mathrm{m}: 1.5b+0.5$	$d \geqslant 1\mathrm{m}: 0.9(d+1); d<1\mathrm{m}: 0.9(1.5d+0.5)$

桩尖竖向地基弹簧初始刚度 k_v 按下式计算：

$$k_v = K_v A_v \tag{3.5-11}$$

式中　K_v——桩尖计算位置竖向基床系数（kN/m³）；

　　　A_v——桩尖面积（m²）。

桩周竖向地基弹簧初始刚度 k_{sv} 按下列公式计算：

$$k_{sv} = K_{sv} U \Delta l; \quad K_{sv} = \frac{1}{3} K_h \tag{3.5-12}$$

式中　K_{sv}——桩周竖向基床系数（kN/m³）；

　　　Δl——计算范围内桩的长度（m）；

　　　U——桩截面周长（m）。

地表以下部分长度在地震时会发生桩-土之间的脱离，计算时不考虑此段的土压力，即不设置土弹簧，该段长度 h_s 为：

$$h_s = \sqrt[4]{\frac{4EI}{K_h D}} \tag{3.5-13}$$

式中　EI——桩的抗弯刚度（kN·m²）。

承台侧面的水平地基弹簧初始刚度 k_{hf} 按下式计算：

$$k_{hf} = K_h A_f \tag{3.5-14}$$

式中　A_f——承台正面的面积（m²）。

桩尖承载力上限值 P_{vy} 和桩周承载力上限值 P_{svy} 可按照《铁路桥涵地基和基础设计规范》TB 10093—2017 的单桩轴向容许承载力的规定来计算。其中，钻孔灌注桩桩尖承载力上限值按规范式（6.2.2-2）的第二项计算：

$$P_{vy} = m_0 \times [\sigma] \times A_v \tag{3.5-15}$$

$$[\sigma] = \begin{cases} \sigma_0 + k_2 \gamma_2 (h-3), & h \leqslant 4d \\ \sigma_0 + k_2 \gamma_2 (4d-3) + k_2' \gamma_2 (h-4d), & 4d < h \leqslant 10d \\ \sigma_0 + k_2 \gamma_2 (4d-3) + k_2' \gamma_2 (6d), & h > 10d \end{cases} \tag{3.5-15a}$$

式中　m_0——桩底支承力折减系数，钻孔灌注桩桩底支承力折减系数可按规范表 6.2.2-6
　　　　　采用；

　　　A_v——桩底支承面积（m^2），按设计桩径计算；

　　　$[\sigma]$——桩底地基土的容许承载力（kPa）；

　　　d——桩径或桩的宽度（m）；

　　　k_2——采用规范表 4.1.3 中的数值；

　　　k_2'——对于粘性土、粉土和黄土为 1.0，对于其他土，k_2'为规范表 4.1.3 中的 k_2 值
　　　　　之半；

　　　σ_0——地基的基本承载力；

　　　γ_2——基底以上土的天然重度的平均值（kN/m^3）；

　　　h——基础底面的埋置深度（m）。

　　钻孔灌注桩桩周承载力上限值可按现行《铁路桥涵地基和基础设计规范》TB 10093—2017
式（6.2.2-2）的第一项计算。原公式第一项为 $(1/2)U\sum l_i f_i$，结合《建筑桩基技术规范》
JGJ 94—2008 条文 5.2.2 节，系数 1/2 应为对桩周摩阻力标准值的折减安全系数。在地震作用
下，应考虑桩侧土的实际摩阻行为，直接取桩周摩阻力标准值作为桩周承载力上限值，即：

$$P_{svy}=U\sum l_i f_i \tag{3.5-16}$$

式中　U——桩身截面周长（m）；

　　　l_i——各层土的厚度（m）；

　　　f_i——各层土的极限摩阻力（kPa），按规范表 6.2.2-5 采用。

　　采用上述非线性土弹簧描述桩基础-地基地震相互作用关系后，桥梁结构整体动力分
析集中参数建模方法如图 3.5-16。

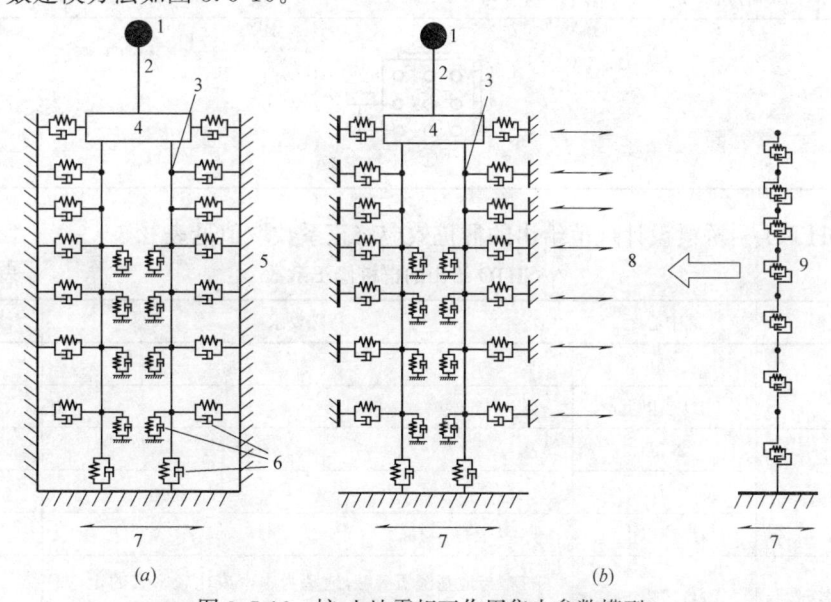

图 3.5-16　桩-土地震相互作用集中参数模型

（a）一致地震动输入；（b）非一致地震动输入

1—上部结构；2—桥墩；3—柱节点；4—承台；5—单点输入边界；

6—柱土相互作用弹簧与阻尼器；7—地震动输入；8—多点输入边界；9—自由场土体

应当注意，上述简化参数的确定方法原则上适用于静力非线性分析。对于动力问题，刚度系数等与振动频率有关。在设计实践中，一般以结构第一振型频率确定刚度等参数，不考虑高频振动的影响，因此仍采用前面的静力模型参数。循环荷载下，上述土弹簧滞回规则的选择可参考一般土动力学的研究结果。

对于群桩效应，日本《铁路结构设计规范（抗震设计篇）》[12] 采用一个群桩水平地基反力修正系数 e_g 来获得群桩的设计水平地基反力系数 k_{hg}：

$$k_{hg} = e_g k_h \tag{3.5-17}$$

式中　k_h——单桩的设计水平地基反力系数（kN/m^3）；

　　　e_g——通过相关规范（基础构造物抗土压构造物）中的经验公式和图表来确定。

群桩的有效单位土抗力考虑对应各桩列的地基抗力分配率及桩间距等影响，修正如下：

$$p_{eg}(z) = \eta_m \eta_n p_e(z) \leqslant p_e(z) \tag{3.5-18}$$

式中　$p_{eg}(z)$——深度 z 处群桩单位有效土抗力；

　　　$p_e(z)$——深度 z 处的单桩有效土抗力；

　　　η_m——群桩桩列的抗力分担系数；

　　　η_n——群桩根数的抗力修正系数，按表 3.5-6 取值。

群桩系数的部分试验研究结果　　　　　　　　　　　　　　　　表 3.5-6

土的类型	η_m		η_n	
砂土	第一列	1.0	所有列	$\eta_n = (d/3)^{0.42} \cdot n^{-0.09}$ $d = L/D$，桩间距系数 L：桩中心距 N：水平荷载下垂直方向桩的数目
	第二列	0.5		
	第三列	0.4		
粘土	所有列	1.0	所有列	1.0

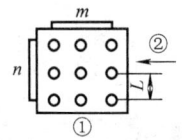

AASHTO[14] 桥梁设计规范给出的群桩效应修正系数取值见表 3.5-7。

AASHTO 给出的群桩修正系数　　　　　　　　　　　　　　　　表 3.5-7

群桩构形	桩中心距	特殊要求	修正系数 ρ
单列	2D		0.9
	3D 或以上		1.0
多列	2.5D		0.67
	3D		0.80
	4D 或以上		1.0
单列或多列	2D 或以上	桩帽与地基密切接触，地基为中密或比较密实的土，并且预期桩帽下不会发生冲刷	1.0
单列或多列	2D 或以上	桩侧采用水泥压浆，使安装过程产生的应力丢失得到恢复；并且压浆达到桩尖	1.0

在中国《公路桥涵地基与基础设计规范》[6]中，当水平地震作用方向所在竖直面内有 n 根桩时，初始刚度 k_h 应乘以桩构件相互影响系数 k：

$$k=\begin{cases}1.0 & (L_0 \geqslant 0.6h_0)\\ x_n+\dfrac{1-x_n}{0.6}\cdot\dfrac{L_0}{h_0} & (L_0 < 0.6h_0)\end{cases} \tag{3.5-19}$$

式中　L_0——桩在水平地震作用方向所在竖直面内的净距（m）；

　　　h_0——桩埋入地面或局部冲刷线以下的计算深度（m），$h_0=3(D+1)$，但不能大于 h，如图 3.5-17；

　　　x_n——与桩构件数目有关的水平地基刚度调整系数，如图 3.5-17。

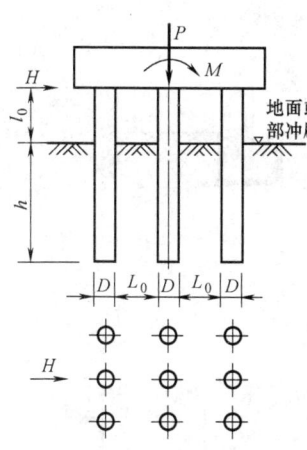

水平地基刚度调整系数 x_n

桩数 n	调整系数 x_n
1	1.0
2	0.6
3	0.5
≥4	0.45

图 3.5-17　考虑群桩效应系数的桩基示意图

3.6　刚性基础-土地震相互作用模型

一些土木工程结构的基础在几何上接近于整体板或整体块体，如桥梁结构的扩大基础（浅基础）和沉井基础等。出于抗震分析和抗震设计的需求，需要建立此类基础与土体地震相互作用的建模方法。

3.6.1　刚性基础集中参数模型

为建立简化分析模型，将刚性基础与土的地震相互作用分解为"运动相互作用（Kinematic Interaction）"和"惯性相互作用（Inertial Interation）"两部分，如图 3.6-1 所示。

"运动相互作用"是指假定上部结构质量为 0，地震波与刚性基础运动的相互影响。考虑"运动相互作用"的结果是"基础输入运动"与自由场土运动不同，而且还产生附加转动输入运动。"惯性相互作用"是指土-基础-结构系统在"基础输入运动"下的动力相互作用。在计算惯性相互作用时，以土弹簧描述土的变形性质。刚性基础与土相互作用的这种简化建模方法需要解决两个问题，其一是合理地确定与刚性基础关联的弹簧刚度和阻尼系数，其二是合理确定考虑运动相互作用后的等效地震动输入。

Mylonakis 等[15]在 2006 年对于任意形状的地表基础（图 3.6-2a）和嵌入式基础（图

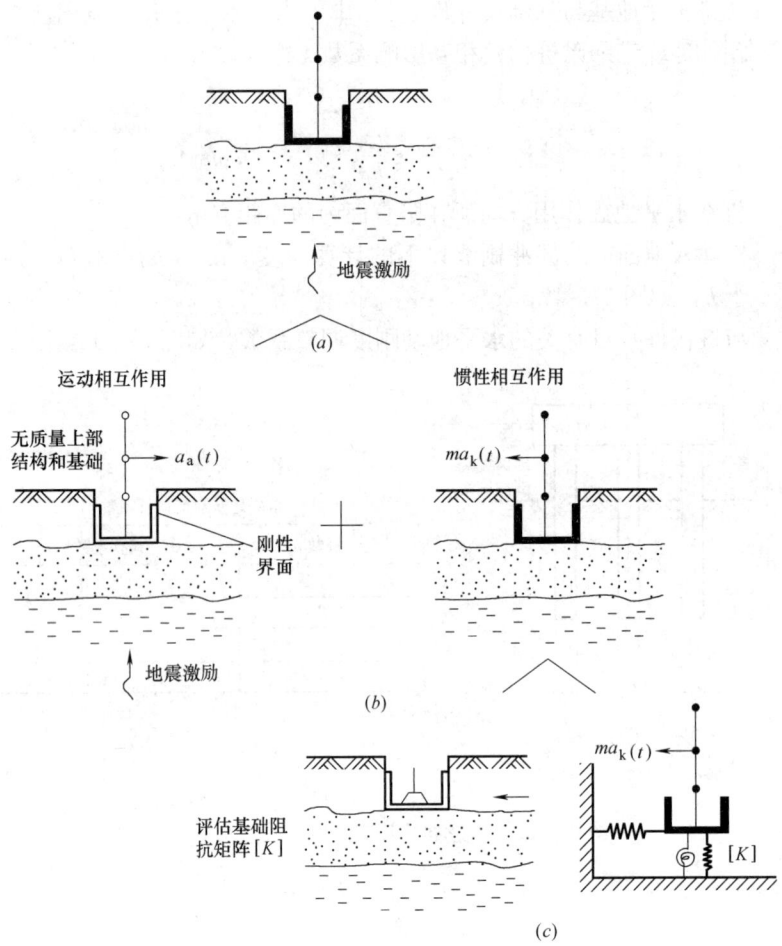

图 3.6-1　刚性基础与土相互作用分析两步法示意图

3.6-2b）的刚度系数和阻尼系数的研究成果进行了总结和梳理。考虑到我国城市轨道桥梁扩大基础多为矩形且长短边比多介于 1～4 之间，对于中硬土层，可偏于安全地对 My-lonakis 等给出的计算公式进行简化，得到了表 3.6-1 和表 3.6-2 的系数。

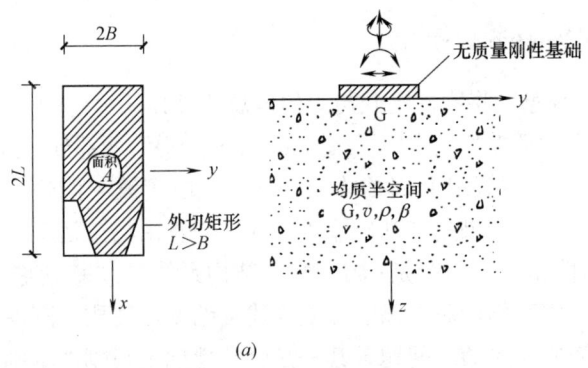

图 3.6-2　任意形状基础（一）

（a）表面基础

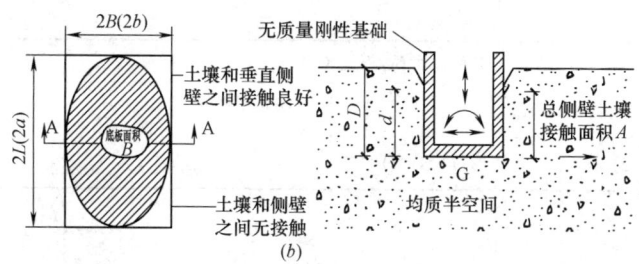

图 3.6-2　任意形状基础（二）

（b）嵌入基础

无限半空间表面矩形基础的动态刚度和阻尼系数　　表 3.6-1

振动模态	动态刚度 $\mathcal{K}=Kk(\omega)$			阻尼系数 C
	静态刚度 K		动态刚度系数 k $(0\leqslant a_0\leqslant 2)$ $(a_0=\omega B/V_s)$	
	矩形（$L/B=2$）	矩形（$L/B=4$）		
垂直（z）	$K_z=3.3GL/(1-\nu)$	$K_z=2.55GL/(1-\nu)$	$k_z=1$	$C_z=4BL\rho v_{La}$
横向（y）	$K_y=6.8GL/(2-\nu)$	$K_y=5.54GL/(2-\nu)$	$k_y=1$	$C_y=4BL\rho V_s$
纵向（x）	$K_x=GL[4.9(1-1.4\nu)/$ $(2-\nu)/(0.75-\nu)]$	$K_x=GL[3.9(1-1.4\nu)/$ $(2-\nu)/(0.75-\nu)]$	$k_x\approx1$	$C_x=4BL\rho V_s$
弯矩（rx）	$K_{rx}=0.82GL^3/(1-\nu)$	$K_{rx}=0.2GL^3/(1-\nu)$	$k_{rx}\approx1-0.20a_0$	$C_{rx}=0.1(\rho V_{La}I_{bx})$
弯矩（ry）	$K_{ry}=2.46GL^3/(1-\nu)$	$K_{ry}=1.62GL^3/(1-\nu)$	$\upsilon<0.40:k_{ry}\approx1-0.26a_0$ $\upsilon\approx0.50:k_{ry}\approx$ $1-0.26a_0(L/B)^{0.30}$	$C_{ry}=0.2(\rho V_{La}I_{by})$
扭矩（t）	$K_t=3.5GL^3$	$K_t=2.1GL^3$	$k_t=1-0.14a_0$	$C_{rx}=0.15(\rho V_s I_{bz})$

半无限空间矩形嵌入基础的动态刚度和阻尼系数　　表 3.6-2

振动模态	动态刚度 $\mathcal{K}_{emb}=K_{emb}k_{emb}(\omega)$			阻尼系数 $C_{emb}(\omega)$
	静态刚度 K_{emb}		动态刚度系数 $k_{emb}(\omega)$ $(0\leqslant a_0\leqslant 2)$ $(a_0=\omega B/V_s)$	
	矩形（$L/B=2$）	矩形（$L/B=4$）		
垂直（z）	$K_{z,emb}=K_z(1+0.16D/L)$ $[1+0.42(d/L)^{2/3}]$	$K_{z,emb}=K_z(1+0.25D/L)$ $[1+0.6(d/L)^{2/3}]$	（$\upsilon\leqslant0.40$）: 完全嵌入: $k_{z,emb}=k_z[1-0.09(D/B)^{0.75}a_0^2]$ $k_{z,tre}=k_z[1+0.09(D/B)^{0.75}a_0^2]$ （$\upsilon=0.5$）: 完全嵌入（$L/B\approx1\sim2$）: $k_{z,emb}\approx k_z[1-0.09(D/B)^{0.75}a_0^2]$ 完全嵌入（$L/B>3$）: $k_{z,emb}\approx k_z[1-0.35(D/B)^{0.5}a_0^{3.5}]$	$C_{z,emb}=4\rho V_{La}BL+$ $4\rho V_s(B+L)d$
横向（y）	$K_{y,emb}=K_y(1+0.2$ $\sqrt{D/L})[1+(d/L)^{0.8}]$	$K_{y,emb}=K_y(1+0.3$ $\sqrt{D/L})[1+1.3(d/L)^{0.8}]$	$k_{y,emb}=1$	$C_{y,emb}=4\rho V_sBL+$ $4\rho V_sBd+4\rho V_{Ls}Ld$
纵向（x）	$K_{x,emb}=K_x$	$K_{x,emb}=K_x$	$k_{x,emb}=1$	$C_{x,emb}=C_x$

续表

振动模态	动态刚度 $\mathcal{K}_{emb}=K_{emb}k_{emb}(\omega)$			阻尼系数 $C_{emb}(\omega)$
	静态刚度 K_{emb}		动态刚度系数 $k_{emb}(\omega)$ $(0 \leqslant a_0 \leqslant 2)$ $(a_0=\omega B/V_s)$	
	矩形($L/B=2$)	矩形($L/B=4$)		
弯矩 (rx)	$K_{rx,emb}=K_{rx}\{1+2.5(d/L)[1+1.4(d/L)(d/D)^{-0.2}]\}$	$K_{rx,emb}=K_{rx}\{1+5(d/L)[1+2(d/L)(d/D)^{-0.2}]\}$	$k_{rx,emb}=k_{rx}$	$C_{rx,emb}=(4/3)\rho V_{La}B^3L\overline{c_{rx}}+(4/3)\rho V_{La}d^3L\overline{c_1}+(4/3)\rho V_sBd(B^2+d^2)\overline{c_1}+(4/3)\rho V_sB^2dL\overline{c_1}$ 其中$\overline{c_1}=0.25+0.65\sqrt{a_0}$ $(d/D)^{-a_0}/2(D/B)^{-1/4};\overline{c_{rx}}=0.1$
弯矩 (ry)	$K_{ry,emb}=K_{ry}\{1+2.1(d/L)^{0.6}[1+(d/D)^{1.9}]\}$	$K_{ry,emb}=K_{ry}\{1+3.2(d/L)^{0.6}[1+1.5(d/D)^{1.9}]\}$	$k_{ry,emb}=k_{ry}$	$C_{ry,emb}=(4/3)\rho V_{La}L^3B\overline{c_{rx}}+(4/3)\rho V_{La}d^3B\overline{c_1}+(4/3)\rho V_sLd(L^2+d^2)\overline{c_1}+(4/3)\rho V_sL^2dB\overline{c_1}$ 其中 $\overline{c_1}=0.25+0.65\sqrt{a_0}$ $(d/D)^{-a_0}/2(D/L)^{-1/4};\overline{c_{rx}}=0.1$
弯矩 (x-ry)	$K_{x\text{-}ry,emb}\approx(1/3)dK_{x,emb}$	$K_{x\text{-}ry,emb}\approx(1/3)dK_{x,emb}$	$k_{x\text{-}ry,emb}=1$	$C_{y\text{-}ry,emb}\approx(1/3)dC_{x,emb}$
弯矩 (y-rx)	$K_{y\text{-}rx,emb}\approx(1/3)dK_{y,emb}$	$K_{y\text{-}rx,emb}\approx(1/3)dK_{y,emb}$	$k_{y\text{-}rx,emb}=1$	$C_{y\text{-}rx,emb}\approx(1/3)dC_{y,emb}$
扭矩 (t)	$K_{t,emb}=K_t[1+3.7(d/L)^{0.9}]$	$K_{t,emb}=K_t[1+6.1(d/L)^{0.9}]$	$k_{t,emb}=k_t$	$C_{t,emb}=(4/3)\rho V_sBL(B^2+L^2)\times0.15+(4/3)\rho V_{La}d(B^3+L^3)\overline{c_2}+(4/3)\rho V_sdBL(B+L)\overline{c_2}$ 其中，$\overline{c_2}=(d/D)^{-0.5}a_0^2[a_0^2+(1/2)(L/B)^{-1.5}]^{-1}$

表 3.6-1 和表 3.6-2 中符号意义的注释：ω 为角速度；L 为基础一半长度；B 为基础一半宽度或等效半径；d 为基础承台侧面与土接触的实际总高度；D 为埋置深度，即地表至基础底面的距离；G 为土的剪切模量；I_{bx} 为基础与土接触表面 x 轴方向的惯性矩；I_{by} 为基础与土接触表面 y 轴方向的惯性矩；K 为静态刚度；k 为动态刚度系数；$\mathcal{K}$ 为动态刚度，等于静态刚度乘以动态刚度系数；V_s 为土体剪切波速；ν 为泊松比；ρ 为土质量密度。

当有能力获得集中弹簧等参数的非线性描述时，集中参数模型也可以在一定程度上考虑土的非线性行为。

3.6.2 刚性基础集中参数模型的等效地震动输入

对于简化的土-刚性基础地震相互作用的集中参数模型，集中弹簧和集中阻尼附加在基础的底面形心点，需要配合此点对应的地震动，作为结构反应（第二步的惯性相互作用）计算的等效输入，可称此为"等效地震动"。

1995 年，王君杰等[16]采用随机方法研究了矩形刚性基础的多分量等效地震动输入问题，如图 3.6-3。由于基础的刚性作用，其运动将不同于自由场的运动。假定基础与地基之间紧密接触，且考虑工程中最常用的矩形基础。设地震波沿 x_1 方向传播，并假定地震动三个平动分量相位相同，则可以得到：

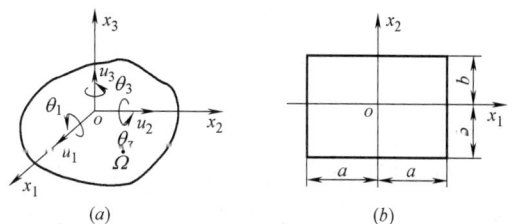

图 3.6-3　基础运动
(a) 刚性基础运动分量；(b) 矩形基础尺寸

$$S_{11}(\omega)=S_{11}^{\mathrm{f}}(\omega)\rho_{11}(\omega;\Delta_{11}^{0})k_1^2 \tag{3.6-1}$$

式中　$S_{11}(\omega)$——刚性基础 x_1 方向运动的功率谱密度函数；

　　　$S_{11}^{\mathrm{f}}(\omega)$——$x_1$ 方向自由场运动的功率谱密度函数；

$\rho_{11}(\omega;\Delta_{11}^{0})$——$x_1$ 方向自由场运动的空间相干函数，Δ_{11}^{0} 为一个等效空间距离；

　　　ω——地震动频率。

$$k_1=\frac{\sin\gamma}{\gamma}\ ,\ \gamma=\frac{a\omega}{v_{\mathrm{app}}} \tag{3.6-2}$$

由式（3.6-1）可以得到以下几点定性的结论：①由于地震动的空间相干损失（即 $\rho_{11}\leqslant1$），刚性基础的谱小于对应的自由场的谱。②γ 越小（因基础尺度小，或频率低，或视波速大），则 k_1 越接近于 1，刚性基础的运动越接近自由场运动；相反则偏离自由场运动。在基础尺度、视波速确定的情况下，随着频率的增大，基础运动的谱偏离（变小）自由场运动越多，这说明刚性基础对高频地震波有削减作用。

Mylonakis 等[15]针对图 3.6-2，给出了等效地震动的修正方法。对于表面基础，G 点的等效水平运动可以近似表示为：

$$U_{\mathrm{G}}=U_{\mathrm{A}}\times I_{\mathrm{U}}(\omega)\quad I_{\mathrm{U}}(\omega)=\begin{cases}\dfrac{\sin\gamma}{\gamma},&\gamma\leqslant\dfrac{\pi}{2}\\[3mm]\dfrac{2}{\pi},&\gamma>\dfrac{\pi}{2}\end{cases} \tag{3.6-3}$$

$$\gamma=\omega B/V_{\mathrm{app}} \tag{3.6-4}$$

式中　B——基础的半宽或等效半径；

　　　U_{A}——地表 A 点的水平运动。

对于嵌入式基础，则 G 点的运动可以表示为：

$$U_{\mathrm{G}}=U_{\mathrm{A}}\times I_{\mathrm{U}}(\omega)\quad I_{\mathrm{U}}(\omega)=\begin{cases}\cos\gamma,&\gamma\leqslant\dfrac{\pi}{3}\\[3mm]0.5,&\gamma>\dfrac{\pi}{3}\end{cases} \tag{3.6-5}$$

$$\gamma=(\pi/2)\cdot(f/f_{\mathrm{D}}) \tag{3.6-6}$$

$$f=\omega/2\pi \tag{3.6-7}$$

式中　f_{D}——假定土层厚度为 D 的剪切固有频率。

对刚性基础，等效地震动输入还应包括转动分量，其等效值的确定方法见参考文献[15] 和 [16]。

3.7　轨道-扣件-梁简化耦合建模

城市轨道高架区间的主体结构多采用简支梁或连续梁形式，而且多采用整体道床和无缝钢轨。简支梁的跨度一般在 20～30m 之间，两个车站之间的距离一般在 1～2km 之间。以广州地铁 4 号线为例，高架区间总长 28.8km，全线高架桥 30m 标准跨简支梁共 677 孔，25m 跨 133 孔，简支梁占全线总联数的 97%。若对车站之间的整条线路采用全有限元方法建模，则工作量大（若包括基础和土体在内，则建模工作量巨大），对于计算是一个巨大的负担。同时，对于一个很长的高架区间，确定地震动的空间变化规律也存在很大的困难。因此，讨论满足工程抗震设计精度要求的简化建模方法是必要的。

3.7.1　轨道约束对高架区间地震反应的影响

为了说明轨道和后继结构的影响，选取某实际工程的单线简支箱梁高架区间为对象。该高架区间上部结构为钢筋混凝土简支箱梁，下部结构为 T 形独柱桥墩，钻孔灌注桩基础，盆式支座，每跨简支梁按固定、滑动的顺序设置。以图 3.7-1（a）所示目标墩为中

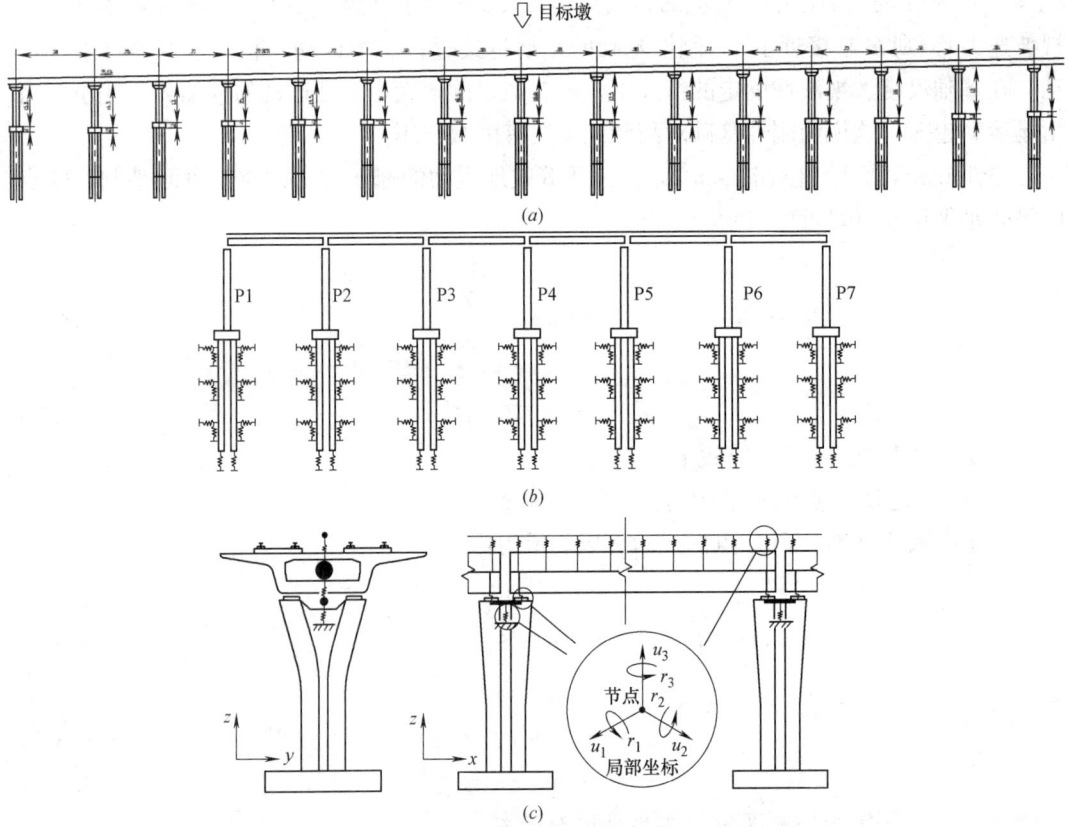

图 3.7-1　算例总体布置图和地震反应计算力学图示

（a）总体布置图；（b）模型总体几何示意；（c）桥梁几何杆系模型化示意

心，研究分别向两侧延拓 1～7 跨建立有限元模型时，目标墩墩底弯矩和剪力的地震反应变化。

主梁、桥墩、桩、钢轨均采用空间梁单元模拟，支座采用简化约束条件处理（固定方向取大刚度，滑动方向刚度取 0）。整体道床、轨枕（或承轨台）由于与主梁浇筑成一体，故将其与主梁作为整体来考虑。按照《城市轨道交通结构抗震设计规范》（GB 50909—2014）的规定考虑桩-土相互作用，扣件采用两节点弹簧模拟。按要求扣件顺轨向间距应在 0.625m 以下，为了便于计算、建模，进行了适当集中，扣件间距直接按梁单元长度取，30m 跨径时分别为 2.05m、3.0m、2.45m、2.5m（6 个）、2.45m、3.0m 和 2.05m；27m 跨径时分别为 2.05m、3.0m、2.45m、2.5m（2 个）、2.0m、2.5m（2 个）、2.45m、3.0m 和 2.05m；25m 跨径时去掉 27m 时中间的 2.0m。1 处连接基本相当于 4 套扣件，每处扣件线弹性模型的刚度为 28.4kN/mm。考虑扣件非线性时，采用 3.2 节中提到的 Hardin-Drnevich 模型（0.1Hz 的参数）。目标墩两侧各延拓 3 跨时算例立面图及桩-土有限元建模如图 3.7-1（b）和（c）所示。

选取两组地震动：①汶川地震中 PGA 最大且硬土场地的卧龙台站的三向地震动记录；②唐山地震中具有软土场地特点的天津宾馆的三向地震动记录。地震动时间过程及反应谱分别如图 3.7-2 和图 3.7-3。

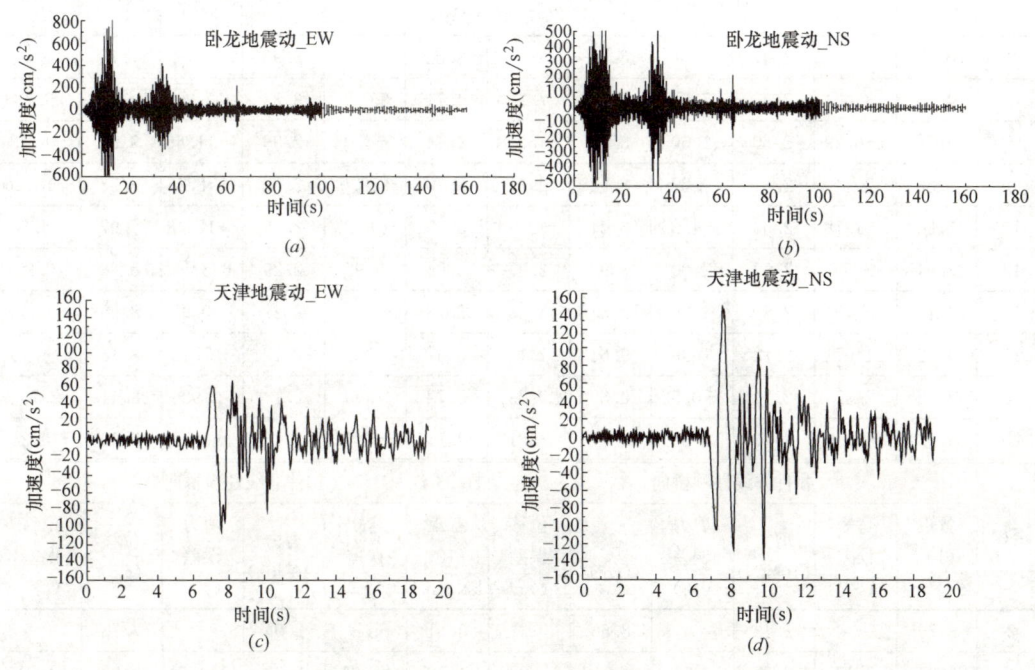

图 3.7-2　输入地震动时程

(a) 卧龙 EW 地震动记录；(b) 卧龙 NS 地震动记录；(c) 天津 EW 地震动记录；(d) 天津 NS 地震动记录

以目标墩的墩底弯矩、墩底剪力最大值为测试指标，分别针对 2 跨结构、4 跨结构、6 跨结构，…，20 跨结构，扣件考虑线性和非线性两种情况。为考察扣件非线性的影响，地震动幅值取实测记录的 10 倍。得到目标墩的计算结果、延拓跨数相对误差（A_{k+2}－A_k)/A_{k+2}、扣件线性与非线性本构相对误差（B_i－C_i)/C_i 如表 3.7-1 所示。若以 20 跨为

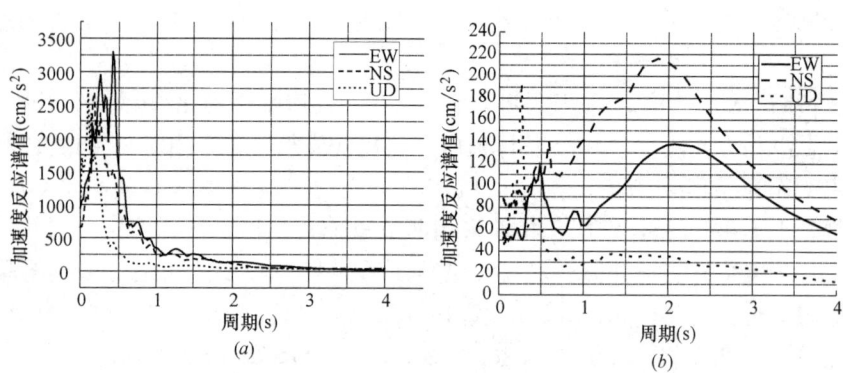

图 3.7-3 输入地震动的反应谱

(a) 卧龙地震动反应谱；(b) 天津地震动反应谱

基准，算例弯矩、剪力、位移的误差如图 3.7-4。

卧龙地震动作用下墩底弯矩、剪力及位移最大值比较 　表 3.7-1（a）

跨数	扣件线性顺桥向						扣件线性横桥向					
	弯矩（10^4 kN·m）	弯矩误差（%）	剪力（10^3 kN）	剪力误差（%）	位移（cm）	位移误差（%）	弯矩（10^4 kN·m）	弯矩误差（%）	剪力（10^3 kN）	剪力误差（%）	位移（cm）	位移误差（%）
2	3.66		2.37		8.51		3.52		2.93		7.75	
4	4.00	8.65	2.57	7.64	9.18	7.36	4.71	25.30	3.33	12.00	10.44	25.78
6	3.77	−6.29	2.60	1.50	8.74	−5.08	4.44	−6.06	2.99	−11.66	9.84	−6.13
8	3.85	2.11	2.61	0.27	8.92	2.01	3.70	−19.92	2.52	−18.45	8.32	−18.26
10	3.80	−1.18	2.50	−4.36	8.71	−2.33	3.55	−4.37	2.15	−17.48	7.97	−4.34
12	3.94	3.60	2.55	2.00	8.98	2.97	3.94	9.95	2.29	6.37%	8.88	10.23
14	4.17	5.49	2.69	4.99	9.51	5.53	3.78	−4.34	2.27	−0.93	8.55	−3.90
16	4.22	1.07	2.72	1.36	9.61	1.12	3.65	−3.54	2.12	−7.18	8.18	−4.45
18	4.32	2.32	2.71	−0.52	9.89	2.78	3.72	1.80	2.18	2.93	8.41	2.70
20	4.03	−7.10	2.76	1.85	9.31	−6.17	3.71	−0.27	2.18	−0.32	8.39	−0.24
跨数	扣件非线性顺桥向						扣件非线性横桥向					
	弯矩（10^4 kN·m）	弯矩误差（%）	剪力（10^3 kN）	剪力误差（%）	位移（cm）	位移误差（%）	弯矩（10^4 kN·m）	弯矩误差（%）	剪力（10^3 kN）	剪力误差（%）	位移（cm）	位移误差（%）
2	3.70		2.43		8.60		3.51		2.94		7.73	
4	4.00	7.43	2.53	4.11	9.13	5.89	4.70	25.36	3.33	11.75	9.90	21.91
6	3.79	−5.49	2.58	1.67	8.79	−3.94	4.42	−6.45	2.96	−12.28	9.79	−1.14
8	3.83	0.99	2.55	−0.90	8.86	0.86	3.69	−19.72	2.51	−18.05	8.31	−17.74
10	3.80	−0.74	2.50	−2.04	8.74	−1.45	3.55	−4.00	2.14	−17.23	7.97	−4.26
12	4.00	4.93	2.54	1.50	9.03	3.23	3.94	9.90	2.29	6.42	8.88	10.16
14	4.14	3.48	2.64	3.97	9.46	4.58	3.77	−4.40	2.27	−0.97	8.54	−3.96
16	4.14	0.00	2.65	0.26	9.47	0.06	3.64	−3.65	2.11	−7.24	8.17	−4.53

续表

跨数	扣件非线性顺桥向						扣件非线性横桥向					
	弯矩(10^4 kN·m)	弯矩误差(%)	剪力(10^3 kN)	剪力误差(%)	位移(cm)	位移误差(%)	弯矩(10^4 kN·m)	弯矩误差(%)	剪力(10^3 kN)	剪力误差(%)	位移(cm)	位移误差(%)
18	4.23	2.08	2.64	−0.61	9.68	2.23	3.71	1.94	2.18	2.90	8.41	2.83
20	3.87	−9.22	2.57	−2.65	8.95	−8.21	3.70	−0.27	2.17	−0.18	8.38	−0.26

跨数	扣件线性与非线性顺桥向误差			扣件线性与非线性横桥向误差		
	弯矩误差(%)	剪力误差(%)	位移误差(%)	弯矩误差(%)	剪力误差(%)	位移误差(%)
2	−1.16	−2.43	−1.06	0.23	−0.10	0.23
4	0.15	1.30	0.51	0.15	0.18	5.45
6	−0.61	1.13	−0.58	0.52	0.74	0.50
8	0.52	2.31	0.59	0.35	0.40	0.06
10	0.08	0.04	−0.27	0.00	0.19	−0.01
12	−1.30	0.55	−0.54	0.05	0.13	0.06
14	0.80	1.63	0.47	0.11	0.18	0.12
16	1.88	2.75	1.54	0.22	0.24	0.20
18	2.13	2.85	2.12	0.08	0.28	0.06
20	4.16	7.56	4.08	0.08	0.14	0.08

天津地震动作用下墩底弯矩、剪力及位移最大值比较　　表 3.7-1（b）

跨数	扣件线性顺桥向						扣件线性横桥向					
	弯矩(10^5 kN·m)	弯矩误差(%)	剪力(10^3 kN)	剪力误差(%)	位移(cm)	位移误差(%)	弯矩(10^5 kN·m)	弯矩误差(%)	剪力(10^4 kN)	剪力误差(%)	位移(cm)	位移误差(%)
2	1.07		7.47		25.13		1.96		1.35		44.06	
4	1.13	5.31	7.85	4.84	26.64	5.67	2.21	11.31	1.44	6.25	49.89	11.69
6	1.08	−4.63	7.49	−4.81	25.35	−5.09	2.26	2.21	1.49	3.36	51.27	2.69
8	1.08	0.00	7.50	0.13	25.47	0.47	2.22	−1.80	1.42	−4.93	50.41	−1.71
10	1.09	0.92	7.54	0.53	25.58	0.43	2.13	−4.23	1.35	−5.19	48.4	−4.15
12	1.09	0.00	7.54	0.00	25.62	0.16	2.11	−0.95	1.35	0.00	48.11	−0.60
14	1.09	0.00	7.55	0.13	25.72	0.39	2.12	0.47	1.36	0.74	48.33	0.46
16	1.09	0.00	7.56	0.13	25.66	−0.23	2.12	0.00	1.36	0.00	48.28	−0.10
18	1.09	0.00	7.57	0.13	25.72	0.23	2.13	0.47	1.36	0.00	48.37	0.19
20	1.07	−1.87	7.45	−1.61	25.24	−1.90	2.13	0.00	1.36	0.00	48.36	−0.02

跨数	扣件非线性顺桥向						扣件非线性横桥向					
	弯矩(10^5 kN·m)	弯矩误差(%)	剪力(10^3 kN)	剪力误差(%)	位移(cm)	位移误差(%)	弯矩(10^5 kN·m)	弯矩误差(%)	剪力(10^4 kN)	剪力误差(%)	位移(cm)	位移误差(%)
2	1.02		7.27		23.64		1.90		1.37		41.84	

续表

跨数	扣件非线性顺桥向						扣件非线性横桥向					
	弯矩 (10^5 kN·m)	弯矩误差 (%)	剪力 (10^3 kN)	剪力误差 (%)	位移 (cm)	位移误差 (%)	弯矩 (10^5 kN·m)	弯矩误差 (%)	剪力 (10^4 kN)	剪力误差 (%)	位移 (cm)	位移误差 (%)
4	1.07	4.22	7.54	3.67	24.70	4.27	2.13	10.71	1.45	5.67	47.30	11.54
6	1.03	−3.42	7.32	−3.11	23.88	−3.45	2.10	−1.37	1.39	−4.61	46.90	−0.85
8	1.04	0.52	7.35	0.45	24.00	0.52	2.05	−2.33	1.35	−2.88	45.89	−2.20
10	1.04	0.01	7.35	−0.03	24.00	0.01	2.04	−0.54	1.34	−0.33	45.64	−0.56
12	1.04	0.24	7.36	0.19	24.06	0.24	2.04	−0.11	1.34	−0.04	45.58	−0.12
14	1.04	0.20	7.37	0.17	24.11	0.20	2.04	0.07	1.35	0.07	45.62	0.07
16	1.04	0.02	7.38	0.02	24.11	0.02	2.04	0.10	1.35	0.17	45.66	0.10
18	1.04	−0.49	7.34	−0.46	24.00	−0.48	2.04	0.01	1.35	−0.03	45.66	0.00
20	1.03	−1.02	7.29	−0.76	23.75	−1.04	2.04	0.08	1.35	0.13	45.70	0.07

跨数	扣件线性与非线性顺桥向误差			扣件线性与非线性横桥向误差		
	弯矩误差(%)	剪力误差(%)	位移误差(%)	弯矩误差(%)	剪力误差(%)	位移误差(%)
2	4.82	2.79	6.28	3.29	−1.44	5.31
4	6.03	4.05	7.86	3.99	−0.84	5.48
6	4.80	2.37	6.18	7.81	7.33	9.32
8	4.26	2.05	6.12	8.37	5.24	9.85
10	5.22	2.62	6.57	4.54	0.38	6.06
12	4.98	2.43	6.48	3.67	0.42	5.55
14	4.76	2.38	6.67	4.09	1.09	5.95
16	4.74	2.50	6.41	3.98	0.92	5.73
18	5.25	3.11	7.17	4.47	0.95	5.93
20	4.37	2.25	6.27	4.38	0.82	5.83

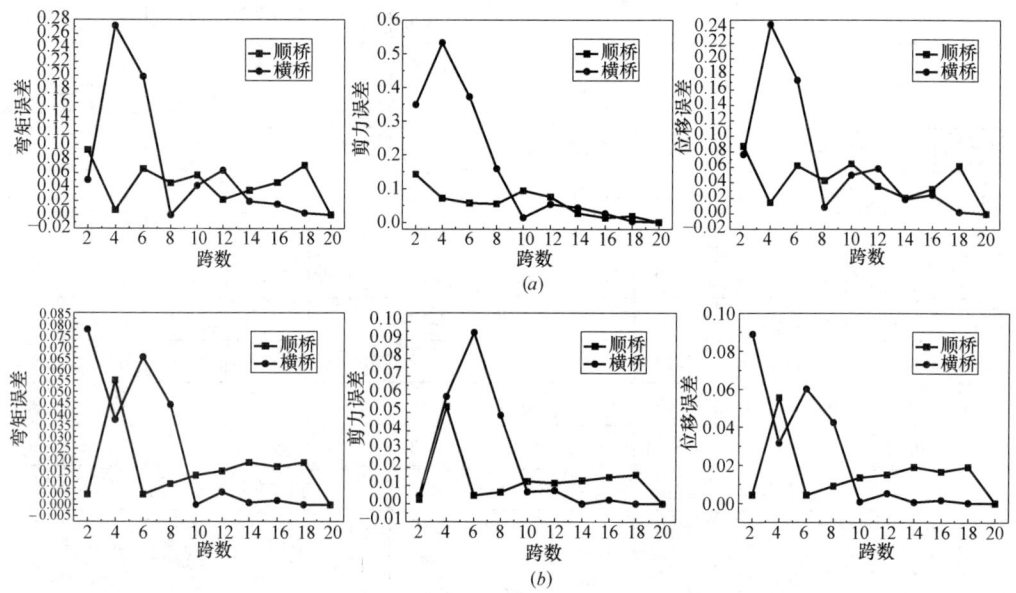

图 3.7-4　以 20 跨为基准目标墩的墩底弯矩、剪力及墩顶位移最大值误差

(a) 卧龙地震动；(b) 天津地震动

可以看出，随延拓跨数增加，目标跨的地震反应的误差在减小；当延拓跨超过 10 跨后，误差已小于 10%；之后误差呈现复杂变化，与结构特性和地震波特性有关。

为考察轨道对高架区间地震反应的影响，以 14 跨简支梁高架结构为例建立了有轨和无轨两种情况下的计算模型，目标跨地震反应的计算结果见表 3.7-2。从表 3.7-2 可以看到以下两点：①轨道对纵向地震反应的影响大于横向；②地震波特性影响轨道的效应。对本例的墩底弯矩而言，卧龙波的影响为 15.7%，而天津波的影响为 6.6%。

14 跨目标墩底弯矩及剪力最大值在无轨和有轨情况下的比较　　表 3.7-2

地震动	不计轨道约束 A					
	墩底弯矩(10^4kN・m)		墩底剪力(10^3kN)		墩顶位移(cm)	
	顺桥向	横桥向	顺桥向	横桥向	顺桥向	横桥向
卧龙	3.52	3.70	2.35	2.32	8.14	8.36
天津	1.02	2.07	0.72	1.33	2.40	4.72

地震动	考虑轨道约束 B					
	墩底弯矩(10^4kN・m)		墩底剪力(10^3kN)		墩顶位移(cm)	
	顺桥向	横桥向	顺桥向	横桥向	顺桥向	横桥向
卧龙	4.17	3.78	2.69	2.27	9.51	8.55
天津	1.09	2.12	0.76	1.36	2.57	4.83

地震动	误差 $\lvert[(A-B)/B](\%)\rvert$					
	墩底弯矩		墩底剪力		墩顶位移	
	顺桥向	横桥向	顺桥向	横桥向	顺桥向	横桥向
卧龙	15.70	2.17	12.54	2.11	14.38	2.20
天津	6.60	2.36	4.88	2.14	6.61	2.38

验算地震行车安全时，需要计算高架区间的水平（即横桥向）和竖向的错位（错位是指目标墩上两梁端的地震反应中最大的相对位移）、平行转角（平行转角是指目标墩左边一跨梁两端的地震反应中最大的相对位移除以梁长得到的夹角）和折转角。折转角采用目标墩及前后墩墩顶梁上轨道面的位移值，按照图 3.7-5 及式 (3.7-1) 进行计算。

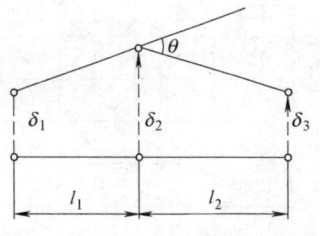

图 3.7-5　折转角的计算示意图

$$\theta=\frac{\delta_2-\delta_1}{l_1}-\frac{\delta_3-\delta_2}{l_2} \tag{3.7-1}$$

式中　　　　θ——折转角；

$\delta_i(i=1,2,3)$——第 i 个墩顶处轨顶面位移；

$l_i(i=1,2)$——计算桥墩处两侧跨径。

错位、平行转角和折转角最大值比较

表 3.7-3

		卧龙波						天津波					
		错位(mm)		平行转角(‰)		折转角(‰)		错位(mm)		平行转角(‰)		折转角(‰)	
		水平	竖直	水平	竖直	水平	竖直	水平	竖直	水平	竖直	水平	竖直
限值		15.31	104.67	20.63	72.67	12.78	33.75	15.31	104.67	20.63	72.67	12.78	33.75
线性计算A	2 跨	0.100	0.004	1.93	0.01	3.95	0.14	0.600	0.007	6.83	0.01	15.08	0.52
	4 跨	0.100	0.004	1.50	0.00	3.40	0.13	0.700	0.007	4.40	0.00	8.97	0.35
	6 跨	0.100	0.004	1.63	0.00	3.91	0.14	0.700	0.007	5.03	0.00	11.39	0.41
	8 跨	0.100	0.004	1.30	0.00	2.75	0.10	0.600	0.007	4.80	0.00	10.13	0.39
	10 跨	0.100	0.003	1.27	0.00	2.16	0.08	0.600	0.007	5.83	0.00	8.86	0.35
	12 跨	0.100	0.005	1.13	0.00	1.55	0.06	0.600	0.007	5.10	0.00	6.49	0.25
	14 跨	0.100	0.004	0.80	0.00	1.14	0.04	0.600	0.007	3.47	0.00	4.20	0.16
	16 跨	0.100	0.004	0.57	0.00	1.34	0.05	0.600	0.007	2.37	0.00	3.87	0.14
	18 跨	0.100	0.004	0.70	0.00	0.75	0.03	0.600	0.007	2.43	0.00	2.26	0.10
	20 跨	0.100	0.004	0.67	0.00	0.79	0.03	0.600	0.007	2.27	0.00	2.35	0.09
非线性计算B	2 跨	0.010	0.003	1.60	0.01	3.49	0.12	0.050	0.005	6.00	0.01	13.17	0.49
	4 跨	0.030	0.003	1.30	0.00	2.94	0.12	0.120	0.005	3.77	0.00	8.51	0.32
	6 跨	0.030	0.003	1.33	0.00	3.42	0.13	0.140	0.005	4.40	0.00	11.35	0.45
	8 跨	0.040	0.003	1.17	0.00	2.28	0.09	0.120	0.005	3.93	0.00	8.73	0.35
	10 跨	0.040	0.002	1.20	0.00	2.03	0.08	0.120	0.005	4.53	0.00	8.53	0.34
	12 跨	0.040	0.003	1.07	0.00	1.31	0.05	0.150	0.005	4.53	0.00	5.95	0.24
	14 跨	0.030	0.003	0.67	0.00	1.12	0.04	0.150	0.005	3.17	0.00	3.17	0.12
	16 跨	0.030	0.003	0.37	0.00	0.69	0.03	0.130	0.005	1.83	0.00	2.08	0.09
	18 跨	0.040	0.003	0.43	0.00	0.73	0.03	0.170	0.005	2.20	0.00	2.20	0.09
	20 跨	0.040	0.002	0.53	0.00	0.77	0.03	0.170	0.005	2.13	0.00	2.62	0.11
线性非线性之差绝对值	2 跨	0	0	0.33	0.00	0.46	0.02	1	0	0.83	0.00	1.91	0.03
	4 跨	0	0	0.20	0.00	0.46	0.01	1	0	0.63	0.00	0.46	0.03
	6 跨	0	0	0.30	0.00	0.49	0.01	1	0	0.63	0.00	0.04	0.04
	8 跨	0	0	0.13	0.00	0.47	0.01	0	0	0.87	0.00	1.40	0.04
	10 跨	0	0	0.07	0.00	0.13	0.00	0	0	0.83	0.00	0.33	0.01
	12 跨	0	0	0.06	0.00	0.24	0.01	0	0	0.57	0.00	0.54	0.01
	14 跨	0	0	0.13	0.00	0.02	0.00	0	0	0.30	0.00	1.03	0.04
	16 跨	0	0	0.20	0.00	0.65	0.02	0	0	0.54	0.00	1.79	0.05
	18 跨	0	0	0.27	0.00	0.06	0.01	0	0	0.23	0.00	0.06	0.01
	20 跨	0	0	0.14	0.00	0.02	0.00	0	0	0.14	0.00	0.27	0.02

　　从表 3.7-3 可以看出，在地震动作用下水平和竖向的错位、平行转角和折转角没有超过规范规定的限值要求，这与城市轨道交通速度较低（80km/h）有关。扣件本构关系对水平平行转角和折转角有一定影响，而对竖向参数影响较小。

3.7.2　考虑轨道约束影响的简化建模方法

为简化计算，可采用多弹簧-质量模型，如图 3.7-6。该模型的要点是，目标跨和钢轨采用一般的有限元方法进行建模；扣件、支座和桥墩刚度按前述简化有限元方法确定，在扣件弹簧与支座弹簧之间设置一个质量等于一跨桥梁上部结构的一半质量，在支座弹簧与桥墩水平抗推弹簧之间加上 1/3 的桥墩质量。

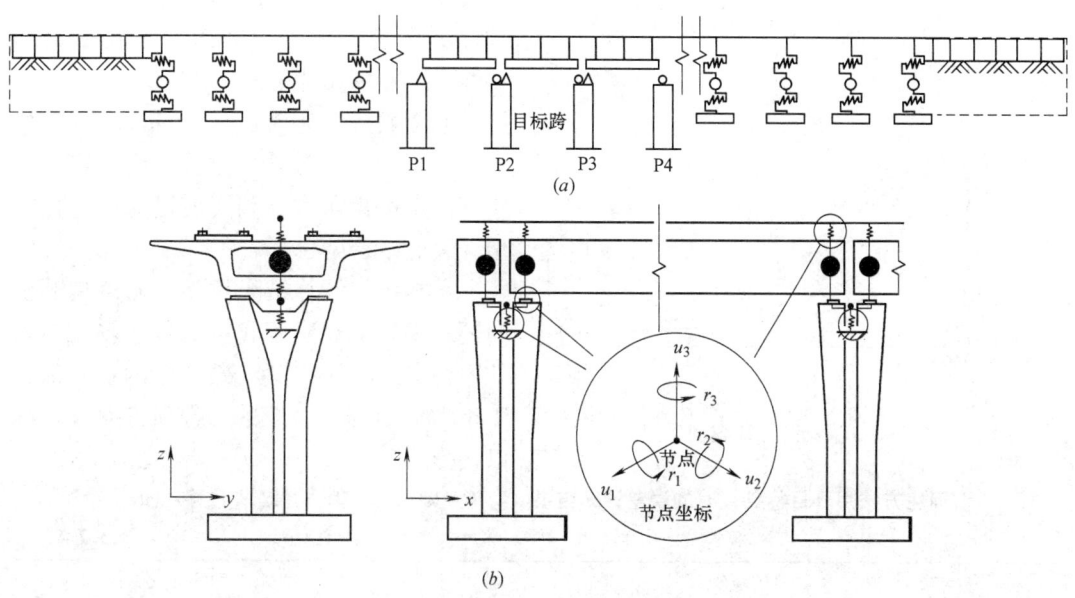

图 3.7-6　三维简化模型力学图示

(*a*) 简化模型总体几何示意；(*b*) 弹簧-质点简化模型几何示意

选取前述案例（假设简化的那个案例）中的目标墩左侧一跨（墩高皆为 16.5m，跨径 30m）作为目标跨段，假定边跨结构与目标跨结构形式、跨径、地基条件等基本一致。目标跨及其两侧边跨模型如图 3.7-7 所示。为了方便计算，将两根轨道简化为 1 根梁单元考虑。扣件顺轨向间距为 0.625m，每 1 处连接相当于 4 套扣件。每处扣件线弹性模型的顺桥向刚度取 28.4kN/mm。

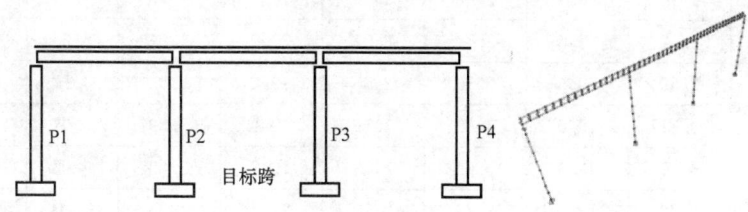

图 3.7-7　算例结构有限元模型示意图

案例分析考虑我国常用的高架区间的跨径与墩高：跨径 30m、墩高 16m；考虑四类工程场地类别，墩底按固结考虑。经过试算，两侧分别计入 24 跨的附加部分，目标部分（目标跨）的地震反应计算精度已足够精确。然后以此为基准，计算附加部分取不同跨数时目标跨地震反应的相对误差。

地震动输入考虑按照《城市轨道交通结构抗震设计规范》的规定，采用《中国地震动参数区划图》GB 18306 中 $0.2g$、$0.4s$ 分区的 Ⅰ、Ⅱ、Ⅲ 和 Ⅳ 类场地的反应谱，见图 3.7-8。顺桥向、横桥向分别输入地震动。

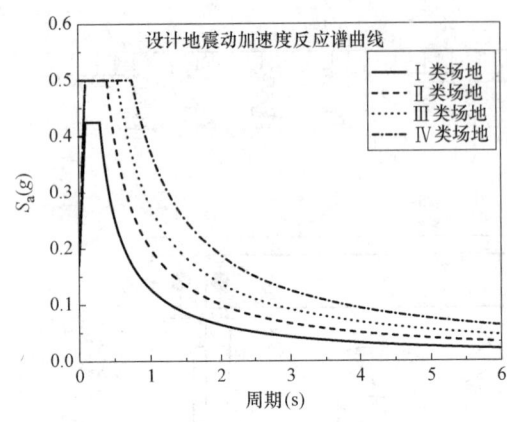

图 3.7-8 输入设计地震动反应谱

对于这个算例，附加跨均为简支梁结构，每跨梁重量为 279kN，桥墩重量为 199kN；扣件总刚度 7.1×10^5 kN/m；桥墩抗推刚度顺桥向为 5.01×10^4 kN/m，横桥向为 5.47×10^4 kN/m；盆式支座固定方向刚度假定为无限大。利用前述几种简化模型计算的结果见表 3.7-4。

从本例的计算结果可见，无论是顺桥向还是横桥向，除了Ⅳ类场地地震动输入的顺桥向反应外，多弹簧-质量的误差都小于 10%，这对于一般的工程项目而言是可以接受的。

简化方法用于目标结构时的误差计算结果（弯矩：kN·m；剪力：kN；位移：cm）

表 3.7-4

项目			原结构（A）			多弹簧-质量法（B）			误差（B−A）/A（%）		
			墩底弯矩	墩底剪力	墩顶位移	墩底弯矩	墩底剪力	墩顶位移	墩底弯矩	墩底剪力	墩顶位移
Ⅰ类场地	顺桥向	P2	1.36	9.41	1.78	1.40	9.33	1.87	3.10	−0.85	4.94
		P3	1.36	9.40	1.78	1.38	9.14	1.84	1.49	−2.77	3.54
	横桥向	P2	1.40	8.44	1.71	1.48	8.89	1.81	5.92	5.33	5.49
		P3	1.40	8.43	1.71	1.48	8.89	1.81	5.94	5.46	5.56
Ⅱ类场地	顺桥向	P2	2.13	14.7	2.79	2.20	14.6	2.93	3.15	−0.54	5.02
		P3	2.13	14.7	2.79	2.16	14.3	2.89	1.53	−2.52	3.59
	横桥向	P2	2.19	13.1	2.68	2.32	14.0	2.83	5.98	6.25	5.52
		P3	2.19	13.1	2.68	2.32	14.0	2.83	6.00	6.25	5.52
Ⅲ类场地	顺桥向	P2	2.82	19.5	3.70	3.01	20.0	4.01	6.54	2.82	8.46
		P3	2.82	19.5	3.70	2.96	19.6	3.95	4.77	0.77	6.84
	横桥向	P2	3.01	18.0	3.69	3.19	19.2	3.89	6.07	6.73	5.53
		P3	3.01	18.0	3.69	3.19	19.2	3.89	6.08	6.79	5.56
Ⅳ类场地	顺桥向	P2	2.82	19.5	3.70	3.20	21.3	4.26	13.19	9.24	15.22
		P3	2.82	19.5	3.70	3.14	20.8	4.20	11.29	7.04	13.50
	横桥向	P2	3.17	18.9	3.89	3.37	20.3	4.11	6.25	7.03	5.73
		P3	3.17	18.9	3.89	3.37	20.3	4.11	6.26	7.03	5.73

3.8　弹性反应谱方法

3.8.1　反应谱的定义

在地震地面运动作用下，线性单自由度体系的运动方程可以写为：

$$\ddot{u}(t) + 2\xi\omega\dot{u}(t) + \omega^2 u(t) = -\ddot{u}_g(t) \tag{3.8-1}$$

相对位移 u、相对速度 $\dot{u}$ 和绝对加速度 $\ddot{z} = \ddot{u} + \ddot{u}_g$ 的解答可以表示为：

$$u(t) = \frac{1}{\omega_d}\int_0^t \ddot{u}_g(\tau) e^{-\xi\omega(t-\tau)} \sin\omega_d(t-\tau)\mathrm{d}\tau \tag{3.8-2a}$$

$$\dot{u}(t) = -\frac{\omega}{\omega_d}\int_0^t \ddot{u}_g(\tau) e^{-\xi\omega(t-\tau)} \cos[\omega_d(t-\tau)+\alpha]\mathrm{d}\tau \tag{3.8-2b}$$

$$\ddot{z}(t) = \ddot{u}(t) + \ddot{u}_g(t) = \frac{\omega^2}{\omega_d}\int_0^t \ddot{u}_g(\tau) e^{-\xi\omega(t-\tau)} \sin[\omega_d(t-\tau)+2\alpha]\mathrm{d}\tau \tag{3.8-2c}$$

式中，$\omega_d = \sqrt{1-\xi^2}\,\omega$，$\tan\alpha = \xi/\sqrt{1-\xi^2}$。

最大值 $SD(\xi,\omega) = |u(t)|_{\max}$、$SV(\xi,\omega) = |\dot{u}(t)|_{\max}$、$SA(\xi,\omega) = |\ddot{u}(t)+\ddot{u}_g(t)|_{\max}$ 分别称为与阻尼比 ξ、自振频率 ω 相对应的相对位移、相对速度和绝对加速度反应谱值。对应给定的阻尼比 ξ，变动 ω，可以得到三条 SD、SV、SA 曲线，此即地震动反应谱曲线。

工程抗震设计中通常使用标准化绝对加速度反应谱：

$$\beta(\omega,\xi) = \frac{SA(\xi,\omega)}{\ddot{u}_{g,\max}} = \frac{|\ddot{u}+\ddot{u}_g|_{\max}}{\ddot{u}_{g,\max}} \tag{3.8-3}$$

图 3.8-1 是标准化地震反应谱的一个例子。

根据弹性地震反应谱的定义可知，对于理想刚性结构物（$\omega \to \infty$）有：

$$S_A(\xi,\omega \to \infty) = \ddot{u}_{g,\max};\ \beta(\omega \to \infty,\xi) = 1 \tag{3.8-4a}$$

$$S_V(\xi,\omega \to \infty) = 0 \tag{3.8-4b}$$

$$S_D(\xi,\omega \to \infty) = 0 \tag{3.8-4c}$$

对于无限柔性的结构物（$\omega \to 0$）有：

$$S_A(\xi,\omega \to \infty) = 0 \tag{3.8-5a}$$

$$S_V(\xi,\omega \to \infty) = \dot{u}_{g,\max} \tag{3.8-5b}$$

$$S_D(\xi,\omega \to \infty) = u_{g,\max} \tag{3.8-5c}$$

在式（3.8-2b）和式（3.8-2c）中若取：

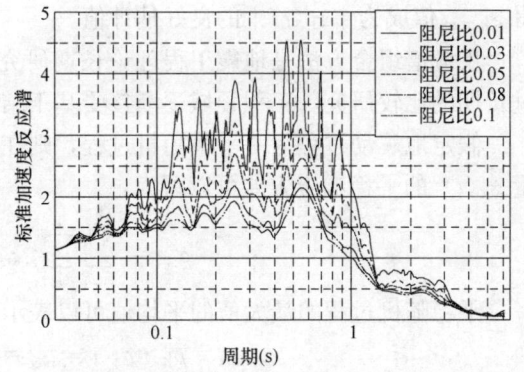

图 3.8-1　标准化地震反应谱实例

$$PSV(\xi,\omega) = |\dot{u}(t)| = \left| -\frac{\omega}{\omega_{\mathrm{d}}}\int_0^t \ddot{u}_{\mathrm{g}}(\tau)e^{-\xi\omega(t-\tau)}\sin\omega_{\mathrm{d}}(t-\tau)\mathrm{d}\tau \right|_{\max}$$

$$PSA(\xi,\omega) = |\ddot{z}(t)| = \left| \frac{\omega^2}{\omega_{\mathrm{d}}}\int_0^t \ddot{u}_{\mathrm{g}}(\tau)e^{-\xi\omega(t-\tau)}\sin\omega_{\mathrm{d}}(t-\tau)\mathrm{d}\tau \right|_{\max}$$

则可以得到：

$$PSV(\xi,\omega) = \omega SD(\xi,\omega) \tag{3.8-6a}$$

$$PSA(\xi,\omega) = \omega^2 SD(\xi,\omega) \tag{3.8-6b}$$

式中，$PSV(\xi,\omega)$ 和 $PSA(\xi,\omega)$ 分别称为伪速度反应谱和伪加速度反应谱，之所以取这样的名称，是因为它们与 $SV(\xi,\omega)$ 和 $SA(\xi,\omega)$ 的精确定义有差别，即作了程度不同的近似处理。PSV 是将 SV 定义中的 $\cos[\omega_{\mathrm{d}}(t-\tau)+\alpha]$ 置换成了 $\sin\omega_{\mathrm{d}}(t-\tau)$；$PSA$ 则是将 $\sin[\omega_{\mathrm{d}}(t-\tau)+2\alpha]$ 置换成了 $\sin\omega_{\mathrm{d}}(t-\tau)$。

3.8.2 一致地震动输入下的振型组合方法

从定义可知，地震反应谱只给出单自由度振子地震反应最大值的绝对值，而没有给出最大值的正负号和发生时刻。当结构反应由许多振型共同控制时，从地震反应谱曲线上可以查到对应于各个振型的最大反应值。这些最大值一般不在同一时刻发生，而且正负号也可能不同，因此如何从这些振型反应的最大值计算得到结构的反应值就成为反应谱方法必须解决的问题。

根据向量叠加法，第 j 个广义坐标的最大值的绝对值可以从相对位移反应谱坐标查得，记为 $D(\xi_j,\omega_j)$，则第 j 振型广义位移响应最大值可以写为：

$$u_{j,\max} = d_j D(\xi_j,\omega_j) \tag{3.8-7}$$

对于线性体系，根据式（2.3-9），则任意反应量的最大值可以表示为：

$$z_{j,\max} = g_{\mathrm{k}j}d_j D(\xi_j,\omega_j) \tag{3.8-8}$$

比较式（3.8-7）和式（3.8-8）可知，$z_{j,\max}$ 只提供幅值信息，虽然其也有正负之分，但此时的正负由系数 $g_{\mathrm{k}j}$ 和 d_j 的正负决定，即 $z_{j,\max}$ 失去了其发生时刻的信息和正负号。反应谱组合的目的就是要找到一个函数 $z_{\mathrm{k},\max} = z_{\mathrm{k},\max}(z_{j,\max}) = z_{\mathrm{k},\max}(D(\xi_j,\omega_j))$，使得 $z_{\mathrm{k},\max}$ 值成为 $|z_{\mathrm{k}}(t)|$ 的良好估计值。

反应谱组合方法是地震工程理论长期研究的课题，曾经提出过多种[17]组合方案。经过长期的比较研究，工程领域逐渐接受基于结构平稳随机振动理论的反应谱组合方案。

假定地震动过程为一平稳随机过程，则在某一方向地震作用下线性结构体系任意响应量 $z_{\mathrm{k}}(t)$ 的平稳响应方差可以写为：

$$\sigma_{z_{\mathrm{k}}}^2 = \sum_{i=1}^n \sum_{j=1}^n g_{\mathrm{k}i}g_{\mathrm{k}j}d_i d_j \rho_{ij}\sigma_i\sigma_j \tag{3.8-9}$$

平稳随机过程的最大值的平均值可以表示为其峰值因子与其均方差的乘积：

$$z_{\mathrm{k},\max} = p_{\mathrm{k}} \cdot \sigma_{z_{\mathrm{k}}}; z_{i,\max} = p_i \cdot \sigma_i; z_{j,\max} = p_j \cdot \sigma_j \tag{3.8-10}$$

将式（3.8-9）代入式（3.8-10）可以得到：

$$z_{\mathrm{k},\max} = \sqrt{\sum_{i=1}^n \sum_{j=1}^n g_{\mathrm{k}i}g_{\mathrm{k}j}d_i d_j \rho_{ij}z_{i,\max}z_{j,\max} \cdot \frac{p_{\mathrm{k}}^2}{p_i p_j}} \tag{3.8-11}$$

若假定：

$$\frac{p_{\mathrm{k}}^2}{p_i p_j} \approx 1 \tag{3.8-12}$$

则式（3.8-11）可写为：

$$z_{\mathrm{k,max}} = \sqrt{\sum_{i=1}^{n}\sum_{j=1}^{n} g_{\mathrm{k}i}g_{\mathrm{k}j}d_i d_j \rho_{ij} z_{i,\max} z_{j,\max}} \tag{3.8-13}$$

根据式（3.8-8），式（3.8-13）可以写为：

$$z_{\mathrm{k,max}} = \sqrt{\sum_{i=1}^{n}\sum_{j=1}^{n} z_{i,\max} \rho_{ij} z_{j,\max}} \tag{3.8-14}$$

这就是 CQC 组合方法的计算公式。

从 CQC 方法的导出过程可以知道，它基于如下几个基本假定：①地震激励为平稳随机过程；②峰值因子之比 p_{k}/p_i 与随机过程的性质无关。采用理想白噪声假定，可以给出组合系数 ρ_{ij} 的简单结果：

$$\rho_{ij} = \frac{8\sqrt{\xi_i \xi_j}(r\xi_i + \xi_j)r^{3/2}}{(r^2-1)+4\xi_i\xi_j r(r^2+1)+4\xi_i^2\xi_j^2 r^2} \tag{3.8-15}$$

式中　$r = \omega_i/\omega_j$。

采用白噪声假定的目的是为了避免引入功率谱参数。CQC 振型反应组合方法应当被认为是半经验半理论的，其可能的误差来源需要得到必要的认识。

3.8.3　多点地震动输入下的振型组合方法

若使用反应谱方法定量计算非一致地震动作用下的结构反应，则在相应的计算公式中应包含地震动空间变化的信息。将反应谱方法用于非一致地震动作用下的结构地震反应分析或抗震设计，需要有合理的反应谱组合算法。已经提出了多个组合方案，其中采用 MSRS 方法[18,19]较多，其导出过程与 CQC 方法类似。

一致地震动输入下，应采用分解位移法，结构反应最大值的平均值可按下式计算：

$$z_{\mathrm{k,max}} = \sqrt{\sum_{r=1}^{m}\sum_{s=1}^{m} z_r \rho_{\mathrm{grgs}} z_s + 2\sum_{r=1}^{m}\sum_{s=1}^{m}\sum_{j=1}^{n} z_r \rho_{\mathrm{grjs}} z_{js} + \sum_{r=1}^{m}\sum_{s=1}^{m}\sum_{i=1}^{n}\sum_{j=1}^{n} z_{ir}\rho_{irjs} z_{js}} \tag{3.8-16}$$

式中　　　　z_r——第 r 地震动输入下的结构拟静力反应；

z_s——第 s 地震动输入下的结构拟静力反应；

z_{ir}——第 r 地震动输入下第 i 振型的动力反应；

z_{js}——第 s 地震动输入下第 j 振型的动力反应；

ρ_{grgs}、ρ_{grjs} 和 ρ_{irjs}——结构拟静力反应、拟静力反应与动力反应以及动力反应间的组合系数。

$$\rho_{\mathrm{grgs}} = \frac{\lambda_{\mathrm{grgs}}}{\sqrt{\lambda_{\mathrm{grgr}}\lambda_{\mathrm{gsgs}}}} \tag{3.8-17a}$$

$$\rho_{\mathrm{grjs}} = \frac{\lambda_{\mathrm{grjs}}}{\sqrt{\lambda_{\mathrm{grgr}}\lambda_{\mathrm{gsgs}}}} \tag{3.8-17b}$$

$$\rho_{irjs} = \frac{\lambda_{irjs}}{\sqrt{\lambda_{irir}\lambda_{jsjs}}} \qquad (3.8\text{-}17c)$$

上述式中的 λ_{grgs}、λ_{grjs} 和 λ_{iris} 按下式计算：

$$\rho_{grgs} = \mathrm{Re}\left[\int_{-\infty}^{+\infty} \frac{1}{\omega^4} S^{A}_{grgs}(\omega)\,\mathrm{d}\omega\right] \qquad (3.8\text{-}18a)$$

$$\lambda_{grjs} = \mathrm{Re}\left[\int_{-\infty}^{+\infty} \frac{1}{\omega^2} H_j(\omega) S^{A}_{grgs}(\omega)\,\mathrm{d}\omega\right] \qquad (3.8\text{-}18b)$$

$$\lambda_{irjs} = \mathrm{Re}\left[\int_{-\infty}^{+\infty} H_i^*(\omega) H_j(\omega) S^{A}_{grgs}(\omega)\,\mathrm{d}\omega\right] \qquad (3.8\text{-}18c)$$

式中 $S^{A}_{grgs}(\omega)$——地震动加速度互功率谱密度函数。

地震动加速度互功率谱密度函数有多种经验形式[19-21]，王君杰等[21]对此进行了总结，提出了一个地震动互功率谱的经验表达式：

$$S_{grgs}(\omega) = S(\omega)\frac{e^{-\rho_2 d_{rs}}}{1+\rho_1 d_{rs} q\omega^2}\exp\left\{-i\omega\frac{d_{rs}\cos\theta}{V_{app}}\right\} \qquad (3.8\text{-}19)$$

为便于工程设计应用中多点地震反应谱组合系数的计算，在式（3.8-19）中 $S(\omega)$ 取常用的简单形式：

$$S(\omega) = \frac{\omega^4}{(\omega_f^2-\omega^2)^2+4\xi_f^2\omega_f^2\omega^2} \qquad (3.8\text{-}20)$$

式中 ω_f、ξ_f——自功率谱模型参数；

ρ_1、ρ_2、q——相干函数模型参数；

d_{rs}——空间 r 点和 s 点间的水平空间距离；

θ——地震波传播方向与 r 至 s 连线方向的夹角；

V_{app}——地震动水平视波速。

上述参数的取值见表 3.8-1。

计算 ρ_{grgs}、ρ_{grjs} 和 ρ_{irjs} 的地震动参数取值　　　　　　　表 3.8-1

场地类别	自功率谱模型参数		相干函数模型参数		
	ω_f(Hz)	ξ_f	q	ρ_1	ρ_2
I		0.25	1.3	1.0×10^{-7}	1.3×10^{-6}
II	0.15	0.40	0.8	1.4×10^{-5}	1.3×10^{-4}
III		0.65			
IV		0.95			

视波速 V_{app} 的取值应通过工程场地地震环境评价获得。根据全球密集强震观测台网数据的统计分析结果，地表视波速一般不小于 1000m/s，因此若无可靠依据时，可取 $V_{app}=$ 1000m/s。

MSRS 方法与 CQC 方法具有相同的随机振动理论基础和类似的数学表达形式，且 CQC 方法已为许多抗震设计规范采用，对其精度和稳定性有信心，MSRS 方法继承了 CQC 方法的优点。但也是由于这一原因，CQC 方法的各种假定及误差来源在 MSRS 方法中依然存在。

对于地震问题，很多情况下需要计算两个节点之间的相对位移。如果采用时间历程法，则各节点位移计算完毕之后，简单求差即可以获得待求的相对位移。若采用反应谱计算方法，则可以按如下方法计算两个节点之间相对位移的统计量。

对于一致输入问题，p、q 两个节点的可计算相对位移 Δu_{pq} 为：

$$\Delta u_{pq} - u_q - u_p = \sum_i \varphi_{qi} x_i - \sum_i \varphi_{pi} x_i = \sum_i (\varphi_{qi} - \varphi_{pi}) x_i = \sum_i \Delta \varphi_{qpi} x_i$$

$$(3.8\text{-}21)$$

可见位移差的计算与基本位移量的计算在数学上完全相同。

对于非一致地震动输入情况，有：

$$\Delta u_{pq} = u_q - u_p = \sum_{r=1}^{m} (a_{qr} - a_{pr}) u_{gr} + \sum_{r=1}^{m} \sum_{i=1}^{n} (b_{qi} - b_{pi}) d_{ir} x_{ir} \qquad (3.8\text{-}22)$$

3.8.4　多方向地震动输入下的反应谱组合

地壳板块破裂是具有方向性的。由于对地壳运动认识水平有限，无法预知未来地震发生的地点、断层的破裂方向及尺度。因此对于一个具体的工程结构来说，工程师无法知道未来地震波的传播方向，或者本质上讲，地震波的传播方向是变化的。这意味着工程师无法确定结构地震惯性力的施加方向，因此需要提供一种方法使工程结构的抗震设计可以考虑地震作用方向不确定性的影响。已经提出的结构地震反应方向组合的方法有百分比方法、SRSS 方法和 CQC3 方法等。

百分比方法最早来自于 Newmark 和 Rosenblueth 等人的研究工作[17]。这种组合方法将结构反应表达为某一分量作用下结构反应与其他两个方向地震动作用下结构反应的某个百分比，即最终的结构反应估计值为下列值之一。

$$\begin{cases} R = R_1 + \alpha R_2 + \alpha R_3 \\ R = \alpha R_1 + R_2 + \alpha R_3 \\ R = \alpha R_1 + \alpha R_2 + R_3 \end{cases} \qquad (3.8\text{-}23)$$

式中，α 的取值是经验的，一般取 0.3 或 0.4。

SRSS 方法。结构反应取三个分量单独作用下反应的平方和的平方根，即：

$$R = \sqrt{R_1^2 + R_2^2 + R_3^2} \qquad (3.8\text{-}24)$$

这个组合方法所隐含的假定是，三地震分量作用下的结构反应 R_1、R_2 和 R_3 相互独立。

国内外主要抗震设计规范所采用的组合方法见表 3.8-2。

多分量地震动作用下的反应谱组合方法　　　　　　　　　　　　表 3.8-2

规范名称	方向不确定性
AASHTO 2011	CASE I $=L+0.3T$；CASE II $=0.3L+T$
Caltans 2010	方法一：百分比方法，CASE I $=L+0.3T$；CASE II $=0.3L+T$；方法二：旋转角度法
ATC-32	CASE1 $=0.4L+T+0.4V$；CASE2 $=L+0.4T+0.4V$；CASE3 $=0.4L+0.4T+V$
EC8	CASE1 $=0.3L+T+0.3V$；CASE2 $=L+0.3T+0.3V$；CASE3 $=0.3L+0.3T+V$
中国公路	SRSS

CQC3 方法与地震动主轴的概念有关。1975 年 Penzien[22] 从地震动三平动分量相关函

数分析出发，提出了地震动主轴系概念。根据 Penzien 的建议，对一点的地震动进行如图 3.8-2（a）所示的旋转变换，在某一组角度下，三个方向的地震统计无关，并称为最大、中等和最小方差主轴。若获得主轴系下的三平动分量的反应谱就可以进行三维平动地震动输入下结构反应的计算。

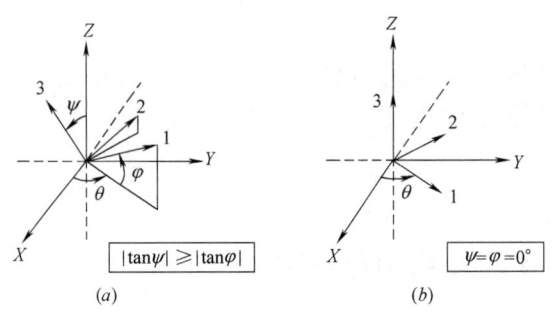

图 3.8-2　地震动主轴系（1-2-3 轴系）和结构轴系（x-y-z）
（a）一般三维情况；（b）简化平面情况

关于主轴概念有两点需要说明：

（1）时不变地震动主轴的存在性也是有疑问的。一些情况下地震动主轴系会发生几次明显的改变[19]，中国台湾 SMART-1 台网两次地震的例子如图 3.8-3 和图 3.8-4。σ 为地震动过程均方根差，θ 为最大方差主轴与指定水平轴的夹角，φ 为最小方差主轴与水平面的夹角。第 43 次地震为一次近距离（震中距 10km，震源深度 2.0km）中等强度地震（$M_l = 6.2$）。由图 3.8-3 可以观察到：①在 σ 达到最大值前 φ 显著变化，从接近于 0° 逐渐趋于 90°。σ 值达到最大值后 φ 值趋于稳定，在 90° 附近上下波动，但波动幅度很小。②在 σ 达到最大值前 θ 值剧烈变化。在 σ 达到最大值后，各台的 θ 随时间的变化有所不同，I-01～I-06 台的结果表明 θ 仍显著变化，然而 I-07～I-12 台的结果则显示 θ 随时间的变化趋于稳定，但 I-07～I-09 台与 I-10～I-12 的稳定值不同。第 45 次地震为远距离（震中距 79km，震源深度 7.0km）大震（$M_l = 7.0$）。由图 3.8-4 可以观察到：①在开始的几秒时间内 φ 显著变化，但在 θ 达到最大值前 φ 从较小的值逐渐趋于 90°，并在其附近上下波动。所有 12 个台的结果都显示了相同的特点。②本次地震该场地 C-00 台和 I 环上 11 个台的 θ 随时间变化的过程基本相同，整个变化过程可以分为 4～5 个阶段，在忽略了 θ 的波动之后，可以认为在每一时段上 θ 的值是稳定的，但不同时段上的稳定值是不同的。这意味着从平均意义上讲，θ 在整个过程中变化了 4～5 次。

（2）规范地震反应谱并不是在主轴系下进行统计的，也就是说并无主轴反应谱可供设计使用。

在使用 CQC3 方法时需要了解上述两个基本事实。也是由于上述两个原因，基于主轴的地震动输入模式（包括 CQC3 方法）在工程抗震设计中没有得到应用。

然而，通过对大量强震记录地震动主轴系的案例分析，发现竖向地震动总是最小方差主轴，即地震动最大方差主轴和中等方差主轴位于水平面内。这一结论虽然有一定的近似性，但对于工程抗震计算的精度要求来说是可以接受的。这一结论可以带来很大方便，即在考虑三维地震动的输入方向时，可以只进行绕竖轴的二维旋转变换，如图 3.8-2（b），而不需要进行三维坐标旋转变换。这一结论已被研究者普遍接受和应用。Caltrans 抗震设计准则 2010 年版本[23]给出的考虑地震作用方向性不确定性的方法之一就是采用二维旋转变换方法，在一些细分的角度上逐次输入地震动，需找最大反应值用于抗震设计。

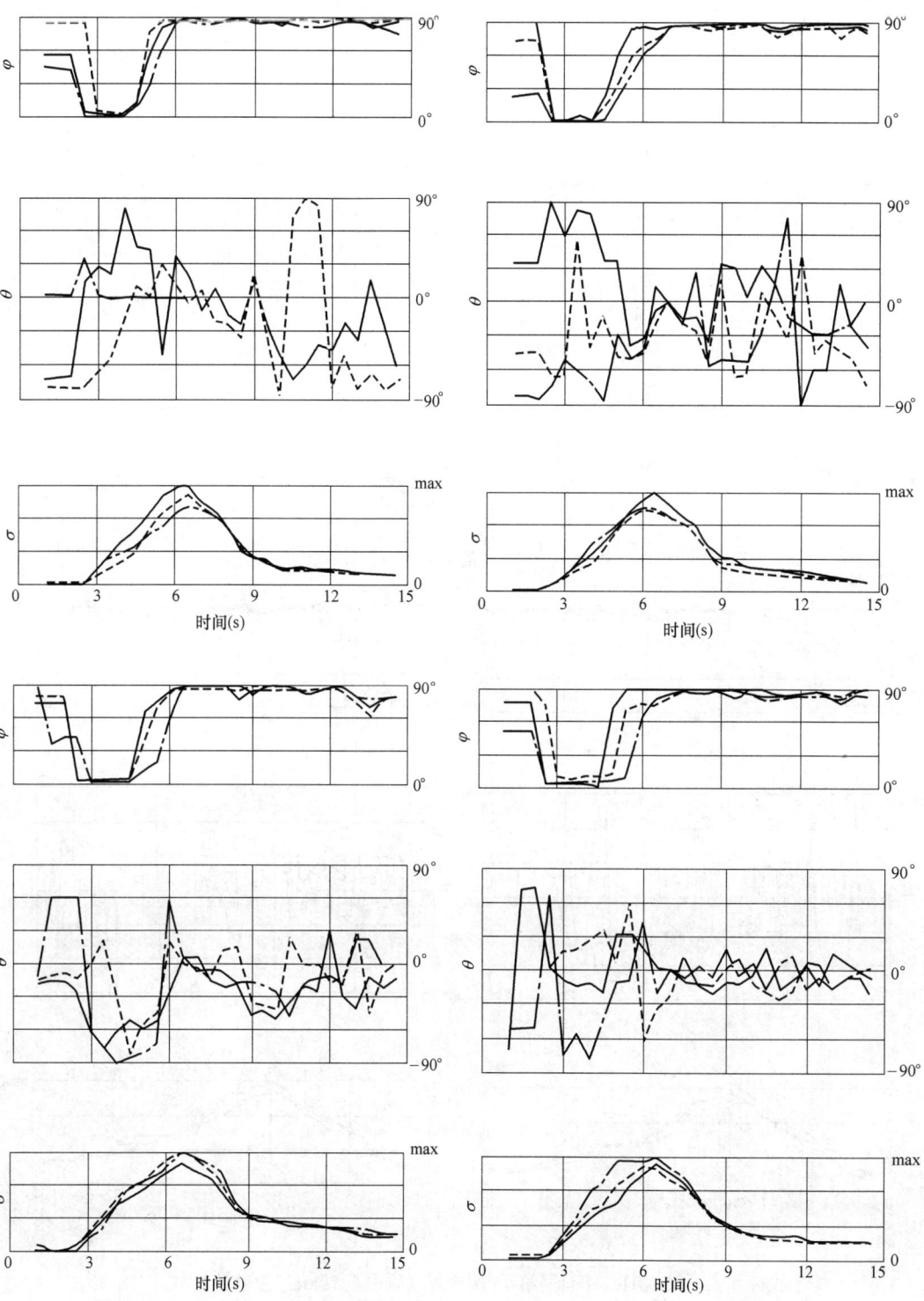

图 3.8-3　SMART-1 台网第 43 次地震（震中距 10km）主轴计算结果

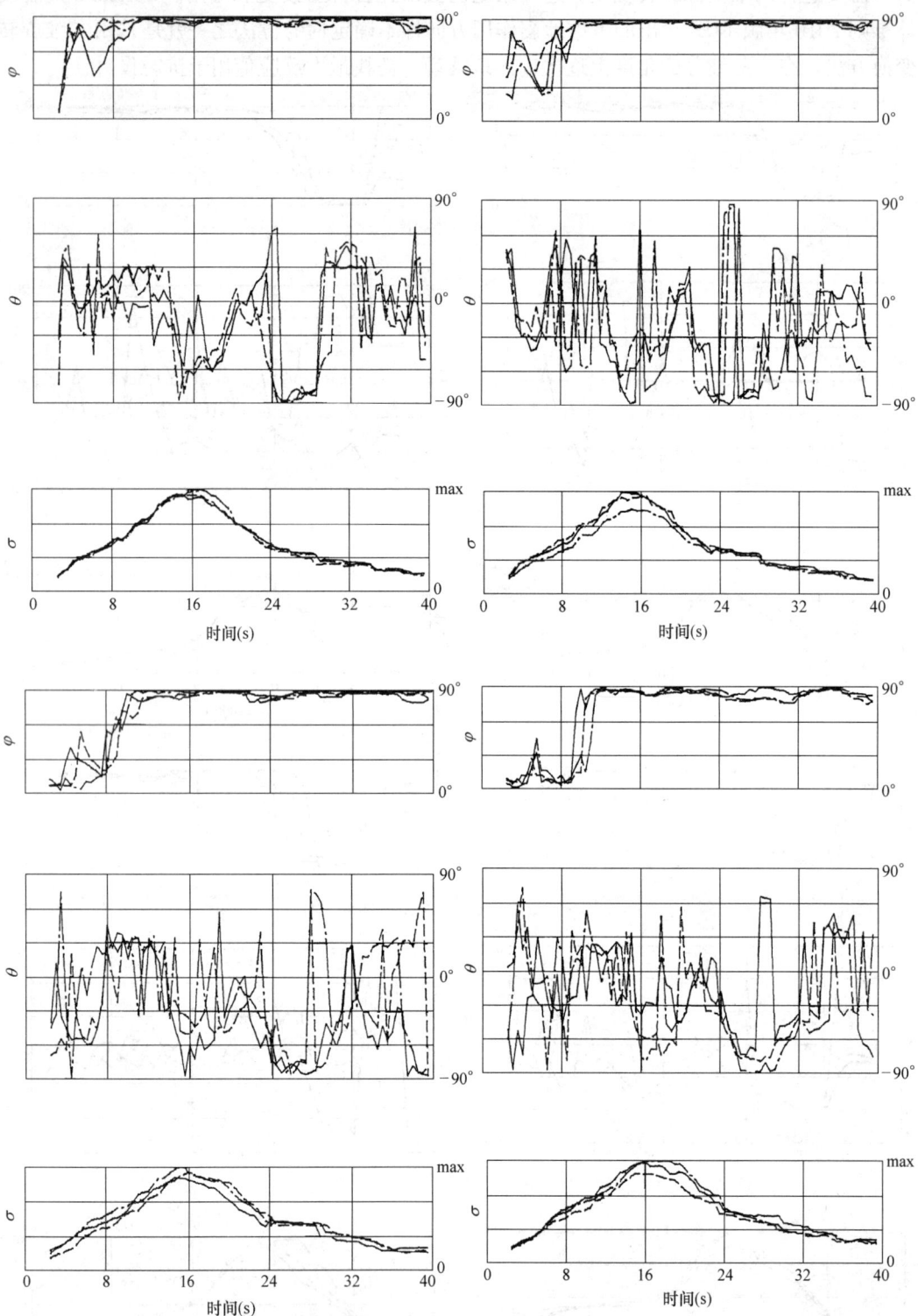

图 3.8-4　SMART-1 台网第 45 次地震（震中距 79km）主轴计算结果

2011 年 Bisadi 和 Head[24]以桥梁结构为例，通过 1800 个随机样本的统计分析，研究了百分比方法和 SRSS 方法的差异。Bisadi 和 Head 计算的桥例的跨度、墩高、斜交角的分布如图 3.8-5，桥梁结构构型如图 3.8-6，计算模型概要如图 3.8-7；计算采用的地震波见表 3.8-3；计算角度的规定如图 3.8-8；考虑的组合工况如图 3.8-9，计算统计结果如图 3.8-10。

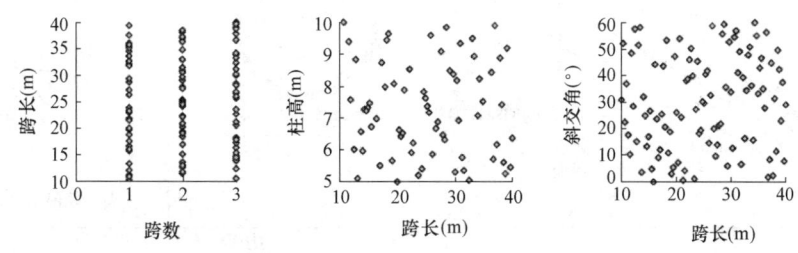

图 3.8-5　桥梁的几何特性分布（原图 1[24]）

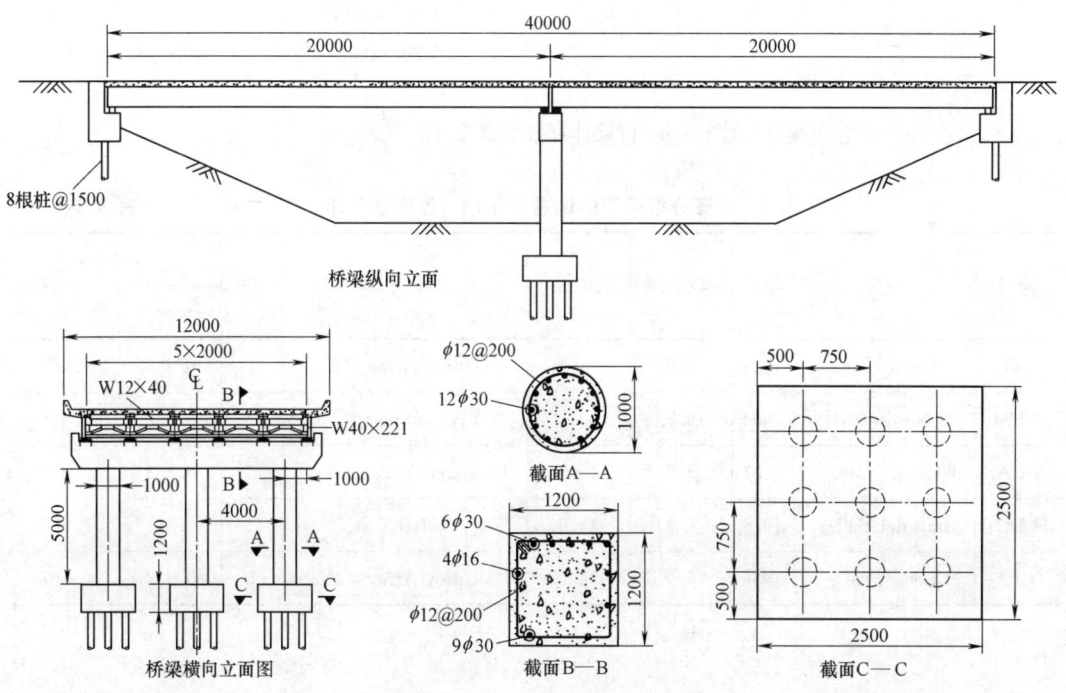

图 3.8-6　桥梁整体构型示例（原图 2[24]）

观察 Bisadi 和 Head 的计算结果可以发现，比例系数取（1+0.3）的百分比方法所得到结果被超过的概率最大，约为 30%；比例系数取（1+0.4）的百分比方法所得到结果被超过的概率约为 20%～25%；SRSS 方法居于二者之间，但似乎更接近于系数取（1+0.3）的百分比方法所得到的结果。成对输入下的结果被超过的概率不大于 5%，但似乎过于保守了。

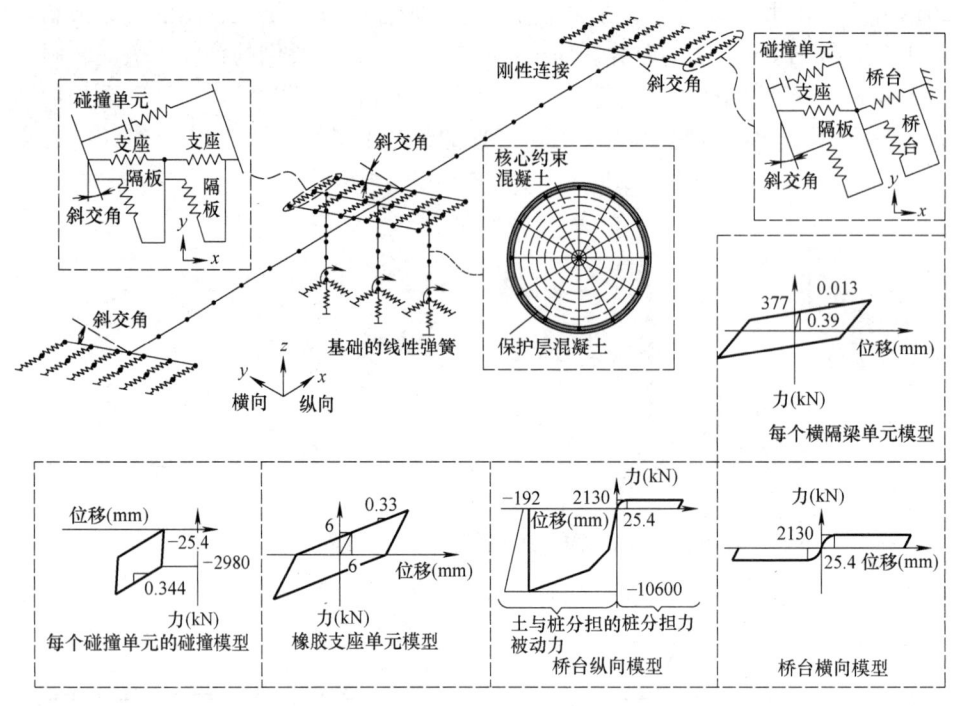

图 3.8-7　桥梁计算模型概要（原图 3[24]）

计算分析采用的地震波示例（原表 3[24]）　　　　　表 3.8-3

编号	地震	年份	震级 M	R(km)	台站	Bin	$PGA(g)$	
							x	y
G03	Loma Prieta	1989	6.9	14.4	Gilroy Array ♯3	1	0.367	0.555
CEN	Northridge	1994	6.7	30.9	LA-Centinela St.	2	0.322	0.465
A-CAS	Whittier Narrows	1987	6.0	16.9	Compton-Castlegate St.	3	0.333	0.332
H-DLT	Imperial Valley	1979	6.5	43.6	Delta	4	0.351	0.238
G02	Loma Prieta	1989	6.9	12.7	Gilroy Array ♯2	5	0.322	0.367

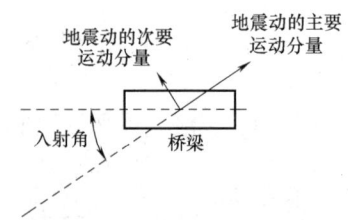

图 3.8-8　输入方向角度的定义（原图 4[24]）

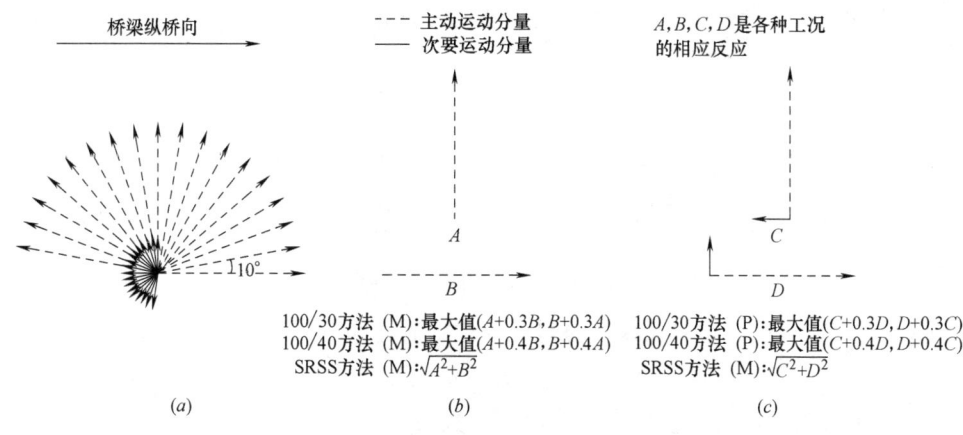

图 3.8-9　地震动作用方向（原图 6[24]）

（a）作用方向角度划分；（b）基于主分量时程的组合原则；（c）基于成对时程的组合原则

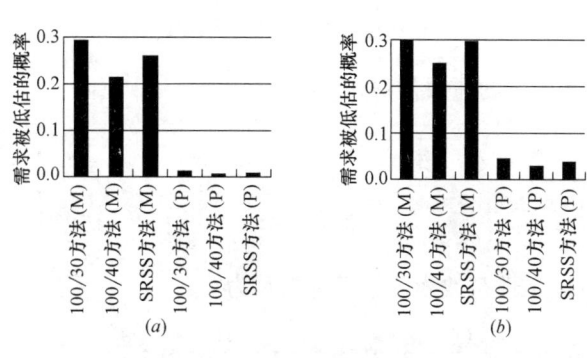

图 3.8-10　被低估的概率（原图 8[24]）

（a）位移反应；（b）内力反应

3.9　弹塑性反应谱方法

3.9.1　基本方法

弹塑性反应谱可以类似弹性反应谱直接从统计获得，但目前多采用弹性反应谱折减得到，其中的一项工作是统计折减系数。地震作用下，单自由度体系运动方程可以写为：

$$m\ddot{u} + c\dot{u} + f(\dot{u},u) = -m\ddot{u}_g(t) \tag{3.9-1}$$

式中　　m——单自由度体系的质量；

$\quad\quad c$——阻尼系数；

$f(\dot{u},u)$——恢复力；

$\quad\ddot{u}_g(t)$——地震动加速度时间过程值。

弹塑性体系恢复力表示为：

$$f(\dot{u},u)=k(\dot{u},u)u \tag{3.9-2}$$

式中　　u——单自由度体系的位移；

　　$k(\dot{u}, u)$——位移对应的割线刚度。

将式（3.9-2）代入式（3.9-1），且忽略方程右端的负号，得：

$$\ddot{u}+2\xi\omega\dot{u}+\omega^2[k(\dot{u},u)/k_y]u=\ddot{u}_g(t) \tag{3.9-3}$$

式中　k_y——单自由度振子等效屈服点对应的等效刚度；

　　ω，ξ——系统初始圆频率和阻尼比，$\omega=\sqrt{k_y/m}$，$\xi=c/(2m\omega)$。

据弹性反应谱理论，单自由度体系最大弹性地震力为：

$$F_{e,\max}=m\beta\ddot{u}_{g,\max} \tag{3.9-4}$$

式中　β——标准化地震加速度反应谱（放大系数）；

　　$\ddot{u}_{g,\max}$——$\ddot{u}_g(t)$ 的最大值的绝对值。

弹塑性单自由度振子折减系数的定义为：

$$R=\frac{F_{e,\max}}{F_y}=\frac{m\beta\ddot{u}_{g,\max}}{k_y u_y} \tag{3.9-5}$$

式中　u_y——单自由度振子的屈服位移；

　　F_y——屈服力，$F_y=k_y u_y$。

定义位移延性系数：

$$\mu=\frac{u_{\max}}{u_y} \tag{3.9-6}$$

则式（3.9-3）可以延性系数为基本变量重写为：

$$\ddot{\mu}+2\xi\omega\dot{\mu}+\omega^2\frac{k(\dot{u},u)}{k_y}\mu=-\frac{\omega^2}{\eta}\cdot\frac{\ddot{u}_g(t)}{\ddot{u}_{g,\max}}=-\frac{\omega^2\cdot R}{\beta}\cdot\frac{\ddot{u}_g(t)}{\ddot{u}_{g,\max}} \tag{3.9-7}$$

$$\eta=\frac{F_y}{m\cdot\ddot{u}_{g,\max}} \tag{3.9-8}$$

式（3.9-7）即为计算弹塑性单自由度振子折减系数的基本方程。该方程表征了反应延性系数 μ、强度折减系数 R 和周期 T（$T=2\pi/\omega_0$）之间的关系。

根据式（3.9-7），可以通过样本统计，建立 R-μ-T 之间的关系。这方面的研究结果较多，《城市轨道交通结构抗震设计规范》[13]中，折减系数采用了如下经验形式：

$$R(\mu)=\begin{cases}(\mu-1)\dfrac{T}{T_0}+1 & T\leqslant T_0 \\ \mu & T>T_0\end{cases} \tag{3.9-9}$$

式中　T_0——场地相关特征周期参数。

根据 800 余条强震记录的统计分析，给出的 T_0 的统计结果见表 3.9-1。其中样本平均曲线和拟合曲线的一个例子如图 3.9-1。

《城市轨道交通结构抗震设计规范》拟合曲线与平均曲线的比较，如图 3.9-1。

式（3.9-9）的经验表达隐含了当 $T>T_0$ 时，等位移近似可以接受。在获得了强度折减系数的经验统计结果之后，可以得到单自由度振子的弹塑性反应谱：

$$S_a^p(T|\mu)=\frac{S_a(T)}{R(T|\mu)} \tag{3.9-10}$$

周期 T_0 的取值 表 3.9-1

延性系数	I₀、I₁类场地			Ⅱ类场地		
	反应谱特征周期 0.35s 区	反应谱特征周期 0.40s 区	反应谱特征周期 0.45s 区	反应谱特征周期 0.35s 区	反应谱特征周期 0.40s 区	反应谱特征周期 0.45s 区
$\mu=2$	0.12	0.14	0.26	0.13	0.20	0.23
$\mu=3$	0.14	0.21	0.28	0.17	0.26	0.33
$\mu=4$	0.15	0.23	0.34	0.19	0.34	0.37
$\mu=5$	0.16	0.26	0.37	0.21	0.37	0.44
$\mu=6$	0.17	0.28	0.38	0.22	0.40	0.51
延性系数	Ⅲ类场地			Ⅳ类场地		
	反应谱特征周期 0.35s 区	反应谱特征周期 0.40s 区	反应谱特征周期 0.45s 区	反应谱特征周期 0.35s 区	反应谱特征周期 0.40s 区	反应谱特征周期 0.45s 区
$\mu=2$	0.14	0.21	0.27	0.25	0.43	0.55
$\mu=3$	0.19	0.29	0.39	0.35	0.57	0.76
$\mu=4$	0.22	0.35	0.44	0.38	0.73	1.06
$\mu=5$	0.27	0.38	0.63	0.42	0.75	1.11
$\mu=6$	0.29	0.41	0.76	0.46	0.80	1.18

《城市轨道交通结构抗震设计规范》中的弹塑性反应谱如图 3.9-2，其中延性系数 $\mu=1$ 的曲线亦为该地震动水平下的弹性反应谱。

如图 3.9-3（a）所示为基于弹塑性反应谱法的抗震设计流程，图中，T_{eq} 为结构等效周期（s），$T_{eq}=2\pi\sqrt{M_{eq}/K_{eq}}$；$M_{eq}$ 为等效质量（kg）；K_{eq} 为等效刚度（N/m）；F_{eq} 为结构整体屈服点对应的水平荷载（N）；d_{eq} 为结构整体屈服点对应的水平位移（m）。

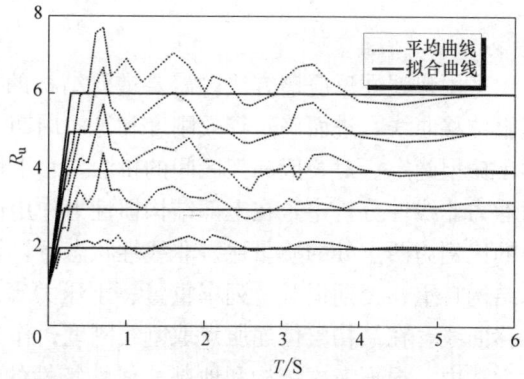

图 3.9-1 强度折减系数的拟合曲线
与平均曲线示例

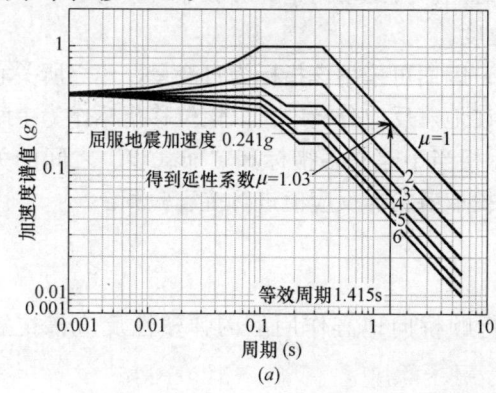

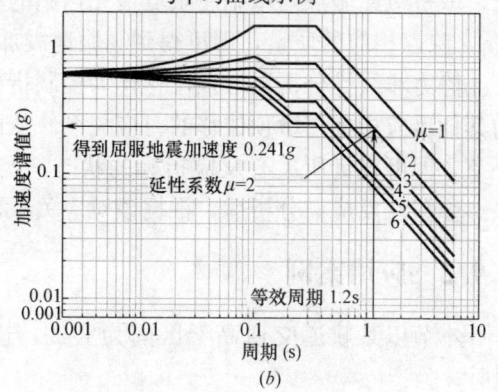

图 3.9-2 地震弹塑性反应谱及反应延性系数或屈服强度求取过程
（a）求延性系数；（b）求屈服强度

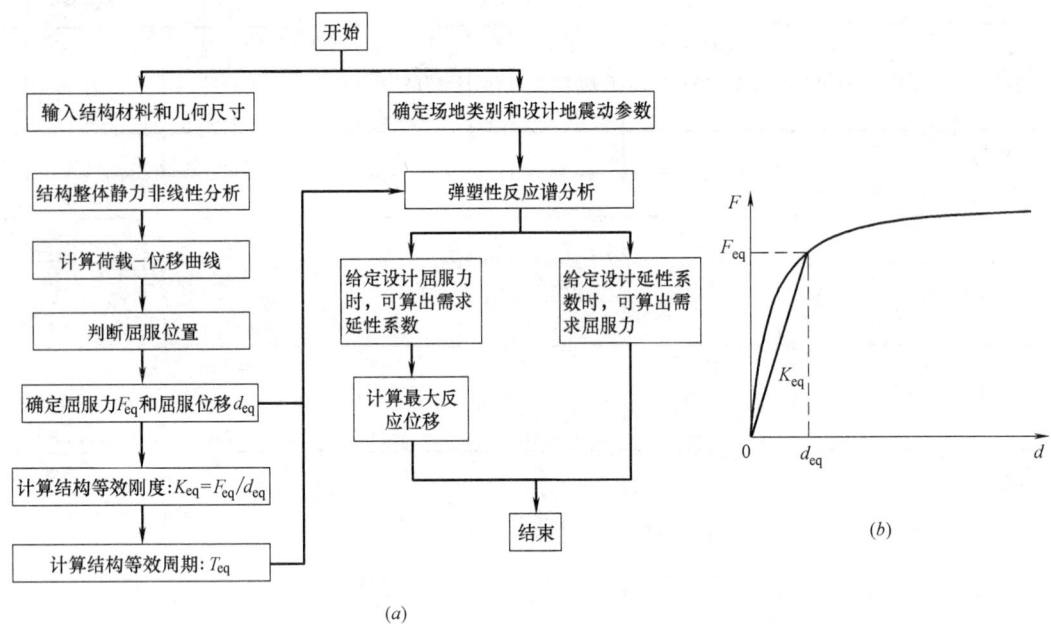

图 3.9-3 弹塑性反应谱法抗震设计流程

(a) 流程；(b) 等效刚度

采用弹塑性反应谱方法，需要进行结构的非线性静力分析，以得到等效屈服力-等效屈服位移曲线，进而确定等效刚度和等效周期。静力非线性分析的荷载分布模式按结构的第 1 振型确定。对一般高架区间的桥墩，水平惯性力主要由上部结构梁体和承台产生，因而静力非线性分析中，在上部结构惯性力作用位置和承台质心节点实施两点加载，两点处力的比例为两点处的质量比。非线性状态下，叠加原理不适用，因而非线性分析应同时考虑结构自重、二期恒载、列车重量、土压力等。分析得到上部结构惯性力作用位置的力-位移曲线，在结构整体屈服点取割线刚度，作为桥墩第 1 阶振型的等效刚度。弹塑性反应谱方法中，根据考虑结构和地基非线性特性的静力非线性分析所得荷载-变形曲线，连接原点与结构等效屈服点所得割线斜率确定结构等效刚度，如图 3.9-3 (b)。结构等效屈服点，取桥墩屈服点与基础屈服点最先达到的状态点。得到结构整体屈服点对应的水平荷载 F_{eq}，除以相应的质量，即可得到屈服地震加速度。

静力非线性分析以墩顶位移作为控制指标，因而可采用该指标为自变量，建立所关心的其他反应指标与墩顶位移的对应关系。从而在地震反应分析中，以该位移指标作为中间环节，即可查询所关心反应指标的状态，实际相当于建立各指标和"加载步"之间的关系。弹塑性反应谱分析后，根据该对应关系，提取各指标反应值进行抗震验算。

3.9.2 应用案例

本节以某轨道交通高架区间为实例，进行顺桥向地震作用下的弹塑性反应谱抗震设计。

该桥梁为跨径 30m 简支梁桥，固定墩墩高 16.5m，墩柱截面尺寸 2.2m×2.3m，桩基础采用 4 根直径 1.0m 钢筋混凝土钻孔灌注桩。

桥墩和桩构件截面弯矩-曲率分析中，轴向力应根据地震时可能存在的荷载作用进行内力组合。针对本实例，计入结构恒载（含二期恒载）、土压力和列车竖向静荷载。静力非线性分析中，基于刚性承台假定下，承台的转动使得桩轴力不断变化，因而其抗弯特性本身也在变化中。目前国内外抗震规范的层面上，对构件弯曲能力一般采用塑性铰模型表述，但考虑轴力变动时，尤其地震往复作用的情况，塑性铰模型尚很难准确表述构件弯曲特性。采用屈服球模型、纤维模型和实体有限元模型等可以计入轴力的影响，但目前国内外规范均未对此给出明确的性能指标用于抗震设计，《城市轨道交通结构抗震设计规范》亦未包含此类指标。在"准确性"和"明确依据"之间作折中，参照日本《公路桥梁设计规范（Ⅴ抗震设计篇）》的算例材料，在静力非线性分析中，受压侧桩采用上述组合后的轴力，受拉侧桩轴向荷载取 0。表 3.9-2 为按照规范方法作理想双折等效后的各截面弯矩-曲率关系特征点取值。

弯矩-曲率关系等效双折线取值　　　　　　　　　表 3.9-2

	屈服曲率(10^{-3}rad·m^{-1})	屈服弯矩(MN·m)	极限曲率(10^{-3}rad·m^{-1})	极限弯矩(MN·m)
墩底顺桥向	1.47	22.7	54.9	22.7
受压侧桩顶	3.77	1.75	32.1	1.75
受拉侧桩顶	3.63	1.23	52.1	1.23

考察顺桥向地震作用时，水平惯性力向墩顶和承台质心分配原则如表 3.9-3 所示。

惯性力作用位置（顺桥向，假定水平加速度 0.1g）　　　　　表 3.9-3

惯性力来源	作用位置	合计(kN)
上部结构(梁体)	墩顶	409
墩顶向下 1/2 墩高	墩顶	
墩底向上 1/2 墩高	承台质心	252
承台	承台质心	
列车	不计	

静力非线性分析中，将水平荷载按上述比例逐步施加在墩顶和承台质心节点，需注意该数值仅表明加载比例，实际荷载以每一加载步为准。以墩顶位移作为加载控制指标，分析中可偏大指定该指标的限制值，本实例指定 0.35m。

静力非线性分析所得各指标的全过程曲线如图 3.9-4 所示。以静力非线性分析控制指标，即墩顶位移作为自变量，各指标与其对应关系如图 3.9-5 所示。

当墩顶顺桥向位移 0.249m 时，受拉侧 4 号桩顶截面达到极限曲率。上述各图，墩顶位移大于 0.249m 的部分，认为 4 号桩已超过极限状态，仅作为本次分析的延续，不具备工程意义。

静力非线性分析可得加载全过程中，墩底截面未出现屈服，墩柱处于线弹性状态。墩顶顺桥向位移 0.083m 时，受压侧 1 号桩顶轴力-竖向位移关系开始进入非线性状态；加载至墩顶顺桥向位移 0.120m 时，受压侧 1 号桩顶轴力达到地基竖向极限承载力，进入桩顶轴力-竖向位移关系的平台段。分析全过程中，受拉侧 4 号桩顶轴力未达到地基竖向受拉极限承载力。墩顶顺桥向位移 0.216m 时，受拉侧 4 号桩顶截面达到等效屈服曲率；墩

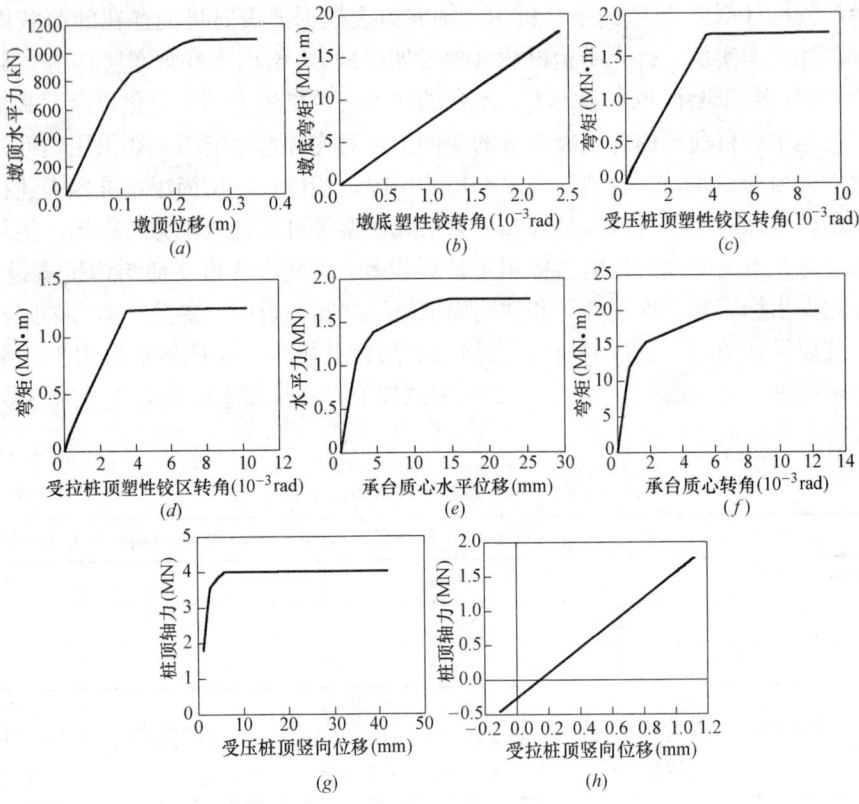

图 3.9-4　各指标全过程曲线

（a）墩顶力-位移；（b）墩底弯矩-塑性铰转角；（c）受压桩顶弯矩-转角；
（d）受拉桩顶弯矩-转角；（e）承台质心力-位移；（f）承台质心弯矩-转角；
（g）受压桩顶力-位移；（h）受拉桩顶力-位移

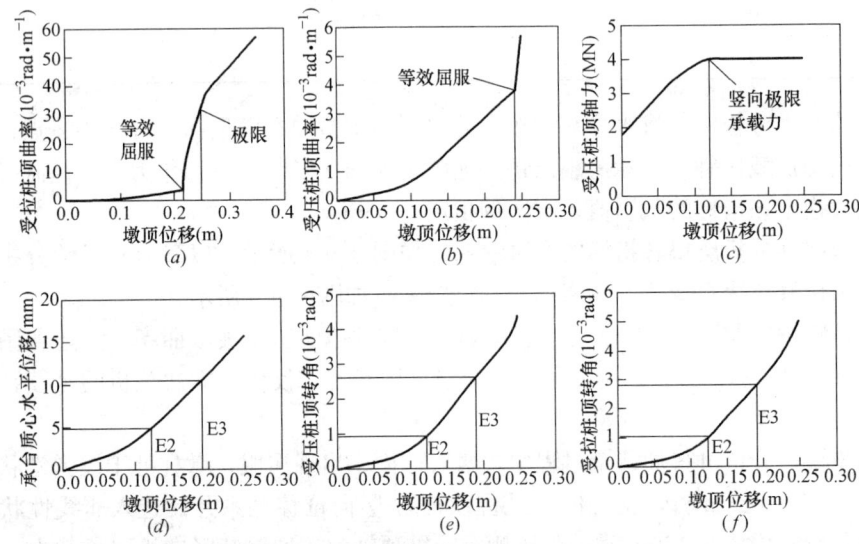

图 3.9-5　各指标与桩顶位移对应

（a）受拉侧桩顶曲率；（b）受压侧桩顶曲率；（c）受压桩顶轴力；
（d）承台质心位移；（e）受压侧桩顶塑性铰转角；（f）受拉侧桩顶塑性铰转角

顶顺桥向位移 0.241m 时，受压侧 1 号桩顶截面达到等效屈服曲率。根据表 3.9-4，以受压侧 1 号桩顶轴力达到地基竖向极限承载力的状态作为桩基础整体屈服点，也以此作为结构整体屈服点，对应墩顶顺桥向位移 $d_{eq}=0.12$m。

桩基础的整体屈服点　　　　　　　　　　　　　表 3.9-4

要素	状态描述
受压侧	最外缘的桩顶反力达到地基竖向极限承载力
受拉侧	半数桩顶反力达到地基竖向受拉极限承载力
桩构件	半数桩达到桩屈服

结构整体屈服点对应墩顶水平力 $F_{eq}=858$kN，则结构等效刚度：
$$K_{eq}=F_{eq}/d_{eq}=858/0.12=7150\text{kN/m}$$

顺桥向第 1 阶振型等效单自由度体系下，结构等效质量为 $M_{eq}=M_s+0.3M_p=362.4$t。式中，M_s 为上部结构质量，M_p 为桥墩质量。

结构等效周期为 $T_{eq}=2\pi\sqrt{M_{eq}/K_{eq}}=2\pi\sqrt{362.4/7150}=1.415$s。

结构屈服地震加速度 $F_{eq}/M_{eq}=2.368\text{m/s}^2=0.241g$。

各延性系数对应的 T_0 值　　　　　　　　　　表 3.9-5

延性系数 μ	2.0	3.0	4.0	5.0	6.0
T_0	0.13	0.17	0.19	0.21	0.22

表 3.9-5 为按照规范方法计算的各延性系数对应的场地相关特征周期参数 T_0。E2 与 E3 地震下弹塑性反应谱及反应延性系数的求取过程如图 3.9-6 所示。其中，延性系数 $\mu=1$ 的曲线亦为该地震动水平下的弹性反应谱。

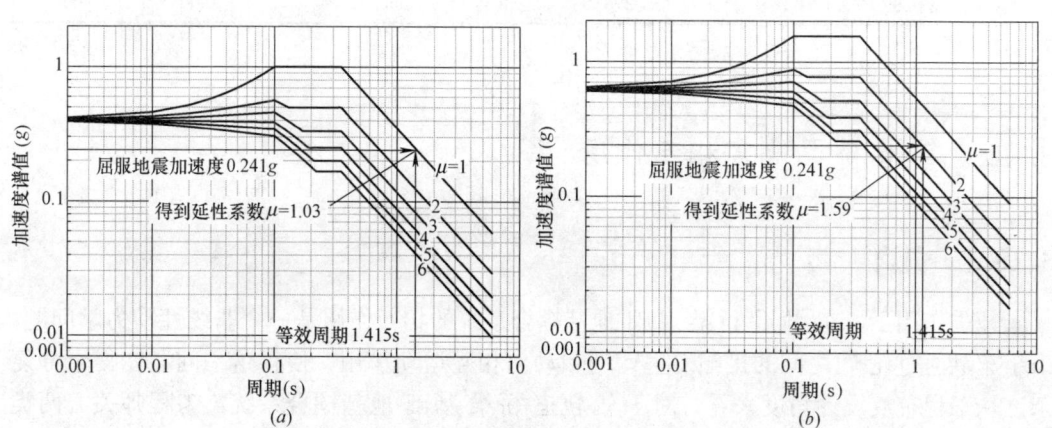

图 3.9-6　E2 和 E3 地震弹塑性反应谱及反应延性系数求取过程
（a）E2 地震作用；（b）E3 地震作用

由于结构等效周期 $T_{eq}=1.415$s 大于上述各 T_0，由式（3.9-9）可得，在此周期区间上，弹塑性反应谱亦可由弹性谱直接除以延性系数得到，因而，由等效周期和等效屈服加速度求延性系数，可直接由周期 T_{eq} 对应的弹性谱值除以等效屈服加速度得到，见表 3.9-6。

反应延性系数和位移的求取　　　　　　　　　　　　　　表 3.9-6

地震等级	弹性谱值(g)	屈服加速度(g)	延性系数	墩顶位移(m)
E2	0.247	0.241	1.03	0.123
E3	0.383	0.241	1.59	0.191

　　桥墩在静力非线性分析全过程中保持弹性，限于篇幅，本文仅给出桩基础性能验算的过程。基础整体反应延性验算和桩构件性能验算列于表 3.9-7 和表 3.9-8 中，基础性能根据两者结论偏保守判定。验算结果表明，在 E2 和 E3 地震下，基础抗震性能等级均为 2 级，即损伤可修复和纠偏，震后列车可限速通行。

基础整体性能验算　　　　　　　　　　　　　　　　　表 3.9-7

地震等级	承台质心反应位移 d(mm)	承台质心屈服位移 d_y(mm)	承台质心位移延性	基础整体性能等级
E2	4.87	4.61	1.06	2
E3	10.40	4.61	2.26	2

桩构件性能验算　　　　　　　　　　　　　　　　　　表 3.9-8

地震等级	构件	墩顶位移(m)	桩顶塑性铰区转角 (10^{-3}rad)	塑性铰区屈服转角 (10^{-3}rad)	构件性能等级系数 α	构件性能等级
E2	受压桩	0.123	0.939	3.577	0	1
	受拉桩		1.015	3.568	0	1
E3	受压桩	0.191	2.618	3.577	0	1
	受拉桩		2.825	3.568	0	1

3.10　车辆-桥梁地震相互作用

3.10.1　引言

　　地震作用下，车-轨道-桥梁-基础-地基耦合系统的相互作用是一个非线性动力学问题。由于车辆通过轮-轨之间的接触发生运动和动力相互运动作用，使得这一问题变得十分复杂。从工程抗震设计角度来看，对于车-轨道-桥梁-基础-地基耦合系统，工程师关心两类问题：①桥梁结构的安全问题；②车辆在地震作用下安全运行问题。关于第一类问题，已经进行了长期和深入的研究；比较而言，第二类问题的研究工作则相对缺乏和不够深入。

　　20 世纪 80 年代末期，日本学者[25,26]已开始关注地震时车辆的运行安全。Tanabe 等开发了 DIASTARS 软件的第一个版本，用于模拟地震时轮轨之间的相互作用；Tanabe 等人[27,28]分别在 2003 年和 2008 年对软件进行了更新，增加了地震时桥墩的非线性行为和在接触模型中轮、轨的实际几何尺寸定义，并根据 Miyamoto 等[29]、Tanabe 等[28]和 Sogabe 等[30]的试验数据对软件的可靠性进行了校验，如图 3.10-1。

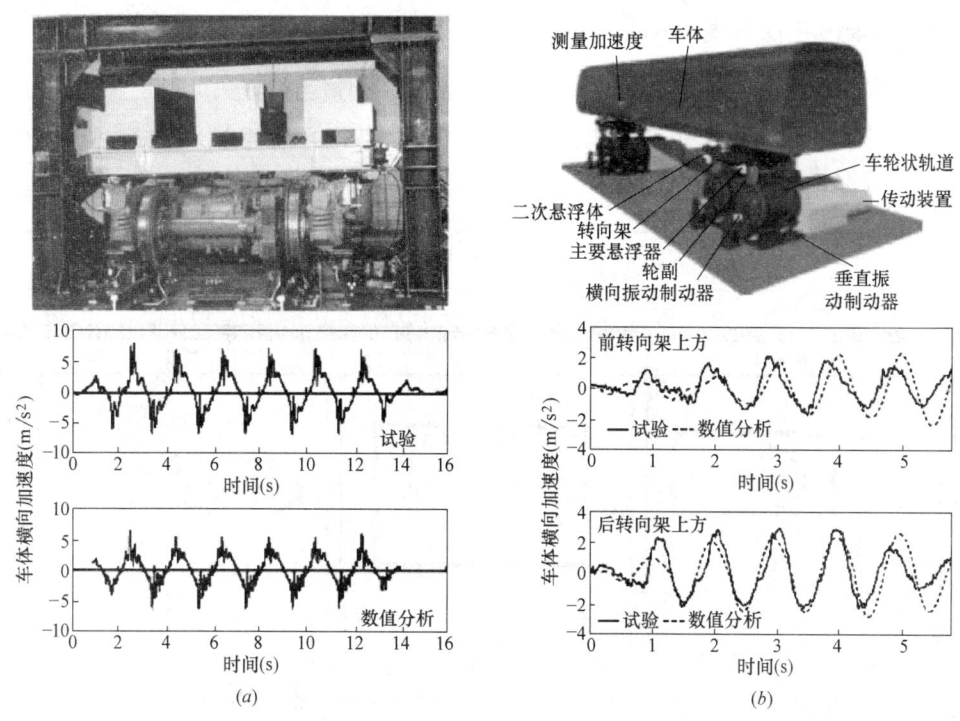

图 3.10-1　DIASTARS 软件的校核试验

(a) 振动台试验（Tanabe 等，2008）；(b) 整车试验（Sogabe 等，2005）

　　1995 年日本阪神地震，以及后来在几次中小地震中发生了列车出轨的震害，地震时轨道车辆的行车安全问题得到了重视和研究。1996 年，Miura[31] 研究了地震引起的轨道位移；1997 年，Miyamoto 等[32] 研究了侧向和竖向地面运动的影响，采用不同频率的正弦波作为激励。2002 年，Yang 和 Wu[33] 分析了地震作用下桥上静止和运行车辆的稳定性，得到的结论是：车辆在桥上静止时，竖向激励对车辆的稳定性影响较小，但当车辆运行时，近断层竖向地震动对车辆的运行稳定性影响很大，导致保证车辆运行安全的最大允许速度降低。Luo[34]、Luo 和 Miyamoto[35] 面向设计规范发展了一个评价车辆地震行车安全的程序。该程序采用简化模型评估了几个典型的铁路车辆的动力行为，观察到车辆反应强烈依赖于地面运动的频率成分；基于能量平衡的概念，提出采用谱强度作为行车安全的评价指标，并被日本《铁路结构设计规范（抗震设计篇）》[12] 和《铁路结构设计规范（位移限制）》[36] 两个技术标准所采纳。实际上，最近一些年来，日本学者[37-42] 在此方面进行了持续的研究工作。伴随高速铁路建设和城市轨道交通结构的大规模建造，轨道车辆地震时的行车安全问题凸显出来，并引起我国学者[43-52] 的高度重视。

　　概括地说，轨道交通地震行车安全问题可以划分为两个方面：①在小、中地震下，城市轨道交通结构并未发生严重损伤（甚至基本处于弹性范围），但轨道伴随结构产生的变形可能导致正在运行车辆的出轨；②在大地震后，轨道交通结构将有残余变形，需要进行震后行车安全性评估。因此需要针对轨道交通在地震时的行车安全问题，建立适当的计算理论与方法。

3.10.2 车辆-轨道-桥梁-基础-地基耦合系统地震相互作用全局分析模型

城市轨道车辆和高铁车辆一般都是定型化产品，采用适当的方法可以建立与产品对应的抗震计算模型。参考陈令坤[50-52]的研究工作，地震时车辆-轨道-桥梁-基础-地基动力相互作用模型可以描述为图 3.10-2 和图 3.10-3。

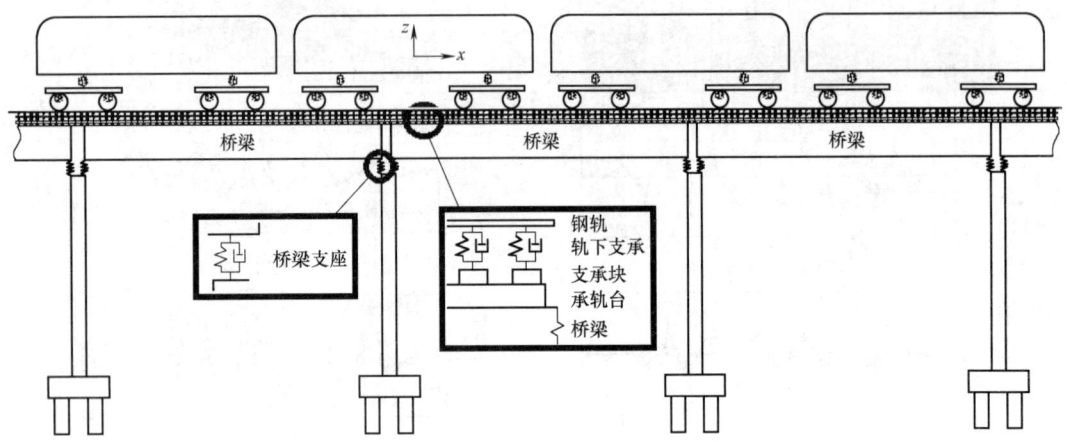

图 3.10-2 地震时车辆-轨道-桥梁-基础-地基动力相互作用模型

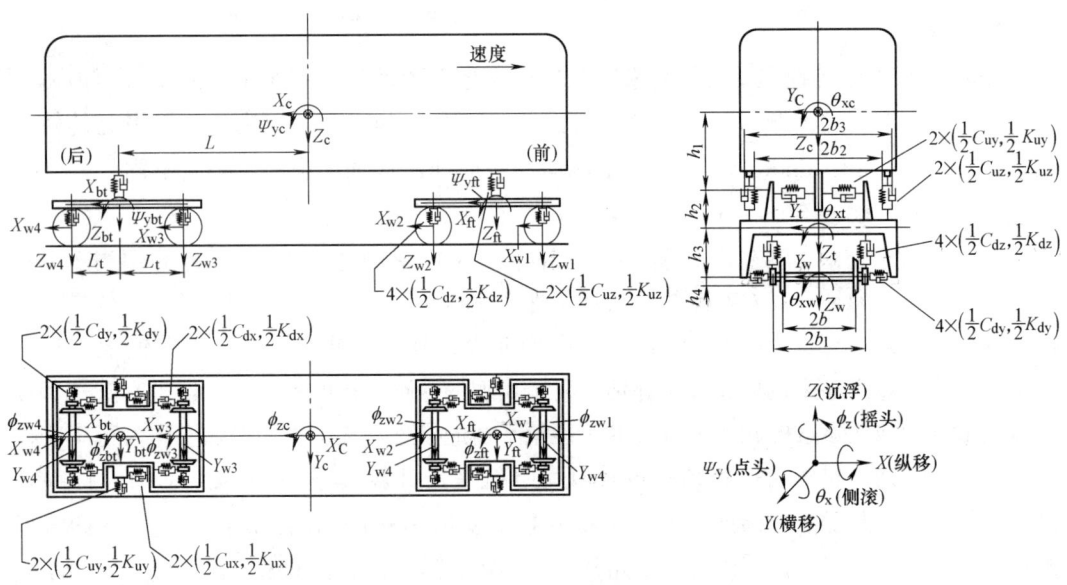

图 3.10-3 高速列车空间振动分析模型

车辆-轨道结构系统的激励源包括地震作用和轨道不规则[52,53]，在它们的共同作用下，车辆-轨道-桥梁-基础-地基动力相互作用机理和车辆出轨机理概要如图 3.10-4[53]。

陈令坤[52]以京津城际铁路某 5 跨简支梁桥为例，讨论了高速铁路车辆的地震行车安全问题。采用 32m 跨 C50 预应力混凝土箱梁，2.3m×6m 圆端形实体桥墩，墩身为 C35

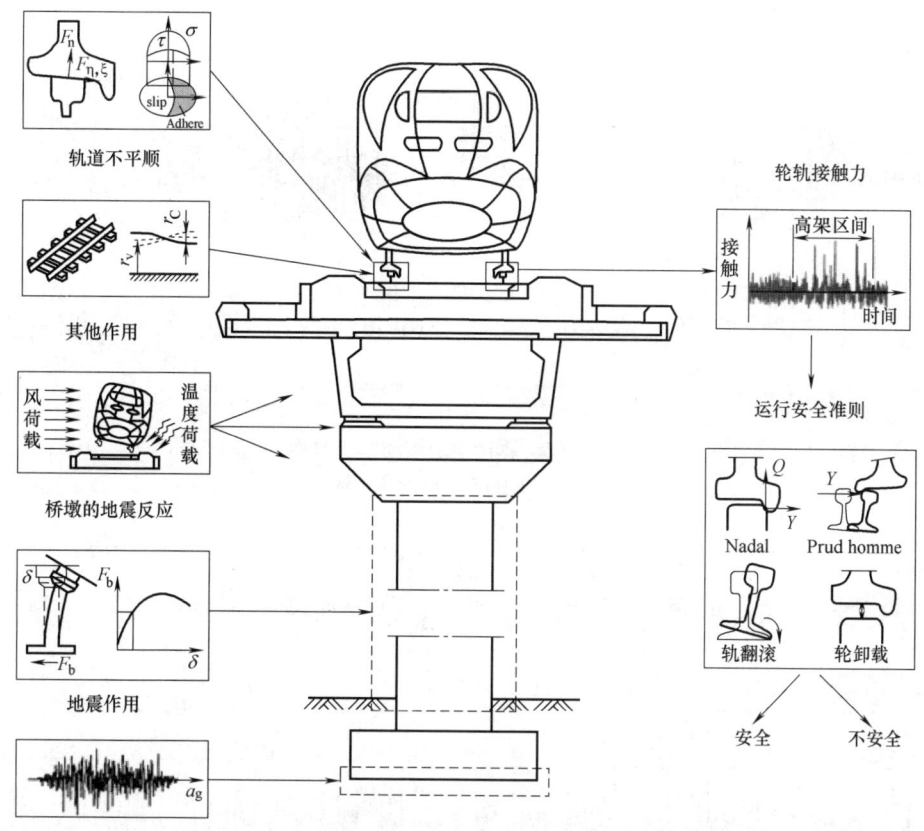

图 3.10-4　地震时轮-轨动力相互作用问题概念描述[53]

现浇混凝土。工程场地为Ⅱ类，8 度设防。采用 CRH3 列车活载作为列车活载，列车编组为：动＋动＋拖＋动＋动＋拖＋动＋动。

对于车辆，采用多刚体力学及有限元相结合的方式。将车体、构架、轮对视为刚体，车体与构架、构架与轮对之间的连接以线性弹簧阻尼模拟，车辆模型采用整车模型，车体和前后构架各具有 6 个自由度，分别是纵移、横移、沉浮、侧滚、点头和摇头，每个轮对具有 5 个自由度，分别是纵移、横移、沉浮、侧滚和摇头，即每辆四轴车有 38 个自由度，建立动车/拖车空间振动模型。以扣件支点为基元，轨下结构纵向被离散，钢轨扣件和 CA 砂浆层用周期性离散的粘弹性单元模拟，建立无砟轨道空间振动模型，将无砟轨道的三层（轨道、轨道板和底座）结构动力特性纳入车-桥耦合动力模型。基于 Hertz 非线性弹性接触理论和修正 Kalker 线性蠕滑理论，给出了轮轨垂向力及轮轨切向力计算方法，可以描述地震状态下高速列车动态脱轨机理。

计算采用 Imperial Valley 1979 年地震 El Centro 13 号波，横桥向＋竖向地震组合作为地震激励，如图 3.10-5 所示。对于轨面不平顺，采用的德国低干扰谱转换的时域样本序列，不平顺全长 3000m，不平顺测点间距为 0.5m，高低不平顺幅值为 3.08mm，水平不平顺幅值为 5.98mm。左高低、右高低、左水平、右水平样本如图 3.10-6 所示。图 3.10-7 给出了传统脱轨指标的计算结果。

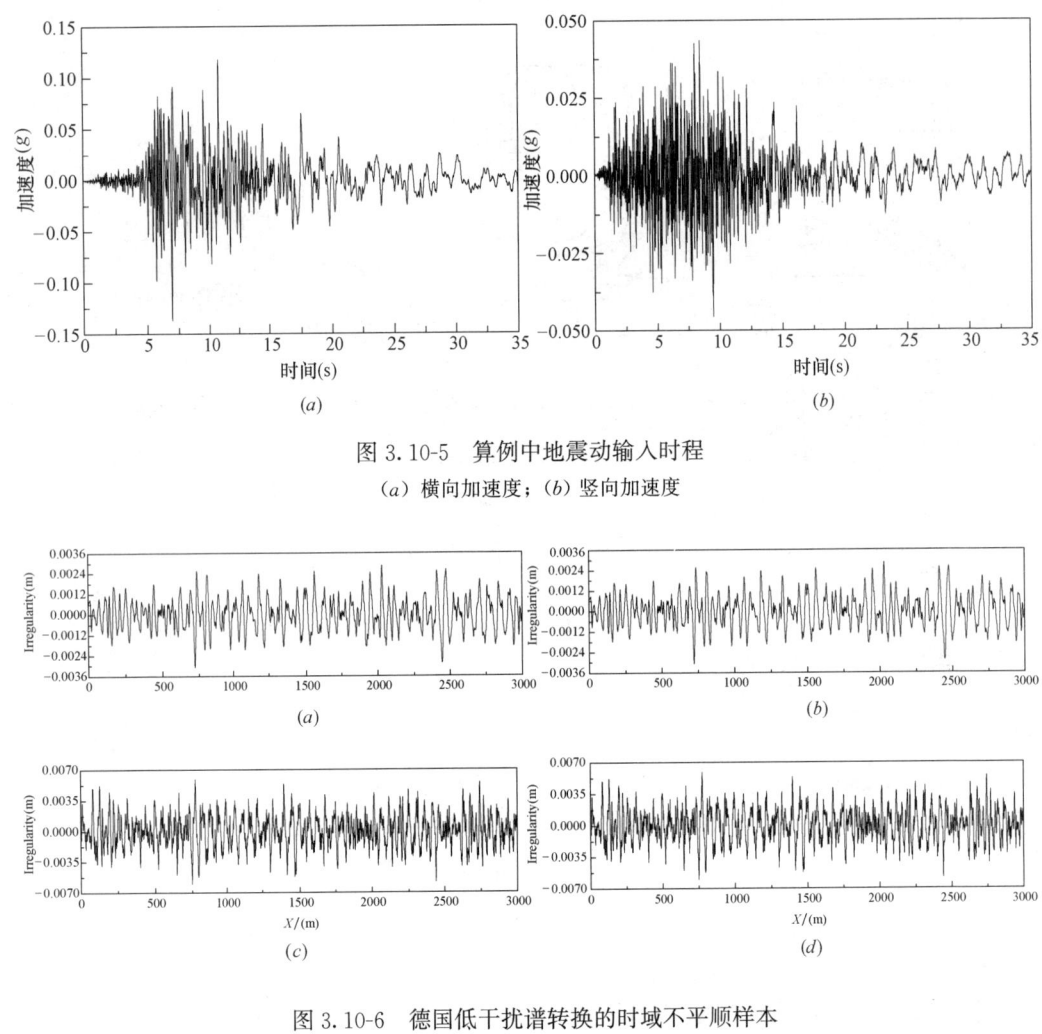

图 3.10-5 算例中地震动输入时程
(a) 横向加速度；(b) 竖向加速度

图 3.10-6 德国低干扰谱转换的时域不平顺样本
(a) 左高低；(b) 右高低；(c) 左水平；(d) 右水平

地震作用下高速列车的动力响应与在正常运行状态下的动态响应有很大的不同，轮轨之间强烈接触振动使车轮频繁地跳离钢轨，一旦车轮与钢轨发生瞬时分离，轮轨力就难以确定，也就难以运用基于轮轨力的传统评价准则对列车的脱轨行为进行准确的判断。

关于地震下的列车行走安全指标研究，基于兵库县南部地震的研究，日本学者得出了将车轮与钢轨之间水平位移最大 70mm 作为目标值的正弦波激励所对应的列车运行安全性极限曲线，并在日本《铁路结构设计规范（位移限制篇）》[36] 和日本《铁路结构设计规范（抗震设计篇）》[12] 中采用了该目标值。即日本的列车走行安全指标在地震下是：车轮和钢轨的左右相对位移最大值为 70mm、车轮和钢轨的上下相对位移最大值为 30mm、压力最大值为 98kN 以及轮重的最大值为 490kN 时，由行驶模拟试验求得的数据。

参考日本学者的观点，建议将竖向加速度、横向位移、竖向位移和轨道法向正应力作为列车出轨指标，对于本桥例的计算结果如图 3.10-8。

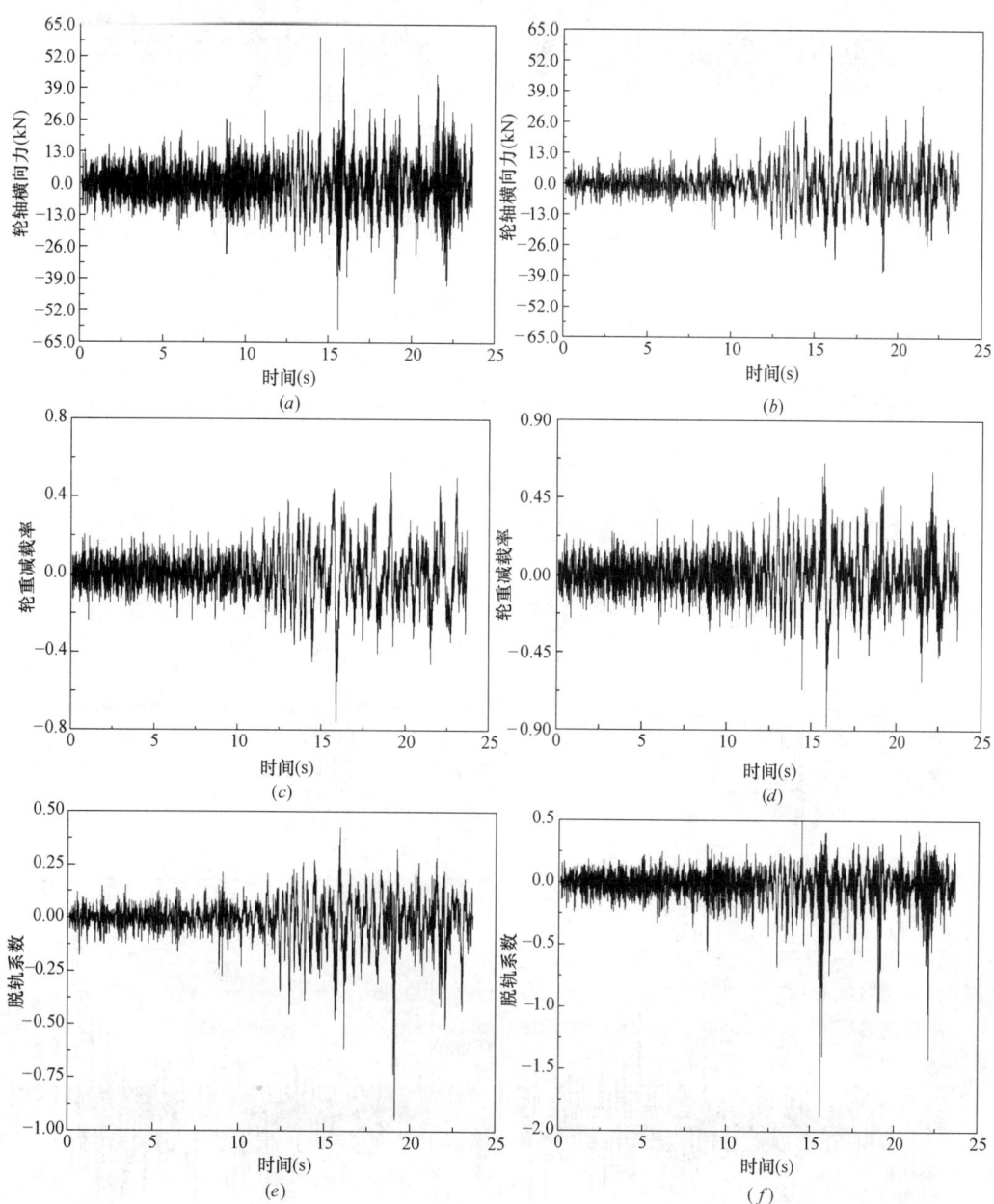

图 3.10-7　1979 年 El Centro 台阵 13 号波作用下例题结构传统脱轨指标计算结果
（a）拖车轮轴横向力；（b）动车轮轴横向力；（c）拖车轮重减载率；
（d）动车轮重减载率；（e）拖车脱轨系数；（f）动车脱轨系数

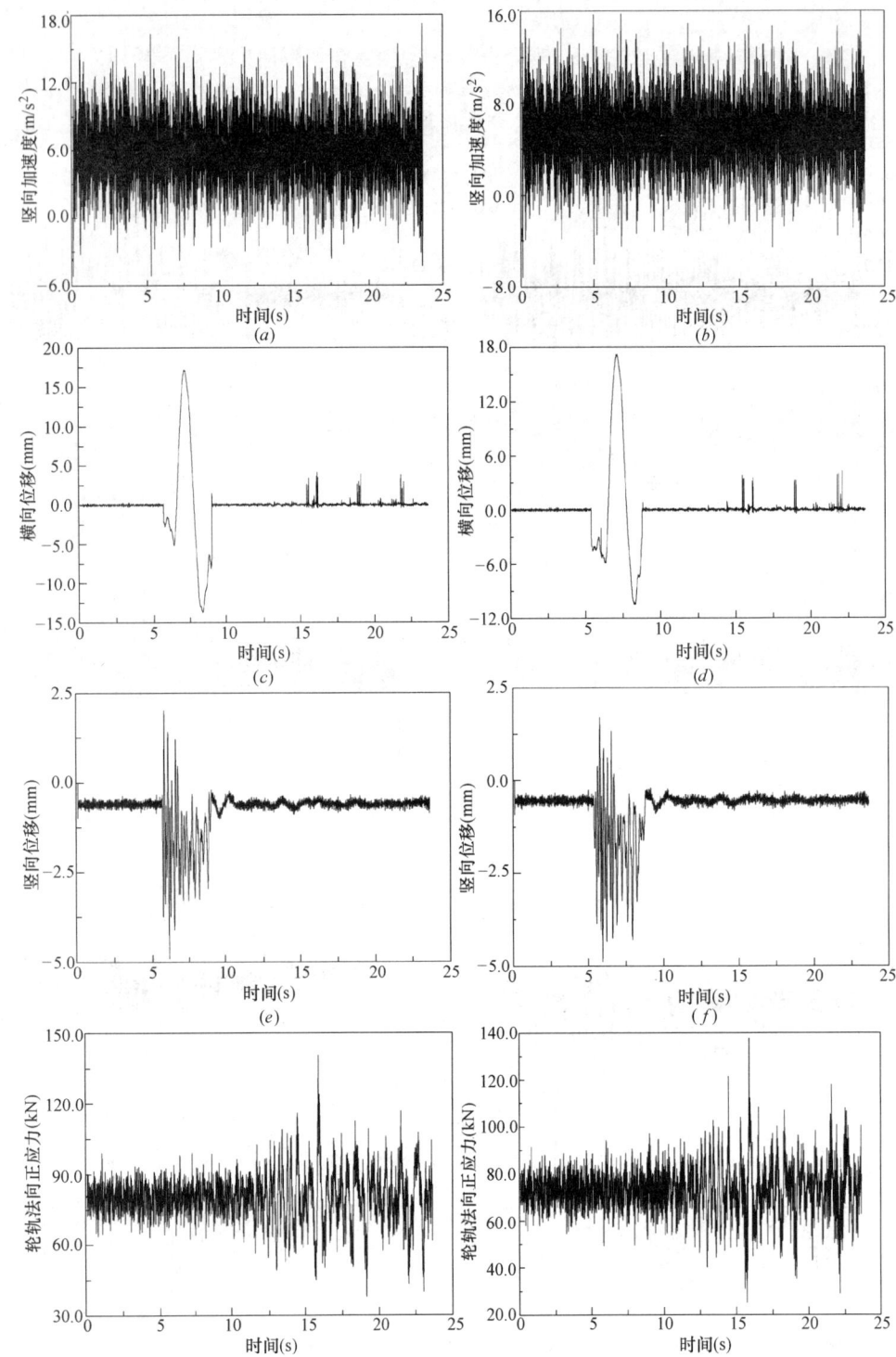

图 3.10-8　1979 年 El Centro 13 号波作用下例题结构推荐脱轨指标计算结果
(a) 拖车轨道竖向加速度；(b) 动车轨道竖向加速度；(c) 拖车轨道横向位移；
(d) 动车轨道横向位移；(e) 拖车轨道竖向位移；
(f) 动车轨道竖向位移；(g) 拖车轮轨法向正应力；(h) 动车轮轨法向正应力

因此，在采用基于轮轨力、脱轨系数和轮重减载率的传统脱轨判断准则的同时，建议还应该采用轮轨横向位移和车轮抬升量两种脱轨判断准则来评判地震下轻轨列车的动态脱轨行为。现有基于轮轨接触几何状态来判断脱轨的研究还处于初级阶段，有待深入。

从规范层面上考虑，日本《铁路结构设计规范（抗震设计篇）》[12]还给出了地震行车安全验算时，折角等的简化估算方法，但精度不详。

参 考 文 献

［1］　中华人民共和国行业标准. 城市道路与轨道交通合建桥梁设计规范［S］. 北京：中国建筑工业出版社，2016.

［2］　黄勇，王君杰，韩鹏，等. 考虑支座破坏的连续梁桥地震反应分析［J］. 土木工程学报. 2010，43（s2），217-223.

［3］　Penzien J，Scheffey C F，Parmelee R A. Seismic analysis of bridges on long piles［J］. Journal of the Engineering Mechanics Division，1964，90（3）：223-254.

［4］　Boulanger R W，Curras C J，Kutter B L，et al. Seismic soil-pile-structure interaction experiments and analyses［J］. Journal of Geotechnical & Geoenvironmental Engineering，1999，125（9）：750-759.

［5］　Taciroglu E，Rha C S，Wallace J W. A robust macroelement model for soil-pile interaction under cyclic loads［J］. Journal of Geotechnical and Geoenvironmental Engineering，2006，132（10）：1304-1314.

［6］　中华人民共和国国家标准. 公路桥涵地基与基础设计规范［S］. 北京：人民交通出版社，2007.

［7］　Snyder J L. Full-scale lateral-load tests of a 3x5 pile group in soft clays and silts［D］. Provo，USA：Brigham Young University，2004.

［8］　Walsh J M. Full scale lateral load test of a 3x5 pile group in sand［D］. Provo，USA：Brigham Young University，2005.

［9］　Brown D A，Reese L C，O'Neill M W. Cyclic lateral loading of a large-scale pile group［J］. Journal of Geotechnical Engineering，1987，113（11）：1326-1343.

［10］　伍腾峰. 基于 p-乘子方法的群桩横向力学响应分析［D］. 湘潭：湘潭大学，2009.

［11］　朱勇. 多向水平荷载作用下的群桩效应研究［D］. 哈尔滨：哈尔滨工业大学，2011.

［12］　日本鉄道総合技術研究所. 鉄道構造物等設計標準・同解說—耐震設計［S］. 日本東京：丸善株式会社，2013.

［13］　中华人民共和国国家标准. 城市轨道交通结构抗震设计规范［S］. 北京：中国计划出版社，2014.

［14］　American Association of State Highway and Transportation Officials（AASHTO），AASHTO LRFD Bridge Design Specifications，6th ed［S］. AASHTO，Washington，D. C，2012.

［15］　Mylonakis G，Nikolaou S，Gazetas G. Footings under seismic loading：Analysis and design issues with emphasis on bridge foundations［J］. Soil Dynamics and Earthquake Engineering，2006，26（9）：824-853.

［16］　王君杰，梁青槐，徐清. 矩形刚性基础多分量地震动随机模型［J］. 大连理工大学学报，1995，35（5）：719-721.

［17］　胡聿贤. 地震工程学［M］北京：地震出版社，2006.

［18］　Kiureghian A D，Neuenhofer A. Response spectrum method for multi-support seismic excitations［J］. Earthquake Engineering and Structural Dynamics，1992，21：713-740.

［19］　王君杰. 多点多维地震动随机模型及结构的反应谱分析方法［D］. 哈尔滨：中国地震局工程力学研究所，1992.

［20］　屈铁军，王君杰，王前信. 空间变化的地震动功率谱的实用模型. 地震学报，1996，18（10）：55-62.

［21］　Wang Junjie，Chen Hu. A new spatial coherence model and analytical coefficients for multi-support response spectrum combination［J］. Earthquake Engineering and Engineering Vibration，2007，6（3）：225-235.

［22］　Penzien J，Watabe M. Characteristics of 3-dimensional earthquake ground motions［J］. Earthq. Eng. & Struct. Dyn.，1975，10（5）：575-581.

［23］　Caltrans. Sesimic Design Criteria，Version 1. 6［S］. California Department of Transportation，Sacramento，California，2010.

[24] Bisadi V, Head M. Evaluation of combination rules for orthogonal seismic demands in nonlinear time history analysis of bridges [J]. J. Bridge Eng. 2011. 16 (6): 711-717.

[25] Tanabe M, Yamada Y, Hajime W. Modal method for interaction of train and bridge [J]. Computers & Structures, 1987, 27 (1): 119-127.

[26] Tanabe M, Wakui H, Matsumoto N. The finite element analysis of dynamic interaction of high-speed Shinkansen, the rail, and bridge [J]. Computers in Engineering, ASME, 1993, G0813A: 17-22.

[27] Tanabe M, Wakui H, Matsumoto N, et al. Computational model of a Shinkansen train running on the railway structure and the industrial applications [J]. Journal of Materials Processing Tech, 2003, 140 (1-3): 705-710.

[28] Tanabe M, Matsumoto N, Wakui H, et al. A simple and efficient numerical method for dynamic interaction analysis of a high-speed train and railway structure during an earthquake [J]. Journal of Computational & Nonlinear Dynamics, 2008, 3 (4): 1896-1905.

[29] Miyamoto T, Matsumoto N, Sogabe M, et al. Railway vehicle dynamic behavior against large-amplitude track vibration - a full-scale experiment and numerical simulation [R]. Quarterly Report of Rtri, 2004, 45 (3): 111-115.

[30] Sogabe M, Furukawa A, Shimomura T, et al. Deflection limits of structures for train speed-up [R]. Quarterly Report of Rtri, 2005, 46 (2): 130-136.

[31] Miura, S. Deformation of track and the safety of train in earthquake [R]. Quarterly Report of Railway Technical Research Institute, 1996, 37 (3): 139-146.

[32] Miyamoto T, Ishida H, Matsuo M. Running safety of railway vehicle as earthquake occurs [R]. Railway Technical Research Institute Quarterly Reports, 1997, 38.

[33] Yang Y B, Wu Y S. Dynamic stability of trains moving over bridges shaken by earthquakes [J]. Journal of Sound and Vibration, 2002, 258 (1): 65-94.

[34] Luo X. Study on methodology for running safety assessment of trains in seismic design of railway structures [J]. Soil Dynamics and Earthquake Engineering, 2005, 25 (2): 79-91

[35] Luo X, Miyamoto T. Method for running safety assessment of railway vehicle against structural vibration displacement during earthquakes [R]. Quarterly Report of Railway Technical Research Institute, 2007, 48 (3): 129-135.

[36] 日本鉄道総合技術研究所. 鉄道構造物等設計標準・同解説—変位制限 [S]. 日本東京: 丸善株式会社, 2006.

[37] Sogabe M, Ikeda M, Yanagisawa Y. Train-running quality during earthquakes and its improvement for railway long span bridges [J]. Quarterly Report of Rtri, 2007, 48 (3): 183-189.

[38] Tanabe M, Matsumoto N, Wakui H, et al. Simulation of a Shinkansen train on the railway structure during an earthquake [J]. Japan Journal of Industrial & Applied Mathematics, 2011, 28 (1): 223-236.

[39] Tanabe M, Wakui H, Sogabe M, et al. An efficient numerical model for dynamic interaction of high speed train and railway structure including post-derailment during an earthquake [C]. Proceedings of the 8th International Coeference on Structural Dynamics, Leuven, Belgium, 2011.

[40] Tanabe M, Wakui H, Sogabe M, et al. Computational model for a high speed train running on the railway structure including derailment during an earthquake [J]. Advanced Materials Research, 2012, 579: 473-482.

[41] Horioka K. clarification of mechanism of shinkansen derailment in the 2011 great east japan earthquake and countermeasures against earthquakes [J]. JR EAST Technical Review, 2013, 40: 52-53.

[42] Seki M. Technological development for the Tokaido Shinkansen: recent efforts in countermeasures against earthquakes [J]. Japan Railway & Transport Review, 2012.

[43] 阎贵平, 夏禾, 陈英俊. 铁路斜拉桥的地震响应特性研究 [J]. 北方交通大学学报, 1995, 19 (2): 137-142.

[44] 张楠, 夏禾. 地震对多跨简支梁桥上列车运行安全的影响 [J]. 世界地震工程, 2001, 17 (4): 93-99.

[45] 李忠献, 黄健, 张媛, 等. 地震作用对轻轨铁路车桥系统耦合振动的影响 [J]. 地震工程与工程振动, 2005, 25 (6): 183-188.

[46] 谭长建, 祝兵. 地震作用下高速列车与桥梁耦合振动分析 [J]. 振动与冲击, 2009, 28 (1): 4-8.

［47］　邓子铭，郭向荣，张志勇．地震作用对钢桁梁桥车桥系统耦合振动的影响分析［J］．中南大学学报（自然科学版），2011，42（1）：184-191．

［48］　王少林．地震作用下高速列车—轨道—桥梁耦合振动及行车安全性分析［D］．成都：西南交通大学，2013．

［49］　徐鹏．列车-轨道-路基耦合振动及地震条件下行车安全性分析［D］．成都：西南交通大学，2012．

［50］　陈令坤，张楠，蒋丽忠，等．高速铁路桥梁方向脉冲型近断层地震反应分析［J］．铁道工程学报，2013，30（9）：40-46．

［51］　陈令坤，张楠，蒋丽忠，等．Near-fault directivity pulse-like ground motion effect on high-speed railway bridge［J］．中南大学学报（英文版），2014，21（6）：2425-2436．

［52］　陈令坤．近场地震作用下高速铁路列车—桥梁动力响应研究［R］．北京：北京交通大学博士后研究工作报告，2014．

［53］　Montenegro A M．A methodology for the assessment of the train running safety on bridges［D］．Porto，Portugal：University of Porto，2015．

第4章　地下结构抗震计算

4.1　地下结构构造及抗震建模

城市轨道交通地下结构主要包括区间隧道、地下车站等。区间隧道和地下车站的横断面形式、连接构造等与施工方法密切相关，对其抗震计算模型的建立有影响。

4.1.1　横断面

（1）明挖法地下结构　明挖法区间隧道一般为矩形结构，如图 4.1-1。明挖地下车站一般为长条形数层和数跨的现浇钢筋混凝土框架结构，如图 4.1-2（a）、（b）；对于单跨单层或单跨双层地下车站也有采用拱形结构的情况，如图 4.1-2（c）。

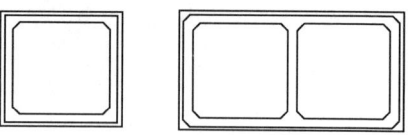

图 4.1-1　明挖法区间隧道断面

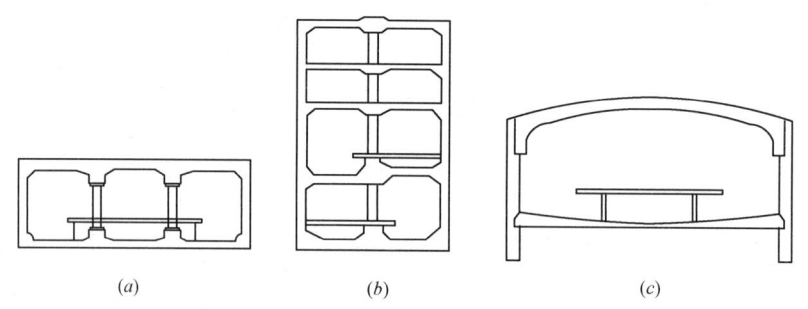

(a)　　　　　　　(b)　　　　　　　(c)

图 4.1-2　明挖法地下车站断面

（a）单层多跨车站；（b）多层多跨车站；（c）拱形车站断面

（2）暗挖法地下结构　暗挖法主要包括矿山法和盾构法两种。矿山法区间隧道一般为拱形结构，断面形式有单拱、双拱、多跨连拱等，如图 4.1-3。盾构法区间隧道的断面形式有圆形、矩形、双圆形、马蹄形等，如图 4.1-4，但最常见的是圆形，软土地区的区间隧道大部分是盾构法施工。

矿山法修建的车站经常采用的形式有三拱两柱车站（图 4.1-5a）、双拱单柱车站（图4.1-5b）；为了避免多拱车站拱部的积水槽而设置为单拱车站，如单拱两柱车站（图 4.1-6a）、单拱单柱车站（图 4.1-6b）、单拱大跨结构（图 4.1-6c）等。

常见的盾构车站是单圆盾构、单圆盾构与半盾构结合或与矿山法结合修建。近年发展多圆盾构，断面形式有两圆塔柱式（图 4.1-7a）、三圆塔柱式（图 4.1-7b）、三拱立柱式（图 4.1-7c）等。

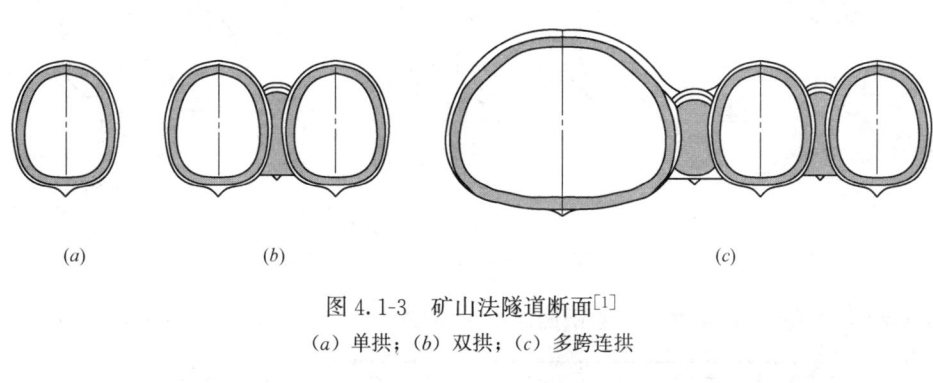

图 4.1-3　矿山法隧道断面[1]

(*a*) 单拱；(*b*) 双拱；(*c*) 多跨连拱

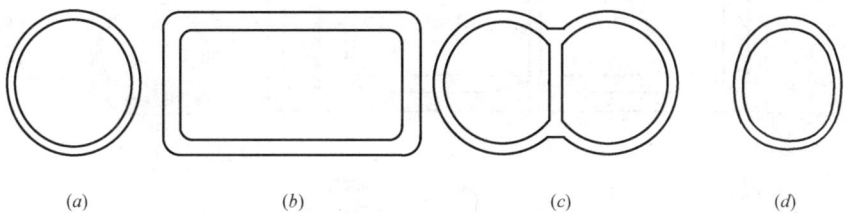

图 4.1-4　盾构法隧道断面

(*a*) 圆形；(*b*) 矩形；(*c*) 双圆形；(*d*) 马蹄形

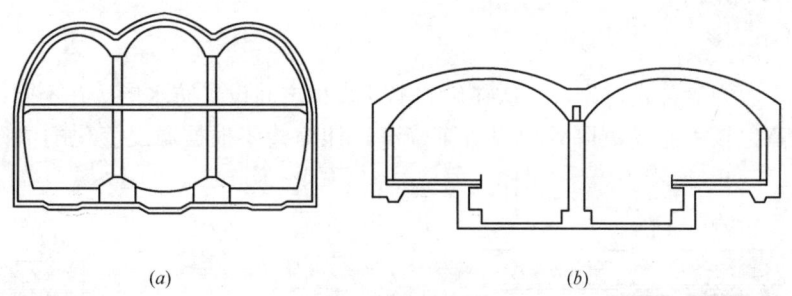

图 4.1-5　多拱车站断面

(*a*) 三拱两柱；(*b*) 双拱单柱

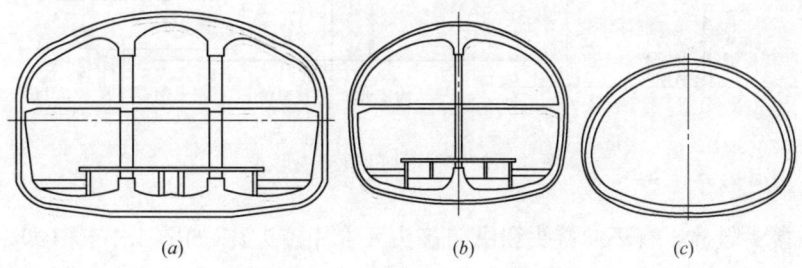

图 4.1-6　单拱车站断面

(*a*) 单拱两柱；(*b*) 单拱单柱；(*c*) 单拱大跨

（3）沉管法地下结构　由于沉管法隧道的管段是预制的，可以根据需要做成多种形式。目前常用的有矩形钢筋混凝土和圆形钢壳混凝土沉管隧道两种，如图 4.1-8。据不完

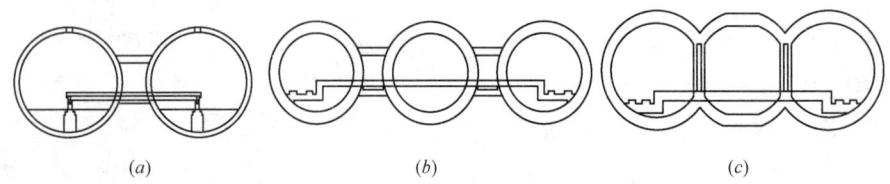

图 4.1-7 盾构法车站断面

(a) 两圆塔柱式；(b) 三圆塔柱式；(c) 三拱立柱式

全统计，约 60％的沉管隧道为矩形钢筋混凝土结构，40％为圆形钢壳混凝土结构[2]。

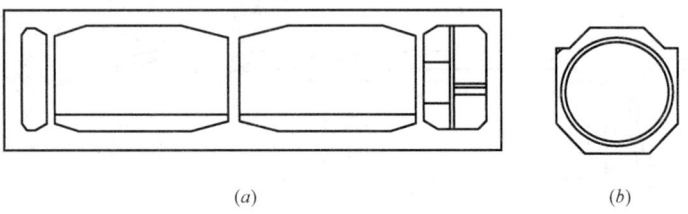

图 4.1-8 沉管隧道断面

(a) 矩形混凝土沉管；(b) 圆形钢沉管

4.1.2 连接构造

（1）暗挖法接头

矿山法一般为复合式衬砌，二次衬砌和初期支护之间设置防水层。在不同结构刚度结合部和可能产生较大差异沉降处要设置沉降缝，伸缩缝要根据温度变化酌情设置，如图4.1-9。

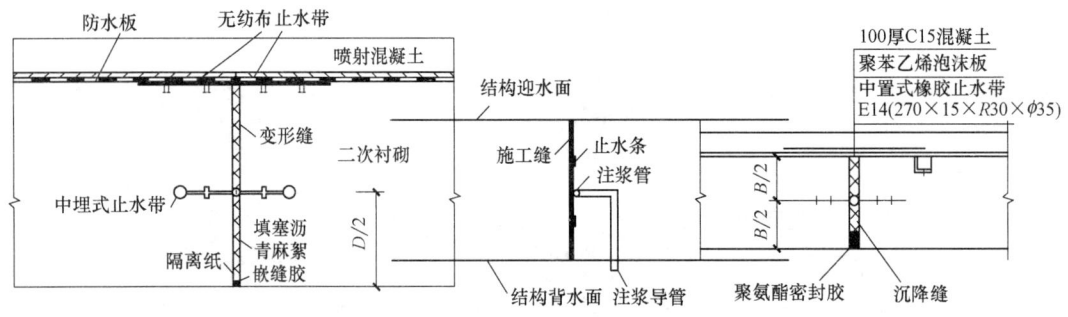

图 4.1-9 矿山法隧道接头形式

盾构法接头较多，有环向接头和纵向接头（管片接头），如图 4.1-10 (a)。纵向接头有通缝拼装（图 4.1-10b）和错缝拼装（图 4.1-10c）两种。常见接头包括几部分：连接件、榫槽、传力衬垫、弹性密封垫和嵌缝，如图 4.1-11 (a)；有的是平面连接，不包括榫槽。接头一般可分为柔性接头和刚性接头，形式有螺栓结构、铰接头结构、销式插入接头结构、楔形接头结构、榫接头结构等，国内使用螺栓结构较多。螺栓结构接头分为弯螺栓和直螺栓，如图 4.1-11 (b)、(c)。

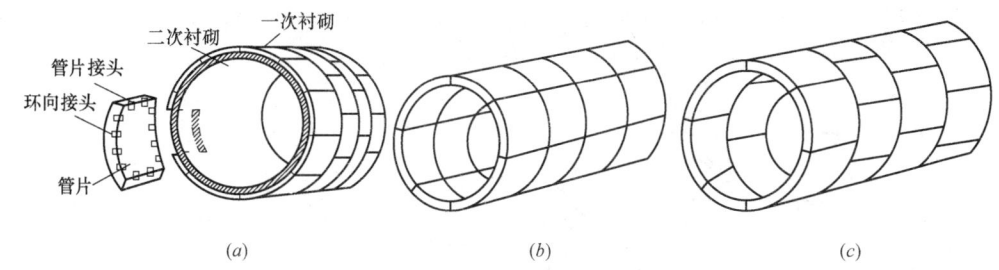

图 4.1-10　盾构隧道接头形式[3]

(a) 接头示意图；(b) 通缝拼装；(c) 错缝拼装

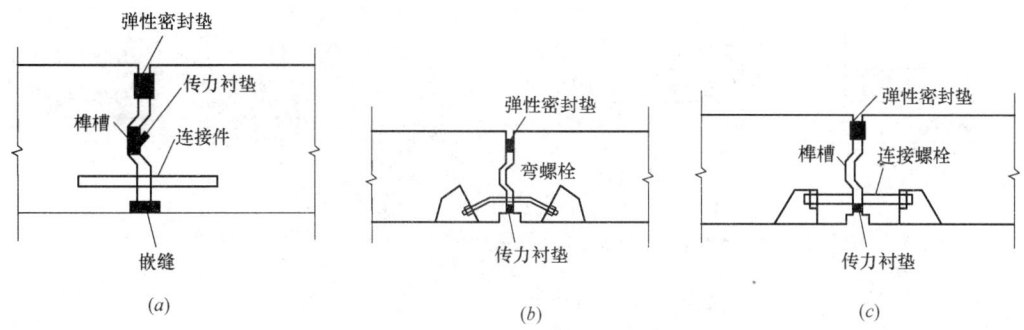

图 4.1-11　盾构隧道接头构造

(a) 常见形式示意图；(b) 弯螺栓示意图；(c) 直螺栓示意图

（2）沉管法接头

沉管隧道分为管节接头和节段接头，如图 4.1-12。管节间接头有刚性接头、柔性接头等形式。刚性接头由端钢壳、止水带［常用吉那止水带］、连接钢板、接头钢筋混凝土等组成，如图 4.1-13（a）[4]。柔性接头根据其采用的纵向弹簧构件的不同主要有两种形式：一种是在管节之间采用 Ω 形钢板或 W 形钢板作为纵向弹簧构件，如图 4.1-13（b）；一种是在管节之间采用预应力钢索及连接装置作为纵向弹簧构件，如图 4.1-13（c）[2]；沉管法接头一般采用吉那止水带和欧米茄止水带，如图 4.1-13（d）。

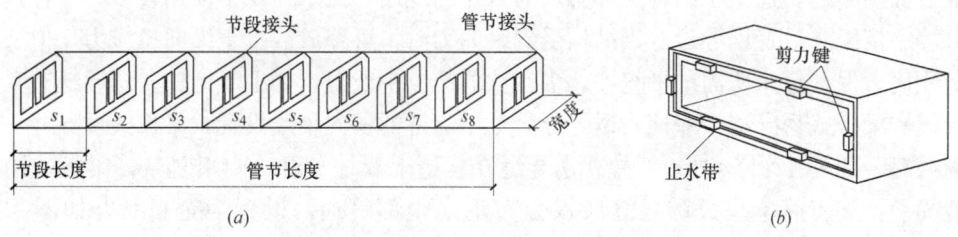

图 4.1-12　沉管隧道接头示意图

(a) 沉管隧道管节；(b) 节段接头剖面图

沉管隧道管节长度一般较大，因此需要分段浇筑，节段之间需要接头，接头也分为刚性接头和柔性接头。刚性接头的纵向钢筋全部贯通，或者断开，但通过预应力筋连接。柔性接头包括剪力键、防水体系、接头预应力筋，有的还有抗震限位拉杆，如图 4.1-14。

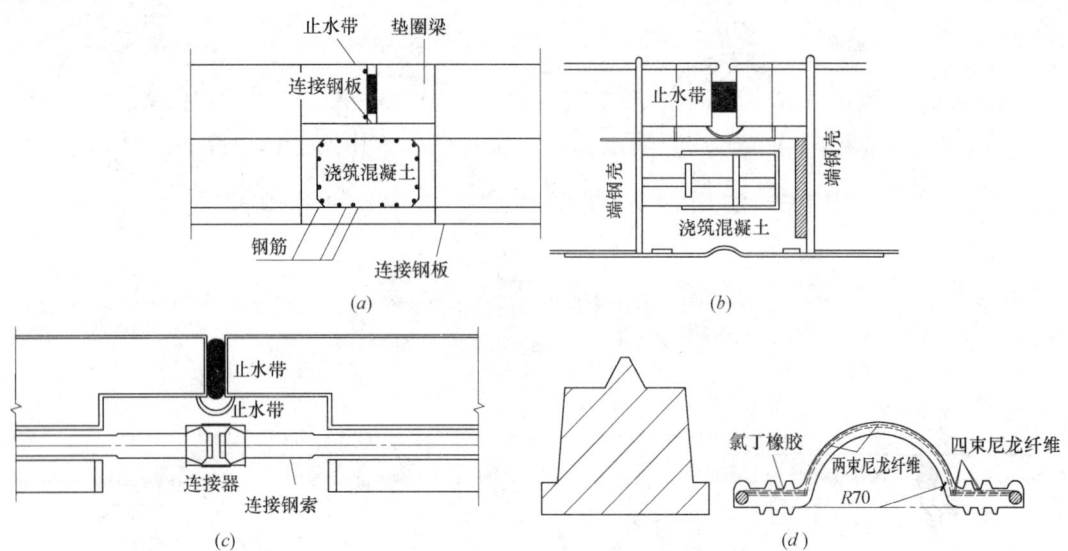

图 4.1-13　沉管隧道管节接头示意图

(a) 刚性接头；(b) 钢板型柔性接头；(c) 钢索型柔性接头；(d) 吉那和欧米茄止水带

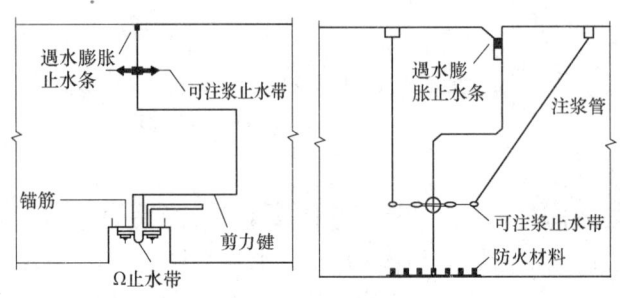

图 4.1-14　沉管隧道节段接头示意图[5]

（3）明挖法接头

明挖法结构伸缩缝一般有两种设置方法。一种是沿纵向每隔一定距离设置贯通整个结构横断面的断缝，适用于结构底部有较为稳定的地层，北京地铁中使用较多。一种是沿纵向每隔一定距离设置诱导缝，当结构受到纵向力时，可释放混凝土纵向拉应力，但又具有一定刚度，保证道床所需的平直度，多在软弱地层中设置，如上海地铁；诱导缝有双柱式诱导缝和梁板式诱导缝，双柱式诱导缝沿车站立柱的横向轴线设置，梁板式诱导缝一般设在纵梁跨距的 1/4～1/3 处；双柱式诱导缝在构造上双柱分开，施工复杂，梁板式诱导缝构造简单，施工简单。板诱导缝底板分布钢筋全部贯通，设置为企口状，如图 4.1-15(a)；顶、中板和侧墙的纵向钢筋或者断开（诱导缝设在柱体中心时），或者通过 1/3（诱导缝设在跨度 1/3 时）；诱导缝两侧的顶板及边墙内设置可以滑移的剪力筋，如图 4.1-15(b)(c)(d)[6]。

顶板纵向梁及中板纵向梁诱导缝梁内主筋全部断开，如图 4.1-16(a)、(b)；底板纵向梁诱导缝梁内主筋不断开，缝间设抗剪斜筋，如图 4.1-16(c)。

（4）通道与车站接头

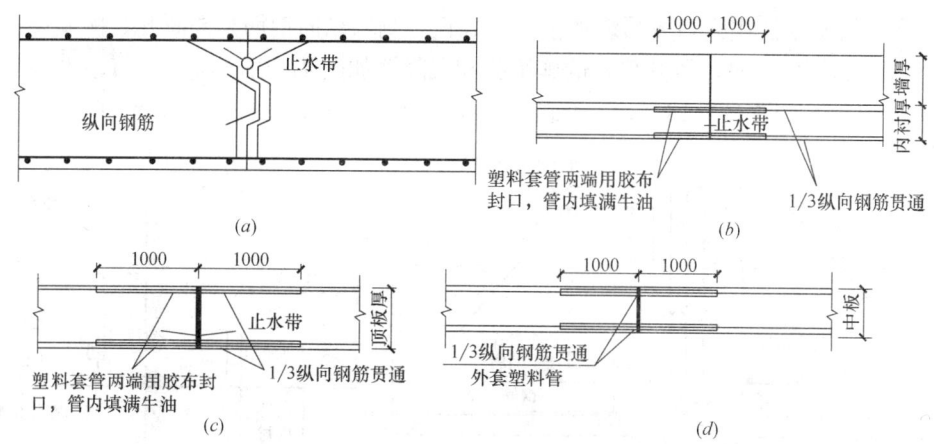

图 4.1-15　板诱导缝示意图

（a）底板诱导缝；（b）侧墙诱导缝；（c）顶板诱导缝；（d）中板诱导缝

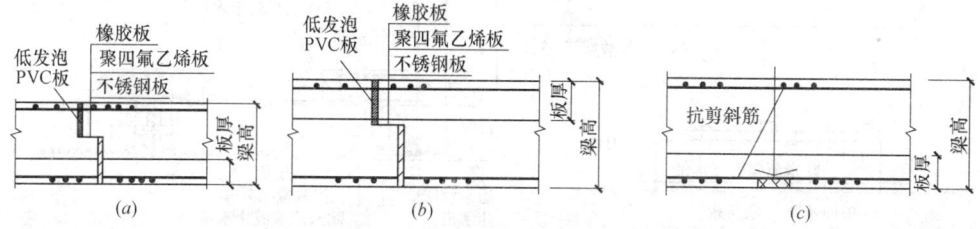

图 4.1-16　梁诱导缝示意图[7]

（a）顶板纵梁；（b）中板纵梁；（c）底板纵梁

为消除通道（包括区间隧道、出入口通道）与车站的剪切错动，一般车站结构外做柔性接头，缝内设剪切钢筋，在变形缝内侧预留沟槽，设止水带。如果是桩支护，则典型的通道与车站接头如图 4.1-17，图 4.1-17（a）为通道与车站以施工缝作为接头，并在施工缝约 0.8～1.2m 的位置设置变形缝，变形缝与施工缝之间单独浇筑；图 4.1-17（b）为车站与通道以变形缝作为接头[8]。

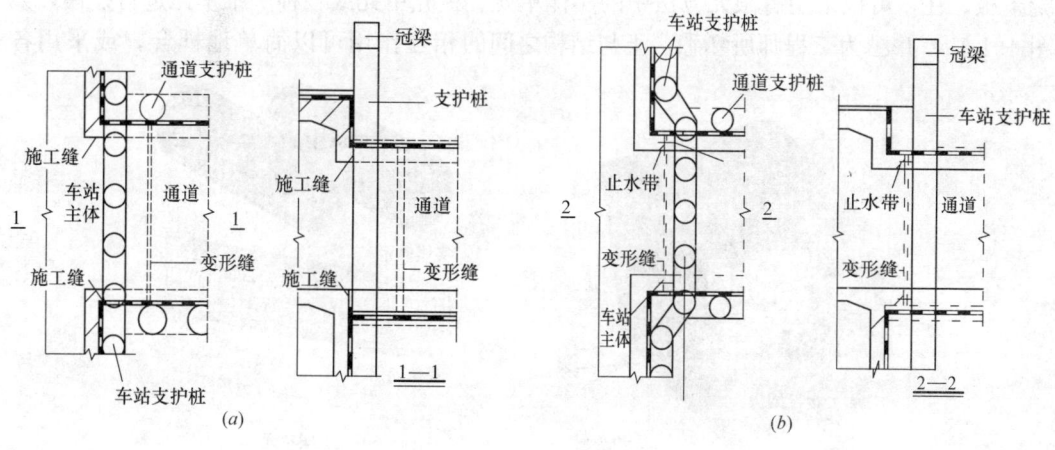

图 4.1-17　通道与车站接头示意图

上海地铁明挖法出入口变形缝的顶板、底板、侧墙纵向钢筋全部断开，侧墙设有剪力钢筋，如图 4.1-18（a）；风井顶板的施工缝和沉降缝如图 4.1-18（b）、（c）；出入口顶板施工缝和沉降缝如图 4.1-18（d）；沉降缝处的顶板、底板、侧墙钢筋全部断开。

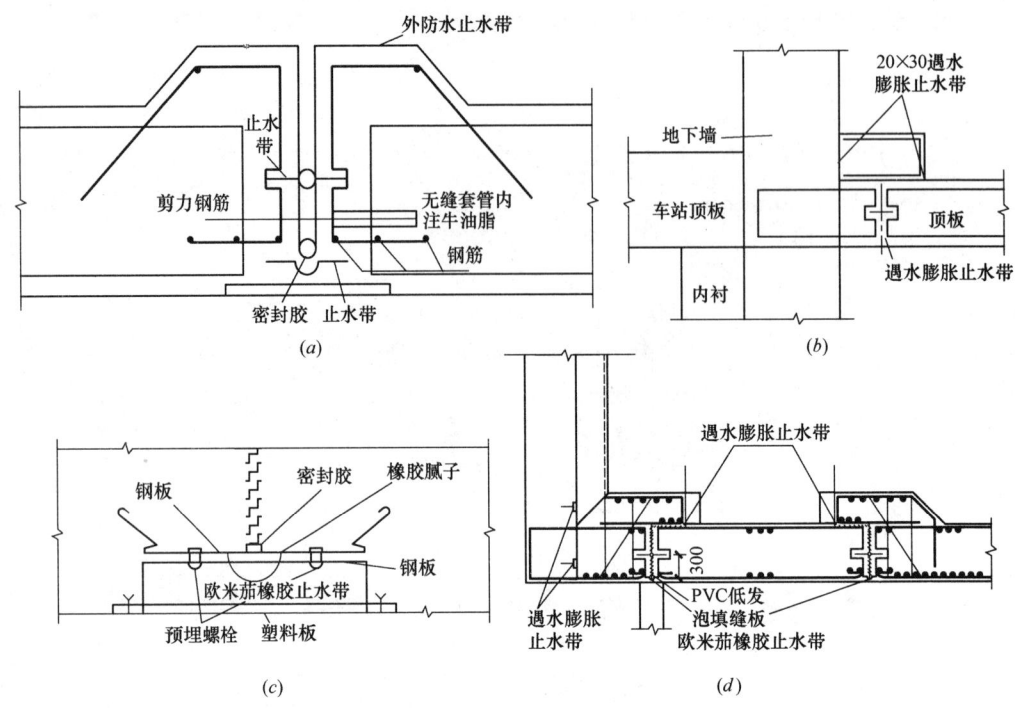

图 4.1-18　上海地铁通道与车站接头示意图[7]

（a）出入口侧墙变形缝；（b）风井顶板施工缝；（c）风井沉降缝；（d）出入口施工缝

4.1.3　抗震建模概要

概念上讲，第 2 章所叙述的建模与计算方法也适用于地下结构。从前面 4.1-1～4.1-2 节中关于城市轨道交通地下结构基本构造的介绍可以看到，地下结构的主体一般是钢筋混凝土板、柱，可以采用有限元方法中的实体单元、板壳单元或各种一维单元进行建模，如图 4.1-19，并已为工程师所熟悉。土与结构之间的相互作用可以简单地耦合，或采用各

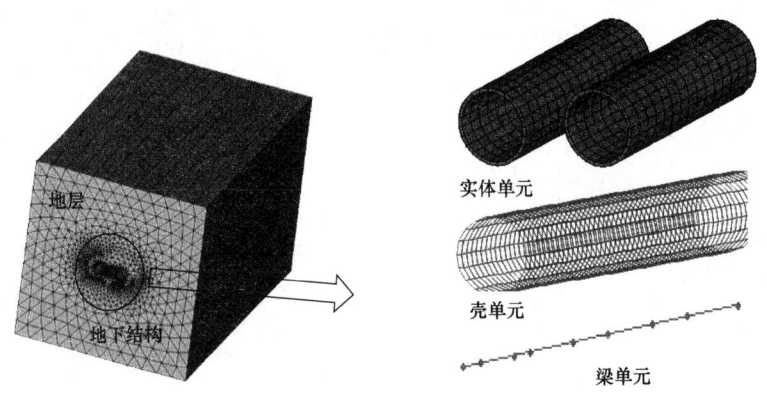

图 4.1-19　三维有限元模型示意图

种接触单元模型表达其力学上的相互作用；地下结构中的各种连接构造可以采用实体单元模拟，也可以采用各种非线性弹簧单元模型。

区间隧道和地下车站结构按三维空间问题考虑时，地下车站取整体结构计算；区间隧道由于纵向较长，因此可根据地形地质条件、结构形式等在纵向取出一段长度，例如应满足模型总长度不小于土层变形波长的要求，模型纵向截断后，还需要考虑边界的影响，可以在纵向两侧延伸以保证目标段的计算准确。小半径平曲线段，隧道纵向容易产生较大的内力；分叉部分易产生较大变形，并且是复杂应力状态；竖井结合部和附近一定范围的隧道易产生较大的变形；隧道断面变化的地方，变形会重分布；这些部位都需要详细的模型。

虽然三维建模在理论上是精确的，但由于其中没有解决的问题很多，使用该法也需要很好的力学和有限元知识以及专业软件的使用技巧，不是一般的设计工程师所易于掌握和使用的，因此三维建模方法主要用于专门研究。对于地下结构，工程设计中较多采用二维计算模型。

根据已有的研究结果，业界达成的比较一致的看法是，地下结构在地震中结构自身的惯性效应不明显，主要跟随周围地层一起运动。地层介质中的地震波具有一定的传播速度和波长，引起地层三个主要方向的运动，即沿隧道轴向传播的拉压运动、沿隧道轴向传播的剪切运动（垂直于隧道轴向）和由地层下方向自由地表传播的剪切运动（垂直于隧道轴向），这种定性的运动分解如图 4.1-20[9]。工程设计中常根据上述的运动分解建立简化的计算模型。

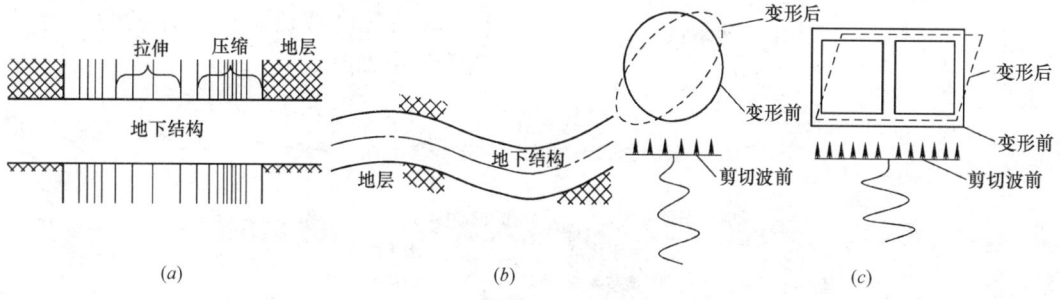

图 4.1-20　地下结构的运动分解示意

(a) 轴向拉伸或压缩；(b) 轴向弯曲；(c) 横截面变形

从有限元的角度来看，由地层下方向自由地表传播的剪切运动引起的地下结构地震反应的计算可以建立如图 4.1-21 所示的计算模型，即横向抗震模型。从力学的角度来看，这是一个平面应变问题。地层可用平面单元模拟，也可用地基弹簧模拟；结构可用平面单元或梁单元模拟；土-结构之间的相互作用、边界的处理、地震动输入等和三维模型相同。

由于区间隧道横断面构造简单，在隧道纵向少有变化，横向抗震建模时在隧道纵向可以取单位长度（如 1m），如图 4.1-22 (a)。对于地下车站，根据第 4 章 4.1 节的介绍，纵向和横向会有一些纵横梁和立柱；为了考虑车站立柱的实际尺寸，可以取车站纵梁的一个跨度长，如图 4.1-22 (b)。地下结构侧墙当作梁柱构件，这样处理相当于把地下结构本身纵向的相互作用用约束来代替。对于地下车站的立柱，模型纵向取单位厚度时，需要等效为平面模型厚度的柱子，一般可以把两根相邻的中柱等效为两柱之间的连续墙体，然后再

165

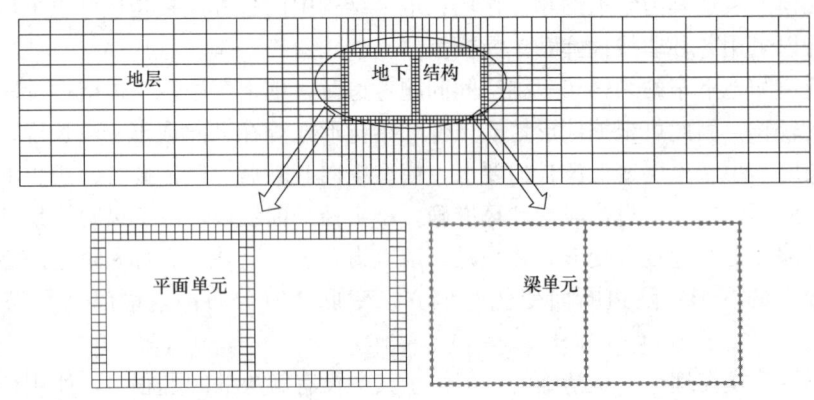

图 4.1-21　二维横向抗震模型

取单位厚度即可；如果取一跨长，则立柱按实际尺寸。

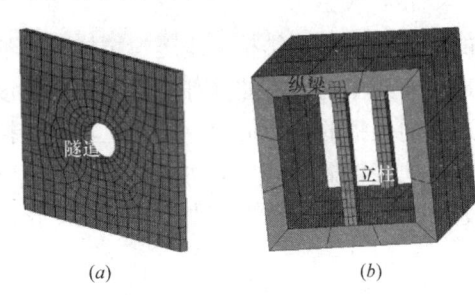

(a)　　　　　　　(b)

图 4.1-22　纵向厚度取值

(a) 取单位长度；(b) 取一跨

对于轴向传播引起的拉压运动可以采用图 4.1-23 的纵向抗震模型，地层与结构相互作用采用地基弹簧（弹簧一端连接在结构上，一端固结），地下结构采用梁单元。弹簧端点土体的拉压运动主要由地震动的传播特性、地基的特性等产生，需要考虑地震波的斜入射和地基特性沿轴向分布的非均匀性。该模型还可以处理沿隧道轴向传播的剪切运动（垂直于隧道轴向）。

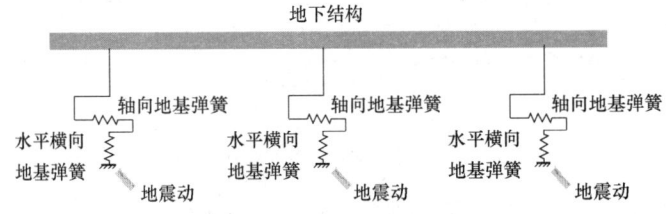

图 4.1-23　二维纵向抗震模型

对于纵向模型，盾构法隧道衬砌环之间相对薄弱，可将结构梁单元取为一盾构环的长度。沉管和明挖法隧道，结构连续性较强，可按隧道自然节段确定；但为了保证计算精度，梁单元长度不能太大，例如不大于 10m。

4.2　地下结构连接部位抗震建模

城市轨道交通地下结构存在各式各样的接缝，接缝与地下结构在强度、刚度等方面存在差异，因此需要采用不同的模型进行模拟；并且地下结构的变形会集中到接缝处，因此接缝的变形和受力最不利，是抗震的关键部位。从前面地下结构连接构造的分析，可知盾构法和沉管法地下结构的接缝较多，需要详细考虑，并且现有研究主要针对上述两种结构形式，因此本节主要介绍盾构法和沉管法的接头抗震建模。

4.2.1 盾构法隧道接头抗震建模

盾构接头的连接件主要作用是抗拉、抗剪、抗弯；榫槽提供抗剪；传力衬垫和嵌缝主要是防水。盾构法隧道主要是通过螺栓进行连接。螺栓对结构影响的模拟方法有很多，一种方法就是管片和结构都采用实体单元，如图 4.2-1。管片和螺栓之间可以直接耦合或采用接触处理，但这种方法需要对螺栓及其附近区域详细划分网格，局部分析还可接受，全局分析时模型过大，因此实际使用时经常采用简化方法考虑接头影响。

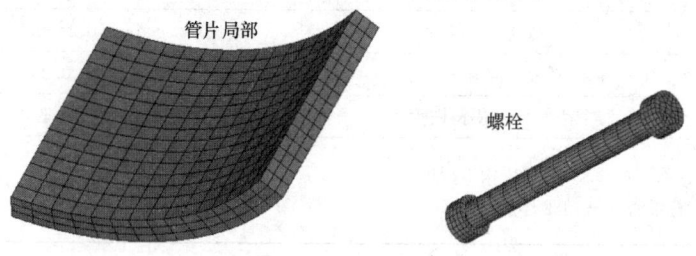

图 4.2-1 管片局部及螺栓模型示意图

（1）管片接头力学模型

常用的一环六个管片的结构有六个管片接头，接头的抗弯刚度一般小于管片主体的抗弯刚度，如图 4.2-2（c）。计算分析时，管片接头的处理有三种方式：第一种为等刚度模型，该模型假定接头的力学性质与管片相同，即假定管片环是力学性质均匀的等截面环，如图 4.2-2（a）；第二种模型是修正刚度模型，考虑接头对管片刚度的弱化影响，对管片抗弯刚度进行整体修正（整体弱化），如图 4.2-2（b）；第三种是梁-弹簧模型，即将管片当作梁，接头抗弯特性用弯曲弹簧模型化，如图 4.2-2（d）[10]，当弯曲弹簧刚度取为 0，则退化为铰接。

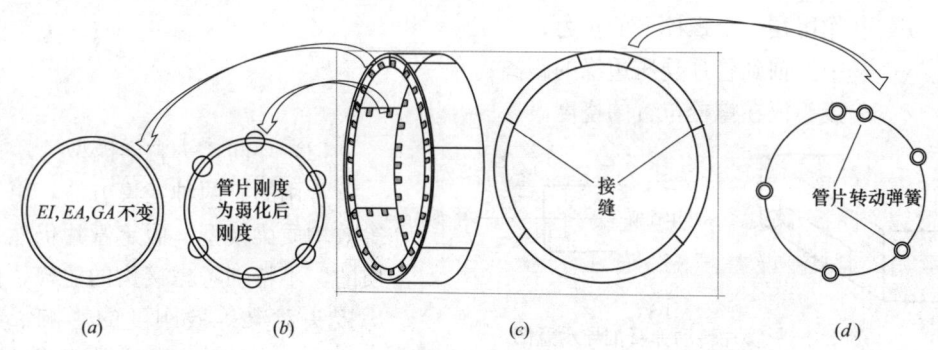

图 4.2-2 管片接头力学模型

（a）等刚度模型；（b）修正刚度模型；（c）管片环立体及轴向投影；（d）梁-弹簧模型

等刚度模型不考虑接头的影响，虽然模型最简单，但高估了隧道衬砌的刚度，造成结果与实际可能有出入。修正刚度模型一般引入两个参数进行修正，一个是接头影响刚度下

167

降的"抗弯刚度有效率 η",一个是错缝拼装影响的"弯矩的增加率 ξ"(通缝拼装 ξ 为 0)。对修正刚度模型求出其管片最大弯矩 M,乘以($1+\xi$)得到管片实际弯矩,乘以($1-\xi$)得到接头处弯矩。这两个参数还没有解析解,一般是给出经验值或进行数值计算。日本的一些规范给出了取值,见表 4.2-1,但这些规定是常时设计使用的,抗震使用时要注意是否合理。

等效刚度模型中 η、ξ 取值[10]　　　　　　　　　　　　表 4.2-1

日本标准		η	ξ	备注
盾构工程用标准管片,土木学会	平板形混凝土管片、钢管片	1.0(0.8)	0.0(0.3)	( )内参考值
盾构隧道设计施工指南,旧国铁	平板形混凝土管片	0.3~0.5	0.3~0.6	—
	球墨铸铁管片	0.5~0.7	0.1~0.3	—
地铁12号线设计基准,东京都交通局	平板形混凝土管片	0.8	0.2	—
	钢管片、球墨铸铁管片	0.9	0.1	—
地上错缝拼装的试验结果《盾构工程用标准管片》(1982年版)		0.6~0.8	0.3~0.5	土层内 $\eta>0.6~0.8$;$\xi<0.3~0.5$

梁-弹簧模型中,接头主要影响管片的抗弯,因此管片接头抗压刚度可以设为无穷大,保证接头两端在受压时位移的一致性;抗拉刚度取接头等效抗拉刚度;抗剪刚度近似设为无穷大。抗弯刚度取转动弹簧刚度。转动弹簧的刚度计算有解析方法和试验方法。解析方法中最常用的是村上-小泉方法[11],如图 4.2-3,图中 C 为作用在接头面上的压力。根据作用在管片上的力的平衡计算:

$$K_\theta=\frac{(d-f)(d-y)T}{\delta} \tag{4.2-1}$$

式中　d——螺栓中心到管片受压边缘的距离;

　　　f——压力中心到管片受压边缘的距离,$f=\frac{y}{3}$;

　　　T——作用在一个螺栓上的拉力;

　　　y——中性轴到管片受压边缘的距离;

　　　δ——接头板在螺栓位置的挠度。

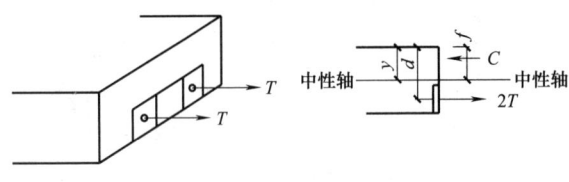

图 4.2-3　管片转动弹簧推导示意图

(2)环间接头力学模型

常用的有两种建模方法,第一种等效均质梁模型,假定管片仍然是均质的,不特别考虑接头的建模,但考虑接头对梁等效刚度的影响,如图 4.2-4(a);第二种是梁-弹簧模型,将管片模型化为梁,接头模型化为弹簧,如图 4.2-4(b)[10]。

纵向等效刚度模型需要确定下列等效刚度[12]:等效抗压刚度 EA_{eq}^C、等效抗拉刚度 EA_{eq}^T、两个方向的等效抗弯刚度 EI_{eq}。管片纵向受力变形如图 4.2-5;纵向受压时,采用管片的轴向刚度;纵向受拉时,考虑管片和接头串联,并伸长,可推得等效抗拉刚度。纵向受到弯矩 M 作用时,根据力的平衡和变形协调条件,可推得等效抗弯刚度。计算公式如下:

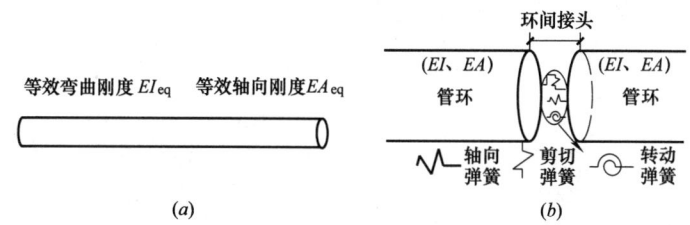

(a)　　　　　　　　　　　　　*(b)*

图 4.2-4　环间接头

（*a*）等效刚度模型；（*b*）梁-弹簧模型

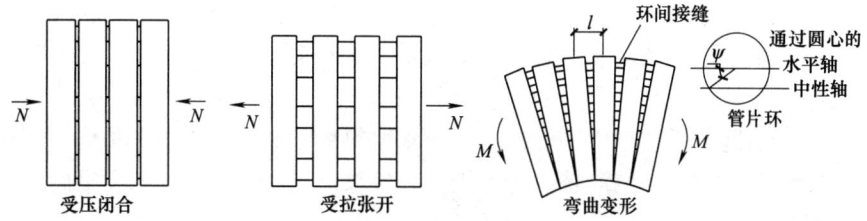

图 4.2-5　管片纵向受力变形

$$EA_{eq}^{C}=E_s A_s, EA_{eq}^{T}=\dfrac{E_s A_s}{1+\dfrac{E_s A_s}{K_j l}},\ EI_{eq}=\dfrac{\cos^3\varphi E_s I_s}{\cos\varphi+(\varphi+\pi/2)\sin\varphi} \tag{4.2-2}$$

$$\varphi+\cot\varphi=\pi\left(0.5+\dfrac{K_j}{E_s A_s/l}\right) \tag{4.2-3}$$

式中　E_s——管片的弹性模量；

$\quad\ \ I_s$——管片截面的惯性矩；

$\quad\ \ A_s$——管片截面的面积；

$\quad\ \ l$——管片宽度；

$\quad\ \ K_j$——环向接头的总抗拉刚度，等于所有环向接头抗拉刚度之和；

$\quad\ \ \varphi$——中性轴与圆环交点以及通过圆心水平轴与圆环的交点之间的夹角。

梁-弹簧模型中，环间接头采用转动弹簧刚度 K_θ'、轴向弹簧刚度 K_u、剪切弹簧刚度 K_s 来表示。其中，轴向弹簧为受拉和受压性能不同的弹簧，螺栓受力与变形的关系如各段刚度数值为[13]：

$$K_u=\begin{cases}-\infty & 受压 \\ nE_b A_b/l_b & 受拉\end{cases} \tag{4.2-4}$$

式中　n——环间接头数目；

$\quad\ \ E_b$——接头的弹性模量；

$\quad\ \ A_b$——接头截面的面积；

$\quad\ \ l_b$——接头长度。

不考虑衬砌环间的摩擦力，剪切弹簧刚度系数近似用接头的抗剪刚度代替[13]：

$$K_s=n\dfrac{G_b A_b}{\alpha\cdot l_b} \tag{4.2-5}$$

式中　α——截面剪切系数，对于圆形截面取 0.9；

G_b、A_b、l_b——接头的剪切弹性模量、截面积、螺栓长度。

和等效刚度模型类似，接头抗弯刚度为[13]：

$$K_\theta' = \frac{\cos^3\varphi}{\cos\varphi + (\pi/2 + \varphi) - \cos^3\varphi} \cdot \frac{E_s I_s}{l_b} \tag{4.2-6}$$

上述各接头模型中刚度只是给出了初始刚度，其详细推导及考虑各种刚度的非线性时，详见附录 C。

4.2.2　沉管法隧道接头抗震建模

沉管隧道节段接头的剪力键接触面密贴较好，接触面之间也可设置支座或垫层，因此剪力键可限制接头的竖向和水平横向平动位移，主要表现为纵向弯曲和扭转变形；如果接头有预应力束，则节段接头的变形会进一步减小，变形会转移到管节接头。此时管节接头的吉那止水带承受拉压变形，剪力键承受竖向和水平横向力作用。另外，接头连接之间还存在摩擦力，包括剪力键接触面间摩擦力、止水材料接触面间摩擦力、预应力束或限位装置内摩擦力以及管节与地层的摩擦力等。因此，接头的抗震建模要反映以上的受力机理。

（1）三维实体模型

接头各部件可采用实体单元模拟，吉那止水带如图 4.2-6（a），剪力键如图 4.2-6（b）[14]；相应的沉管隧道管段也要实体建模，管段上凸出的剪力键和管段同样处理，剪力键和键槽可以直接耦合或采用接触处理；止水带一端和管段直接连接，另一端和管段可以直接耦合或采用接触处理；预应力束、Ω 或 W 形钢板实体建模，两端和管段连接。剪力键是混凝土材料，吉那止水带是橡胶材料，欧米茄止水带是合金钢，预应力束、Ω 或 W 形钢板是钢材。

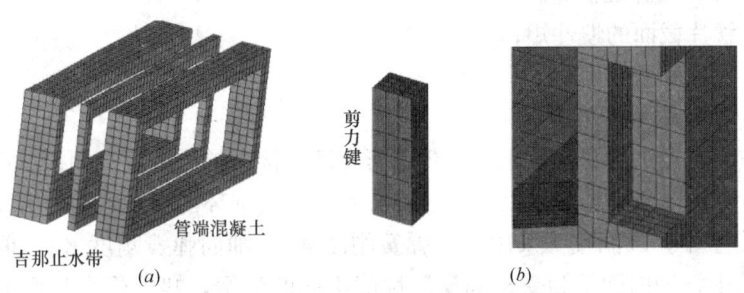

剪力键

管端混凝土

吉那止水带

(a)　　　　　　　　　(b)

图 4.2-6　接头三维模型示意图

(a) 管端及止水带；(b) 剪力键及键槽

（2）分布弹簧模型

接头各部件也可采用弹簧模拟。吉那止水带简化为只受压不受拉的弹簧；欧米茄止水带简化为拉压弹簧和剪切弹簧；剪力键简化为拉压弹簧和剪切弹簧，剪力键和槽之间会有缝隙，因此剪力键的弹簧也可设置阀值（例如 Δ_n、Δ_q），来控制剪力键和槽接触前后的性质；吉那止水带与管片之间的摩擦力、剪力键与槽之间的摩擦力通过摩擦系数 μ'、μ 表示。对于有预应力束、Ω 或 W 形钢板的情况，也可简化为弹簧，其中，预应力束只有抗拉刚度。接头可分为有剪力键区和无剪力键区，力学示意图如图 4.2-7，y_G、y_Ω、y_s、y_t 分别表示吉那止水带、欧米茄止水带、剪力键、预应力束或 Ω 或 W 形钢板到纵向中轴线的距离[15]。隧道管段实体建模，简化的分布弹簧和管段在相应节点处连接。

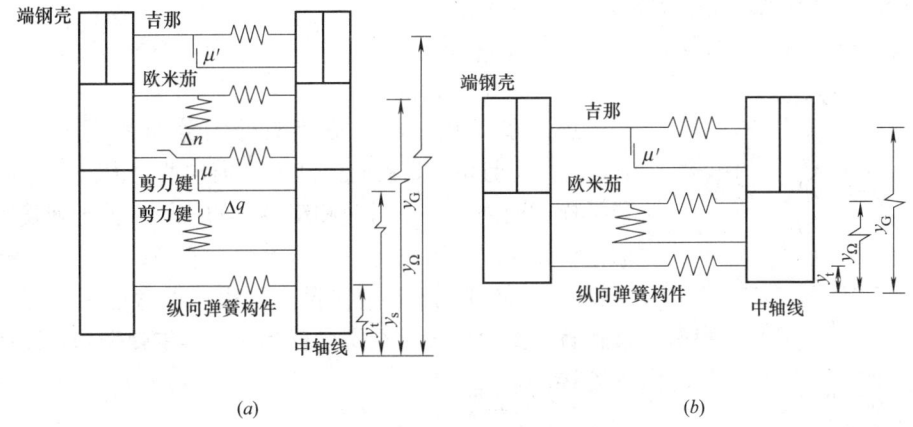

图 4.2-7 接头三维模型示意图

(a) 有剪力键区；(b) 无剪力键区

其中，吉那止水带可对图 4.2-8（a）的力-位移关系拟合或简化为线性关系，得到刚度。欧米茄止水带的刚度见下式：

$$\begin{cases} K_{n\Omega} = \sum E_\Omega B_i r_{ui}^2 \\ K_{q\Omega} = \sum E_\Omega B_i r_{vi}^2 \end{cases} \tag{4.2-7}$$

式中 $K_{n\Omega}$、$K_{q\Omega}$——欧米茄止水带的拉压刚度和剪切刚度；

E_Ω——欧米茄止水带材料的弹性模量；

B_i——欧米茄止水带第 i 部分的宽度；

r_{ui}、r_{vi}——欧米茄止水带总形心与每块欧米茄止水带的距离在纵向和横向的投影。

剪力键的刚度就是材料的弹性模量。

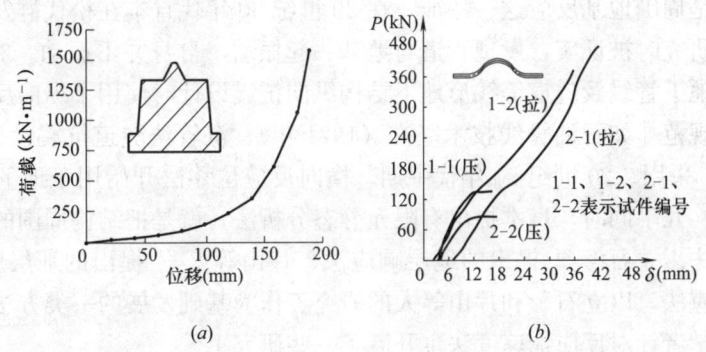

图 4.2-8 试验的力-位移关系

(a) 吉那止水带；(b) Ω 钢板

Ω 或 W 形钢板可通过对图 4.2-8（b）力-位移曲线拟合或简化为线性关系，得到刚度。预应力束的抗拉刚度为：

$$K_y = n E_y A_y / l \tag{4.2-8}$$

式中 n——钢索根数；

E_y——钢索弹性模量；

A_y——单根钢索横截面积；

l——钢索自由长度。

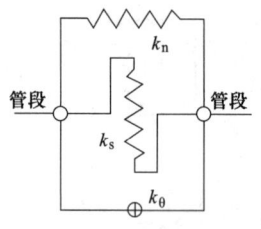

图 4.2-9　集中弹簧示意图

（3）集中弹簧模型

进一步简化，可以把接头处的分布弹簧合并，如图 4.2-9[16]。剪切弹簧有竖向和水平横向两个方向；弯曲弹簧包括横截面内的两个弯曲和绕纵向的扭转。关于弹簧刚度的取值可以通过经验估计、数值模拟、模型试验、理论推导等得到[17]，但都处于研究阶段。更粗略地考虑接头可以用铰接代替，此时管段可采用梁杆单元，集中弹簧和管段在节点处连接。

4.3　横向抗震静力计算方法

4.3.1　概述

考虑到城市轨道交通结构的长线性及三维建模的复杂性，地下结构的抗震分析一般分为横向计算方法和纵向计算方法，简化为二维问题。

我国公路、铁路等相关规范以等效静力法为主，但该法过于粗糙，忽略地震的动力性质，也不考虑结构自身的阻尼和变形，计算结果与真实情况有较大出入。原苏联提出的波动拟静力法，以及后续的修正和改进，其使用范围有限[18,19]。20 世纪 60 年代，美国首次提出了拟静力法的思想，即自由场变形法，该法反映地下结构地震反应的主导因素是其周围地基反应这一根本特点，但只是给出地下结构地震反应变形的大致估计[20]。

主导因素是周围地基反应这一特征，在 20 世纪 60 年代日本在松代群发地震中埋设管道的地震观测研究时被证实，发现管道与地基一起振动，自身并不振动。20 世纪 70 年代初期，日本在地下管线及隧道等线形地下结构纵向抗震设计时使用了纵向反应位移法，并被日本的很多规范［如石油管线技术基准（1974 年）、沉管法隧道抗震设计指针（方案）（1975 年）等］采用。20 世纪 80 年代中期，横向反应位移法开始用于地下结构横断面方向的抗震计算。几乎同时，日本提出有限元静态分析法，就是把结构周围的土体也用有限元来模拟的方法。立石彰[21]提出的地层响应法、片山等人[22]提出的地层反应加速度法，也称为震度响应法。以立石彰和片山等人的研究工作为基础发展的一类方法又称为反应加速度法。我国学者针对反应加速度法也开展了一些研究工作[23-25]。

4.3.2　横向反应位移法

（1）方法概要

横向反应位移法是将地下结构的横断面模型化为框架式结构，周围施加地基弹簧。这种模型最早在日本的沉管隧道中使用，但地震作用只考虑土层位移差[26]。随后有的模型除了土层位移差外，还考虑顶部土层与衬砌之间的剪应力，但忽略结构顶部地基弹簧。后来从理论上证明应该包括土层位移差、剪应力和惯性力三部分，如图 4.3-1[27]。并且文献［28］

中以大开车站为例，对比了忽略顶部地基弹簧模型与图 4.3-1 模型的精度，表明前者忽略了衬砌顶部土层对结构的约束作用和结构侧面及底面的土层的剪力作用，整体上低估了结构反应。也有研究者，从提高方法的精度、简便等方面进行了研究，例如文献［29］、［30］中的土-结构有限元方法，文献［31］中的基于土层位移差的反应位移法等。反应位移法的地基弹簧刚度的确定是一个关键问题，李英民[32]、李亮等[33]对刚度的确定进行了研究。

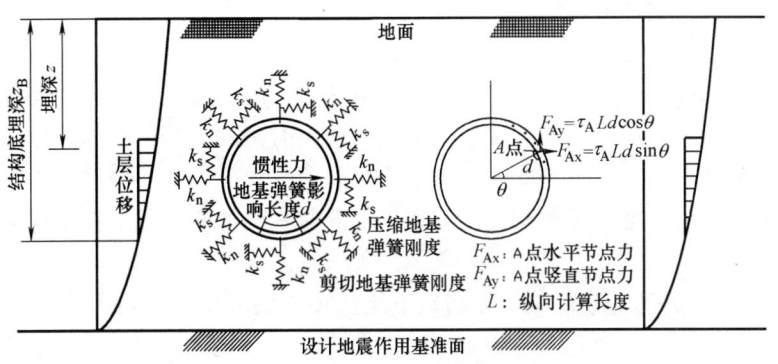

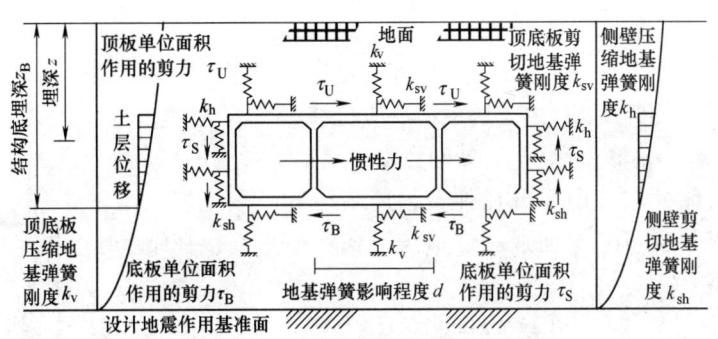

图 4.3-1　常用反应位移法计算示意图

横向反应位移法的基本原理可以从土-结构动力相互作用方程导出。基本方程见第 2 章。由于是拟静力计算，因此忽略阻尼影响，人工边界采用地基弹簧模拟。将人工边界上输入的地震作用分解为两个等效地震动荷载：自由场地震动引起的对应于人工边界处的应力场；使人工边界上的弹簧阻尼器达到人工边界处的自由场位移所需要的力，即将人工边界的弹簧阻尼器强制拉到人工边界处的自由场位移时所需的力[34]。由第 2 章的运动方程化简为：

$$\begin{bmatrix} \mathbf{M} & \mathbf{M}_b \\ \mathbf{M}_b^{\mathrm{T}} & \mathbf{M}_{bb} \end{bmatrix} \begin{Bmatrix} \ddot{\mathbf{u}} \\ \ddot{\mathbf{u}}_b \end{Bmatrix} + \begin{bmatrix} \mathbf{K} & \mathbf{K}_b \\ \mathbf{K}_b^{\mathrm{T}} & \mathbf{K}_{bb} + \mathbf{K}_b^{\imath e} \end{bmatrix} \begin{Bmatrix} \mathbf{u} \\ \mathbf{u}_b \end{Bmatrix} = \begin{Bmatrix} \mathbf{0} \\ \mathbf{p}_{b,eff} \end{Bmatrix} \tag{4.3-1}$$

$$\mathbf{p}_{b,eff} = \mathbf{p}_{bf} + \mathbf{K}_b^{\imath e} \mathbf{u}_{bf} \tag{4.3-2}$$

上述两个式子中的参数的下标 b 是土与结构交界面，因为边界取在结构周边。把方程（4.3-2）代入方程（4.3-1），并把惯性力项移到方程右边，可得：

$$\begin{bmatrix} \mathbf{K} & \mathbf{K}_b \\ \mathbf{K}_b^T & \mathbf{K}_{lb}+K_b^{ve} \end{bmatrix} \begin{Bmatrix} \mathbf{u} \\ \mathbf{u}_b \end{Bmatrix} = \begin{Bmatrix} \mathbf{0} \\ \mathbf{K}_b^{ve}\mathbf{u}_{bf} \end{Bmatrix} + \begin{Bmatrix} \mathbf{0} \\ \mathbf{p}_{bf} \end{Bmatrix} - \begin{bmatrix} \mathbf{M} & \mathbf{M}_b \\ \mathbf{M}_b^T & \mathbf{M}_{lb} \end{bmatrix} \begin{Bmatrix} \ddot{\mathbf{u}} \\ \ddot{\mathbf{u}}_b \end{Bmatrix} \qquad (4.3\text{-}3)$$

式中　$\mathbf{p}_{bf}$——入射波场（自由场）产生的作用力。

　　其中，方程右边第一项表示自由场土层相对位移引起的等效荷载；第二项是土层对地下结构的作用力；第三项是惯性力；如果地震动垂直入射，则位移只有水平位移分量，土层对结构作用力只有剪切分量。

　　（2）计算细节

　　由上面的理论推导，可以对计算模型作如下规定：结构模拟为框架，周围施加土体弹簧；将结构顶点与底点的土层一维反应的最大位移差时刻的沿深度方向的位移分布作为地震作用施加在弹簧上；把此时刻的土体与结构接触面位置的土层的剪应力施加在结构节点上；假设结构和相同深度土层的加速度一致，把此时刻的加速度施加在结构上。计算模型如图 4.3-1。

　　1）相对位移引起的等效荷载　根据地下结构顶、底部位置处自由土层发生最大相对位移时刻的土层位移分布确定土层相对位移，并施加于结构的地基弹簧远离结构的端部。相对位移计算如下：

$$\Delta u(z) = u(z) - u(z_B) \qquad (4.3\text{-}4)$$

式中　$\Delta u(z)$——深度 z 处相对于结构底部的自由土层相对位移，如图 4.3-2；

　　　$u(z)$——深度 z 处自由土层地震反应位移；

　　　$u(z_B)$——结构底部深度 z_B 处的自由土层地震反应位移。

　　由于现有有限元软件中实现在弹簧远离结构的一端施加强制位移有时存在困难，也可将施加强制位移按下式转换为直接在结构上施加的等效荷载：

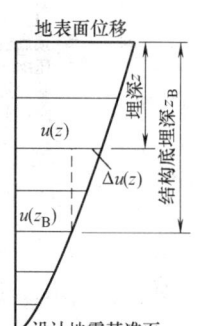

$$p(z) = k\Delta u(z) \qquad (4.3\text{-}5)$$

式中　$p(z)$——直接施加在结构上的等效荷载；

　　　k——上述各种地基弹簧刚度。

　　2）结构周边剪力　通过地下结构顶、底部位置处自由土层发生最大相对位移时刻的结构周围土层的剪应力乘以作用面积来求解剪力，并施加在结构上，不同结构形式施加的方式不同，如图 4.3-1。

　　矩形结构侧壁剪力作用可按下式计算：

$$\tau_s = (\tau_u + \tau_B)/2 \qquad (4.3\text{-}6)$$

图 4.3-2　相对位移
计算示意图

式中　τ_u——结构顶板单位面积上作用的剪力；

　　　τ_B——结构底板单位面积上作用的剪力；

　　　τ_s——结构侧壁单位面积上作用的剪力。

　　圆形结构周围剪力作用可按下式计算：

$$F_{AX} = \tau_A L d \sin\theta, F_{AY} = \tau_A L d \cos\theta \qquad (4.3\text{-}7)$$

式中　τ_A——点 A 处的剪应力；

　　　F_{AX}——作用于 A 点水平向的节点力；

　　　F_{AY}——作用于 A 点竖直向的节点力；

θ——土与结构的界面 A 点处的法向与水平向的夹角。

3）惯性力　结构自身的惯性力可将结构物的质量乘以最大加速度来计算，作为集中力可以作用在结构形心上；为提高计算精度，也可以按照各部位的最大加速度计算结构的水平惯性力并施加在相应的结构部位上，如下：

$$f_i = m_i \ddot{u}_i \tag{4.3-8}$$

式中　f_i——结构 i 单元上作用的惯性力；

m_i——结构 i 单元的质量；

$\ddot{u}_i$——结构顶、底部位置处自由土层发生最大相对位移时刻自由土层对应于结构 i 单元位置处的加速度。

上述计算需要的土层地震反应位移 $u(z)$、剪力 τ、加速度 $\ddot{u}_i$，当土层性质简单的情况可采用半经验简化公式得到，一般土层可由自由场地震反应分析得到。

4）地基弹簧刚度　在计算模型中以集中地基弹簧来反映一定面积的土层作用，因此需要将基床系数乘以作用面积换算为相应的地基弹簧刚度，地基弹簧影响长度一般为集中地基弹簧间距，计算公式：

$$k = KLd \tag{4.3-9}$$

式中　K——基床系数；

L——垂直于结构横向的计算长度；

d——弹簧间距。

基床系数的求解一般可通过理论公式、试验、经验公式、有限元计算等。其中，理论公式假定地基为均匀介质，按弹性理论推导得到，不能考虑复杂情况；试验方法有多种，常用的如原位平板荷载试验；经验公式根据工程实践给出的经验取值，常见于一些规范的规定。

基床系数采用静力有限元法进行计算的模型如图 4.3-3[29]。取一定宽度和深度的土层有限元模型，去掉结构位置处的土体；将模型侧面和底面边界固定；土层的弹性模量取为根据土层一维地震反应分析或场地试验确定的有效弹性模量，不同的地震动水平下，土层的有效弹性模量一般是不同的。在孔洞的各个方向施加均布荷载 q，然后分别计算各种荷载条件下的变形 δ，得到基床系数 $K = q/\delta$。为简化考虑，假设结构同一个面上的弹簧相同，即弹簧刚度一致，因此结构在均布荷载 q 作用下某一面的变形 δ 应为该面各节点变形的平均值。其中，对于矩形结构而言，顶、底板位置处基床系数不同，应分别进行计算。也可以在孔洞的各个方向施加强制位移 δ，然后分别计算各种位移条件下的荷载 q，得到基床系数 $K = q/\delta$。

如果不是通过静力有限元的方法求解基床系数，一般都得不到剪切基床系数，实践中一般把剪切基床系数取为法向基床系数的 β 倍，β 一般取值为 $1/3$[29]。

4.3.3　反应加速度法

反应加速度法出现过许多模型，片山等人[22]把侧向边界竖向约束，如图 4.3-4（a），在模型上施加地层加速度，地层加速度是由自由场反应计算得到。立石彰[21]给出了图 4.3-4（b）和图 4.3-4（c）两个模型；其中图 4.3-4（b）在两侧边界和底部边界上施加了地层剪应力，地层剪应力是由自由场计算得到；图 4.3-4（a）和图 4.3-4（b）很相似，

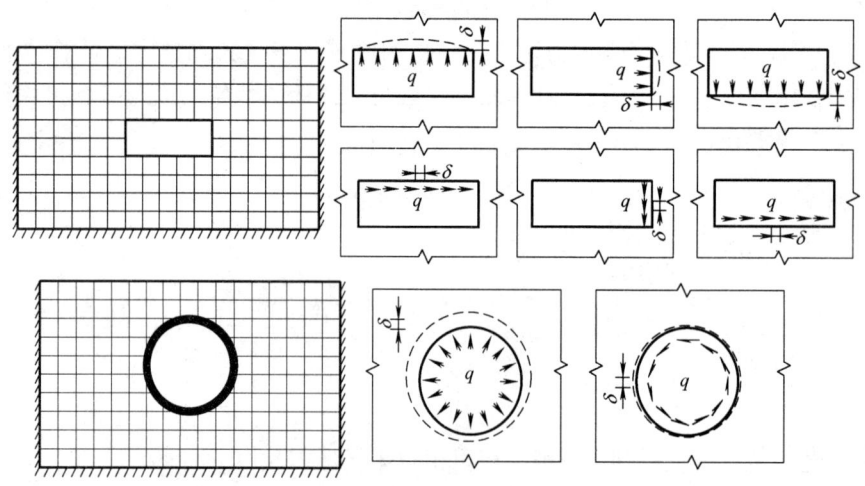

图 4.3-3 基床系数计算示意图

只是边界不同。在水平地震下，基于假定一（见下文），图 4.3-4（a）竖向约束边界的约束力应该等于图 4.3-4（b）的地层剪应力。为了计算深埋地下结构，立石彰[21] 提出了图 4.3-4（c）的模型，模型的顶部边界不再取在地表，可以取在地表以下某个深度，并施加地层剪应力，地层剪应力是由自由场计算得到。

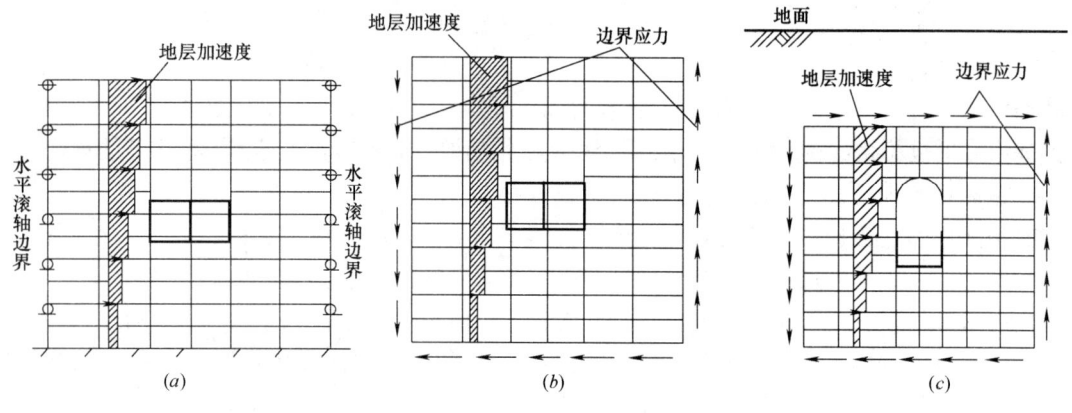

图 4.3-4 有限元静态分析法

近年来，国内逐渐接受并推广反应加速度法，上海市地方标准《地下铁道建筑结构抗震设计规范》、《城市轨道交通结构抗震设计规范》都引入了这种方法。国内的研究者对该方法的荷载模式、精度等方面作了研究。杨林德等针对上海市软土地区圆形和矩形地下结构，通过数值计算统计，直接给出了地层加速度的分布，不用再计算自由场反应，称为等代地震荷载法，如图 4.3-5，图中的 α、β_1、β_2 分别为圆形和矩形地下结构的等代地震荷载系数[23]。

刘如山等[24] 认识到在反应加速度法中忽略阻尼项可能带来不可忽略的误差。为了考虑阻尼力的影响，刘如山将自由场一维地震动反应计算得到地震时结构顶、底板位置自由土层发生最大相对水平位移差时，把土层剪应力差在深度方向进行平均，得到沿深度方向上的分布应力，然后再使其离散到有限元模型各个节点上作为水平节点荷载，见

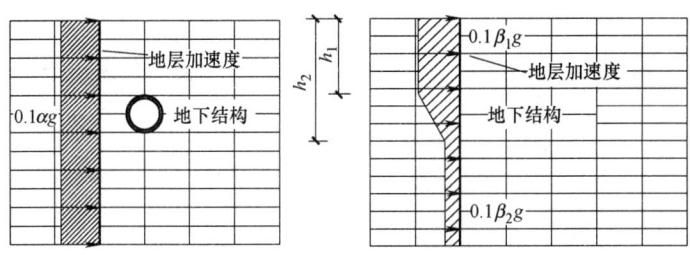

图 4.3-5　等代地震荷载法

图 4.3-6。其中第 k 层土中心到 $k+1$ 层土中心深度范围内平均的分布应力 $q_{k,k+1}$ 为：

$$q_{k,k+1}=2(\tau_{k+1}-\tau_k)/(h_{k+1}+h_k) \tag{4.3-10}$$

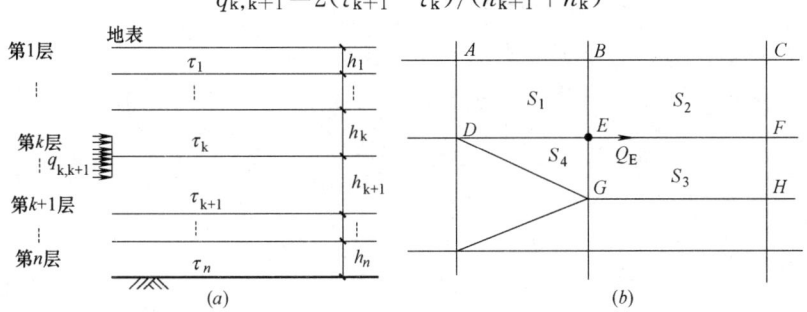

图 4.3-6　有限元反应应力法

（a）土层及水平荷载；（b）节点荷载离散

求出各层的水平荷载后，沿深度的分布可以插值求出，然后将其离散到有限元模型上，有限元模型节点 E 上的荷载为：

$$Q_E = q_E \sum_{i=1}^{k} \frac{A_i d}{N_i} \tag{4.3-11}$$

式中　Q_E——节点 E 上的水平地震荷载；

　　　q_E——节点 E 处单位土体的水平荷载；

　　　A_i——包含节点 E 的第 i 个单元的面积；

　　　N_i——第 i 个单元的节点数；

　　　k——包含节点 E 的单元总数；

　　　d——单元厚度。

令 $\bar{h}_k=(h_{k+1}+h_k)/2$，由式（4.3-10）可以得到：

$$\bar{a}_k = \frac{\tau_{k+1}-\tau_k}{\rho_k \cdot \bar{h}_k}; \quad q_{k,k+1}=\rho_k \cdot \bar{a}_k \tag{4.3-12}$$

式中　ρ_k——第 k 和 $k+1$ 层土的平均密度；

　　　$\bar{a}_k$——第 k 和 $k+1$ 层土的平均加速度，隐含了阻尼的影响，比直接取用土层的加速度要精确。

刘晶波[25]对考虑阻尼影响的反应加速度法作了进一步说明，如图 4.3-7。$q_{k,k+1}\bar{h}_k$包括惯性力 f_I 和阻尼力 f_d，这两个力当作一个等效惯性力，如图 4.3-7。

立石彰[21]还以子结构的方法对有限元静态方法进行了理论推导，其中作了三个假定：一是子结构（包括地

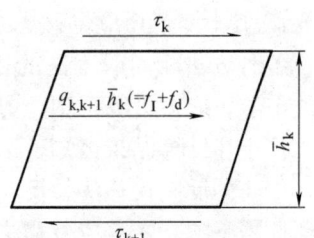

图 4.3-7　水平有效惯性
加速度求解方法

177

下结构与近场）的边界设置地比较远，地下结构不影响边界位移；二是忽略阻尼力；三是结构的加速度认为等于相同位置的自由场加速度。当然，反应加速度方法基本公式的推导完全可以考虑阻尼的作用。根据立石彰[21]的思路，利用第 2 章的地震运动方程可以写出：

$$\begin{bmatrix} \mathbf{K} & \mathbf{K}_b \\ \mathbf{K}_b^{\mathrm{T}} & \mathbf{K}_{bb} + \mathbf{K}_b^{ve} \end{bmatrix} \begin{Bmatrix} \mathbf{u} \\ \mathbf{u}_b \end{Bmatrix} = \begin{Bmatrix} \mathbf{0} \\ \mathbf{p}_{b,eff} \end{Bmatrix} - \begin{bmatrix} \mathbf{M} & \mathbf{M}_b \\ \mathbf{M}_b^{\mathrm{T}} & \mathbf{M}_{bb} \end{bmatrix} \begin{Bmatrix} \ddot{\mathbf{u}} \\ \ddot{\mathbf{u}}_b \end{Bmatrix} - \begin{bmatrix} \mathbf{C} & \mathbf{C}_b \\ \mathbf{C}_b^{\mathrm{T}} & \mathbf{C}_{bb} + \mathbf{C}_b^{ve} \end{bmatrix} \begin{Bmatrix} \dot{\mathbf{u}} \\ \dot{\mathbf{u}}_b \end{Bmatrix}$$

(4.3-13)

这就是反应加速度法的理论方程，其中方程右边第一项表示的是边界上的等效作用力，第二项表示的是惯性力，第三项表示的是阻尼力。

对于水平向地震，边界上的等效作用力就是如图 4.3-4（b）、（c）的地层剪应力。如果模型底边界固结，侧向边界既不使用粘弹性边界、也不自由，而是竖向固定、水平自由，边界上的等效作用力就等于竖向约束力，因此上述方程删掉 K_b^{ve} 和 C_b^{ve}，并且忽略阻尼力项，得：

$$\begin{bmatrix} \mathbf{K} & \mathbf{K}_b \\ \mathbf{K}_b^{\mathrm{T}} & \mathbf{K}_{bb} \end{bmatrix} \begin{Bmatrix} \mathbf{u} \\ \mathbf{u}_b \end{Bmatrix} = - \begin{bmatrix} \mathbf{M} & \mathbf{M}_b \\ \mathbf{M}_b^{\mathrm{T}} & \mathbf{M}_{bb} \end{bmatrix} \begin{Bmatrix} \ddot{\mathbf{u}} \\ \ddot{\mathbf{u}}_b \end{Bmatrix}$$

(4.3-14)

自由土层加速度和速度的求解与反应位移法的求解一样，当地下结构上下部位置处的自由土层位移差达到最大时，取沿土层深度的加速度和速度。地下结构上的加速度可以近似取相应位置土层的加速度。

4.3.4 精度比较

为了对比反应位移法、修正反应位移法[25]、反应加速度法的精度，选取一矩形混凝土框架地下车站，如图 4.3-8（a）；土层厚度分别为 25m 和 80m；根据《城市轨道交通结构抗震设计规范》表 4.2-6 可判断这两种厚度的土层都为 II 类场地，但图 4.3-8（a）中土层参数表格括号内的土层判断为 IV 类场地。地震动参数如图 4.3-8（b）。

25m 厚度时的框架埋深分别为 5m 和 10m，80m 厚度时的框架埋深分别为 5m、25m 和 45m。假设土层为线弹性，采用软件 Proshake 计算一维土层地震反应。用上述三种方法进行计算结构内力，三种方法模型参照前面章节规定。并以时间历程法为基准，采用二维平面应变模型，模型底部固结，侧向边界取离模型中心 250m 处（已消除边界影响），边界竖向约束，水平自由；地下结构和土体均采用平面应变单元，其模型如图 4.3-9；选用 El Centro 波，峰值加速度调整为 0.097g，基底垂直输入；采用振型叠加法，取模型前 300 阶振型，振型阻尼比取为 0.05。反应加速度法和修正的反应位移法模型宽度取为 120m，其中修正反应位移法的侧向边界固定。各种方法均采用软件 SAP2000 进行计算。

各种方法相对时程法的相对误差见表 4.3-1～表 4.3-4，其中，轴力和弯矩由平面单元的节点正应力计算得到，剪力由平面单元的节点剪应力计算得到。

从上述计算结果可知，场地类别、土层厚度、结构埋深都会影响方法的精度。整体上看，修正的反应位移法、反应加速度法的精度比反应位移法高（IV 类场地 80m 土层 5m 埋深时侧板下端弯矩反应位移法精度高）。

反应位移法精度的变化规律：内力整体偏小。埋深小时精度比埋深大时高，埋深小时相对误差较小（例如 2.0%），埋深大时的相对误差近 68%。在土层厚度较小（例如 25m）

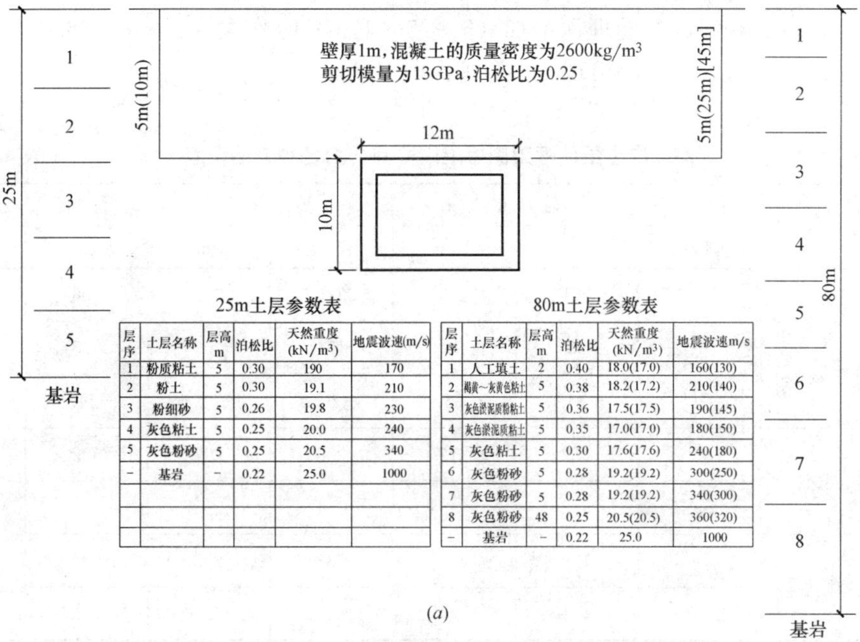

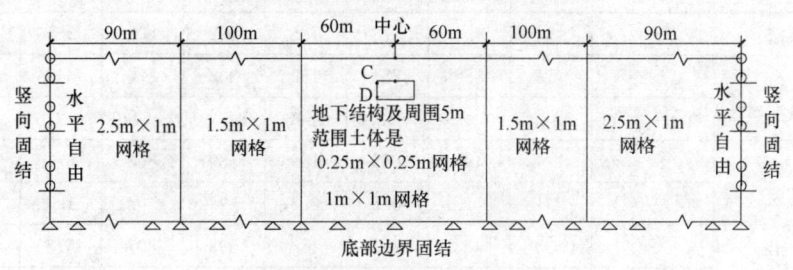

壁厚1m,混凝土的质量密度为2600kg/m³
剪切模量为13GPa,泊松比为0.25

5m(10m)
12m
10m
25m
5m(25m)(45m)
80m
基岩

25m土层参数表

层序	土层名称	层高 m	泊松比	天然重度 (kN/m³)	地震波速(m/s)
1	粉质粘土	5	0.30	190	170
2	粉土	5	0.30	19.1	210
3	粉细砂	5	0.26	19.8	230
4	灰色粘土	5	0.25	20.0	240
5	灰色粉砂	5	0.25	20.5	340
—	基岩	—	0.22	25.0	1000

80m土层参数表

层序	土层名称	层高 m	泊松比	天然重度 (kN/m³)	地震波速m/s
1	人工填土	2	0.40	18.0(17.0)	160(130)
2	褐黄～灰黄色粘土	5	0.38	18.2(17.2)	210(140)
3	灰色淤泥质粉粘土	5	0.36	17.5(17.5)	190(145)
4	灰色淤泥质粘土	5	0.35	17.0(17.0)	180(150)
5	灰色粘土	5	0.30	17.6(17.6)	240(180)
6	灰色粉砂	5	0.28	19.2(19.2)	300(250)
7	灰色粉砂	5	0.28	19.2(19.2)	340(300)
8	灰色粉砂	48	0.25	20.5(20.5)	360(320)
—	基岩	—	0.22	25.0	1000

(a)

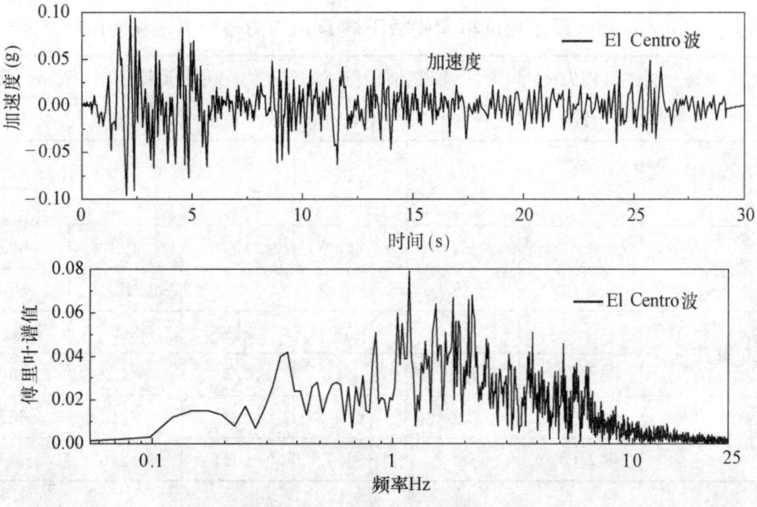

(b)

图 4.3-8 车站参数及地震动参数

(a) 车站横截面及土层参数;(b) 地震动

图 4.3-9 时间历程法模型

179

时，结构内力相对误差随埋深增加（5～10m）变大（11.0％～55.0％）。在土层较厚（例如 80m）时，内力相对误差随埋深增加（5～25～45m）时变大（2.0％～68.0％），但侧板下端内力最大相对误差可能出现在中等埋深时（25m）。

25m 厚土层的框架侧板上端 C 点内力各种方法误差 表 4.3-1

方法	内力	轴力（kN）		剪力（kN）		弯矩（kN·m）	
方法	埋深	5m	10m	5m	10m	5m	10m
时程法	—	171	220	235	302	606	670
反应位移法	—	95	99	174	207	538	548
反应位移法	误差（%）	−44.0	−55.0	−26.0	−31.0	−11.0	−18.0
修正反应位移法	—	182	217	236	297	592	647
修正反应位移法	误差（%）	6.2	−1.4	0.4	−1.7	−2.3	−3.4
反应加速度法	—	178	211	233	293	602	652
反应加速度法	误差（%）	4.1	−4.0	−0.8	−3.0	−0.7	−2.7

25m 厚土层的框架侧板下端 D 点内力各种方法误差 表 4.3-2

方法	内力	轴力（kN）		剪力（kN）		弯矩（kN·m）	
方法	埋深	5m	10m	5m	10m	5m	10m
时程法	—	323	440	326	381	704	766
反应位移法	—	175	263	197	199	602	644
反应位移法	误差（%）	−46.0	−40.0	−40.0	−48.0	−15.0	−16.0
修正反应位移法	—	326	462	327	365	658	741
修正反应位移法	误差（%）	1.1	5.1	0.3	−4.2	−6.6	−3.3
反应加速度法	—	316	432	326	371	667	746
反应加速度法	误差（%）	−2.2	−1.7	−0.1	−2.6	−5.3	−2.6

80m 厚土层的框架侧板上端 C 点内力各种方法误差 表 4.3-3

	方法	内力	轴力（kN）			剪力（kN）			弯矩（kN·m）		
	方法	埋深	5m	25m	45m	5m	25m	45m	5m	25m	45m
Ⅱ类场地	时程法	—	190	496	878	185	602	805	665	933	1169
Ⅱ类场地	反应位移法	—	111	189	284	159	303	370	649	706	850
Ⅱ类场地	反应位移法	误差（%）	−42.0	−62.0	−68.0	−14.0	−50.0	−54.0	−2.0	−24.0	−27.0
Ⅱ类场地	修正反应位移法	—	194	490	883	189	589	803	676	906	1158
Ⅱ类场地	修正反应位移法	误差（%）	2.1	−1.1	0.5	2.2	−2.2	−0.2	1.7	−2.9	−1.0
Ⅱ类场地	反应加速度法	—	193	493	883	187	593	807	673	919	1173
Ⅱ类场地	反应加速度法	误差（%）	1.4	−0.5	0.6	0.8	−1.5	0.3	1.3	−1.6	0.3

续表

方法	内力	轴力(kN)			剪力(kN)			弯矩(kN·m)		
	埋深	5m	25m	45m	5m	25m	45m	5m	25m	45m
Ⅳ类场地	时程法	—	246	454	632	282	644	618	1009	1062	988
	反应位移法		175	204	232	263	354	321	972	850	791
	误差(%)	−29.0	−55.0	−63.0	−7.0	−45.0	−48.0	−4.0	−20.0	−20.0
	修正反应位移法		256	456	653	297	640	640	1061	1052	1032
	误差(%)	3.9	0.5	3.3	5.4	−0.6	3.5	5.2	−1.0	4.4
	反应加速度法		248	456	648	290	640	634	1025	1050	1011
	误差(%)	0.8	0.4	2.5	3.0	−0.6	2.5	1.6	−1.2	2.4

80m厚土层的框架侧板下端D点内力各种方法误差　　　　表 4.3-4

方法	内力	轴力(kN)			剪力(kN)			弯矩(kN·m)		
	埋深	5m	25m	45m	5m	25m	45m	5m	25m	45m
Ⅱ类场地	时程法	—	264	773	918	390	655	864	849	1023	1264
	反应位移法		167	248	380	269	301	417	725	792	968
	误差(%)	−37.0	−68.0	−59.0	−31.0	−54.0	−52.0	−15.0	−23.0	−23.0
	修正反应位移法		267	750	915	400	639	867	809	942	1193
	误差(%)	1.1	−3.0	−0.3	2.6	−2.5	0.4	−4.7	−7.9	−5.6
	反应加速度法		263	756	920	397	645	869	803	957	1207
	误差(%)	−0.5	−2.2	0.3	1.7	−1.5	0.6	−5.4	−6.4	−4.5
Ⅳ类场地	时程法	—	256	732	658	450	611	638	1160	1117	1050
	反应位移法		212	253	268	364	301	337	1109	916	873
	误差(%)	−17.0	−65.0	−59.0	−19.0	−51.0	−47.0	−4.0	−18.0	−17.0
	修正反应位移法		272	713	677	478	604	664	1172	1052	1047
	误差(%)	6.2	−2.6	2.9	6.3	−1.2	4.1	1.0	−5.8	−0.3
	反应加速度法		264	718	671	456	601	649	1126	1048	1021
	误差(%)	3.1	−2.0	2.0	1.3	−1.7	1.8	−2.9	−6.2	−2.7

修正反应位移法和反应加速度法的误差都不大（最大为7.9%），场地类别、土层厚度、结构埋深对其精度的影响没有明显的规律。

从上述情况可知，反应位移法在埋深较小、土层较软时精度尚可接受，而反应加速度法和修正的反应位移法在不同埋深和土层时精度都较高，但反应加速度法比其他两个方法更容易操作。

4.4　纵向抗震计算方法

使地下结构纵向发生变形的原因主要是地震产生的相位差，包括两方面：一是地震波在地下结构纵向传播造成的相位差，即行波效应；二是沿地下结构纵向的地基条件或者地下结构自身发生变化产生的相位差，例如地基软硬交界处或地下结构分叉处等。

4.4.1 纵向解析方法

（1）不考虑土结构相互作用

St. John 和 Zahrah 等[35]推导出不同的地震波（P 波、S 波和 Rayleigh 波）相对于隧道轴线以不同的入射角入射时，如图 4.4-1，所引起的隧道轴向应变、剪应变以及轴线弯曲曲率的幅值，见表 4.4-1。

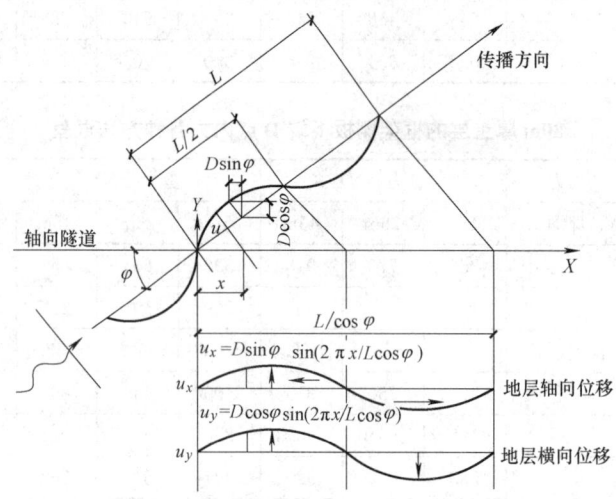

图 4.4-1　地层振动引起隧道变形计算示意图

沿隧道传播的地震波引起的应变和曲率　　　　　　　　　　　表 4.4-1

波形		轴向应变	剪应变	曲率
P 波		$\varepsilon=\dfrac{V_P}{C_P}\cos^2\varphi$	$\gamma=\dfrac{V_P}{C_P}\sin\varphi\cos\varphi$	$\dfrac{1}{\rho}=\dfrac{a_P}{C_P{}^2}\sin\varphi\cos^2\varphi$
		$\varepsilon_{\max}=\dfrac{V_P}{C_P}$（$\varphi=0°$）	$\gamma_{\max}=\dfrac{V_P}{2C_P}$（$\varphi=45°$）	$\dfrac{1}{\rho_{\max}}=0.385\dfrac{a_P}{C_P{}^2}$（$\varphi=35.27°$）
S 波		$\varepsilon=\dfrac{V_S}{C_S}\sin\varphi\cos\varphi$	$\gamma=\dfrac{V_S}{C_S}\cos^2\varphi$	$\dfrac{1}{\rho}=\dfrac{a_S}{C_S{}^2}\cos^3\varphi$
		$\varepsilon_{\max}=\dfrac{V_S}{2C_S}$（$\varphi=45°$）	$\gamma_{\max}=\dfrac{V_S}{C_S}$（$\varphi=0°$）	$\dfrac{1}{\rho_{\max}}=\dfrac{a_S}{C_S{}^2}$（$\varphi=0°$）
R 波	压缩分量	$\varepsilon=\dfrac{V_R}{C_R}\cos^2\varphi$	$\gamma=\dfrac{V_R}{C_R}\sin\varphi\cos\varphi$	$\dfrac{1}{\rho}=\dfrac{a_R}{C_R{}^2}\sin\varphi\cos^2\varphi$
		$\varepsilon_{\max}=\dfrac{V_R}{C_R}$（$\varphi=0°$）	$\gamma_{\max}=\dfrac{V_R}{2C_R}$（$\varphi=45°$）	$\dfrac{1}{\rho_{\max}}=0.385\dfrac{a_R}{C_R{}^2}$（$\varphi=35.27°$）
	剪切分量		$\gamma=\dfrac{V_R}{2C_R}\cos\varphi$	$\dfrac{1}{\rho}=\dfrac{a_R}{C_R{}^2}\cos^2\varphi$
			$\gamma_{\max}=\dfrac{V_R}{C_R}$（$\varphi=0°$）	$\dfrac{1}{\rho_{\max}}=\dfrac{a_R}{C_R{}^2}$（$\varphi=0°$）

注：a 为波场中质点加速度峰值；V 为波场中质点速度峰值；C 为波速；下标 p、s 和 r 分别对应 P 波、S 波和 Rayleigh 波；Rayleigh 波计算公式中，P 和 S 分别代表压缩分量和剪切分量；$1/\rho$ 为曲率。

美国的 BART 法就是以此为基础，给出夹角为 32°时的最值[38]。纵向反应位移法也是以此为基础，只不过考虑了土-结构相互作用。

（2）考虑土-结构相互作用

地下结构在地震中，随着周围地基一起运动，因此衬砌结构产生纵向拉压变形和挠曲变形，受力分析时可将衬砌视为四周都受土层约束的空心截面长梁，沿长梁纵向施加静态强迫位移，然后按弹性地基梁理论计算，以纵向拉压变形为例，如图 4.4-2[27]。

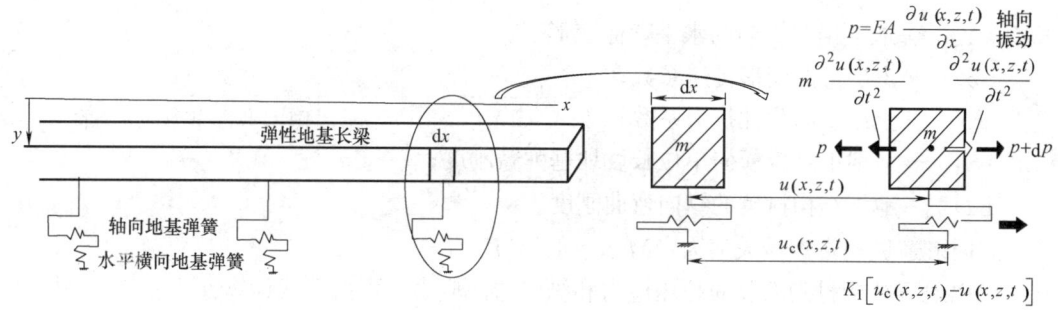

图 4.4-2　弹性地基梁纵向轴向振动

用弹性地基梁理论，可列出振动方程：

$$m\frac{\partial^2 u(x,z,t)}{\partial t^2}-EA\frac{\partial^2 u(x,z,t)}{\partial x^2}=K_1\left[u_c(x,z,t)-u(x,z,t)\right] \qquad (4.4\text{-}1)$$

式中　$u(x,z,t)$——微段的振动位移；

　　　$u_c(x,z,t)$——微段相连弹簧固定端受到的强迫位移；

　　　m——微段质量；

　　　EA——微段抗拉压刚度；

　　　K_1——微段相连地基弹簧刚度。

对上式忽略惯性力，整理可得：

$$EA\frac{\partial^2 u(x,z,t)}{\partial x^2}-K_1 u(x,z,t)=-K_1 u_c(x,z,t) \qquad (4.4\text{-}2)$$

引入变形传递系数，可解析求得。如果假定沿长梁纵向的强迫位移为波长为 L 的正弦波，由表 4.4-1 可得，沿入射角 45°时，地下结构轴向的相应变形最大[35,36]：

$$X_i=\alpha_1 u_c, \alpha_1=\frac{1}{1+\left(\frac{2\pi}{\lambda_1 L'}\right)^2}, \lambda_1=\sqrt{\frac{K_1}{EA}}, L'=\sqrt{2}L, K_1=DK_n \qquad (4.4\text{-}3)$$

式中　X_i——地下结构纵向的拉压变形；

　　　α_1——土层纵向变形传递系数；

　　　K_1——土层的纵向弹性抗力系数；

　　　EA——地下结构衬砌的纵向刚度；

　　　L'——视波长，如图 4.4-3；

　　　K_n——沿地下结构纵向单位长度地基弹簧刚度；

D——衬砌结构的直径或宽度。

此时的地下结构轴向的最大轴力为：$N_{max}=2\pi X_i EA/L$。

按同样方法推导，波长为 L 的正弦波沿与地下结构纵向夹角 $0°$ 时，地下结构纵向的水平弯曲变形最大[35,36]：

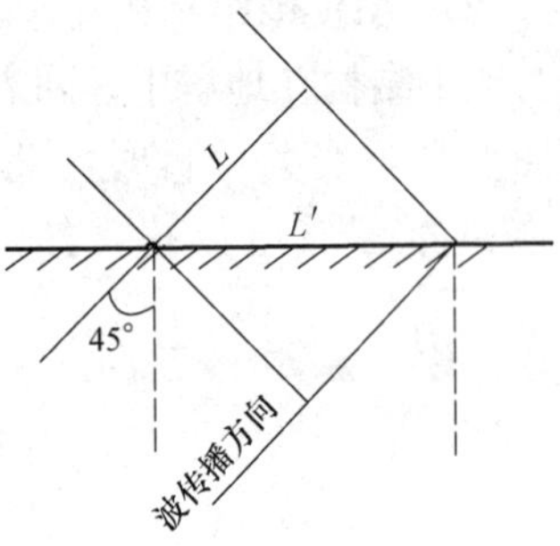

$$Y_i=\alpha_2 u_c,\alpha_2=\frac{1}{1+\left(\frac{2\pi}{\lambda_2 L}\right)^4},\lambda_2=\sqrt[4]{\frac{K_2}{4EI_2}},K_2=DK_t \qquad (4.4\text{-}4)$$

式中　Y_i——地下结构纵向的水平弯曲变形；

α_2——土层弯曲变形传递系数；

K_2——土层横向弹性抗力系数；

K_t——沿地下结构横向单位长度地基弹簧刚度；

EI_2——地下结构衬砌的纵向弯曲刚度。

图 4.4-3　视波长示意图

此时隧道纵向弯矩最大值为：$M_{max}=4\pi^2 Y_i EI/L^2$。

所以地下结构衬砌的纵向拉压应力和纵向弯曲应力，可按下式计算：

$$\sigma_L=\frac{2\pi X_i}{L}E,\sigma_B=\frac{2\pi DY_i}{L^2}E,\sigma_x=\sqrt{\gamma\sigma_L^2+\sigma_B^2} \qquad (4.4\text{-}5)$$

式中　σ_L、σ_B、σ_x——地下结构衬砌的纵向拉压应力、纵向弯曲应力和合成应力；

E——地下结构衬砌材料的弹性模量；

γ——考虑不同波动成分的组合系数，日本认为在 $1.00\sim3.12$ 之间取值，并建议取最大值 $\gamma=3.12$。

4.4.2　纵向多质点-弹簧方法

田村重四郎和冈本舜三提出的多质点-弹簧方法假定基岩上的地层作剪切振动，地层分成多个垂直于隧道轴线的条块，如图 4.4-4，每个条块用等效质量-弹簧系统［一个质量、一个弹簧和一个把质量与基岩相连的阻尼器（图上没有显示）］表示[27,37]。地基的振动特

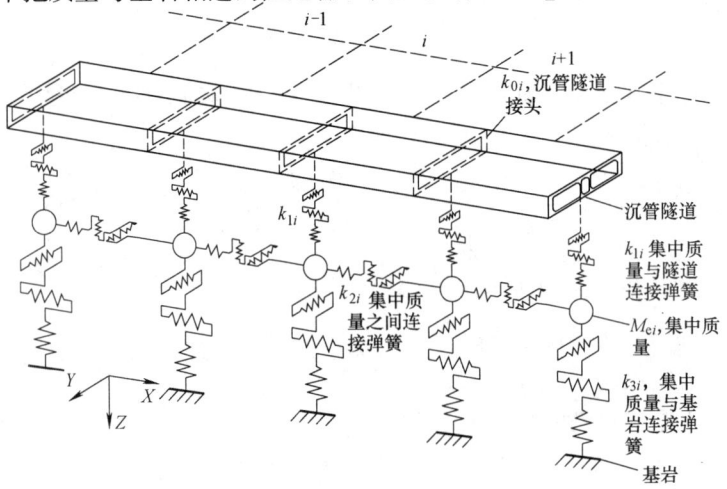

图 4.4-4　多质点-弹簧方法

性并不受沉管隧道存在的影响，仅考虑剪切振动这一基本模型；不考虑隧道本身的惯性力；隧道是放在弹性基础上的一根梁。

地层切割为若干条块，第 i 条块质量用等效集中质量 M_{ei} 表示；集中质量通过弹簧 K_{3i}（包括水平横向 K_{3yi}，纵向 K_{3xi}，竖向 K_{3zi}）跟基岩连接；集中质量之间用弹簧 K_{2i}（包括水平横向 K_{2yi}，轴向 K_{2xi}，竖向 K_{2zi}）连接；沉管隧道等效的地基梁与集中质量之间通过弹簧 K_{1i}（包括水平横向 K_{1yi}，纵向 K_{1xi}，竖向 K_{1zi}）连接；沉管隧道接头间用弹簧 K_{0i}（包括水平横向剪切 K_{0yi}，轴向 K_{0xi}，水平横向弯曲 $K_{0\theta i}$）连接。上述参数都有三个，但隧道纵向一般不考虑竖向振动影响，竖向振动有关的参数可以不考虑，比如竖向弹簧刚度可取为无穷大。

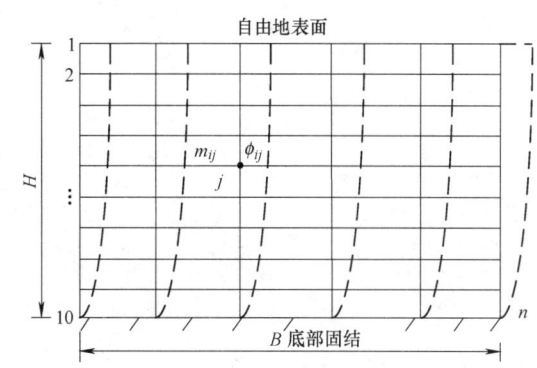

图 4.4-5　第 i 个条块的二维有限元模型

等效集中质量 M_{ei} 可从地层单元 i 的基本振动模型的等价质量得到，一般可采用平面应变模型得到第一阶振型和频率，如图 4.4-5，模型厚度 H 为土层总厚度，模型宽度 B 取较大值，一般取 $5H$ 即可；若此处地基垂直轴向的第一阶振型取为 $\Phi_i = \{\phi_{i1}, \cdots, \phi_{ij}, \cdots, \phi_{in}\}$，则等价质量 M_{ei} 为：

$$M_{ei} = l_i \left(\sum_{j=1}^{n} m_{ij} \phi_{ij} \right)^2 / \sum_{j=1}^{n} m_{ij} \phi_{ij}^2 \tag{4.4-6}$$

式中　l_i——第 i 条块纵向长度；

　　　n——离散系统总的节点数；

　　　ϕ_{ij}——第 j 节点的振型分量；

　　　m_{ij}——第 j 节点的集中质量。

集中质量与地基横向连接弹簧 K_{3yi}：

$$K_{3yi} = M_{ei} \omega_i^2 \tag{4.4-7}$$

式中　ω_i——第 i 个条块第一阶自振圆频率。

集中质量与地基纵向连接弹簧 K_{3xi} 与 K_{3yi} 求解一样，只是模型宽度 B 取条块纵向长度。

如图 4.4-6（a），集中质量之间弹簧 K_{2yi}：

$$K_{2yi} = \sum_{j=1}^{m} (A_j G_j \delta_j / l_{ij}) \tag{4.4-8}$$

式中　m——第 i 条块的总的分层数；

　　　A_j——第 j 层土的水平剪切面积；

　　　G_j——第 j 层土的剪切模量；

　　　δ_j——第 j 层土的水平横向位移；

　　　l_{ij}——第 j 层土的纵向长度。

$\delta_j = \dfrac{\sum_{j=1}^{m} m_j}{\sum_{j=1}^{m} m_j \varphi_j} \varphi_j$，$m_j$ 和 φ_j 是每分层土的集中质量和振型分量。

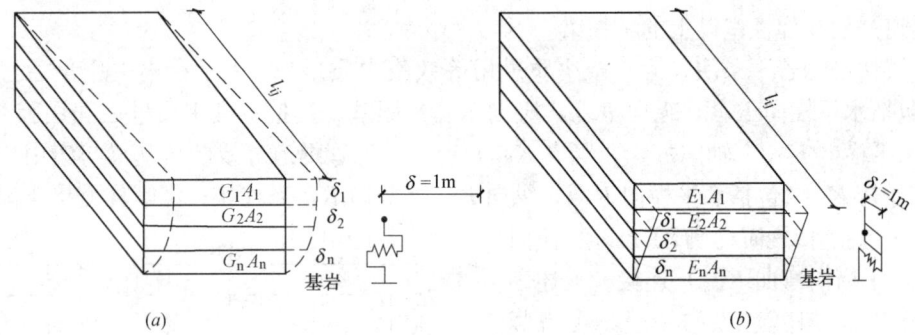

图 4.4-6 求解 K_{2i} 示意图

(a) K_{2yi}；(b) K_{2xi}

如图 4.4-6 (b)，集中质量之间弹簧 K_{2xi}：

$$K_{2xi} = \sum_{j=1}^{m}(A'_j E_j \delta'_j / l_{ij})\qquad(4.4-9)$$

式中　A'_j——第 j 层土的轴向面积；

　　　E_j——第 j 层土的弹性模量；

　　　δ'_j——第 j 层土的纵向位移，可由 δ_j 同样的方法得到。

沉管隧道等效的地基梁与集中质量之间的弹簧 K_{1i} 即土-结构之间的相互作用弹簧，可按纵向反应位移法中的方法确定；沉管隧道接头可按第 4.2 节确定。

阻尼可以采用某种假定，例如瑞利阻尼，那么上述模型就可以用第 2 章的动力学方程进行求解。地震动输入可以考虑斜入射引起的行波效应。

4.4.3　纵向反应位移法

考虑土-结构相互作用的解析方法要求地层是均匀单一土层，且地下结构只能按等效刚度的均匀梁模型，并且假定地震动为简谐波；多质点-弹簧模型可以考虑不均匀土层，且可考虑实际地震动，但模型参数的确定较复杂。因此，以考虑土-结构相互作用的解析方法为基础，给出了用有限元方法求解的纵向反应位移法，将结构周围土体作为支撑结构的地基弹簧，结构采用梁单元进行建模，接头采用弹簧模拟。土层强迫位移施加于地基弹簧的非结构连接端，如图 4.4-7 (a)，图中 k_l 为沿地下结构纵向侧壁剪切地基弹簧刚度，k_t 为沿地下结构纵向侧壁拉压地基弹簧刚度。

地基弹簧刚度可按静力有限元方法计算，如图 4.4-7 (b)，根据土层一维地震反应分析，求出与地震动最大应变幅度相应的土层参数，对土层建立有限元模型，在模型的结构部位分别沿隧道纵向和横向施加均布荷载 q，由静力法算出结构位置的平均变形 δ，从而求得纵向基床系数和横向基床系数 $K=q/\delta$；另外，也可以在计算模型结构处施加单位强制位移，然后根据反力求出基床系数。也可按经验公式计算：

$$k_t = K_t Dd,\ k_l = \frac{1}{3}k_t\qquad(4.4-10)$$

式中　d——地下结构集中弹簧间距；

　　　D——隧道横向宽度或直径。

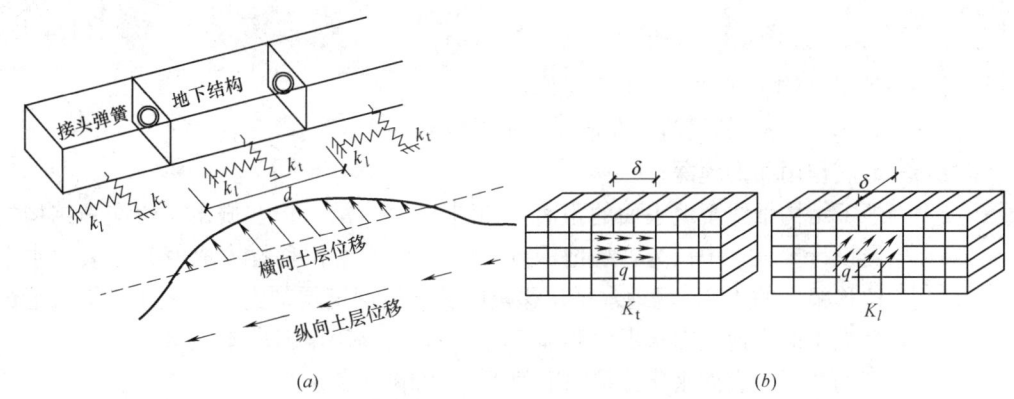

图 4.4-7 纵向反应位移法
（a）计算模型；（b）计算基床系数

根据修正的横向反应位移法的思路，纵向反应位移法也可建立土-结构有限元模型（与三维时间历程方法相同，但底部和侧边界固定），避免地基弹簧的刚度的求解；在挖去地下结构的地层有限元模型上，在地下结构和地层交界面施加地层变形，得到此处节点的反力，作为等效荷载；然后再将等效荷载施加在包括地下结构的土-结构有限元模型上[39]。

沿地下结构纵向轴线处施加的强迫位移可按照下节方法计算，也可采用结构纵向轴线各处土层自由场计算，例如文献［39］给出了 SH 波斜入射时自由场的计算方法。

施加横向水平强迫位移时，接头可采用弯曲非线性弹簧；施加纵向强迫位移时，接头可采用非对称拉压非线性弹簧。

如果施加的强迫位移假定为正弦波，如图 4.4-8（a），可按下式取值：

$$u(x,z) = u_{max}(z) \cdot \sin\frac{2\pi x}{L} \tag{4.4-11}$$

其中：

$$L = \frac{2L_1 L_1}{L_1 + L_2}, L_1 = T_s \cdot V_{SD}, L_2 = T_s \cdot V_{SDB} \tag{4.4-12}$$

式中　$u(x,z)$——坐标（x，z）处地震时的土层水平位移；

　　　$u_{max}(z)$——地震时深度 z 处土层的水平峰值位移；

　　　　　L——土层变形的波长，即强迫位移的波长；

　　　　　L_1——表面土层变形的波长；

　　　　　L_2——基岩变形的波长；

　　　　V_{SD}——表面土层的平均剪切波速；

　　　　V_{SDB}——基岩的平均剪切波速；

　　　　　T_s——考虑土层地震应变水平的土层场地特征周期。

这里的 L 考虑了表面土层的波长和基岩的波长，以此来表示斜入射的效应，但是没有理论根据。

水平方向正弦波形强迫位移的振幅就是土层的地震位移，可以采用数值方法计算；也可以按简化公式计算，例如《日本沉管隧道抗震设计规范》公式：

$$u_c = u_{max} \cos\left(\frac{\pi z}{2H}\right) \tag{4.4-13}$$

式中　u_c——地下结构纵向轴线处的土层位移；

u_{max}——$u(x, z, t)$ 的最值，即地表面水平位移幅度；

　　H——地震作用面的埋深；

　　z——地下结构轴线至地表面的距离，如图 4.4-8（b）。但《城市轨道交通结构抗震设计规范》中认为：场地深度50m处的水平位移幅度取值为地表面水平位移幅度的 1/2，场地水平位移幅度随土层深度增加而线性减小，但考虑最大减小值为地表面水平位移幅度的 1/2，场地深度超过50m处的水平位移幅度均取为地表面水平位移幅度的 1/2，如图 4.4-8（c）。

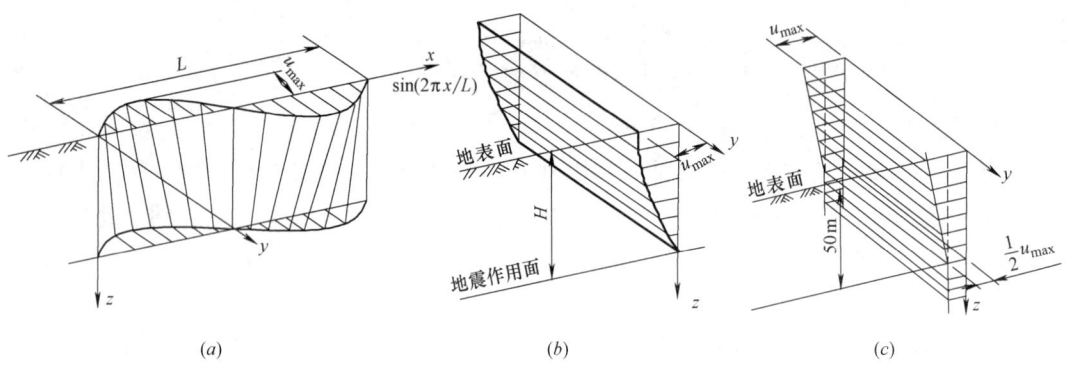

图 4.4-8　土层位移沿水平及深度变化

强迫位移的波长还可按两种方法确定：取地表层厚度的 4 倍；取地震波传播速度与周期的乘积。竖直面的位移幅值约为水平方向的 1/3~1/2。

4.4.4　算例

（1）工程数据

盾构隧道选取城市轨道交通结构的某段区间隧道，该区间隧道是通缝拼装的圆形盾构隧道；截取某典型的横向断面作为设计截面，管片环由一块封底块、两块标准块、两块邻接块和一块封顶块组成；衬砌环厚度为 0.35m，外径为 6.2m，单环宽为 1.2m；截面的示意图如图 4.4-9（a）所示。衬砌环混凝土为 C55，密度取为 2.6t/m³，弹性模量为 35500MPa，泊松比为 0.2；钢筋为 HRB335，弹性模量为 200000MPa，泊松比为 0.3。此处盾构隧道中心线标高−14.637m，上部覆土厚度 15.117m。该处具体土层参数及土层分布如表 4.4-2、图 4.4-9（b）所示。

设计地震动选用上海地震小区化的三条人工波，分别是 50 年超越概率 63%（E1 地震）、50 年超越概率 10%（E2 地震）、50 年超越概率 2%（E3 地震），其峰值加速度根据规范分别调整为 0.0625g、0.125g 和 0.275g，其时程曲线及反应谱曲线如图 4.4-10 所示。

（2）纵向解析法计算参数

不考虑土-结构相互作用时，需要的参数有质点加速度峰值 a_s、质点速度峰值 V_s、地震剪切波速 C_s；其中，a_s 和 V_s 均按隧道所在土层的加权平均，由场地一维地震反应分析得到，采用软件 ProShake 计算结果：$a_s = 1.74$m/s²；$V_s = 0.1875$m/s；C_s 由表 4.4-2 得到，求隧道所在土层的加权平均值：$C_s = 182\text{m/s}$。所以 $\varepsilon_{max} = 5.15 \times 10^{-4}$；则轴向应力 $\sigma = E \times \varepsilon_{max} = 3.55 \times 10^{10} \times 5.15 \times 10^{-4} = 1.83 \times 10^4 \text{kPa}$。

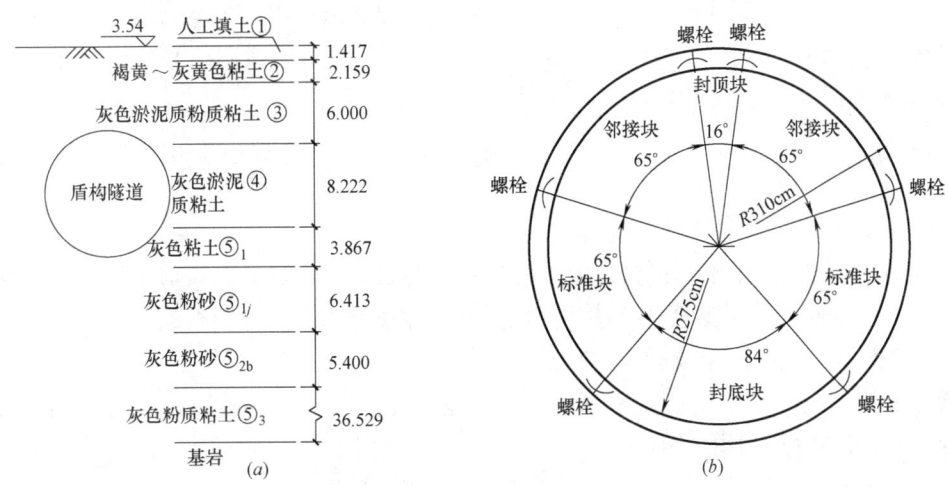

图 4.4-9　盾构隧道示例

(a) 土层分布示意图；(b) 横断面示意图

土层参数表　　　　　　　　　　　　　　　　　　表 4.4-2

层序	土层名称	层高 (m)	层底标高 (m)	地基抗力系数 (MPa^{-1})	压缩系数 a_v	静止侧压力系数 K_0	泊松比	天然重度 γ_n (kN/m³)	浮重度 γ' (kN/m³)	含水量 W	孔隙比 e	地震剪切波速 (m/s)
①	人工填土	2	1.58	—	—	—	0.40	18.0				160
②	褐黄～灰黄色粘土	2	−0.42	8000	0.49	0.47	0.38	18.2	8.597	0.34	0.98	210
③	灰色淤泥质粉质粘土	6	−6.42	4000	0.80	0.49	0.36	17.5	7.855	0.42	1.18	190
④	灰色淤泥质粘土	8	−14.42	3000	1.01	0.49	0.35	17.0	7.342	0.47	1.32	180
⑤$_1$	灰色粘土	4	−18.42	6000	0.64	0.48	0.30	17.6	8.110	0.38	1.10	240
⑤$_{1j}$	灰色粉砂	6	−24.42	30000	0.19	0.26	0.28	19.2	9.448	0.32	0.90	340
⑤$_{2b}$	灰色粉砂	6	−30.42	30000	0.23	0.26	0.28	19.2	9.549	0.30	0.87	340
⑤$_3$	灰色粉质粘土	26	−56.42	10000	0.42	0.44	0.32	17.9	8.466	0.34	1.00	240
—	基岩						0.22	25.0				1000

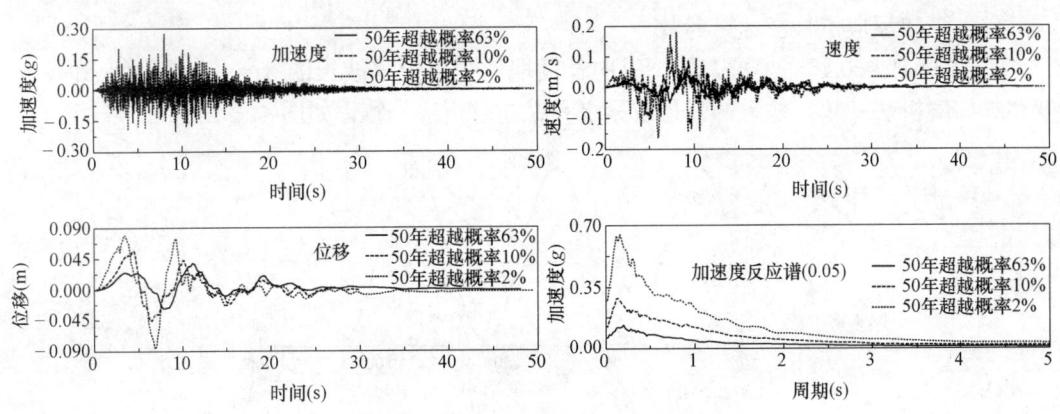

图 4.4-10　三条地震波时程及反应谱曲线

考虑土-结构相互作用时，需要的参数有强迫位移波长 L、强迫位移波峰值 u_c、地基弹簧刚度 K_n 和 K_t；其中 $L=4H$（土层厚度）$=240m$；u_c 由场地一维地震反应分析得到，采用软件 ProShake 计算结果：$u_c=0.04725m$；地基弹簧由有限元模型计算得到，采用软件 SAP2000 计算得到，$K_t=99241.26kN/m^3$，由经验公式 $K_n=1/3K_t$ 可得纵向单位长度地基弹簧刚度 $K_n=33080.42kN/m^3$。

视波速 $L'=\sqrt{2}L=339m$；$\alpha_1=0.724$，$\alpha_2=0.931$；因此 $\sigma_L=3.18\times10^4kPa$，$\sigma_B=3.34\times10^3kPa$。

（3）纵向多质点-弹簧方法计算参数

等效集中质量 M_{ei} 由平面模型求得，模型的长要取大，一般可取 5 倍土层厚度，模型的高取土层厚度 60m；模型两侧边边界竖向约束、水平自由，底边界全约束。弹簧 $K_{3yi}=1.365\times10^8kN/m$，$K_{3xi}=1.365\times10^8kN/m$。

弹簧 $K_{2xi}=\sum_{j=1}^{m}(A'_jE_j\delta'_j/l_k)=4.425\times10^8kN/m$；$K_{2yi}=1.687\times10^8kN/m$。

弹簧 K_{1i} 取解析法中的弹簧刚度。

采用 SAP2000 建立模型，动力时程法计算采用大质量法考虑行波效应，在基底约束加上大质量（取为 10^6 倍的 M_{ei}），考虑视波速产生行波效应，在基底输入的时程为地震波乘以大质量而得到的力时程，如图 4.4-11 所示。采用瑞利阻尼，取两阶周期，阻尼比取为 1%，直接积分计算。

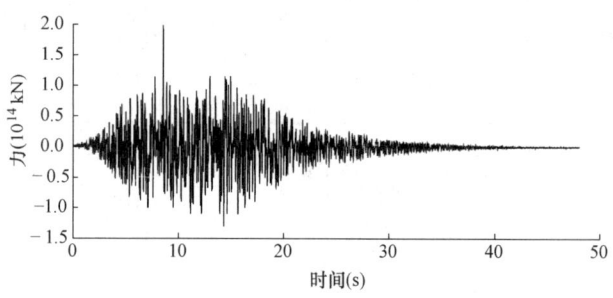

图 4.4-11　力时程曲线

可得到隧道各处的轴力和弯矩，最大轴力 $P=15785kN$，最大弯矩最大值 $M_{max}=113665kN\cdot m$。

（4）纵向反应位移法计算参数

采用 SAP2000 建立模型，模型纵向长度取为强迫位移波长的 3 倍以上即可，弹簧刚度和纵向解析法一致。输入的强迫位移也和纵向解析法一致，如图 4.4-12 所示。

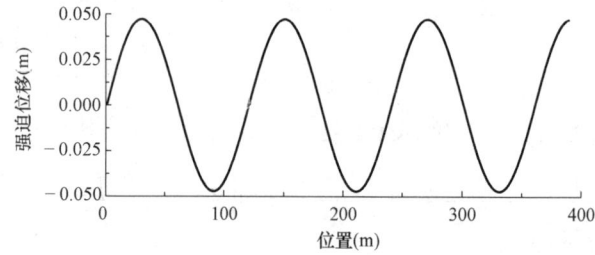

图 4.4-12　强迫位移分布

可得到隧道各处的轴力和弯矩，最大轴力 $P = 144567\text{kN}$，最大弯矩最大值 $M_{\max} = 31621\text{kN} \cdot \text{m}$。

（5）结果对比

由于考虑土-结构相互作用纵向解析法和纵向反应位移法在土层为成层土时一致，因此轴向变形求解时也计算不考虑波速的情况。三种方法的结果汇总见表 4.4-3，不考虑土-结构相互作用的纵向解析法为法 1（1），考虑土-结构相互作用的纵向解析法为法 1（2），纵向多质点-弹簧方法为法 2，纵向反应位移法为法 3。

结果对比　　　　　　　　　　　　　　　　表 4.4-3

方法		轴力正应力（kPa）	弯矩正应力（kPa）	合成正应力（kPa）	
				求和	$\sigma_X = \sqrt{\sigma_L + \sigma_B}$
方法 1(1)		—	—	18300	—
方法 1(2)	考虑视波长	31778	3335	35113	31953～56230
	不考虑视波长	24908	3335	28243	25130～44123
方法 2	—	2455	12766	15221	13000～13482
方法 3	考虑视波长	22483	3558	25818	22763～39872
	不考虑视波长	24904	3558	28462	25157～44133

在本算例中，方法 1（2）比方法 1（1）反应大，并且方法 1（1）只能得到合成应力；方法 3 和方法 1（2）在本算例中是一致的，不考虑视波长时，其反应基本相等。方法 2 考虑行波效应是通过视波速产生的相位差，而方法 1 和方法 3 是假定了相位差为正弦变化，因此二者不具有可比性，二者的反应也存在较大差别，方法 2 的反应较小。

4.5 断层效应

4.5.1 断层及其震害

按断层上、下盘相对运动的方向，将断层分为正断层、逆断层和平推断层，如图 4.5-1。由于区间隧道的长线性及功能性要求，使得区间隧道穿越断层现象越来越多。断层的活动会对地下结构产生严重影响，断层对隧道的影响有两方面：断层错动破坏和断层带破碎岩体在地震作用下的塌落、松动和涌水问题。其中，震害实例表明，断层错动危害

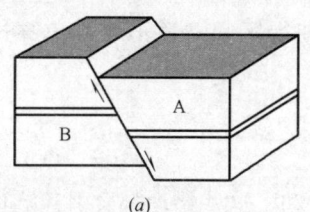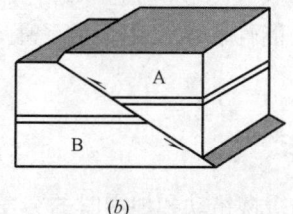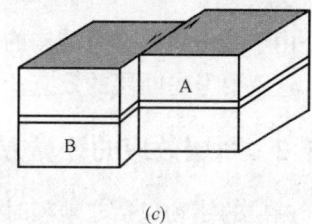

(a)　　　　　　　　　　　(b)　　　　　　　　　　　(c)

图 4.5-1　断层分类

(a) 正断层；(b) 逆断层；(c) 走滑断层

最大，例如下列震害[40]：1978年日本伊豆大岛地震中，906m长的单线稻取隧道因穿越大峰山断层而发生严重破坏，隧道中部产生约0.5m的隆起，在断层错动处隧道横向变形受到的影响最大，最大水平位移达0.7m，混凝土衬砌剥落变形，仰拱出现严重裂缝并被掀起，钢筋被拉断，隧道震害如图4.5-2。

(a)　　　　　　　　　　　　　　　　(b)

图 4.5-2　稻取隧道震害

(a) 混凝土衬砌开裂、剥落；(b) 轨道弯曲变形

1995年日本阪神地震，穿越多条断层的六甲隧道破坏严重，拱肩衬砌出现多条裂缝，洞口开裂破损，如图4.5-3。1999年我国台湾集集地震，此次地震是由车笼埔断层发生逆冲作用造成，在地表产生的破裂长度达到80km，震后对57座隧道进行调查，发现有86%的隧道出现了混凝土剥落及钢筋弯曲等不同程度的破损，如图4.5-4。

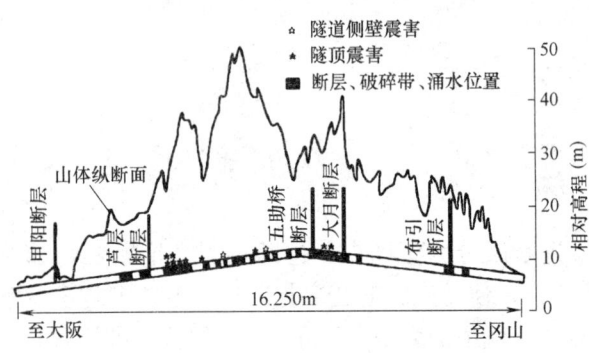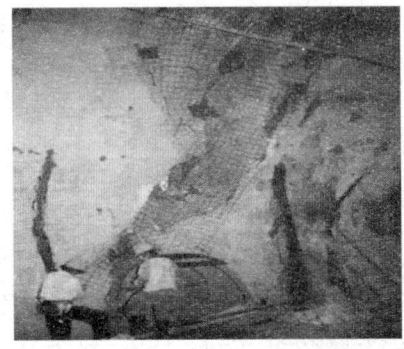

图 4.5-3　六甲隧道震害分布　　　　图 4.5-4　集集地震造成的隧道边墙破坏

由于城市轨道交通结构的功能性和城市用地的紧张，使得区间隧道不可避免穿过断层，这就要考虑断层的效应。

4.5.2　断层效应的计算方法

断层的错动包括非地震时的缓慢错动和地震时的突发错动，这些错动都会引起隧道的变形和内力；另外，近断层地震动跟远场地震动存在较大差异，例如近断层地震动具有长周期速度大脉冲、破裂的方向性效应、强地震的集中性、上盘效应、地表破裂和永久位移等。这些特点使得断层效应的计算有别于一般的抗震计算，断层效应包括错动以及地震的动力效应，实现方法无非是错动和动力效应是否同时考虑。断层的地震的动力效应一般需要动力时程法，和普通场地的动力时程法基本相同，区别有两点：一是模型中要考虑断层破碎带，二是地震动输入要采用近断层地震动。因此，下面主要讨论错动的计算。

（1）分开考虑时错动的计算

先计算断层错动，然后在此基础上计算地震的动力效应。断层错动效应的计算方法主要有理论分析方法和有限元分析方法，主要是参照埋地管道的成果。其中，理论分析方法是 Newmark 针对埋地管道提出的，现在仍是我国、美国等埋地管道规范推荐的方法[41]。其基本假设为：穿过断层的管段，在地震前被土体包裹，管段中的轴向应力主要是温度应力；地震时管段在断层处产生较大位移，管段初始应力释放，此处管段变为自由端，且管段应变和应力均为最大值；从断层到两侧锚固点之间的管段设为过渡段，锚固点是指管段纵向位移为零处；管段纵向位移在断层处取最大值，在锚固点取零；忽略断层的宽度，断层运动近似为两个平面的错动。设断层的错动如图 4.5-5 所示，管段与断层夹角为 β，断层的水平错动总位移为 ΔH，其平行管段分量为 ΔX，垂直管段分量为 ΔY，则过渡段管段总的平均轴向应变为：

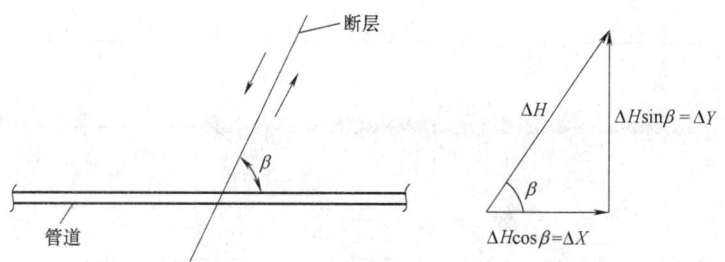

图 4.5-5　理论分析方法示意图

$$\varepsilon = \frac{\Delta X}{2L_A} + \frac{1}{2}\left(\frac{\Delta Y}{2L_A}\right)^2 \tag{4.5-1}$$

式中　L_A——断层一侧过渡段的管长。

由断层错动引起的管段的长度变化为：

$$\Delta L = \varepsilon \cdot 2L_A = \Delta X + \frac{\Delta Y^2}{4L_A} \tag{4.5-2}$$

理论分析方法不能考虑管段与土之间的相互作用，且只能计算管段的轴向变形。需要详细考虑时，需采用有限元方法。有限元方法可以考虑土-结构相互作用，土体可以考虑为弹簧，也可以采用实体单元模拟；结构可以采用梁单元、壳单元、实体单元等，如图 4.5-6 所示。

有限元方法中，断层错动当作强迫位移施加在断层一侧的模型边界上。土体采用弹簧模拟时，其中三个方向土弹簧即沿结构轴向、水平、竖向。埋地管道规范有土弹簧刚度计算公式，但隧道的土弹簧建议采用前几节的土弹簧计算方法。等效非线性弹簧是为了考虑管段没有取到锚固点而截断的效应[41]。采用三维实体单元时，上边界为地表自由边界，底边界固结，在主动盘底边界施加断层错动，在被动盘底边界竖向约束；左右侧面水平约束；前后边界固定[42]。假定断层错动只沿一个方向进行，不考虑往复错动和错动速率等

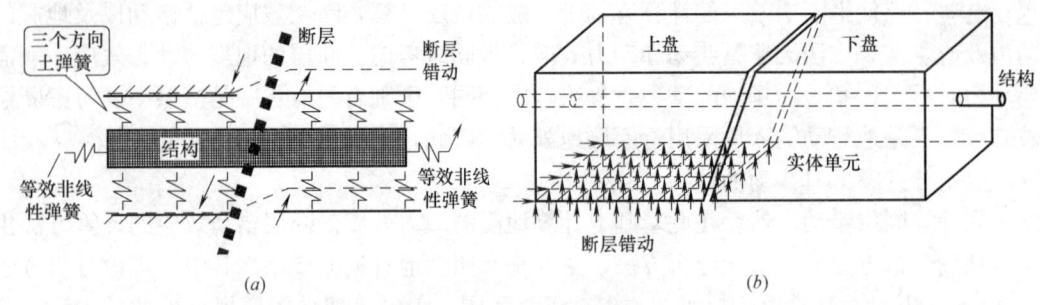

图 4.5-6　有限元方法示意图

(a) 土体采用弹簧模拟；(b) 三维实体单元

因素的影响，将断层错动逐步施加，依此求得地下结构的反应。

（2）同时考虑时错动的计算

关键问题是错动在时程计算中如何考虑，如果认为错动在计算过程中匀速变形，文献[43] 中提出了一种方法，就是把错动等效为一个速度时程，施加在上、下两个盘上，例如如果时程计算时间是 40s，断层错动是 30cm，则施加在上、下两个盘上的速度时程的值为 0.00375m/s，如图 4.5-7 所示。

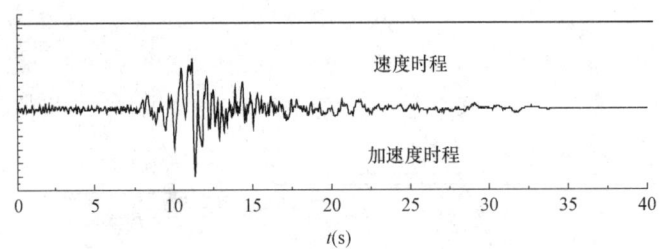

图 4.5-7　速度时程和加速度时程同时施加示意

4.5.3　算例

（1）工程资料

选取粉质粘土中的一个圆形隧道跨越断层，断层破碎带宽度为 2m，倾角为 45°，断层上部土体没有开裂。衬砌为圆形单层钢筋混凝土管片结构，内径 5.4m，外径 6m；弹性模量 $E=35.5\mathrm{GPa}$，泊松比 $\nu=0.2$，密度 $\rho=2550\mathrm{kg/m^3}$。粉质粘土弹性模量 $E=20\mathrm{MPa}$，泊松比 $\nu=0.28$，密度 $\rho=2000\mathrm{kg/m^3}$，粘聚力 $c=27\mathrm{kPa}$，内摩擦角 $\varphi=16°$；断层破碎带 $E=400\mathrm{MPa}$，泊松比 $\nu=0.3$，密度 $\rho=1900\mathrm{kg/m^3}$；基岩 $E=15000\mathrm{MPa}$，泊松比 $\nu=0.3$，密度 $\rho=2700\mathrm{kg/m^3}$。断层位错为上盘（左侧）向左 0.2m，向下 0.2m。

（2）理论公式方法

该法中需要知道过渡段长度 L_{A}，可由下列步骤求出。先求过渡段摩擦力：

$$f_s=\mu(2W+W_P)=2545637\mathrm{N/m}, W=\rho_S DHg, W_P=\left[\frac{\pi}{4}(D-2\delta)^2\rho\right]g \quad (4.5\text{-}3)$$

式中　W——隧道上表面至地表的土体单位长度上的重力（N/m）；

W_P——隧道的自重（N/m）；

μ——土体与隧道外表面之间的摩擦系数；

ρ——隧道衬砌的密度（kg/m^3）。

断层错动引起的隧道几何变形 ΔL_1：

$$\Delta L_1 = \Delta X + \frac{(\Delta Y^2 + \Delta Z^2)f_s}{4\pi D\delta E_1 \xi_{new}} = 0.2 + \frac{0.2^2 \times 2545637}{4\pi \times 6 \times 0.3 \times 3.55 \times 10^{10}\zeta_{new}} \tag{4.5-4}$$

式中　ΔX——平行于隧道轴向方向的断层位移（m）；

ΔY——垂直隧道法线方向的断层位移（m）；

ζ_{new}——隧道衬砌的正应变；

ΔZ——垂直方向的断层位移（m）；

E_1——隧道衬砌弹性模量（Pa）；

D——隧道外径；

δ——隧道衬砌厚度。

隧道轴向应变引起的物理变形 ΔL_2：

$$\Delta L_2 = \frac{\pi D\delta E_1 \zeta_{new}^2}{f_s} = \frac{\pi \times 6 \times 0.3 \times 3.55 \times 10^{10}\zeta_{new}^2}{2545637} \tag{4.5-5}$$

令 $\Delta L_1 = \Delta L_2$，可得 $\zeta_{new} = 0.0016$，由断层错动引起的隧道最大正应变为 $2\zeta_{new} = 0.0032$。

（3）梁-弹簧法

隧道采用梁单元，采用 SAP2000 建立模型，模型长度取 400m，弹簧间距 1m。三个方向的土弹簧刚度按两种方法计算：一种方法是管道抗震计算中的公式方法，一种方法是隧道纵向抗震时的有限元方法。

公式法弹簧参数确定参考《油气输送管道线路工程抗震设计规范》GB 50470—2017 进行确定，等效边界非线性弹簧的外力与伸长量关系按下式计算：

$$F = \sqrt{2f_s AE\Delta L} \tag{4.5-6}$$

式中　F——作用于等效非线性弹簧的外力（N）；

ΔL——在外力作用下等效非线性弹簧的伸长量（m）；

E——隧道衬砌的弹性模量（Pa）。

三个方向的弹簧刚度的示意图如图 4.5-8，本算例只考虑线性。

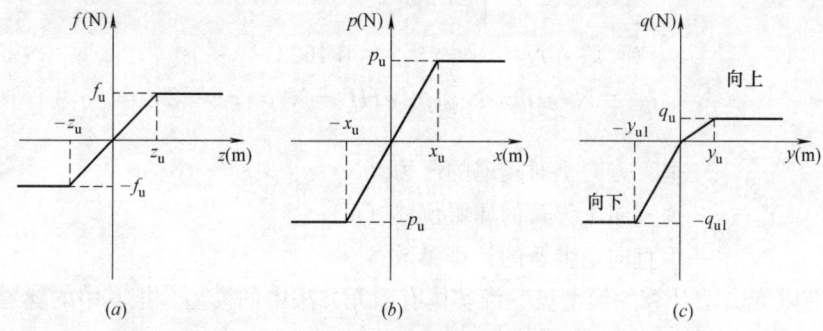

图 4.5-8　土弹簧的非线性模型（三个方向）

（a）管轴方向土弹簧；（b）水平横向土弹簧；（c）垂直方向土弹簧

1) 管轴方向土弹簧按下式计算：

$$f_u = f_s \cdot D_L = 2545637\text{N} \tag{4.5-7}$$

式中 f_u——沿隧道轴向衬砌与土之间的滑动摩擦力（N）；

D_L——土弹簧间距（m），取为 1m。

对于密砂、松砂、硬粘土和软粘土，管轴方向土弹簧的屈服位移 Z_u 分别取值为 0.003m、0.005m、0.008m 和 0.01m。

2) 横向土弹簧按下列公式计算：

$$X_u = 0.04(H + D/2) = 1.2\text{m} \tag{4.5-8}$$

$$N_{ch} = 6.752 + 0.065H/D - \frac{11.063}{(H/D+1)^2} + \frac{7.119}{(H/D+1)^3} = 6.7216 \tag{4.5-9}$$

$$N_{qh} = C_0 + C_1(H/D) + C_2(H/D)^2 + C_3(H/D)^3 + C_4(H/D)^4 = 3.0851 \tag{4.5-10}$$

$$p_u = (N_{cvu}cD + N_{qvu}p_{s1}gHD)D_L = 10884704\text{N} \tag{4.5-11}$$

式中 p_u——土沿水平横向对隧道的压力（N）；

X_u——水平横向土弹簧的屈服位移（m）；

N_{ch}——水平横向考虑土体粘聚力的计算参数，且 $N_{ch} \leqslant 9$，$c = 0$ 时，$N_{ch} = 0$；

H——隧道埋深（m）；

D——隧道外径（m）；

N_{qh}——水平横向与土体内摩擦角有关的计算参数，系数 $C_0 \sim C_4$ 按规范取值，$\varphi = 0°$ 时，$N_{qh} = 0$；

φ——土的内摩擦角（°）；

p_{s1}——隧道周围场地土的密度（kg/m³）。

3) 垂直方向土弹簧应按下列公式计算：

$$Y_{u1} = 0.15D = 0.9\text{m} \tag{4.5-12}$$

$$N_{cvd} = \left[\cot(\varphi + 0.001)\right]\left\{e^{\pi\tan(\varphi + 0.001)}\left[\tan\left(45 + \frac{\varphi + 0.001}{2}\right)\right]^2 - 1\right\} = 11.6243 \tag{4.5-13}$$

$$N_{qvd} = e^{\pi\tan\varphi}\left[\tan\left(45 + \frac{\varphi}{2}\right)\right]^2 = 4.3332 \tag{4.5-14}$$

$$N_r = e^{0.18\varphi - 2.5} = 1.4623 \tag{4.5-15}$$

$$q_{u1} = N_{cvd}cD + N_{qvd}p_{s1}gHD + N_rp_{s1}gD^2/2 \tag{4.5-16}$$

式中 q_{u1}——垂直方向土对隧道的压力（N）；

Y_{u1}——垂直向土弹簧的屈服位移（m）；

N_{cvd}、N_{qvd}、N_r——垂直向土弹簧的计算参数。

采用有限元方法计算的模型见三维实体有限元方法中的模型，把其中的隧道去掉，进行计算得到。

三个方向的弹簧刚度见表 4.5-1。有限元方法计算的值较小，如果从隧道地基土弹簧轴向刚度一般比横轴向刚度小考虑，有限元方法较合理。

方　　法	土弹簧参数刚度（N/m）		
	轴方向	水平横向	垂直向
公式法	318204600	9070587	17953126
有限元法	11558283	32765209	25563092

三个方向土弹簧参数汇总表　　　　　　　　表 4.5-1

（4）壳-弹簧法

隧道采用壳单元，采用 SAP2000 建立模型，模型长度取 400m，弹簧沿轴向间距 1m，环向间距 1.04m。弹簧刚度和梁-弹簧法中一致，但要平分到环向所有节点上。三个方向的弹簧刚度见表 4.5-2。

三个方向土弹簧参数汇总表　　　　　　　　表 4.5-2

方　　法	土弹簧参数刚度（N/m）		
	轴方向	水平横向	垂直向
公式法	17666667	503922	997396
有限元法	642127	1820289	1420172

（5）三维实体有限元方法

采用 ABAQUS 建立模型，模型轴向长 800m（边界的影响可以忽略），宽（水平方向）60m，厚（深度方向）64m，采用 C3D8R 实体单元。以上盘为主动盘，通过给上盘的底面和左底面同时施加沿模型 y 轴负方向和 z 轴正方向的强制位移 0.2m 来模拟正断层的错动效果。模型上盘底部、左侧面、断层底、土体左侧和前

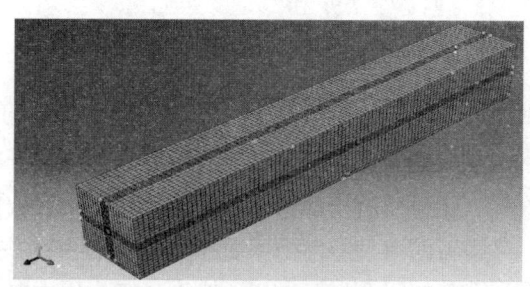

图 4.5-9　三维实体有限元模型

后土体施加 x 方向约束，下盘底部、右侧面和土体右侧面全约束。模型示意如图 4.5-9。

（6）计算结果

四种方法的结果如下。变形示意如图 4.5-10。

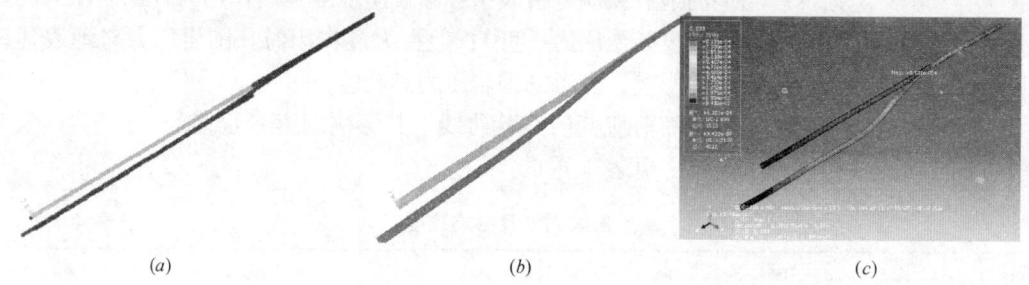

| (a) | (b) | (c) |

图 4.5-10　隧道变形图

(a) 梁-弹簧法；(b) 壳-弹簧法；(c) 三维实体有限元方法

隧道衬砌轴向最大正应变见表 4.5-3。公式方法计算弹簧刚度时最大，三维实体有限元方法计算的结果最小，理论公式方法介于二者之间。当按公式方法计算弹簧刚度时，隧

道的反应比用有限元方法计算弹簧刚度时要大,这是由于公式方法计算的弹簧刚度较大,因此产生较大的应变。弹簧法时,无论隧道用壳单元还是梁单元,差别不大;用有限元方法计算弹簧刚度的弹簧法的结果接近三维实体有限元方法,这是因为弹簧刚度计算采用的就是三维实体有限元模型。

轴向最大正应变对比表　　　　　　　　　　　　　　表 4.5-3

方　　法		弹簧计算	最大正应变(轴向)
理论公式方法		—	0.00320
弹簧法	梁-弹簧法	公式方法	0.00410
		有限元方法	0.00164
	壳-弹簧法	公式方法	0.00400
		有限元方法	0.00170
三维实体有限元方法		—	0.000789

4.6　重力的影响

4.6.1　重力对土体性质的影响

土体的围岩压力主要受自重影响,深度大则围岩压力大;岩石围岩压力除了受自重影响外,还受地质构造运动影响,比较复杂,数值一般也比较大。

岩石的力学特性受围岩压力的影响[44]:一般认为围岩压力的增大有助于岩石内部裂隙及孔隙的闭合,增大岩石刚度;围岩压力对均质致密岩样的弹性模量没有影响;弹性模量随围岩压力的增大而增大,但增大趋势逐步变缓,弹性模量有一个极限值。

土体的力学特性受围岩压力的影响:在自重荷载和附加荷载下,土体表现为压硬性和剪胀性;采用粘弹性或等效线性等的本构关系时,一般会有最大剪切模量 G_{max}(或初始剪切模量 G_0)、阻尼比 λ 等,对于剪切模量 G_0 和阻尼比 λ,围岩压力对其有显著影响。文献[45]中对上海深厚场地的地震反应分析表明:在设防烈度地震作用时,围岩压力的影响很小,可不予考虑(上海市设防烈度为 7 度);但在大震作用时,围岩压力对地表傅里叶幅值谱和反应谱有较明显的影响,宜考虑围岩压力影响。

对于剪切模量比、阻尼比随剪应变的经验曲线,其影响因素是很多的。陈国兴[46]对国内外的研究成果进行了总结,见表 4.6-1。

影响因素及影响程度　　　　　　　　　　　　　　表 4.6-1

当因素增加(大)时	G_{max}	G/G_{max}	λ
初始有效固结应力 σ'_c 或上覆压力 σ'_v	增加	不变或增加不大	不变或减小
孔隙比 e	减小	增加或不变	减小或不变
相对密度 D_r	增加	减小或不变	增加或不变
超固结比 OCR	增加	没影响	没影响

续表

当因素增加(大)时	G_{max}	G/G_{max}	λ
塑性指数 I_p	若 $OCR>1$,增加 若 $OCR=1$,不变	增加	减小
往返剪应变幅值 γ_a	—	减少	增加
地质年代 t_g	增加	可能增加	减小
胶结程度 c	增加	可能增加	可能减小
应变率 $\dot{\gamma}$	增加	可能没影响	可能增加
荷载往返作用次数(饱和土)	减小,但可逐步恢复	减小	不明显

再如根据 Mashing 法则构造的 Davidenkov 模型的数学表达式为:

$$G/G_{max}=1-H(\gamma), \quad H(\gamma)=\left\{\frac{(\gamma/\gamma_0)^{2B}}{1+(\gamma/\gamma_0)^{2B}}\right\}^A \tag{4.6-1}$$

式中 A,B,γ_0——与土体性质有关的拟合参数,γ_0 是需要随深度修正的,A、B 受深度的影响较小。

由表 4.6-1 和式 (4.6-1) 可以看到:重力因素主要通过围岩压力的形式影响土体的性质。最大剪切模量受围岩压力影响较大,围岩压力越大,剪切模量增加。剪切模量比曲线,随围岩压力增加不变或增加不大,其中砂土受到的影响较小,粘土较大。阻尼比曲线随围岩压力增加,不变或减小。

4.6.2 重力对地震反应影响的计算方法

(1) 重力与地震相互影响

地下结构的地震反应主要受土体变形影响,而土体受到的自重和地震作用都会影响土体的变形,因此实际中,重力和地震对地下结构的影响是不能分开来考虑的,自重和地震是相互影响的。重力产生正应变(图 4.6-1 左),垂直输入剪切波产生剪应变(图 4.6-1 右),对于三维和二维问题,为研究的方便,经常采用一些特殊的应力,例如采用八面体应力和应变。

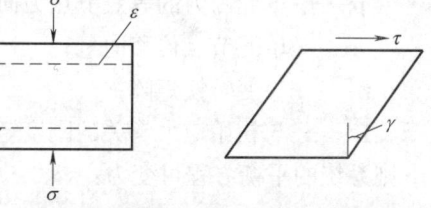

图 4.6-1 应变图

八面体正应变为:

$$\varepsilon=\frac{1}{3}(\varepsilon_x+\varepsilon_y+\varepsilon_z) \tag{4.6-2}$$

八面体剪应变为:

$$\gamma=\frac{2}{3}\sqrt{(\varepsilon_x-\varepsilon_y)^2+(\varepsilon_y-\varepsilon_z)^2+(\varepsilon_z-\varepsilon_x)^2+6\gamma_{xy}^2+6\gamma_{yz}^2+6\gamma_{zx}^2} \tag{4.6-3}$$

对于平面应变问题,上式可以简化为:

$$\gamma=\frac{2}{3}\sqrt{(\varepsilon_x-\varepsilon_y)^2+\varepsilon_y^2+\varepsilon_x^2+6\gamma_{xy}^2} \tag{4.6-4}$$

可以看出,剪应变和正应变有关,并且对于非线性问题,地震会改变土体刚度,进而会影响自重的正应变。

（2）初始应力的处理

土体在自重作用下的固结变形在历史上已经完成，这个变形称为先期固结变形。因为固结完成前的土体尺寸是不知道的，因此有限元计算中模型尺寸是根据实际土体的尺寸而定的，如果直接在这个模型上施加重力，将产生一个附加的固结变形，特别是对于深厚土层，这个附加变形将很大，从而将改变模型的几何尺寸，不利于后续的分析，甚至导致不合理的计算结果。

因此，模型中需要施加初始地应力，在实际工程中，由于测试条件、工程投资等方面的限制，只能对为数不多的点进行应力测量，因此常常通过分析计算得到地应力。分析方法有多种，如侧压力系数法、应力函数法、试算法、反分析法等。

如果不考虑构造地应力的影响，土体内的应力场和自重应力场处于相互平衡状态。自重应力场常利用数值计算得到。假定弹性材料体内存在初始应力 σ_0 或初始应变 ε_0，则施加外荷载后的总应力为：

$$\boldsymbol{\sigma} = \begin{cases} \mathbf{D}\boldsymbol{\varepsilon} + \boldsymbol{\sigma}_0 \\ \mathbf{D}\boldsymbol{\varepsilon} + \mathbf{D}\boldsymbol{\varepsilon}_0 = \mathbf{D}(\boldsymbol{\varepsilon} + \boldsymbol{\varepsilon}_0) \end{cases} \tag{4.6-5}$$

式中　$\boldsymbol{\sigma}$——总应力列向量；

　　　$\mathbf{D}$——弹性本构矩阵；

　　　$\boldsymbol{\varepsilon}$——加载产生的应变。

可以用虚位移原理推导平面问题的单元节点力与单元应力的关系：

$$\mathbf{p}^e = \begin{cases} \mathbf{K}^e \boldsymbol{\delta}^e + \iint_e \mathbf{B}^T \boldsymbol{\sigma_0} \, \mathrm{d}x\mathrm{d}y \\ (\mathbf{K}^e + \overline{\mathbf{K}^e}) \boldsymbol{\delta}^e \end{cases} \tag{4.6-6}$$

式中　$\mathbf{K}^e$——单元刚度矩阵；

　　　$\mathbf{p}^e$——单元内力的等效节点力向量；

　　　$\boldsymbol{\delta}^e$——单元节点位移向量；

　　　$\mathbf{B}^T$——应变转换矩阵；

　　　$\overline{\mathbf{K}^e}$——与初始应力有关的刚度矩阵。

则系统的平衡方程可变为：

$$\begin{cases} \mathbf{K}\boldsymbol{\delta} = \mathbf{p} - \sum_e \mathbf{C}^{eT} \iint_e \mathbf{B}^T \sigma_0 \, \mathrm{d}x\mathrm{d}y \\ (\mathbf{K} + \overline{\mathbf{K}})\boldsymbol{\delta} = \mathbf{p} \end{cases} \tag{4.6-7}$$

式中　$\mathbf{K}$——系统刚度矩阵；

　　　$\overline{\mathbf{K}}$——系统与初始应力有关刚度矩阵；

　　　$\mathbf{p}$——外荷载向量；

　　　$\mathbf{C}^{eT}$——位移转换矩阵。

从上式看，是把初始应力当作一种特殊的荷载或者把初始应力的效应当作初始刚度。

如果初始应力当作一种特殊的荷载，假定上式的 p 为与重力相等效的系统的荷载向量，σ_0 为与重力场相平衡的单元的总应力，则上式中的 $\delta=0$，这样就保证了附加固结变形被消除，并且施加的重力场不产生新的单元应力，保证了单元应力状态与初始条件相符。还有一种近似方法就是从初始应力为零开始，先施加重力，得到应力和应变，后续计算减去初始应变得到实际应变。

如果初始应力的效应当作初始刚度，则初始应力或初始应变相当于修正了刚度矩阵，假定 p 为与重力相等效的系统的荷载向量，则 $\{\delta\}\neq0$，这种情况常用于缆索结构的初始刚度的描述。

本节使用的是 ABAQUS 软件自带的地应力平衡这一模块，是采用前者的处理方式。

（3）算例

开始地震计算时，同时考虑重力，重力是可以当作不变的荷载施加，如下式表示的方程，方程右边 $\left\{\begin{matrix}\mathbf{p}_0\\\mathbf{0}\end{matrix}\right\}$ 就是重力。

$$
\begin{bmatrix}\mathbf{M} & \mathbf{M}_b\\\mathbf{M}_b^T & \mathbf{M}_{bb}\end{bmatrix}\left\{\begin{matrix}\ddot{\mathbf{u}}_b\\\ddot{\mathbf{u}}_b\end{matrix}\right\}+\begin{bmatrix}\mathbf{C} & \mathbf{C}_b\\\mathbf{C}_b^T & \mathbf{C}_{bb}+\mathbf{C}_b^{ve}\end{bmatrix}\left\{\begin{matrix}\dot{\mathbf{u}}\\\dot{\mathbf{u}}_b\end{matrix}\right\}+\begin{bmatrix}\mathbf{K} & \mathbf{K}_b\\\mathbf{K}_b^T & \mathbf{K}_{bb}+\mathbf{K}_b^{ve}\end{bmatrix}\left\{\begin{matrix}\mathbf{u}\\\mathbf{u}_b\end{matrix}\right\}=
$$
$$
\left\{\begin{matrix}\mathbf{0}\\\mathbf{p}_{b,eff}\end{matrix}\right\}+\left\{\begin{matrix}\mathbf{p}_0\\\mathbf{0}\end{matrix}\right\}=\left\{\begin{matrix}\mathbf{0}\\\mathbf{p}_{b,eff}\end{matrix}\right\}-\begin{bmatrix}\mathbf{M} & \mathbf{M}_b\\\mathbf{M}_b^T & \mathbf{M}_{bb}\end{bmatrix}\left\{\begin{matrix}\ddot{\mathbf{u}}_g\\\mathbf{0}\end{matrix}\right\} \tag{4.6-8}
$$

其中，$\ddot{\mathbf{u}}_g=[0\ 0\ g\ 0\ 0\ 0\ \cdots\ 0\ 0\ g\ 0\ 0\ 0]_{m\times m}^T$；$m\times m$ 表示的是除了边界以外的自由度；g 是重力加速度，由于要与地震同时进行动力计算，因此是时间的函数。

选取 25m 均匀土层，土层天然重度 18.6kN/m³，剪切波速 130m/s，泊松比 0.30。计算模型宽度取 1000m，单元尺寸 1m×1m。地震动参数采用第 2 章 2.6 节中的 Anza 波，地震动峰值调整为 0.1g，土体阻尼比取 5%。土体非线性采用 Davidenkov 模型，拟合参数 $A=1.35$、$2B=0.75$、$\gamma_0=0.00040$，按 Mashing 法则构造相应的滞回曲线。

设置三种工况：一是线性计算有初始应力，二是线性计算无初始应力，三是非线性计算有初始应力。

由于重力采用动力的形式，因此需要在地震开始前消除重力的动力效应，重力加速度时间函数，如图 4.6-2，T 为地震施加时刻，ΔT 可能取 $0\sim T$ 任一值。此时需要阻尼或者耗能机制，可以是系统实际的，也可以是人为假定的。在消除动力效应前的反应时间 T（例如 10s）内，系统的反应是不真实的，因此地震施加需要从 T 时刻开始或者地震波前面补零，时间是 T（例如 10s）。

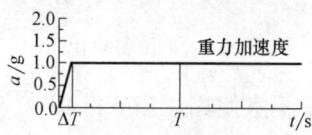

图 4.6-2　重力加速度施加方式

工况一结果：从图 4.6-3 对比可知，考虑初始应力时，当 $0<\Delta T\leqslant T$，地震竖向位移在开始段波动大，是因为地应力平衡后系统有和重力平衡的应力，如果开始时施加的重力是 0，就会产生一个较大的向上波动位移，ΔT 越接近 T，波动越大；而如果施加重力是 $1g$，则竖向位移没有波动；一定时间后再施加地震，当 $0\leqslant\Delta T<T$ 时反应是重合的，

$\Delta T = T$有偏差。地震反应水平位移，三者重合。

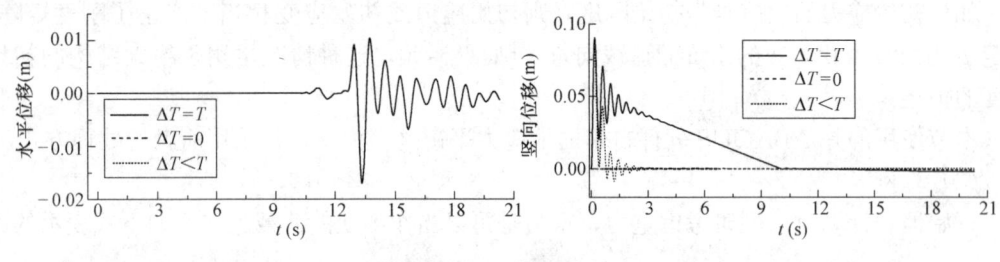

图 4.6-3　位移对比

工况二结果：从图 4.6-4 对比可知，不考虑初始应力时，当 $\Delta T = 0$ 时，相当于突加荷载，地震反应竖向位移在开始段波动大；当 $0 < \Delta T \leqslant T$ 时，波动小。在一定时间后地震开始，当 $0 \leqslant \Delta T < T$ 的竖向位移重合，当 $\Delta T = T$ 时，有偏差。地震反应水平位移，三者重合。

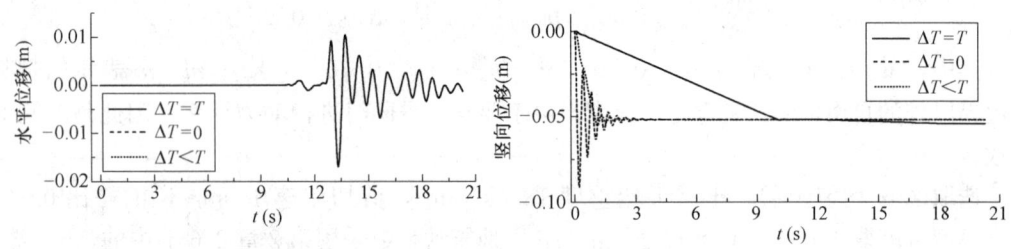

图 4.6-4　位移对比

工况三结果：从图 4.6-5 对比可知，非线性考虑初始应力时，当 $\Delta T = T$ 时，地震反应竖向位移在开始段波动大，且当 $0 < \Delta T \leqslant T$ 时，竖向位移没有返回到 0 的位置，地震后三种方式不重合。地震反应水平位移，三者不重合。

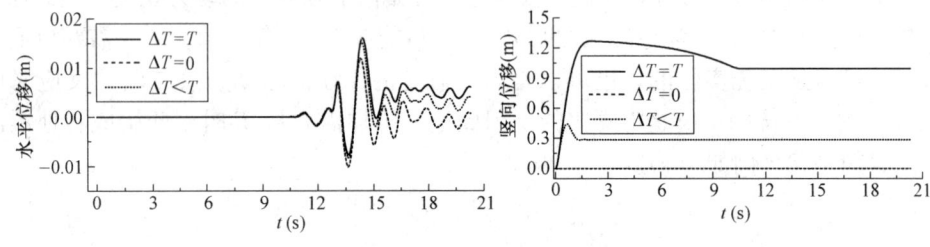

图 4.6-5　位移对比

综上，当 $\Delta T = T$ 时有误差，不宜使用；当 $0 \leqslant \Delta T < T$ 时，在线性情况下可以使用。由于不考虑初始应力进行非线性工况计算很容易造成不收敛，因此非线性工况需要进行地应力平衡，所以非线性情况只能使用 $\Delta T = 0$ 的施加方式。

4.6.3　重力影响的案例分析

选取两种不同性质的 25m 均匀土层，采用第 2 章 2.6 节中的结构，土的参数为：①粉细砂（Ⅱ类场地）：重度取 20.2kN/m³，剪切波速取 298m/s，泊松比取 0.30；②粘土（Ⅲ类场地）：重度取 18.6kN/m³，剪切波速取 130m/s，泊松比取 0.30。计算模型宽度取 1000m，土体单元尺寸 1m×1m，结构单元尺寸 0.25m×0.25m。地震动参数采用第 2 章 2.6 节中的 Anza 波和 El Centro 波，加速度峰值调整为 0.1g 和 0.6g，从模型底部输入水平和竖向地震动，El Centro 波分别采用东西水平分量和竖向分量，如图 4.6-6，Anza 波竖向地震动峰值采用水平地震动峰值的 2/3。土体非线性采用 Davidenkov 模型，具体见式（4.6-1），式中的拟合参数 $A = 1.2$（1.35）、$2B = 0.70$（0.75）、$\gamma_0 = 0.00055$（0.00040）（括号内的是Ⅲ类场地），按 Mashing 法则构造相应的滞回曲线。

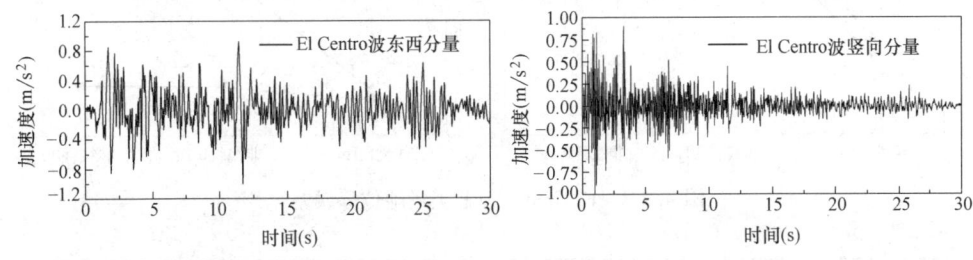

图 4.6-6　El Centro 波

为了考察重力的影响，其中 0.1g 计算线性和非线性两种情况，0.6g 计算非线性情况。每种情况两种计算方式：方式一是初始地应力、重力、地震同时计算，这种方式理论上精确；方式二是分开计算，初始应力和重力同时计算，地震单独计算，然后再叠加。计算结果取第 2 章 2.6 节中的 3 个点平均的竖向和水平位移，结构顶、底点的内力。以方式一的结果为基准，评价方式二的结果，计算三个误差，误差定义见第 2 章 2.6 节定义（式 2.6-1a～式 2.6-1c），基准为重力作用与地震动作用同时计算的结果，对比的是叠加的结果。计算结果如图 4.6-7～图 4.6-15。

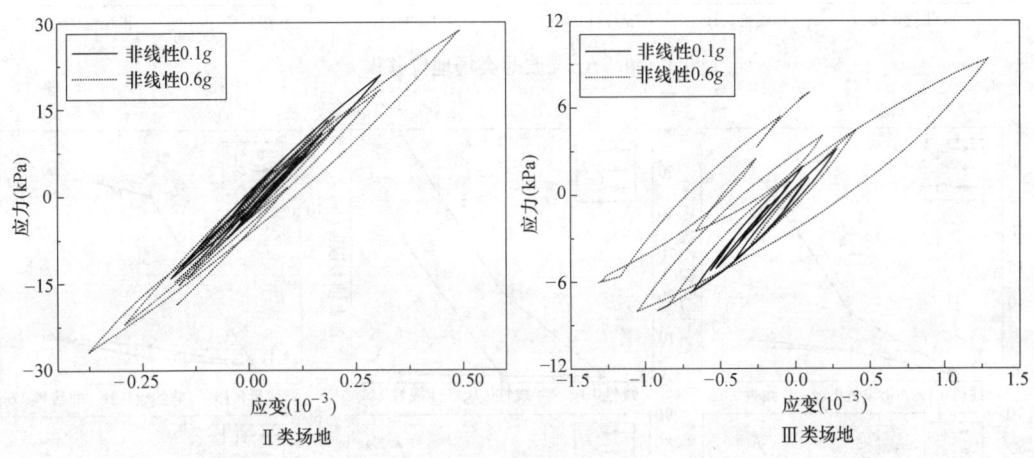

图 4.6-7　土体滞回曲线

从图 4.6-7 土体的应力应变曲线可知，0.6g 工况的非线性程度要大于 0.1g 工况；Ⅲ类场地的非线性程度大于Ⅱ类场地。

从图 4.6-8～图 4.6-15 可以看到，误差 ε_3 总是偏大，而 ε_1 和 ε_2 趋近一致；这一点可以从反应时程得到更清晰解释，El Centro 波作用下Ⅲ类场地顶点剪力 0.6g 工况时程（图 4.6-14）和底点弯矩 0.1g 工况时程（图 4.6-14），如图 4.6-16。

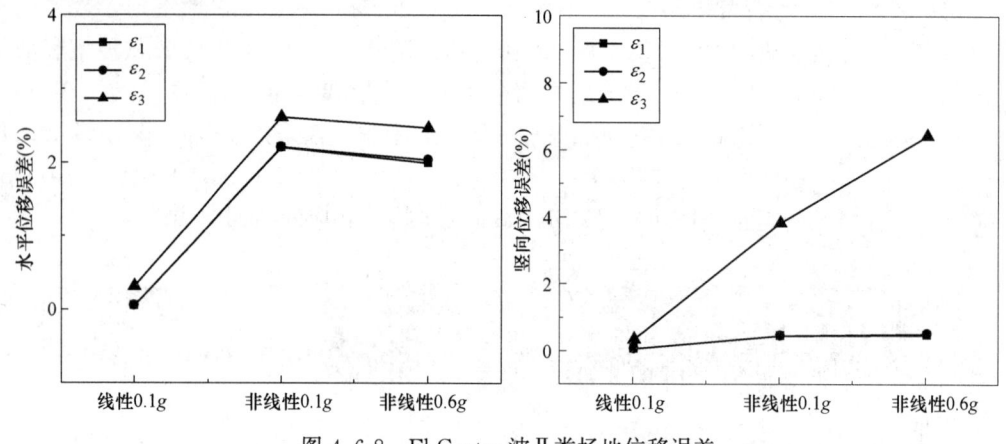

图 4.6-8　El Centro 波 Ⅱ 类场地位移误差

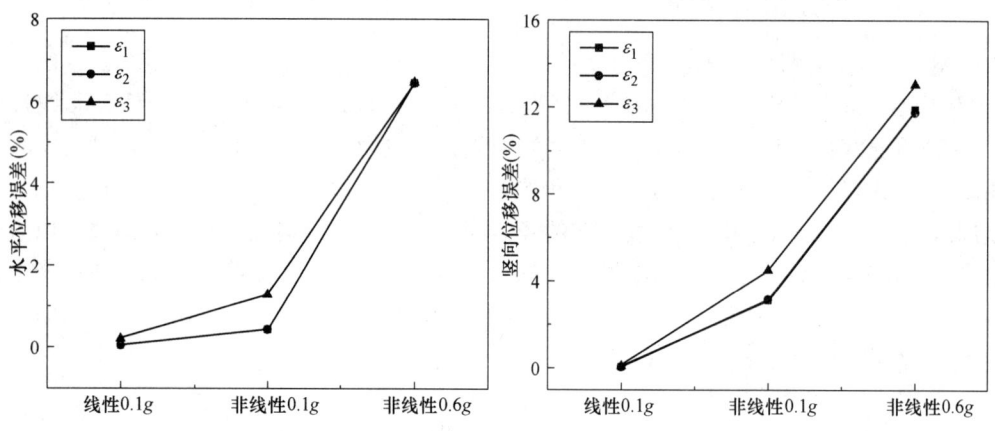

图 4.6-9　Anza 波 Ⅱ 类场地位移误差

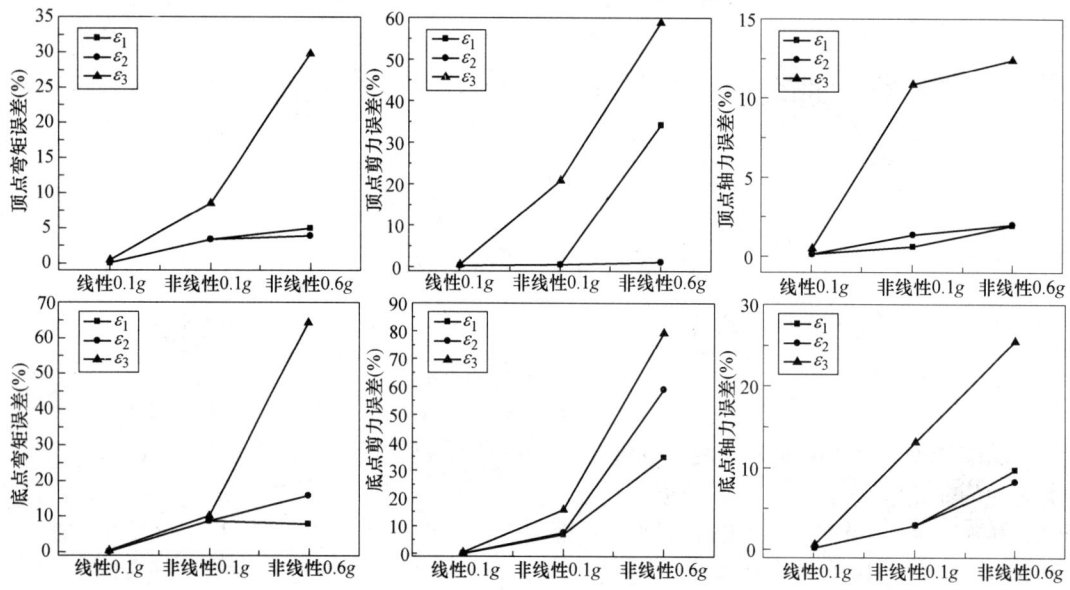

图 4.6-10　El Centro 波 Ⅱ 类场地内力误差

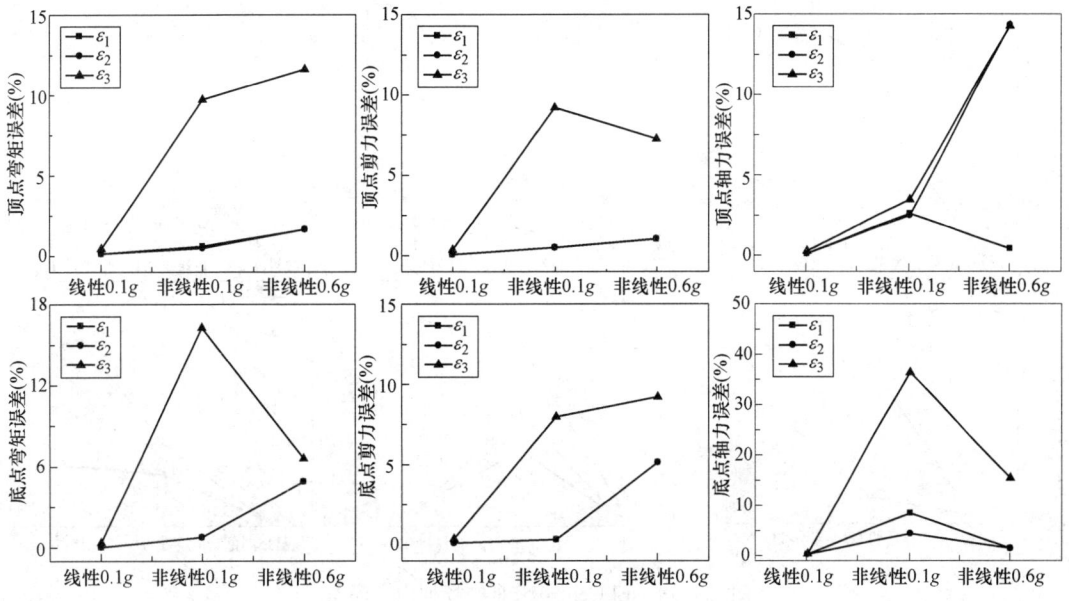

图 4.6-11 Anza 波 Ⅱ 类场地内力误差

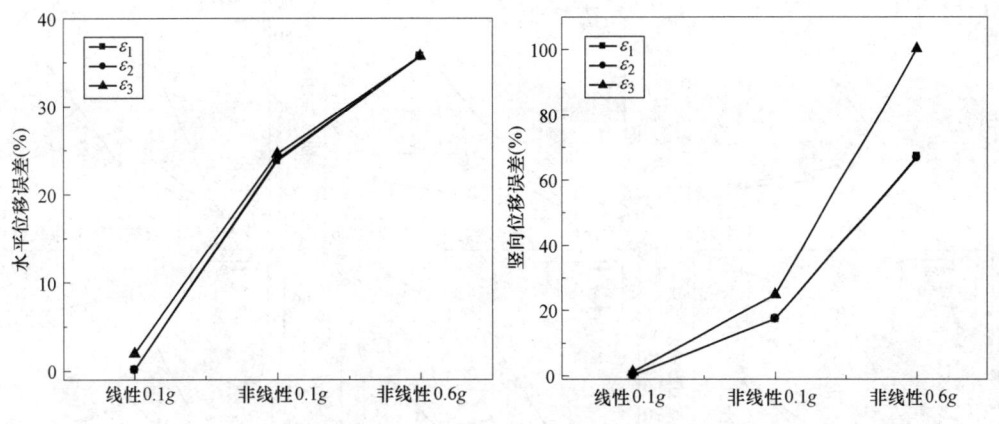

图 4.6-12 El Centro 波 Ⅲ 类场地位移误差

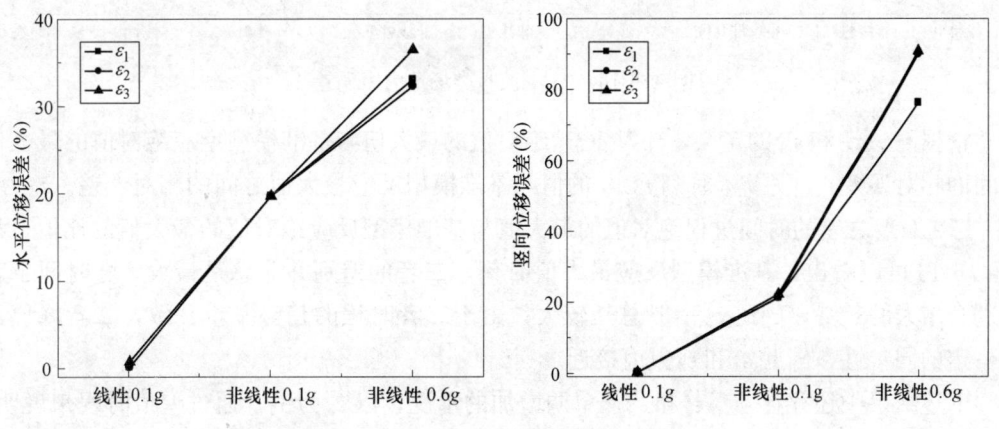

图 4.6-13 Anza 波 Ⅲ 类场地位移误差

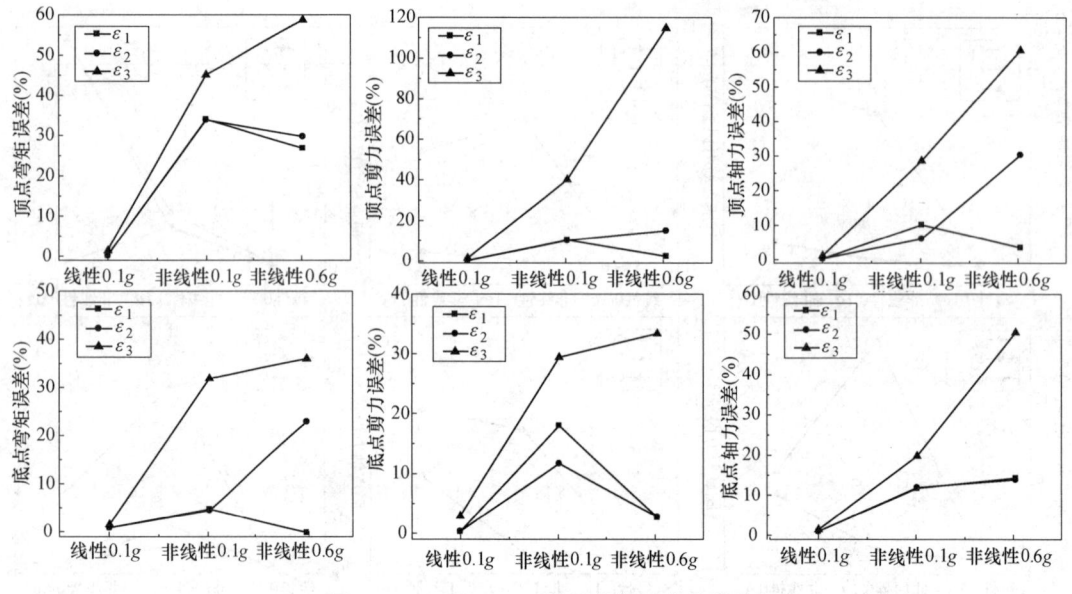

图 4.6-14 El Centro 波Ⅲ类场地内力误差

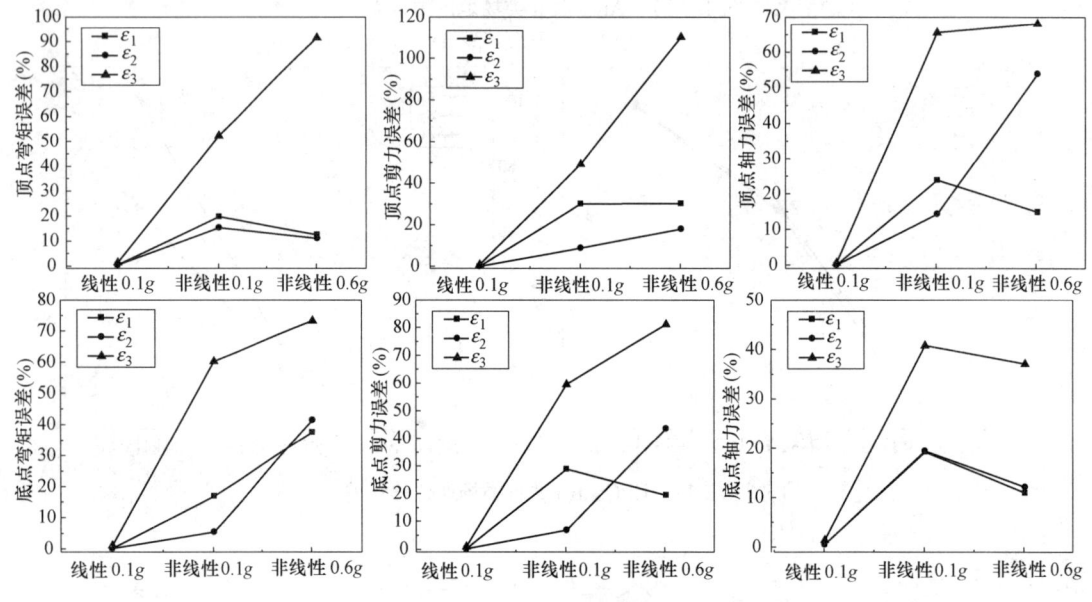

图 4.6-15 Anza 波Ⅲ类场地内力误差

根据 ε_1、ε_2 和 ε_3 的定义，ε_1 为 $r(t)$ 绝对值的最大值与基准模型反应绝对值的最大值之间的相对误差；ε_2 为 t_{max} 时刻 $r(t)$ 的值与基准模型反应最大值之间的相对误差。ε_3 为 $r(t)$ 与 $r_0(t)$ 之差的时间过程绝对值的最大值与基准模型反应绝对值的最大值的比值。从图 4.6-16 可以看出，基准模型反应最大值时刻，二者的差别并非总是最大，随时间二者差别有增大的趋势，因此 ε_3 一般总是较大；由于二者时程的趋势基本一致，二者峰值具有一定的同步性，因此 ε_1 和 ε_2 数值接近。

上述结果中还存在 ε_1、ε_2 和 ε_3 非单调增加的情况，以 ε_3 为例，通过差值时程来说明，取出 Anza 波Ⅱ类场地底点弯矩和轴力（图 4.6-11），将非线性 0.1g 和 0.6g 的叠加结果

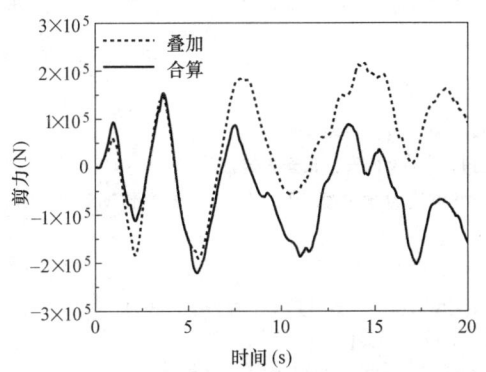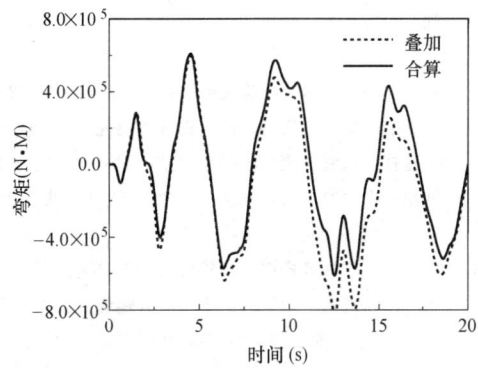

图 4.6-16　典型时程图 1

和合算结果的差值时程和合算时程画在一起进行比较，观察图 4.6-17 可以发现 $0.1g$ 和 $0.6g$ 的差值时程相差不大，但二者合算结果时程相差很大（约 2～3 倍），因而会出现 $0.6g$ 误差小于 $0.1g$ 误差的情况。

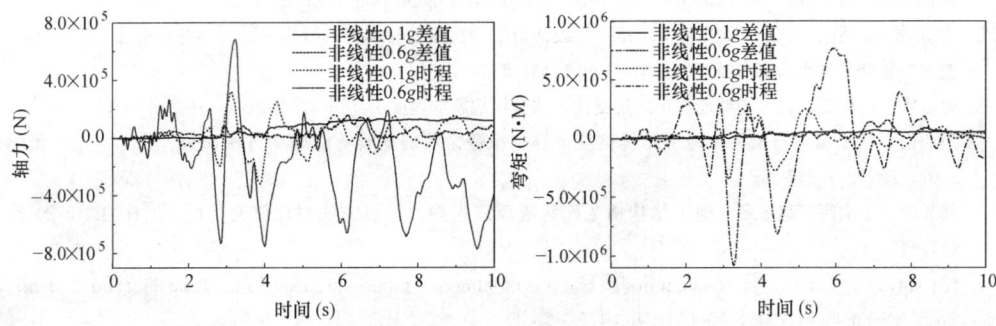

图 4.6-17　典型时程图 2

综上，考虑重力的地震非线性分析时，叠加原理不再适用；叠加误差随着非线性程度增加而增大，但并非全部单调增加；叠加的误差大小受地震波、场地等因素影响。

参 考 文 献

[1]　王建洲. 第四系地层大跨度浅埋暗挖地铁车站施工方法选择的研究 [D]. 北京：北京交通大学，2005.

[2]　陈韶章. 沉管隧道设计与施工 [M]. 北京：科学出版社，2002.

[3]　小泉 淳. 盾构隧道管片设计-从容许应力设计法到极限状态设计法 [M]. 官林星译. 北京：中国建筑工业出版社，2012.

[4]　薛勇. 沉管隧道接头研究 [J]. 特种结构，2003，20（3）：4-8.

[5]　刘洪洲，张志刚，柴瑞，等. 沉管隧道节段接头作用机理及构造形式探讨 [J]. 公路，2015，60（04）：27-32.

[6]　隋涛，杨林德，马险峰. 地铁车站结构诱导缝应用研究现状与展望 [J]. 路基工程，2012，30（05）：60-63.

[7]　上海市建设和管理委员会科学技术委员会. 地铁二号线工程 [M]. 上海：上海科学技术出版社，2005.

[8]　郭德友. 地铁地下工程细部构造防水技术探讨 [J]. 中国建筑防水，2006，33（S1）：117-122.

[9]　Hashash Y M A，Hook J J，Schmidt B，Yao J. I-C. Seismic design and analysis of underground structures [J]. Tunneling and Underground Space Technology，2001，16，247-293.

[10]　小泉 淳. 盾构隧道的抗震研究及算例 [M]. 张稳军，袁大军译. 北京：中国建筑工业出版社，2009.

[11] 小泉 淳. 盾构隧道管片设计-从容许应力设计法到极限状态设计法 [M]. 官林星译. 北京：中国建筑工业出版社，2012.

[12] 志波 由紀夫，川島 一彦，加納 尚史等. シールドトンネルの耐震解析に用いる長手方向覆工剛性の評価法 [J]. 土木学会論文集，1988，398：319-327.

[13] 刘学山. 盾构隧道的纵向抗震分析研究 [J]. 地下空间. 2003，23（2）：166-172.

[14] 宾胜林. 沉管隧道节段接头力学行为试验研究与理论分析 [D]. 西安：长安大学，2013.

[15] 刘鹏，丁文其，金跃郎，等. 沉管隧道接头三维非线性刚度力学模型 [J]. 同济大学学报（自然科学版），2014，42（02）：232-237.

[16] 刘鹏，丁文其，杨波. 沉管隧道接头刚度模型研究 [J]. 岩土工程学报，2013，35（S2）：133-139.

[17] 禹海涛，袁勇，刘洪洲，等. 沉管隧道接头力学模型及刚度解析表达式 [J]. 工程力学，2014，31（06）：145-150. 林皋. 地下结构的抗震设计 [J]. 土木工程学报，1996，29（1）：15-24.

[18] 孙超. 地铁地下结构抗震性能及分析方法研究 [D]. 哈尔滨：中国地震局工程力学研究所，2009.

[19] Huo H B. Seismic design and analysis of rectangular underground structures [D]. West Lafayette, America：Purdue University，2005.

[20] Jaw-Nan Wang. Seismic design of tunnels（A simple state-of-the-art design approach）[M]. Parsons Brinckerhoff Inc.：New York，1993.

[21] Tateishi A. A study on seismic analysis methods in the cross section of underground structures using static finite element method [J]. Structural Engineering/Earthquake Engineering of JSCE，2005，22（1）：41-53.

[22] 片山 幾夫，足立 正信，嶋田 穰等. 地下埋設構造物の実用的な準動的解析手法「応答震度法」の提案 [C]. 土木学会年次学術講演会講演概要集，1985，40：737-738.

[23] 商金华，杨林德. 软土场地地铁车站抗震计算的等代地震加速度法 [J]. 华南地震，2010，30（1）：6-15.

[24] 刘如山，胡少卿，石宏彬. 地下结构抗震计算中拟静力法的地震荷载施加方法研究 [J]. 岩土工程学报，2007，29（2）：237-242.

[25] 刘晶波，王文晖，赵冬冬. 地下结构横截面地震反应拟静力计算方法对比研究 [J]. 工程力学，2013，30（1）：105-111.

[26] Kiyomiya O. Earthquake-resistant design features of immersed tunnels in Japan [J]. Tunneling and Underground Space Technology，1995，10（4）：463-475.

[27] 川島 一彦. 地下構造物の耐震設計 [M]. 日本：鹿島出版株式會社，1994.

[28] 刘晶波，王文晖，张小波等. 地下结构横断面地震反应分析的反应位移法研究 [J]. 岩石力学与工程学报，2013，32（1）：161-167.

[29] 刘晶波，王文晖，赵冬冬. 地下结构地震反应计算反应位移法的改进 [J]. 土木建筑与环境工程，2010，32（S2）：211-213.

[30] 刘晶波，王文晖，赵冬冬，等. 复杂断面地下结构地震反应分析的整体式反应位移法 [J]. 土木工程学报，2014，47（1）：134-142.

[31] 董正方. 轨道交通地下结构横向抗震设计方法与性能指标研究 [D]. 上海：同济大学桥梁系，2013.

[32] 李英民，王璐，刘阳冰，等. 地下结构抗震计算地基弹簧系数取值方法研究. 地震工程与工程振动，2012，32（1）：106-113.

[33] 李亮，杨晓慧，杜修力. 地下结构地震反应计算的改进的反应位移法 [J]. 岩土工程学报，2014，36（7）：1360-1364.

[34] 刘晶波，王文晖，张小波等. 地下结构横断面地震反应分析的反应位移法研究 [J]. 岩石力学与工程学报，2013，32（1）：161-167.

[35] St. John C M，Zahrah T F. Aseismic design of underground structures [J]. Tunneling and Underground Space Technology，1987，2（2）：165-197.

[36] 志波由纪夫，川島一彦，大日方尚巳，加納尚史. 応答変位法によるツールドトンネルの地震時断面力の算定法 [C]. 日本土木学会論文報告集，1989，404：385-394.

[37] Tamura C，Okamoto S. On earthquake resistant design of a submerged tunnel [C]. International Symposium on

Earthquake Structure Engineering，St Louis，Missouri，USA，1976，549-554.

［38］ Kuesel T R. Earthquake design criteria for subways ［J］. Journal of the Structural Division，1969（6），1213-1231.

［39］ 王文晖. 地下结构实用抗震分析方法及性能指标研究 ［D］. 北京：清华大学，2013.

［40］ 赵颖. 通过活断层区地铁隧道地震反应分析 ［D］. 哈尔滨：中国地震局工程力学所，2014.

［41］ 中华人民共和国国家标准. 油气输送管道线路工程抗震技术规范 ［S］. 北京：中国计划出版社，2008.

［42］ 薛娜，陈孟尧，李鸿晶. 跨断层聚乙烯埋地供水管线抗震反应参数分析 ［J］. 南京工业大学学报（自然科学版），2012，34（6）：121-125.

［43］ 赵伯明，刘洋. 断层错动对隧道的影响分析 ［J］. 华南地震，2009，29（1）：33-41.

［44］ 尤明庆. 岩石试样的杨氏模量与围压的关系 ［J］. 岩石力学与工程学报，2003（01）：53-60.

［45］ 蒋通，邢海灵. 围压对土动剪模量和阻尼比影响的简化计算方法 ［J］. 岩石力学与工程学报，2007（7）：1432-1437.

［46］ 陈国兴. 岩土地震工程学（精）［M］. 北京：科学出版社，2007.

第5章 基于性能的抗震设计

5.1 基于性能抗震设计方法概要

5.1.1 基于性能抗震设计思想产生的背景

广义上讲，工程结构是一种规模巨大的产品。既然是一种产品，就必须具有满足使用者某方面需求的能力，也就是具备某种性能。例如，交通结构可以满足人的出行、货物运输的需求，房屋可以满足人的居住需求等。交通结构几乎与所有人相关，是社会体系中的重要的"硬件"组成部分。强烈地震经常造成交通结构大范围的严重破坏，对社会的正常运行状态造成了"扰动"；从个体角度来看，造成生命和财产损失。交通结构涉及多方的利益相关者，简要概括在表 5.1-1 中。

城市轨道交通结构的利益相关者 表 5.1-1

大类	次类	关注要点
公众与社会	技术行业	工程技术部门的能力
	商业	交通延迟或中断对商业活动的影响
	环境	结构破坏以及次生灾害导致的环境劣化、恢复环境的负担
	政府	政府管理部门的能力和公信力
个体	结构拥有者	因工程结构的破坏导致的直接财产损失、维修费用、收益损失
	结构使用者	出行中断或延误；生命安全；财产安全

既然交通结构是一种规模巨大的产品，而且是具有公共属性的产品，则利益相关的各方都有权利对产品的性能提出要求。

首先是国家法令提出的要求。在抗震防灾方面，中华人民共和国第十一届全国人民代表大会常务委员会第六次会议于 2008 年 12 月 27 日修订通过了《中华人民共和国防震减灾法》，总则第一条规定："为了防御和减轻地震灾害，保护人民生命和财产安全，促进经济社会的可持续发展，制定本法。"《中华人民共和国防震减灾法》对防震减灾规划、地震监测预报、地震灾害预防、地震应急救援、地震灾后过渡性安置和恢复重建、监督管理和法律责任等进行了明文规定。国家法令代表公众与社会利益，在此基础上，考虑到社会的经济发展水平和技术能力，提出对包括交通结构在内的工程结构抗震性能的基本要求，也是最低要求。这些最低要求体现在由国家各个管理部门发布的各种工程结构抗震设计规范之中。

其次是工程结构投资方的要求。投资方是工程结构的所有者，一方面期望结构能够长期、安全、正常地运行，同时也期望为此而产生的资金投入尽可能少，即期望在工程结构安全与投资之间达到适当的平衡。另外，投资方也可能（也应当拥有这样的权利）对结构的性能提出更高或特别的要求。

第三是工程结构使用者的要求。由于社会发展水平的提高，使用者对工程结构的性能（安全性能和对私有财产的保护）越来越关心，他们的要求越来越成为制定工程设计技术标准的推动力。强烈地震常造成大量的人员伤亡和个人财产损失，普通个体对结构的抗震性能越来越关心。国家法令乃是基于国家整体发展水平给出的要求，体现的是对国家群体利益的最低保护，但不能实现对分类人群的差别利益保护和需求的满足。可以说，技术标准的制定不仅仅是专业人员、专业机构和技术管理部门的事情，个体或局部人群也有权利知道按照一定技术标准设计和建造的工程结构在地震事件发生时具有怎样的行为表现，是否会危及生命、或导致财产损失、或导致出行受阻等。因此，需要在专业人员和普通个体之间建立起合适的对话语境，以使对专业知识了解甚少的人也能将其对工程结构性能的要求按相互可以理解的语言传达给技术人员，或反向传达。

第四是企业国际化的要求。在不同国家、不同地区、甚至不同专业范围，由于文化的差异、经济发展水平的差异、甚至对理论和技术理解方面的差异，产生了技术标准在表达方式上的显著差异，即使是专业人员间的技术交流也经常遇到困难。由于企业行为越来越国际化，在可以被广泛理解的技术语境下表达技术标准是消除技术壁垒的要求。这一要求在所有技术领域都存在。

上述因素导致了持续数十年的关于工程结构设计思想的讨论，结果产生了两个关键术语，即"性能设计（PD：Performance Design）"和"基于性能的设计（PBD：Performance-Based Design)标准"，并以这两个关键术语为核心逐渐形成了基于性能的设计思想、理论方法和流程。

5.1.2　基于性能抗震设计规范的发展概况

当前工程设计规范多数仍为描述性技术规范。描述性规范的特点是根据以往工程设计和建造经验，结合已有理论和实验（试验）知识，确定一些遵守程度不同的条文。描述性规范对条文的要求是具体、明确、不产生歧义、易于检查设计是否符合技术标准。因为这样的特点，按照描述性规范进行工程设计，对设计人员的专业技术能力无很高的要求，这是优点。但制定工程设计规范的目的是为了使按此规范设计和建造的结构达到预定的性能（预定的目标）要求，描述性规范未能直接、清楚地定义按其设计的工程结构具体的行为究竟如何，也就缺少实现其设计目标的具体、清晰的技术途径。同时，描述性规范规定明确、具体、甚至带有强制性的特点，使对结构安全等性能负有责任的方面（例如设计人员）即使意识到据此而完成的设计案例不是最合理的选择，但仍然缺少意愿突破规范条文的规定，甚至当新理念、新材料、新结构和新技术等可以带来明显益处时也是如此。从这个意义上来说，描述性规范有阻碍创新的嫌疑。

从发展历史来看，基于性能设计思想的讨论可以追溯到 20 世纪 60 年代。1963 年，北欧建筑规程委员会（NKB）在北欧五国房屋建筑业领域统一结构性能的判断标准，提出基于性能的结构设计和评估的思想；经过努力于 1978 年建立了一个基于性能设计的五阶段框架，被称为 NKB 水准体系[1]。这种设计思想后来被国际标准化组织（ISO）、联合国欧洲经济委员会（ECE）以及一些国家所接受，并在 20 世纪 90 年代得到了初步的发展。目前世界各国在制定新一代工程结构设计规范时都采用了基于性能的思想，例如中国桥梁工程领域制定了一个 2010~2020 年的 10 年发展计划，分三个阶段实施，意图针对混凝土桥梁建立起基于性能的设计规范体系[2]。

在地震工程领域，1996 年美国加州结构工程师协会（SEAOC）[3]发表了《基于性能的建筑抗震—2000 年展望报告》，可以认为是正式将基于性能设计的思想引入地震工程领域，之后得到了深入和广泛的研究和迅速的发展。2004 年，中国工程建设标准化协会发布了《建筑工程抗震性态设计通则》CECS160：2004[4]。日本为推进基于性能抗震设计思想的应用，在地震工学会下设置了一个"基于性能的抗震设计研究委员会"，于 2006 年出版了《基于性能的抗震设计—现状与课题》一书[5]，对基于性能的抗震设计所涉及的问题和当时国际上的研究和应用现状进行了比较全面的总结。2013 年，美国交通研究委员会[6]发布一份综合研究报告，对美国基于性能的桥梁抗震设计研究与应用现状进行了比较详细的总结。

性能设计是指在明确性能目标的前提下，实现性能目标的方法、技术和过程的总称[5]。可以在两个层面上理解工程结构的性能设计概念，其一是只对结构性能提出要求，而实现要求的设计方法则由设计者选择。但这种做法还有些不切实际，由于社会和技术等多方面复杂原因使得这种做法不能保证实现预定的性能要求。经过多年讨论，比较一致的意见认为，目前可行的做法是在提出性能要求（性能目标）的同时，规定相应的设计方法，这就是所谓的基于性能的设计技术标准（规范、指南等）的含义。对于抗震设计来说，就是所熟知的"基于性能的抗震设计规范"。关于这一点可以用图 5.1-1 表达。

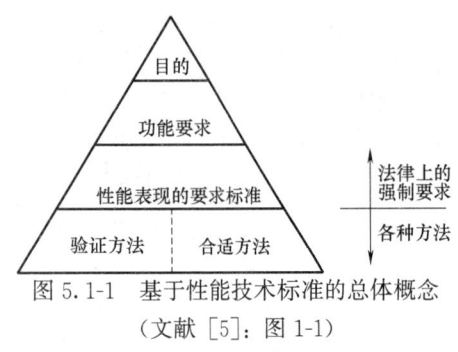

图 5.1-1　基于性能技术标准的总体概念
（文献［5］：图 1-1）

促进基于性能的抗震设计规范被逐渐接受和采纳，并成为主导的理由可以概括为：

（1）工程结构做为一种"产品"，无论是公众用户还是个体用户，都要求得到对其性能可以理解的明确的说明并认可，基于性能的抗震设计思想为实现这一目的指出了可行的道路；

（2）基于性能的抗震设计思想为工程创新提供了空间，为新材料、新技术的应用打开了顺畅的通道；

（3）经过长期的努力，基于性能抗震设计的理论、方法已经得到了初步建立，相应的技术和工具已经得到了开发，部分已经达到了实用的程度。

关于基于性能的抗震设计的内涵，美国联邦紧急救援署（FEMA）[7]给出了一个定义；中国学者高小旺、苏经宇[8]在《建筑抗震设计规范理解与应用》一书中给出的基于性能抗震设计的目的解释是"在结构的整个寿命期内，在设定的条件下，花费在抗震上的费用最少"，即追求建筑物在服役期内的"最佳经济效益-成本比"。这里的"费用"是指增加抗震能力的投资和因地震破坏造成的损失，包括人员伤亡、运营中断、重复修建等；"一定的条件"是指结构的性能目标。这与 FEMA 的定义极为接近。

美国交通研究委员会[6]最近完成的一份综合报告对基于性能的抗震设计的定义进行了总结，认为其内涵包括四个方面：

（1）确定工程场地的设计地震动参数；

（2）进行结构分析，获得工程需求参数，如应变、转角、位移、内力等；

（3）进行结构的损伤分析，将结构反应与破坏程度相联系；

（4）将破坏程度与某种类型的决策变量相关联，如维修造价、死亡率、恢复功能需要的时间等。

这四个方面的内涵可以形象地表达在图 5.1-2 中。

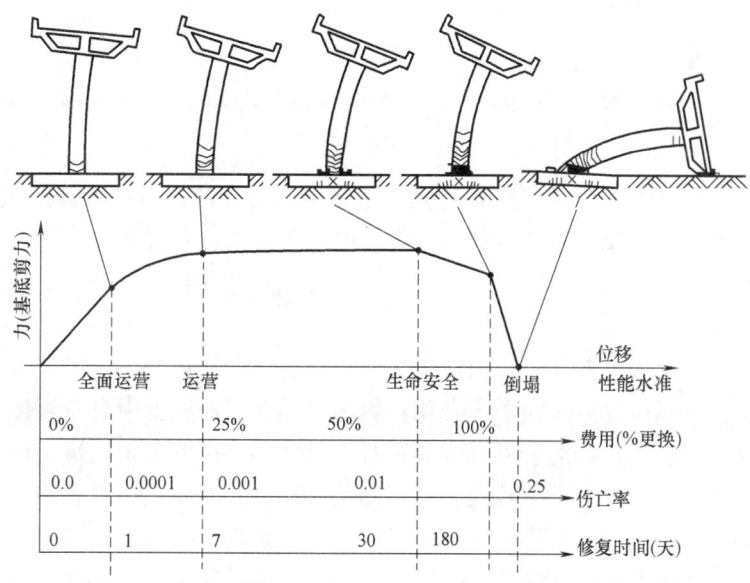

图 5.1-2　基于性能抗震设计的内涵（Moehle and Deierlein[9]，2004）

从目前的认识水平看，最高层次基于性能的抗震设计是一个决策问题。2000 年，CornellC. A. 和 Krawinkler H[10]提出基于性能抗震设计思想的一个全概率表达：

$$\lambda(\mathbf{dv}) = \int_{\mathbf{dm}} \int_{\mathbf{im}} G_{\mathbf{DV}|\mathbf{DM}}(\mathbf{DV} > \mathbf{dv} \mid \mathbf{DM} = \mathbf{dm}) \cdot$$

$$dG_{\mathbf{DM}|\mathbf{IM}}(\mathbf{DM} > \mathbf{dm} \mid \mathbf{IM} = \mathbf{im}) \cdot d\lambda(\mathbf{im}) \qquad (5.1-1)$$

式中　　　　　　　　　$\mathbf{DV}$——决策向量，可以为经济损失、生命损失、有效时间延迟等；

$\lambda(\mathbf{dv}) = P[\mathbf{DV} \geq \mathbf{dv}]$——决策向量超过给定阈值的年平均发生率（超越概率）；

$\mathbf{DM}$——结构损伤参数向量；

$\mathbf{IM}$——设计地震动参数向量；

$\lambda(\mathbf{im}) = P[\mathbf{IM} \geq \mathbf{im}]$——设计地震动参数向量超越阈值的年概率，即地震危险性；

$G_{\mathbf{DV}|\mathbf{DM}}(\mathbf{DV} > \mathbf{dv} \mid \mathbf{DM} = \mathbf{dm})$——损伤向量 $\mathbf{DM}$ 取给定值 $\mathbf{dm}$ 时决策向量 $\mathbf{DV}$ 超过给定值 $\mathbf{dv}$ 的条件发生概率；

$G_{\mathbf{DM}|\mathbf{IM}}(\mathbf{DM} > \mathbf{dm} \mid \mathbf{IM} = \mathbf{im})$——地震动参数 $\mathbf{IM}$ 取给定值 $\mathbf{im}$ 时损伤向量 $\mathbf{DM}$ 超过给定值 $\mathbf{dm}$ 的条件概率。

式（5.1-1）中，函数 $G_{DM|IM}(\cdot)$ 称为易损性函数，是如下的积分：

$$\lambda(\mathbf{dm}) = G_{DM|IM}(\mathbf{DM} > \mathbf{dm})$$
$$= \int_{edp}\int_{im} G_{DM|EDP}(\mathbf{DM} > \mathbf{dm} \mid \mathbf{EDP} = \mathbf{edp}) \cdot$$
$$dG_{EDP|IM}(\mathbf{EDP} > \mathbf{edp} \mid \mathbf{IM} = \mathbf{im}) \cdot d\lambda(\mathbf{im}) \qquad (5.1\text{-}2)$$

式中 $\qquad\qquad$ **EDP**——工程需求参数向量；

$G_{EDP|IM}(\mathbf{EDP} > \mathbf{edp} \mid \mathbf{IM} = \mathbf{im})$——地震动参数 **IM** 取给定值 **im** 时工程需求向量 **EDP** 超过给定值 **edp** 的条件概率。

式（5.1-2）中，函数 $G_{EDP|IM}(\cdot)$ 称为概率需求函数，是结构达到某种状态的概率描述，为如下的积分：

$$\lambda(\mathbf{edp}) = G_{EDP}(\mathbf{EDP} > \mathbf{edp}) = \int_{im} G_{EDP|IM}(\mathbf{EDP} > \mathbf{edp} \mid \mathbf{IM} = \mathbf{im}) \cdot d\lambda(\mathbf{im})$$

$$(5.1\text{-}3)$$

从式（5.1-1）～式（5.1-3）可以看到，基于性能设计的决策模型涉及很多复杂方面，虽然目前都已经进行了深入程度不同的研究，但距离实用还有很大的距离。从工程设计应用的角度考虑，需要从式（5.1-1）～式（5.1-3）后退，根据目前的能力所及部分地（或隐含地）实现有限的目标。

在基于性能设计的四方面中，前两个方面是描述性设计规范也需要完成的常规性的工作，但采用基于性能设计方法时需要细化；第三方面在目前规范中没有直接考虑，而是隐含实现的，对实现预定目标的程度并没有系统、具体和直接的定量度量。该方面是近期国际上在地震工程领域中的研究重点之一。但即使实现前三方面，仍没有给设计者和业主留出选择的空间，仍然是简单地遵守规范的要求，因而是规范，而不是设计者或业主决定结构的性能。

基于性能的抗震设计思想意图突破这种状况，赋予设计者和业主决定结构抗震性能的权力。这样就需要将破坏程度与某种类型的决策变量（如维修造价、死亡率、恢复功能需要的时间）相关联，给决策者提供决策理论、方法和实用的工具。在现有的设计实践中，降低造价等在设计理念上也是意图考虑的要求，但相关的研究工作在定量化和实用化方面还显著不足，因此目前还无法在规范层面直接实现。从目前的工程实践来看，已经颁布的一些基于性能的结构抗震设计规范[6,11,12,13,15,18]都是基于对前 3 项内容的研究成果。

"基于性能的设计"应首先被理解为是一种设计思想或设计理念，而不是完成工程结构设计任务的一个具体技术路径。在"基于性能的设计"思想下，针对一项具体的工程设计（指定了性能要求的），具有资质的不同设计者应当可以找到不同的同等有效的技术路径实现性能目标的要求。但由于多方面的原因，基于性能的设计目前还必须在规范层面上对性能目标及实现的技术途径进行规定。

在规范实践方面，日本《铁路结构设计规范（抗震设计篇）》[11]、日本《公路桥梁设计规范（V 抗震设计篇）》[12]，美国《AASHTO Guide Specifications for LRFD Seismic Bridge Design（2nd）》[13]比较系统地实现了基于性能的抗震设计思想和方法，美国《AASHTO LRFD Bridge Design Specifications（6th ed）》[14]虽然没有完全过渡到基于性能的抗震设计方法，但规定可以选择按文献［13］进行抗震设计。中国《建筑抗震设计规范》GB 50011—2010[15]和中国《公路工程抗震规范》JTG B 02—2013[16]、中国《城市桥梁抗震设计规范》CJJ 166—2011[17]则是在一定程度上体现了基于性能的抗震设计思想，但在实现细节上尚不系统和完整。可见世界主要地震国家的抗震设计规范已经在向基于性能的抗震设计过渡，并部分完成了初步过渡工作。

跟踪国际工程结构抗震设计规范设计思想与方法的发展趋势与水平，2014 年 12 月颁布的中国《城市轨道交通结构抗震设计规范》GB 50909—2014[18]采用了基于性能的抗震设计思想，并部分实现了基于性能的抗震设计方法。本章将对与基于性能的抗震设计相关的技术问题进行介绍和讨论。

5.2　性能目标

5.2.1　抗震设防类别

抗震设防类别是根据建筑遭遇地震破坏后，可能造成人员伤亡、直接和间接经济损失、社会影响的程度及其在抗震救灾中的作用等因素，对各类建筑所作的设防类别划分。抗震设防分类是关系到生命安全、经济和社会等因素的综合指标，与社会和业主的接受程度、设计工作的实际操作等密切相关。

中国现行《建筑工程抗震设防分类标准》GB 50223—2008[19]，对建筑抗震设防类别的划分，主要根据下列因素的综合分析确定：①建筑破坏造成的人员伤亡、直接和间接经济损失及社会影响的大小。②城镇的大小、行业的特点、工矿企业的规模。③建筑使用功能失效后，对全局的影响范围大小、抗震救灾影响及恢复的难易程度。④建筑各区段的重要性有显著不同时，可按区段划分抗震设防类别。下部区段的类别不应低于上部区段。⑤不同行业的相同建筑，当所处地位及地震破坏所产生的后果和影响不同时，其抗震设防类别可不相同。

现行《建筑工程抗震设防分类标准》将建筑工程分为四个抗震设防类别：特殊设防类，也称甲类；重点设防类，也称乙类；标准设防类，也称丙类；适度设防类，也称丁类。对交通运输系统的建筑，该标准根据其在交通运输线路中的地位、修复难易程度和对抢险救灾、恢复生产所起的作用划分抗震设防类别。对所涵盖的铁路、公路、水运和空运系统建筑和城镇交通设施，给出了划分方法。铁路建筑中，高速铁路、客运专线（含城际铁路）、客货共线Ⅰ级Ⅱ级干线和货运专线的铁路枢纽的行车调度、运转、通信、信号、供电、供水建筑，以及特大型站和最高聚集人数很多的大型站的客运候车楼，抗震设防类别应划为重点设防类。公路建筑中，高速公路、一级公路、一级汽车客运站和位于抗震设防烈度为 7 度及以上地区的公路监控室，一级长途汽车站客运候车楼，抗震设防类别应划为重点设防类。城镇交通设施中，在交通网络中占关键地位、承担交通量大的大跨度桥应划为特殊设防类；处于交通枢纽的其余桥梁应划为重点设防类；城市轨道交通的地下隧道、枢纽建筑及其供电、通风设施，抗震设防类别应划为重点设防类。

中国《公路工程抗震规范》[16]划分为 A、B、C 和 D 四类。A 类包括单跨超过 150m 的特大桥；B 类包括单跨不超过 150m 的高速公路、一级公路上的桥梁，单跨不超过

150m 的二级公路上的特大桥、大桥；C 类包括二级公路上的中小桥，单跨不超过 150m 的三、四级公路上的特大桥、大桥；D 类包括三、四级公路上的中小桥。中国《城市桥梁抗震设计规范》[17]将城市桥梁分为甲、乙、丙和丁四类。甲类包括悬索桥、斜拉桥和大跨度拱桥；乙类包括除甲类以外的交通网络中枢纽位置的桥梁和城市快速路上的桥梁；丙类包括城市主干路和轨道交通桥梁；丁类包括除甲、乙和丙三类桥梁以外的其他桥梁。中国《地铁设计规范》GB 50157—2013[20]将地铁地下结构的抗震设防类别定为重点设防类。中国《铁路工程抗震设计规范》GB 50111—2006[21]将桥梁划分为一般和重要两种类别。

美国 AASHTO 在以往的抗震设计规范中将桥梁划分为普通桥梁（ordinary）、重要桥梁（essential）和极重要桥梁（critical）三类，但在其最新版本的抗震设计指南[13]中又引入了常规桥梁（conventional）和非常规桥梁（non-conventional）两个划分，并指明指南适用于常规桥梁的抗震设计；对于非常规桥梁，业主需要制定合适的设计条文，或同意现有的条文，或同时选择两者。抗震设计时，常规桥梁是指具有板、梁、箱梁和桁杆上部结构，具有墩、排架下部结构，以及具有浅基础、桩基础的桥梁；非常规桥梁是指有斜拉、悬索上部结构的桥梁，具有桁架塔、薄壁墩的桥梁，以及拱桥。抗震设计仍保持重要桥梁和极重要桥梁的划分，但规定对于上述两类桥梁需由业主制定更高的性能要求条文，而且是针对一个特定的工程项目和特定的桥梁结构形式。可见 AASHTO 在新的抗震设计指南中，由于引入了基于性能的抗震设计思想和方法，对于桥梁抗震分类和性能要求的确定进行了细化。AASHTO 的最新版本的桥梁设计规范一方面规定可以按最新版本的抗震设计指南执行，另一方面保持了原有的设计条文的继续可用，二者并行，处于过渡阶段。日本《铁路结构设计规范（抗震设计篇）》[11]将新干线及大城市旅客线路结构物，以及明挖隧道等受灾后修复困难的结构物划分为重要结构物。日本《公路桥梁设计规范（Ⅴ 抗震设计篇）》[12]根据道路的种类和桥梁的重要性，将桥梁划分为 A、B 两类。B 类为特别重要桥梁，包括高速公路、本州四国公路、一般国道桥、都道府县级公路、市政村道路、双层或多层桥、跨线桥、区域救灾及通行重要度高的桥梁；A 类桥梁为除 B 类以外的桥梁。欧洲统一规范[22,23]根据桥梁失效对生命安全、交通（特别是震后救援的即时交通）以及经济的影响，将桥梁抗震重要性划分为Ⅰ、Ⅱ和Ⅲ三个等级。一般的公路和铁路桥梁被考虑为重要性等级Ⅱ类（平均重要）；Ⅲ类（极重要）桥梁是指为保持交通、特别是震后即时交通的极关键的桥梁，这些桥梁的失效可能意味着大量的人员伤亡；Ⅰ类（低重要）桥梁。

从以上叙述可以看到，国内外对结构抗震设防重要性类别的划分在 2～4 个类别之间。城市轨道交通结构主要包括高架区间、高架车站和地面车站、区间隧道、地下车站等结构类型，在进行抗震设防分类时，以我国现行《建筑工程抗震设防分类标准》为基础，参照铁路、公路和民用建筑设施的分类方法以及美国、日本、欧洲相关结构抗震设防类别划分方法，给出了表 5.2-1 的抗震设防类别划分。

城市轨道交通结构抗震设防类别 表 5.2-1

编号	抗震设防类别	类别界定
1	特殊设防类	在城市轨道交通网络中占关键地位、承担交通量大的大跨度桥梁和车站的主体结构

编号	抗震设防类别	类 别 界 定
2	重点设防类	除特殊设防类以外的高架区间结构、高架车站主体结构、区间隧道结构和地下车站主体结构
3	标准设防类	除特殊设防类、重点设防类以外的其他轨道交通结构

对城市轨道交通车站的划分，主要考虑设计预测日平均客流量，包括进出站客流和站内换乘客流，不包括过站客流。目前，上海市城市轨道交通网络中人民广场站的日平均客流量超过 50 万，日均客流最大的车站为日本新宿站（包括地铁、铁路等），达到 385 万。建议将日平均客流量超过 50 万人次的大型综合枢纽车站的主体结构划分为特殊设防类。作此规定是为了控制特殊设防类车站范围。

5.2.2 抗震设防水准

中国《公路工程抗震规范》[16]定义了 E1 和 E2 两个基本地震作用水准，E1 地震作用的重现期为 475 年，E2 地震作用的重现期为 2000 年。该规范又通过重要性系数对 E1 和 E2 对应的设计地震动参数进行了调整，见表 5.2-2。这种做法改变了设计地震参数发生的重现期，因此实际上意味着定义了不止两种重现期的地震作用。中国《公路工程抗震规范》的精神是指向基于性能抗震设计方向的，但对抗震设防水准的规定显得繁琐和不清晰。

桥梁抗震重要性修正系数 （原表 3.1.3） 表 5.2-2

桥梁抗震设防类别	E1 地震作用	E2 地震作用
A	1.0	1.7
B	0.43(0.5)	1.3(1.7)
C	0.34	1.0
D	0.23	—

中国《铁路工程抗震设计规范》[21]将地震动分为多遇地震（E1）、设计地震（E2）、罕遇地震三个水准（E3），对应地震重现期分别为 50 年、475 年和 2450 年。中国《建筑抗震设计规范》[15]对三个水准地震重现期的划分见表 5.2-3。国际上一些主要地震国家技术标准对设防水准的规定见表 5.2-4。

中国《建筑抗震设计规范》对三个水准地震重现期的划分 表 5.2-3

设防水准	地震级别	重现期(年)	50 年超越概率(%)
1	多遇地震（小震）	50	63.2
2	设防地震（中震）	475	10
3	罕遇地震（大震）	1600(7 度)	3
		1600～2400(8 度)	2～3
		2400(9 度)	2

国外主要地震国家抗震技术标准设防水准的规定　　　　表 5.2-4

技术标准名称	设 计 地 震
日本《公路桥梁设计规范(V 抗震设计篇)》	(1)水准 1 地震(桥梁使用期内发生概率较高的地震) (2)水准 2 地震(桥梁使用期内发生概率较低的地震) Ⅰ 型地震(板边地震引起的地震动) Ⅱ 型地震(兵库县南部地震等内陆下方型地震引起的地震动)
日本《铁路结构设计规范(抗震设计篇)》	(1)水准 1 地震(结构使用期内可能发生数次的地震) (2)水准 2 地震(结构使用期内发生概率小但强度很大的地震) Ⅰ 型地震(海洋地震引起的地震动) Ⅱ 型地震(内陆地震引起的地震动)
欧洲规范 8	(1)对于一般桥梁,采用重现期 475 年(数值由各国选择)的地震(使用期 50～100 年内的超越概率 10%～19%) (2)用参考地震力乘重要性系数[γ_1=1.3(Ⅲ类),1.0(Ⅱ类),0.85(Ⅰ类)]考虑结构的重要性;实质是改变了地震作用的重现期
新西兰桥梁手册 NZS3101	(1)设计地震(重现期 450 年的地震) (2)用设计地震力乘重要性系数(R=1.3,1.15,1.0)考虑重要性
AASHTO 桥梁抗震设计指南,2011	重现期 1033 年地震作用
AASHTO LRFD 桥梁设计规范,2012	重现期 1033 年地震作用
Caltrans 2010	一般桥梁:三者选大(975 年重现期;桥址附近震级最大断裂均值反应谱;桥址 12km 处走滑断层发生 6.5 级地震产生的均值反应谱)
	重要桥梁:场地、桥梁相关;同行审查
SCDOT 2008	Ⅰ 类桥梁:FEE:500;SEE:2500
	Ⅱ 类桥梁:FEE:500;SEE:2500
	Ⅲ 类桥梁:FEE:—;SEE:2500

　　AREMA[24]对抗震设防水准的规定比较独特和细致。AREMA 设置了四个地震动水准,见表 5.2-5。AREMA 设置的四级地震动水准的每一级的重现期都在一个区间内取值,这与其他抗震设计规范不相同。为了帮助工程师针对每一个极限状态确定一个合适的地震动重现期的具体取值,AREMA 定义了三种结构重要性分类,即 IS(Immediate Safety)、IV(Immediate Value)和 RV(Replacement Value)三类。IS、IV 和 RV 实际上是地震动强度的度量,遭遇与 IS 对应的地震时,服务不中断;遭遇 IV 地震时,服务功能可能中断,但经过小的维修后可以恢复功能;遭遇 RV 地震时,结构可能遭受很大破坏,但仍可以存留。IS、IV 和 RV 分值的确定方法见表 5.2-6(a)。在确定了 IS、IV 和 RV 的分值后,根据表 5.2-6(b)确定各极限状态下的权重系数。

AREMA[24] 设置的地震动水准　　　　表 5.2-5

地震动水准	发生频度	平均重现期(年)	震级范围(Richter)
0	—	—	0.00～4.99
1	偶尔	50～100	5.00～5.99
2	罕遇	200～500	6.0～6.99
3	非常罕遇	1000～2400	7.0～

AREMA[24] IS、IV 和 RV 分值确定方法 表 5.2-6（a）

重要性分类	因 素	量 化 分 数
IS	轨道结构利用率	(1)仅货运:分值 1.0 (2)每天少于 10 列客车:分值 2 (3)每天多于 10 列客车:分值 4
	有害物质	取值范围 0~4,具体分值需要由工程师确定;考虑因素包括有害物质的种类和体积,以及可能被污染结构的范围
	社区生命线重要程度	该因素反映地震造成结构失效后对社区的威胁程度,取值范围 0~4。具体取值需要考虑结构的性质。如果跨越震后救援的关键线路,取高的分值;如果跨越社区的供水系统,取高分值;附着于结构上的电话、供电、供水线路的潜在破坏也需要考虑
IV	铁路利用效率	年运输量低于 1000 万 t:1 分; 年运输量介于 1000 万~5000 万 t 之间:2 分; 年运输量 5000 万 t 以上:4 分
	绕行线路	无绕行线路:1.00 分; 不方便的绕行线路:0.50 分; 方便绕行线路:0.25 分
RV 累计不超过 4 分	桥梁单跨长度	小于 35 英尺:1 分 35~125 英尺之间:2 分; 125~250 英尺之间:3 分; 大于 250 英尺:4 分
	桥梁总长度	小于 100 英尺:1.0 分; 100~1000 英尺之间:1.5 分; 大于 1000 英尺:2.0 分
	桥梁高度	桥高小于 20 英尺:0.75 分; 20~40 英尺之间:1.00 分; 大于 40 英尺:1.25 分

AREMA[24] 权重系数 表 5.2-6（b）

极限状态	权重系数		
	IS	IV	RV
即时服务(行车安全)	0.80	0.20	0.00
极限能力(承载能力)	0.10	0.80	0.10
残余能力(不倒塌)	0.00	0.20	0.80

根据表 5.2-6（a）和（b）可以得到 IS,IV 和 RV 的加权综合取值,而后可以计算各极限状态的地震动的重现期:

即时服务:$TR = 50 + (100 - 50) \times IS/4$

极限状态:$TR = 200 + (500 - 200) \times IV/4$

残余能力:$TR = 1000 + (2400 - 1000) \times RV/4$

除了上述规范的规定外,一些重大工程还采用了经过专门讨论后确定的设防水准,见表 5.2-7。从近年来中国大型工程抗震设防水准的设定情况来看,一般设置两个地震动水准,第一水准一般为 475 年,第二水准一般在 2000 年以上(少数低于 2000 年或大于 3000 年)。美国的 FEE 地震的重现期在 300~500 年之间,SEE 地震的重现期在 1000~

2500 年之间，与我国重大工程采用的重现期取值范围基本相同。

重大桥梁工程抗震设防水准案例   表 5.2-7

	工程名称	年份	设计地震重现期(年)
中国	南浦大桥、杨浦大桥	2002	E1:475; E2:950
	徐浦大桥、虎门大桥、江阴大桥、南京二桥	1996	E1:475; E2:1650
	海湾二桥、南澳大桥、润扬大桥	2000	E1:475; E2:2475
	卢浦大桥	2008	E1:950; E2:3280
	苏通大桥、泰州大桥	2011	E1:950; E2:2450
	闽江大桥	2010	E1:950; E2:2450
美国	Caltrans—West Approach Seismic Retrofit of San Francisco-Oakland Bay Bridge	2002	(1)SEE:1000～2000; (2)FEE:300
	Caltrans—Vincent Thomas Toll Road Seismic Retrofit	1996	(1)SEE:950 (2)FEE:285
	South Carolina Department of Transportation — Cooper River Bridge	2000	(1)SEE:2500 (2)FEE:500
	Oregon and Washington Departments of Transportation — Columbia River Crossing	2008	(1)SEE:2500 (2)FEE:500
	Washington State department of Transportation — State Route 520 Bridge	2011	(1)1000
	Caltrans— Antioch Toll Bridge Seismic Retrofit	2010	(1)1000

注：表中，SEE——Safety Evaluation Earthquake；FEE——Functional Evaluation Earthquake。

可以看到，各国桥梁结构抗震设计中常用的设防标准主要有单一水准、二水准和三水准设防等。正在发展中的基于性能的抗震设计思想则为针对不同结构物采取多水准设防、多性能目标设计。《城市轨道交通结构抗震设计规范》[18]设防水准见表 5.2-8。

《城市轨道交通结构抗震设计规范》设防水准   表 5.2-8

设防地震动水准	重现期(年)	设防地震动水准	重现期(年)
E1	100	E3	2450
E2	475		

5.2.3 抗震性能等级

确定性能参数，并划分构件和结构的性能等级是基于性能抗震设计中的重要一环，要求细化、具体。2004 年《建筑工程抗震性态设计通则》[4]中建议了 5 个性能等级，见表 5.2-9。2010 年《建筑抗震设计规范》[15]也将建筑结构的地震性能等级划分为 5 级，见表 5.2-10。

《建筑工程抗震性态设计通则（试用）》结构地震性能等级划分 表 5.2-9

性能等级	性能水平描述
1. 充分运行	建筑和设备的功能在地震或震后能继续保持,结构构件与非结构构件可能有轻微的破坏,但建筑结构完好
2. 运行	建筑基本功能可继续保持,一些次要构件可能轻微破坏,但建筑结构基本完好
3. 基本运行	建筑的基本功能不受影响,结构的关键和重要部位以及室内物品未遭破坏,结构可能损坏,但经一般的修理和不需修理仍可继续使用
4. 生命安全	建筑的基本功能受到影响,主体结构有严重破坏但不影响承重,非结构部件可能坠落,但不致伤人,生命安全能够得到保障
5. 接近倒塌	建筑的基本功能不复存在,主体结构有严重破坏,但不致倒塌

《建筑抗震设计规范理解与应用》结构抗震性能等级划分（原表 17.3-1） 表 5.2-10

名称	破坏描述	继续使用可能性
基本完好	承重构件完好;个别非承重构件轻微损坏;附属构件有不同程度破坏	一般不需修理即可继续使用
轻微损坏	个别承重构件轻微裂缝,个别非承重构件明显破坏;附属构件有不同程度破坏	不需修理或稍加修理仍可继续使用
中等破坏	多数承重构件轻微裂缝,部分明显裂缝;个别非承重构件严重破坏	需要一般修理,采取安全措施后可适当使用
严重破坏	多数承重构件严重破坏或部分倒塌	应排险大修,局部拆除
倒塌	多数承重构件倒塌	需拆除

中国《公路工程抗震规范》[16]和《城市桥梁抗震设计规范》[17]都对桥梁结构的地震损伤程度进行了描述,体现了基于性能抗震设计的思想,但没有使用明确划分的性能等级。中国《地铁设计规范》[20]将地铁地下结构的抗震性能分为三级,见表 5.2-11。ARE-MA[24]将轨道-结构系统的性能划分为四级,见表 5.2-12。日本《公路桥梁设计规范（V抗震设计篇）》[12]的性能等级划分见表 5.2-13,日本《铁路结构设计规范（抗震设计篇）》性能等级的划分见表 5.2-14（a）。可见交通结构的抗震性能等级划分为 3 个等级为多数抗震规范所采用,似是一个已经基本达成的共识。从表 5.2-14（b）可以看到,日本《铁路结构设计规范（抗震设计篇）》清楚地定义了构件的性能等级,并根据构件的性能等级的组合定义结构的性能等级,在结构抗震性能描述方面更为细致、具体、可操作,更符合基于性能抗震设计规范的发展要求。

《地铁设计规范》[20]地铁地下结构抗震性能等级划分 表 5.2-11

性能等级	性能水平描述
1	结构不损伤,对周围环境和地铁正常运营无影响
2	地下结构不坏或仅需要对非重要结构部分进行一般修理;对周围环境影响轻微,不影响地铁正常运营
3	地下结构主要支撑体系不发生严重破坏且便于修复,无重大人员伤亡,对周围环境不产生严重影响,修复后的地铁应能正常运营

AREMA[24]铁路结构抗震性能等级划分 表 5.2-12

结构反应水平	轨道、结构和信号系统的期望损伤	期望服务性能
Ⅰ	非常低的损伤或限速概率	
Ⅱ	可能需要临时限速的中度损伤	即时服务(行车安全)
Ⅲ	需要修复的重损伤;轨道和结构在短时间内中断服务	极限状态(承载能力)
Ⅳ	需要大修或重建的严重损伤或失效;轨道和结构中断服务的时间不能确定	残余能力(不倒塌)

日本《公路桥梁设计规范 (Ⅴ抗震设计篇)》[12]抗震性能等级划分 表 5.2-13

性能等级	安全性	使用性	修复性	
			短期修复	长期修复
1. 健全性(不坏)	不落梁	与震前相同	不需要	轻微修复
2. 修复性(可修)		震后使用功能可得到快速恢复	恢复使用功能的应急修复	易于进行的永久修复
3. 非致命性(不倒)		—	—	—

日本《铁路结构设计规范 (抗震设计篇)》[11]抗震性能等级划分 表 5.2-14 (a)

结构物的抗震性能	
抗震性能Ⅰ	地震后不需修缮仍能保持基本功能且无过大位移
抗震性能Ⅱ	地震后需进行修缮,但能很快恢复基本功能
抗震性能Ⅲ	结构物不因地震整体垮塌
构件的损伤	
损伤水准 1	无损伤
损伤水准 2	根据情况需要修缮
损伤水准 3	需要修缮
损伤水准 4	需要修缮,根据情况更换构件
基础的稳定	
稳定水准 1	无损伤(作用荷载小于屈服承载力)
稳定水准 2	根据情况需要修缮
稳定水准 3	需要修缮,根据情况需要加固或位置矫正

构件性能等级与结构性能等级的关系 表 5.2-14 (b)

结构物			抗震性能Ⅰ	抗震性能Ⅱ	抗震性能Ⅲ
墩柱式桥墩	构件的损伤水准		1	3	3
	基础的稳定水准		1	2	3
框架式高架桥	构件的损伤水准	上层梁、地下梁	1	2	3
		其他梁	1	3	4
		柱	1	3	3
	基础的稳定水准		1	2	3

结构物			抗震性能Ⅰ	抗震性能Ⅱ	抗震性能Ⅲ
抗土压结构物	构件的损伤水准		1	2	3
	基础的稳定水准		1	2	3
明挖隧道	构件的损伤水准	顶板、底板	1	2	3
		中间板　支撑列车荷载	1	2	3
		中间板　其他	1	3	4
		侧墙	1	2	3
		中柱	1	3	3
	稳定水准		1	2	3

　　将构件性能等级划分定量化并与结构的破坏状态定量相联系，进而与结构的功能丧失程度和安全程度相联系，是抗震性能等级定量化划分的要求。2006 年，Caltrans[25]发布了一个混凝土柱式构件试验破坏数据库，提出了一个 5 破坏等级划分方案，并与试验破坏照片（破坏现象）进行对比。其中破坏等级的划分见表 5.2-15，与试验破坏照片的对比如图 5.2-1。2011 年，陆本燕等[26]以桥墩的破坏状态为基准，对桥梁结构的地震破坏等级进行了研究，给出了表 5.2-16 的破坏等级的划分。

Caltrans[25]钢筋混凝土墩柱 5 破坏等级划分　　　　　　　表 5.2-15

破坏等级	破坏分类	破坏描述	修复描述	社会经济描述
1	无损伤	几乎不可见的裂缝	不需维修	完全运行
2	轻微损伤	裂缝	可能需要维修	运行
3	中等损伤	张开的裂缝；混凝土开始压溃	最小的维修	生命安全
4	严重损伤	非常宽的裂缝；压溃扩展	需要维修	接近倒塌
5	局部失效/倒塌	可见的永久变形	重建	倒塌

桥梁结构性能水平　　　　　　　表 5.2-16

类别	总体描述	损伤描述	修复描述	桥墩损伤定量描述
Ⅰ	功能完好	几乎没有可见裂缝	不需修复	几乎没有可见裂缝
Ⅱ	轻微破坏	混凝土出现裂缝	可能修复	裂缝宽度小于 1mm
Ⅲ	较重破坏	裂缝宽度增大，混凝土开裂	少量修复	裂缝宽度在 1～2mm 之间，剥落区高度大于横截面高度 1/10
Ⅳ	严重破坏	裂缝宽度非常大，混凝土剥落区扩展	需要修复	裂缝宽度大于 2mm，剥落区高度大于横截面高度 1/2，对角线裂缝延伸长度超过 2/3 横截面高度
Ⅴ	接近倒塌	构件出现残余变形，钢筋屈曲或断裂	需要替换	核心区混凝土裂缝宽度大于 2mm，被测量截面膨胀大于 5%原截面尺寸

　　《城市轨道交通结构抗震设计规范》参考了国内外的规范研究成果，特别是日本《铁路结构设计规范（抗震设计篇）》中的相关规定，给出了表 5.2-17（a）抗震性能等级的划分方案。构件的抗震性能等级划分方案见表 5.2-17（b）。

图 5.2-1 破坏等级的可视化对比示例

城市轨道交通结构抗震性能等级 表 5.2-17（a）

性能等级	性能要求	性能描述	与构件性能等级关系
I	震后不破坏或轻微破坏,能保持正常使用功能;结构处于弹性工作阶段;变形不会导致轨道过大变形而影响行车安全	结构处于正常使用状态,从抗震分析角度,结构可视为弹性体系;在预期的地震动作用下,结构一般不受损坏或轻微损坏,且不中断行车	构件、基础和支座的性能等级要求应为1
II	地震后可能破坏,经修补,短期内应能恢复其正常使用功能;结构局部进入弹塑性工作阶段	结构局部进入弹塑性工作阶段,结构的非弹性变形或结构体系的损坏应控制在可修复的范围,在预期的地震动作用下,结构不致产生大的破坏,经修补后可限速通车	构件、基础的性能等级要求不应低于2;下部具有较好延性的结构,支座的性能等级要求可为1;下部延性较差的结构,支座的性能等级要求可为2

续表

性能等级	性能要求	性能描述	与构件性能等级关系
Ⅲ	地震后可能产生较大破坏,但不应出现局部或整体倒毁,结构处于弹塑性工作阶段	结构进入弹塑性工作阶段,结构发生较大的非弹性变形,但应控制在规定的范围内,在预期的地震动作用下,结构可能产生较大破坏,但不出现整体倒塌,经抢修后可限速通车	构件、基础的性能等级要求不应低于 3;下部具有较好延性的结构,支座的性能等级要求可为 1;下部延性较差的结构,支座的性能等级要求可为 2

构件抗震性能等级划分　　　　　　　　　　　　　　**表 5.2-17（b）**

构件类型	性能等级	性能描述
柱式构件	1	无需维修,无影响行车安全的位移
	2	可修复的损伤
	3	更换新构件
基础	1	震后列车正常行驶
	2	震后列车可慢行
	3	经维修加固后仍可以继续使用
支座	1	支座可以保持正常功能、无需更换
	2	支座破坏、更换

5.2.4　抗震设防目标

中国《铁路工程抗震设计规范》[21]规定了 3 水准地震作用下各类结构须达到的性能目标,可大致表述为"小震不坏、中震可修、大震不倒",见表 5.2-18。中国《公路工程抗震规范》[16]规定的抗震性能目标见表 5.2-19。美国 AASHTO 公路桥梁抗震设计[13,14]采用单一水准设防(采用重现期 1033 年地震作为设计地震动),抗震性能目标为,在设计地震动作用下,可能遭受损伤,但发生倒塌的概率很低,可大致表述为"不倒塌"目标下的"可修复"。AREMA 抗震性能目标见表 5.2-20。表 5.2-21 是国外主要地震国家桥梁结构抗震设防目标的概要总结。表 5.2-22 是美国几座大型桥梁工程设定的抗震设防目标。

《铁路工程抗震设计规范》的抗震设防目标　　　　　　　**表 5.2-18**

地震动水准	多遇地震	设计地震	罕遇地震
构筑物	桥梁	路基、挡土墙、隧道、桥台、桥梁上下部结构连接构造	采用钢筋混凝土桥墩的桥梁
设防目标	达到抗震性能要求 Ⅰ(地震后不损坏或轻微损伤,能够保持其正常使用功能;结构处于弹性工作阶段)	达到抗震性能要求 Ⅱ(地震后可能损坏,经修补,短期内能恢复其正常使用功能;结构整体处于非弹性工作阶段)	达到抗震性能要求 Ⅲ(地震后可能产生较大破坏,但不出现整体倒塌,经抢修后可限速通车;结构处于弹塑性工作阶段)

《公路工程抗震规范》桥梁的抗震设防目标 　　表 5.2-19

桥梁抗震设防类别	设防目标	
	E1 地震作用	E2 地震作用
A 类	不受损伤或不需修复可继续使用	可发生局部轻微损伤,不需修复或经简单修复可继续使用
B 类、C 类	不受损伤或不需修复可继续使用	不致倒塌或产生严重结构损伤,经临时加固后可供维持应急交通使用
D 类	不受损伤或不需修复可继续使用	—

AREMA[24] 抗震性能等级划分 　　表 5.2-20

地震动水准	结构反应水平	轨道、结构和信号系统的期望损伤	期望服务性能
0	Ⅰ	非常低的损伤或限速概率	—
1	Ⅱ	可能需要临时限速的中度损伤	即时服务（行车安全）
2	Ⅲ	需要修复的重损伤;轨道和结构在短时间内中断服务	极限状态（承载能力）
3	Ⅲ	需要大修或重建的严重损伤或失效;轨道和结构中断服务的时间不能确定	残余能力（不倒塌）

国外抗震设计规范中各类别桥梁的抗震性能要求 　　表 5.2-21

技术标准名称	设计地震	抗震性能要求
日本《道路橋示方書·同解說-Ⅴ 耐震设计》	①水准 1 地震(发生概率较高);②水准 2 地震(发生概率较低) Ⅰ型(板边) Ⅱ型(内陆下方型)	①对于水准 1 地震,保证抗震性能 1(地震造成的损坏不影响桥梁的完整性)②对于水准 2 地震,根据重要性保证以下性能:A 类桥梁(一般桥梁),抗震性能 3(不倒塌)B 类桥梁(重要桥梁),抗震性能 2(损坏有限,功能可快速恢复)
日本《鉄道構造物等設計標準·同解說—耐震设计》	①水准 1 地震(可能发生数次)②水准 2 地震(发生概率小) Ⅰ型(海洋地震) Ⅱ型(内陆)	①对于水准 1 地震,保证抗震性能 1(震后不恢复也能维持功能,且不产生过大的位移)②对于水准 2 地震,根据重要性保证以下性能:重要结构,抗震性能Ⅱ(震后需进行修复且能快速恢复功能);其他结构,抗震性能Ⅲ(地震不至于造成结构整体倒塌)
欧洲规范 8	①对于一般桥梁,采用重现期 475 年的地震②设计地震乘重要性系数 $\gamma_1 = 1.3$（Ⅲ类）,1.0（Ⅱ类）,0.85（Ⅰ类）	①一般桥梁:防止倒塌(有一定残余承载力,保持物资紧急输送的功能,同时容易检查,修复)②重要桥梁:使损坏最小(有轻微损坏,能够完全维持交通)
美国 AASHTO LRFD 桥梁抗震设计指南	设计地震(重现期 1033 年)	①普通桥梁:生命安全(不倒塌)特别重要的桥梁,保证一般的交通功能②其他桥梁:指定性能(不低于普通桥梁)
新西兰桥梁手册 NZS3101	①设计地震(重现期 450 年)②设计地震乘重要性系数($R = 1.3,1.15,1.0$)	①对设计重现期的地震,震后可保持紧急车辆通行,经修复可恢复原状②对较设计重现期地震小的地震,损坏轻微,对交通功能无影响③对较设计重现期地震大的地震,不会倒塌,应急修复后可通行紧急车辆,能够修复(修复后的承载力低于原来的值)

工程案例：设防目标[6]　　　　　　　　　　　　　　表 5.2-22

工程名称	设计地震重现期(年)	性能准则
Caltrans—West Approach Seismic Retrofit of San Francisco-Oakland Bay Bridge Project	(1)SEE:1000～2000 (2)FEE:300	SEE　地震后,有限服务可接受。有限进入(减少车道、轻度紧急交通状态)在若干天内可接受；正常交通需若干月；不发生倒塌是必须满足的要求。悬吊跨的加劲桁架允许产生小的(超过屈服 25%)非弹性延性需求。 FEE　地震后,几乎立即恢复正常交通状态,可修损伤可以接受。可修损伤的定义是带有较小失去使用功能风险的维修
Caltrans—Vincent Thomas Toll Road Seismic Retrofit Project	(1)SEE:950 (2)FEE:285	同上
South Carolina Department of Transportation—Cooper River Bridge(Ravenel Bridge) Project	(1)SEE:2500 (2)FEE:500	SEE　地震后,对于重要通道结构,服务水平可满足基本使用功能(观察后可开放紧急车辆),损伤可修复。对于非重要通道结构(普通桥梁),发生严重损伤,但不倒塌。 FEE　地震后,对于重要通道结构,服务水平可满足很快接通,损伤水平可达基本弹性反应(小损伤)。对于非重要通道结构(普通桥梁),服务水平满足有限接通,损伤水平达有限的可修复的损伤
Oregon and Washington Departments of Transportation—Columbia River Crossing Project	(1)SEE:2500 (2)FEE:500	SEE　地震后,结构不倒塌,构件损伤严格控制在:墩柱可修复损伤,上部结构和盖梁无损伤、桩或承台小损伤、支座和剪力键可修复损伤,伸缩缝严重损伤。 FEE　地震后,结构应仅遭受最小损伤且无永久位移
Washington State Department of Transportation—State Route 520 Bridge Project	(1)1000	在设计地震后立即开放紧急交通,在几天内开放所有交通。 损伤程度和数量应充分局限于无需更换或加固结构构件就能基本恢复到震前条件。维修不需完全封闭交通。在保持交通情况下可更换次要构件。次要构件是指那些非重力荷载抵抗系统的部件(WSDOT 2010)。 水平荷载抵抗系统的位移能力用 AASHTO SGS 给出的减小的应变极限来评估。即 SGS 允许的混凝土应变的 2/3 和 4 号～10 号和 11 号～18 号钢筋的 A706 型钢应变分别为 0.06 和 0.05。这些应变反映了 ASTM 允许的 A706 最小延伸量的 50%的可允许应变

注：表中,SEE——Safety Evaluation Earthquake；FEE—Functional Evaluation Earthquake。

《城市轨道交通结构抗震设计规范》参考了目前国内外抗震规范的研究成果,特别是轨道交通结构方面的成果,以及轨道交通地面结构和地下结构的差别,给出表 5.2-23 的设防目标。

城市轨道交通结构抗震设防目标　　　　　　　　　表 5.2-23

地震动水准		抗震设防类别	结构抗震性能要求	
等级	重现期(年)		地上结构	地下结构
E1	100	特殊设防类	I	I
		重点设防类	I	I
		标准设防类	I	I

地震动水准		抗震设防类别	结构抗震性能要求	
等级	重现期(年)		地上结构	地下结构
E2	475	特殊设防类	Ⅰ	Ⅰ
		重点设防类	Ⅱ	Ⅰ
		标准设防类	Ⅱ	Ⅰ
E3	2450	特殊设防类	Ⅱ	Ⅰ
		重点设防类	Ⅲ	Ⅱ
		标准设防类	Ⅲ	Ⅱ

5.3 规范化设计地震动参数

5.3.1 美国《公路桥梁抗震设计指南》地震动参数的描述方式

美国 USGS 于 1993 年开始新地震地面运动区划图研究，成果于 1996 年发布。这些区划图给出了重现期 500 年、1000 年和 2500 年的基岩场地的地震动参数（包括 PGA；0.2s、0.3s 和 1.0s 处的反应谱值等）。在区划图的电子版本中还增加提供了 0.1s、0.5s 和 2.0s 处的反应谱值，也提供了整条地震危险性曲线。因此，从电子数据中可以给出任何重现期的地震动参数。1997 年，FHWA 和 MCEER 联合评估了以 USGS 概率区划图为基础确定设计地震动参数的可能性，评估结果在美国地震工程领域得到了广泛的接受。根据这些研究结果，NEHRP 和 AASHTO[27,28] 定义了两级设计地震，即最大考虑地震 MCE（Maximum Considered Earthquake，如超越概率为 75 年 3％，重现期 1033 年）和期望地震 EE（Expected Earthquake 或 Frequent Earthquake，如超越概率为 75 年 50％，重现期 108 年）。从目前美国地震工程领域结构工程抗震设计规范的发展情况来看，MCE 地震用于防倒塌（Collapse-Prevention）设计，保护生命安全；对于 MCE 地震，新近出版的美国规范中都采用位移设计方法。对于 EE 地震，性能要求是结构最小损伤（Minimal Damage），在震后检查后交通功能可立即恢复。

在美国最近十几年的结构抗震设计规范的研究活动中，考虑过两种抗震设计的思路。第一种思路是采用 MCE 地震作为设计地震，即针对 MCE 地震，根据技术准则和工程实践经验进行量化设计，同时修正和细化现有规范中导致保守设计的条款，以保持所设计结构的造价与按现有的 AASHTO 抗震规范设计结构的造价基本相同。第二种思路是采用中等强度的地震（如 75 年超越概率 15％的地震）进行量化设计，保持现有的保守条款作为抵抗更大地震的措施。采用第二种思路，存在的问题是保护的程度未知，很大程度上依赖于直觉知识和工程评判。因此，美国最近十几年制定的结构抗震设计规范都采用了第一种抗震设计思路，且主要设计参数也从强度转变为位移。在新规范的制定过程中，进行了一系列的参数研究，以评估采用 MCE 地震作为设计地震对工程造价的潜在影响。

AASHTO 最近发布的与公路桥梁有关的设计规范[13,14]采用了 MCE 地震，5％阻尼比的弹性设计地震反应谱为：

$$S_a = \begin{cases} 0.60\dfrac{S_{DS}}{T_0}T + 0.40S_{DS} & T \leqslant T_0 \\[2mm] S_{DS} & T_0 \leqslant T \leqslant T_s \\[2mm] \dfrac{S_{D1}}{T} & T_s \leqslant T \end{cases} \qquad (5.3-1)$$

$$T_0 = 0.2T_s \quad T_s = \frac{S_{D1}}{S_{DS}} \qquad (5.3-1a)$$

$$S_{DS}(T_s) = F_a \cdot S_s; S_{D1}(T=1.0) = F_v \cdot S_1 \qquad (5.3-1b)$$

式中　S_s 和 S_1——B 类场地反应谱在 0.2s 和 1.0s 处的谱值，按 USGS 的概率地震动参数区划图取值；

F_a 和 F_v——场地系数，见表 5.3-1（a）和表 5.3-1（b）。

场地系数 F_a　　　　　　　　　　表 5.3-1（a）

场地类别	地震区划图在短周期处的谱加速度值				
	$S_s \leqslant 0.25g$	$S_s = 0.50g$	$S_s = 0.75g$	$S_s = 1.00g$	$S_s \geqslant 1.25g$
A	0.8	0.8	0.8	0.8	0.8
B	1.0	1.0	1.0	1.0	1.0
C	1.2	1.2	1.1	1.0	1.0
D	1.6	1.4	1.2	1.1	1.0
E	2.5	1.7	1.2	0.9	0.9

场地系数 F_v　　　　　　　　　　表 5.3-1（b）

场地类别	地震区划图在周期 1.0s 处的谱加速度值				
	$S_1 \leqslant 0.1g$	$S_1 = 0.2g$	$S_1 = 0.3g$	$S_1 = 0.4g$	$S_1 \geqslant 0.5g$
A	0.8	0.8	0.8	0.8	0.8
B	1.0	1.0	1.0	1.0	1.0
C	1.7	1.6	1.5	1.4	1.3
D	2.4	2.0	1.8	1.6	1.5
E	3.5	3.2	2.8	2.4	2.4

从表 5.3-1（a）和表 5.3.1（b）可以看到，B 类场地的场地系数均为 1.0，即无需修正。实际上，USGS 概率性地震区划图上的地震动参数（PGA 和特征周期点上的反应谱值）就是针对 B 类场地给出的，其他类型场地的地震反应谱通过 B 类场地反应谱修正得到。

按上述方法确定的场地相关反应谱适用于周期小于 3s 的情况；对于周期大于 3s 的情况，式（5.3-1）给出的结果可能是保守的，因为地面运动接近常数谱位移，因此加速度反应谱按 $1/T^2$ 规律衰减更合理。此种情况下，好的做法是对场地反应谱进行专门研究。若无专门研究结果，则仍应按规范规定的方法取值，尽管可能过于保守。

图 5.3-1 是 NEHRP 场地相关反应谱的示意。

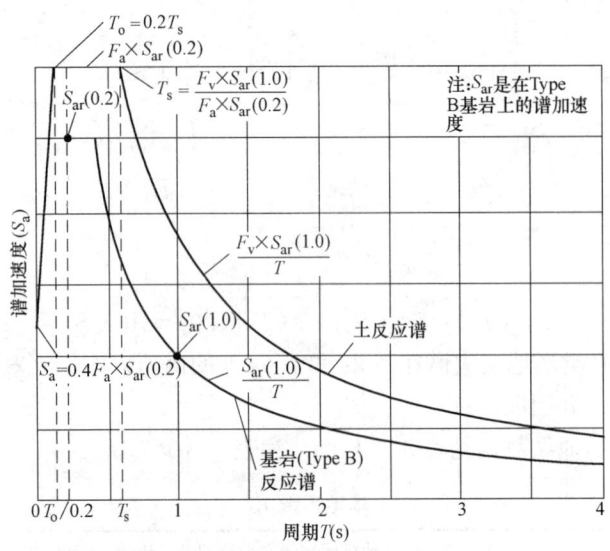

图 5.3-1　NEHRP 场地相关反应谱

5.3.2　日本道路和铁路抗震设计规范关于设计地震动的规定

日本《公路桥梁设计规范（V抗震设计篇）》将地震动水平分为两级，其中第二级地震又分为两种类型。为反映各区域地震活动性的差异，采用了地区修正系数，见表5.3-2。虽然如此，日本的设计地震动参数并不是直接采用概率性方法确定的，没有给出明确的重现期。

日本地震区修正系数　　　　　　　　　　　　表 5.3-2

地震区	修正系数		
	c_z	c_{Iz}	c_{IIz}
A1	1.00	1.20	1.00
A2	1.00	1.00	1.00
B1	0.85	1.20	0.85
B2	0.85	1.00	0.85
C	0.70	0.80	0.70

水平1地震为发生概率比较高的地震；水平2地震为发生概率低，但强度大的地震。其中，水平1地震来自于对以往发生地震数据的处理与分析；根据日本地震地质环境的特点，水平2地震的类型Ⅰ地震反映板块边缘地震特征，类型Ⅱ地震反映兵库县南部地区内陆直下型地震特征。水平1和水平2的标准加速度反应谱如图5.3-2。《公路桥梁设计规范（V抗震设计篇）》给出了经振幅调整与规范反应谱特性相一致的地震加速度时程21条，其中水平1地震动3条，水平2地震动18条，如图5.3-3。

日本《铁路结构设计规范（抗震设计篇）》设计地震动分为两级。L1地震动是有可能在结构使用期间建设地点发生数次的地震，并考虑地域特性而设定的基准设计地震动，主要用于验算从列车走行性安全角度验算，是在总结结构抗震经验基础上提出的。其水平方向弹性加速度反应谱（阻尼系数5%）如图5.3-4。

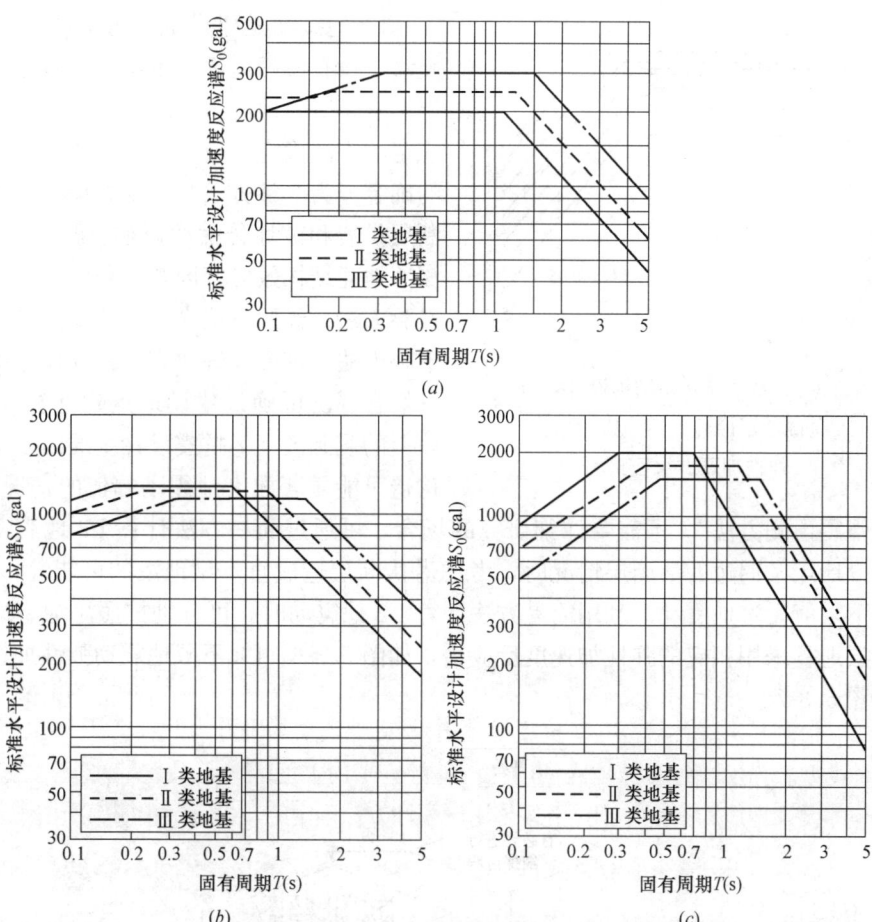

图 5.3-2　日本《公路桥梁设计规范（Ⅴ抗震设计篇）》中的标准加速度反应谱

（a）水平 1 地震动；（b）水平 2 类型 Ⅰ 地震动；（c）水平 2 类型 Ⅱ 地震动

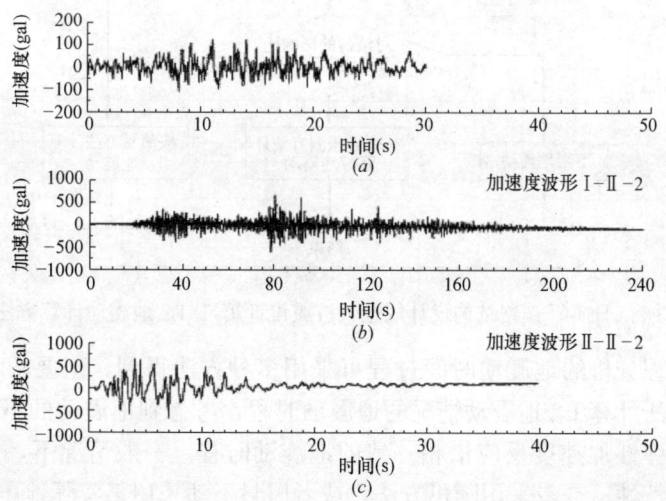

图 5.3-3　日本《公路桥梁设计规范（Ⅴ抗震设计篇）》中的设计加速度时间过程示例

（a）水准 1-Ⅱ类场地；（b）水准 2-类型 Ⅰ-Ⅱ类场地；（c）水准 2-类型 Ⅱ-Ⅱ类场地

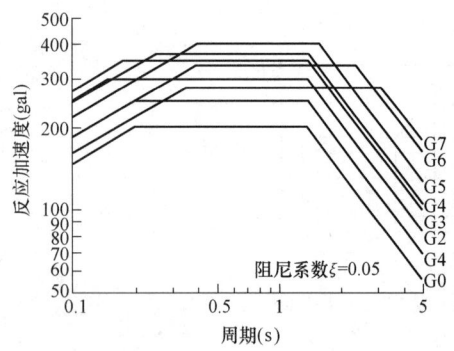

图 5.3-4 日本《铁路结构设计规范
（抗震设计篇）》L1 地震动
弹性加速度反应谱

L2 地震动是建设地点考虑的最大强度地震动，没有考虑地震发生概率，而是根据活断层调查、对象地震（假想地震）等信息，采用规定的方法确定，流程如图 5.3-5。L2 地震动的确定分为 3 种方法：①强震预测方法。考虑断层扩展和破坏传播的影响、距离衰减特征、深部地壳结构效应等因素，采用理论方法、半经验方法、经验方法来实现。②简易方法。③下限方法。需要详细研究工程场地地震动特征的场合（①可确认建设地点附近有 $M_w = 7.0$ 以上的震源区；②抗震设计基准面以下的地基构造可能显著放大地震动幅值的情况），需要采用"强震预测方法"。不需要详细研究的场合，可通过简易方法计算 L2 地震动。当不知道建设地点及周边的活断层情况时，考虑潜伏断层造成直下型地震的可能性，按照 L2 地震动下限值设定地震动。利用简易方法计算 L2 地震动时，可分别按照海沟型地震和内陆活断层地震采用相应的弹性加速度反应谱，如图 5.3-6。L2 下限地震动弹性加速度反应谱，如图 5.3-7。

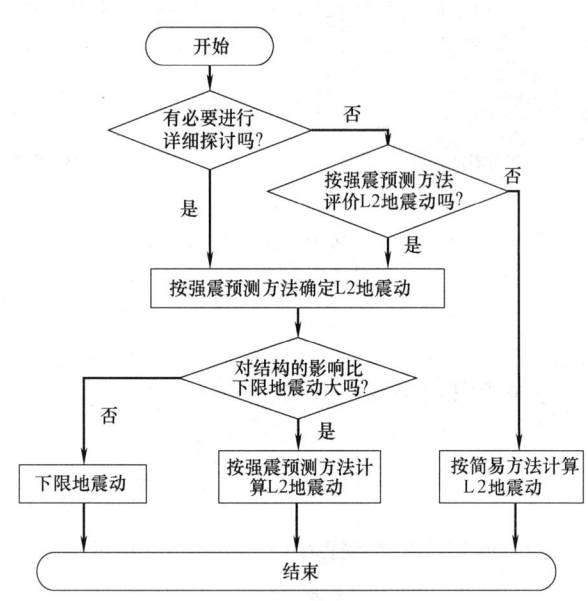

图 5.3-5 日本《铁路结构设计规范（抗震设计篇）》L2 地震动计算方法流程

用于动力时程分析的地震动时间过程可采用多种方法得到，但要求与设计反应谱一致。通过简易方法计算 L2 地震动情况的地震动时程，考虑到地震动的不确定性，可将其规定为与地震动弹性加速度反应谱一致的地震动时程。一般情况下，重点考虑幅频特性，而对于相位特性，或者采用随机方法，或者原封不动采用某实际地震时程观测点记录的相位。但是考虑到相位特性与地震动的非确定性之间存在关系，且地震动的非确定性对结构弹塑性反应带来的大的影响，必须计算出与预测地震相对应的相位特性。图 5.3-8 所

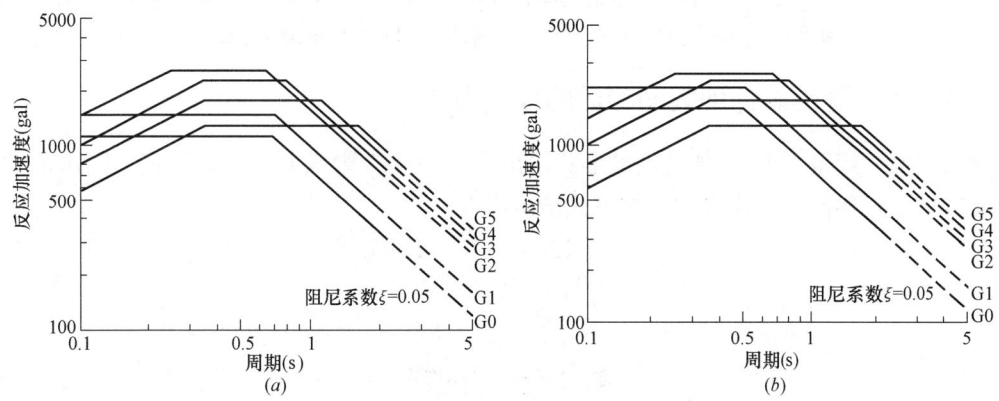

图 5.3-6　日本《铁路结构设计规范（抗震设计篇）》
L2 地震动简易确定方法弹性加速度反应谱

（a）海沟型地震；（b）内陆活断层地震

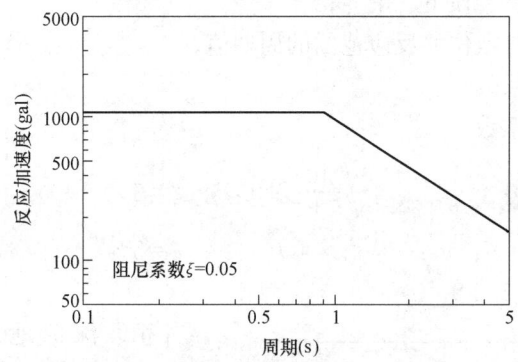

图 5.3-7　日本《铁路结构设计规范（抗震设计篇）》
L2 下限地震动弹性加速度反应谱（剪切波速 400m/s 场地）

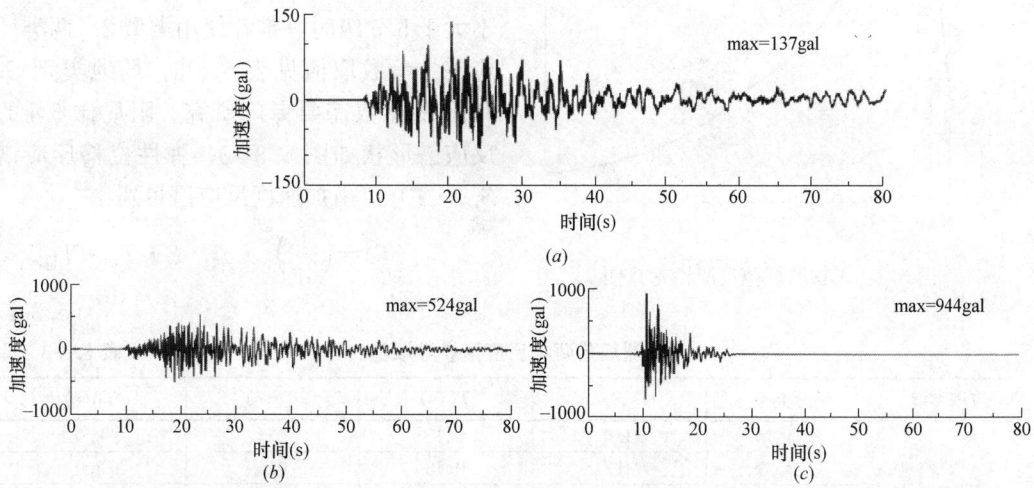

图 5.3-8　日本《铁路结构设计规范（抗震设计篇）》L2 地震动简易方法生成的加速度时间过程
（a）L1 地震动加速度时程曲线；（b）Ⅰ型-海沟型地震；（c）Ⅱ型-内陆活断层地震

示的地震动时程就是考虑了到目前为止观测记录和断层破裂过程相位特性模型化,与图 5.3-6 相一致的弹性加速度反应谱(剪切波速 400m/s 场地,即 G1 类地基)所计算出来的一个例子。

5.3.3 欧洲规范设计地震动参数的描述方式

欧洲统一规范[22,23]以加速度的形式给出了弹性反应谱 $S_e(T)$,并假定不同水准的地震反应谱形状相同,其水平分量按下式给出:

$$S_e(T) = a_g S \cdot \begin{cases} [1+(2.5\eta-1) \cdot T/T_B] & 0 \leqslant T < T_B \\ 2.5\eta & T_B \leqslant T < T_C \\ 2.5\eta T_C/T & T_C \leqslant T < T_D \\ 2.5\eta T_C T_D/T^2 & T_D \leqslant T < 4s \end{cases} \quad (5.3-2)$$

式中　T——线性单自由度振子的周期;

a_g——A 类场地的地面设计加速度峰值,$a_g = \gamma_I a_{gR}$,a_{gR} 为 A 类场地参考峰值加速度,γ_I 为重要性系数;

T_B、T_C——加速度谱平台段下、上界;

T_D——定义谱中常数位移反应范围的周期值;

S——场地类别系数;

η——阻尼修正系数。

$$\eta = \begin{cases} \sqrt{\dfrac{10}{5+\xi}} \geqslant 0.55 & \xi \neq 5\% \\ 1.0 & \xi = 5\% \end{cases} \quad (5.3-3)$$

反应谱示意图如图 5.3-9。

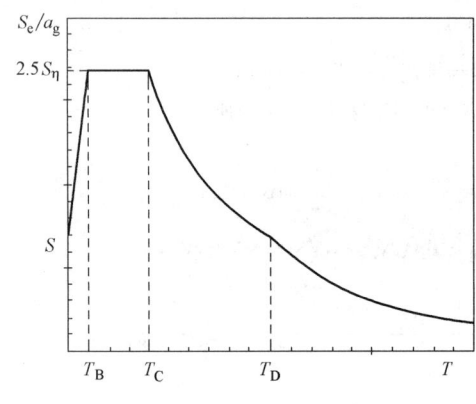

图 5.3-9　欧洲规范反应谱示意图

当考虑深部地质条件影响时,T_B、T_C、T_D、S 等可以查欧盟各国的附录;当不考虑深部地质条件的影响时,可以使用两类反应谱:类型 1 和类型 2。当面波震级不大于 5.5 级时,推荐使用类型 2。两类反应谱的参数取值见表 5.3-3,场地类别 S_1 和 S_2 的参数需要专门研究。阻尼比 5% 的反应谱形状如图 5.3-10。弹性位移反应谱 $S_{De}(T)$ 可由加速度反应谱得到:

$$S_{De}(T) = \left(\frac{1}{2\pi}\right)^2 \cdot a_g \cdot S \cdot T_C \cdot T_D \quad (5.3-4)$$

欧洲规范两类反应谱参数取值 表 5.3-3

反应谱类型	场地类型	S	$T_B(s)$	$T_C(s)$	$T_D(s)$
类型 1	A	1.0	0.15	0.4	2.0
	B	1.2	0.15	0.5	2.0
	C	1.15	0.20	0.6	2.0
	D	1.35	0.20	0.8	2.0
	E	1.4	0.15	0.5	2.0

续表

反应谱类型	场地类型	S	$T_B(s)$	$T_C(s)$	$T_D(s)$
类型 2	A	1.0	0.05	0.25	1.2
	B	1.35	0.05	0.25	1.2
	C	1.5	0.10	0.25	1.2
	D	1.8	0.10	0.30	1.2
	E	1.6	0.05	0.25	1.2

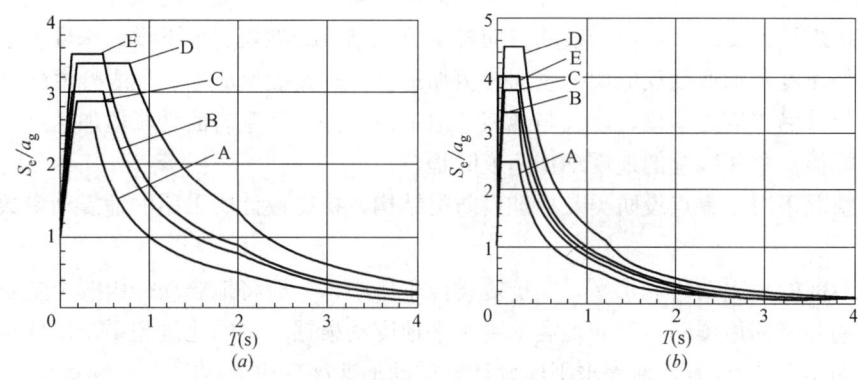

图 5.3-10　欧洲规范两类反应谱

(a) 类型 1；(b) 类型 2

反应谱竖向分量 $S_{ve}(T)$ 由下式计算：

$$S_{ve}(T) = a_{vg} \cdot \begin{cases} [1+(3.0\eta-1) \cdot T/T_B] & 0 \leqslant T < T_B \\ 3.0\eta & T_B \leqslant T < T_C \\ 3.0\eta T_C/T & T_C \leqslant T < T_D \\ 3.0\eta T_C T_D/T^2 & T_D \leqslant T < 4s \end{cases} \qquad (5.3-5)$$

与水平地震反应谱类似，不考虑深部地质条件的影响时，类型 1 和类型 2 反应谱的参数取值见表 5.3-4。当面波震级不大于 5.5 级时，推荐使用类型 2。

欧洲规范两类竖向反应谱参数取值　　表 5.3-4

反应谱类型	a_{vg}/a_g	$T_B(s)$	$T_C(s)$	$T_D(s)$
类型 1	0.90	0.05	0.15	1.0
类型 2	0.45	0.05	0.15	1.0

以弹性反应谱为基础，引入性能系数 q，将弹性反应谱折减后得到用于计算地震作用的设计反应谱 $S_{dgn}(T)$。性能系数 q 是反映结构延性的参数，延性越大的结构性能系数 q 值也越大。阻尼比为 5% 时，水平设计反应谱与弹性反应谱的关系可以表达为：

$$S_{dgn}(T) = \begin{cases} S_e(T)/1.5 & T=0 \\ 线性插值 & 0 \leqslant T < T_B \\ S_e(T)/q & T_B \leqslant T \end{cases} \qquad (5.3-6)$$

5.3.4 《城市轨道交通结构抗震设计规范》的设计地震动参数

地震动参数是工程抗震设计的依据，不同工程对工程场地地震安全性评价的深度以及提供的参数的要求不同，这取决于工程的类型，工程的安全性、危险性以及社会影响等因素。在《城市轨道交通结构抗震设计规范》[18]中规定，特殊设防类城市轨道交通工程结构抗震设计需要采用基于具体工程场地的地震、地质环境及工程地质条件的特定地震动参数，因此规定应采用基于具体工程场地地震安全性评价或专门研究工作结果。为特殊设防类城市轨道交通工程结构的抗震设计而进行的地震安全性评价或专门研究工作提供的成果应能满足抗震设计要求，如：沿线路方向各主要控制点的地表、地下设计深度和基岩面水平向峰值加速度及加速度反应谱、竖向峰值加速度及加速度反应谱、地表峰值位移，峰值加速度和位移沿深度的变化，以及与地表、地下设计深度及基岩面处峰值加速度、加速度反应谱和峰值位移相匹配的地震动加速度时程。

一般情况下对于重点设防类及标准设防类结构，抗震设计所采用的地震动参数按规范取值即可。

基于当前的地震动研究水平，在抗震设计工作中，一般将地震动分为两个主要方向的水平地震动和竖向地震动，竖向地震动由水平地震动根据一定的比例关系予以确定。当结构自振周期小于 6.0s 时，地表水平向设计地震动加速度反应谱按图 5.3-11 确定。

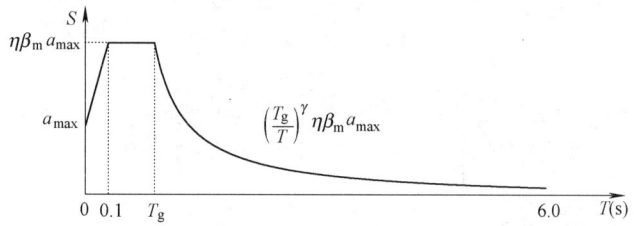

图 5.3-11　设计地震动加速度反应谱曲线 $S_a(T)$

图 5.3-11 中，T_g 为地震动加速度反应谱特征周期；a_{max} 为地表水平向设计地震动峰值加速度；β_m 为动力放大系数最大值；γ 为曲线下降段的衰减指数；η 为与阻尼比 ξ 有关的参数；T 为结构自振周期；S 为反应谱值。

结构阻尼比 ξ 为 0.05 时，η 和 γ 取值 1.0；当阻尼比不等于 0.05 时，加速度反应谱曲线的阻尼调整系数和形状参数如下，且当 η 计算值小于 0.55 时应取值 0.55：

$$\gamma = 1.0 + \frac{0.05 - \xi}{0.3 + 6\xi}, \eta = 1.0 + \frac{0.05 - \xi}{0.08 + 1.6\xi} \tag{5.3-7}$$

根据现行《中国地震动参数区划图》GB 18306[29]可以确定场地类别为Ⅱ类的地区，重现期 475 年的设计地震动。在此基础上，采用场地地震动峰值加速度调整系数对不同等级地震加速度峰值予以调整。

Ⅱ类场地设计地震动峰值加速度 $a_{maxⅡ}$ 按现行《中国地震动参数区划图》GB 18306 中地震动峰值加速度分区值和表 5.3-5 采用；场地设计地震动加速度反应谱特征周期 T_g 根据场地类别和现行《中国地震动参数区划图》GB 18306 中地震动反应谱特征周期分区按表 5.3-6 采用；场地设计地震动加速度反应谱动力放大系数最大值 β_m 取 2.5。

Ⅱ类场地设计地震动峰值加速度 $a_{\max Ⅱ}$　　　　表 5.3-5

地震动峰值加速度分区(g)	0.05	0.10	0.15	0.20	0.30	0.40
E1 地震作用(g)	0.03	0.05	0.08	0.10	0.15	0.20
E2 地震作用(g)	0.05	0.10	0.15	0.20	0.30	0.40
E3 地震作用(g)	0.125	0.22	0.31	0.40	0.51	0.62

设计地震动加速度反应谱特征周期 T_g （s）　　　　表 5.3-6

反应谱特征周期分区	场地类别				
	$Ⅰ_0$	$Ⅰ_1$	Ⅱ	Ⅲ	Ⅳ
0.35s 区	0.20	0.25	0.35	0.45	0.65
0.40s 区	0.25	0.30	0.40	0.55	0.75
0.45s 区	0.30	0.35	0.45	0.65	0.90

地震动观测数据及有关研究表明，同一地震中不同场地类别的场地地表地震动的放大系数有明显差异。同一场地在不同强度地震作用下的非线性影响程度不同，导致其地震动特性，包括峰值加速度和位移改变程度不同。考虑以上因素，参考现行《中国地震动参数区划图》GB 18306，采用了场地类别和地震动峰值加速度双参数的场地地震动参数调整方法，根据场地类别和Ⅱ类场地地震动峰值加速度的不同选用地震动峰值加速度调整系数 Γ_a 对地震动峰值加速度进行调整，如表 5.3-7 所示。

场地地震动峰值加速度调整系数 Γ_a　　　　表 5.3-7

场地类别	Ⅱ类场地设计地震动峰值加速度 $a_{\max Ⅱ}$（g）					
	≤0.05	0.10	0.15	0.20	0.30	≥0.40
$Ⅰ_0$	0.72	0.74	0.75	0.76	0.85	0.90
$Ⅰ_1$	0.80	0.82	0.83	0.85	0.95	1.00
Ⅱ	1.00	1.00	1.00	1.00	1.00	1.00
Ⅲ	1.30	1.25	1.15	1.00	1.00	1.00
Ⅳ	1.25	1.20	1.10	1.00	0.95	0.90

注：场地地震动峰值加速度调整系数 Γ_a 可按表中所给值分段线性插值确定。

在抗震设计中，国内外规范一般将竖向地震加速度峰值设定为水平峰值的 2/3 或 1/2。场地竖向地震动峰值加速度与水平向的比值与地震环境有关，近断层处比值可达到或超过 1.0，但随着震中距的增加其比值会减少。因而，对不同的水平峰值加速度，采用如表 5.3-8 所示比值，根据水平向峰值加速度确定竖向地震动峰值加速度，为了安全起见，限制场地竖向地震动峰值加速度取值不小于水平向峰值加速度的 0.65。在活动断裂附近，竖向峰值加速度宜采用水平向峰值加速度值。竖向设计地震动参数采用地震安全性评价或经专门研究的结果确定时，不小于由上述方法确定的加速度峰值。

竖向地震动峰值加速度与水平向峰值加速度比值 K_v　　　　表 5.3-8

水平向峰值加速度	0.05g	0.10g	0.15g	0.20g	0.30g	0.40g
K_v	0.65	0.70	0.70	0.75	0.85	1.00

在《城市轨道交通结构抗震设计规范》中，设计地震动加速度时程可人工生成，其加速度反应谱曲线与设计地震动加速度反应谱曲线的误差应小于5%。而且强调利用地震和场地环境相近的实际强震记录作为初始时间过程，合成适合工程场地的设计地震动时间过程。这一点与日本《铁路结构设计规范（抗震设计篇）》的相关规定类似。

5.3.5 规范设计地震动参数的应用方法

工程场地局部地形以及土性的空间分布千变万化，在规范中直接给出考虑上述复杂因素的设计地震动参数十分困难；即使勉强给出，也十分粗糙。在中国《工程场地地震安全性评价》GB 17741—2005[30]中，采用自由场地震反应分析方法得到设计所需要的地震动参数。在进行自由场地震反应计算时，地震动的输入面称为等效基岩面，等效基岩面上的地震动称为设计地震动。

以设计地震动作为输入进行抗震计算，分析模型中应包括地基土在内，并需要以适当的方法考虑土-结构相互作用，如图5.3-12。设计地震动有以下几种确定方法：①将I_1类场地的设计地震动参数作为等效基岩面的参数；②将地表设计地震动参数通过土层反演，得到设计地震动参数，然后再进行地震反应计算；③由专业机构评估确定。

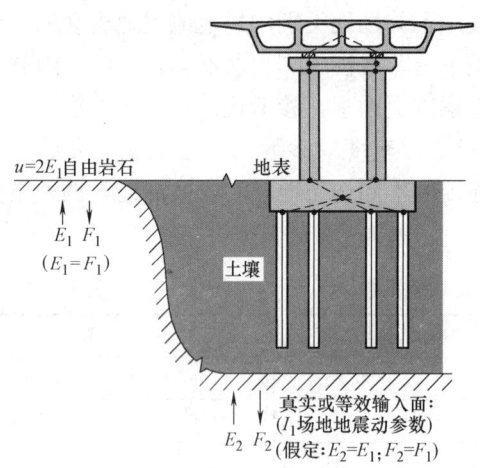

图5.3-12 轨道交通地面结构化抗震计算模型

抗震设计中，经常采用如图5.3-13所示的简化计算模型，即仅针对结构在地表以上的部分进行详细建模，地震作用在地基面处输入（地基面为抗震设计中假定为地表的土层面，地基面处的地震动称为地表设计地震动）。图5.3-13（a）对应的计算模型不考虑土与结构的相互作用，采用地表设计地震动作为输入，即直接采用规范规定的设计地震动参数。该计算模型由于不考虑土与结构的地震相互作用，更适用于岩石类场地，对于土场地，可用于匡算。图5.3-13（b）考虑了土对结构反应的影响，但没有考虑结构对土

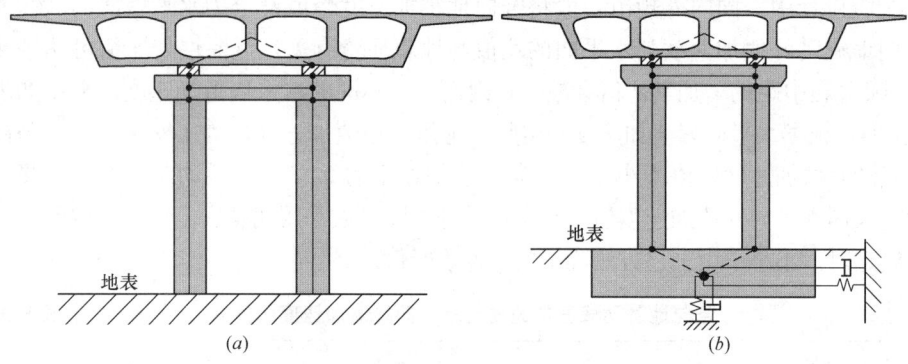

图5.3-13 轨道交通地面结构化抗震计算模型

（a）刚性地基假定下的计算模型；（b）考虑土性质影响的简化计算模型

运动的影响。若意图在图 5.3-13（b）的模型中采用有效地震动输入（有效地震动输入为假定基础只有刚度和形状而没有质量，即没有惯性，计算得到的在地基面处的土层地震反应），则需要对规范提供的地表地震动参数进行修正。

5.4　基于性能的抗震需求计算方法

5.4.1　概述

基于性能的抗震设计，评价构件或结构破坏程度的主要指标是广义位移（线位移、转角、曲率、应变等）。当结构或构件发生严重破坏或接近倒塌状态时，必须直接考虑结构的非弹性行为，因此强非线性状态下结构地震位移需求的计算方法是一个关键问题。

在地震工程学科近百年发展过程中，随着对地震和结构地震行为认识的逐渐深入，在计算结构地震需求方面，提出了等效静力方法、静力有限元方法（主要用于地下结构）、反应谱方法、时间历程分析方法等。从样本的角度来看，时间历程分析方法最能细致刻画工程结构在确定性地震地面运动作用下的反应，既可应用于线性结构，也可应用于非线性结构，是一种普遍适用和理论上精确的方法；结构有限元计算方法与计算机软件和硬件技术结合，使这种方法的计算规模越来越少受限制，并被工程师在工程抗震计算中广泛应用。

最近 20 年来，静力非线性分析方法（Push-Over Analysis，POA）和增量动力分析方法（Incremental Dynamic Analysis，IDA）得到了深入的研究。POA 力图采用工程师所熟悉的静力分析概念和方法在设计中考虑结构在地震作用下的非线性特征。以 POA 为基础，结合反应谱概念，还提出了被称之为能力谱的简化抗震设计与评估方法。与此同时，IDA 方法则将时间历程分析方法与概率统计基本原理结合，以获得具有统计意义的评价结果。由于能力谱方法和增量动力分析方法给出的结果具有统计意义，符合基于性能抗震设计的要求，因此对二者进行概括性介绍。

5.4.2　振型线性静力分析方法

对于线弹性多自由度结构体系，考虑单向水平地震动作用，则式（2.1-15）可以写为：

$$\mathbf{M\ddot{u}}+\mathbf{C\dot{u}}+\mathbf{Ku}=\mathbf{p}_{eff}=-\mathbf{MI}\ddot{u}_g \tag{5.4-1}$$

根据线性变换式（2.3-5），并引用式（2.3-4）的加权正交关系，则式（5.4-1）可以写为：

$$\ddot{q}_j+2\xi_j\omega_j\dot{q}_j+\omega_j^2 q_j=-\gamma_j\ddot{u}_g \tag{5.4-2}$$

式中

$$\gamma_j=L_j/m_j \quad ; \quad L_j=\varphi_j^{\mathrm{T}}\mathbf{MI} \quad ; \quad m_j=\varphi_j^{\mathrm{T}}\mathbf{M\varphi}_j \tag{5.4-3}$$

由振型的性质可知[31,32]：

$$\mathbf{MI}=\sum_{j=1}^{n}\mathbf{s}_j \quad ; \quad s_j=\gamma_j\mathbf{M\varphi}_j \tag{5.4-4}$$

因此，

$$\mathbf{p}_{eff} = \sum_{j=1}^{n} \mathbf{p}_{eff,j} \quad ; \quad \mathbf{p}_{eff,j} = -\mathbf{s}_j \ddot{\mathbf{u}}_g \tag{5.4-5}$$

记，

$$q_j = -\gamma_j D_j(t) \tag{5.4-6}$$

则式（5.4-2）可以写为：

$$\ddot{D}_j + 2\xi_j \omega_j \dot{D}_j + \omega_j^2 D_j = -\ddot{u}_g \tag{5.4-7}$$

结构位移、内力等反应可以表示为：

$$r(t) = \sum_{j=1}^{n} r_j(t) \quad ; \quad r_j(t) = r_j^{st} \cdot A_j(t) \quad ; \quad A_j(t) = \omega_j^2 \cdot D_j(t) \tag{5.4-8}$$

式中　r_j^{st}——s_j 引起的结构静力反应；

A_j——第 j 振型的加速度反应。

二者的力学含义如图 5.4-1。

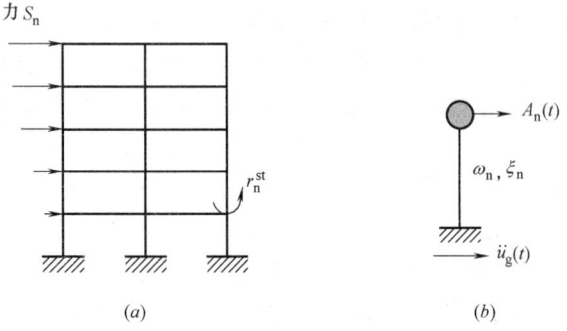

图 5.4-1　r_j^{st} 和 A_j 的力学意义[31,32]

（a）结构静力分析；（b）SDF 体系动力分析

这样，r_j^{st} 可以通过静力分析得到，D_j 通过式（5.4-7）解出。A_j、$r_j(t)$、$r(t)$ 通过式（5.4-8）计算。但位移 u 从式（2.3-5）计算更为方便，式（5.4-8）得到的位移与此完全相同。

对于线弹性结构，第 j 振型的弹性力为：

$$\mathbf{f}_j = \mathbf{K}\mathbf{u}_j = \mathbf{K}\boldsymbol{\varphi}_j \gamma_j D_j(t) = \gamma_j \mathbf{M}\boldsymbol{\varphi}_j [\omega_j^2 D_j(t)] = \gamma_j \mathbf{M}\boldsymbol{\varphi}_j \cdot A_j(t) \tag{5.4-9a}$$

$$f_{j,max} = \gamma_j \mathbf{M}\boldsymbol{\varphi}_j [\omega_j^2 D_{j,max}] = \gamma_j \mathbf{M}\boldsymbol{\varphi}_j \cdot A_{j,max} \tag{5.4-9b}$$

由式（5.4-9）可以看到，线性结构的动力反应的最大值也可以通过静力分析得到。具体做法是，选择一个关键位移作为参考位移，记为 $u_{rj,max}$：

$$u_{rj,max} = \gamma_j \varphi_{rj} D_{j,max} \quad ; \quad D_{j,max} = A_{j,max}/\omega_j^2 \tag{5.4-10}$$

然后在结构上施加如下模式的逐渐增加的静力荷载：

$$s_j^* = \lambda \cdot \mathbf{M}\boldsymbol{\varphi}_j \tag{5.4-11}$$

逐渐增加 λ，直至参考位移等于 $u_{rj,max}$，计算结束。得到的位移和内力即为结构地震反应的最大位移和内力，这与按常规地震反应谱方法所得到的振型反应最大值相同，只是采用了另外一种计算方法。得到各振型反应的最大值后，可以采用适当的振型组合方法，如 CQC 方法得到结构反应的最大值。显然，若 $D_{j,\max}$、$A_{j,\max}$ 从设计反应谱曲线上取值，则组合结果就是按设计地震反应谱计算得到的结构反应最大值。

这种方法称为振型静力分析方法，也可以称为振型静力推覆分析方法，其流程可以概括为如图 5.4-2 所示。

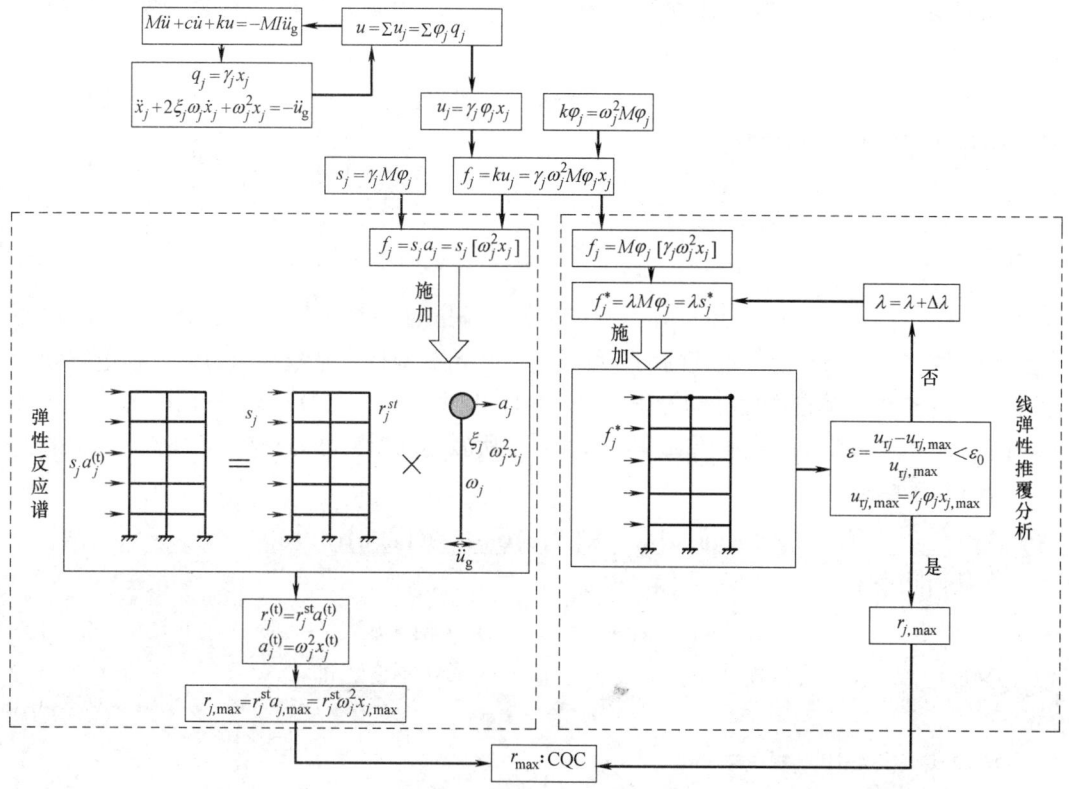

图 5.4-2 经典反应谱方法与静力分析方法对比

这就是振型静力分析（MPA：振型推覆分析）名称的缘起。当然对于线弹性结构，一般不采用 MPA 方法计算在地震作用下的最大反应，而是采用经典的振型反应谱方法，图 5.4-2 意在明确 MPA 的概念。

5.4.3 振型非线性静力分析方法

根据式（2.1-15）和式（2.1-16），不考虑阻尼和耦合质量对等效地震作用的贡献，则非线性结构在地震作用下的运动方程可以写为：

$$\mathbf{M}\ddot{\mathbf{u}}+\mathbf{C}\dot{\mathbf{u}}+\mathbf{f}(\dot{\mathbf{u}};\mathbf{u})=\mathbf{p}_{eff}=-\mathbf{M}\mathbf{I}\ddot{\mathbf{u}}_g \tag{5.4-12}$$

根据线性变换式（2.3-5），并引用式（2.3-4）的加权正交关系，则式（5.4-12）可以写为：

$$\ddot{q}_j+2\xi_j\omega_j\dot{q}_j+\frac{1}{m_j}f_j(\cdot)=p_{eff,j} \tag{5.4-13}$$

式中

$$f(\cdot) = f_j(\dot{\mathbf{q}};\mathbf{q}) = \mathbf{\varphi}_j^T f(\dot{u}_j;u_j) \tag{5.4-14}$$

由于结构非线性，式（5.4-13）仍然是耦联的。通过求解 q_j，然后根据式（2.3-5）进行叠加，所得到的结果与直接求解式（5.4-12）相同。但是，这样的求解过程不会带来任何益处。

虽然式（5.4-13）是耦联的，但一些算例[32]讨论表明，对 q_j 贡献最大的仍然是第 j 阶振型自身的反应。采用这种近似处理以后，式（5.4-14）的非线性恢复力可以近似写为：

$$f(\cdot) = f_j(\dot{q}_j;q_j) = \mathbf{\varphi}_j^T f(\dot{q}_j;q_j) \tag{5.4-15}$$

引用式（5.4-6）可以得到：

$$\ddot{D}_j + 2\xi_j\omega_j\dot{D}_j + \frac{1}{L_j}f_j(\cdot) \approx -\ddot{u}_g \tag{5.4-16}$$

式中

$$f_j(\cdot) = f_j(\dot{D}_j;D_j) = \mathbf{\varphi}_j^T f(\dot{D}_j;D_j) \tag{5.4-17}$$

采用式（5.4-15）近似处理的明显好处是以初始振型将原非线性动力学方程组解耦为多个独立的非线性单自由度振动方程。但若企图利用式（5.4-16）得到有用的解答，还必须确定 $f_j(\cdot)$ 的细节。这需要利用在 5.4.1 中所叙述的振型静力分析（MPA）的概念。

第 j 振型恢复力：

$$\mathbf{f}_{sj} = \mathbf{K}(\dot{u},u)u_j = \mathbf{K}(\dot{u},u)\mathbf{\varphi}_j q_j = \mathbf{K}(\dot{u},u)\mathbf{\varphi}_j\gamma_j x_j \tag{5.4-18}$$

在任何状态有：

$$\mathbf{K}(\dot{u},u) \cdot \mathbf{\varphi}_j^* = (\omega_j^*)^2 \cdot \mathbf{M} \cdot \mathbf{\varphi}_j^* \tag{5.4-19}$$

但在 MPA 中，假定荷载模式不变，即假定振型的形状不变，即：

$$\mathbf{\varphi}_j^* = c \cdot \mathbf{\varphi}_j \tag{5.4-20}$$

从而式（5.4-19）变为：

$$\mathbf{K}(\dot{u},u) \cdot \mathbf{\varphi}_j = (\omega_j^*)^2 \cdot \mathbf{M} \cdot \mathbf{\varphi}_j \tag{5.4-21}$$

将式（5.4-21）代入式（5.4-18）可以得到：

$$\mathbf{f}_{sj} = \gamma_j\mathbf{M} \cdot \mathbf{\varphi}_j[(\omega_j^*)^2 x_j] = \mathbf{s}_j \cdot a_j^*(t) \tag{5.4-22}$$

比较可知，式（5.4-22）的意义与式（5.4-9）相同，但因为是非线性单自由度振子，具体计算略有不同，如图 5.4-3[31]。

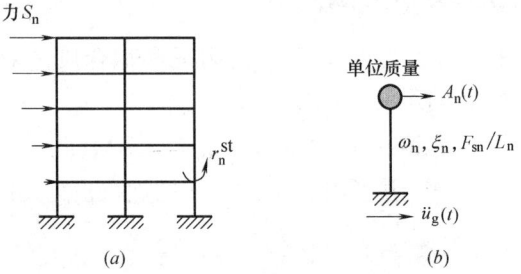

图 5.4-3　非线性多自由度结构体系近似解耦单自由度体系反应计算概念图示[31]

(a) 结构静力分析；(b) 非弹性 SDF 体系动力分析

仍需要选定参考位移 u_{rj}，然后进行加载模式为式（5.4-11）的非线性静力分析，得到参考位移与底部剪力 V_{bj} 之间的关系 V_{bj}-u_{rj}，如图 5.4-4（a）。然后按式（5.4-23）转换成非线性单自由度振子的恢复力-位移关系 $f_j(\cdot)/L_j$-D_j，如图 5.4-4（b）。

$$f_j = \frac{V_{bj}}{\gamma_j}, D_j = \frac{u_{rj}}{\gamma_j \cdot \varphi_{rj}} \tag{5.4-23}$$

这样就可以得到：

$$\frac{f_{jy}}{L_j} = \frac{V_{bjy}}{\gamma_j \cdot L_j} = \frac{V_{bjy}}{m_j^*}, D_{jy} = \frac{u_{rjy}}{\gamma_j \cdot \varphi_{rj}} \tag{5.4-24}$$

式中　　$m_j^* = \gamma_j \cdot L_j$ ——有效振型质量[31]。

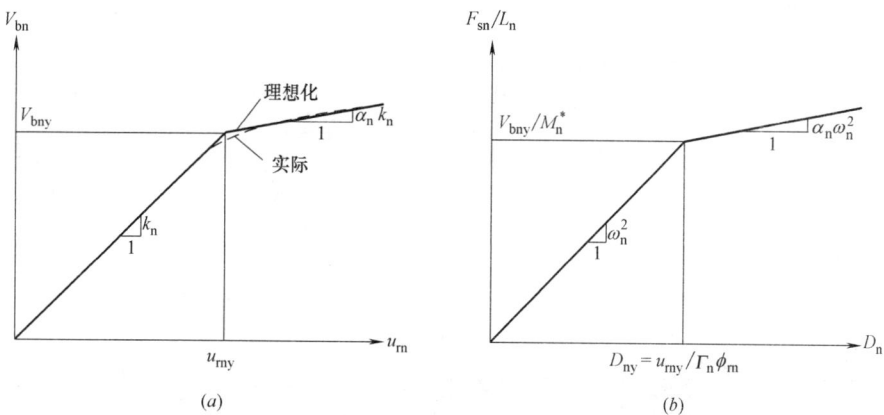

图 5.4-4　静力非线性曲线 V_{bj}-u_{rj} 向非线性单自由度振子恢复力 $f_j(\cdot)/L_j$-D_j 的转换

（a）理想化 Push Over 曲线；（b）F_{sn}/L_n-D_n 关系

式（5.4-24）中 $f_{jy}(\cdot)/L_j$ 与 D_{jy} 之间的关系为：

$$\frac{f_{jy}(\cdot)}{L_j} = \omega_j^2 D_{jy} \quad T_j = 2\pi \sqrt{\frac{L_j D_{jy}}{f_{jy}}} \tag{5.4-25}$$

式（5.4-25）意味着曲线的初始刚度为 ω_j^2。但应注意，这里的 T_j［式（5.4-16）中应该采用此值］与初始线性系统对应周期不同。

根据以上叙述，采用振型非线性静力分析方法可以确定振型的非线性特征，进而采用时间历程法计算振型反应，进一步可以采用简单的叠加方法计算结构的地震反应，这一过程可以概括在图 5.4-5 中。

5.4.4　能力谱方法

非线性静力分析与地震反应谱结合，产生了一种称为能力谱方法的简化抗震设计和评估方法。该方法的基本思想于 1975 年由 Freeman 等[33]提出，之后得到深入的研究。能力谱方法的要义可以说明如下：①采用非线性静力分析方法，得到 POA 曲线，并将其双线性化，将 POA 曲线转换为能力谱（Capacity Spectrum）［按式（5.4-24），如图 5.4-6（a）］，此处 $A = V_b/M_1^*$，$D = U_N/\Gamma_1 \varphi_{N1}$，$A$ 为拟加速度谱，D 为拟位移谱，V_b 为基底剪力（对于建筑结构常称基底剪力，对于桥梁结构则是墩底总剪力，或所有支承处水平反力总和），U_N 为参考位移（建筑物顶层或桥梁墩顶位移）；②将弹性加速度反应谱由加速度 A 与固有周期 T 的关系形式转换为加速度-位移反应谱（ADRS），代表地震需求，其中位

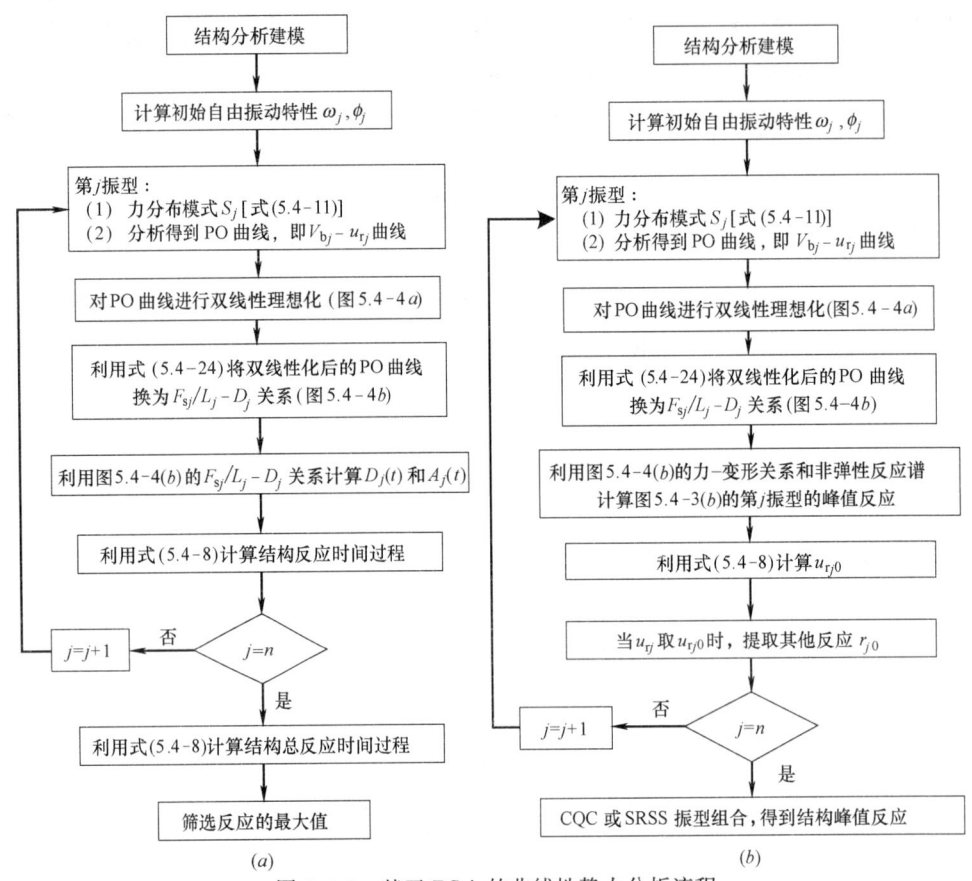

图 5.4-5　基于 POA 的非线性静力分析流程

(a) 基于 POA 的振型时间过程分析；(b) 基于 POA 的振型反应谱分析

移谱 $D = A \cdot (T/2\pi)^2$。将代表地震需求的加速度-位移反应谱与结构的能力谱绘制在一起（图 5.4-6b）；③确定地震位移响应（图 5.4-6c），这一步中包含了一系列等效线性体系的迭代分析，通过逐步改变固有振动周期 T_{eq} 和等效粘滞阻尼来实现；④将第③步确定的位移响应通过式 $A = V_b/M_1^*$ 和 $D = U_N/\Gamma_1\varphi_{N1}$ 转换为顶端位移或分离构件的位移，并将它们与指定的性能目标值相比较。

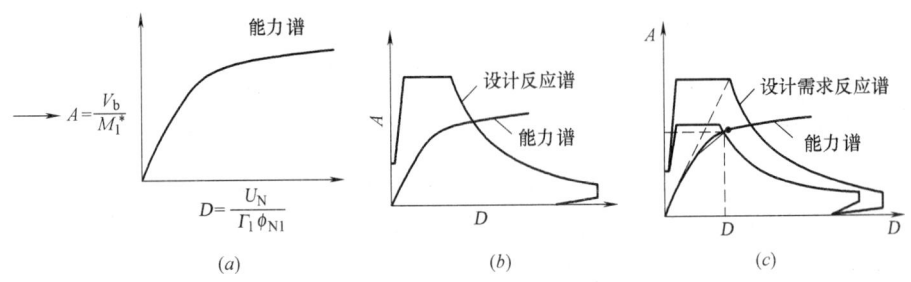

图 5.4-6　能力谱方法的图解示意

(a) 能力谱；(b) 双线性化；(c) 等效线性迭代

　　能力谱方法的具体实现途径较多，ATC-40 给出的方法 A[34]的实现途径如图 5.4-7。ATC-40 方法 A 在一些情况下可能不收敛，因此提出了一些改进方法，其中潘龙[35]提出的方法简单且具有较高的精度，其实现途径如图 5.4-8。

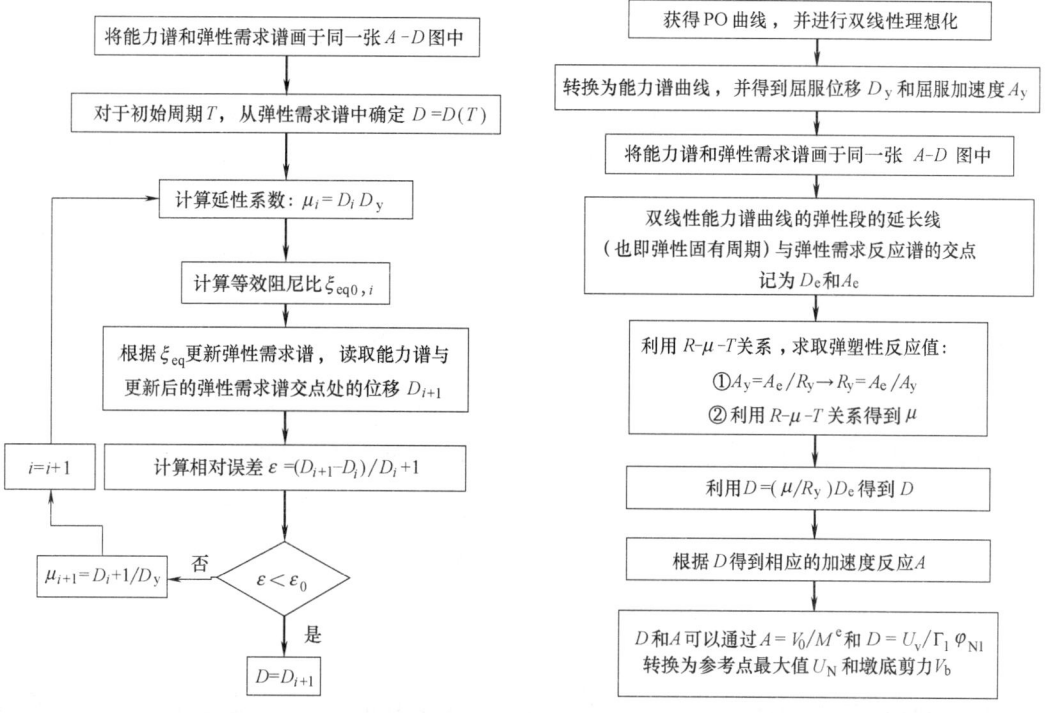

图 5.4-7　ATC-40 方法 A 的计算过程　　　　图 5.4-8　潘龙方法执行流程

潘龙以一座桥梁为例，对多种能力谱的具体实施方法进行了比较，见表 5.4-1。ATC-40 方法 A 计算结果不收敛，其他计算结果精度接近；但相对而言，潘龙的方法易于理解和实现。

结果比较　　　　　　　　　　　　　　　　　　　　　　　　表 5.4-1

项目		D（m）	A（g）	墩顶位移（m）	墩底剪力（kN）	墩顶位移相对误差（%）	墩底剪力相对误差（%）
ATC-40 方法 A		不收敛	不收敛	—	—	—	—
ATC-40 方法 B		0.111	0.678	0.120	6936.910	9.18	12.14
Chopra 的改进方法 B		0.113	0.683	0.122	6988.067	11.15	12.97
潘龙方法	NH 关系式	0.113	0.683	0.122	6988.067	11.15	12.97
	KN 关系式	0.111	0.678	0.120	6936.910	9.18	12.14
	VFF 关系式	0.1	0.665	0.108	6803.901	1.64	9.99
时程分析法				0.110	6185.700	0.00	0.00

注：表中 NH、KN 和 VFF 代表分别采用 Newmark-Hall、Krawinkler-Nassar、Vidic, Fajfar 和 Fischinger 的 R_y-μ-T_n 关系。

需要注意的是，ACT-40 中的方法 A 不收敛也可能起因于等效线性化方法的选择。根据周道传、董作超和王林[36]的研究，建议采用 Kowalsky 等效公式：

$$k_{eff} = k_e \frac{1 + \alpha(\mu - 1)}{\mu} \tag{5.4-26a}$$

$$\xi_{eff} = 0.05 + k_e \frac{1}{\pi} \left(1 - \frac{1 - \alpha}{\sqrt{\mu}} - \alpha \sqrt{\mu}\right) \tag{5.4-26b}$$

反应谱的阻尼修正系数采用欧洲规范形式：

$$c_\xi = \sqrt{\frac{0.07}{0.02+\xi}} \tag{5.4-27}$$

计算精度和效果比较好。

第 3 章中的弹塑性反应谱方法与本节介绍的能力谱方法在理论上密切相关，因此进行一点说明。弹塑性反应谱方法适用于第一振型对结构地震反应起主要作用的情形，此时在式（5.4-23）和式（5.4-24）中，$\gamma_1 \approx 1$，$m_1^* \approx M_{eq}$。设能力谱方法参考位移所对应的点即为弹塑性反应谱方法中惯性力所对应的点（M_{eq} 所在的点），将此点第一振型的值取为 1，则式（5.4-23）和式（5.4-24）变为：

$$f_j = V_{bj} \qquad D_j = u_{rj} \tag{5.4-23a}$$

$$V_{b1y} = F_{eq} \qquad D_{1y} = u_{r1y} = d_{eq} \tag{5.4-24a}$$

根据式（5.4-24a）可以得到 K_{eq}。由此可以看到，弹塑性反应谱方法可以看成是只考虑第一振型的简单形式的能力谱方法。但由于具体处理过程和细节不同，所得到的具体计算数值将有所不同。

5.4.5 基于位移的振型非线性静力分析方法

5.4.3 节中介绍的振型非线性分析，侧向作用加载的是力。还有一种选择是侧向作用加载位移。2004 年，Antoniou 和 Pinho[37] 提出了基于位移的自适应静力非线性分析方法（DAP：Displacement-Based Adaptive Pushover Algorithm），后来又对该方法进行了完善[38-41]。该方法在其他方面与 5.4.2 和 5.4.3 节所介绍的相同，不同点在于获得能力曲线时采用了位移加载模式。Antoniou 和 Pinho 以多层建筑结构为背景叙述了他们的方法。位移加载可以按两种方式，其一是根据特征向量计算层位移：

$$D_k = \sqrt{\sum_{j=1}^n D_{kj}^2} = \sqrt{\sum_{j=1}^n (\gamma_j \varphi_{kj})^2} \tag{5.4-28}$$

式中 k——建筑的层的编号；

        j——振型号。

其二是根据特征向量计算层间相对位移，而层的位移表示为该层以下层间相对位移之和：

$$D_k = \sum_{l=1}^k \Delta_l \qquad \Delta_l = \sqrt{\sum_{j=1}^n \Delta_{l,j}^2} = \sqrt{\sum_{j=1}^n [\gamma_j(\varphi_{l,j} - \varphi_{l-1,j})]^2} \tag{5.4-29}$$

Antoniou 和 Pinho 的数值比较结果表明，采用第二种位移加载模式可以得到更准确的结果。虽然采用层间相对位移模式对计算结果有改进，但仍是一个近似算法，因为式（5.4-28）隐含假定了所有层间相对位移的最大值出现在同一时刻，这显然是不真实的。而且采用 CQC 方法进行振型组合，也会导致不完全正确的荷载向量形状。Antoniou 和 Pinho[37] 采用的最终位移加载模式还通过反应谱坐标考虑了地震输入频谱成分分布的影响，即将式（5.4-29）中的 Δ_l 改写为：

$$\Delta_l = \sqrt{\sum_{j=1}^n [\gamma_j(\varphi_{l,j} - \varphi_{l-1,j}) S_{d,j}]^2} \tag{5.4-30}$$

式中 $S_{d,j}$——第 j 振型的位移反应谱坐标。

$S_{d,j}$ 的引入作为权，考虑了第 j 振型对总反应的贡献大小。

由于 D_k 只定义加载位移大的形状，而不决定幅值，因此将其无量纲化（标准化）：

$$\overline{D}_k = \frac{D_k}{\max[D_k]} \tag{5.4-31}$$

5.4.6　增量动力分析

从 5.1 节可以看到，基于性能抗震设计涉及很多复杂环节，距离设计应用还相差甚远。但其中的部分中间环节在现有的设计程序上已经可以很好地满足设计要求，而且也得到了很好的研究，达到了实用的程度。由式（5.1-1）的概率地震需求模型可以知道，工程需求参数 EDP 以其年超越概率 $\nu(edp) = \nu(EDP > edp)$ 形式表达。采用增量动力分析方法可以实现这一环节。增量动力分析方法的基础是结构非线性地震反应分析的时间历程方法和概率统计基本原理。增量动力分析方法要解决的特有的关键问题是合适的地震波组的选取。地震波的选取有两种方法：第一种方法是选取少量代表性地震波，通过调整得到一系列不同强度的地震波，这是一般的增量动力反应分析方法的概念；另外一种选择地震波的方法是在现有的强震记录数据库中选择适当的地震波，这种方法也称为概率地震需求分析（Probabilistic Seismic Design Analysis，简记 PSDA）方法。

IDA 方法在 1977 年由 Bertero[42] 提出，而 Vamvatsikos 和 Comell[43,44] 则进行了系统的总结和阐述。增量动力分析方法的概念简单，其基本过程可以概括地描述如下[45]：

（1）选择代表性结构，建立结构的弹塑性分析模型；

（2）选择可以代表结构所处场地地震危险性的地震动时间过程，可以是地震记录，也可以是人工合成地震波；

（3）定义地震动强度参数 IM 和工程需求参数 EDP；

（4）对结构进行增量动力反应分析，得到 EDP-IM 曲线样本；

（5）定义结构的极限状态 LS，并建立其与工程需求参数 EDP 之间的量化关系；

（6）根据 EDP-IM 曲线样本，计算在不同 IM 条件下，结构反应超过某一极限状态 LS_j 的概率，即 $P[LS_j | IM = im]$，该概率为当 $IM = im$ 时，EDP 超过给定阈值 edp 的概率：

$$P[LS_j | IM = im] = P[EDP > edp | IM = im] \tag{5.4-32}$$

（7）以 IM 为横坐标轴，$P[LS_j | IM = im]$ 为纵坐标轴，画出曲线，称之为地震易损性曲线；

（8）根据地震易损性曲线对结构进行易损性评估。

在第（6）步中，条件概率 $P[LS_j | IM = im]$ 有两种表达方法，第一种是根据 EDP-IM 曲线样本，采用概率论与数理统计的基本原理，进行非参数统计，得到各种分位值上的曲线；第二种是参数化方法，即假定条件概率 $P[LS_j | IM = im]$ 符合某种参数模型（即某种分布类型），然后根据 EDP-IM 曲线样本确定模型中的参数。根据以往大量的统计、观察和统计检验结果，可以假定 $P[LS_j | IM = im]$ 符合对数正态分布，即：

$$P[EDP > edp | IM = im] = 1 - P[EDP < edp | IM = im] = 1 - \Phi\left[\frac{\ln edp - \mu_{\ln EDP | IM = im}}{\sigma_{\ln EDP | IM = im}}\right]$$

$$\tag{5.4-33}$$

式中　$\mu_{\ln EDP \mid IM=im}$ 和 $\sigma_{\ln EDP \mid IM=im}$ ——$IM=im$ 时，EDP 的对数均值和对数标准差；

　　　　　$\Phi(\cdot)$ ——标准正态累计分布函数。

IDA 方法的应用流程见图 5.4-9。

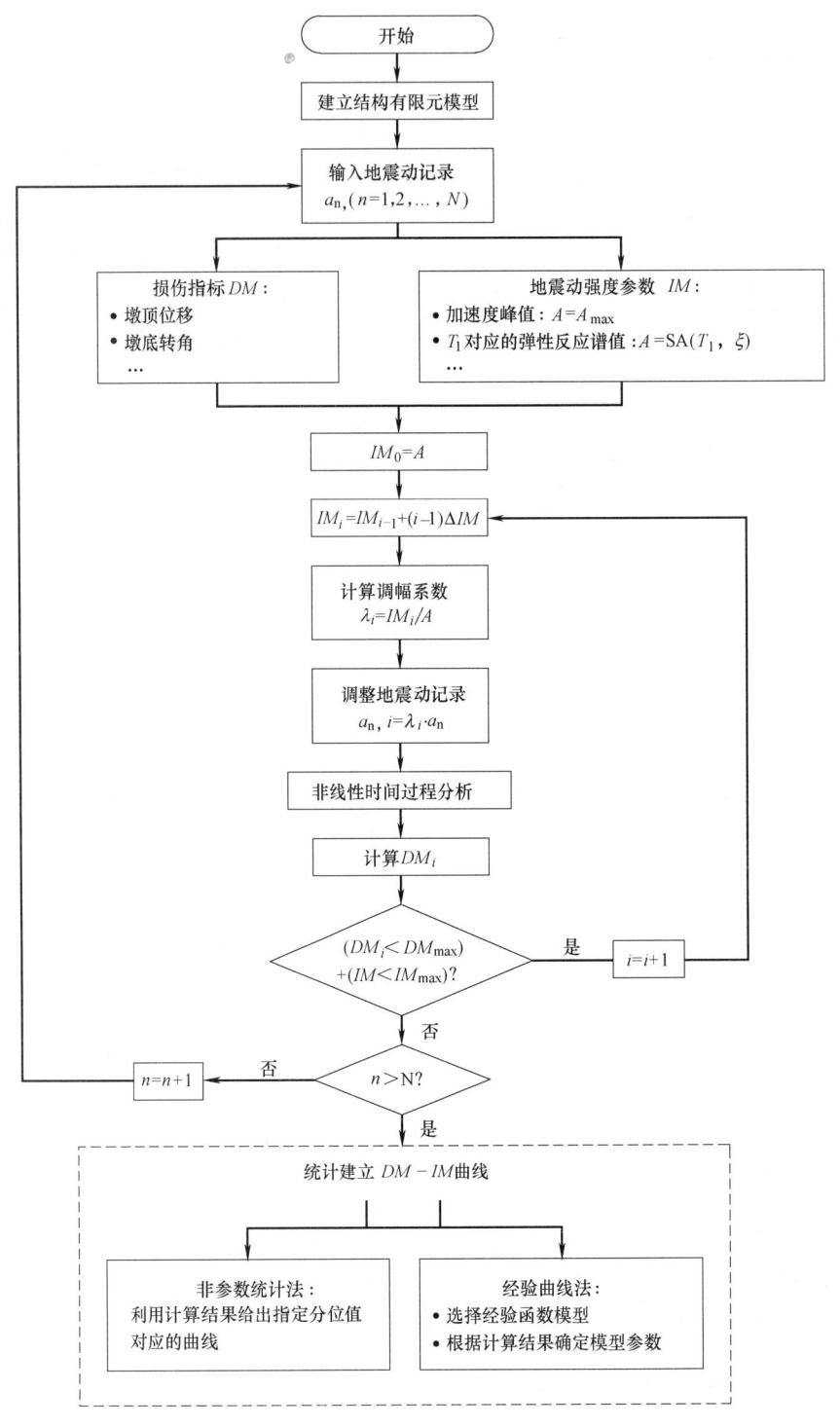

图 5.4-9　IDA 流程图

5.4.7　简评

对于线弹性结构体系反应最大值的计算，MPA 方法与常规反应谱方法完全相同；当其被用于非线性结构体系时，采用了一个进一步的近似处理，即忽略了此时振型反应之间的相互影响。增加的一项额外工作是确定非线性单自由振子的弹塑性反应谱，或等效线性化过程。

MPA 实施过程中的一个重要问题是单调增加的侧向荷载模式，实际上就是侧向地震惯性力空间分布模式，是该方法精度的主要影响因素。已经提出了较多的侧向荷载模式，但从 MPA 方法原理可以看到，Chopra 选择式（5.4-11）作为侧静力荷载模式在理论上是有根据的，也比较自然。将非线性 MPA 方法用于结构的抗震设计和评估，其流程可以概括为图 5.4-10。

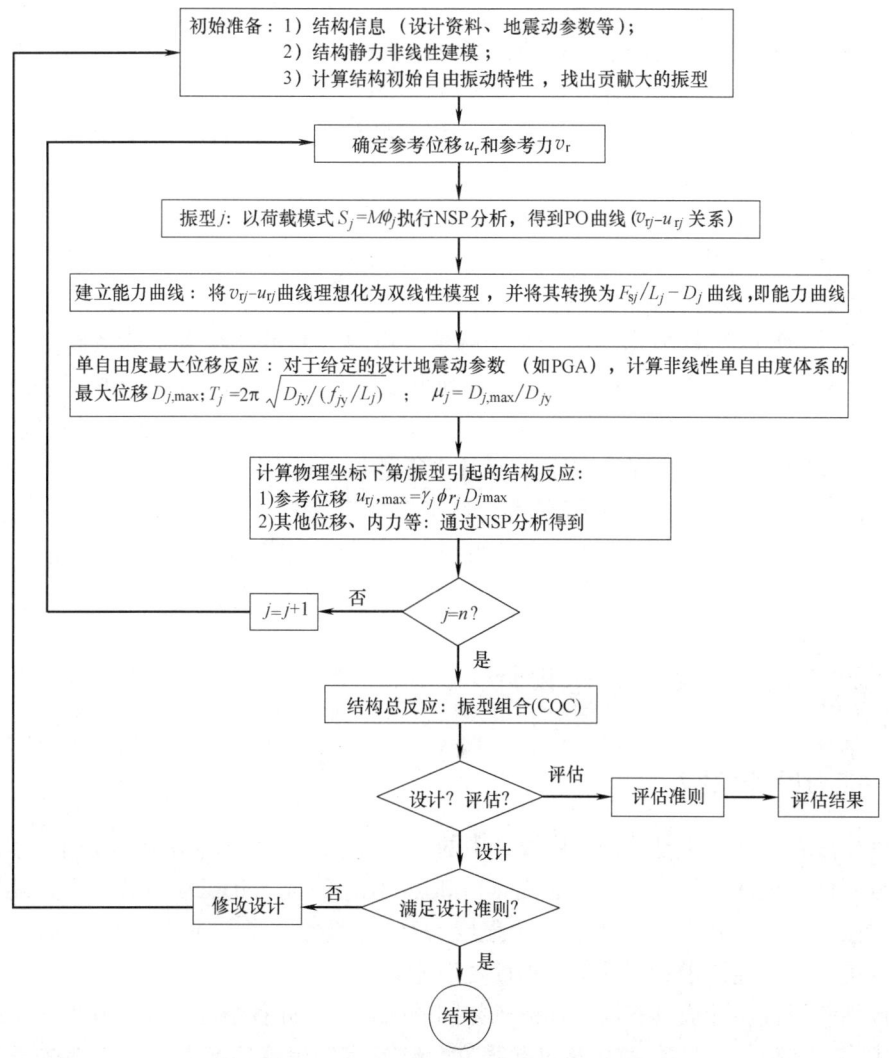

图 5.4-10　非线性静力设计与评估方法流程

然而应用 MPA 方法时必须注意到以下问题：

（1）对于非线性地震反应，地震惯性力的空间分布在地震过程中可能发生明显的变化，非线性静力分析方法（这里就是 MPA 方法）不能真实反映这种连续变化过程，在一些情况下该方法并不能给出结构强度、变形需求的可靠预测结果，也不能发现结构抗震薄弱部位[46]。该方法可能检测不到强震下结构的一些重要的变形模式，也可能夸大一些变形模式，尤其是当高振型贡献重要时。从式（5.4-20）和式（5.4-21）也可以看到，MPA 方法在理论上对非线性进行了结构全局层面上的均化处理，因此该方法倾向给出结构的全局非线性程度（破坏程度）的近似合理判断，但难于给出构件局部破坏情况的合理评价。因此，将此方法作为一般适用的方法使用是不可取的。若对此方法的缺点和陷阱没有充分认识的话，一些情况下可能产生误判。

（2）对于一些结构形式和振动特性简单的结构，第一振型对结构地震反应的贡献起主要作用，则非线性静力分析方法能提供一个全局甚至局部变形需求的好的估计，具有实用价值。

除了静力加载模式引起的问题之外，非线性 MPA 方法还引入了其他近似处理，主要包括：①忽略了各振型之间的非线性耦合效应；②非线性单自由度振子的恢复力被统一假定为双线性；③为得到结构总反应，采用了某种反应谱组合方法。当然，这是反应谱方法本身的问题，线弹性反应谱方法也同样存在。

以上各种近似处理对结构反应预测结果的影响难于从理论上进行定量的分析确定，只能通过大量的工程案例计算进行经验性的评估。已有的计算研究结果显示，此方法的典型误差在 30% 左右。

比较而言，IDA 方法概念清晰、易于理解，应用方面不存在实质性障碍。正如文献[5]所说，采用基于有限元模型的时间历程动力分析方法可以避免简化分析方法所带来的各种不确定性和应用方面的"麻烦"，工程师更倾向直接应用动力时程方法进行抗震计算。因此，可以期望 IDA 方法将在工程抗震设计中得到越来越广泛的应用。

自 Vamvatsikos 和 Comell 的系统性论述工作之后，IDA 方法无实质性变化，后续研究工作主要是讨论如何提高计算效率和工程应用，如 Mofid[47] 和汪梦甫[48] 等人的工作。

5.5 基于性能的抗震概念设计

5.5.1 能力设计原则

延性构件和延性结构是结构抗震设计中的重要概念。基于延性概念，新西兰学者提出了结构延性抗震设计中的能力设计原则（Philosophy of Capacity Design）。能力设计原则可以通过图 5.5-1 说明[49]，图中有 n 个强度为 R_{ib} 的脆性链子与 1 个强度为 R_d 的延性链子构成的链接，延性链子具有预定的塑性变形能力。

若脆性链子被设计成具有与延性链子相同的的强度，此种情况下无论延性链子的塑性变形能力大小如何，一旦拉力 P 超过此强度，链条将发生脆性断裂。若脆性链子的强度比延性链子的强度高，则延性链子将首先屈服而发挥其延性变形能力，脆性链子将得到保护，链条将获得延性变形能力而表现为延性破坏形式。在此概念解释中，相对脆性链子，延性链子居于保护者地位，脆性链子居于被保护者地位。

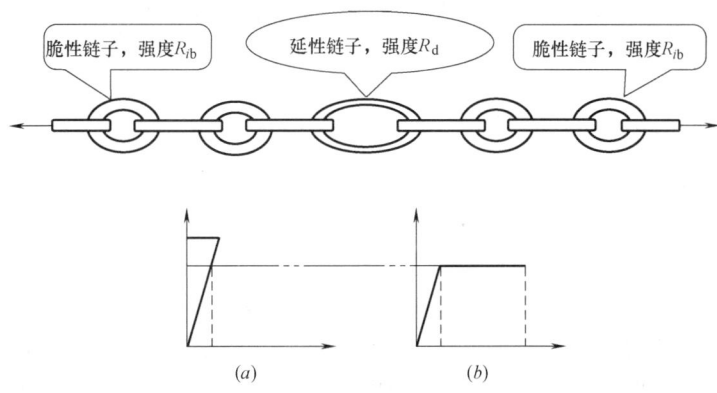

图 5.5-1 能力设计思想概念图示（文献 [49]，图 3.14）

(a) 脆性链子；(b) 延性链子

图 5.5-1 中延性链子和脆性链子可以对应一个构件，也可以对应同一构件的某一破坏状态。比如，细长构件的断面在外部作用下（如地震作用）可能发生弯曲破坏，也可能发生剪切破坏，而剪切破坏是脆性破坏，因此可以通过能力设计思想，使构件发生弯曲破坏，避免剪切破坏；延性链子和脆性链子也可以对应不同的构件，使延性构件发生预定的破坏，而使脆性构件得到保护。能力设计原则的要点有二：①明确预定结构中潜在塑性铰区的位置，并使塑性铰区截面的抗弯强度尽可能接近设计需求强度，该强度的确定，应使构件避免剪切破坏等脆性破坏形式的发生；②对潜在塑性铰区进行详细的构造设计，保证其预定的延性变形（转动）能力。

结构所遭受的未来地震动具有很大的不确定性，结构重要参数也具有一定的不确定性。按上述要点设计的结构应充分考虑到上述不确定性，保证预定的保护构件（状态）和被保护构件（状态）的地位不发生转变。

能力设计原则在国内外抗震设计规范中得到广泛的采用。较早版本对能力设计原则的使用带有强制性，明确规定了哪些构件可以作为保护者、哪些构件是被保护者。比如 AASHTO 桥梁抗震设计规范的早期版本规定桥梁基础、盖梁等必须置于被保护者的地位。但从 2011 年版本[13]后，能力设计原则的使用就以基于性能设计思想为依据。

5.5.2 AASHTO 抗震设计指南中的性能控制基本原则

该指南[13]要求所有桥梁应当具有一个可清晰识别的抗震体系（符号表示为 ERS Earthquake - Resistance Systems）。ERS 应当提供一个可靠的荷载传递路径以传递地震惯性力到地基，同时提供足够的能量耗散和（或）限位方式以达到对地震产生位移的可靠控制。所有结构和基础构件应当能够实现预期位移要求，该位移要求与选择的抗震设计策略及其他结构要求有关。设计应基于下列三个总体抗震设计策略，即预期的桥梁行为特性：

（1）类型 1：延性下部结构＋弹性上部结构。这个策略包括常规的柱中塑性铰，也包括基础构件中出现塑性铰（如桩基础、支承在桩上的整体桥台）。

（2）类型 2：弹性下部结构＋延性上部结构。这种类型仅限于钢上部结构。

（3）类型 3：弹性上、下部结构＋二者之间的保险丝。这一类型包括隔震结构以及安装有附加耗能装置（如阻尼器，用于控制惯性力在上下部结构之间的传递）的结构。

为了鼓励 ERS 的应用和考虑业主对抗震性能设定的应得权力，ERS 和抗震单元（符号表示为 EREs：Earthquake - Resistance Elements）被分为以下三类：

（1）允许的；

（2）经业主同意后允许的；

（3）对新桥不推荐的。

这些条目既应用于系统，也应用于单元。对于一个在允许类别里的系统，它的基本单元 EREs 应当在允许类别里。如果任何 ERE 是不允许的，整个系统将被考虑为不允许的。允许的系统和单元描述在图 5.5-2（a）和（b）中，具有以下特征：①所有重要非线性效应应当是延性的，并且出现在易于到达、便于检查维修的位置。受液化流动作用的桩允许在地面线以下出现塑性铰，只要业主知情，并且不要求任何更高的性能准则用于特殊的目的。如果所有桥梁结构单元被设计成弹性的，则没有非线性变形被预期，弹性单元是允许的，但应满足最低的构造细节要求，且与桥梁抗震设计类别关联。②一个结构单元的非弹性效应不能危害结构对重力荷载的支承能力（如盖梁和上部结构中的铰）。图 5.5-3 是没

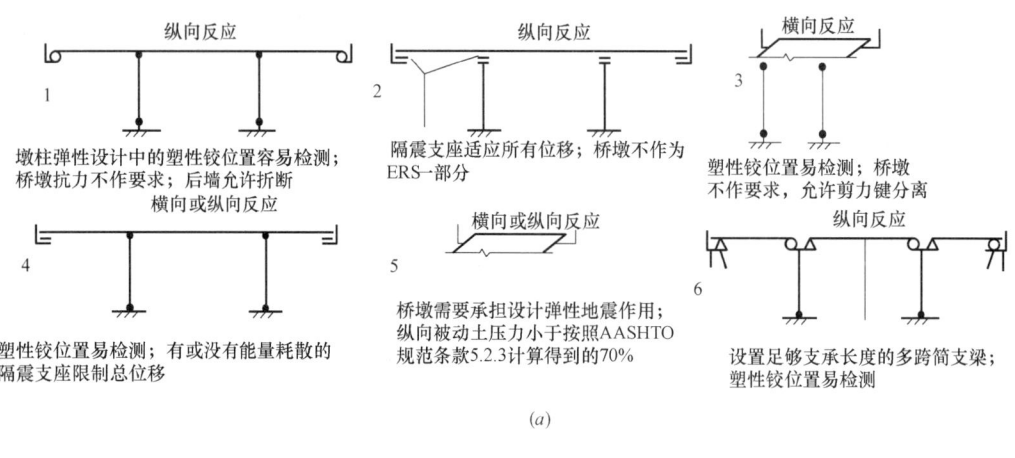

(a)

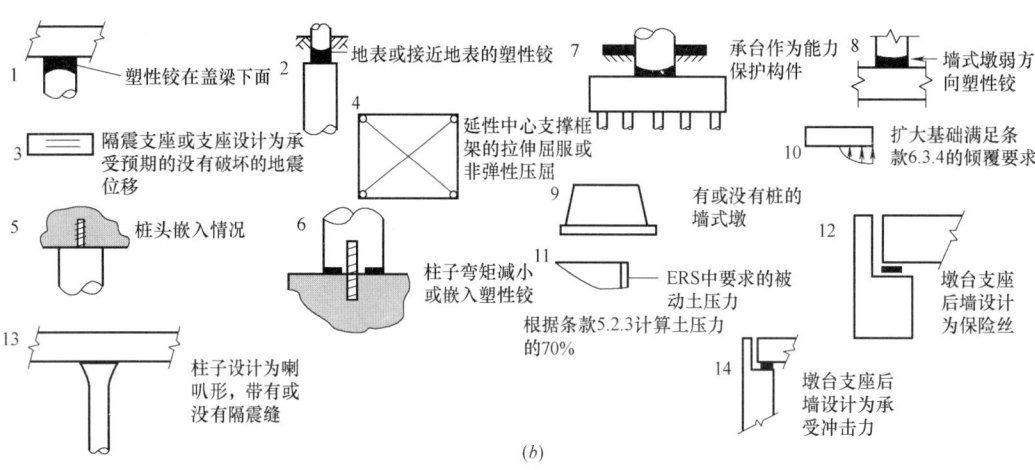

(b)

图 5.5-2 允许的抗震体系和抗震单元

(a) 允许的抗震体系（ERSs）；*(b)* 允许的抗震单元（EREs）

有被列入图 5.5-2 中的一些潜在的 ERSs 或 EREs，它们可以在业主同意后使用。

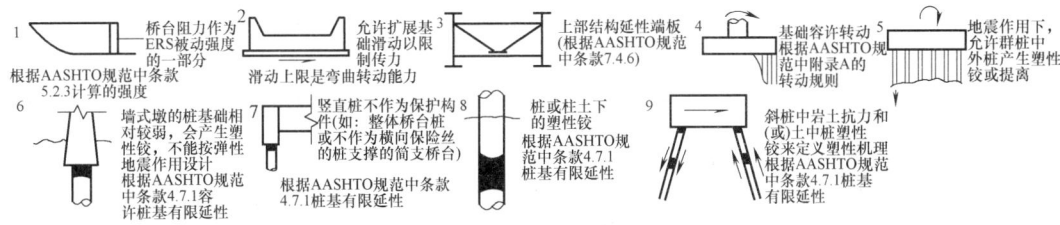

图 5.5-3 经业主同意后允许采用的抗震单元

不在上述范围的情况，不推荐使用，如图 5.5-4 所示。但是，如果充分考虑所有潜在行为模式，并抑制潜在的不希望的失效机制，则经业主同意后可以使用。

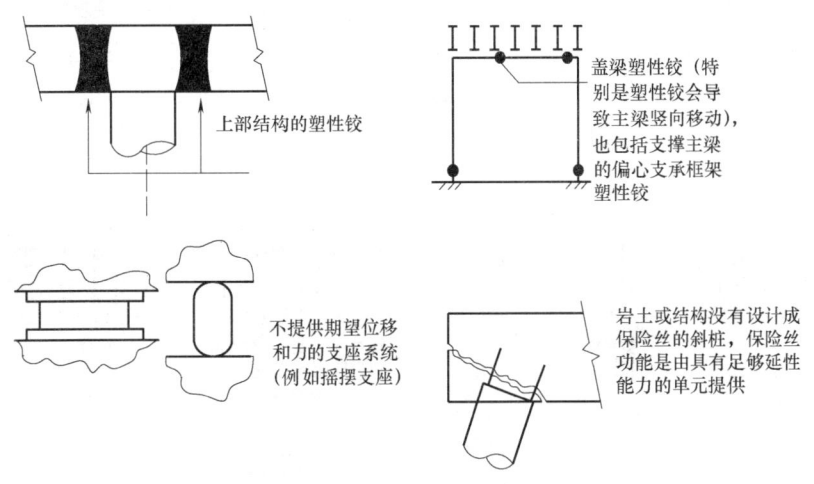

图 5.5-4 对于新桥不推荐的抗震单元

在 AASHTO 指南中，合适的 ERS 的选择是实现合适的抗震性能的基本条件，这一选择应当在概念设计阶段完成。设计者应当保证一个 ERS 存在，并且没有非故意设置的弱连接存在。此外，识别 ERS 可以帮助设计者保证用于确定位移需求的模型与偏移限值的计算相容。

规则构形、刚度和强度分布均匀的桥梁体系的抗震性能一般较好。斜交、不等高桥墩、小半径曲线，与抗震设计的目的矛盾，但这些潜在的矛盾应在设计的早期阶段解决。如增加端跨的长度可以减小斜交角等。造价与抗震性能之间的平衡应当在桥位选择、桥梁选型、桥梁尺度确定阶段进行评估和决定。

在某些条件下，EREs 的使用需要业主的同意是必要的。在以前的 AASHTO 抗震设计规范中，业主同意类型下的一些 EREs 列入不被允许使用（如桩在地面以下的塑性铰，以及基础的摇摆）。在 2011 版以后的 AASHTO《公路桥梁抗震设计指南》中，允许使用这些单元，只要它们的变形性能得到估计。研究者相信，增加了额外的分析工作后允许这些单元的使用比简单地禁止它们的使用是更好的做法。这样，阻止需要业主同意的 ERS（或 EREs）的使用不是 AASHTO 最新抗震设计规范的目的。AASHTO 最新抗震设计规范的想法是，这样的系统可以被使用，但实施这样的系统需要增加额外的设计工作以及需要设计者和业主之间的意见一致性。此外，指南不提供设计这样系统的详细指引，如在图 5.5-3 中的案例 2。如果这样的系统被使用，则需要给出案例相关的准则和设计方法，并需要桥梁设计者和业主的同意。

2011 版以后的 AASHTO《公路桥梁抗震设计指南》中的第三类型的抗震体系，主要是隔震结构和附加了阻尼耗能装置的结构，在大地震下限制能量增长和控制位移。采用隔震技术，保持下部结构处于弹性反应状态是可能的，因为隔震结构产生的弹性力一般小于常规延性设计产生的弹性力。

5.5.3　日本抗震设计规范中的性能控制基本原则

日本《公路桥梁设计规范（V 抗震设计篇）》[12]的设想是，对于一般桥梁，通过塑性变形达到耗能目的。桥墩中出现塑性损伤易于发现和修复，因此在抗震设计中期望塑性耗能优先出现在桥墩中，并称为主要塑性区域，基础为次塑性区域。对于上部结构，不希望其产生塑性变形；但对于刚构桥，由于跨径较长以及地震对上部结构的影响较大，如果要

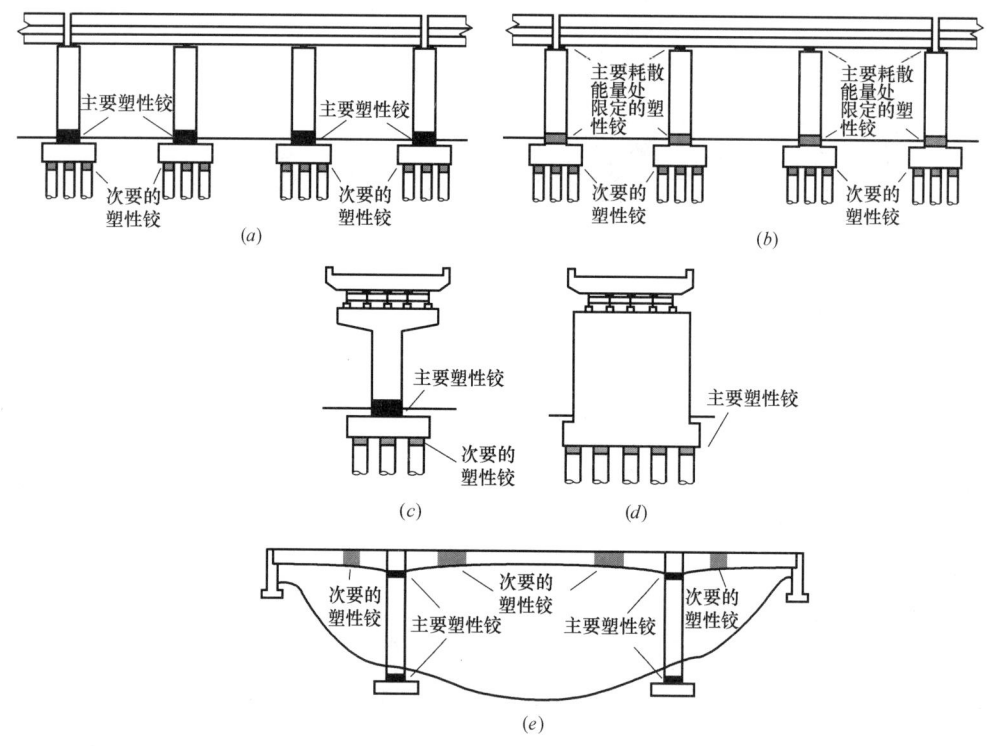

图 5.5-5　日本公路抗震规范塑性铰位置设定图例

（a）单柱式桥墩考虑塑性铰的情况（桥轴方向）；（b）考虑隔震支座耗散能量的情况（隔震桥、桥轴方向）；（c）单柱式桥墩考虑塑性铰的情况（桥轴直角方向）（d）基础考虑塑性铰的情况（壁式墩、桥轴直角方向）；（e）桥墩考虑主要塑性铰、上部构造考虑次要塑性铰的情况（T 形刚构桥桥轴方向）

使其不产生塑性，设计可能很不经济；并且对于预应力混凝土连续刚构桥，为了不使上部结构产生塑性，将增加加强钢筋，反而会增加预应力损失，此时可把桥墩作为主塑性区域，上部结构作为次塑性区域。减隔震支座具有非线性滞回特性，支座本身能够通过变形吸收能量，因此使用减隔震支座时，将减隔震支座作为主塑性构件，桥墩、基础作为次塑性构件。基础也可作为塑性构件，但基础的损伤很难被发现，且不易修复，因此基础一般不考虑主塑性区，而是作为次塑性区。一些情况下，要求基础不屈服将导致不合理的设计，此时可以考虑基础的塑性。这些原则见图 5.5-5 和图 5.5-6。

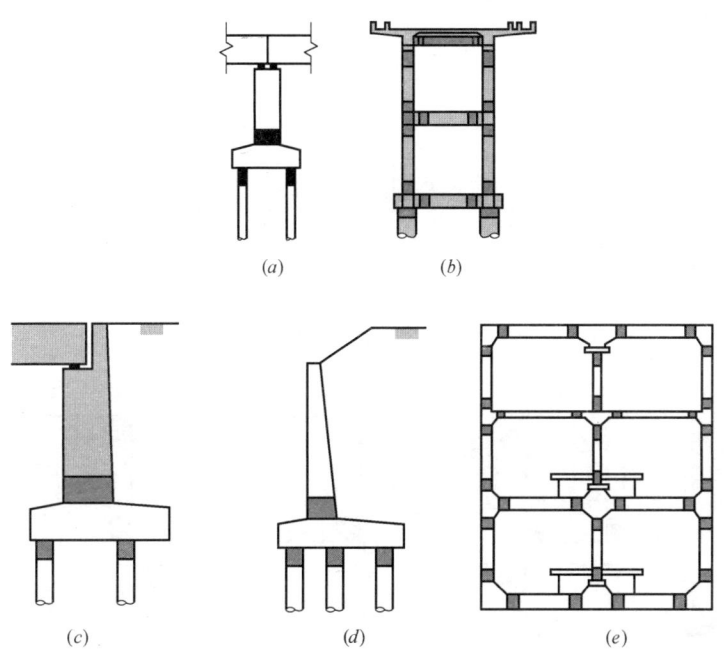

图 5.5-6　日本铁道抗震规范塑性铰位置设定图例
(*a*) 单柱式桥墩；(*b*) 框架结构高架桥；(*c*) 桥台；(*d*) 挡土墙；(*e*) 明挖隧道

拱桥的拱肋和斜拉桥的主塔等，对桥梁整体的反应和稳定性起关键作用，这些构件和受较大轴力作用、地震时轴力发生变化的构件，因为不能充分把握其动力特性，所以在考虑塑性时，应进行充分的研究，恰当地设定其塑性的程度。

5.5.4　新西兰桥梁抗震规范

新西兰桥梁抗震规范[50]将桥梁分为延性结构、部分延性结构（包括 type Ⅰ 和 type Ⅱ）以及弹性结构三种类型。其中，部分延性结构定义为：在水平荷载作用下，仅在结构局部产生塑性铰，结构屈服后，在力-位移关系曲线上仍有明显的斜率。不同结构的耗能位置见图 5.5-7，对延性系数的要求见表 5.5-1。

可见，新西兰桥梁抗震规范不限定塑性损伤发生的部位，但针对发生的不同部位，规定了大小不同的延性系数限制值，以控制设计损伤程度。这种设计策略符合基于性能的设计思想。

新西兰规范延性系数与耗能体系关系　　　　　　　　表 5.5-1

能量耗散体系	μ
延性或 typeⅠ部分延性构件,在地面或地下水位线以上产生塑性铰	6
延性或 typeⅠ部分延性构件,在易于修复的部位产生塑性铰,如在地面以下不低于 2m 且在地下水位线以上	4
延性或 typeⅠ部分延性构件,在不易于修复的部位产生塑性铰,如在地面以下低于 2m 或在地下水位线以下;或对 typeⅡ部分延性构件	3
在斜桩桩身产生塑性铰	2
弹性结构	1

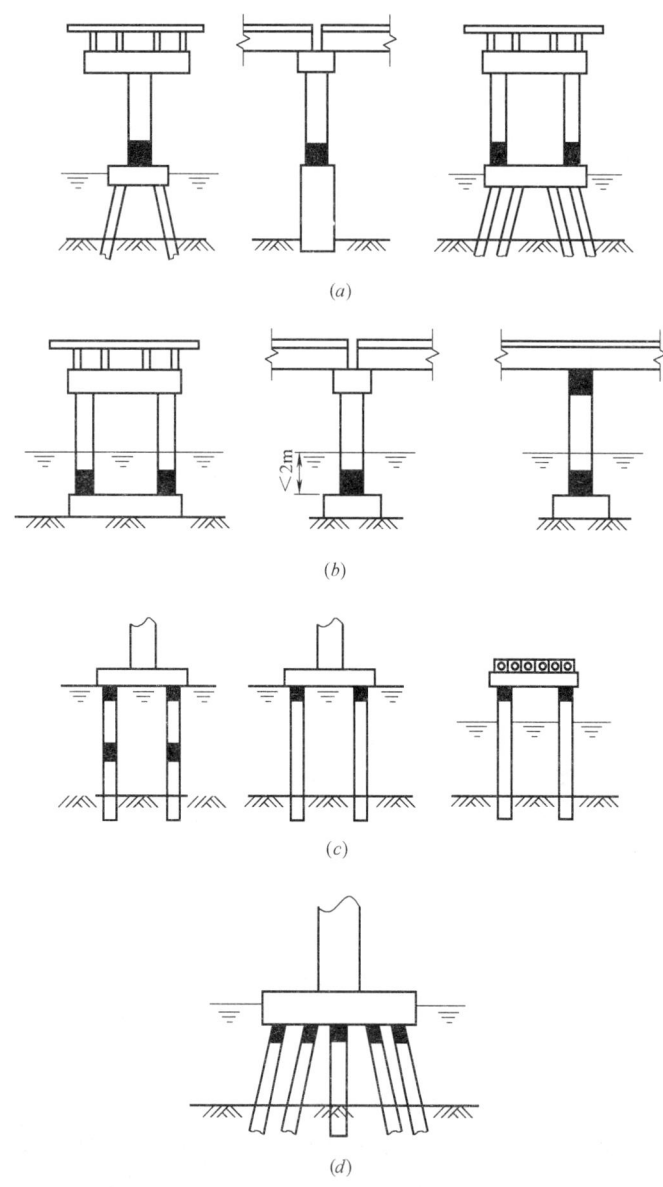

图 5.5-7　延性系数的最大取值
(a) $\mu \leqslant 6$; (b) $\mu \leqslant 4$; (c) $\mu \leqslant 3$; (d) $\mu \leqslant 2$

5.6　小结

从本章的叙述可以看到，基于性能的抗震设计思想在国内外的有影响力的抗震设计规范中都有初步体现，这也是将来的发展方向。基于性能的抗震设计思想给工程师和业主更多选择的权力，为技术创新等诸多方面打开了大门。《城市轨道交通结构抗震设计规范》在编写过程中，跟踪了国际上相关抗震设计规范的发展，采用了基于性能的抗震设计思想。

基于性能的抗震设计涉及的问题多，不仅包括技术方面的问题，而且包括法律方面的问题。从技术方面来说，基于性能的抗震设计要求对材料、构件和结构的非线性地震行为有深入和全面的了解；抗震性能和结构遭受地震的后果需要定量化；基于性能的抗震设计最终导向一个技术决策问题。这些技术要点需要实用的设计工具加以实现，以使基于性能的抗震设计规范具有可操作性。这些问题的很多细节都需要进一步的研究工作加以解决。因此，在抗震设计规范层面来看，基于性能的抗震设计还处于发展的初期阶段。

参 考 文 献

[1]　李国平. 混凝土桥梁基于性能设计研究的设想 [C]. 第十五届全国混凝土及预应力混凝土学术交流会论文集，中国上海 2010.

[2]　李国平，张喜刚，项海帆. 基于性能的混凝土桥梁规范体系的研究计划 [J]. 桥梁，2011，8（3）：76-78.

[3]　SEAOC，Vision 2000：Performance-based seismic engineering of buildings [S]. Structural Engineers Association of California，Sacramento，California，1995.

[4]　中国工程建设标准化协会. 建筑工程抗震性态设计通则 [S]. 北京：中国计划出版社，2004.

[5]　日本地震工学会基于性能的抗震设计研究委员会. 基于性能的抗震设计——现状与课题 [M]. 王雪婷译. 北京：中国建筑工业出版社，2012.

[6]　Transportation Research Board. Performance-Based Seismic Bridge Design-A Synthesis of Highway Practice. Washington，D. C. 2013.

[7]　Federal Emergency Management Agency（FEMA）. FEMA 445-Next-generation performance-based seismic design guidelines [S]. FEMA，Washington，D. C.，2006.

[8]　高小旺，苏经宇. 建筑抗震设计规范——理解与应用 [M]. 北京：中国建筑工业出版社，2011.

[9]　Moehle J，Deierlein G G. A framework methodology for performance-based earthquake engineering [C]. 13th World Conference on Earthquake Engineering，Vancouver，B. C.，Canada，2004.

[10]　Cornell C A，Krawinkler H. Progress and challenges in seismic performance assessment [J]. Peer Center News，2000，20（2）：130 – 139.

[11]　日本鉄道総合技術研究所. 鉄道構造物等設計標準・同解説—耐震設計 [S]. 日本東京：丸善株式会社，1999.

[12]　日本道路協会. 道路橋示方書同解説-V 耐震設計 [S]. 日本東京：丸善株式会社，2002.

[13]　American Association of State Highway and Transportation Officials（AASHTO）. AASHTO guide specifications for LRFD seismic bridge design，2nd ed. [J]. AASHTO，Washington，D. C.，2011.

[14]　American Association of State Highway and Transportation Officials（AASHTO）. AASHTO LR-

FD bridge design specifications, 6th ed. [J]. AASHTO, Washington, D. C., 2012.

[15] 中华人民共和国国家标准.建筑抗震设计规范 [S]. 北京：中国建筑工业出版社，2010.

[16] 中华人民共和国行业标准.公路工程抗震规范 [S]. 北京：人民交通出版社，2013.

[17] 中华人民共和国国家标准.城市桥梁抗震设计规范 [S]. 北京：中国建筑工业出版社，2011.

[18] 中华人民共和国国家标准.城市轨道交通结构抗震设计规范 [S]. 北京：中国计划出版社，2014.

[19] 中华人民共和国国家标准.建筑工程抗震设防分类标准 [S]. 北京：中国建筑工业出版社，2008.

[20] 中华人民共和国国家标准.地铁设计规范 [S]. 北京：中国建筑工业出版社，2013.

[21] 中华人民共和国国家标准.铁路工程抗震设计规范 [S]. 北京：中国计划出版社，2006.

[22] European Committee for Standardisation (ECS-a EN 1998-1)：Eurocode 8：Design of structures for earthquake resistance – Part 1：General rules, seismic actions and rules for buildings [S]. European Committee for Standardization，CEN，2004.

[23] European Committee for Standardisation，(ECS-b EN 1998-2)：Eurocode 8 - Design of structures for earthquake resistance-Part 2：Bridges [S]. European Committee for Standardization，CEN，2005.

[24] The American Railway Engineering and Maintenance of Way Association. Manual for railway engineering [s]. Chesterfield，MO：Mira Digital Publishing，2007.

[25] California Department of Transportation (Caltrans). Visual catalog of reinforced concrete bridge damage [J]. Structure Maintenance and Investigations，Caltrans，Sacramento，2006.

[26] 陆本燕，刘伯权，邢国华，等.桥梁结构基于性能的抗震设防目标与性能指标研究 [J]. 工程力学，2011，28（11）：96-103.

[27] Transportation Research Board. Comprehensive specification for the seismic design of bridges (third draft of specifications and commentary) [S]. NCHRP 12-49，March 2，2001.

[28] ATC/MCEER JOINT VENTURE. Comprehensive specification for the seismic design of bridges [R]. Buffalo，NY：Nchrp Report，2002.

[29] 中华人民共和国国家标准.中国地震动参数区划图 [S]. 北京：中国标准出版社，2001.

[30] 中华人民共和国国家标准.工程场地地震安全性评价 [S]. 北京：中国标准出版社，2005.

[31] Chopra A K，Naeim F. Dynamics of structures-theory and applications to earthquake engineering (third edition) [J]. New York，USA：Pearson Education，Inc，2007.

[32] Chopra A K，Goel R K. A modal pushover analysis procedure for estimating seismic demands for buildings [J]. Earthquake Engineering & Structural Dynamics，2002，31（3）：561-582.

[33] Freeman S A，Nicoletti J P，Tyrell J V. Evaluations of Existing Buildings for Seismic Risk-A Case Study of Puget Sound Naval Shipyard Bremerton [C]. Proc. of the US National Conf. on Earthquake Engineering，Berkeley，California，USA，1975：23-84.

[34] ATC-40. Seismic evaluation and retrofit of concrete buildings [R]. Applied Technology Council. Red Wood City，California，1996.

[35] 潘龙.基于推倒分析方法的桥梁结构地震损伤分析与性能设计 [D]. 上海：同济大学，2001.

[36] 周道传，董作超，王林.基于性能抗震设计中的等效线性模型研究 [J]. 地震工程与工程振动，2013，33（3）：110-117.

[37] Antoniou S，Pinho R. Development and verification of a displacement-based adaptive pushover procedure [J]. Journal of Earthquake Engineering，2004，8（5）：643-661.

[38] Ferracuti B，Rui P，Savoia M，et al. Verification of displacement-based adaptive pushover through multi-ground motion incremental dynamic analyses [J]. Engineering Structures，2009，31（8）：

1789-1799.

［39］ Pinho R，Casarotti C，Antoniou S. A comparison of single-run pushover analysis techniques for seismic assessment of bridges ［J］. Earthq Eng Struct Dyn，36：1347 - 1362.

［40］ Rui P，Monteiro R，Casarotti C，et al. Assessment of continuous span bridges through nonlinear static procedures ［J］. Earthquake Spectra，2009，25（1）：143-159.

［41］ Casarotti C，Rui P. An adaptive capacity spectrum method for assessment of bridges subjected to earthquake action ［J］. Bulletin of Earthquake Engineering，2007，5（3）：377-390.

［42］ Bertero V V. Strength and deformation capacities of buildings under extreme environments ［J］. Structural Engineering & Mechanics，1977：211-215.

［43］ Vamvatsikos D，Comell C A. Incremental dynamic analysis ［J］. Earthquake Engineering and Structural Dynamics ，2002，31：491-514.

［44］ Vamvatsikos D，Cornell C A. Applied incremental dynamic analysis ［J］. Earthquake Spectra，2004，20（2）：491 - 514.

［45］ 吕西林，苏宁粉，周颖. 复杂高层结构基于增量动力分析法的地震易损性分析 ［J］. 地震工程与工程振动，2012，32（5）：19-25.

［46］ Krawinkler H，Seneviratna G D P K. Pros and cons of a pushover analysis of seismic performance evaluation ［J］. Engineering Structures，1998，20（4）：452-464.

［47］ Mofid M，Zarfam P，Fard B R. On the modal incremental dynamic analysis ［J］. Structural Design of Tall & Special Buildings，2010，14（4）：315-329.

［48］ 汪梦甫，曹秀娟，孙文林. 增量动力分析方法的改进及其在高层混合结构地震危害性评估中的应用 ［J］. 工程抗震与加固改造，2010，32（1）：104-109.

［49］ 范立础，卓卫东. 桥梁延性抗震设计 ［M］. 北京：人民交通出版社，2001.

［50］ New Zealand T N. Bridge manual ［J］. Condition Surveys，2003.

第6章 抗震性能指标和等级

6.1 钢筋混凝土柱式构件抗震验算

国内外对钢筋混凝土柱式构件抗震性能进行了大量的试验研究和理论分析，特别是新西兰和美国学者在此方面进行了卓有成效的工作，核心成果已经为国内外主要地震国家抗震设计规范[1-7]所采用。

6.1.1 抗剪能力

混凝土构件的抗剪能力一般写为[3]：

$$V_{cd} = V_c + V_s \tag{6.1-1}$$

式中 V_c——混凝土对抗剪能力的贡献；

V_s——钢筋对抗剪能力的贡献。

混凝土对抗剪能力的贡献一般表示为：

$$V_c = v_c \cdot A_e ; A_e = 0.8A_g \tag{6.1-2}$$

式中 A_g——构件横截面的毛截面积（m²）；

A_e——构件横截面的等效截面积（m²）；

v_c——横截面单位面积混凝土提供的抗剪能力（kPa，下同）。

$$v_c = \begin{cases} 1000 \cdot c_1 c_2 \sqrt{f'_c} \leqslant 330 \sqrt{f'_c}, \text{塑性铰区内} \\ 250 \cdot c_2 \sqrt{f'_c} \leqslant 330 \sqrt{f'_c}, \text{塑性铰区外} \end{cases} \tag{6.1-3}$$

系数 c_1 和 c_2 计算表达式如下：

$$c_1 = \begin{cases} \dfrac{\rho_s f_{yh}}{12.5} + 0.305 - 0.083\mu_d, \text{圆形断面} \\ \dfrac{2\rho_w f_{sd}}{12.5} + 0.305 - 0.083\mu_d, \text{矩形断面} \end{cases} ; c_1 \in [0.025, 0.25] \tag{6.1-4}$$

$$c_2 = \begin{cases} 1 + \dfrac{P_c}{13.8 \times A_g} < 1.5, P_c > 0 \\ 0 \qquad\qquad\qquad P_c < 0 \end{cases} \tag{6.1-5}$$

式中 P_c——轴压力。

由系数 c_1 和 c_2 的取值范围可见，在塑性铰区外（$\mu_d = 1$），对于常规的配箍率，$c_1 >$ 0.25，取其上限值；c_2 表征轴向压力对抗剪能力的贡献，当轴压为拉力时，贡献为 0。出于保守考虑，当将 $P_c > 0$ 时，c_2 取为 1.0，则 v_c 可以表示为：

260

$$v_c = \begin{cases} 1000 \cdot c \cdot \sqrt{f_c'}, & \text{组合轴力为压} \\ 0, & \text{组合轴力为拉} \end{cases} \tag{6.1-6}$$

式中　f_c'——混凝土抗压强度标准值（kPa）；

　　　c——混凝土抗剪能力系数。

$$c = \begin{cases} \dfrac{\rho_s f_{yh}}{12.5} + 0.305 - 0.083\mu_\theta, & \text{圆形断面} \\ \dfrac{2\rho_w f_{sd}}{12.5} + 0.305 - 0.083\mu_\theta, & \text{矩形断面} \end{cases}; c \in [0.025, 0.25] \tag{6.1-7}$$

由于 $c < 0.25$，因而式（6.1-3）中 $1000 \cdot c_1 c_2 \sqrt{f_c'} \leqslant 330 \sqrt{f_c'}$ 和 $250 \cdot c_2 \sqrt{f_c'} \leqslant 330$ $\sqrt{f_c'}$ 必然成立，因此 $v_c \leqslant 330 \sqrt{f_c'}$ 的限制条件是没有必要的，进而得到式（6.1-6）。对构件非塑性铰区，取 $\mu_\theta = 1.0$。

对圆形柱，采用螺旋或环形箍筋时：

$$\rho_s = \frac{4A_{sp}}{sD'} \tag{6.1-8}$$

式中　A_{sp}——螺旋或环形箍筋的横截面积（m²）；

　　　D'——自箍筋环中心线量取的箍筋环直径（m）；

　　　s——箍筋间距（m）；

　　　f_{yh}——箍筋的抗拉强度设计值（MPa）；

　　　ρ_s——螺旋或环形箍筋体积配箍率。

对矩形柱，当采用矩形箍筋时：

$$\rho_w = \frac{A_v}{bs}, A_v = n \cdot A_{sp} \tag{6.1-9}$$

式中　ρ_w——矩形箍筋在计算方向的体积配箍率；

　　　A_v——计算方向箍筋的总截面积（m²）；

　　　n——箍筋间距 s 内，计算方向箍筋的总数量；

　　　b——矩形构件截面宽度（m）。

注意，式（6.1-7）采用的是转角延性系数 μ_θ：

$$\mu_\theta = \frac{\theta}{\theta_y} \tag{6.1-10}$$

$$\theta_y = \phi_y \cdot L_p \left(1 - \frac{L_p}{2L}\right) \tag{6.1-11}$$

式中　θ——构件的需求转角（rad）；

　　　θ_y——构件的屈服转角（rad）；

　　　L——塑性铰区构件端部截面至相邻构件反弯点之间的距离（m）；

　　　ϕ_y——塑性铰区屈服曲率；

　　　L_p——塑性铰区长度（m）。

抗剪螺旋或环形箍筋提供的剪切抗力应按下式计算：

$$V_s = \begin{cases} \dfrac{\pi}{2}\left(\dfrac{nA_{sp}f_{yh}D'}{s}\right) \cdot 1000, & \text{螺旋或环形箍筋} \\ \dfrac{A_v f_{yh} d}{s} \cdot 1000, & \text{矩形箍筋} \end{cases} \tag{6.1-12}$$

式中 n——独立的箍筋环数量；

      d——矩形箍筋计算方向上截面有效剪切高度，为受压区边缘到受拉钢筋合力作用点的距离（m）。

关于箍筋强度，AASHTO 采用屈服应力 f_{yh}，相当于中国规范的抗拉强度设计值 f_{sd}。

为了进一步说明抗剪能力计算公式，假定城市轨道交通柱式构件定为二级以上框架，则加密区体积配箍率至少 0.6%，非加密区 0.3%，钢筋采用 HRB335 钢，强度设计值 280MPa，体积配箍率取 0.3%、1.0% 和 1.5%，对应 $\rho_s f_{yh}=0.84$、2.8 和 4.2。系数 c_1 与需求延性系数之间关系见图 6.1-1。

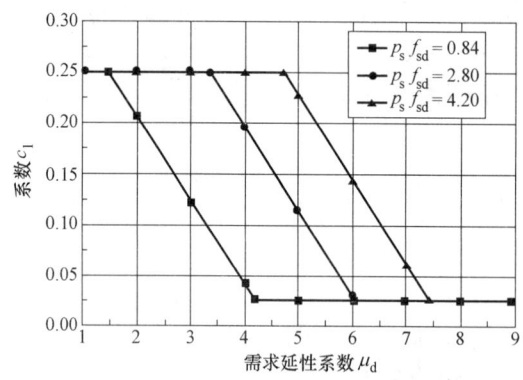

图 6.1-1　系数 c_1 与需求延性系数关系示例

由图 6.1-1 还可以看出，对非塑性铰区，将位移延性系数取 1，则系数 c 取上限这一要求可自动满足，且由于将局部转角延性系数直接在公式中代换位移延性系数，因而对构件非塑性铰区，将构件的需求转角延性系数取 1.0，已隐含了 Caltrans 和 AASHTO 对混凝土抗剪强度系数 c 取上限的要求。

上述非塑性铰区抗剪能力计算的方法，仅适用于与包含地震效应相关的计算中，对其他情况，应按照通用设计规范来计算构件的抗剪能力。

6.1.2　抗弯性能

悬臂柱式构件顶部受力情况下的弯矩和曲率分布见图 6.1-2。理论上，对于悬臂构件，弯矩 M 是线性分布的，在构件屈服之前，曲率 φ 也是线性分布的，见图 6.1-2 (b)。构件进入非线性状态后，M 仍然是线性分布，但 φ 则偏离线性分布，见图 6.1-2 (c)，随着非线性程度的发展，φ 的分布偏离线性分布越远、越复杂，见图 6.1-2 (d)。精确描述 φ 的复杂分布几乎不可能，从工程设计的角度考虑也无必要。为了抓住非线性的主要特征，且便于抗震设计应用，广泛采用工程师熟悉的有限长度塑性铰概念，见图 6.1-2 (d)。对于悬臂墩，假设非线性集中发生在墩底一个有限长度区域 l_p 内，而在 l_p 区域以外，构件保持线弹性。在塑性铰区域 l_p 内，可以对曲率的分布作多种假定，最简单的是假定在该区域内的塑性曲率为常数。

混凝土构件的广义力-位移关系可以采用多折线力-位移关系模型表达。对于图 6.1-2 所示的悬臂构件，日本《铁路结构设计规范（抗震设计篇）》[1] 采用构件弯矩-转角关系的

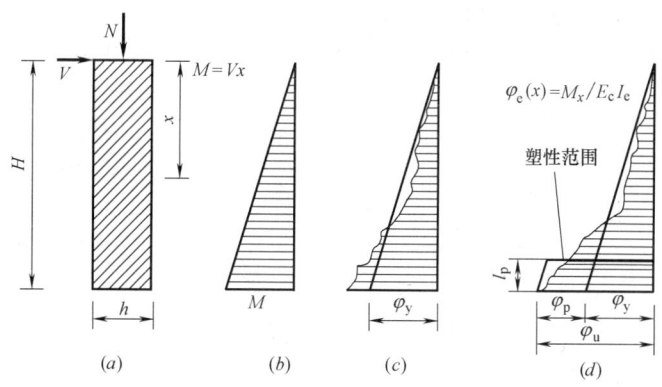

图 6.1-2 悬臂墩受力和曲率分布

(a) 悬臂柱受力；(b) 弯矩分布；(c) 屈服前曲率分布；(d) 极限曲率分布

四折线模型化构件的弯曲性能，四个特征点分别为开裂点（C：Cracking）、屈服点（Y：Yeilding）、最大弯矩点（M：Maximum Moment）和设计极限点（N：弯矩下降至屈服弯矩的点），以考虑混凝土的开裂、钢筋屈服等材料的非线性特性及混凝土保护层的脱落、轴向钢材的压屈等损伤状态，见图 6.1-3。采用构件转角进行性能等级的划分和抗震验算：

$$\gamma_i \cdot \theta / \theta_d \leqslant 1.0 \qquad (6.1\text{-}13)$$

式中 γ_i——结构物系数；

θ——地震需求转角；

θ_d——构件损伤状态分界点的转角，见图 6.1-3。

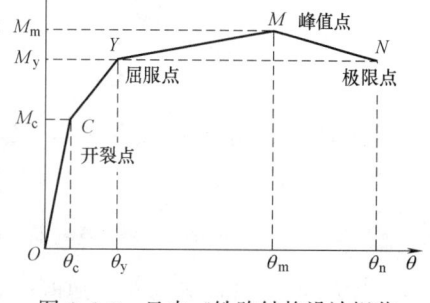

图 6.1-3 日本《铁路结构设计规范（抗震设计篇）》构件弯矩-转角模型

图 6.1-3 中，开裂点定义为弯曲裂缝出现时；屈服点定义为钢筋拉伸屈服点；峰值点定义为混凝土压缩应变为 0.0035 时的点；极限点定义为峰值点后弯矩等于屈服点弯矩时的点。损伤等级和说明见表 6.1-1。

损伤等级和分界点转角　　　　　　　　　表 6.1-1

损伤等级	符号	分界转角	
		定义	说明
损伤状态 1	$\theta_{yd} = \theta_y / \gamma_b$	屈服转角	从开始到 Y 点的范围，其分界点转角，即屈服时设计构件角
损伤状态 2	$\theta_{md} = \theta_m / \gamma_b$	最大弯矩对应转角	Y 到 M 的范围，其分界点转角，即维持最大水平抵抗荷载最大位移时设计构件角
损伤状态 3	$\theta_{nd} = \theta_n / \gamma_b$	弯矩下降到屈服弯矩处的转角	M 到 N 的范围，其分界点转角，即构件接合部轴向钢筋拔出时设计构件端部角
损伤状态 4	$\theta_{ud} = \theta_u / \gamma_b$	极限转角	N 以后，其分界点转角，即为了限制轴向位移显著增大的限制转角 θ_{ud}，由设计者适当确定

注：1. 根据受力特性和维修难易程度，并与日铁《混凝土构造物》、《钢合成构造物》一致按 4 段划分。

2. γ_b 为构件系数，一般取 1.0。

大多数主要抗震设计规范，如日本《公路桥梁设计规范（V 抗震设计篇）》、中国

《公路工程抗震规范》、中国《公路桥梁抗震设计细则》、Caltrans 规范、AASHTO《指南》、中国《城市轨道交通结构抗震设计规范》等均采用二折线理想弹塑性模型，见图 6.1-4。等效弹性段应通过实际 M-θ 曲线上表征第一根钢筋屈服的点（ϕ'_s，M'_y）；在该屈服点之后，按两个阴影面积相等的原则确定等效屈服弯矩 M_y 和等效屈服曲率 ϕ_y。

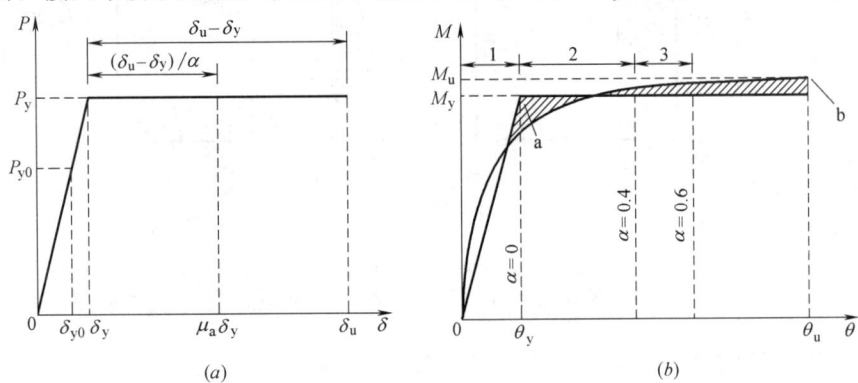

图 6.1-4 《城市轨道交通结构抗震设计规范》延性定义

（a）基于位移的延性定义；（b）基于构件转角的延性定义

实际的曲率分布十分复杂，若采用如图 6.1-5 所示的线性曲率分布假定，截面等效屈服点对应的构件塑性铰区转角可以由塑性铰区曲率沿塑性铰区长度积分得出：

$$\theta_y = \left(1 - \frac{L_p}{2L}\right) \cdot \phi_y \cdot L_p \tag{6.1-14}$$

式中　θ_y——构件屈服转角（塑性铰区屈服转角，rad）；

L_p——塑性铰区长度（m），$L_p = 1.0D$，D 取水平力作用方向截面高度（m）。

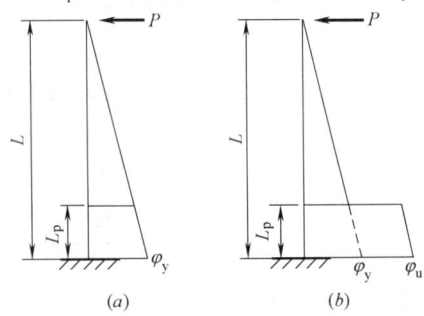

图 6.1-5　钢筋混凝土构件简化曲率分布

（a）等效屈服点；（b）极限破坏点

截面极限变形点对应的构件极限转角如下计算：

$$\theta_u = \theta_y + \theta_{pu} \tag{6.1-15}$$

式中　θ_{pu}——极限塑性转角。

$$\theta_{pu} = (\phi_u - \phi_y) \cdot L_p \tag{6.1-16}$$

在构件断面达到屈服曲率之前，得到假定曲率符合线性分布，通过曲率的二次积分可以得到：

$$\Delta_y = \phi_y L^2 / 3 \tag{6.1-17}$$

构件悬臂端极限位移可以表示为：

$$\Delta_u = \Delta_y + (\phi_u - \phi_y) \cdot L_p \times \left(L - \frac{1}{2}L_p\right) = \Delta_y + \left(L - \frac{1}{2}L_p\right) \cdot \theta_{pu} \tag{6.1-18}$$

从而屈服转角和极限塑性转角可以表示为：

$$\theta_y = \frac{\Delta_y}{L - \frac{1}{2}L_p} \tag{6.1-19a}$$

$$\theta_u = \frac{\Delta_u}{L - \frac{1}{2}L_p} \tag{6.1-19b}$$

$$\theta_{pu} = \frac{\Delta_u - \Delta_y}{L - \frac{1}{2}L_p} \tag{6.1-19c}$$

悬臂构件自由端位移延性系数定义为：

$$\mu_\Delta = 1 + \frac{\Delta_u - \Delta_y}{\Delta_y} \tag{6.1-20}$$

式中　μ_Δ——钢筋混凝土桥墩容许延性系数；

　　　Δ_u——钢筋混凝土桥墩极限变形；

　　　Δ_y——钢筋混凝土桥墩屈服变形。

根据式（6.1-18）可以知道：

$$\frac{\Delta - \Delta_y}{\Delta_u - \Delta_y} = \frac{\theta - \theta_y}{\theta_u - \theta_y} = \alpha \tag{6.1-21}$$

式中　α——构件安全系数，表征构件进入非线性的塑性变形占屈服平台段的比例，见图
　　　6.1-4。

由式（6.1-20）和式（6.1-21）可以知道，采用构件变形和塑性铰区局部转角描述构件延性时，对应同一性能等级，其 α 系数取值相同。以塑性铰区转角表达的延性系数界限值为：

$$\mu_\Delta = 1 + \alpha \frac{\theta_u - \theta_y}{\theta_y} = \mu_\theta \tag{6.1-22}$$

为保证构件具备足够的塑性变形冗余，设计规范中一般采用安全系数 K 对塑性铰区极限塑性转角作折减，因而式（6.1-22）可以重写为：

$$\mu_d = 1 + \alpha \frac{\theta_u - \theta_y}{K\theta_y} \tag{6.1-23}$$

而塑性铰区设计转角为：

$$\theta_d = \theta_y + \alpha \frac{\theta_u - \theta_y}{K} = \theta_y + \alpha \frac{\theta_{pu}}{K} \tag{6.1-24}$$

式中　θ_d——性能等级的界限值（rad）。

对轴压比小于 0.5 且剪跨比为 1.5 以上的钢筋混凝土柱式构件，《城市轨道交通结构抗震设计规范》中各系数的取值见表 6.1-2。

钢筋混凝土柱构件的性能等级系数　　　　　　　　　　　表 6.1-2

构件性能等级	α 限值	K
1	0	
2	0.4	1.5
3	0.6	

确定极限转角 θ_u（或极限位移 Δ_u 或极限曲率 ϕ_u）是一个关键问题。已经提出了多种确定的准则，如关键断面受压区混凝土边缘压应变达到极限值 ε_{cu} 时对应的位移、荷载-位移曲线下降到峰值荷载某一比例（如 0.85）时对应的位移等，比较常采用的是后者。

6.2 型钢混凝土构件抗震能力

型钢混凝土结构是指在型钢周围配置构造钢筋并浇筑混凝土的钢-混凝土组合结构形式，在建筑结构和交通结构领域得到广泛应用。1995 年，日本开展了"采用复合构件的山岳桥梁的下部结构设计、施工技术的开发"项目的研究工作，并建设了示范桥梁。在我国，型钢混凝土结构主要应用于大跨度悬索桥和斜拉桥的桥塔、拱桥的拱圈等。近年来，型钢混凝土结构在城市轨道交通结构的建造中也得到应用，如郑州东站为桥建合一站房[8]，其轨道层采用了型钢混凝土柱技术，显著减小了梁高及柱墩尺寸，并保证了传力的可靠性。但在交通结构领域，型钢混凝土的抗震性能研究很少，目前主要参考建筑工程领域的研究成果。

6.2.1 抗剪能力

（1）中国《组合结构设计规范》公式　我国《组合结构设计规范》[9]对型钢混凝土抗剪承载力进行了相应规定（抗震用）。型钢混凝土框架柱和转换柱偏心受压时，斜截面抗剪承载力 V_c 为：

$$V_c = \frac{1}{\gamma_{RE}} \left(\frac{1.05}{\lambda+1} f_t b h_0 + f_{yv} \frac{A_{sv}}{s} h_0 + 0.58 \frac{f_a t_w h_w}{\lambda} + 0.056N \right) \tag{6.2-1a}$$

式中　γ_{RE}——承载力抗震调整系数，取值见表 6.2-1；

λ——框架柱的计算剪跨比，其值取上、下端较大弯矩设计值 M 与对应的剪力设计值 V 和柱截面有效高度 h_0 的比值，即 M/Vh_0，当框架结构中框架柱的反弯点在柱层高范围内时，柱剪跨比也可采用 1/2 柱净高与柱截面有效高度 h_0 的比值，当 $\lambda<1$ 时，取 $\lambda=1$，当 $\lambda>3$ 时，取 $\lambda=3$；

N——考虑地震作用组合的框架柱的轴向压力设计值，当 $N>0.3f_c A_c$ 时，取 $N=0.3f_c A_c$。

型钢混凝土框架柱和转换柱偏心受拉时，斜截面抗剪承载力为：

$$V_c = \frac{1}{\gamma_{RE}} \left(\frac{1.05}{\lambda+1} f_t b h_0 + f_{yv} \frac{A_{sv}}{s} h_0 + 0.58 \frac{f_a t_w h_w}{\lambda} - 0.2N \right) \geqslant \frac{1}{\gamma_{RE}} \left(f_{yv} \frac{A_{sv}}{s} h_0 + 0.58 \frac{f_a t_w h_w}{\lambda} \right)$$
$$\tag{6.2-1b}$$

式中　N——框架柱和转换柱的轴向拉力设计值。

组合结构构件承载力抗震调整系数　　　　　　　　　表 6.2-1

构件类型	梁	柱、支撑				剪力墙		各类构件
受力特性	受弯	偏压轴压比小于 0.15	偏压轴压比不小于 0.15	轴压	受拉、轴拉	偏压、偏拉	局压	受剪
γ_{RE}	0.75	0.75	0.8	0.8	0.85	0.85	1	0.85

为了考察我国《组合结构设计规范》JGJ 138—2016 的抗剪能力计算公式，选择日本学者加藤勉[12]完成的 44 根柱的试验数据。计算箍筋效应时，按照《组合结构设计规范》的规定：用作受剪、受扭、受冲切的箍筋，采用抗剪强度设计值 f_{yv} 数值，但其值不应大

于 $360\text{N}/\text{mm}^2$。计算极限抗剪承载能力与试验值的对比见图 6.2-1。

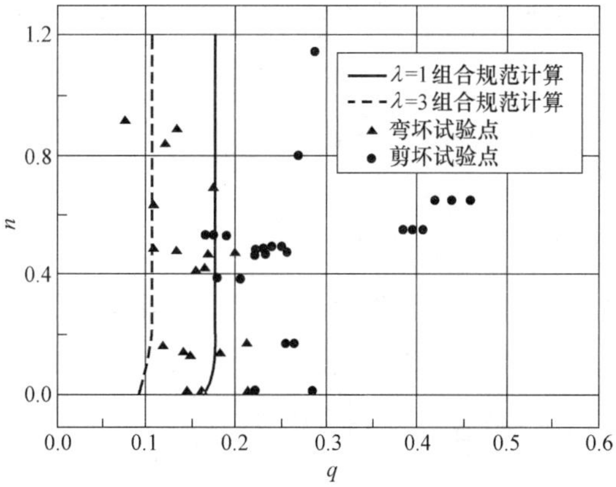

图 6.2-1 组合规范预测值与试验值的对比

由图 6.2-1 可以看出：①当构件材料强度均采用设计值（根据试验实测值得到混凝土立方体抗压强度，然后根据换算准则计算得到设计强度；钢筋采用实测强度/安全系数 1.1 得到屈服强度）时，组合规范预测值对于剪切破坏构件偏大；②对于混凝土的抗剪能力，组合规范没有考虑到型钢空洞对混凝土的折减，因此计算值偏大，在剪跨比 1～3 之间计算值偏于不安全。但随着 λ 的增大，如 λ＞3 时，趋于合理。

（2）日本《钢骨钢筋混凝土结构计算标准及解说》公式 日本《钢骨钢筋混凝土结构计算标准及解说》[10]给出的极限抗剪承载能力计算公式为：

$$Q_u = Q_{u,r} + Q_{u,s} = \min(Q_{su,r}, Q_{bu,r}) + \min(Q_{su,s}, Q_{bu,s}) \tag{6.2-2}$$

钢骨混凝土部分的极限承载能力按下式计算：

$$Q_{su,r} = \min(Q_{su,r,1}, Q_{su,r,2}) \tag{6.2-3}$$

剪切破坏：

$$Q_{su,r,1} = b \cdot j_r (0.5 F_s \cdot \alpha_r + 0.5 p_w \sigma_{yw}) \tag{6.2-4a}$$

剪切粘结破坏：

$$Q_{su,r,2} = b \cdot j_r \left(F_s \frac{b'}{b} + p_w \sigma_{yw} \right) \tag{6.2-4b}$$

式中 b——矩形构件的宽度（cm）；

b'——钢骨翼缘位置处混凝土的有效宽度（cm）；

j_r——钢筋混凝土部分受弯时，受拉侧与受压侧合力点间距离（cm），可取 $j_r = 7/8 d_r$；

p_w——腹筋配筋率或配箍率。

$$p_w = \frac{a_w}{bx} \tag{6.2-5}$$

式中 a_w——同一截面处腹筋或箍筋的截面面积（cm^2）；

x——腹筋或箍筋的间距（cm），采用非实腹式钢骨时不小于 0.2%；采用非封闭实腹式钢骨时不小于 0.1%。

$$\alpha_r = \frac{4}{\dfrac{M_{d,r}}{Q_{d,r} \cdot d_r} + 1}, 1 \leqslant \alpha \leqslant 2 \tag{6.2-6}$$

式中　$M_{d,r}$——钢筋混凝土部分的设计弯矩（kN·cm）；

　　　$Q_{d,r}$——钢筋混凝土部分的设计剪力（kN）（此处与长细比有关）；

　　　d_r——从受压边缘到受拉主筋形心的距离（有效高度，cm）。

$$F_s = \min\left(0.15F_c, 2.25 + \frac{4.5F_c}{10}\right) \tag{6.2-7}$$

$$Q_{bu,r} = \sum\frac{M_{u,r}}{l'} \tag{6.2-8}$$

式中　$M_{u,r}$——钢筋混凝土部分的抗弯承载力（kN·cm）；

　　　l'——梁或构件的净跨度（cm）。

$$M_{u,r} = \begin{cases} a_{t,m} \cdot \sigma_{y,m} \cdot d_m - \dfrac{d_m}{2}(N_{u,r} - r_{u,c} \cdot F_c \cdot bD), & r_{u,c} \cdot F_c \cdot bD \leqslant N_{u,r} \\[2mm] & \leqslant r_{u,c} \cdot F_c \cdot bD + a_{t,m} \cdot \sigma_{y,m} \\[2mm] a_{t,m} \cdot \sigma_{y,m} \cdot d_m + \dfrac{N_{u,r} \cdot D}{2}\left(1 - \dfrac{N_{u,r}}{r_{u,c} \cdot F_c \cdot bD}\right), & 0 \leqslant N_{u,r} \leqslant r_{u,c} \cdot F_c \cdot bD \\[2mm] a_{t,m} \cdot \sigma_{y,m} \cdot d_m + \dfrac{d_m}{2}N_{u,r}, & -2a_{t,m} \cdot \sigma_{y,m} \leqslant N_{u,r} \leqslant 0 \end{cases}$$

$$\tag{6.2-9}$$

式中，　$a_{t,m}$——受拉主筋的截面积（cm²）；

　　　$\sigma_{y,m}$——主筋的屈服应力（kN/cm²）；

　　　d_m——受拉主筋和受压主筋的形心距离（cm）；

　　　$N_{u,r}$——钢筋混凝土部分的极限抗压承载力（kN）；

　　　$r_{u,c}$——由含钢率确定的混凝土 F_c 的降低系数。

$$r_{u,c} = 0.85 - 2.5p_{c,s} \tag{6.2-10}$$

式中　$p_{c,s}$——受压侧钢骨含钢率（$a_{c,s}/bD$）。

钢骨部分的极限承载能力按下式计算：

$$Q_{bu,s} = \sum\frac{M_{u,s}}{l'} \tag{6.2-11}$$

式中　$M_{u,s}$——钢骨部分的抗弯承载力（kN·cm）。

$$M_{u,s} = \begin{cases} Z_{p,s} \cdot \sigma_{y,s} - \dfrac{d_s}{2}\left(N_{u,s} - \dfrac{1}{2}a_{w,s} \cdot \sigma_{y,s}\right), & \dfrac{a_{w,s}}{2} \cdot \sigma_{y,s} \leqslant N_{u,s} \leqslant A_s \cdot \sigma_{y,s} \\[2mm] Z_{p,s} \cdot \sigma_{y,s}, & -\dfrac{a_{w,s}}{2} \cdot \sigma_{y,s} \leqslant N_{u,s} \leqslant \dfrac{a_{w,s}}{2} \cdot \sigma_{y,s} \\[2mm] Z_{p,s} \cdot \sigma_{y,s} + \dfrac{d_s}{2}\left(N_{u,s} + \dfrac{1}{2}a_{w,s} \cdot \sigma_{y,s}\right), & -A_s \cdot \sigma_{y,s} \leqslant N_{u,s} \leqslant -\dfrac{a_{w,s}}{2} \cdot \sigma_{y,s} \end{cases}$$

$$\tag{6.2-12}$$

式中　$N_{u,s}$——钢骨部分的极限抗压承载力（kN）；

　　　$a_{w,s}$——钢骨腹板的截面面积（cm²）；

　　　$\sigma_{y,s}$——钢骨的屈服应力（kN/cm²）；

　　　$Z_{p,s}$——钢骨截面塑性抵抗矩（cm³）。

$$Q_{su,s} = \begin{cases} t_w \cdot d_w \dfrac{\sigma_{ys}}{\sqrt{3}} & \text{,实腹式及十字形实腹式} \\[2mm] A_D \cdot \sigma_{sy} \cdot \sin\theta_D & \text{,格构式} \\[2mm] \dfrac{2M_{BU}}{x_B} & \text{,格子式} \\[2mm] \dfrac{4}{3}b_f \cdot t_f \dfrac{\sigma_{ys}}{\sqrt{3}} & \text{,弱轴实腹式} \end{cases} \qquad (6.2\text{-}13)$$

式中，构件轴力分配如下：

1）$N_{tu,r} \leqslant N_u \leqslant N_{cu,r}$

$$N_u = N_{u,r}$$
$$M_u = M_{u0,s} + M_{u,r} \qquad (6.2\text{-}14a)$$

2）$N_u \geqslant N_{cu,r}$

$$N_u = N_{cu,r} + N_{u,s}$$
$$M_u = M_{u,s} \qquad (6.2\text{-}14b)$$

3）$N_u \leqslant N_{tu,r}$

$$N_u = N_{tu,r} + N_{u,s}$$
$$M_u = M_{u,s} \qquad (6.2\text{-}14c)$$

（3）若林·南模型计算公式 若林實和南宏一[11]于 1982 年提出了型钢混凝土组合结构的抗剪方法，该方法提出型钢混凝土的抗剪强度由钢筋混凝土部分和型钢部分的叠加方法，若林·南模型的具体执行方法见附录 D.1。

6.2.2 抗剪计算公式对比

对于型钢混凝土柱的抗剪能力，国内外进行了一些试验研究。选择加藤勉[12]、赵世春[13,14]和仲野喜晴[15]等人的试验数据对三种剪切承载力公式进行对比，见图 6.2-2～图 6.2-4。可以看到，中国规范和日本规范对抗剪承载力的预测值均较保守，且保险系数过大。若林·南模型对试件抗剪承载力的预测值与试验值符合度较好；当试件剪跨比较小时，若林·南模型安全系数略低，当试件剪跨比大于 2 时，试件的剪切能力预测值与试验

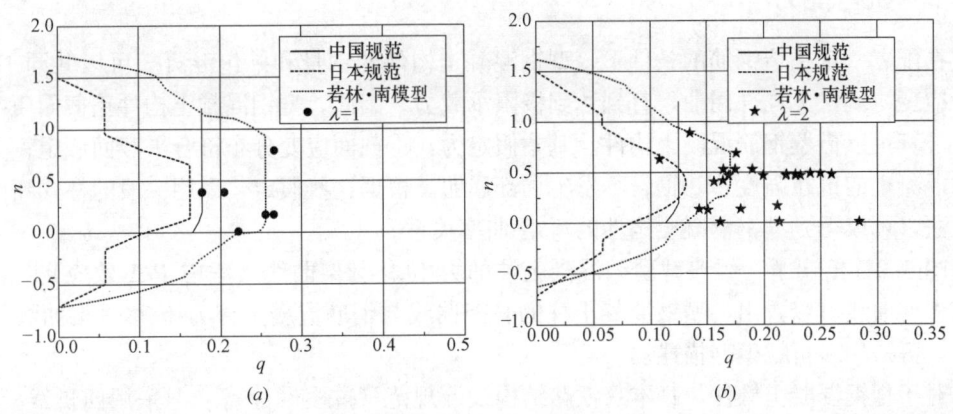

图 6.2-2 加藤称原系列构件

(a) $\lambda=1$ 数据；(b) $\lambda=2$ 数据

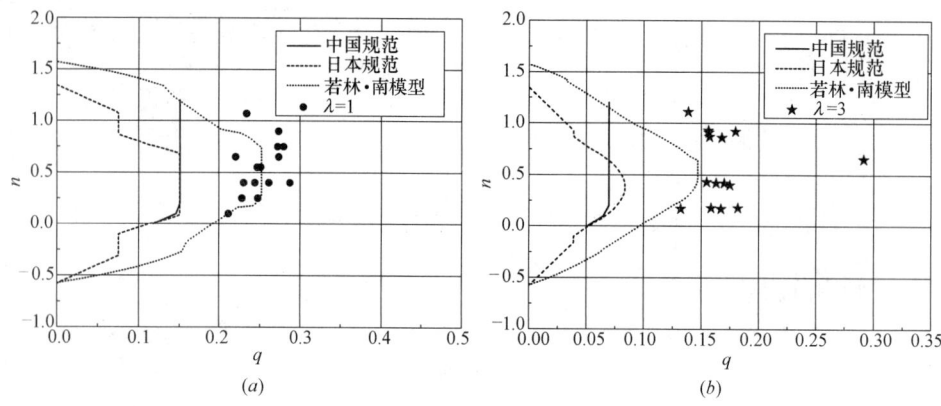

图 6.2-3　赵世春系列构件

(a) λ=1 数据；(b) λ=3 数据

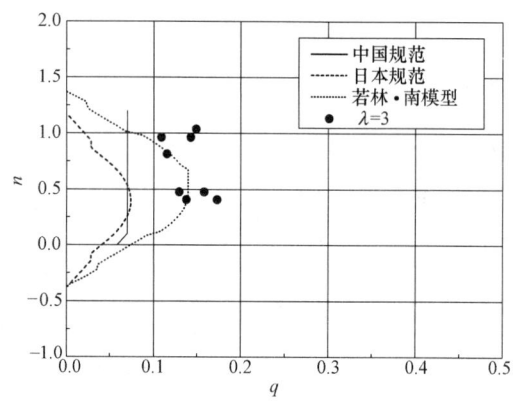

图 6.2-4　仲野喜晴系列构件

值吻合较好且安全系数基本能满足要求。

6.2.3　抗弯能力

在配置一定构造钢筋的条件下，型钢混凝土构件的钢骨和外包混凝土可以共同工作，保持应变协调，无局部屈曲，直到达到极限承载力。因此，型钢混凝土构件正截面压弯承载力计算可以借鉴钢筋混凝土构件，基本假定为：①截面应变分布符合平截面假定；②不考虑混凝土的抗拉强度；③钢骨不发生局部屈曲。根据这些假定，采用一般的柱式断面分析方法，可以得到型钢混凝土构件的弯矩-曲率关系。

图 6.2-5 给出了一组典型型钢混凝土柱的力-位移骨架曲线（考虑 P-Δ 效应）[16]；通过该骨架曲线可以看出，型钢混凝土柱的骨架曲线与钢筋混凝土柱力-位移骨架曲线较为接近，可采用多折线模型描述。

对于型钢混凝土构件，日本《铁路结构设计规范（抗震设计篇）》[1]采用四折线模型，与钢筋混凝土构件相同，见图 6.1-3。《城市轨道交通结构抗震设计规范》采用了与钢筋混凝土构件相同的简化模型，验算方法也完全相同。

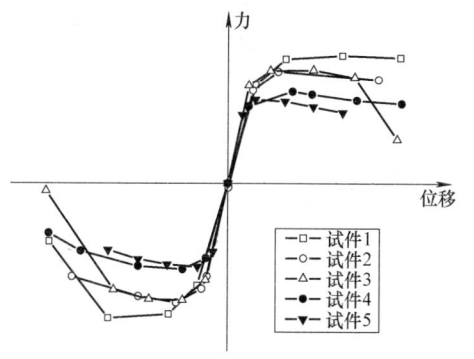

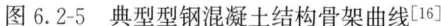

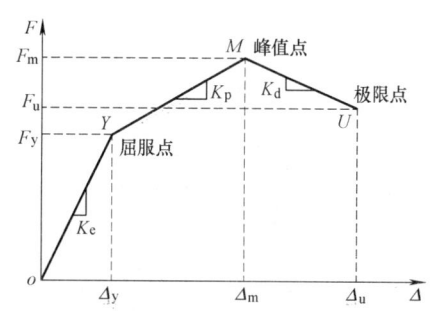

图 6.2-5 典型型钢混凝土结构骨架曲线[16]　　　图 6.2-6 三线型力-位移骨架曲线示意图

针对型钢混凝土构件，陶清林[17]收集国内近年来关于型钢混凝土（SRC）柱低周循环加载下的 84 组试验数据，回归分析峰值位移和屈服位移之比、强化刚度、软化刚度与 SRC 柱构件主要设计参数（轴压比、配箍特征值、剪跨比、体积配箍率和混凝土强度）之间的关系，提出三线型钢混凝土柱力-位移骨架曲线，如图 6.2-6 所示。

6.3 钢管混凝土构件抗震能力

钢管混凝土构件是由混凝土填入钢管内而形成的一种组合断面结构。钢管和混凝土之间的相互作用，使得钢管内部混凝土的破坏由脆性破坏转变为塑性破坏，构件的延性性能明显改善，耗能能力大大提高，具有优越的抗震性能。

钢管混凝土构件的抗力及变形性能受钢管的材料非线性特性或局部压屈、填充混凝土的非线性特性等影响，也受到钢管与填充混凝土协同工作性质的影响，比较复杂。为简化分析，在抗震设计中，一般认为混凝土填充钢管全截面，并与钢管协同工作，构件变形满足平截面假定。

6.3.1 抗剪能力

用于桥梁的钢管混凝土柱式构件一般都具有较大的剪跨比（$\lambda > 2$），根据已有的研究和实践经验，其抗剪能力一般不控制柱断面设计；少数情况下，剪跨比较小（$\lambda < 2$）。肖从真等[18]进行了剪跨比 λ 在（0.14~1.0）、轴压比在（0~0.4）之间的 58 个短柱的试验研究，提出了一个考虑剪跨比和轴压力影响的抗剪能力估算公式：

$$V_u = \left(V_0 + \frac{nN_0}{10}\right)(1 - 0.45\sqrt{\lambda}) \tag{6.3-1}$$

式中　V_u——钢管混凝土柱的抗剪能力；

　　　V_0——钢管混凝土柱受纯剪时的承载力；

　　　n——轴压比；

　　　N_0——钢管混凝土轴心受压短柱的承载能力。

在式（6.3-1）中：

$$V_0 = A_c f_{cv} + A_s f_{sv} = 0.2A_c f_t + 0.6A_s f_s \approx 0.2A_c f_c(1 + 3\theta) \tag{6.3-2}$$

$$N_0 = \begin{cases} A_c f_c (1+2\theta), & \theta \leqslant 1 \\ A_c f_c (1+\sqrt{\theta}+\theta), & \theta \leqslant 1 \end{cases} \qquad (6.3-3)$$

式中　A_c——钢管内的核心混凝土横截面面积；

　　　f_t——核心混凝土的抗拉强度；

　　　f_c——核心混凝土的抗压强度；

　　　A_s——钢管的横截面面积；

　　　f_s——钢管的屈服强度；

　　　θ——钢管混凝土的套箍指标。

$$\theta = \frac{f_s A_s}{f_c A_c} \qquad (6.3-4)$$

张旭[19]对圆形钢管混凝土柱的抗剪能力进行了分析，对式（6.3-1）进行了修正：

$$V_u = \beta(\eta V_0 + \gamma N) \qquad (6.3-5)$$

式中　γ——0.15；

　　　η——套箍提高系数；

　　　β——剪跨比系数。

$$\eta = \sqrt{1.07\theta^2 - 0.01\theta + 0.3} \qquad (6.3-6a)$$

$$\beta = 1 - 0.06\lambda - 0.4\sqrt{\lambda} \qquad (6.3-6b)$$

对于圆钢管混凝土短柱，吴博[20]建议将圆形截面等效成等面积方形截面试件进行计算。按照面积相等原则，正方形的边长为：

$$a = \sqrt{\pi r^2} = \sqrt{\pi} \cdot r \qquad (6.3-7)$$

式中　r——圆形截面的半径。

6.3.2　抗弯性能

日本《铁路结构设计规范（抗震设计篇）》[1]对钢管混凝土柱的弯矩-转角骨架曲线简化为三线性模型，见图 6.3-1（a）。日本《公路桥梁设计规范（Ⅴ 抗震设计篇）》[2]对钢管混凝土柱的弯矩-曲率骨架曲线简化为二线性模型，见图 6.3-1（b）。参数的具体计算方法见附录 D.3.1 和 D.3.2。韩林海[21]通过一系列研究认为，钢管混凝土的力-位移骨架曲线可简化为三线性模型，见图 6.3-1（c）。模型可分为弹性段 OA，强化段 AB 和下降段 BC。A 点为曲线弹性阶段的终点，B 点为曲线峰值点，其水平荷载值为 P_m，对应的水平位移为 Δ_p。骨架曲线的参数确定方法见附录 D.4。

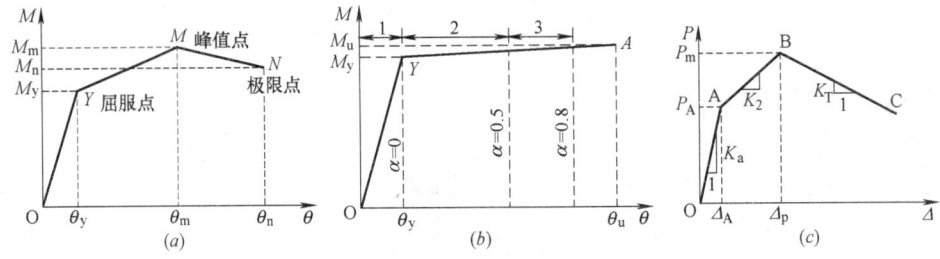

图 6.3-1　钢管混凝土柱弯矩-转角关系

（a）日本铁道；（b）日本道路-中国城市轨道交通；（c）韩林海模型

在《城市轨道交通结构抗震设计规范》中，钢管和钢管混凝土的验算按式（6.1-13）进行，但性能等级系数 α 的取值见表 6.3-1。

钢管和钢管混凝土构件性能等级系数 α 的取值 表 6.3-1

构件性能等级	α 限值
1	0
2	0.5
3	0.8

6.4　墙式混凝土构件抗震验算

墙式桥墩在公路桥梁、铁路桥梁和城市轨道交通桥梁中有较多应用。这类构件，横断面两个方向的几何尺度相差悬殊。从地震作用下构件变形模式和震害特性来看，墙式构件在顺桥向（弱方向）弯曲时，其形态与柱式构件类似；在横桥向（强方向）变形时，则以面内剪切变形为主，地震中多呈现受剪破坏。

6.4.1　日本《铁路结构设计规范（抗震设计篇）》的规定

在日本《铁路结构设计规范（抗震设计篇）》[1]中，给出了墙式桥墩在强方向的抗剪验算方法。该规范对钢筋混凝土墙式构件面内受荷载时的剪切抗力，划分了两个性能等级，见表 6.4-1，在计算剪切抗力时，同时考虑了水平受力方向和垂直方向钢筋屈服的影响。

墙式墩抗震性能等级 表 6.4-1

构件性能等级	损 伤 描 述
1	不需要修补的轻微损伤。 达到以下任何一个状态就认为达到了损伤标准 1： ①任何钢筋达到了屈服强度设计值； ②达到了混凝土的极限抗压强度设计值； ③达到了混凝土的极限抗剪承载能力。 以上①和②参照日本《铁路结构设计规范（混凝土结构）》中的规定执行
2	根据情况需要修补的损伤

对于性能等级 1 中"③"的情况，需要校核墙构件水平面内的剪力，设计抗剪能力取：

$$V_{\text{wyd}} = \min\left\{ \frac{1}{\gamma_\text{b}} 0.3(p_\text{x} \cdot f_{\text{xyd}} + p_\text{y} \cdot f_{\text{yyd}}) A_{\text{cw}}, \frac{1}{\gamma_\text{b}} 1.1 \sqrt{f'_{\text{cd}}} A_{\text{cw}} \right\} \tag{6.4-1}$$

$$f_{\text{xyd}} = f_{\text{yd}} - \sigma_\text{x}; f_{\text{yyd}} = f_{\text{yd}} - \sigma_\text{y} \tag{6.4-2}$$

式中　p_x 和 p_y ——x 和 y 两个方向的配筋率；

　　　σ_x 和 σ_y ——水平剪力以外的力在两个方向的钢筋中产生的应力；

　　　f_{xyd} 和 f_{yyd} ——净名义抗剪强度；

　　　A_{cw} ——断面抗剪切面积，截面接近矩形的构件断面的全面积；

273

f'_{cd}——混凝土的强度；

γ_b——构件系数，对于墙式墩取 1.2。

式（6.4-1）是基于抗剪能力的桁架机理导出的，没有考虑拱形效应，因而是偏于安全的。

对于损伤标准 2，在进行抗剪安全性验算时，墙的设计剪切抗力 V_{wud} 对于作用于墙水平面内的设计剪力 V_{wd} 应满足式（6.4-3）的要求，且设计剪切抗力取式（6.4-4）计算。

$$\gamma_i \cdot V_{wd}/V_{wud} < 1 \tag{6.4-3}$$

$$V_{wyd} = \min\left\{\frac{1}{\gamma_b}0.5(p_x \cdot f_{xyd} + p_y \cdot f_{yyd})A_{cw}, \quad \frac{1}{\gamma_b}1.6\sqrt{f'_{cd}}A_{cw}\right\} \tag{6.4-4}$$

式中 γ_i——结构物系数；

γ_b——构件系数。

式（6.4-1）～式（6.4-4）根据极限抗剪能力的试验结果统计得到，试验数据中包含了钢筋的硬化效应，见图 6.4-1。

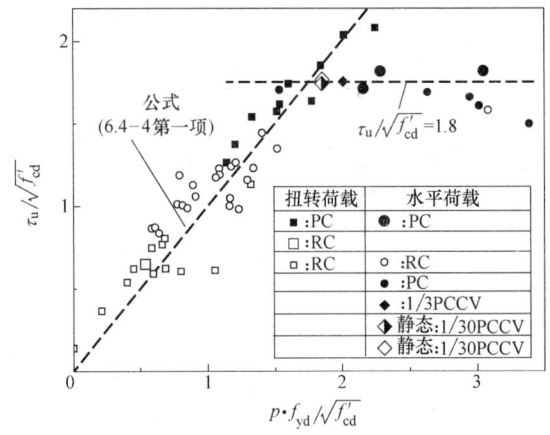

图 6.4-1　混凝土抗压强度及配筋率与抗剪能力的关系

一些情况下，墙式构件强的方向弯曲影响仍然比较大，此时仅验算抗剪能力不足以保证桥墩的抗震安全，还应进行抗弯能力的验算。

6.4.2　美国 AASHTO 规范墙式墩抗剪计算

美国 AASHTO 抗震指南[3]规定，对于墙式墩，强方向侧受剪时，截面抗剪承载力则按下式验算：

$$\phi_s V_n \geqslant V_u \tag{6.4-5}$$

式中 ϕ_s——0.9；

V_u——截面剪力需求（kN）；

V_n——截面抗剪承载力。

$$V_n = 0.85 \cdot (0.341 \cdot \sqrt{f'_c} + 1000 \cdot \rho_h f_{yh})bd \leqslant 0.656\sqrt{f'_c}A_e \tag{6.4-6}$$

$$\rho_h = \frac{A_v}{bs} \tag{6.4-7a}$$

$$A_e = 0.8A_g \tag{6.4-7b}$$

式中　A_v——加载方向箍筋横截面积（m^2）；

$\quad\quad d$——截面加载方向长度（m）；

$\quad\quad b$——截面宽度（m）；

$\quad\quad f_c'$——混凝土抗压强度标准值（MPa）；

$\quad\quad A_g$——构件横截面的毛截面积（m^2）；

$\quad\quad A_e$——构件横截面的等效截面积（m^2）。

与日本《铁路结构设计规范（抗震设计篇）》的两性能等级计算方法相比，美国 AASHTO 抗震指南的方法较为简明，且对墙式桥墩面内抗剪不进行多等级验算。《城市轨道交通结构抗震设计规范》采用了美国 AASHTO 抗震指南的方法。

6.4.3　《混凝土结构设计规范》剪力墙受剪承载力计算公式

中国《混凝土结构设计规范》[22]规定钢筋混凝土结构受剪截面应符合以下条件：

$$V \leqslant 0.25\beta_c f_c b h_0 \tag{6.4-8}$$

式中　β_c——混凝土强度影响系数，混凝土强度等级低于 C50 时，β_c 取 1.0，混凝土强度

$\quad\quad\quad$等级为 C80 时，β_c 取 0.8，其间按线性插值法确定；

$\quad\quad b$——剪力墙宽度；

$\quad\quad h_0$——截面有效高度。

本条规定的主要目的是规定剪力墙截面尺寸的最小值，或者说限制剪力墙截面的最大名义剪应力。剪力墙名义剪应力值过高，会在早期出现斜裂缝；因极限状态下的抗剪强度受混凝土抗斜压能力控制，抗剪钢筋不能充分发挥作用。

钢筋混凝土剪力墙在偏心受压时的斜截面受剪承载力应按下式计算：

$$V \leqslant \frac{1}{\lambda-0.5}\left(0.5 f_t b h_0 + 0.13N\frac{A_w}{A}\right) + f_{yv}\frac{A_{sh}}{s_v}h_0 \tag{6.4-8a}$$

式中　N——与剪力设计值 V 相应的轴向压力设计值，当 N 大于 $0.2 f_c b h$ 时，取

$\quad\quad\quad 0.2 f_c b h$；

$\quad\quad A$——剪力墙的截面面积；

$\quad\quad A_w$——T 形、I 形剪力墙腹板的截面面积，对矩形截面剪力墙，取为 A；

$\quad\quad A_{sh}$——配置在同一截面内的水平分布钢筋的全部截面面积；

$\quad\quad s_v$——水平分布钢筋的竖向间距；

$\quad\quad \lambda$——计算截面的剪跨比，取为 $M/V h_0$。

当 λ 小于 1.5 时，取 1.5，当 λ 大于 2.2 时，取 2.2；此外，M 为与剪切设计值 V 相应的弯矩设计值；当计算截面与墙底之间的距离小于 $h_0/2$ 时，λ 可按距墙底 $h_0/2$ 处的弯矩值与剪力值计算。

钢筋混凝土剪力墙在偏心受拉时的斜截面受剪承载力按下式计算：

$$V \leqslant \frac{1}{\lambda-0.5}\left(0.5 f_t b h_0 - 0.13N\frac{A_w}{A}\right) + f_{yv}\frac{A_{sh}}{s_v}h_0 \geqslant f_{yv}\frac{A_{sh}}{s_v}h_0 \tag{6.4-8b}$$

式中　N——与剪力设计值 V 相应的轴向拉力设计值。

在偏心受压墙肢中，轴向压力有利于抗剪承载力，但压力增大到一定程度后，对抗剪

的有利作用减小，因此对轴力的取值需加以限制；在偏心受拉构件中，考虑了轴向拉力的不利影响。

6.5 桩基础抗震设计

桩基础不是一个基本构件，而是由多个基本构件组成的一个子结构系统，因此桩基础抗震性能的评价包括两个方面：其一是基本构件的抗震性能；其二是基础整体稳定性。

日本《铁路结构设计规范（抗震设计篇）》[1]中给出的抗震性能等级与基础整体稳定性的关系及细节描述，见表6.5-1。

日本《铁路结构设计规范（抗震设计篇）》基础的抗震性能等级　　　表 6.5-1

项目	抗震性能Ⅰ	抗震性能Ⅱ	抗震性能Ⅲ
	稳定性标准1	稳定性标准2	稳定性标准3
承载力	（1）地基可能轻微塑性，但不超过基础的整体屈服承载能力；（2）构件不发生屈服	地基或基本构件或二者发生显著塑性化，但仍保持足够的承载能力	基础发生严重的塑性，但不引起结构的整体倒塌破坏
位移	（1）保证列车安全行驶；（2）不产生有害的残留位移	（1）不影响结构物功能；（2）震后列车可安全慢行	（1）不引起结构整体垮塌；（2）维修、加固处理后结构仍可继续使用
维修加固	不需要修补、加固	根据情况在基础底面和基础周围注浆	（1）对地基进行加固，或对基础本身进行加固；（2）根据情况进行结构物的矫正

该规范在2012年进行了更新，给出了基础的稳定水平和性能验算指标的例子，见表6.5-2。具体方法则需要按照相关基础设计规范进行。

基础的稳定水平和性能验算指标的举例　　　表 6.5-2

结构的要求性能	稳定性水平		性能项目	验算指标
恢复性	稳定水平1	基础的残余位移	残余竖向位移	设计有效竖向荷载，设计竖向力
			残余水平位移	设计水平荷载，最大反应水平位移
			残余倾斜	设计弯矩，最大反应转角
			基础构件等损伤	设计断面力，设计弯矩，设计构件角
	稳定水平2		残余竖向位移	底面塑性率，设计竖向力
			残余水平位移	设计水平荷载，最大反应水平位移
			残余倾斜	最大转角，最大反应转角
			基础构件等损伤	设计断面力，设计弯矩，设计构件角
安全性	稳定水平3	基础的稳定性	地基的破坏	底面塑性率，设计竖向力
			水平稳定	设计水平荷载，最大反应水平位移
			转动稳定	最大转角，最大反应转角
			基础构件等损伤	设计断面力，设计弯矩，设计构件角

日本《铁路结构设计规范（抗震设计篇）》规定的桩基础稳定性验算可以概括为图6.5-1 的内容。可以看到，桩基础抗震稳定性验算包括桩基础整体抗震稳定性、构件破坏程度和基础整体位移三方面。图 6.5-2 是该规范基于图 6.5-1 给出的按弹塑性反应谱法验算桩基础抗震能力的流程。

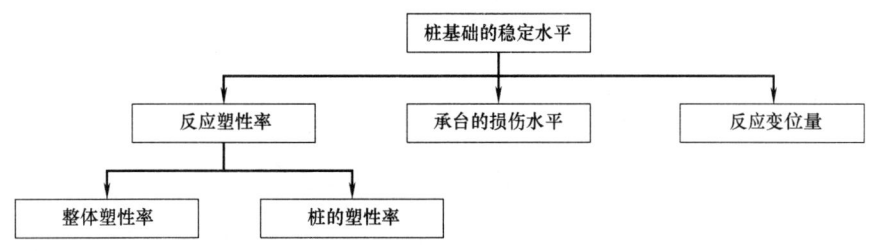

图 6.5-1　桩基础稳定性概念

桩基础的整体稳定性用整体延性系数表达，为此需要定义基础整体的荷载-位移曲线及其用于设计的特征点，如屈服点等，见图 6.5-3。整体屈服点定义为基础变位急剧增加的点，一般情况下可根据表 6.5-3 确定。

群桩基础的屈服点　　　　　　　　　　　　　　　　　　　　　　表 6.5-3

压入侧地基	最外侧桩顶反力达到设计竖向承载力的上限值
拔出侧地基	半数桩顶反力达到设计抗拔承载力的上限值
桩	半数桩达到桩屈服承载力

桩基础整体稳定性水平分为 3 级，并分别与 3 种等级的抗震性能相对应。反映基础整体稳定性水平的基础整体延性应满足以下条件：

$$\gamma_i \cdot \mu_R / \mu_L \leqslant 1.0 \tag{6.5-1}$$

式中　μ_R——设计反应塑性率；

　　　μ_L——基础塑性率的限值；

　　　γ_i——结构物系数。

对于桩基础，与各稳定性水平对应的整体延性限制值见表 6.5-4。

日本《铁路结构设计规范（抗震设计篇）》[1]桩基础 μ_L 的取值　　表 6.5-4

结构整体抗震性能等级	基础整体稳定性水平	塑性率限值(μ_L)			基础状态
		灌注桩	PHC桩	钢管桩	
I	1	1	1	1	基础未屈服；刚度无降低；无残余变形；无需维修
II	2	5	5	5a	无残余变形；部分桩断面发生屈服；部分桩头反力达到竖直承载能力，但尚不导致桩基础整体承载能力降低；超过这种状态，需要针对使用性能的维修
III	3	8	5(8)b	8a	桩可能发生很大的破坏，部分桩达到竖向承载能力、处于拔出状态，但周围地基不破坏，结构物也不破坏；能够抵抗主震后的余震；超过这种状态时，桩基础承载能力下降，可能不能承受主震后的余震

注：a. 在可能发生塑性的范围内填充混凝土；b. 在可能发生塑性的范围内采用箍筋加强，并填充混凝土。

日本《铁路结构设计规范（抗震设计篇）》建议的基本构件的抗震性能与桩基础整体

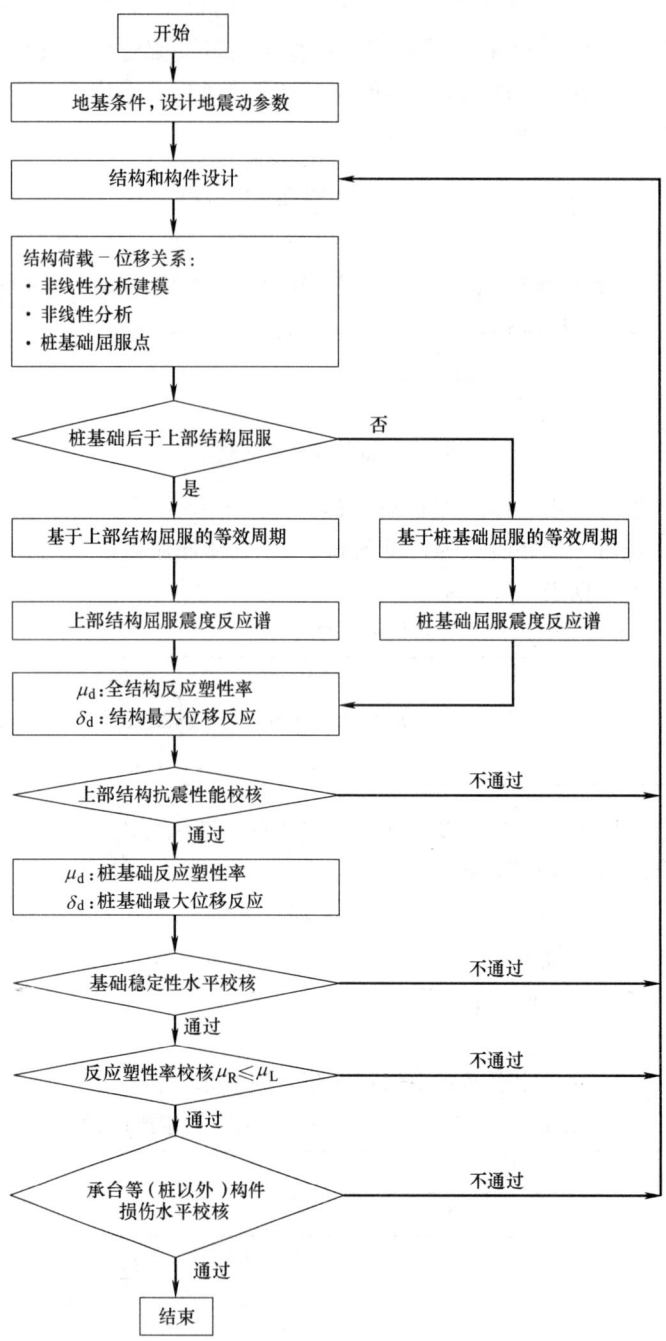

图 6.5-2　日本《铁路结构设计规范（抗震设计篇）》
弹塑性反应谱法桩基础的验算流程

抗震性能的关系见表 6.5-5。

　　对于群桩基础，当能确认一部分桩构件超过损伤水平 1，但桩基础整体还未进入塑性时；或一部分桩超过损伤水平而桩基础整体仍具有足够承载能力时，可以根据表 6.5-6 的规定对构件损伤水平进行适当放宽。

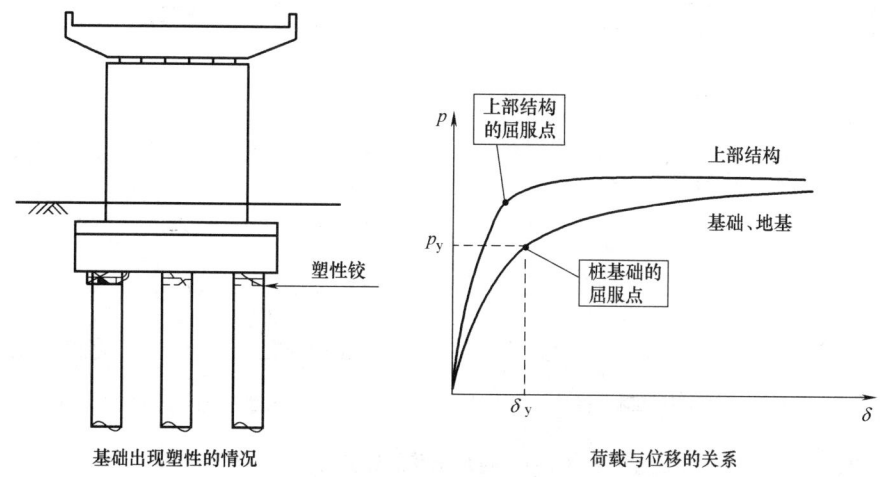

图 6.5-3　日本《铁路结构设计规范（抗震设计篇）》
桩基础荷载-位移曲线（基础先于上部结构屈服的情况）

桩基础整体稳定性水平与构件损伤水平的关系　　　　　　　　　　　　表 6.5-5

结构整体抗震 性能等级	基础整体稳 定性水平	构件损伤水平			
		灌注桩	PHC 桩	钢管桩	承台
Ⅰ	1	1	1	1	1
Ⅱ	2	2	2	2	2
Ⅲ	3	3	2(3)[a]	3	3

注：a. 在潜在塑性区采用箍筋加强，并填充混凝土。

群桩基础构件损伤水平界限描述　　　　　　　　　　　　表 6.5-6

群桩基础稳定性水平	损伤水平界限描述
1	桩的半数达到损伤水平 1
2	桩的半数达到损伤水平 2
3	1 根桩达到水平 3

　　日本《铁路结构设计规范（抗震设计篇）》还规定需要对桩基础的残余位移进行验算。可以采用经验统计方法和计算方法估计桩基础的残余位移。其中，经验统计方法的基本数据来自模型和原型水平荷载试验，见图 6.5-4。根据日本学者的统计数据，基础塑性系数和残余变位的关系可以近似为线性关系。

　　图 6.5-4 中曲线方程为：

$$y=\begin{cases} 0.57(x-1), & 相关系数\ R=0.95（单桩） \\ 0.45(x-1), & 相关系数\ R=0.95（群桩） \end{cases} \qquad (6.5\text{-}2)$$

式中

$$y=\frac{\delta_r}{\delta_y}; \qquad x=\frac{\delta_d}{\delta_y}(=\mu) \qquad (6.5\text{-}3)$$

279

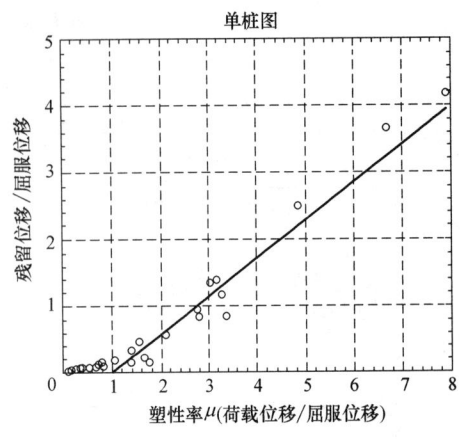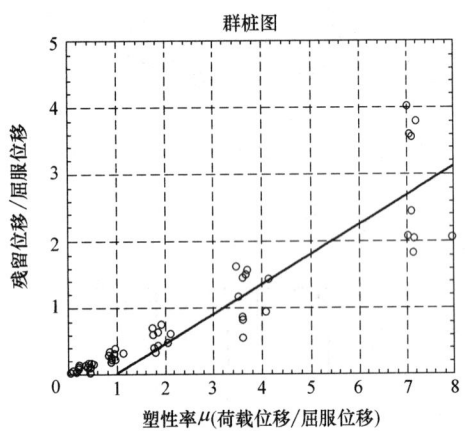

图 6.5-4　残余位移的经验统计

式中　μ——反应塑性系数；

　　　δ_r——残余位移；

　　　δ_y——屈服位移；

　　　δ_d——荷载位移。

对于其他形式基础，由于可以确认与桩基础有大致相同的相关关系，不依赖于基础形式，可以将下式作为基础残余变位的推算公式：

$$\delta_r = 0.5(\mu - 1) \cdot \delta_y \tag{6.5-4}$$

在日本《公路桥梁设计规范（Ⅴ抗震设计篇）》中，当采用地震时保有水平抗力法（所谓的地震时保有水平抗力法就是考虑结构的非线性的变形性能和抗力，把地震引起的荷载转换成静力荷载进行设计的方法）时，桩基础抗震设计方法见图 6.5-5 和图 6.5-6。在对液化的抗震设计中，需要对于不产生液化时也进行抗震设计。

总的来说，无论是日本铁道规范还是日本道路规范，关于桩基础的抗震验算都考虑到了构件本身的抗震验算和桩基础反应塑性率及反应位移的抗震验算。允许塑性率和允许位移也多为试验或经验确定，且大多为建议性参考数据。

6.6　扩大基础抗震验算

扩大基础的震害以及相关的研究工作目前比较缺乏，《城市轨道交通结构抗震设计规范》关于其抗震性能等级的规定，主要参考日本《铁路结构设计规范（抗震设计篇）》的规定。

性能等级应按下式进行验算：

$$\theta \leqslant \alpha \theta_y \tag{6.6-1}$$

式中　θ——地震反应转角（rad）；

　　　α——扩大基础性能等级系数，应按表 6.6-1 确定；

　　　θ_y——基础底面屈服转角（rad）。

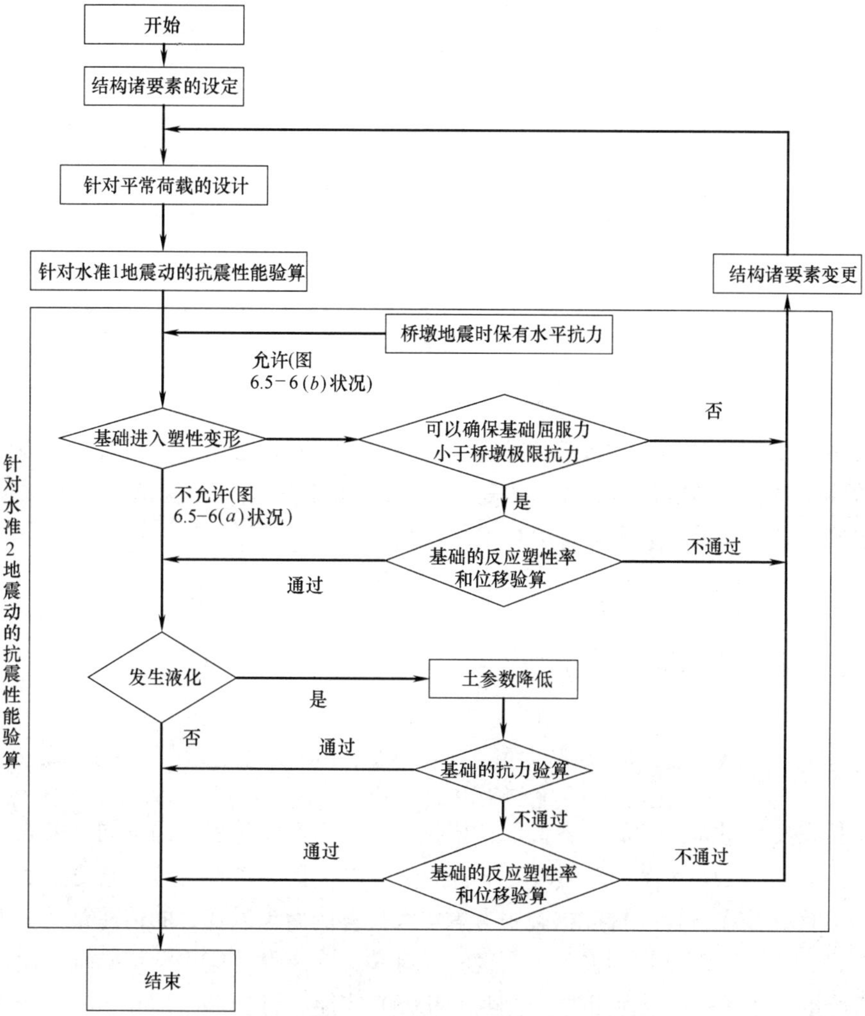

开始
结构诸要素的设定
针对平常荷载的设计
针对水准1地震动的抗震性能验算
结构诸要素变更
桥墩地震时保有水平抗力
允许(图
6.5－6 (b) 状况)
基础进入塑性变形
可以确保基础屈服力
小于桥墩极限抗力
否
是
不允许(图
6.5−6(a) 状况)
基础的反应塑性率
和位移验算
通过
不通过
针对水准2地震动的抗震性能验算
发生液化
是
土参数降低
否
通过
基础的抗力验算
不通过
通过
基础的反应塑性率
和位移验算
不通过
结束

图 6.5-5　日本《公路桥梁设计规范（V 抗震设计篇）》
中基于保有水平抗力法的桩基础设计步骤

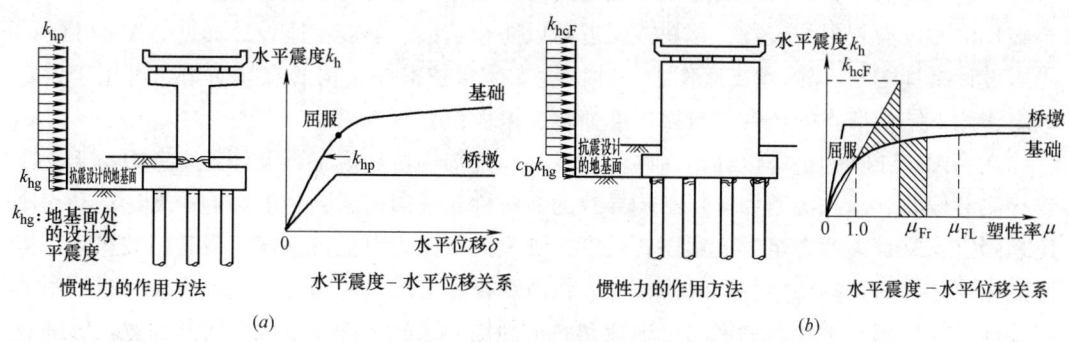

k_{hp}
k_{hg}
抗震设计的地基面
k_{hg}: 地基面处的设计水平震度
惯性力的作用方法
水平震度k_h
基础
屈服
k_{hp}
桥墩
0
水平位移δ
水平震度－水平位移关系
(a)
k_{hcF}
抗震设计的地基面
$c_D k_{hg}$
惯性力的作用方法
水平震度k_h
k_{hcF}
桥墩
屈服
基础
0
1.0
μ_{Fr}
μ_{FL}
塑性率μ
水平震度－水平位移关系
(b)

图 6.5-6　日本《公路桥梁设计规范（V 抗震设计篇）》
中保有水平抗力法的桥墩基础设计

（a）桥墩根部出现主要塑性变形的情况；（b）基础-地基处出现主要塑性变形的情况

扩大基础性能等级系数 表 6.6-1

基础整体性能等级	性能描述与说明	α
1	稳定水平 1：明挖基础的屈服转角 θ_y 取小值（一般取 1/1000rad），如果反应塑性率 μ 取 2 倍的反应旋转角，则有微小的残余变形角，不会产生有害的残余变形，结构物的机能全部保留，没有维修加固的必要，稳定性水平 1 的限定值确定为 2	2
2	稳定水平 2：明挖基础不允许存在过大的最大反应旋转角及残余旋转角，以往的抗震设计作了相应规定，确保基础各部分达到此目标	6
3	稳定水平 3：允许过大的塑性率伴随旋转偏心弯矩的影响变大。特别是高背桥台，上部重量大的桥墩更为明显。还有，应以不发生明显的结构物崩塌为基本思想	10

由于覆盖土的状况、支承地基的种类、地基强度的推定误差等的复杂性，因而非常精确地评价明挖基础的地震后残余支承力是有一定的困难。日本铁道规范借鉴过去明挖基础的灾害事例、各种试验结果及计算分析结果，见表 6.6-1。

6.7 支座抗震验算

6.7.1 简述

对于桥梁支座的抗震验算，各国的桥梁抗震规范由于设计思想的不同，采取的方法也有差别。AASHTO 规范[3] 允许利用支座的位移（或变形）来消耗部分地震振动能量，但采用这一策略时需在设计和抗震措施中考虑增大位移的后果以及力的传递路径。支座的选择和抗震设计与上下部结构的强度、刚度特征有关；支座设计应符合结构抗震设计的整体策略。AASHTO 将支座分为四类：刚性（Rigid）支座、可变形（Deformable）支座、隔震（Seismic isolation）支座、结构保险丝（Structural fuses）支座。采用刚性支座时，上部结构的地震惯性力假定通过横隔梁传递到支座和下部结构。采用普通橡胶支座时，无需特别设计成隔振器或保险丝支座，使用时或者按照输入地震荷载设计支座，或者允许其自身破坏但通过设置限位装置、挡块或阻尼器以防止落梁。隔震支座设计详见 AASHTO 的隔震设计指南[23]。保险丝支座作为一种牺牲支座保护整体结构的选择对策，可用于设定地震作用下结构节点的改变、自振周期变化、增大位移等效果。

在 AASHTO 的抗震设计指南中针对设计和细部构造还规定：设计者应考虑由于支座连接安装偏差、承载能力和倾斜影响导致的非对称对横向荷载路径的影响；无论活动支座还是固定支座都需留有足够的梁搁置长度；支座的摩擦力在抵抗地震荷载时将被忽略，但考虑摩擦结果对结构产生影响时应被计入；滑动橡胶移动支座当位移超出橡胶垫时可由锚固螺栓提供抗御水平地震的能力，顶板和底板因锚固螺栓不许穿过橡胶而需加宽，锚固螺栓应设计能承受地震作用产生的弯曲和剪切的联合作用；固定橡胶支座应有足够的水平约束；球形支座需验算构件、连接力和支座稳定性；盆式、板式支座不要应用于需要考虑显著竖向加速度的抗震设计中，无法避免时应提供独立的抗震锚固体系。总的来说，美国抗震规范提出了支座的基本设计原则。

然而，阪神地震之后，日本学者认为"保险丝理论"牺牲支座及连接系统的做法并没有取得预想的效果，得不偿失，故倾向于将支座及连接系统的破坏置于下部结构延性破坏之后，这一思想体现在日本当前的桥梁抗震设计规范中。因此，桥梁隔震技术的实际可靠性和实际效果仍有待于震害的检验和澄清。尽管如此，以隔震支座为典型代表的桥梁隔震技术已被多数研究人员和工程师认可和推荐，并得到比较广泛的应用。因此，该类构件（元件）合理、可靠的抗震设计和验算就变得十分重要。

6.7.2 日本铁道抗震设计规范中支座性能等级和验算方法

日本《铁路结构设计规范（抗震设计篇）》[1]按照结构抗震性能等级将支座的损伤水平分为三类，对支座本体、限位装置、防落梁装置、梁端及支承连接部等分别进行损伤水平的验算。

其验算公式如下：

$$\gamma_i \cdot S_d / R_d \leqslant 1.0 \qquad (6.7\text{-}1)$$

式中 S_d——设计反应值；

$\quad R_d$——支座部件损伤水平对应的设计能力值；

$\quad \gamma_i$——结构系数。

关于各类支座抗震验算项目参见表 6.7-1 和表 6.7-2。

钢支座抗震验算项目 表 6.7-1

装置		验算项目
钢支座	支座本体	支座竖向力
		弯矩
	肋材	水平力
	安装螺栓	附着力
		拉力
		水平力
	防滑板	水平力
	竖向防脱落装置	上拔力
	垫石、梁端、梁本体	混凝土压应力
		混凝土剪力
		钢构件抗力或应力
防落梁装置	保证垫石尺寸	水平位移量
	保证垫石尺寸以外的装置	水平力

日本《铁路结构设计规范（抗震设计篇）》规定大震时支座的破坏应出现在下部结构发生破坏之后，并详细规定了各类支座抗震验算项目和要求。

（1）支座系统损伤水平的设定

日本《铁路结构设计规范（抗震设计篇）》按照结构抗震性能等级将支座的损伤水平分为三级，相应的损伤现象如表 6.7-3 所示。

橡胶支座抗震验算项目 表 6.7-2

装置		验算项目
橡胶支座	支座本体	水平位移量
	垫石、梁端	混凝土压应力
		钢构件应力
限位装置	本体	水平力
	垫石、梁端(使用 STOPER 时)	混凝土压应力
		混凝土剪力
		钢构件抗力或应力
防落梁装置(保证垫石尺寸)		水平位移量

对应支座损伤水平的状态和修缮 表 6.7-3

	支座系统状态	修复方法
损伤水平 1	无损伤	无需修复
损伤水平 2	主梁有少量移位,比较轻微的支座损伤	可修复
损伤水平 3	主梁移位,包含部分支座部件破坏的损伤,未到落梁程度	可修复,损伤严重时更换支座

该规范将支座系统按照其中部件功能的不同划分为支座本体、限位装置、防落梁装置、梁端及支承连接装置几部分。支座本体是指将主梁竖向力传递给桥墩等下部结构的主要装置；限位装置是指限制主梁因地震引起的水平位移的装置,可设计成与支座本体分离或一体的形式；防落梁装置是指防止因地震作用主梁从下部结构上脱落的装置,可设计成与支座本体分离或一体的形式；梁端及支承连接装置是指支座本体、限位装置、防落梁装置的锚固连接装置。支座系统的破坏以及损伤相关的设计界限值是由构成支座系统各装置相应的力-位移关系和损伤水平关系共同确定的,支座系统构成的各个装置损伤状态综合确定支座系统整体损伤水平。

如图 6.7-1 所示,图 (a) 示意的装置是指如钢支座上附带的钢限位挡块、抗拉挡块(弯曲控制的情况)、钢棒等限位装置；图 (b) 示意的装置是指如钢支座本体、钢限位挡块、抗拉挡块(剪切控制的情况)、垫石、梁端等。这里 M_{yd} 为设计屈服弯矩,M_{md} 为设计弯矩,δ_{yd} 为屈服弯矩对应的设计位移,δ_{md} 为设计弯矩对应的位移,δ_{nd} 为设计界限位移(能评判设计弯矩之后位移性能的情况),V_{yd} 为设计剪力,B_{ud} 为设计抗压力,T_{ud} 为设计抗拉力,f'_{ad} 为钢筋混凝土设计抗压强度。对于支座本体与限位装置一体的钢支座(限位装置和防落梁装置分别设置的支座系统),表 6.7-4 给出了各损伤水平的示例设计界限值；对于橡胶支座钢棒挡块(限位装置和防落梁装置兼顾的支座系统),表 6.7-5 给出了各损伤水平的示例设计界限值；对于水平力分散支座以及利用橡胶进行隔震的支座(支座本体与防落梁兼顾的支座系统),表 6.7-6 给出了各损伤水平的示例设计界限值。对梁端及支承连接部限值按照支座本体、限位装置和防落梁装置各部锚固性能在各装置破坏前不产生损伤来设计。同时,根据垫石尺寸设计防落梁装置的情况,与支座系统各损伤水平相对应,以主梁移位量为设计反应值时,可以按垫石尺寸为设计界限值。该规范对支座本体、限位装置、防落梁装置、梁端及支承连接装置等分别进行损伤水平的验算。

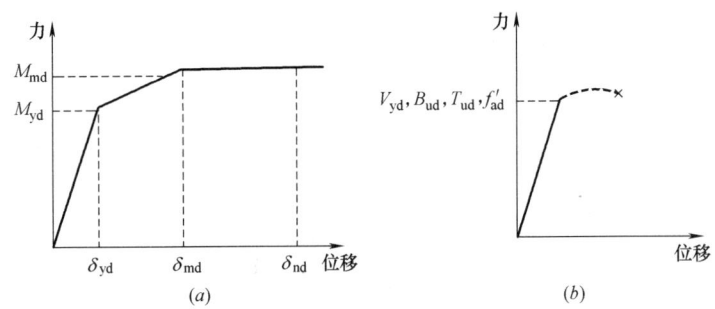

图 6.7-1 支座系统装置（橡胶支座除外）的力-位移关系
（a）可以评价最大力与位移性能的装置；（b）不能或困难评价最大力与位移性能的装置

钢支座损伤水平对应的各部件设计界限值 表 6.7-4

支座系统损伤水平	1	2	3
支座本体、限位装置（钢支座）	M_{yd}、δ_{yd}、V_{yd}、B_{ud}、T_{ud}、f'_{ad}	M_{md}、δ_{md}、V_{yd}、B_{ud}、T_{ud}、f'_{ad}	容许破坏
防落梁装置	M_{yd}、δ_{yd}、V_{yd}、B_{ud}、T_{ud}、f'_{ad}	M_{md}、δ_{md}、V_{yd}、B_{ud}、T_{ud}、f'_{ad}	M_{md}、δ_{md}、δ_{nd}（可能评判时）、V_{yd}、B_{ud}、T_{ud}、f'_{ad}

橡胶支座本体并用挡块的支座系统损伤水平对应的各部件设计界限值 表 6.7-5

支座系统损伤水平	1	2	3
支座本体（橡胶支座）	剪切应变200％	容许破坏	容许破坏
限位装置、防落梁装置（钢角挡块、钢棒挡块）	M_{yd}、δ_{yd}、V_{yd}、f'_{ad}	M_{md}、δ_{md}、V_{yd}、f'_{ad}	M_{md}、δ_{md}、δ_{nd}（可能评判时）、V_{yd}、f'_{ad}

水平力分散支座或隔震支座损伤水平对应的各部件设计界限值 表 6.7-6

支座系统损伤水平	1	2	3
支座本体、防落梁装置（橡胶支座）	剪切应变250％	剪切应变250％	剪切应变250％
限位装置（横桥向）	M_{yd}、δ_{yd}、V_{yd}、B_{ud}、T_{ud}、f'_{ad}	M_{md}、δ_{md}、V_{yd}、B_{ud}、T_{ud}、f'_{ad}	M_{md}、δ_{md}、V_{yd}、B_{ud}、T_{ud}、f'_{ad}

注：当限位装置（横桥向）确实破坏变成水平力分散或隔震系统时，支座损伤水平 2 和 3 的限位装置容许破坏。

（2）支座系统地震反应的计算

考虑支座系统非线性时，上部结构和支座都必须建立起适当的模型。一般采用弹簧单元，其刚度、阻尼等参数根据支座产品的技术指标确定。限位装置、防落梁装置，必须对其构件、材料建立适当的模型。

钢支座：可移动方向上，在限位装置起作用之前，可简化为考虑摩擦的双线性弹簧，见图 3.4-6。支座产生滑动前，初始刚度尽可能取大值。

橡胶支座：可移动方向上，在限位装置起作用之前，其刚度按式（3.4-1）确定。

水平力分散支座：按等价刚度建立线性弹簧模型时，等价线性刚度可按下式计算。

$$K_B = \frac{H(u_{Bd}) - H(-u_{Bd})}{2u_{Bd}} \quad (6.7-2)$$

式中 K_B——水平分散支座的等价线性刚度；

$H(u_{Bd})$——水平分散支座产生设计位移 u_{Bd} 所需要的水平力；

u_{Bd}——水平分散支座的设计水平位移。

考虑到正常水平设计者已经普遍具有的计算能力和软硬件发展水平，进行支座抗震验算时，要求计算模型中包含支座单元，以计算出作用在支座上的水平力和位移。

6.7.3 日本铁道抗震设计规范中橡胶支座体系损伤水平的验算

（1）橡胶支座本体验算

橡胶支座本体的验算主要是将支座地震反应力和位移与不同损伤水平的设计界限值进行比较确定其损伤水平。

（2）限位装置验算

限位装置的例子见图 6.7-2，典型的是圆形钢棒和方形钢棒。对于这类限位装置，需要验算其水平屈服抗力和水平最大抗力两个指标。

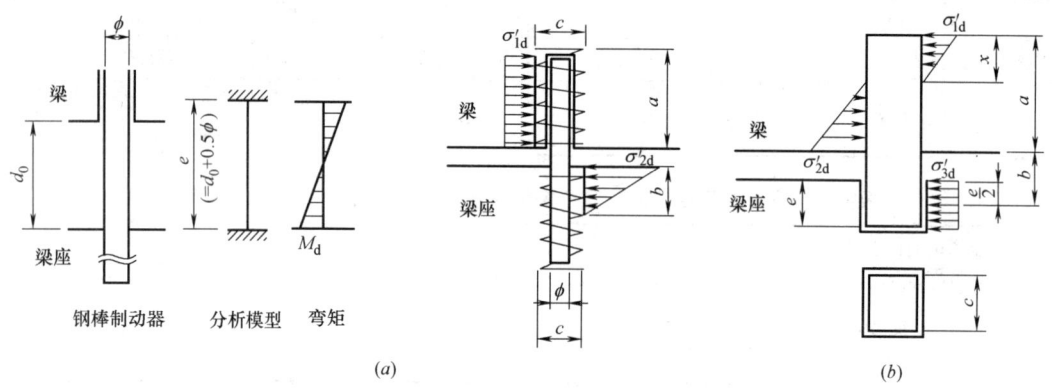

图 6.7-2　限位器结构分析模型

（a）钢棒限位器；（b）方钢限位器

1）限位装置的设计屈服力 H_{syd}

① 钢棒限位器

$$H_{syd} = \begin{cases} 2M_{yd}/e, & \text{弯曲控制} \\ V_{yd}, & \text{剪切控制} \end{cases} \tag{6.7-3}$$

式中　M_{yd}——限位器断面设计弯曲屈服力；

　　　e——$d_0 + 0.5\phi$，d_0 为梁底面到垫石面间的距离，ϕ 为钢棒的直径；

　　　V_{yd}——限位器断面设计剪切屈服力。

② 方钢限位器

$$H_{syd} = \begin{cases} \dfrac{27M_{yd}(a+2b)^2}{4(a+3b)^3}, & \text{弯曲控制} \\ \min\left\{\dfrac{3V_{yd}a(a+2b)}{(a+3b)^3}, V_{yd}\right\}, & \text{剪切控制} \end{cases} \tag{6.7-4}$$

式中　a——垫石埋入深度；

　　　b——垫石表面到垫石埋入深度的 1/2 处的距离。

2）限位装置的设计最大力 H_{sud}

① 钢棒限位器

$$H_{sud} = 2M_{ud}/e \tag{6.7-5}$$

式中 M_{ud}——限位器断面最大设计弯矩，按断面全部塑性弯矩来考虑。

② 方钢限位器

$$H_{sud} = \frac{27M_{ud}(a+2b)^2}{4(a+3b)^3} \tag{6.7-6}$$

式中，M_{ud} 按断面全部塑性弯矩来考虑，中间有填充混凝土的情况，按混凝土压应变达到 0.0035 时的弯矩来考虑。

（3）垫石及梁端的验算

1）橡胶支座作用的竖向力进行验算

因橡胶支座作用的竖向力，加强钢筋的应力可按下式计算：

$$\sigma_{sd} = \frac{1}{4}\left(1 - \frac{b_1}{b_b}\right)\frac{R_d}{A_b} \tag{6.7-7}$$

式中 A_b——橡胶支座周边的补强钢筋面积；

　　　R_d——橡胶支座的设计竖向力；

　　　b_1——橡胶支座压力分布范围；

　　　b_b——混凝土面的压力分布范围，一般可按 $b_b = 2b_2$。

符号意义见图 6.7-3。

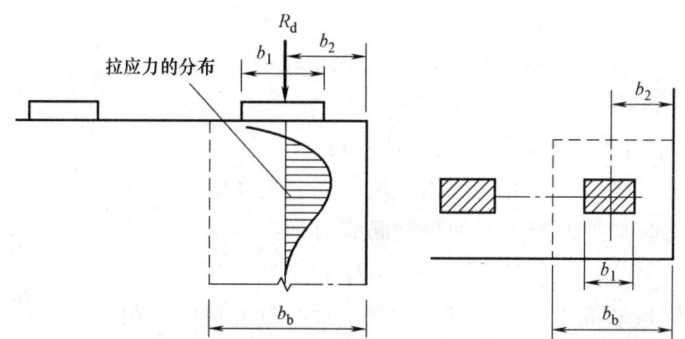

图 6.7-3　作用于支座的竖向力产生的拉应力分布

b_2——从橡胶支座中心到垫石或梁端边缘的距离。

梁高较高时，还应考虑与桥梁轴线垂直方向的倾覆力矩引起的竖向反力。

2）由限位器作用的水平力验算限位器埋入部分

关于限位器的埋入部分，应验算混凝土设计压应力是否在设计抗压强度以下，相关符号可参见图 6.7-2。

① 钢棒限位器

作用于混凝土的设计压应力按下式计算：

$$\sigma'_{1d} = \frac{H_{sd}}{ac}（梁埋入部分） \tag{6.7-8a}$$

$$\sigma'_{2d} = \frac{2H_{sd}}{bc}（垫石埋入部分） \tag{6.7-8b}$$

式中 σ'_{1d}——在梁埋入部分产生的混凝土的设计压应力；

σ'_{2d}——在垫石埋入部分产生的混凝土的设计压应力；

H_{sd}——钢棒限位器本体的设计水平力；

a——钢棒埋入梁的深度；

b——压应力的竖向分布长，一般为钢棒直径的 3 倍。

c——螺旋筋的外径。

② 方钢限位器

$$\sigma'_{1d}=\frac{H_{sd}}{ce}（梁埋入部分）\tag{6.7-9a}$$

$$\sigma'_{2d}=\frac{2H_{sd}}{a^2c}(2a+3b)（垫石埋入部分上部）\tag{6.7-9b}$$

$$\sigma'_{3d}=\frac{2H_{sd}}{a^2c}(a+3b)（垫石埋入部分下部）\tag{6.7-9c}$$

式中 σ'_{1d}——在梁埋入部分产生的混凝土的设计压应力；

σ'_{2d}——在垫石埋入部分上部产生的混凝土的设计压应力；

σ'_{3d}——在垫石埋入部分下部产生的混凝土的设计压应力；

H_{sd}——钢棒限位器本体的设计水平力；

a——垫石埋入深度；

b——垫石表面到垫石埋入深度的 1/2 处的距离；

c——方钢限位器本体的宽度；

e——埋入梁深度。

3）由限位器作用的水平力验算梁端及垫石

由限位器作用的水平力，可按照相应规范规定验算梁端及垫石。

由限位器作用的水平力产生的加强钢筋应力为：

$$\sigma_{sd}=H_{sd}/A_s\tag{6.7-10}$$

式中 A_s——与限位器周边剪切破坏面交叉的加强钢筋截面面积。

6.7.4 《城市轨道交通结构抗震设计规范》支座验算的规定

（1）支座系统损伤水平的设定

相对于其他构件来说支座更便于更换，所以在实际工程中，针对它的破坏往往不是进行维修加固，而是直接更换。因此，《城市轨道交通结构抗震设计规范》将支座抗震性能等级划分为"支座可以保持正常功能、无需更换"和"支座破坏、更换"两个等级，支座的抗震验算主要是为了保证支座在不同抗震性能等级下应具有的性能状态。

（2）支座损伤水平的验算

1）板式橡胶支座

板式橡胶支座在抗震性能等级为 1 时，应保证支座的正常使用功能，故需要对橡胶支座的厚度及抗滑稳定性进行抗震性能验算。《城市轨道交通结构抗震设计规范》参照我国《公路桥梁抗震设计细则》按如下计算公式进行抗震验算：

① 支座厚度验算

$$\Delta_t\leqslant\sum t\tag{6.7-11a}$$

$$\Delta_t = \Delta_D + \Delta_H \tag{6.7-11b}$$

式中　$\sum t$——橡胶层的总厚度；

　　Δ_t——地震作用下最不利效应组合后支座产生的水平位移；

　　Δ_D——地震作用下支座产生的水平位移；

　　Δ_H——永久作用下支座产生的水平位移。

② 支座抗滑稳定性验算

$$R_t \leqslant \mu_d N \tag{6.7-12a}$$

$$R_t = R_D + R_H \tag{6.7-12b}$$

式中　μ_d——支座的动摩阻系数，橡胶支座与混凝土表面的动摩阻系数采用 0.15，与钢板的动摩阻系数采用 0.10；

　　N——上部结构重力在支座上产生的反力；

　　R_t——包括地震效应的支座的水平力效应组合值；

　　R_D——地震作用下支座的水平地震力；

　　R_H——永久荷载作用下支座的水平力。

支座水平位移包含板式橡胶支座的剪切变形和滑移位移。在我国城市轨道交通中，板式橡胶支座多用于小跨径，且有些还有上下连接板，支座还有抗滑稳定性的验算限制，因此滑移位移一般较小，水平位移主要是剪切变形。在正常使用情况下，橡胶支座剪切角正切值，不计制动力时不大于 0.5，计入制动力时不大于 0.7。Konstantinidis D. 等[24]的研究结果表明：将板式橡胶支座的剪切应变限制在 50% 过于保守，根据支座高度，极限剪切应变在 150%～225% 比较合理。因此，在当前情况下取剪切应变 100% 应是个相对谨慎的选择。

2) 盆式橡胶支座和球形支座

我国城市轨道交通结构高架区间采用的盆式支座和球形支座要比板式橡胶支座多。盆式橡胶支座和球形支座处于正常工作状态时，滑动方向不允许滑脱，固定方向不允许剪断，因此，为保证支座的正常使用功能，对其滑动方向进行位移验算，对固定方向进行水平力验算。

① 支座滑动方向的验算

$$\Delta_t \leqslant \Delta_{max} \tag{6.7-13a}$$

$$\Delta_t = \Delta_D + \Delta_H \tag{6.7-13b}$$

式中　Δ_{max}——支座容许最大滑动水平位移。

② 支座固定方向的验算

$$R_t \leqslant R_{max} \tag{6.7-14a}$$

$$R_t = R_D + R_H \tag{6.7-14b}$$

式中　R_{max}——支座水平抗力值。

6.8　地下结构整体变形验算

地下结构由于周围土的限制，变形对其受力状态起主要控制作用，是主要验算指标。地下结构横断面形式常见的有圆形、矩形等，对不同的结构型式，其验算指标也有不同。

6.8.1 整体变形指标

（1）地基倾斜角

对地下结构横向抗震，日本学者提出了地基倾斜角的概念[25]，当地下结构的刚度不是很大时，地下结构对周围地基具有很强的跟随性，所以横断面剪切变形的倾斜角度与地基的倾斜角度一致。因此，可以地基倾斜角为指标评价地下结构横向的安全性。

地基倾斜角是由地下结构上端和下端之间地基相对位移的最大值除以地下结构的高度或外径得到：

$$\theta = \Delta / D \tag{6.8-1}$$

式中　Δ——地下结构上下端之间的最大地基反应位移；

　　　D——地下结构高度或外径。

示意见图 6.8-1。

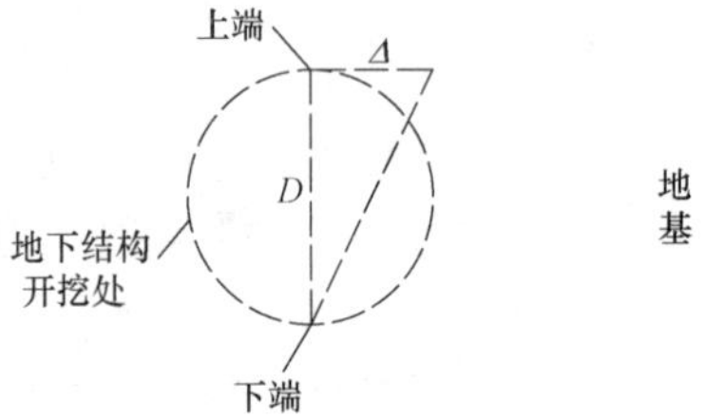

文献［25］给出了盾构隧道地基倾斜角的大概限值，如表 6.8-1 所示。

图 6.8-1　地基倾斜角示意

日本盾构隧道地基倾斜角限值（括号内的数值为 L2 地震情况）　　表 6.8-1

地基倾斜角	结构横向安全性评价	结构受损度
1/350 以下(1/200 以下)	结构的安全性完全没有问题，省略结构的反应分析	构件应力在弹性极限的 0.85 内；结构功能保持健康
1/300～1/350 (1/150～1/200)	结构的安全性基本没有问题，根据需要实施结构的反应分析	构件应力超过容许应力，但在弹性极限内；简单修复后，能使用
1/300 以上 (1/150 以上)	结构有损坏的危险，需进行结构反应分析进行断面验算	构件应力达到弹性极限，部分达到极限强度；通过修复可恢复结构功能

表 6.8-1 只是一些案例的总结，并不是绝对的限值规定。因此，对于地基倾斜角的限值研究还需进行；并且使用地基倾斜角是有条件限制的，必须是结构对地基具有很强的跟随性，即结构的刚度不能与地基刚度差别很大，这个度的把握需要大量的工程经验来支持。

地基倾斜角可以通过简单的计算得到，例如速度反应谱求得的最大位移分布或一维地基地震反应分析，因此使用方便、简捷；但是该指标适用范围较窄，且精度较低，适用于地下结构前期的抗震设计。

文献［26］中通过数值分析方法给出不同地震水平下的地基倾斜角的建议取值，见表 6.8-2。

地基倾斜角建议值　　表 6.8-2

地震水平	性能水平	结构状态	地基倾斜角
E1	1	基本完好	1/1400
	2	轻微损坏	1/600
E2	3	中等破坏	1/250
E3	4	严重破坏	1/150

（2）直径变形率

对于圆形地下结构，一般采用直径变形率来验算结构的变形性能。研究表明：盾构隧道的直径变形率与衬砌环混凝土应力、连接螺栓应力、接缝张开量都有直接的关系[27]，因此可以较好地反映盾构隧道在地震作用下的状态。最大直径变形率是横截面最大直径变形量与结构外径的比值：

$$\phi = \Delta D / D \tag{6.8-2}$$

式中 ΔD——直径变形量；

D——结构外径。

目前，埋地的管道有用直径变形率作为指标的，例如，《输油管道工程设计规范》（GB 50253—2014）中在验算管道刚度和稳定时，要求管道水平直径方向的变形量不得大于管外径的3%[28]；《埋地聚乙烯排水管管道工程技术规程》CECS164：2004中在验算管道环截面变形时，要求其竖向直径的变形率小于管道直径允许变形率的5%[29]。这两个规范中适用的对象都是直径较小且刚度不大的管道，其限值并不一定适用于盾构隧道，但却表明了用直径变形率来验算圆形结构是可行的。

针对盾构隧道的直径变形率的限值，研究成果较少。日本针对盾构隧道，规定了横向的直径变形率是变形性能的验算项目，但没有给出具体的限值，只是要求根据隧道功能的受损度和修复的难易程度进行确定。我国地铁规范规定，根据已有工程经验，衬砌环的直径变形率应控制在3‰～4‰[30]，但这是施工荷载下的变形限值。

（3）层间位移角

矩形地下结构横截面类似于框架结构，因此采用地面建筑的层间位移角进行变形验算。

层间位移角定义为计算的层间最大位移与层高之比，是个无量纲的比值。主要是为限制结构的水平位移，确保结构应具备的刚度，避免产生过大的位移而影响结构的承载力、稳定性和使用要求。大量试验研究表明：层间位移角能够反映钢筋混凝土结构各层间构件变形的综合结果和层高的影响，而且与结构的破坏程度有较好的相关性，因此选取层间位移角作为结构变形验算指标是合适的。

不同国家规范所规定的层间位移角限值存在很大的差异[31]。《建筑抗震设计规范》中规定弹性层间位移角限值：钢筋混凝土框架为1/550，钢筋混凝土框架-抗震墙、板柱-抗震墙为1/800，钢筋混凝土抗震墙为1/1000；弹塑性层间位移角限值：单层混凝土柱排架为1/30，钢筋混凝土框架为1/50，钢筋混凝土框架-抗震墙、板柱-抗震墙为1/100，钢筋混凝土抗震墙为1/120。部分国外规范对弹性层间位移控制限值如表6.8-3[32]所示。

部分国外规范弹性层间位移角限值　　　　　　　　　　表 6.8-3

规范名称	国家	层间位移角限值	备注
美国混凝土协会 ACI	美国	1/500	风、钢筋混凝土结构
美国统一建筑规范 UBC	美国	$1/200(T_1 < 0.7\mathrm{s})$	地震、泛指
加州结构工程师协会 SEA	美国	$1/250(T_1 \geqslant 0.7\mathrm{s})$	地震、泛指
美国建筑法规 BOCA	美国	1/430～1/260	地震、泛指
加拿大国家建筑规范 NBC	加拿大	1/500	风、钢筋混凝土结构
英国标准协会规范 BSI	英国	1/500	风、钢筋混凝土结构
日本规范	日本	1/200	地震、泛指

针对矩形地下结构，层间位移角的研究还较少，日本《铁路结构设计规范（抗震设计篇）》对明挖矩形地下结构抗震性能验算中，没有明确规定[1]；上海工程建设规范《地下铁道建筑结构抗震设计规范》中，参照地面建筑的成果，规定了弹性层间位移角和弹塑性层间位移角[33]。美国BART抗震设计要求剪切角（其实等于层间位移角）小于拐角处的最大弹性转角；大于最大弹性转角就说明进入塑性，此时要求小于最大弹塑性转角[34]。最大弹性转角为：

$$\theta_e = (L_f/5t_f + L_w/5t_w)/1000 \tag{6.8-3}$$

式中　L——转动约束点之间构件的净长度；

　　　t——构件厚度，其中带有下标 f、w 分别表示顶底板和侧板。

最大弹塑性转角为：

$$\theta_m = (1.4 + L/5t)/1000 \tag{6.8-4}$$

6.8.2　层间位移角

地下结构由于周边土的约束，在水平地震作用下，主要是剪切变形，并且由于地下车站的层数一般不会超过5层，因此无害的位移（由于下层竖向构件弯曲变形引起的层间位移）分量可以忽略，省掉了地面结构需要扣掉无害位移或者增大层间位移角的麻烦；并且由于层数较少，可以每层都进行层间位移角验算，省掉了预判最大层间位移角发生部位的工作。

另外，周边土对地下结构相当于增加了外部约束，就如同一根悬臂梁周边设置若干垂直向支座一样，其内力会由于外部约束而发生重分布。

城市轨道交通地下结构包括主体结构和非结构构件，其非结构构件比一般的地面结构还要多，地下车站的装修级别比一般的地面结构还要高。并且城市轨道交通系统的造价中，土木工程的造价在下降，而设备的造价在上升。因此，验算时需要考虑非结构构件的影响。

综上，地下结构层间位移的确定主要参考地面结构的成果，并通过一定的修正。

（1）性能Ⅰ

地面结构的性能Ⅰ主要考虑非结构构件的损伤程度，同时控制剪力墙、柱等重要抗侧力构件的开裂，而柱的开裂可以以控制填充墙不出现严重开裂为依据。

地下结构非结构构件在地震中出现震害，例如，室内酒柜倒塌、玻璃碎片、墙壁瓷块掉落等，其原因可能有两个：一是非结构构件不能抵御或适应地下结构整体的变形而产生的被动破坏；二是由于场地土的运动，使得结构和非结构构件受到惯性力作用[35]。

因此，地下结构的性能Ⅰ应该主要考虑非结构构件的损伤程度，同时控制中柱的开裂。地下结构由于外部约束的作用，内力重分布造成部分构件可能会比地面结构早开裂，但由于地下结构的填充墙较少，柱的开裂和填充墙严重开裂之间关系不大，因此可以认为在性能Ⅰ下，地下结构和地面结构的层间位移角一样。

（2）性能Ⅱ

就是建筑抗震设计规范中的"中震可修"。地面结构的"中震可修"标准还没有统一，但基本上是结构构件破坏可控，修复可行，修复费用可接受。由于性能Ⅱ是部分构件进入屈服，因此肯定是薄弱构件首先进入屈服，地下车站中就是中柱。单从中柱的修复来看，地下结构和地面结构没有区别；但从修复的整体看，地下结构的修复要比地面结构困难，因此地下结构的性能Ⅱ限值可以比地面结构保守。

地面结构的中震限值范围为 1/300～1/100，大部分文献建议取为中值 1/200[36]；统计的钢管混凝土结构和型钢混凝土结构的层间位移角的范围可取为屈服点和最大荷载点之间，即分别为：1/190～1/75 和 1/178～1/76[37]；文献［38］中计算的大开车站的中柱屈服时为 1/254（或最大荷载点时为 1/252）。

（3）性能Ⅲ

相当于建筑抗震设计规范中的"大震不倒"。1995 年阪神地震中，大开车站一部分区域的中柱几乎全部倒塌，地面下沉形成 M 形[39]，因此可知中柱在地震中是薄弱构件。这和地面结构的弹塑性层间位移角由框架柱塑性变形所决定是一样的。由于上覆土及列车荷载的存在，并且使用空间的限制，使得地下车站中柱的轴压比一般较大，因此地下车站中广泛使用钢管混凝土柱、型钢混凝土柱等新型结构。地面建筑的弹塑性层间位移角确定时的背景资料中，缺少钢管混凝土柱、型钢混凝土柱以及框架结构等的资料，这可通过搜集试验资料，进行统计。

性能Ⅲ对应极限位移点的上限值，建筑抗震设计规范规定混凝土框架结构的弹塑性层间位移角为 1/50；文献［37］统计的钢管混凝土结构和型钢混凝土结构的极限位移点为 1/50 和 1/48，这两个值都有一定的保证率；文献［37］中地下结构计算的极限状态为 1/86～1/48，中间值大约为 1/70；考虑到地下结构由于周边土的约束，并且地下结构的轴压比较大，因此地下结构在层间位移角相对较小时即发生破坏。

6.8.3　直径变形率

选用直径变形率作为指标，已经得到共识，但其限值还有待研究。下文通过理论推导和数值计算的手段进行研究。

（1）理论推导

盾构隧道受外荷载作用下，其直径变化与衬砌的内力是有关系的。应用修正刚度模型求出螺栓在弹性极限状态下或抗拉极限状态下管片截面的弯矩值，用弯矩值由变形协调反推出衬砌的弹性极限直径变形率和抗拉极限直径变形率[40,41]，螺栓屈服时的管片直径变形率为：

$$\phi = 1 \Big/ \Big[1 - \frac{(1+\xi)n[\sigma]A_s h_0/(1-\xi)}{E(R-R_0)Bh} \Big] - 1 \qquad (6.8\text{-}5)$$

螺栓达到抗拉极限强度时的管片直径变形率为：

$$\phi' = 1 \Big/ \Big[1 - \frac{(1+\xi)n[\sigma]_u A_s \mu h_0/(1-\xi)}{\lambda E(R-R_0)Bh} \Big] - 1 \qquad (6.8\text{-}6)$$

式中　　ξ——管片弯矩传递系数；

　　　　n——接头螺栓的个数，一般是 2 个；

　　　　A_s——单个螺栓的截面积；

　　　　h_0——接头断面混凝土受压区合力作用点至螺栓中心的距离，$h_0 = 2b/3 + a - t_b$；

　　　　a——中性轴到管片内缘的距离；

　　　　b——中性轴到管片外缘的距离；

t_b——螺栓中心到管片内缘的距离；

$[\sigma]$——螺栓的屈服应力；

$[\sigma]_u$——螺栓的抗拉极限应力；

μ——接头处的内力臂系数，可近似取为 0.87；

R——管片横截面形心轴曲率半径；

$\lambda = \sqrt[3]{0.67\eta}$——面积矩折减系数；

R_0——变形前中性轴的曲率半径；

η——抗弯刚度的有效率，一般取 0.3～0.8；

E 和 B——管片的弹性模量和宽度。

管片直径变形率跟管片混凝土的弹性模量，管片横截面的形状（宽度和厚度），管片的内径、外径、中性轴曲率半径、形心轴曲率半径、螺栓的个数、横截面积、屈服应力，螺栓中心至管片内缘距离，弯矩传递系数等因素有关。根据工程实际给出各个参数的取值范围，组合后计算得到直径变形率的结果如图 6.8-2[37]，螺栓屈服时的直径变形率平均值为 3.4‰，螺栓达到抗拉极限强度时直径变形率平均值为 6.4‰。

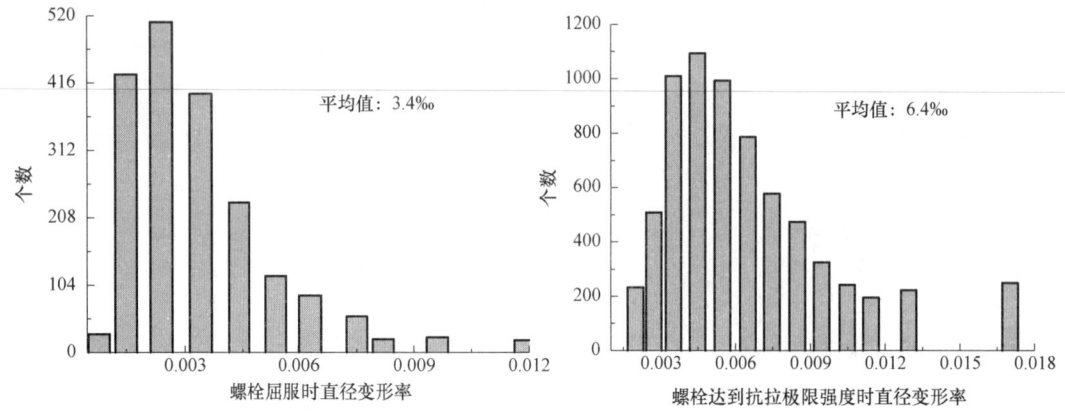

图 6.8-2　直径变形率结果

（2）增量动力（IDA）

文献［37］以上海某区间盾构隧道为对象，采用增量动力分析方法对直径变形率进行了数值分析。土体采用单层土，参数参照《城市轨道交通结构抗震设计规范》中关于不同场地土的规定，选取Ⅱ、Ⅲ、Ⅳ类场地；由于Ⅰ类场地较少采用盾构隧道，因此不考虑Ⅰ类场地的情况。根据不同的场地类型，参考《建筑工程抗震性态设计通则》，按照短周期、长周期选择 6 条最不利地震波进行动力时程分析，如图 6.8-3 所示。

把盾构隧道及土层当作平面问题，土体假设均质、各向同性，土体与隧道结构之间不发生脱离和相对滑动；不考虑行波效应，地震波水平输入；为了简化计算，不考虑重力影响；土体采用平面应变单元模拟，衬砌采用梁单元，衬砌的非线性采用塑性铰，接头采用弹簧。隧道埋深分为 15m 和 25m 两种，改变土体的剪切模量和阻尼比，共计 36 个工况。

各条地震波峰值加速度调整为 0.08g，然后乘以一定倍数，逐步调大峰值加速度；各个工况下的 IDA 曲线通过计算可得，图 6.8-4 是两个工况的 IDA 曲线，从 36 个曲线上可

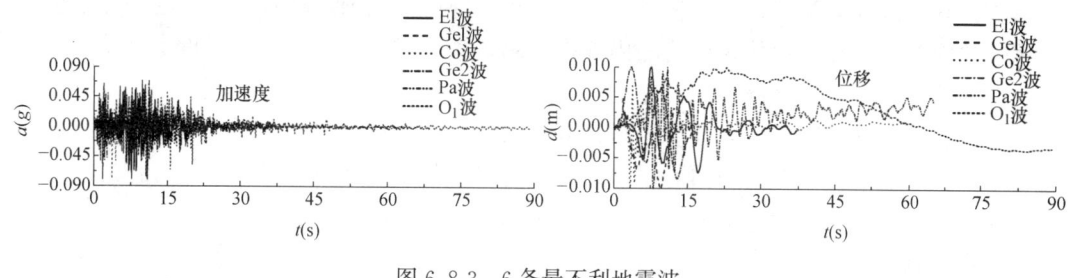

图 6.8-3　6 条最不利地震波

以得到结构屈服时的直径变形率变化范围为 4.55‰～7.18‰，取均值为 6.05‰。并且结构屈服前直径变形率与接缝张开量之间约为线性关系。

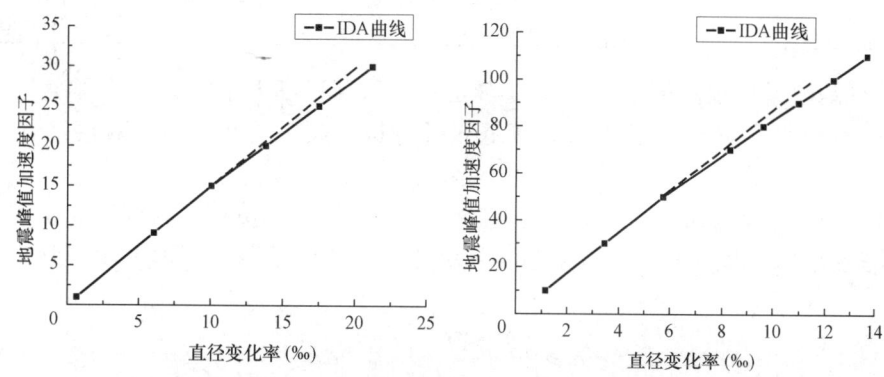

图 6.8-4　两个工况的 IDA 曲线（土中虚线为了表明屈服点）

盾构隧道处于性能 I 时，由 IDA 分析得到的直径变形率均值：当以衬砌屈服时为 5.78‰；当以接缝螺栓屈服时为 6.98‰；当以衬砌屈服或螺栓屈服时为 6.05‰。这与由式（6.8-5）得到的限值有差别，这种差别受较多因素的影响，如结构的具体情况、地震波特性、土与结构相互作用、计算所依据的基本假定等。在这方面，需要不断积累数据，以得到更加合理的数值。

6.9　地下结构接缝变形验算

由于结构形式、施工工艺、构造要求、受力特点等的需要，地下结构中存在各式各样的接缝，例如盾构隧道管片间的大量拼缝、由于施工形成的施工缝、满足温度变化和不均匀沉降的变形缝等。这些接缝在地震中会发生张开和错位，引起地下结构防水性能的下降，因此为了保证地下结构在地震中及其后具有满足要求的防水性能，需要对接缝张开量、错位量进行限制。

地震作用下，会引起周围地基位移和结构变形等。如果周围地基位移没有残留，由于地下结构纵向一般是长线结构，可以不验算地下结构纵向的变形量；如果地下结构的各构件在弹性范围，且没有位移残留，可以省略地下结构横向的变形量验算；如果变形量可恢复，则接缝的张开量、错位量可不验算；但是如果在地震中产生较大的开口量，发生了诸如泥沙渗入接缝面的情况，即使接缝的地震反应在弹性范围内，地震后接缝的张开量也有可能继续残留，接缝的错位量可能超出弹性范围，因此对于这种变形需要指定合适的容许值加以限制。

对于接缝变形的容许值，一般是将接缝处的防水性能设置为长期防水的水平，根据防水材料的不同选择不同的容许值。以密封材料为主的防水构造一般根据密封材料的防水设计条件确定；以防水布为主的防水构造一般根据其延伸性能设定。

日本对盾构隧道接缝容许变形值的要求见表 6.9-1[25]。

日本接缝容许变形值　　　　　　　　　　　　表 6.9-1

种类	变形的种类	容许变形值	种类	变形的种类	容许变形值
密封材料	张开量	0.5～1.0mm	防水布等	张开量	3.0mm 以上
	错位量	2.0～3.0mm		错位量	3.0mm 左右

我国的地铁设计规范要求[30]：盾构隧道环缝张开量不大于 2mm，变形缝处不大于 3～4mm；纵缝张开量不大于 3mm；接缝张开量也不超过防水密封垫对接缝张开量的要求。

我国地方标准上海市的《盾构法隧道防水技术规程》要求[42]，衬砌环缝在规定压力（为实际承受水压的 2～3 倍）等于隧道实际承受的最大水压下不渗漏时的变形量应按下式计算：

$$\delta \geqslant \frac{B \times D}{\left(\rho_{\min} - \dfrac{D}{2}\right)} + \delta_0 + \delta_s \qquad (6.9\text{-}1)$$

式中　$\rho_{\min}$——隧道纵向变形曲线最小曲线半径（m）；

　　　D——隧道外径；

　　　B——管片环宽；

　　　δ_0——生产及施工误差可能造成的环缝间隙（cm）；

　　　δ_s——隧道邻近建筑物及桩基沉降等引起的隧道挠曲和接缝张开值（m）。

从上述的规定可以看出，接缝的变形量跟接缝的防水构造有关，跟结构承受的水压有关；现有的接缝变形量的限值是常时荷载下的经验总结，抗震设计的接缝变形量的限值有待进一步研究。

6.10　地震时车辆运行安全与轨道功能恢复校验

小地震下，经过抗震设计的轨道交通结构一般不会发生明显的损伤，但可能发生正在运行列车的出轨，在第 1 章中已经给出了这样的震害实例。同时，在强烈地震后，轨道交通结构将有残余变形发生，也需要在震后评估行车的安全性。

6.10.1　基于力的出轨安全准则

（1）轮缘爬升出轨的 Nadal 准则

Nadal 准则由 Nadal 于 1908 年提出，又称为脱轨系数。在车轮与钢轨的接触点上，车轮受到来自钢轨的两个作用力 N 和 T（极限情况等于 μN），车轮垂向力 P，横向力 Q，这四个力保持平衡状态；接触平面与轨平面的夹角 α 称为轮缘接触角。极限情况下，Nadal 系数（或单轨脱轨系数）定义为[43]：

$$\frac{Q_1}{P_1} = \frac{\tan\alpha_1 - \mu_1}{1 + \mu_1 \tan\alpha_1} \qquad (6.10\text{-}1)$$

式中　P_1——爬轨侧车轮的轮重；

$\quad\quad\ Q_1$——轮-轨之间的横向相互作用力；

$\quad\quad\ \alpha_1$——爬轨侧轮缘角；

$\quad\quad\ \mu_1$——轮缘与钢轨侧面摩擦系数。

研究表明，当轮轨作用角度大时，Nadal 准则与实际情况符合较好；然而对于较小的作用角度，该准则非常保守，因为没有考虑非轮缘的摩擦效应，且假定一旦 Q/P 的比值被超过即发生轮缘爬升出轨。

1999 年，Ishida 和 Matsuo[44]对日本新干线使用的轨道车辆轮组进行了数值模拟，考虑了不同的作用角度和车辆的运行速度，发现只有当 Q/P 比值超过限制值的持续时间超过一定长度，才会发生出轨。对于所分析的案例，只有当车轮相对轨道爬升超过 30mm[44]（相当于轮缘高度），才会发生爬升出轨。因此 Ishida 和 Matsuo 建议了一个修正的 Nadal 准则。修正的 Nadal 准则将 Q/P 比值的限值仍设定为 0.8，但超过 0.8 的持续时间应超过 0.015s。该修正 Nadal 准则被日本铁道标准所采纳。

日本将脱轨系数分为两类[45]，第一类脱轨系数用来判断爬轨脱轨是否发生，轮重数值采用直接作用于轮轨间的垂向力来计算。对于第一类脱轨系数，轮缘角 $\alpha=60°$，摩擦系数 $\mu=0.3$，脱轨系数 $Q/P=0.8$ 作为评定标准。第二类脱轨系数用来判断跳轨脱轨现象是否发生，轮重的数值不计算弹簧下质量的惯性力，采用轮对自重与车体转向架垂向力之和，出轨系数取为：

$$\frac{Q}{P} = \begin{cases} 0.8, & t \leqslant 0.05\text{s} \\ 0.04/t, & t > 0.05\text{s} \end{cases} \qquad (6.10\text{-}2)$$

式中　t——横向力作用持续时间。

当轮重和横向力的时间变化比较平缓时，两类脱轨系数数值趋于一致。

我国标准锥形车轮的轮缘角实测 α_1 约为 68°～70°，轮缘摩擦系数 μ_1 约为 0.2～0.3。若取 $\alpha_1=68°$，$\mu_1=0.32$，则式（6.10-1）的值等于 1.2，因此我国《铁道车辆动力学性能评定和试验鉴定规范》[46]规定，当横向力 Q_1 作用时间大于 0.05s 时，脱轨系数的安全指标为：

$$\left.\begin{array}{ll} Q_1/P_1 \leqslant 1.2 & \text{危险限度} \\ Q_1/P_1 \leqslant 1.0 & \text{允许限度} \end{array}\right\} \qquad (6.10\text{-}3)$$

在西欧和北美也采用脱轨系数 Q/P 评价列车的运行安全，但具体使用方法略有差异。

（2）车轮减载率准则（Wheel Unloading）

对于车辆脱轨安全性，只有脱轨系数还不够，有时轮轨间的横向力不大而轮重严重减载的情况下，也会出现脱轨现象，即当左右侧轮重偏载过大而侧向力极小时，也可能脱轨，因此必须对轮重的减载率予以限制。

轮重减载率的定义为：

$$\frac{\Delta P}{\overline{P}} = \frac{\frac{1}{2}(P_2-P_1)}{\frac{1}{2}(P_2+P_1)} = \frac{(P_2-P_1)}{(P_2+P_1)} \tag{6.10-4}$$

式中 $\overline{P}=(P_2+P_1)/2$；$\Delta P=(P_2-P_1)/2$。

由整个轮对的平衡条件，可得轮重减载率的临界值为[43]：

$$\frac{\Delta P}{\overline{P}} = \frac{\frac{1}{2}(P_2-P_1)}{\frac{1}{2}(P_2+P_1)} = \frac{\dfrac{\tan\alpha_1-\mu_1}{1+\mu_1\tan\alpha_1}-\dfrac{\tan\alpha_2+\mu_2}{1-\mu_2\tan\alpha_2}}{\dfrac{\tan\alpha_1-\mu_1}{1+\mu_1\tan\alpha_1}+\dfrac{\tan\alpha_2+\mu_2}{1-\mu_2\tan\alpha_2}} \tag{6.10-5}$$

式中 α_2——非爬轨侧轮缘角；

μ_2——踏面与钢轨顶面的摩擦系数；因为轮缘侧面是不常和钢轨侧面接触的，表面光洁度较差，而且常有锈污，而踏面和钢轨顶面的接触点经常滚压，光洁度较高，所以 $\mu_1>\mu_2$，通常取 $\mu_1=1.2\mu_2$。

我国《铁道车辆动力学性能评定及试验鉴定规程》规定：

$$\left.\begin{array}{ll}\Delta P/P \leqslant 0.65 & \text{危险限度}\\ \Delta P/P \leqslant 0.60 & \text{容许限度}\end{array}\right\} \tag{6.10-6}$$

日本将轮重减载率分为静态脱轨和动态脱轨两类。静态脱轨是指在缓和曲线上轨道存在轨面不平顺、车辆扭曲、乘客和装载物的偏载以及曲线上的过超高等原因引起的轮重荷载变化而言；对于静态轮重减载，$\Delta P/\overline{P}=0.6$。动态轮重减载率是指因车辆摆动等引起的比较短时间的轮重减载，主要由于轮对的振动惯性力引起的瞬时轮重减载，其中包括轨缝道岔的冲击的影响；对于动态轮重减载，$\Delta P/\overline{P}=0.8$。

（3）轮轨间最大横向力

车辆在桥梁上运行时，如果车轮对钢轨的侧向力过大，一方面可能会破坏轨道与梁的连接，造成桥上轨排横移失稳，另一方面可能使轨距扩大，直接造成车辆的掉轨脱轨，因此必须加以控制。我国《铁道车辆动力学性能评定及试验鉴定规程》对轮轨横向力 Q 的评价标准为：

$$\left.\begin{array}{ll}Q \leqslant 29+0.3P & \text{危险限度}\\ Q \leqslant 19+0.3P & \text{容许限度}\end{array}\right\} \tag{6.10-7}$$

式中 $Q=Q_1+Q_2$，为一个轮对左右两个车轮的横向力之和（kN）。

6.10.2 地震时横向振动位移的检验

日本《铁路结构设计规范（抗震设计篇）》[1]和《铁路结构设计规范（变位限制）》[47]中地震时横向振动位移的校验方法是将 Luo[48,49] 的研究工作进行了规范化。

（1）轨道简谐激励下车辆运行安全绝对位移限制值

Luo[48,49] 为了确定地震下车辆运行安全的限制值，以日本新干线铁路（高速）和常规铁路（常速），采用简谐波（时间持续 5 个完整的周期）作为输入（施加于轨道板上），进行轮轨系统的动力数值模型计算。新干线车辆的运行速度取 350km/h，常规铁路车辆运行速度取 160km/h。计算发现，在 L1 地震动下，轨道横向变形一般比较小，轨道形状可以假定为直线，因此车辆运行速度的影响较小。计算中以轮轨之间相对位移±70mm 为判断轨道激励下列车出轨的临界条件，见图 6.10-1。通过分析横、垂向地震波激励下列车的动力响应，据此给出了不同频率下激励波的安全临界幅值的试用标准，见表 6.10-1 和图 6.10-2。图 6.10-3 是实测的极限振幅与横向水平激振频率的关系，与图 6.10-2 比较可见，计算结果与实测结果符合的比较好。

轨道简谐激励下车辆运行安全绝对位移限制值（mm）   表 6.10-1

| 新干线 | $90.0/f^{1.85}(f<1.0)$ | $110-15f(1.0{\leqslant}f<2.0)$ | | $80.0(2.0{\leqslant}f)$ |
| 普通铁路 | $114.8/f^{1.2}(f<0.8)$ | $150.0(0.8{\leqslant}f<1.4)$ | $284.1-98.8f(1.4{\leqslant}f<2.6)$ | $35.0(2.6{\leqslant}f)$ |

f 为作用于车辆的横向水平简谐波频率（Hz）

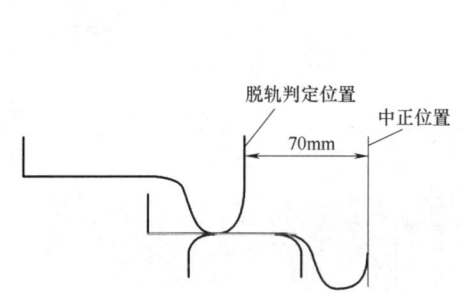

图 6.10-1　模拟计算出轨判断准则

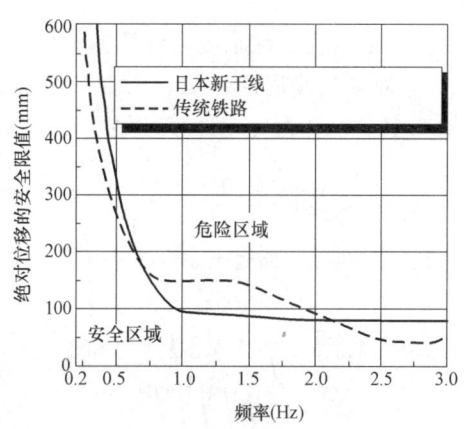

图 6.10-2　绝对位移的安全限值与简谐波频率的关系

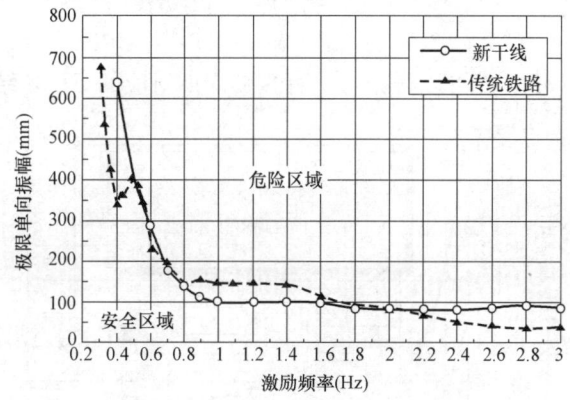

图 6.10-3　实测的极限振幅与横向水平激振频率的关系

（2）SI 的安全限制值

SI 的安全限制值可以通过将图 6.10-2 的绝对位移限制值转换得到。转换的流程如下：

1）将图 6.10-2 转换为绝对加速度和简谐激励周期之间的关系，见图 6.10-4。

2）以周期为 T_{sine} 具有绝对加速度安全限值的 5 波正弦激励作为轨道输入计算 SI 的

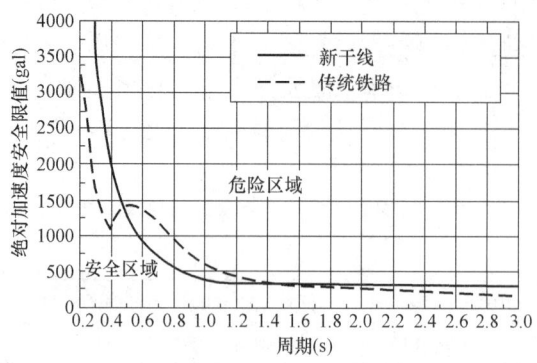

图 6.10-4　绝对加速度安全限制值与简谐激励周期之间的关系

限制值。根据这个激励波，计算速度反应谱的限制值 S_{vL}，见图 6.10-5；

3）对应激励周期 T_{sine}，SI 的安全限制值 SI_L 通过 S_{vL} 在 0.1～2.5s 范围的积分得到，见图 6.10-5，动力反应计算时阻尼比取 0.05。

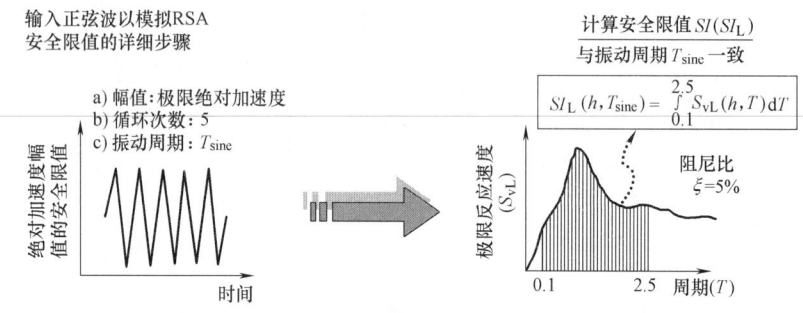

图 6.10-5　SI_L 的转换计算方法

4）重复 1）～3）步，即可以得到与所有激励周期对应的 SI_L，结果见图 6.10-6。

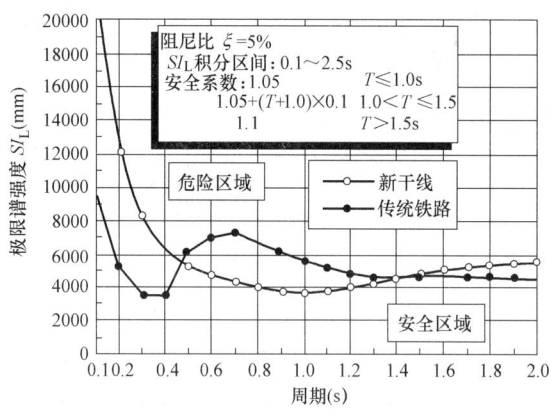

图 6.10-6　列车走行安全谱强度指标 SI 的限制值

（3）采用 SI 指标的地震时车辆运行安全的校验流程

应用 SI 指标进行车辆地震时运行安全检查，按下式进行验算：

安全:$SI < SI_L(T_i)$,　　i 所有值满足

危险:$SI > SI_L(T_i)$,　　i 之一满足　　　　　　(6.10-8)

SI_L 是随激励周期变化的一条曲线,因此理论上,检验时需要在所有激励的周期点 T_i 上满足 $SI < SI_L(T_i)$。实际上,基于 SI 指标的简化方法适用于规则的结构,第一振型(记该振型的周期为 T_{eq})对结构地震反应起主要控制作用,地震反应的卓越周期为 T_{eq}。此时,地震反应虽然不是单频率波,但近似为窄带过程,可以近似看作频率为 T_{eq} 的简谐波。因此,上述校验过程变得非常简单,满足 $SI < SI_L(T_{eq})$ 即可。

表 6.10-2 及图 6.10-7 描述了这种横向振动位移对应的结构物的极限值。这个极限值是通过车辆-结构振动数值模拟求出,在 11 个有代表性的地震动作用下,结构的等价固有周期相应的行车安全极限加速度,产生的极限谱强度 SI_L 的 90% 分位上的极限曲线,然后考虑梁端折角和错位影响后,以将其降低 1 成的曲线基本包络来确定的。

地震时关系到运行安全性的位移极限值 SL_L (mm)　　　　　　表 6.10-2

结构物的等效固有周期 T_{eq}(s)		
小于 0.3	0.3~1.2 之间	1.2 以上
$-8500 T_{eq} + 6650$	4100	$1275 T_{eq} + 2450$

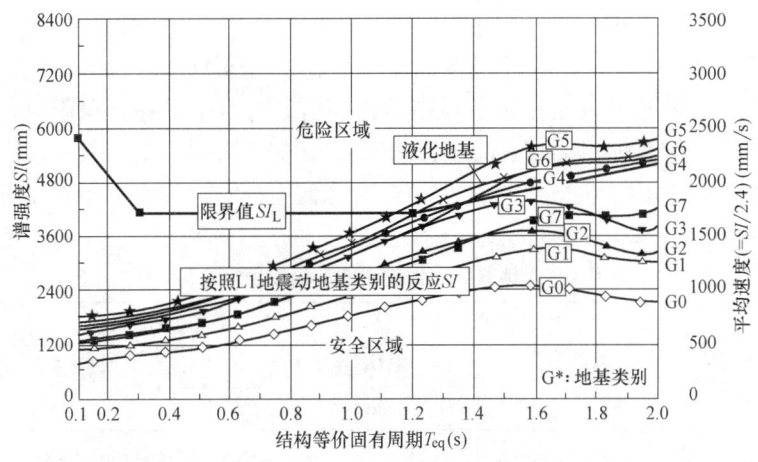

图 6.10-7　地震时关系到运行安全性的位移界限值 SL_L 和地震反应 SI

6.10.3　地震时车辆运行安全性轨面位移差校验

地震时,过渡段将产生梁端折角和梁端错位,见图 6.10-8。地震产生桥梁变形的计算,需要综合考虑结构形式、结构与基础刚度、地基的影响等,L1 地震的梁端折角和梁端错位的计算,可按日本《铁路结构设计规范(抗震设计篇)》[1] 和《铁路结构设计规范(位移限制)》[47] 两个技术标准进行。在强烈地震作用下,则要进行专门研究,另外建立适当的计算模型。

地震时行车安全检验的目的是保证结构适当的行为,以降低车辆在遭遇地震时的出轨概率。地震时行车安全根据结构侧向振动的位移指标进行检验,也就是图 6.10-8 定义的侧向不规则和侧向转角进行检验。表 6.10-3 是日本《铁路结构设计规范(抗震设计篇)》

301

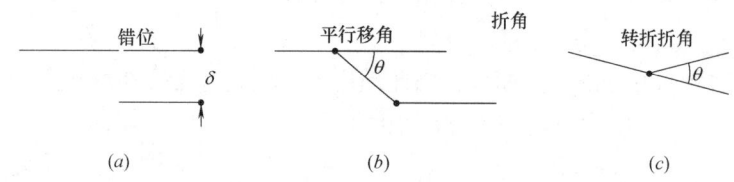

图 6.10-8 结构位移（RTRI，2006）

(1999 年版)[1]对地震作用下，不考虑地基变位时，桥梁墩顶间相对位移量和桥上线路折角的限定标准。

表 6.10-3

地震时桥梁墩台间相对位移量和桥上线路折角的极限值

位移方向	错位(mm)	折角(1/1000)		适用范围
		平行移角	转折折角	
垂直	$22.6 \times (300/V)^{1.16}$	$10 \times (300/V)^{1.3}$	$9 \times (300/V)$	$V \leqslant 300\text{km/h}$
水平	$9 \times (300/V)^{0.4}$	$5.5 \times (300/V)$	$3 \times (300/V)^{1.1}$	

梁端折角、错位是在结构物的振动中产生，但考虑耦合进行验算将使验算方法变得复杂，所以采用了近似的分离独立验算方法。日本《铁路结构设计规范（位移限制）》[47]给出了梁端折角和错位的极限值，见表 6.10-4。这些极限值也是根据车-轨-结构相互作用数值模拟，考虑车辆行驶若干不利状况等因素来确定的。通过比较表 6.10-3 和表 6.10-4，可以看出对最高时速 130km/h 以下的城市轨道而言，对水平平移转角限值，日本铁道规范 1999 年版为 $5.5 \times (300/130)/1000 = 12.69‰$，2006 年版为 7‰，其要求有所提高；水平转折折角基本未变，均为 8‰；水平错位略有降低，1999 年版公式算得 13mm，2006 年版要求限值变为 14mm。

表 6.10-4

地震时轨面位移差的极限值

位移方向	最高车速 (km/h)	错位 (mm)	折角(1/1000)		转折折角(1/1000)
			平移折角(1/1000)		
			$L_b=10\text{m}$	$L_b=30\text{m}$	
水平	130	14	7.0		8.0
	160	12	6.0		6.0
	210	10	5.5	3.5	4.0
	260	8	5.0	3.0	3.5
	300	7	4.5	2.5	3.0
	360	6	4.0	2.0	2.0

注：表中 L_b 为转动梁的长度。

6.10.4 地震时轨道可修复性位移差校验

地震可能造成轨道的损伤，日本《铁路结构设计规范（位移限制）》[47]对此进行了规定。根据日本研究人员的计算工作，轨道和扣件可以承受地震产生的 200kN 以下的横向作用力，因此地震时有关轨道损伤的位移差检验，可以只针对路桥过渡段的位移差、错位进行。但若轨道承受高轴向力，则结构物横向振动位移产生的轨道压曲问题，需要另行研究。

地震时轨面位移差的极限变形值，根据轨道的损伤等级、钢轨与扣件的损伤状况来定义。日本《铁路结构设计规范（位移限制）》对轨道损伤等级 1 规定的位移差限值见表 6.10-5。

地震时轨道可修复性位移差校验时规定的轨面位移差的界限值　　表 6.10-5

方向	轨道系统类型	转角 θ_t(1/1000)		错位（mm）	
		50N 轨道	60kg 轨道	50N 轨道	60kg 轨道
竖向	无砟轨道	5.0	3.5	4.5	3.5
	有砟轨道	7.5	6.5	3.5	4.0
水平	无砟轨道	6.0	6.0	2.0	2.0
	有砟轨道	8.0	8.0	2.0	2.0

相邻结构物振动特性差异大的场合，过渡段将产生位移差，若位移差过大的话，则产生轨道的损伤。所以，从结构物的功能恢复角度来说，将相邻结构物的振动特性做到接近相同，或者将基础连接，可以减小过渡段的轨面位移差。

参 考 文 献

[1] 藤原　寅士良，大塚　隆人，川中島　寛幸．鉄道構造物等設計標準（耐震設計）［平成 24 年 9 月版］のマニュアルの制定（設計地震動編）［J］．Sed Structural Engineering Data，2014，122-127.

[2] 日本道路協会．道路橋示方書・同解説—V 耐震設計編．［2012］改訂版［M］．日本东京：丸善株式会社出版事業部，2012.

[3] AASHTO Guide Specifications for LRFD Seismic Bridge Design［J］．American Association of State Highway and Transportation Officials，Washington，DC，2009.

[4] 中华人民共和国行业标准．公路工程抗震规范［S］．北京：人民交通出版社，2013.

[5] 中华人民共和国行业标准．铁路工程抗震设计规范（2009 年版）［S］．北京：中国计划出版社，2009.

[6] Lubkowski Z A, Duan X. Eurocode 8 - Design of structures for earthquake resistance［J］．Dictionary Geotechnical Engineering/wörterbuch Geotechnik，2004，144（6）：486-486.

[7] 中华人民共和国行业标准．城市轨道交通结构抗震设计规范［S］．北京：中国建筑工业出版社，2014.

[8] 李霆，周德良，熊森，等．郑州东站轨道层双向框架式桥梁结构设计与分析［J］．建筑结构，2011，42（7）：59-63.

[9] 中华人民共和国行业标准．组合结构设计规范［S］．北京：中国建筑工业出版社，2016.

[10] 冯乃谦，叶列平等译．钢骨钢筋混凝土结构计算标准及解说［S］．北京：原子能出版社，1998.

[11] 實　若林，宏一　南．コンクリート系構造部材のせん断強度について［J］．京都大学防災研究所年報，1981：245-277.

[12] 加藤　勉，称原　良一．鉄骨鉄筋コンクリート部材の耐力［J］．日本建築学会論文報告集，1978（266）：19-29.

[13] 赵世春，陈家夔．劲性钢筋混凝土短柱受剪承载力试验［J］．西南交通大学学报，1994，29（4）：342-347.

[14] 赵世春，黄雄军．劲性钢筋混凝土柱基本抗震行为的试验研究 [J]．建筑结构学报，1996，17（3）：43-51.

[15] 仲野 喜晴，藤澤 一善，難波 隆行，等．高強度低降伏比の鋼材を用いたSRC柱の弾塑性挙動に関する実験的研究 [J]．日本建築学会中国支部研究報告集，2006，30：125-136.

[16] Boyd P F, Cofer W F, Mclean D I. Seismic performance of steel-encased concrete columns under flexural loading [J]. ACI Structural Journal, 1995, 92 (3): 355-364.

[17] 陶清林．地震激励下 SRC 框架-RC 核心筒混合结构损伤模型研究 [D]．西安：西安建筑科技大学，2011.

[18] 肖从真，蔡绍怀，徐春丽．钢管混凝土抗剪性能试验研究 [J]．土木工程学报，2005，38（4）：5-11.

[19] 张旭．圆钢管混凝土构件抗剪性能分析 [D]．哈尔滨：哈尔滨工业大学，2009.

[20] 吴博．高纵筋率钢管约束钢筋混凝土短柱抗震性能试验研究 [D]．哈尔滨：哈尔滨工业大学，2010.

[21] 韩林海．钢管混凝土结构理论与实践的部分新进展 [C]．中国钢结构协会成立 20 周年学术年会，2004.

[22] 中华人民共和国国家标准．混凝土结构设计规范 [M]．北京：中国建筑工业出版社，2011.

[23] AASHTO. Guide Specifications for Seismic Isolation Design [S]. American Association of State Highway and Transportation Officials, Washington, DC, 2010.

[24] Konstantinidis D, Kelly J M, Makris N. Experimental investigation on the seismic response of bridge bearings [R]. Earthquake Engineering Research Center, Report No. ERRC 2008-02, College of Engineering, University of California, Berkeley, CA.

[25] 小泉 淳．盾构隧道的抗震研究及算例 [M]．北京：中国建筑工业出版社，2009.

[26] 王继栋．基于 pushover 法地铁盾构隧道抗震弹塑性分析及性能指标研究 [D]．成都：西南交通大学，2016.

[27] 顾丽江，张冬梅．盾构隧道结构受力及变形评价指标研究 [J]．第八届全国土木工程研究生学术论坛，2011.

[28] 中国石油天然气集团公司．输油管道工程设计规范 [M]．北京：中国计划出版社，2003.

[29] 中国工程建设标准化协会标准．埋地聚乙烯排水管管道工程技术规程 [S]．北京：中国建筑工业出版社，2004.

[30] 中华人民共和国国家标准．地铁设计规范 [S]．北京：中国建筑工业出版社，2013.

[31] 吕西林，王亚勇，郭子雄．建筑结构抗震变形验算 [J]．建筑科学，2002，18（1）：11-15.

[32] 张晖，杨联萍．钢筋混凝土超高层建筑层间位移限值的探讨 [J]．建筑结构学报，1999，20（3）：8-14.

[33] 上海市标准．地下铁道建筑结构抗震设计规范 [S]．上海：上海市建筑建材业市场管理总站，2009.

[34] Kuesel T R. Earthquake design criteria for subways [J]. Journal of the Structural Division, ASCE, 1969, 95 (6): 1213-1231.

[35] 姚群凤，孙钧．城市地铁系统震害与对策 [C]．第三届全国青年岩土力学与工程会议论文集，南京：1998.

[36] 蔡健，周靖，方小丹．钢筋混凝土框架中震可修标准及简化抗震设计方法 [J]．地震工程与工程振动，2006，26（2）：013-19.

[37] 董正方．轨道交通地下结构横向抗震设计方法与性能指标研究 [D]．上海：同济大学，2013.

[38] Nishiyama S, Muroya K, Haya H, et al. Seismic Design of Cut and Cover Tunnel Based on Damage

Analyses and Experimental Studies [J]. Quarterly Report of Rtri, 1999, 40 (3): 158-164.

[39] 马险峰, 望月秋利, 杨林德. 神户市地铁车站的震害及修复 [J]. 铁道工程学报, 1998, 15 (S): 446-452.

[40] 王志良, 申林方, 刘国彬, 等. 基于弹性极限理论的盾构隧道收敛变形研究 [J]. 铁道学报, 2012, 34 (2): 100-103.

[41] 叶耀东. 软土地区运营地铁盾构隧道结构变形及健康诊断方法研究 [D]. 上海: 同济大学, 2007.

[42] 上海市标准. 盾构法隧道防水技术规程 (DBJ08-50-96) [S]. 上海: 上海市建筑建材业市场管理总站, 1996.

[43] 陈令坤. 近场地震作用下高速铁路列车—桥梁动力响应研究 [R]. 北京交通大学博士后研究工作报告, 2014.

[44] Ishida H, Matsuo M. Safety criteria for evaluation of railway vehicle derailment [J]. Quarterly Report of Railway Technical Research Institute, 1999, 40 (1): 18-25.

[45] Nishimura K, Terumichi Y, Morimura T, et al. Development of vehicle dynamics simulation for safety analyses of rail vehicles on excited tracks [J]. Journal of Computational & Nonlinear Dynamics, 2009, 4 (1): 270-8.

[46] 中华人民共和国国家标准. 铁道车辆动力学性能评定和试验鉴定规范 [S]. 北京: 中国标准出版社, 1985.

[47] 日本鉄道総合技術研究所. 鉄道構造物等設計標準・同解説—変位制限 [S]. 日本東京: 丸善株式会社, 2006.

[48] Luo X. Study on methodology for running safety assessment of trains in seismic design of railway structures [J]. Soil Dynamics & Earthquake Engineering, 2005, 25 (2): 79-91.

[49] Luo X, Miyamoto T. Examining the adequacy of the spectral intensity index for running safety assessment of railway vehicles during earthquakes [C]. The 14th World Conference on Earthquake Engineering, 2008.

第7章 抗震构造措施

7.1 引言

抗震设计所依据的地震动参数、结构模型和参数存在诸多不确定因素，计算结果也随之存在很大的不确定性。单纯依赖量化计算并不能完全掌握和控制结构的抗震性能，而且结构物复杂的震害现象也不是现有抗震理论所能完全解释的。因此，往往需要通过抗震实践不断地观察、分析，总结经验，发展有效的抗震措施，以增强结构的抗震性能。

震害调查显示，同样或相近的建筑，建造于Ⅰ类场地时震害较轻，建造于Ⅲ、Ⅳ类场地时震害较重，故《建筑抗震设计规范》[1]规定："建筑场地为Ⅰ类时，对甲、乙类的建筑应允许仍按本地区抗震设防烈度的要求采取抗震构造措施；对丙类的建筑应允许按本地区抗震设防烈度降低一度的要求采取抗震构造措施…"、"建筑场地为Ⅲ、Ⅳ类时，对设计基本地震加速度为 0.15g 和 0.30g 的地区，除本规范另有规定外，宜分别按抗震设防烈度 8 度（0.20g）和 9 度（0.40g）时各抗震设防类别建筑的要求采取抗震构造措施。"我国《公路桥梁抗震设计细则》[2]也有相似的论述，并且认为"桥梁结构地震反应越强烈，就越容易发生落梁等严重破坏现象，构造措施就越重要，因此处于高烈度区的桥梁结构需特别重视构造措施的使用"。我国《铁路工程抗震设计规范》[3]认为："抗震措施是在总结国内外铁路构筑物震害经验，并对它们在地震中暴露出来的薄弱环节进行研究的基础上提出来的，通过对这些薄弱环节采取抗震措施，以提高整个构筑物的抗震能力。构筑物部分结构遭受震害并不意味着整个构筑物在地震作用下，强度和稳定性都不够，只是在薄弱环节上首先发生破坏，导致构筑物产生震害。"

城市轨道交通结构类型较多，目前完全针对性的抗震试验等工作积累不够，因此较多借鉴桥梁、建筑等方面的研究成果。高架区间多参照桥梁类抗震设计规范，地上车站、区间隧道、地下车站多参照《建筑抗震设计规范》采用抗震构造措施。但由于国内外相关的抗震设计规范较多，且规定又有所不同，因此有必要进行梳理。

7.2 高架区间

7.2.1 上部结构

高架区间上部结构抗震构造措施，主要针对地震中出现的钢梁支承局部屈曲、钢筋混凝土构件上出现的塑性变形、墩梁相对位移过大而落梁、梁端碰撞等问题。

　　这类问题在以往的地震中经常发生，比如在日本阪神地震中，国道 2 号神户滨水高架线 P8～P13 区段，在强震作用下出现支座上方钢梁下弦板和腹板局部屈曲破坏；P36 桥墩上邻近两跨主梁相对位移达 360cm，如图 7.2-1 所示，再如第 1 章阪神地震中从新大阪站至六甲隧道入口间 5 座 RC 框架式高架桥出现的钢筋混凝土构件塑性变形；我国汶川地震中，庙子坪岷江大桥连续刚构主梁开裂严重，见图 7.2-2。墩梁相对位移过大（或搁置长度不足）导致落梁更为多见，如图 7.2-3 所示汶川地震中庙子坪大桥和高原大桥落梁的情况。地震中上部结构之间可能发生碰撞破坏，如图 7.2-4 所示美国洛马·普里埃塔和北岭地震时桥梁上部结构碰撞的震害情况。

图 7.2-1　阪神地震中钢梁局部屈曲及上部结构移位的震害实例

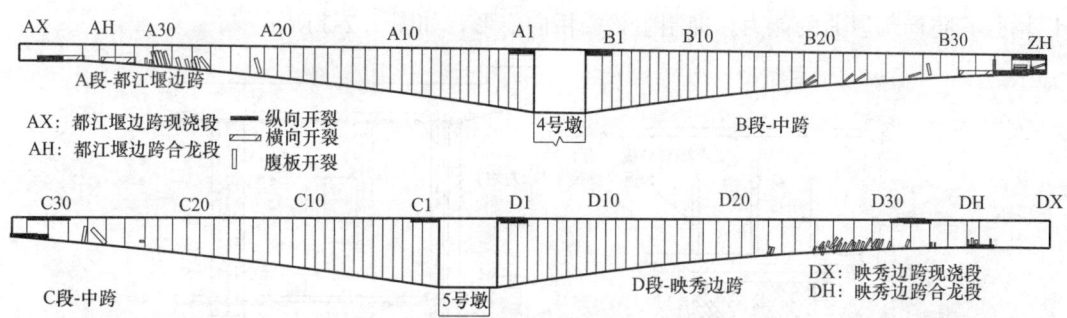

图 7.2-2　汶川地震中刚构桥主梁开裂破坏

(a)　　　　　　　　　　　　　　　　(b)

图 7.2-3　汶川地震中落梁的震害实例

（a）汶川地震庙子坪大桥；（b）汶川地震高原大桥

针对上部结构的抗震构造措施，各国规范关注较多的是防止位移过大造成落梁的措施方面，而对主梁构件尽量避免出现的塑性变形和屈曲，大多只进行了原则性说明，相对来说，日本桥梁抗震规范在这方面的规定要细致一些。

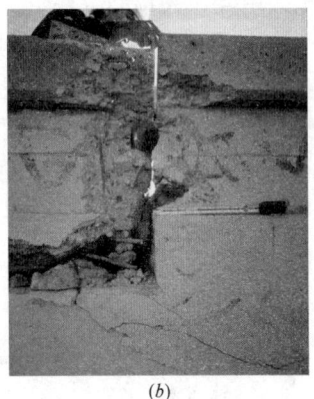

(a)　　　　　　　　　　　　　　　　　　(b)

图 7.2-4　上部结构之间碰撞破坏实例

(a) 1989 年美国洛马·普里埃塔地震高架桥；(b) 1994 年美国北岭地震 15/14 公路桥

（1）防止钢梁支撑的局部屈曲

一般在钢梁支承端部上方腹板上加设肋板，并减小横梁下弦板与主梁下弦板的距离，以增强其防局部屈曲的能力，抑制主梁横桥向变形，如图 7.2-5 所示[5]。

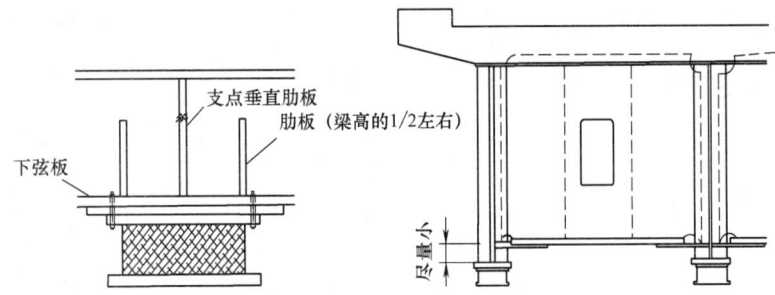

图 7.2-5　钢梁防止局部屈曲的措施（日本《公路桥梁设计规范（V 抗震设计篇）》图 14.2.1-2）

（2）主梁的连续性

简支梁以及使用挂梁的桥梁，相对容易落梁，采用适当的防止落梁构造和装置可以减轻震害。关于防落梁装置将在第 8 章详细叙述，这里主要介绍梁端搁置长度。

上部结构与桥墩的连接方式有刚接和支座连接两种，见图 7.2-6[7]。上部结构与下部结构刚接的方式，适合于较细长的桥墩或小跨桥梁，在美国的桥梁设计中应用广泛，但刚接方式有可能使得上部结构在纵向地震反应中产生附加地震弯矩，为了承受这些弯矩，需要在梁底额外布置纵向钢筋。这样节点的钢筋可能过于密集，通常在桥墩纵筋伸进上部结构一定长度后就直接截断，使得锚固长度不足。对于这种情况，合理的做法应使钢筋弯曲延伸一定距离后截断。此外，由于节点区域受到较高水平的剪力作用，通常还要求配置特殊的竖向和水平抗剪钢筋，如图 7.2-6（a）所示。

对于支座连接方式（图 7.2-6b），为了防止落梁，桥梁支座的锚栓、销钉、防震板或

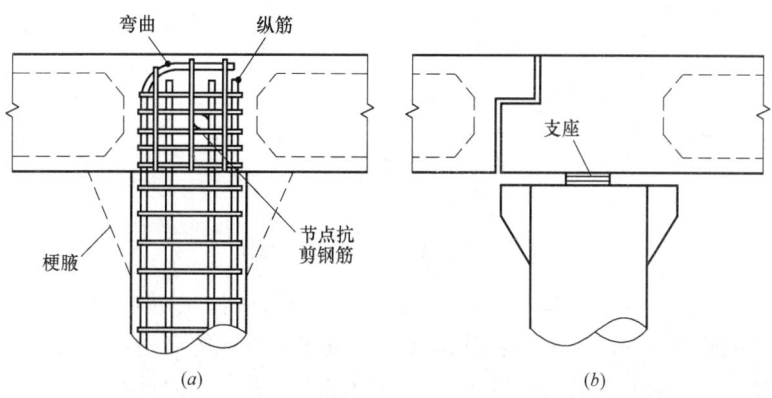

图 7.2-6　上部结构与桥墩的连接方式
（a）刚接；（b）支座连接

梁端采用的连接措施和支挡设施，以及消能装置等都应有足够的强度。对于强震区，竖向地震动作用效应显著，适当的竖向限制位移措施可以有效地减轻支座的震害。

设置足够的墩台顶面搁置长度也是防止落梁的有效方法，现阶段基本是采用经验公式在主梁间断处进行搁置长度的计算，见表 7.2-1。表 7.2-1 中，搁置长度 a、a' 的定义见图 7.2-7。

搁置长度计算公式[2,5]　　　　　　　　　　　　表 7.2-1

规范	搁置长度（a,a'）计算公式（m）	参　　数
AASHTO[8]	$a=(0.203+0.00167l+0.00666h)$ $\times(1+0.000125\varphi^2)$ （SDCA：$A_s \leqslant 0.05$，取 $0.75a$，$A_s > 0.05$，取 a；SDCBCD：取 $1.5a$） $a=(0.102+1.65\Delta_{地震})(1+0.00025\varphi^2)$。 $\geqslant 0.610$　SDCD 框架	l 为桥跨长，单位为 m；h 高度，对于桥台，为桥台到伸缩缝之间柱的平均高度，对于桥墩为墩高，单位为 m；φ 为从垂直于跨度的线量出的支承的角度，单位为度；A_s 为有效地震动峰值加速度系数；$\Delta_{预应力}$、$\Delta_{收缩徐变}$、$\Delta_{温度}$、$\Delta_{地震}$ 分别为预应力损失、收缩徐变、温度变化、地震引起的梁端位移；l_m 为保证传递结构竖向反力的最小支承长度，不小于 $0.4m$；d_{eg} 为结构两部分由于不同的地面位移引起的有效拟静力位移，当工程场址及外延 5km 范围内存在可能发生 6.5 级以上地震的活动断裂带时，d_{eg} 扩大一倍；d_g 为设计地震动地表峰值位移；l_{eff} 为梁有效长度，等于梁端到最近的支座处；l_g 为地震动不相关的距离，根据场地不同，在 300～500m。d_{es} 为由于结构变形引起的地震位移，等于计算的纵向地震位移，如果主梁通过抗震连接和桥墩或桥台连接时，还要加上连接的松弛位移；μ_R 为 L_2 地震等级梁与桥墩之间产生的相对位移；μ_G 为地震发生时由于地基变形引起的基础相对位移；ε_G 为沿桥梁纵向的地基应变（对于 I、II 和 III 类场地分别取 0.0025、0.0035 和 0.005）；L 为对上部墩梁相对位移有贡献的地面桥跨间的距离；E 为考虑了施工时的温度在墩梁间产生的相对位移；E' 为考虑了施工时的温度在墩梁间产生的有效相对位移，$E' \geqslant E$
AREMA[9]	$a=(0.305+0.0025l+0.01h)$ $\times(1+0.000125\varphi^2)$	
Caltrans 规范[10]	$a'=\Delta_{预应力}+\Delta_{收缩徐变}+\Delta_{温度}+\Delta_{地震}+0.1$	
日本公路规范[6]	$a=\mu_R+\mu_G\geqslant 0.7+0.005l,\mu_G=\varepsilon_G L$	
欧洲规范[11]	$a=l_m+d_{eg}+d_{es},d_{eg}=\varepsilon_e l_{eff}\leqslant 2d_g,\varepsilon_e =2d_g/l_g$	
铁路工程抗震设计规范[3]	$a=0.7+0.005l$	
新西兰桥梁手册[12]	无连接系统：$a=2.0E+0.1\geqslant 0.4$； 弱连接系统：$a=1.5E'+0.1\geqslant 0.3$； 强连接系统：$a=0.2$	

从表 7.2-1 可知：不同的经验公式考虑因素不完全相同，例如 AASHTO（2011）和美国铁路工程协会铁路工程手册（AREMA）考虑的因素有：桥面板长度、墩台高度、偏

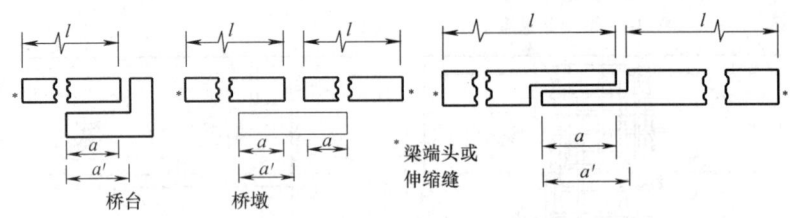

图 7.2-7　梁端支承长度示意图

角；Caltrans 规范考虑的因素有：预应力、混凝土徐变收缩、温度、计算地震上下部结构相对位移；欧洲规范考虑的因素有：确保竖向荷载安全传递的最小支撑长度、设计地震位移、由于结构变形引起的有效地震变形；日本公路规范考虑的因素有：跨径、地震造成上部结构与下部结构顶端的相对位移、地震时地基应力产生的地基相对位移等。假设墩高分别为 10m、40m，跨长为 30m 的直桥，图 7.2-8 是梁端搁置长度与梁端地震位移的计算结果。从图 7.2-8 上可以看出，AASHTO（2011）中的 SDC D 类框架、Caltrans 规范、欧洲规范、新西兰桥梁手册中的无连接系统（No Linkage System，梁与支撑之间没有连接）、弱连接系统（Loose Linkage System，梁与支撑之间有连接，但地震作用下可有相对位移）等都考虑了地震位移的影响，随着梁端地震位移的增加，会有所增大，其余规范不随梁端地震位移变化；新西兰桥梁手册中，有强连接系统（Tight Linkage System，梁与支撑之间有连接，但常时荷载或地震作用下没有相对位移）的梁端支承长度最小，但梁端地震位移是 0.05m 左极限时 Caltrans 规范最小；只有美国的 AASHTO（2011）和美国 AREMA 规范和墩高有关；日本公路规范和我国公路细则是一样的，并且梁端支承长度最大（除了梁端地震位移不小于 0.4m 时，新西兰无连接系统）。

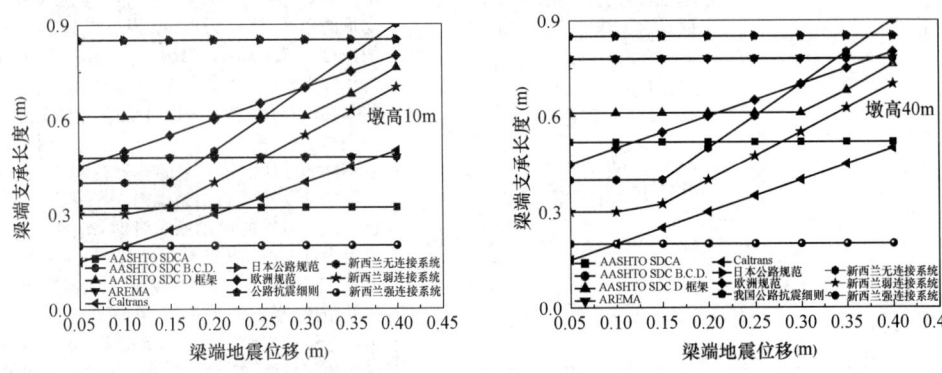

图 7.2-8　梁端支承长度与梁端地震位移关系

从计算简便的角度，《城市轨道交通结构抗震设计规范》[4]参考 Caltrans 规范，不考虑常时位移的影响，按下式验算：

$$a \geqslant \Delta_D + 0.1 \tag{7.2-1}$$

式中　Δ_D——地震产生的梁端与墩顶的相对位移（m）。

（3）防梁端碰撞措施

由于温度变化、混凝土收缩徐变、车辆制动等原因，梁端处往往要设置伸缩缝，但地震中为了避免相邻的上部结构、上部结构与桥台、上部结构与桥墩顶台阶产生碰撞，需要在梁端间设置足够的间隙，见图 7.2-9[5]。

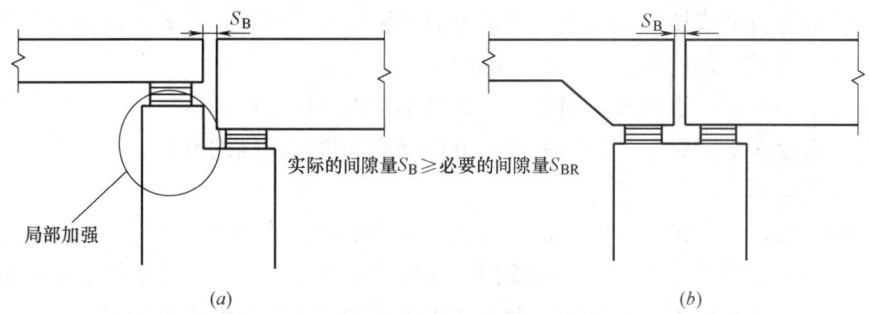

图 7.2-9　防止梁端碰撞间隙（日本《公路桥梁设计规范（Ⅴ抗震设计篇）》图 14.4.1）

（*a*）相邻梁高不同导致桥墩出现台阶；（*b*）桥墩顶部高度相同

　　但是间隙过大会影响行车的平顺性，造价也会提高，因此也可在这些部位采用一些耗能缓冲装置以减小碰撞的损害，此时台阶段需要局部加强。缓冲耗能装置种类很多，典型的有：①压碎构件，见图 7.2-10（*a*），常采用强度较小的混凝土块，地震中被压碎耗能，并且增加了间隙，震后也易更换；②缓冲装置，液压缓冲装置见第 8 章，橡胶缓冲垫见图 7.2-10（*b*），通过缓冲减轻碰撞；③桥台处设置易损滑块，见图 7.2-10（*c*），地震中可以滑动以减轻碰撞[13]。

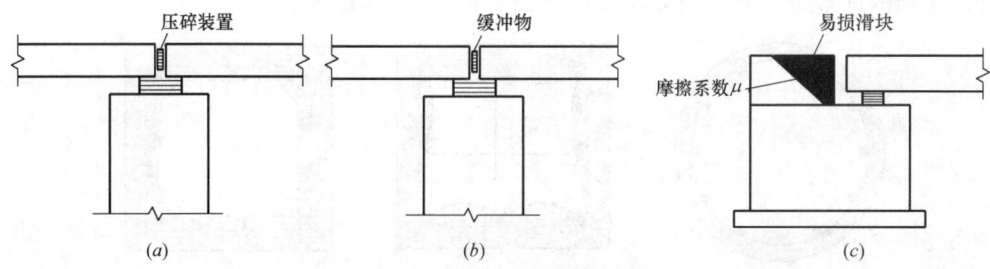

图 7.2-10　减缓梁端碰撞措施

（*a*）梁缝之间安装压碎装置；（*b*）梁缝之间安装缓冲物；（*c*）易损滑块的装置

7.2.2　墩柱

　　1995 年日本阪神地震中，阪神高速 3 号神户线东滩区深江本町 635m 的 18 跨 PC 单柱式桥墩的侧向垮塌，见图 7.2-11。此次震害使纵筋锚固长度和纵筋不合理的中间切断

图 7.2-11　阪神地震中 3 号神户线震害状况

等问题被清楚地认识，促使工程师在桥墩抗震设计中更加重视纵筋和箍筋的构造要求。

桥墩可分为重力式桥墩和轻型桥墩。重力式桥墩缺乏延性，若意图使桥梁具有较大的延性，轻型桥墩是合理的选择。轻型桥墩中又以柱式墩应用较多，其中对于较高的多柱式桥墩，常在墩中设置一道或多道横系梁，以减小上部结构位移和桥墩的弯矩。为了增加墩柱的延性，需要对横向钢筋、纵向钢筋、节点钢筋等进行详细的设计。

（1）横向钢筋[14,15]

如果桥梁被设计成延性抗震结构，柱式桥墩通常被设计为延性构件，因而桥墩的延性设计成为延性桥梁设计中的关键。钢筋混凝土桥墩的延性是通过桥墩塑性铰区的塑性转动能力获得的。普通钢筋混凝土桥墩一般无法提供结构遭遇罕遇地震时所需的位移延性，采用箍筋约束混凝土概念设计的桥墩，则可以提供结构所需的位移延性。

在箍筋约束混凝土桥墩中，横向箍筋有三个重要的作用：①提供斜截面的抗剪能力；②约束核心混凝土，提高普通混凝土的极限压应变，从而提高塑性铰区截面的转动能力；③阻止纵向受压钢筋过早屈曲。桥墩的延性主要来自于后两个作用。试验研究表明，合理配置一定数量的横向钢筋和纵向钢筋，会对核心混凝土起到约束作用，并能有效限制混凝土的横向变形，维持核心混凝土的完整，提高核心混凝土的极限压应变。不同形状的箍筋套箍效应不同，见图 7.2-12。圆形或螺旋箍筋效果最好；矩形箍筋仅对角隅部分提供充分的约束，因此常需增加一些交叉拉筋或重叠布置箍筋来改善。

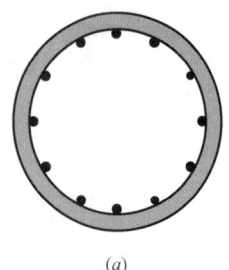 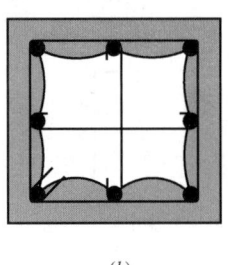 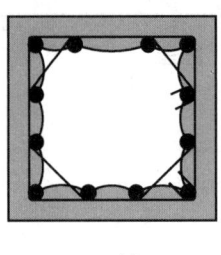

(a)　　　　　　　　　　(b)　　　　　　　　　　(c)

图 7.2-12　箍筋的套箍效应

(a) 圆箍筋或螺旋形箍筋；(b) 配置交叉拉筋的矩形箍筋；(c) 部分重叠的矩形箍筋

由于保护层混凝土不受横向钢筋约束，在强震作用下会剥落，这层混凝土不能为横向钢筋提供锚固。因此，所有箍筋都应采用等强度焊接来闭合，或者在端部弯过纵向钢筋到混凝土核心内，角度至少为 135°，见图 7.2-13。

若内弯角度不够，则极易造成箍筋崩坏，失去约束作用。作者采用拟静力试验方法验证了此构造细节规定的必要性。试验模型设计见图 7.2-14，试验加载系统见图 7.2-15，试验结果见图 7.2-16。从图 7.2-16 可以看到，由于箍筋内弯只有 90°，当加载位移大时，墩底

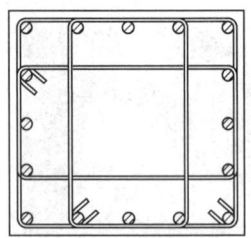 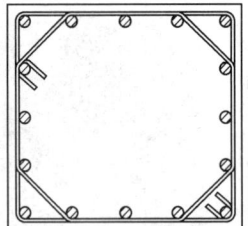

图 7.2-13　箍筋的弯头

箍筋发生了崩坏。因此内弯 135°是必须的构造细节要求。

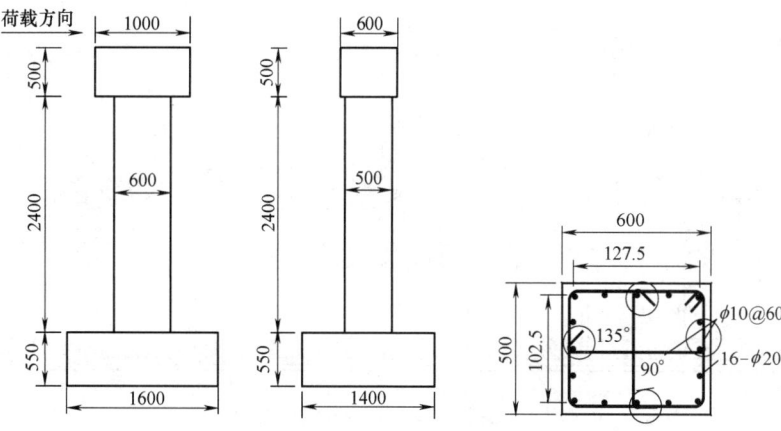

图 7.2-14 模型试验设计图

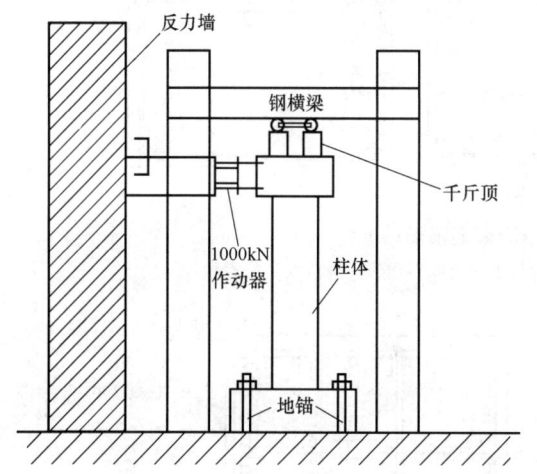

图 7.2-15 试验加载系统

图 7.2-16 试验结果

对于矩形截面，除在周边布置箍筋外，混凝土核心范围内应布置箍筋或拉筋。对于其他实心截面形式，常见的箍筋配置见图 7.2-17。对空心截面，除满足实心截面的要求外，还应配置内外两层环形箍筋，并在内外两层环形箍筋之间配置足够的拉筋，常见的配置形式见图 7.2-18。《公路桥梁抗震设计细则》对拉筋规定：在墩柱中至少每隔一根纵向钢筋宜用箍筋或拉筋固定；如果有内外两层环形箍筋时，在内外两层环形箍筋之间配置足够的拉筋。日本《公路桥梁设计规范（V 抗震设计篇）》有详细的规定，除了材料、尺寸、间距外，还规定拉筋应设置弯钩，原则上弯钩采用半圆形或者弯钩角度大于 90°；并且拉筋采用一根连续钢筋，如果需要接头，采用绑扎、焊接或机械接头，见图 7.2-19。但是新版的日本《公路桥梁设计规范（V 抗震设计篇）》（2012 年）没有提及拉筋接头，应该是不建议拉筋进行接头。

图 7.2-20 是 AASHTO 规范（2011）中典型的钢筋配置图。对于圆形截面，纵筋的间距不大于 0.203m，箍筋焊接接头在 1/3 的螺旋环周长内要错开位置布置；对于方形截

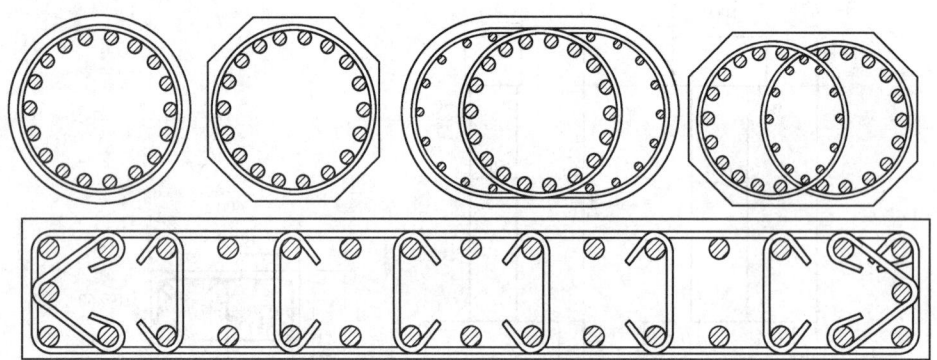

图 7.2-17　实心截面箍筋的配置

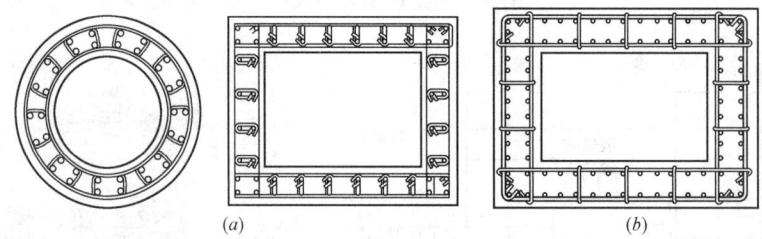

图 7.2-18　空心截面箍筋的配置

（a）《公路桥梁抗震设计细则》；（b）日本《公路桥梁设计规范（Ⅴ抗震设计篇)》

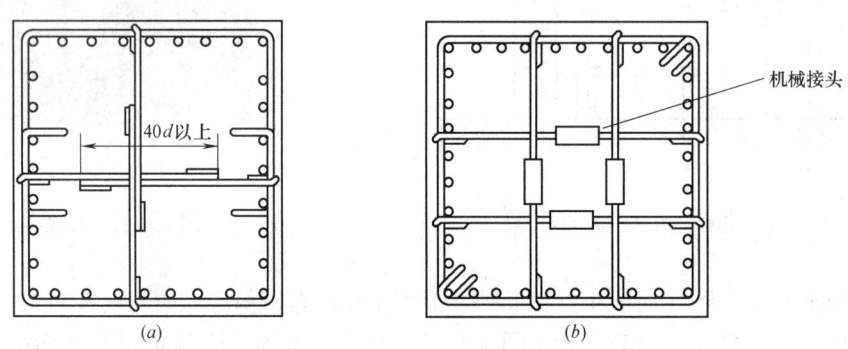

图 7.2-19　空心截面箍筋的配置

（a）绑扎或焊接接头；（b）机械接头

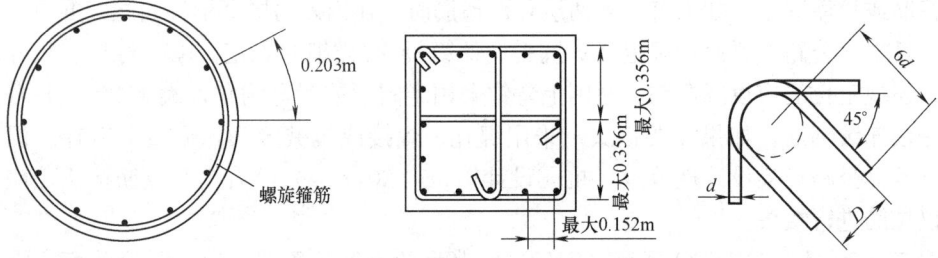

图 7.2-20　圆形截面和方形截面配筋图

面，拉筋间距不大于 0.356m，纵筋间距不大于 0.152m，箍筋弯钩要求大于 135°，且弯钩锚固长度不小于 $6d$（d 为箍筋直径）。

在桥墩截面、纵筋、轴压比以及混凝土强度等级等设计参数确定之后，桥墩的延性主要取决于塑性铰区横向箍筋的配置。实际设计中，为简化设计过程，希望直接提供能满足桥墩延性需求的最低约束箍筋用量的设计计算公式。

Priestley 通过分析提出塑性铰区箍筋之间的间距应满足[16]：

$$s \leqslant \left[3+6\left(\frac{f_u}{f_y}\right)\right]d_{bl} \qquad (7.2\text{-}2)$$

式中 f_y 和 f_u——纵向钢筋的屈服强度和强化强度；

d_{bl}——纵筋的直径。

范立础、卓卫东[14]通过大量的试验和分析，结合我国的实际情况，对横向钢筋最小配筋率进行了研究，并提出了相应的计算公式。

圆形截面：$\rho_v = \left[0.14\eta_k + 5.84(\eta_k - 0.1)(\rho_t - 0.01) + 0.028\right]\dfrac{f_c}{f_{yh}} \geqslant 0.004$ (7.2-3)

矩形截面：$\rho_s = \left[0.1\eta_k + 4.17(\eta_k - 0.1)(\rho_t - 0.01) + 0.02\right]\dfrac{f_c}{f_{yh}} \geqslant 0.003$ (7.2-4)

式中 η_k——轴压比；

ρ_t——纵向配筋率；

$\rho_v = 4A_b/sD_s$——圆形截面螺旋箍筋或圆形箍筋的体积配箍率，A_b 为螺旋箍筋或圆形箍筋的面积，s 为箍筋竖向间距，D_s 为圆形截面的直径；

$\rho_s = 4A_{sh}/sb$——矩形箍筋计算方向的最低含箍率，A_{sh} 为计算方向的箍筋总截面面积，b 为垂直计算方向的构件截面尺寸。

根据震害调查和试验研究等，各国抗震设计规范都对塑性铰区域箍筋的构造作了具体规定，见表 7.2-2。

各国规范对箍筋构造的规定 表 7.2-2

项目		螺旋箍筋或圆形箍筋	矩形箍筋
美国 AASHTO 规范[8]	最小配筋率	$\rho_v = 0.45\dfrac{f_c'}{f_{yh}}\left[\left(\dfrac{A_g}{A_{he}}\right)-1\right]$ 或 $\rho_v = 0.12\dfrac{f_c'}{f_{yh}}$	$\rho_s = 0.3\dfrac{f_c'}{f_{yh}}\left[\left(\dfrac{A_g}{A_{he}}\right)-1\right]$ 或 $\rho_s = 0.12\dfrac{f_c'}{f_{yh}}$
	箍筋最大间距	$\min(10\mathrm{cm}, D_s/4)$	$\min(10\mathrm{cm}, b_{cmin}/4)$
	箍筋加密高度	$\max(D_s, h_c/6)$	$\max(b_{cmax}, h_c/6)$
Caltrans 规范[10]	最小配筋率	当 $D_s \leqslant 90\mathrm{cm}$ $\rho_v = 0.45\dfrac{f_c'}{f_{yh}}\left[\dfrac{A_g}{A_{he}}-1\right]\left[0.5+1.25\dfrac{P}{f_c'}\right]$ 当 $D_s > 90\mathrm{cm}$ $\rho_v = 0.12\dfrac{f_c'}{f_{yh}}\left[0.5+1.25\dfrac{P}{f_c'}\right]$	当 $D_s \leqslant 90\mathrm{cm}$ $\rho_s = 0.30\dfrac{f_c'}{f_{yh}}\left[\dfrac{A_g}{A_{he}}-1\right]\left[0.5+1.25\dfrac{P}{f_c'}\right]$ 当 $D_s > 90\mathrm{cm}$ $\rho_s = 0.12\dfrac{f_c'}{f_{yh}}\left[0.5+1.25\dfrac{P}{f_c'}\right]$
	箍筋最大间距	$\min(6d_{bl}, D_s/5, 22\mathrm{cm})$	$\min(6d_{bl}, b_{cmin}/5, 22\mathrm{cm})$
	箍筋加密区高度	$\max(1.5b, h, h_l/4)$	$\max(1.5b, h, h_l/4)$

项目		螺旋箍筋或圆形箍筋	矩形箍筋
欧洲规范 Eurocode 8[11]	最小配筋率	$\max(1.4\omega_{w,rep};\omega_{w,min})\dfrac{f'_c}{f_{yh}}$ $\omega_{w,rep}=\dfrac{A_g}{A_{he}}\lambda\eta_k+0.13\dfrac{f_{yh}}{f'_c}(\rho_t-0.01)$ $\lambda=0.37$ 时,$\omega_{w,min}=0.18$ $\lambda=0.28$ 时,$\omega_{w,min}=0.12$	$\max\left(\omega_{w,rep};\dfrac{2}{3}\omega_{w,min}\right)\dfrac{f'_c}{f_{yh}}$ $\omega_{w,rep}=\dfrac{A_g}{A_{he}}\lambda\eta_k+0.13\dfrac{f_{yh}}{f'_c}(\rho_t-0.01)$ $\lambda=0.37$ 时,$\omega_{w,min}=0.18$ $\lambda=0.28$ 时,$\omega_{w,min}=0.12$
	箍筋最大间距	$\min(6d_{bl},D_s/5)$	$\min(6d_{bl},b_{cmin}/5)$
	箍筋加密区高度	D_s 或立柱上弯矩超过最大极限弯矩 80% 的范围	b_{cmax} 或柱上弯矩超过最大极限弯矩 80% 的范围
日本铁路规范[6]	最小配筋率	无具体规定	无具体规定
	箍筋最大间距	$\min(12d_{bl},D_s/2)$	$\min(12d_{bl},b_{cmin}/2)$
	箍筋加密区高度	2 倍截面高度范围	2 倍截面高度范围
日本公路规范[5]	最小配筋率	无具体规定	无具体规定
	箍筋最大间距	15～30cm,且小于 $0.2D_s$	15～30cm,且小于 $0.2b_{cmin}$
	箍筋加密区高度	$0.4h_e$	$0.4h_e$
中国《公路桥梁抗震设计细则》[2]	最小配筋率	①箍筋直径≥10mm ②地震基本烈度 7 度、8 度区: $\rho_v=1.52\left[\begin{array}{l}0.14\eta_k+5.84(\eta_k-0.1)\\(\rho_t-0.01)+0.028\end{array}\right]\dfrac{f'_c}{f_{yh}}$ $\rho_v\geq0.004$ ③地震基本烈度 9 度区:适当增加	①箍筋直径≥10mm ②地震基本烈度 7 度、8 度区: $\rho_v=1.52\left[\begin{array}{l}0.10\eta_k+4.17(\eta_k-0.1)\\(\rho_t-0.01)+0.020\end{array}\right]\dfrac{f'_c}{f_{yh}}$ $\rho_v\geq0.004$ ③地震基本烈度 9 度区:适当增加
	最大箍筋间距	$\min(6d_{bl},10cm,b/4)$	$\min(6d_{bl},10cm,D_s/4)$
	箍筋加密高度	地震基本烈度 7 度及以上:D_s 或立柱上弯矩超过最大极限弯矩 80% 的范围	地震基本烈度 7 度及以上:b_{cmax} 或柱上弯矩超过最大极限弯矩 80% 的范围
中国《铁路工程抗震设计规范》[3]	最小配筋率	箍筋直径≥10mm;不低于主筋配筋率的 1/4,且不低于 0.3%	箍筋直径≥10mm;不低于主筋配筋率的 1/4,且不低于 0.3%
	最大箍筋间距	地震基本烈度 8 度及以下:小于 10cm,核心区 7 度区不大于 40cm,8 度区不大于 25cm;地震基本烈度 9 度:小于 5cm,核心区每根纵筋均应提供纵、横向约束	地震基本烈度 8 度及以下:小于 10cm,核心区 7 度区不大于 40cm,8 度区不大于 25cm;地震基本烈度 9 度:小于 5cm,核心区每根纵筋均应提供纵、横向约束
	箍筋加密高度	不小于 $2D_s$,当塑性铰区在墩柱底部时为截面高度;当墩柱高度与验算方向截面高度的比值小于 2.5 时,所有截面均加强	不小于 $2b$,当塑性铰区在墩柱底部时为截面高度;当墩柱高度与验算方向截面高度的比值小于 2.5 时,所有截面均加强

注:表中,A_g,A_{he} 分别为立柱横截面的面积和核心混凝土面积(按箍筋外围边长计算);f'_c 为混凝土圆柱体强度,f_{yh} 为箍筋的设计强度;D_s 为圆形截面立柱直径;b 为弯曲方向的截面宽度;h 为弯矩值大于 75% 最大塑性弯矩值的区域长度;h_1 为墩柱弯矩点到反弯点之间的长度;h_e 为上部结构惯性力作用位置至墩柱底的长度;b_{cmin},b_{cmax} 分别为矩形截面短边和长边尺寸;h_c 为立柱净高;d_{bl} 为纵向主筋的直径;ρ_s 对于矩形截面为截面计算方向的含箍率,对于圆形截面为截面螺旋箍筋的体积配箍率;ρ_t 为纵向钢筋配筋率;$\lambda=L_p/L$,L_p 为塑性铰长度,L 为桥墩长度;η_k 为截面轴压比;P 为柱子所受轴力。

图 7.2-21 为各规范中最小配箍率与轴压比关系的对比,其中混凝土取为 C35,箍筋采用 HPB300,纵筋采用 HRB335。总体来看:①欧洲统一规范对箍筋的要求高;②Caltrans 规范(D_s＞90cm)和我国的《公路桥梁抗震设计细则》对箍筋的要求居中,而

AASHTO 规范、Caltrans 规范（$D_s \leqslant 90$cm）和我国《铁路工程抗震设计规范》对箍筋的要求较低；③当轴压比较低时，除欧洲统一规范对箍筋的要求明显高外，其他规范对箍筋要求的高低关系没有规律。

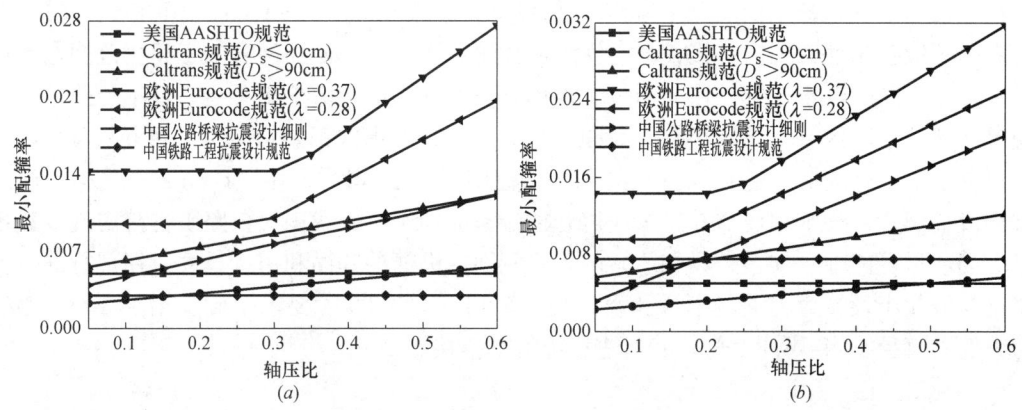

图 7.2-21　最小配箍率与轴压比的关系

(a) 纵筋配筋率 0.7%；(b) 纵筋配筋率 3%

（2）纵向钢筋[14,7]

试验研究表明，沿截面布置若干适当分布的纵筋，纵筋和横向钢筋形成一整体骨架，见图 7.2-22，当混凝土纵向受压，横向膨胀时，纵向钢筋也会受到混凝土的压力，这时横向钢筋也能对纵向钢筋起约束作用。因此，为确保对混凝土核心的约束作用，立柱的纵向配筋宜对称配筋，纵向钢筋之间的距离也不应太大，至少每隔一根宜用箍筋或拉筋固定。

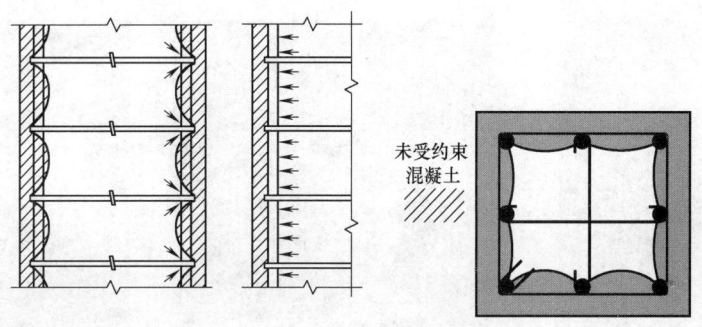

图 7.2-22　横向和纵向钢筋的约束作用

纵筋的含量对墩柱的延性有一定影响，因此延性墩柱中纵向钢筋含量不应太低，但含量太高，不利施工，并且还会降低墩柱的延性，所以纵向钢筋的含量也应有一上限。各国抗震设计规范都对墩柱纵向最小、最大配筋率进行了规定。AASHTO 规范建议的纵筋配筋率范围为 0.01～0.06；Caltrans 规范的纵筋配筋率为 0.01～0.08，纵筋间距不超过 20cm；日本规范没有给出纵向配筋率的具体规定，但一般不允许在墩柱中部截断纵筋，高墩（大于 30m）可以按规定截断；中国《建筑抗震设计规范》的纵筋配筋率为 0.005～0.05；中国《公路工程抗震规范》的纵筋配筋率为 0.006～0.04；中国《铁路工程抗震设计规范》

为 0.005～0.04；《城市轨道交通结构抗震设计规范》的纵筋配筋率取为 0.005～0.05。

为了确保在地震作用下，纵向钢筋不发生粘结破坏，墩柱的纵筋应尽可能充分锚固，纵筋的锚固和搭接细节都必须加以仔细考虑。AASHTO 规范规定纵筋的搭接接头只允许出现在柱的中部，搭接长度至少为 60 倍的纵筋直径或 40cm；Caltrans 规范和欧洲规范规定纵筋不应在塑性铰区内搭接；日本铁路规范规定墩柱底至截面高度的 1.5 倍范围内不设搭接接头，同时规定在同一截面内每 2 根钢筋所设的钢筋接头少于 1 个；日本公路桥规范规定在塑性铰的区域不设置接头，在同一个截断位置处纵向钢筋量减少不可超过 1/3，截断位置上下桥墩断面短边长或直径的 1.5 倍范围内箍筋间距要小于 150mm；我国《建筑抗震设计规范》规定纵筋绑扎接头应避开柱端箍筋加密区；我国《公路工程抗震规范》规定纵筋应尽可能地延伸至盖梁和承台的另一侧面，纵筋的锚固和搭接长度应在现行的《公路钢筋混凝土及预应力混凝土桥涵设计规范》JTG D62-2004 要求基础上增加 $10d_{bl}$（d_{bl} 为纵筋的直径），且不应在塑性铰区进行纵筋的搭接。

7.2.3 节点

梁柱节点是保证结构整体工作的重要构造，见图 7.2-23。在地震作用下，节点受到水平、竖向剪力和弯矩的共同作用，受力状态复杂，并且一旦受到损伤很难修复，图 7.2-24 为框架墩节点震害的一个实例。已经形成的观点或原则是，节点的强度不应小于立柱形成塑性铰时所对应的强度。

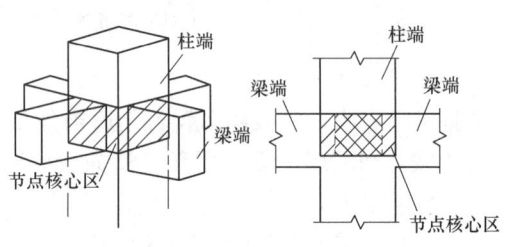

图 7.2-23 节点示意图

图 7.2-24 1989 年美国洛马·普里埃塔地震中框架节点的剪切破坏

（1）配筋要求

Priestley[7]认为，若节点的主拉应力 $\sigma_t \leqslant 0.275\sqrt{f_c'}$（MPa），可按式（7.2-5）计算节点的水平和竖向最小配箍率：

$$\rho_{s,min} = \rho_x + \rho_y = \frac{0.275\sqrt{f'_c}}{f_{yh}} \tag{7.2-5}$$

式中　f_{yh}——箍筋的设计强度。

　　节点横向与竖向箍筋的配置见图 7.2-25。若节点的主拉应力 $\sigma_t \geqslant 0.275\sqrt{f'_c}$（MPa），则应按下列要求进行节点的水平和竖向箍筋配置：节点中的横向含箍率不应小于塑性铰加密区域最小含箍率的要求；在离柱侧面 $h_b/2$ 的横梁范围内（h_b 为横梁的高度），应按式（7.2-6）计算竖向箍筋面积：

$$A_{jv} = 0.174A_s \tag{7.2-6}$$

式中　A_s——立柱纵筋面积；节点中的竖向箍筋可取 $A_{jv}/2$。

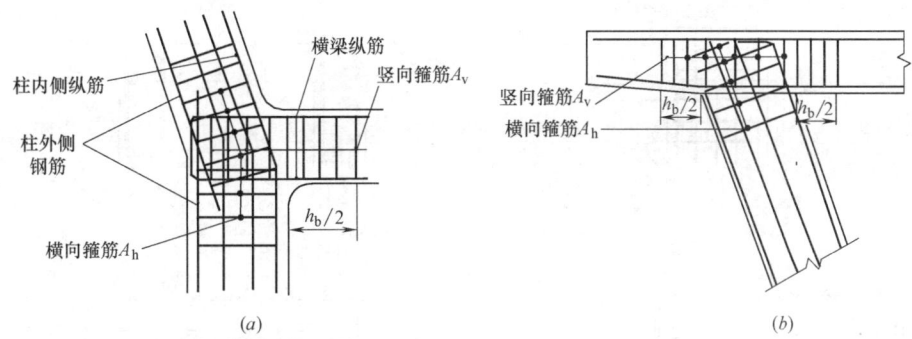

图 7.2-25　梁与柱节点配筋示意图
(a) 下横梁与立柱节点；(b) 上横梁节点

　　AASHTO 规范[8]中要求，如果节点的主拉应力 $\sigma_t < 0.11\sqrt{f'_c}$，则配箍率 $\rho_s \geqslant \frac{0.11\sqrt{f'_c}}{f_{yh}}$，如果节点的主拉应力 $\sigma_t \geqslant 0.11\sqrt{f'_c}$，则配箍率 $\rho_s \geqslant \frac{0.4A_{st}}{l_{ac}^2}$。其中，$A_{st}$ 为墩柱钢筋锚固在节点中的总面积，l_{ac} 为墩柱钢筋锚固在节点中的长度。

　　图 7.2-26（a）为日本公路规范规定配筋示例[5]。图 7.2-26（b）、（c）、（d）为日本铁路规范规定的配筋示例及箍筋间距的要求[6]，要求纵向箍筋间距要小于框架柱短边长度的一半且小于 12 倍的纵向主筋直径，对于桥墩的水平钢筋箍筋的间距要小于 48 倍箍筋直径；配置范围为：梁从节点到断面高度 1.5 倍内，柱从节点到截面高度 2 倍内。

　　（2）节点处塑性铰转移

　　就是从配筋构造上采取措施加强节点附近截面的抗弯强度，迫使塑性铰不要紧靠节点产生，而在离开节点一定的距离形成，这样可以保证梁（或柱）铰形成时，节点里面的梁筋（或柱筋）不至于屈服，可推迟或避免梁筋（或柱筋）的锚固破坏。

　　为了使塑性铰外移，必须保证柱边梁截面（或梁边柱截面）抗弯强度为预期的梁铰（或柱铰）处的抗弯强度的 1.25 倍以上，以防止钢筋的超强。

　　可以在预期梁铰（或柱铰）处削弱截面，使得产生塑性铰；在空间框架中的内节点，配筋拥挤，也可加腋，见图 7.2-27，提高了节点抗剪能力，相应可以减少节点箍筋用量。

　　（3）节点主筋锚固形式

　　常采用的锚固方法见图 7.2-28：其中，（a）为中柱节点钢筋通长布置；（b）为中柱节

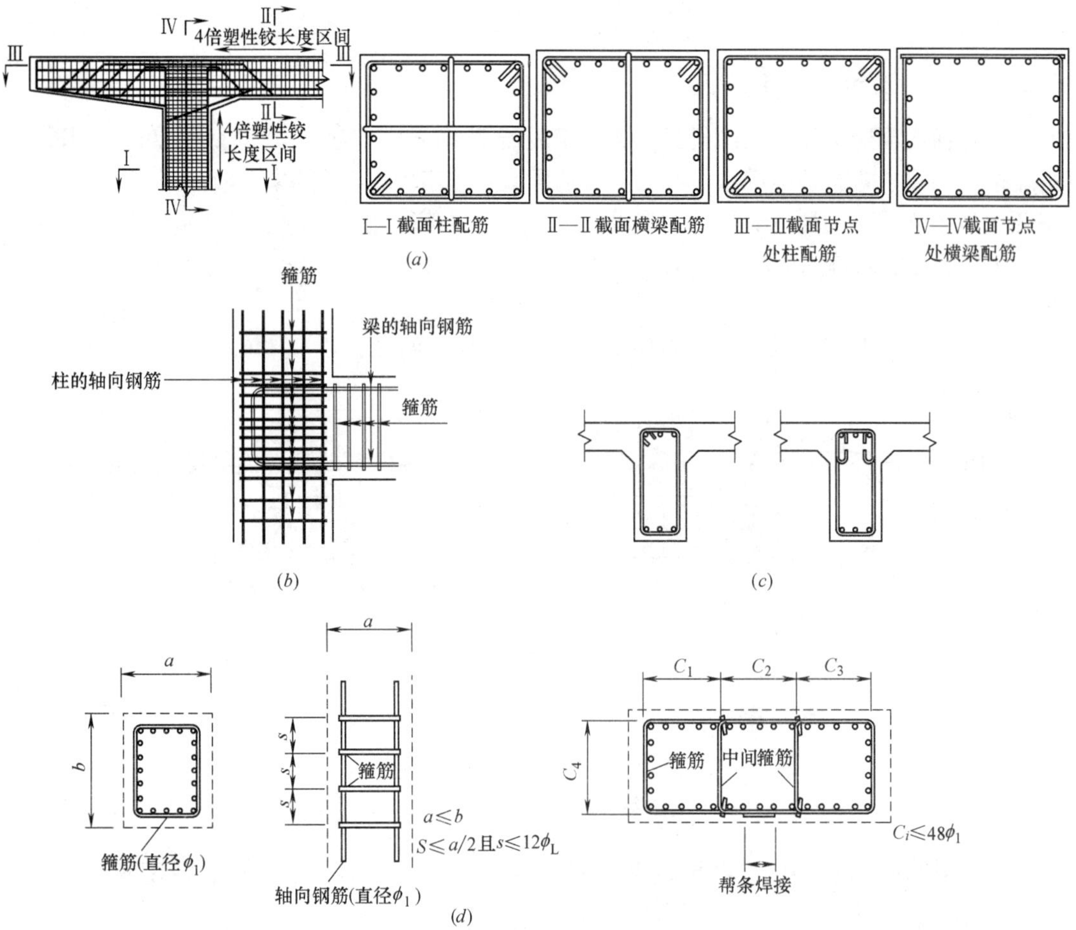

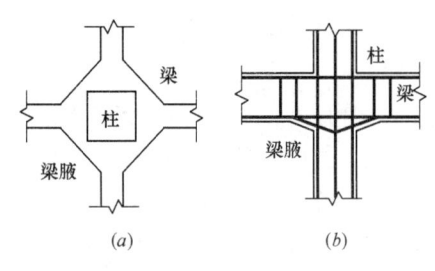

图 7.2-26　日本公路与铁路规范箍筋配筋示例

(a) 公路规范配筋示例（日本《公路桥梁设计规范（Ⅴ抗震设计篇）》图 10.8.4）；(b) 铁路规范节点处配筋（日本《铁路结构设计规范（抗震设计篇）》图 10.5.4）；(c) 铁路规范梁部配筋《日本《铁路结构设计规范（抗震设计篇）》图 10.5.2）；(d) 铁路规范桥墩配筋示例及规定限值（日本《铁路结构设计规范（抗震设计篇）》图 8.5.2）

图 7.2-27　中节点加腋

(a) 梁水平加腋（平面）；(b) 梁垂直加腋（立面）

点将部分钢筋弯折锚固，会引起节点钢筋的混乱；(c) 为边柱节点，梁筋原则上都要进行弯折，弯折的起点应超出柱中心线并尽量靠近柱外侧，不允许在柱中截断主筋；(d) 为顶层中柱节点，柱筋的锚固长度不足，要弯折；(e) 是顶层角节点，柱筋的锚固长度不足，要弯折。

节点的一些特殊锚固方法见图 7.2-29；(a) 为中柱节点采用钢筋分开锚固，以增加钢筋的锚固长度，降低单根钢筋的粘结应力；(b) 为节点内梁筋上增设锚板，可以增大抗滑移的能力；(c) 是在核心范围除采用水平箍筋外，还采用垂直拉筋与梁的上下钢筋焊接起来，防止梁筋的拔出，也能提高节点的抗剪

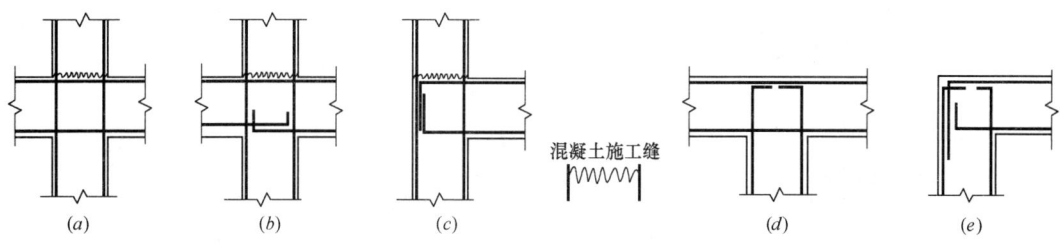

图 7.2-28　常用锚固方法

强度；(d) 是将梁的通长配筋在柱宽范围内进行高频淬火，提高钢筋的屈服强度，这样梁端屈服时，节点内钢筋不屈服，应变也很少，防止拔出；(e) 为柱外侧增设短梁头，梁筋伸入短梁头内锚固而不用弯折，可用短钢筋将梁上下钢筋焊接起来；(g)、(h) 都是借助锚板进行主筋锚固的做法，主筋末端不再弯折，而是伸长到外排主筋处，用适当厚度的钢板与主筋焊接。

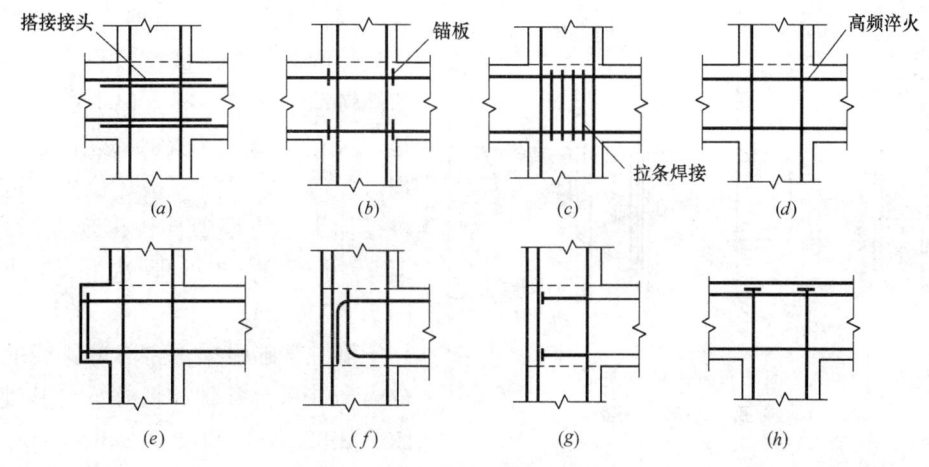

图 7.2-29　特殊锚固方法

7.2.4　基础

（1）扩大基础

基础形式的选择对高架区间的地震反应，以及墩柱和基础内力的分布均有重要的影响，因此应合理选取基础形式。对于硬土或岩石地基，扩大基础是最经济的形式；只要保证扩大基础不倾覆，则塑性铰就能在墩柱底部形成；为提高抗剪能力，可在基础底面布置剪力键，见图 7.2-30 (a)。扩大基础还可允许摆动，这样当地震作用较小时，墩柱底面不产生塑性铰；为了避免摆动过程中基础底面处的地基材料发生塑性变形，可在基底采用支撑块，并用橡胶缓冲，见图 7.2-30 (b)。

欧洲规范[11]规定扩大基础不得形成塑性铰，钢筋没有特殊要求。

（2）桩基础

桩基础是使用最多的基础形式。桩柱一体式基础一般使用大直径钻孔灌注桩，比带有桩帽的打入桩经济，并且避免了桩柱接头连接问题。桩柱一体式基础包括两种：①桩-柱

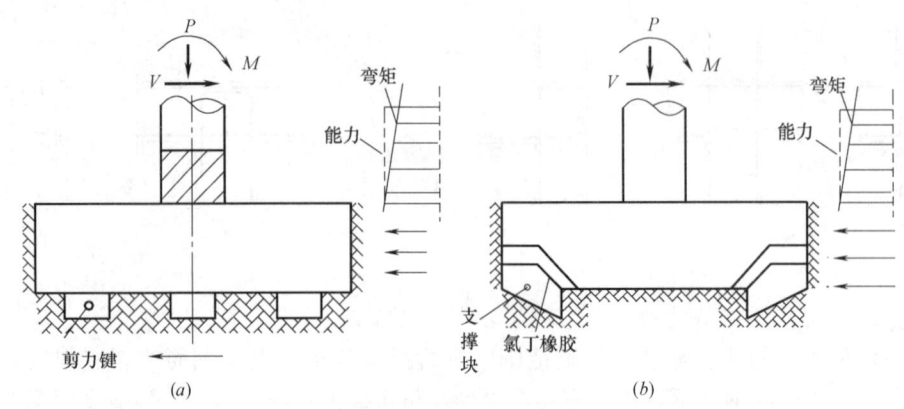

图 7.2-30 扩大基础形式[7]

(a) 常用形式；(b) 摆动式

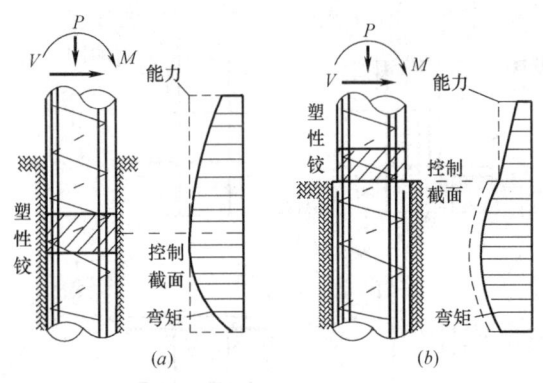

图 7.2-31 桩柱一体式基础[7]

(a) 等截面；(b) 变截面

等截面，见图 7.2-31 (a)。桩柱二者没有区别，其最大弯矩出现在 1.5～2.5 倍桩径深度，塑性区域比较长，直到大的塑性转动产生，混凝土保护层才可能剥落，缺点是塑性铰在地表下，不易发现。②为了容易发现破坏位置，可以把桩径加大，使得塑性铰出现在墩柱中，但该方案的缺点是造价增加，见图 7.2-31 (b)。

群桩基础根据承台与冲刷线的关系分为高桩承台基础和低桩承台基础，见图 7.2-32 (a) 和图 7.2-32 (b)，在我国，大直径钻孔灌注桩使用广泛。塑性铰一般设计在墩柱中，但某些情况下，可以让桩产生有限塑性的铰。

对于桩基础，主要震害是地基失效或基础构件破坏，图 7.2-33 是桩基础震害的实例，因此，基础的抗震构造措施主要为了防止桩基折断或地基液化产生的大变形。

各国规范对防止桩基折断作了规定。AASHTO 规范规定[8]，对于 SDC C 和 D 类的桥梁，桩基础是延性构件，要按延性构件的塑性铰区的要求配置钢筋；灌注桩和预制桩的全部桩身都要配置纵筋，且不得少于 4 根，纵筋在桩身上部 2/3 范围内的配筋率不得低于 0.007；塑性铰区不得使用空心预应力桩，桩头不得使

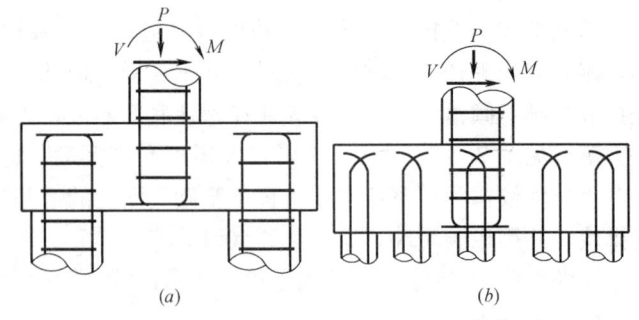

图 7.2-32 群桩基础形式[7]

(a) 钻孔灌柱桩；(b) 打入桩

图 7.2-33　桩基础震害实例

(a) 1989 年美国洛马·普里埃塔地震；(b) 1995 年日本阪神地震；(c) 1964 年日本新潟地震液化[17]

用预应力钢筋连接到承台处。

　　欧洲规范[11]规定，桩基础桥梁，塑性铰一般出现在墩柱，特殊情况下，可以设置在桩中，此时应该保证桩的完整性和延性；桩中塑性铰位置可能在桩顶，也可能在剪切变形有明显不同的两层土交界面；出现在桩顶时，其桩头 5 倍桩径范围内，箍筋配置要满足墩柱塑性铰区要求；出现在两层土交界面时，在交界面两侧上下各 2 倍桩径范围内，纵筋和箍筋的配置要跟桩头一样。

　　日本《铁路结构设计规范（抗震设计篇）》[6]和《公路桥梁设计规范（V 抗震设计篇）》[5]有类似的规定，规定基础构件的抗震构造细节要参照桥墩的规定进行，对于桩基础还要参照门式框架、刚构桥等框架结构节点的规定；对于灌注桩，从承台下端起桩径的 2 倍范围内应配置与桩头相同的箍筋；对 PHC 桩，箍筋间距满足 $2A_s f_{syd}/hD \geqslant 1.25$，且不大于 10cm，其中 A_s 为单根箍筋截面面积，f_{syd} 为箍筋的屈服强度，h 为箍筋间距，D 为桩径；对沉箱基础主体的空心断面，侧墙需配置足够的箍筋防止脆性破坏。

　　（3）地基液化处理

　　由砂土液化造成的地基大变形会对桩基产生严重的破坏，因此应采取措施减轻或消除砂土液化及其带来的大变形对桩基的影响。对地基中的可液化土层，应查明其分布范围，分析其危害程度，根据工程实际情况，选择合理工程措施。具体工程措施很多，从本质上可以归纳为以下几方面：

　　1）改变可液化土的性质，使其不具备液化的条件。如采用振冲加固或挤密碎石桩加固后构成复合地基等。

　　2）改善排水条件，限制地震时孔隙水压力的产生和增长。

3）置换可液化地基土。

4）越过可液化地基土层，如采用桩基础。

5）围封可液化地基，防止液化向四周扩散。

减轻地基大变形对桩基危害的措施有[16]：①改进桩头的锚固程度。增加桩头埋入承台的长度，不能小于1倍桩径，见图7.2-34。桩内钢筋要伸出桩头一定长度，为增加嵌固效果，也可在桩头增加竖向钢筋；对空心桩，桩头填塞的混凝土不宜过长，避免形成纵向裂缝。②增加桩的配筋。③增加进入土层的深度。

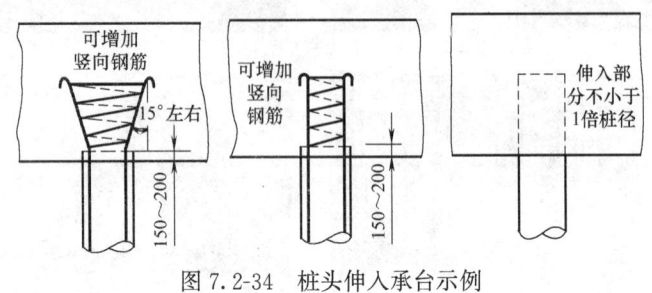

图 7.2-34　桩头伸入承台示例

7.3　地下结构

7.3.1　总体构造要求

现阶段城市轨道交通地下结构的抗震设计主要参考建筑结构的相关规定，但轨道交通地下结构的受力特征与地面建筑结构仍有差别，这些差别也体现在构造要求方面。

（1）地震反应复杂情况

埋置于软弱土层或明显上软下硬土层中的区间隧道与地下车站结构，受地震影响较大，特别是下列情况[18]：①断面复杂的地下结构；②结构局部外露；③多线重叠段或交叉部位；④地下结构直接作为地面结构或高架区间的基础；⑤地下结构处于性质显著不同的地层中；⑥地下结构下方的基岩变化很大；⑦地下结构处于可能液化或软粘土层以及处于易发生位移的地形条件；⑧断层处；⑨地下结构断面急剧变化的部位，如隧道与车站主体的连接部，通风竖井与水平通道的连接部，双线隧道的联络通道，正线的分岔处等。对于上述情况，地下结构在地震中易发生破坏，需要加强抗震构造措施，例如，盾构隧道竖井连接处会产生纵向应力集中，可在这些地方设置柔性接头构造，来吸收地震位移，为了约束剪切变形，可设置凹凸槽，控制剪切变形在可接受范围，或者使用隔震层，减弱应力集中。

断层大位移会引发地下结构破坏，地下结构尽量避开，并设置设防距离，依据国内外地震断裂破裂宽度的资料分析得出了一些概念性数据，比如《公路工程抗震规范》中规定设计基本地震动峰值加速度不小于 0.2g 和 0.4g 的地区，长大公路隧道工程避开主断裂距离为隧道边缘至主断裂带边缘分别为 300m 和 500m。

当无法避开时，隧道的纵向轴线不宜近距离平行于主断裂，应在断裂带较窄处穿越，并考虑采用一定措施：可以考虑采用隔震层（目前这种做法还处于数值模拟和模型试验阶段），或者柔性设计，主要是对接头等处特殊考虑；还有一种做法就是把断层处的地下结构在一定长度上的横断面加宽，见图 7.3-1[19]，断层位移发生后，隧道还有足够空间通行。在汶川地震中公路隧道的震害调查表明，当断层破碎带的复合式支护采用素混凝土内衬时，地震下内衬结构严重裂损并大量坍塌，而采用钢筋混凝土内衬结构的隧道洞口段，复合式支护的内衬结构仅出现裂缝。因此，断层破碎带中应采用钢筋混凝土衬砌。

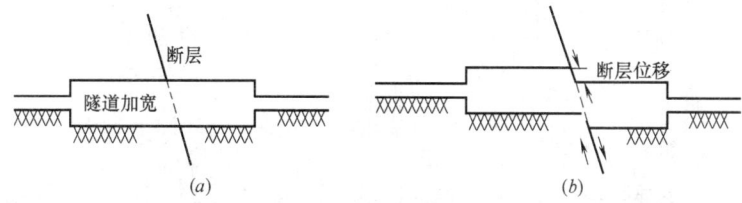

图 7.3-1　断层处隧道加宽示意图

（a）地震前；（b）地震后

（2）设计及施工要求

因地下钢筋混凝土框架结构构件的尺寸常大于同类地面结构的构件，因此其最小尺寸应不低于同类的地面结构构件的规定。中柱与梁或顶板、中板及底板连接处的箍筋应加密，加密要求可参考地面框架结构。顶板、中板及底板宜采用梁板结构；构件上开孔将影响结构体系的抗震承载能力，因此板上开孔时，应适当限制开孔面积，并辅以必要的措施加强孔口周围的构件，比如《建筑抗震设计规范》规定：孔洞宽度应不大于该层楼板宽度的 30%，洞口的布置宜使结构质量和刚度的分布较均匀、对称，避免局部突变。

地下结构的整体性和连续性的薄弱往往会使其在地震中产生震害。明挖法地下结构衬砌一般比较容易浇筑，可考虑采用现浇整体钢筋混凝土结构以增强其整体性，尽量避免采用装配式和部分装配式结构。如果地下车站采用装配式结构时，应加强接缝的连接措施，以增强其整体性和连续性。

对于盾构法隧道，为了使隧道具有柔性，衬砌管片环间宜采用螺栓等抗拉构造进行连接。根据以往实践经验，衬砌背后注浆能加固围岩，并且使衬砌和围岩密贴，改善振动状态，因此暗挖法地下结构为了保证其与地层的共同作用，应及时向其衬砌背后压注硬化性浆液；用盾构法施工的隧道，在软土层或需要严格控制地面沉降的地段应进行同步注浆，见图 7.3-2；用矿山法施工的不良地质地段或偏压地段的隧道，以及处于Ⅲ～Ⅵ级围岩中的隧道拱部应及时注浆[18]。

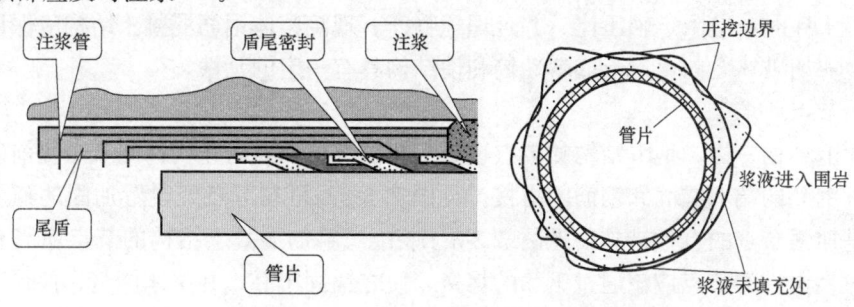

图 7.3-2　盾构隧道注浆示意图

山岭隧道洞口震害较多，因此对于洞口要特殊设计。为维护洞口山体的稳定，必须修建洞门，见图7.3-3；其中翼墙式洞门的端墙和翼墙能形成对抗震有利的整体结构，且抗震能力已为实践所证实，因此对地质较差或地震中岩层有可能滑动的洞口，推荐使用；端墙式洞门结构抗震稳定性较差，高烈度地震区不应采用；当洞口位于稳定性较好的陡壁或地形开阔、仰坡较缓时，也可采用斜切式洞门。

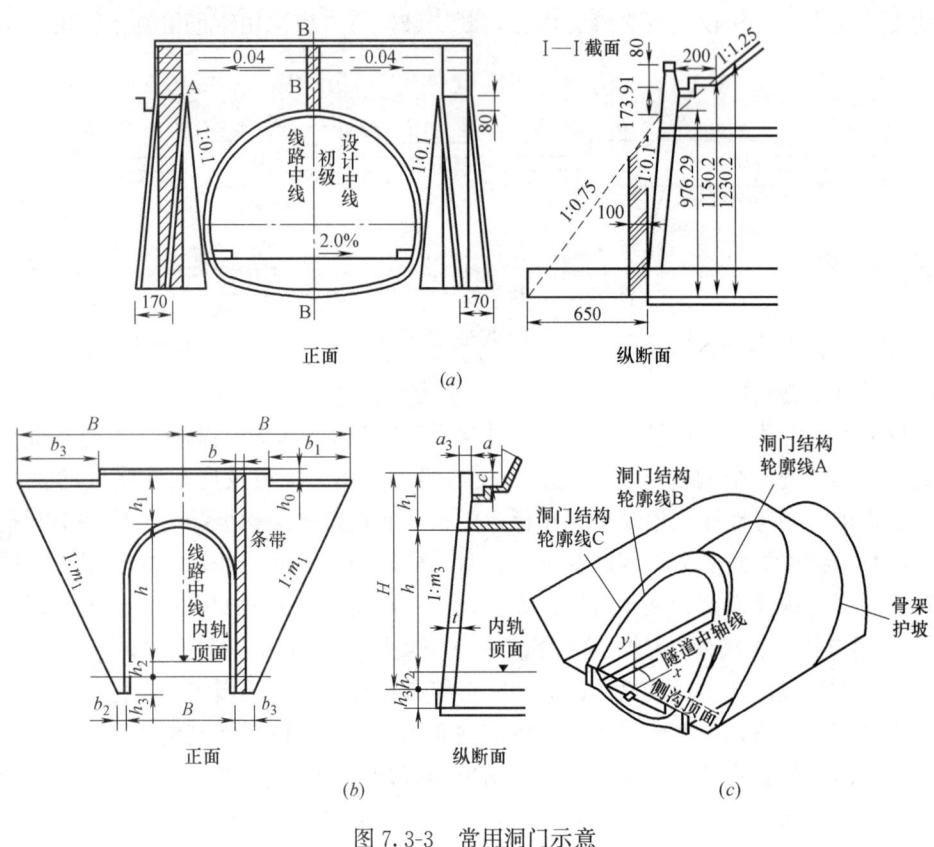

图 7.3-3　常用洞门示意
(a) 翼墙式；(b) 端墙式；(c) 斜切式

（3）延性要求

从阪神地震中大开车站的典型震害可知（见第1章），地下车站中的梁板具有良好的延性，但中柱是受力不利部位，且易发生脆性破坏而引起结构塌陷。因此，地下框架结构的中柱尽可能用中墙代替，必须采用中柱时宜采用延性性能良好的钢管混凝土柱；当采用钢筋混凝土柱时，应限定轴压比，并合理配箍筋。现浇整体钢筋混凝土结构应保证弯曲破坏发生在剪切破坏之前，以形成塑性铰和使结构具有一定的延性。

（4）节点要求

与地上结构一样，地下结构的节点也是重要的部位。要防止构件间节点提前破坏，需要处理好钢筋的端部锚固和钢筋的搭接，见图7.3-4。可在节点处设置加固的箍筋，设置梗斜也是加强节点的有效措施，见图7.3-4。装配式箍筋混凝土结构的节点应当有更高的要求，对大构件的节点应该通过钢筋的焊接，使之锚固牢靠，并整体浇筑，使得节点具有足够的强度和刚度，防止拉断和剪坏，以保证轴力和剪力的传递。在可能条件下，把预制构件做得大一些，可以减少连接节点数，有利于结构的整体性；作为顶盖的梁板的支承面积应予适当放大[20]。

钢筋混凝土梁、柱中线要重合，节点区梁纵向钢筋不得截断，并且由于地下车站主体结构梁宽一般不等于柱宽，所以在节点区增加拉筋。《天津地铁抗震设计通用技术要求》（征求意见稿）中地下车站的做法是拉筋直径大于 10mm、间距不大于 100mm，如图 7.3-5 所示。

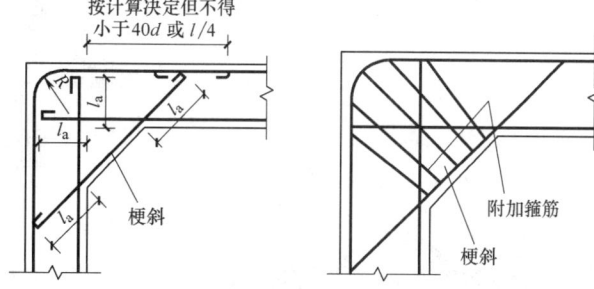

图 7.3-4　节点配筋及梗斜示意

钢管混凝土中柱与混凝土梁连接节点几种常用形式[21]：加强环式节点与钢筋混凝土梁连接时环板之间的距离为钢筋混凝土梁的梁高，混凝土梁内的纵筋焊接在上下环板上，

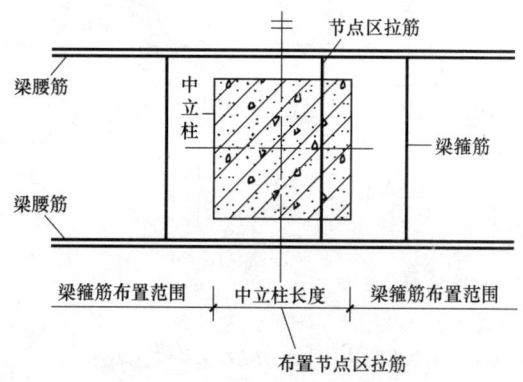

图 7.3-5　钢筋混凝土梁柱节点附加
拉筋平面布置示意图

且在梁的上下面端部都设有预埋钢板，以便和上下加强环板相连，见图 7.3-6（a）；埋置牛腿或板件式节点通过在核心区钢管，或者在钢筋混凝土梁中埋置工字钢承重销或者贯通钢板来承担梁端传来的弯矩和大部分的剪力，见图 7.3-6（b）；钢筋环绕变宽度梁节点在钢管混凝土柱上焊接牛腿，将梁端局部加宽，使纵向钢筋连续绕过钢管，梁端加宽的斜度不小于 1/6，在开始加宽处必须增设附加箍筋将纵向箍筋包住，牛腿分担大部分的梁端弯矩和剪力，见图 7.3-6（c）；钢筋混凝土环梁式

节点钢管混凝土柱的钢管在梁柱节点区不直通，节点区混凝土采用梁板的强度等级，钢筋混凝土梁连续，由此产生的轴向承载力的下降通过采用环梁加大节点区截面并配置水平钢筋网或环形钢筋来加强和提高，见图 7.3-6（d）；钢筋贯通式节点在框架梁上下纵筋位置处的管壁上开圆孔或长圆孔，穿过梁内的钢筋，在开孔处适当加设加劲肋，用来补充由于柱截面削弱引起的刚度降低，以传递管柱内力，为使节点满足刚接节点的要求，开长圆孔应加设焊接封闭箍筋，以提高节点的整体性和刚度，见图 7.3-6（e）。

7.3.2　钢筋

（1）地下车站可以简化为框架结构的钢筋应满足下列要求[20]：为了保证受力钢筋通过钢筋和混凝土的粘结将力传递给混凝土，钢筋需要一定的锚固长度；根据理论分析及试验研究，钢筋锚固长度可以根据《混凝土结构设计规范》GB 50010 计算得到，其影响因素包括钢筋强度、混凝土抗拉强度、锚固钢筋的直径及外形等；抗震时应提高要求，因此纵向受拉钢筋的抗震锚固长度 $l_{aE}=\zeta_a l_a$（l_a 为非抗震设计时的受拉钢筋的锚固长度，ζ_a 为纵向钢筋抗震锚固长度修正系数，对一、二级抗震等级取 1.15，三级抗震等级取 1.05）。

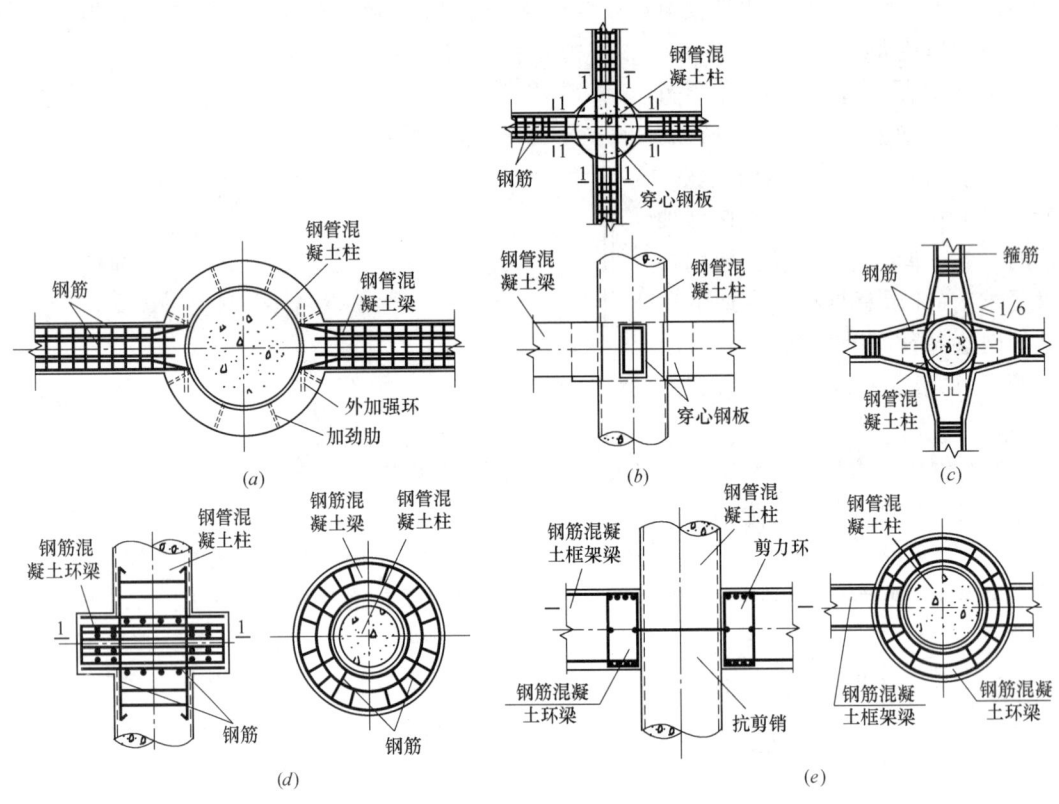

图 7.3-6　钢管混凝土柱与钢筋混凝土梁节点

（a）加强环式节点；（b）埋置牛腿或板件式节点；（c）钢筋环绕变宽度梁节点；

（d）钢管不直通型钢筋网或环形钢筋加强式节点；（e）钢管混凝土柱-钢筋混凝土环梁节点

　　钢筋连接无论采用何种类型接头，其传力性能均不如直接传力的整根钢筋，因此钢筋连接的基本原则为：连接接头设置在受力较小处；限制钢筋在构件同一跨度或同一层高内的接头数量；避开结构关键受力部位，如柱端、梁端的箍筋加密区，并限制接头面积百分率等。抗震时要求提高，因此纵向受拉钢筋的抗震搭接长度 $l_{lE}=\zeta l_{aE}$（ζ 为搭接长度修正系数，根据纵向搭接钢筋接头面积百分率取值，例如百分率为 100% 时取 1.6，百分率为 50% 时取 1.4，百分率不大于 25% 时取 1.2 等）；钢筋直径愈大连接需愈强，因此当受拉钢筋直径大于 28mm 及受压钢筋直径大于 32mm 时不宜采用绑扎搭接接头；由于保护层混凝土不受横向钢筋约束，在地震中可能剥落，保护层混凝土不能为横向钢筋提供锚固，因此箍筋末端应做成 135° 弯钩，弯进核心混凝土内，但如果弯进长度不足，就达不到设计时假设的变形性能，因此弯钩的平直部分不应小于钢筋直径的 10 倍；当施工困难时，可以焊接封闭箍代替，但焊接接头位置应放置在梁柱截面长边中部。

　　轴压比是影响柱式构件延性的重要因素，轴压比越大，柱式构件延性越差。为使柱式构件具有一定的延性，需要限制轴压比的取值。地下结构柱子的设计轴压比不宜超过 0.9，超过时应采取特殊措施。

　　受压构件破坏时，要避免混凝土突然的脆性压溃，并使构件具有必要的刚度和抵抗偶然偏心作用的能力，这取决于纵筋的最小配筋率和箍筋的配置；另外，由于混凝土徐变，一部分压力将由混凝土承担转为钢筋承担，试验资料表明配筋率越低转加给钢筋的压力越大，因此，纵筋的配筋率应有最小配筋率的要求。规定最大配筋率主要有两个原因：一是从施工角度考虑，以免钢筋过密使混凝土不易灌筑和振捣；二是长期受压构件，若突然卸载，构件回弹，由于混凝土的徐变变形大部分不可恢复，因此会使得构件内钢筋受压而混凝土受拉，如果配筋率过大，可能会拉裂混凝土。规定纵筋、箍筋的最小直径和箍筋的最大间距是为了保证受压钢筋有足够的刚度，使得钢筋承受压力时，距离纵向弯曲破坏还有一定的安全储备。因此，柱的纵向钢筋宜对称布置，总配筋率不应大于 5%；截面尺寸大于 400mm 的柱，纵向钢筋间距不宜大于 200mm；柱全部纵向钢筋的最小配筋率不应小于 0.7%，并且每一侧的配筋率不应小于 0.2%。

柱上下端箍筋加密范围取柱截面长边尺寸（圆截面取直径）、柱净高的 1/6 和 500mm 的最大值，箍筋间距取 8 倍纵筋直径和 100mm 的较小值，箍筋直径大于 8mm；剪跨比不大于 2 的柱、柱净高与柱截面高度之比小于 4 的箍筋加密范围取高值，箍筋间距不应大于 100mm；柱箍筋肢距不宜大于 250mm 和 20 倍箍筋直径中较大值，且每隔一根纵筋宜在两个方向有箍筋约束，当采用拉筋组合箍时，拉筋宜同时钩住纵筋和封闭箍。

横向板式框架节点配筋，上海地方标准《城市轨道交通设计规范》[22]要求当角节点由顶板顶面弯入侧墙外侧面的横向钢筋配筋率大于 1%，应分两批截断，第一批截断的横向钢筋配筋率不能大于 1%（搭接长度不能小于 $1.7l_{aE}$），超过部分向内侧墙内继续延伸 20 倍钢筋直径后截断。节点配筋图示例见图 7.3-7。由于地下车站主体结构梁宽一般大于柱宽，

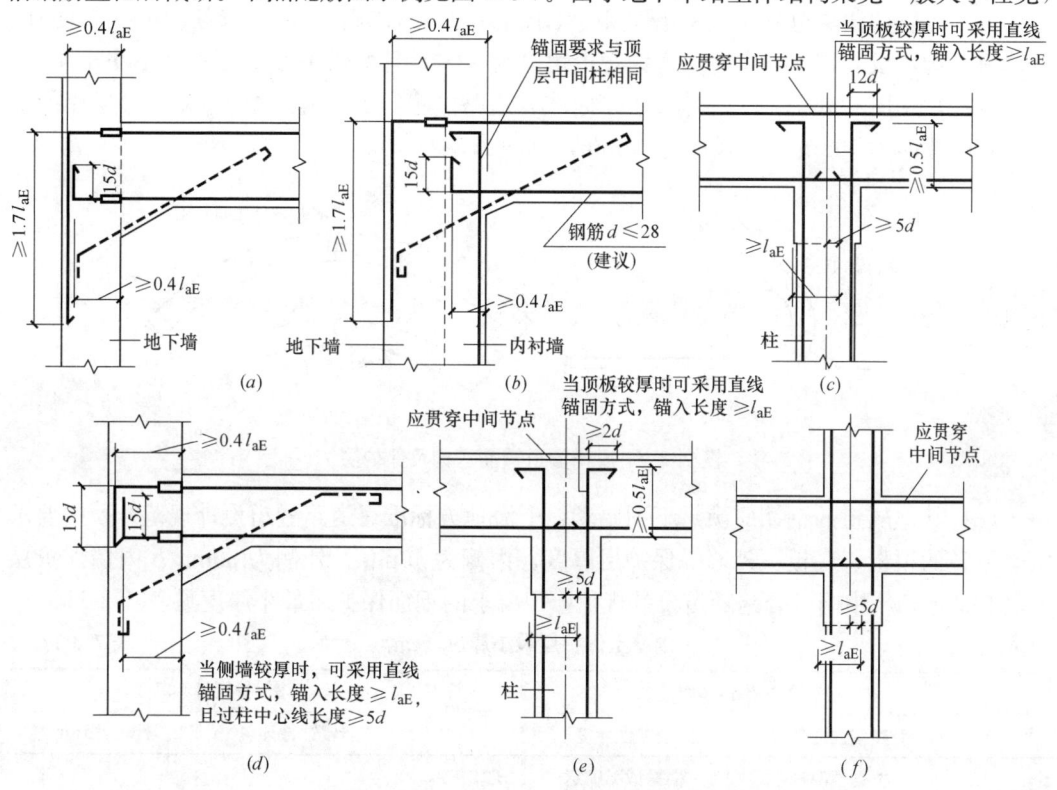

图 7.3-7 节点配筋图

(a) 顶（底）板单层侧墙；(b) 顶（底）板双层侧墙；(c) 顶（底）板中柱；

(d) 中板单层侧墙；(e) 中板双层侧墙；(f) 中板中柱

为了避免或减少扭转的不利影响，梁柱中线应该重合，节点处梁中纵筋应贯通，并且应设置附加的拉筋。

（2）盾构隧道的钢筋应满足下列要求：为了保证钢筋充分的粘结强度及防锈，要保证钢筋有一定的保护层厚度。为了保证握裹层（钢筋周围混凝土，范围大约为钢筋直径以内）混凝土对受力钢筋的锚固，要求混凝土保护层不小于受力钢筋直径。但保护层也不能过厚，过厚时需要采取有效的措施对保护层进行拉结，防止混凝土开裂剥落、下坠。

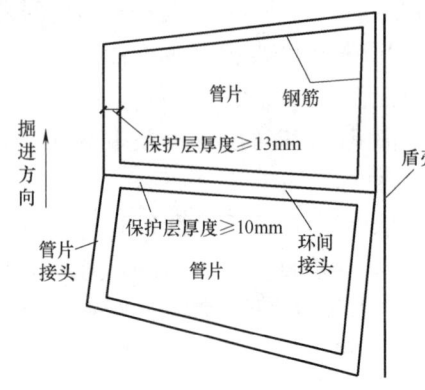

图 7.3-8　设有二次衬砌的
管片保护层示意图

日本土木学会、下水道协会共同编写的《盾构隧道管片设计》中对钢筋保护层厚度与间距，受力钢筋、架立钢筋、分布钢筋等进行了规定[23]。在设有二次衬砌时，原则上钢筋的最小保护层厚度为 13mm 以上，楔形管片的环接头面可降为 10mm 以上，见图 7.3-8；在不设二次衬砌时，保护层厚度一般环境为 25mm 以上，腐蚀环境为 35mm 以上。受力钢筋的间距一般取为 20mm 以上、粗骨料最大尺寸的 5/4 以上或受力钢筋直径以上，受拉钢筋的配筋率为 0.4%～2.2%；架立钢筋或分布钢筋的间距为 300mm 以下。

中国《盾构法隧道施工及验收规范》GB 50446—2017[24]规定了箍筋除焊接封闭外，末端应弯钩，没有特殊要求时，弯钩弯折角应为 135°，且弯后平直部分长度不小于 10 倍箍筋直径，见图 7.3-9（a）。上海地方标准《道路隧道设计规范》中要求盾构管片保护层，其外弧面为 50mm，内弧面为 45mm，见图 7.3-9（b）。

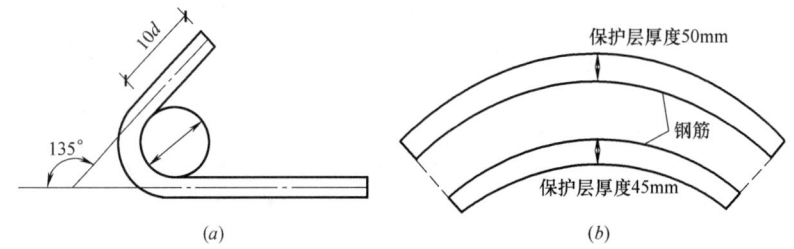

图 7.3-9　盾构隧道箍筋弯钩及保护层

（3）其他隧道的钢筋应满足下列要求：上海地方标准《道路隧道设计规范》[25]中要求沉管隧道的顶板、底板、外墙等保护层厚度，内侧为 40mm，外侧为 50mm；内墙保护层厚度为 30mm。中国《公路隧道设计规范》[26]要求的钢筋保护层最小厚度见表 7.3-1。

混凝土保护层最小厚度（cm）　　　　　　　　　　　表 7.3-1

构件厚度	保护层最小厚度		构件厚度	保护层最小厚度	
	非侵蚀性环境	侵蚀性环境		非侵蚀性环境	侵蚀性环境
<15	根据情况确定	根据情况确定	31～50	3.5	4
15～30	3	3.5	>50	4	5

文献[19]认为明挖矩形隧道横向变形会引起框架节点内表面的拉力，而土压力会导致侧墙和顶板内表面中部的拉力，因此建议纵筋应延伸到邻近板内，并弯钩，见图 7.3-10。

7.3.3　接缝

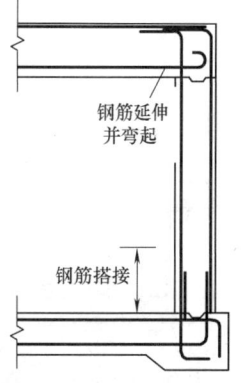

图 7.3-10　矩形隧道
节点配筋图

城市轨道交通地下结构一般都要设置防震缝。防震缝应该避免两侧的结构碰撞，其宽度应不小于两侧结构地震最大位移之和，并考虑适当富余量，如果存在不均匀沉陷，还要增大宽度。

地下结构在纵向应设置变形缝，一般也起着防震缝的作用。车站设置变形缝处，内部装饰应沿变形缝断开。变形缝应满足下列要求：能适应一定幅度的线变形与角变形；施工阶段能传递弯矩，使用阶段能传递剪力；变形前后均能防水[27]。无论变形缝、防震缝，还是不同结构的结合部，原则上都应设置柔性接头，容许在一定限度内变形。变形缝可分为伸缩缝和沉降缝；在区间隧道和地下车站中一般不设置沉降缝。上海地铁中，明挖隧道变形缝间距为 20～30m；一般是区间隧道与车站采用刚性连接，而在车站外侧较近范围内设 2～3 道变形缝；在结构纵向刚度突变处以及上覆荷载变化处或下卧层土层突变处，变形缝应加密[18]。

当地下车站和出入口通道穿过地震作用下可能发生滑坡、地裂、明显不均匀沉降的地段时，可设置柔性诱导缝，但应验算接头可能发生的相对变形，避免地震时脱开和断裂。

地下结构施工缝根据施工方法不同，间距也不一样；通常矿山法一般为 6～12m；沉管法一般为 15～20m；明挖法间距的影响因素较多，例如深圳地铁为 8～12m，但北京地铁和上海地铁因为设置有伸缩缝，所以不设置施工缝。

区间隧道在纵向方向上由于长度较大，需要设置接缝，根据施工方法不同及设计需要，可能是变形缝、防震缝、拼装缝等，这些接缝一般沿横断面设置；盾构隧道还有大量的环向接缝，见图 7.3-11。

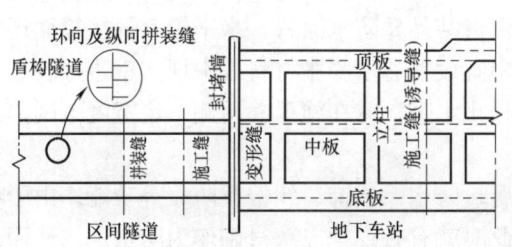

图 7.3-11　区间隧道与地下车站接缝布置图

盾构管片接头除了保证管片环自稳以及防水性能外，要充分发挥周围土体的支撑能力。使用柔性接头可以通过自身弯曲变形吸收周围土体的地震位移，减少衬砌内力，但接头产生的转角和张开应注意防水措施设计。刚度较小的传统型螺栓接头非常适合抗震，使用最为广泛。为了进一步降低隧道纵向刚度，可使用弹性垫圈代替传统的钢制垫圈用于螺栓安装。弹性垫圈要求具有下列特性：满足初始紧固力的刚度；对于后期荷载具有弹性，可减弱接头刚度；有恢复力；适应高应力；应力松弛小。弹性垫圈的材料包括聚氨酯、环氧树脂以及纤维加固橡胶。

7.3.4　防水措施

地下结构附加防水措施可以简单概括为壁后注浆层、一次衬砌及二次衬砌。一次衬砌一般就可完全止水，壁后注浆层及二次衬砌则是止水的增强手段[28]。典型的盾构隧道防水措施概况见图7.3-12，壁后注浆见图7.3-13。接缝处防水一般是在接缝面粘贴密封材料，见图7.3-14。

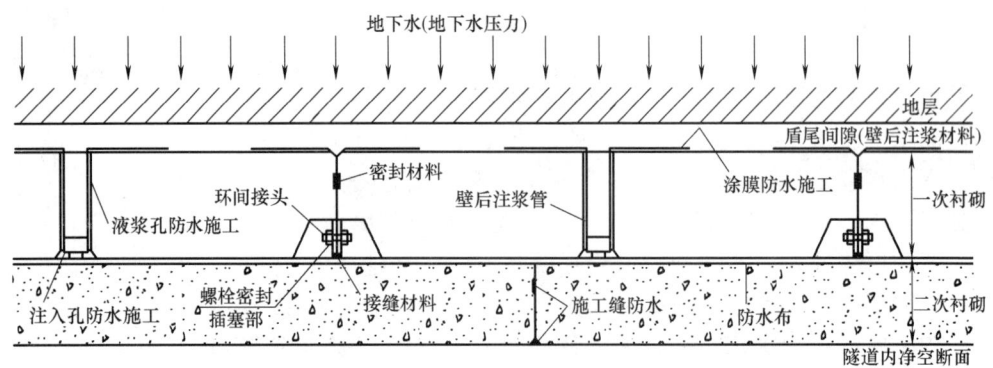

图7.3-12　盾构隧道防水示意图

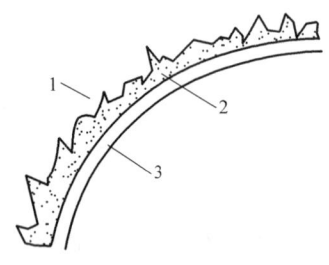

图7.3-13　注浆示意图
1—围岩；2—注浆；3—管片

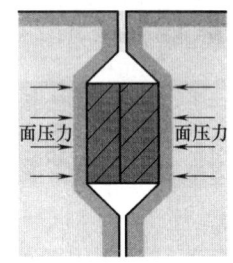

图7.3-14　密封材料防水示意

　　上海地方标准《道路隧道设计规范》[25]中沉管法管段接缝防水要满足以下要求：施工缝接缝面应凿毛或涂混凝土界面剂、水泥基渗透结晶型防水涂料，水平施工缝接缝面还要水泥砂浆接浆；垂直施工缝（包括后浇带）中宜设置遇水膨胀材料或中埋式钢边橡胶止水带，水平施工缝中宜设置遇水膨胀材料或钢板止水带，并在施工缝两侧一定宽度范围内用卷材或涂料外防水层防水。

　　二次衬砌除了加固一次衬砌外，还有防腐、防水、装饰、纠偏及防振等功能。由于各种各样的原因，一次衬砌并不能完全防水，此时就有必要把二次衬砌作为防水层。然而二次衬砌本身也有裂缝、施工缝等，因此经常在二衬与一衬之间铺设防水布，见图7.3-15。防水布除了防水外，还可以防止二衬的干缩裂缝和提高结构的抗震性。

　　震后产生渗漏是常见的地下结构震害，根据渗漏程度不同，其修复措施不同。对渗漏特别严重的区段，应该拆除重建。对渗漏严重的区段，宜采用壁后注浆，主要材料有水玻璃类、非水玻璃可塑性类、塑料泡沫类、无机材料类、柏油类等。壁后注浆有时候需要高压注浆，高压注浆会在衬砌上产生较大应力，要注意施工注入压力的大小和注入范围，见图7.3-16。接缝处可以低压注浆，注浆材料除了耐水压性，还要有与衬砌的粘结性、耐久性、衬砌温度变化引起的变形的弹性恢复性、施工填充性等要求，材料有环氧树脂系或

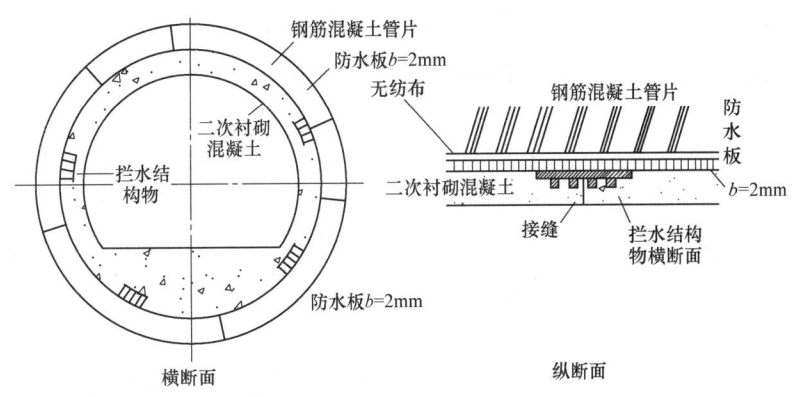

图 7.3-15 二次衬砌防水

聚氨酯系等；接头面处可以设置 Ω 橡胶止水带[29]；对于盾构隧道，在管片接头处的轴力作用面内，轴力不被释放就很难发生严重漏水，因此只要漏水不严重，就应尽量避免在管片接头处打孔，以免损伤管片；衬砌表面渗水量不大，水压较小时可以采用防水砂浆、遇水膨胀腻子等表面封堵，见图 7.3-17。

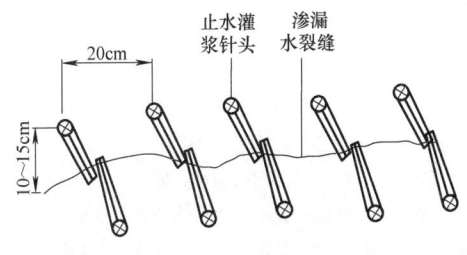

图 7.3-16 裂缝注浆

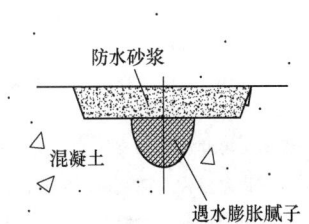

图 7.3-17 表面封堵

7.3.5 抗浮措施

地下结构在地震液化土体中经常遇到的一个问题是上浮。Schmidt 和 Hashash 研究认为液化地层中隧道的上浮机制，即随着隧道的上升，液化土体向产生位移的隧道下方运动，进一步提升隧道[30]。防止重量相对较轻的地下结构上浮的一种方法是通过运用防渗墙的隔离原理，见图 7.3-18。防渗墙可采用板桩墙，也可采用旋喷柱或石柱来改善土体。带有排水功能的板桩（SPDC）还能减小地震产生的过孔隙水压力。Tanaka 等人所做振动

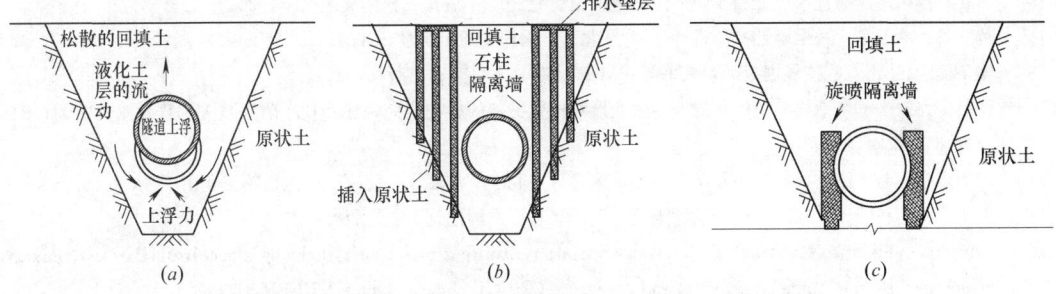

图 7.3-18 防渗墙防止液化引起隧道上浮的隔离原理
（a）上浮机制；（b）石柱隔离墙；（c）旋喷隔离墙

333

台试验表明，SPDC 可以有效地防止采用普通板桩遭受损坏的结构上浮。

防渗墙可以抑制地下结构底部和地基中的过孔隙水压力上升。较长防渗墙的上浮要小于较短防渗墙，这表明防渗墙可有效地减小地下结构模型的上浮速度和累积竖向位移。

减轻液化引起的侧向运动在技术上唯一可行的方法是加固地基。除非危害发生的位置确定或侧向运动较小，否则无法确定地下结构是抵抗该运动还是适应该运动。

防止支承地下结构地基土液化的措施，主要是改变液化土的性质，具体包括下列措施：基底土换填，地下结构施工就需要挖土，对液化土埋深较浅且厚度较小的情况，可考虑换填；加密土体可防止液化，主要包括强夯、挤密、预压排水固结等；采用注浆、旋喷或深层搅拌等方法进行基底土加固，处理深度达到可液化土层的下界。

地层液化后仍使地下结构保持稳定的措施有：在结构两侧设置防渗墙；在结构底部设置摩擦桩，多采用扩底桩、挤扩支盘灌注桩等形式的挖孔或钻孔灌注桩，注意底板与桩结合处需做特殊的防水处理；将围护结构嵌入非液化土层；配重抗浮，可以采用顶板上增大覆土厚度，或车站底板延伸增加覆土压重，或增加底板厚度；抗浮压顶梁，沿围护结构设置一圈压顶梁；也可以设置倒滤层。

参 考 文 献

[1] 中华人民共和国国家标准. 建筑抗震设计规范 [S]. 北京：中国建筑工业出版社，2010.

[2] 中华人民共和国行业推荐性标准. 公路桥梁抗震设计细则 [S]. 北京：人民交通出版社，2008.

[3] 中华人民共和国行业标准. 铁路工程抗震设计规范（2009 年版）[S]. 北京：中国计划出版社，2009.

[4] 中华人民共和国国家标准. 城市轨道交通结构抗震设计规范 [S]. 北京：中国计划出版社，2014.

[5] 日本道路協會. 道路橋示方書・同解説—V 耐震設計 [S]. 日本東京：丸善株式会社出版事業部，2012.

[6] 日本鉄道技術総合研究所. 鉄道構造物等設計標準・同解説—耐震設計 [S]. 日本東京：丸善株式会社，2013.

[7] Priestley M J N, Seible F, Calvi G M. Seismic Design and Retrofit of Bridges [M]. New York：John Wiley & Sons，1996.

[8] AASHTO. Guide specifications for LRFD seismic bridge design（2nd Edition）[S]. American Association of State Highway and Transportation Officials，Washington，DC，2011.

[9] The American Railway Engineering and Maintenance of Way Association. Manual for Railway Engineering [S]. Chesterfield, MO：Mira Digital Publishing，2007.

[10] Caltrans. Seismic Design Criteria Version 1.7 [S]. California Department of Transportation，Sacramento，2013.

[11] Eurocode 8. Design provisions for earthquake resistance of structures [S]. Part2：Bridges，European Committee for Standardization ，CEN，2005.

[12] Transit New Zealand. Bridge Manual [S]. Wellington，Opus International Consultants Ltd，2003.

[13] 吕龙. 桥梁地震碰撞模拟分析及防撞防落梁措施研究 [D]. 成都：西南交通大学，2011.

[14] 范立础，卓卫东. 桥梁延性抗震设计 [M]. 北京：人民交通出版社，2001.

[15] 鲍卫刚.《公路工程抗震规范》释义手册 [M]. 北京：人民交通出版社，2014.

[16] 张会荣，刘松玉. 地震液化引起的地面大变形对桥梁桩基的影响研究综述 [J]. 防灾减灾工程学报，2004，24（3）：350-354.

[17] 滨田政则. 地下结构抗震分析及防灾减灾措施 [M]. 陈剑，加瑞译. 北京：中国建筑工业出版社，2016.

[18] 中华人民共和国国家标准. 地铁设计规范 [S]. 北京：中国建筑工业出版社，2014.

[19] Power M，Fishman K，Makdisi F，et al. Seismic retrofitting manual for highway structures：Part 2-retaining structures, slopes, tunnels, culverts and roadways [R]. Technical Report MCEER，2006.

[20] 郑永来，杨林德，李文艺等. 地下结构抗震 [M]. 上海：同济大学出版社，2005.

[21] 王文达，王旭生，于清. 地下工程中钢管混凝土柱—RC 梁节点选型及力学性能研究 [J]. 铁道建筑，2009，

49（08）：66-70.

[22] 上海市工程建设标准. 城市轨道交通设计规范［S］. 上海：上海标准站，2004.

[23] 小泉 淳. 盾构隧道管片设计：从容许应力设计法到极限状态设计法［M］. 官林星译. 北京：中国建筑工业出版社，2012.

[24] 中华人民共和国国家标准. 盾构法隧道施工及验收规范［S］. 北京：中国建筑工业出版社，2012.

[25] 上海市工程建设标准. 道路隧道设计规范［S］. 上海：上海标准站，2008.

[26] 中华人民共和国行业标准. 公路隧道设计规范［S］. 北京：人民交通出版社，2004.

[27] 朱合华，张子新，廖少明. 地下建筑结构［M］. 北京：中国建筑工业出版社，2005.

[28] （日本）地盘工学会. 盾构法的调查·设计·施工［M］. 牛清山，陈凤英，徐华译. 北京：中国建筑工业出版社，2008.

[29] 小泉 淳. 盾构隧道的抗震研究及算例［M］. 张稳军，袁大军译. 北京：中国建筑工业出版社，2009.

[30] Schmidt B S，Hashash Y M A. Preventing tunnel flotation due to liquefaction［C］. Proceedings of the Second International Conference on Earthquake Geotechnical Engineering，Lisboa，Portugal，1999，509-512.

第8章 抗震保护技术

8.1 引言

为了减轻强震对结构的破坏，近年来，抗震保护技术得到了很大发展。利用减隔震装置可以改变结构振动频率，可以减少输入到结构中的地震能量，并在结构振动中耗散部分能量；防落梁约束连接装置可以限制上部结构的过大变位，防止落梁的发生。震害调查表明，结构的减隔震、防落梁等抗震保护技术起到了减轻结构震害的作用。2008 年汶川地震后，许多桥梁开始进行抗震加固，减隔震、防落梁系统成为重要的抗震加固技术。中国土木工程学会城市轨道交通技术推广委员会也在调研基础上提出加强防落梁措施的建议[1]。

研究抗震保护系统的意图是，通过减隔震、防落梁等装置功能的发挥（很多情况下被设计为可牺牲构件），达到对主体结构的保护。首先，隔震支座能改变结构振动频率或加大阻尼以减少能量向上部结构的传递（即便是普通支座也具有某些抗震附加功能）；其次，缓冲耗能装置可以耗散传递上来的部分振动能量；如果地震能量仍然很大，可能破坏主体结构时，可借助牺牲部分构件（如支座）来保护主体结构。支座一旦破坏，上部结构的位移增大，可通过支挡限位装置的剪切脆断形式（如挡块、熔断保护装置）或弯曲变形形式（如钢棒限位器）来消耗地震能量。最后还可利用连梁装置，拉住上部结构，使之不会坠落。如何根据高架区间的特点，合理有效地设置这些装置，使之相互配合，形成多道防线，保障桥梁的抗震安全是个值得重视的问题。此外，我国城市轨道交通高架区间由于桥面一般较为狭窄，横桥向抗弯刚度弱，横桥向减震和防落梁需求较为突出。无砟轨道又对梁端变位敏感，是否可以通过对约束连接系统的改造和完善，以达到更好的减震目的也是需要认真思考的问题。

随着地震中区间隧道、地下车站震害的出现，也开始将减隔震技术应用于地下结构中。但地下结构减隔震技术的发展滞后于地上结构[2]。通过设置柔性接头或减震缝降低隧道自身刚度，借助隔震材料在衬砌与围岩间设置隔震层，都已经在日本等地有较普遍的应用，但在我国城市轨道交通地下结构中尚不多见。

即使在小地震作用下，正在行驶的列车也可能发生脱轨，因此避免脱轨、倾覆也是近年来轨道结构抗震关心的问题。防地震脱轨技术得到了初步的发展，可以在一定程度上减轻或避免这类灾害的发生。

从规范层面来看，一般是将抗震保护技术纳入到抗震设计规范中，独立形成设计指南的主要有美国的《AASHTO 桥梁减隔震设计指南》[3]、日本的《建设省道路桥免震设计法指南》[4]。

在支座抗震设计思想方面，美国 Caltrans 的抗震设计规范[5]明确地将大震时支座当作"保险丝"，日本铁道构造物抗震规范[6]和道路桥抗震规范[7]则明确规定大震时支座的破坏应出现在下部结构发生破坏之后，其他规范大都没有对支座设计破坏次序进行规定。AASHTO 规范[8]将"保险丝"支座作为一个设计选项，欧洲规范[9]则将隔震设计定位于整体桥梁有限延性范畴，即在设定地震下塑性铰没有显著能量耗散。从支座及连接系统抗震性能指标的规定来看，目前只有日本铁道规范对其性能水平进行了划分。

对于地下结构的减隔震，目前尚无任何规范对隔震装置及措施进行明确规定。对于地震中的行车安全，日本《铁路结构设计规范（位移限制）》[10]涉及地震中行车安全验算，而对防脱轨技术尚没有涉及。

表 8.1-1 列举了铁路系统抗震保护技术应用的一些案例。

铁路系统抗震保护技术应用举例　　　　　　　　　　　　　　表 8.1-1

序号	减隔震设备类型	应用桥梁
1	盆式支座	湘桂铁路红水河斜拉桥
2	抗震型盆式支座	南京长江第二大桥北汉桥
3	抗震型盆式支座	钱塘江第二大桥
4	球形支座	南京大胜关长江大桥
5	抗震型球形支座	重庆朝天门大桥
6	球形支座	武广高铁武汉东湖大桥
7	球形支座	广深港高铁桥梁
8	球形支座	郑新黄河大桥
9	铅芯橡胶支座	新疆南疆铁路布谷孜桥
10	铅芯橡胶支座	日本北戴高架铁路桥
11	铅芯橡胶支座	日本 JR 九州日丰本线行桥高架桥
12	铅芯橡胶支座	日本东北新干线奥入濑川桥
13	高阻尼橡胶支座	日本东北本线鬼怒川桥
14	高阻尼橡胶支座	台湾高铁
15	高阻尼橡胶支座	宜万铁路
16	摩擦摆支座	北京地铁 15 号线一期
17	E 形钢阻尼支座	成雅高铁桥
18	短刚臂钢阻尼器支座	西北铁路桥
19	粘滞阻尼器和速度锁定器	韩家沱长江斜拉铁路桥
20	液体粘滞阻尼器	重庆菜园坝公轨两用长江大桥
21	液体粘滞阻尼器	重庆粉房湾公轨两用长江大桥
22	液体粘滞阻尼器	津秦高铁桥
23	液体粘滞阻尼器	郑州黄河公铁两用桥
24	液体粘滞阻尼器	乌锡线黄河特大桥
25	速度锁定器	台湾高铁连续梁

8.2 减隔震支座

8.2.1 盆式支座

盆式支座（Pot Bearings）是利用设置在钢盆中的橡胶板承压并实现转动，利用四氟板与不锈钢板之间的滑动来满足梁体位移的一种常用支座，在当前我国城市轨道交通高架区间中应用最为广泛。图 8.2-1 所示的支座就是应用于南京地铁 4 号线一期工程中的盆式支座实例。概括地说，典型盆式支座的构造如图 8.2-2 所示，固定支座由上支座板、密封圈、橡胶承压板、底盆等构件组成；双向或多向活动支座和单向活动支座则包括上支座板（包括顶板和不锈钢滑板）、聚四氟乙烯滑板、中间钢衬板、密封圈、橡胶承压板、底盆等，其中，底盆主要用来约束橡胶板的变形；橡胶承压板是用来传递支座反力。在钢盆中安装高质量的天然橡胶块（弹性体），在高压的情况下，天然橡胶块发挥类似液体的作用，因此在任何水平方向都能进行倾斜位移。密封圈有效地密封了盆环和活塞之间的缝隙，不仅可防止因天然橡胶块倾斜位移产生的磨蚀，而且可以帮助调节各种变形。聚四氟乙烯滑板与不锈钢板之间的相对滑动可以满足活动支座位移的要求。中间钢衬板位于橡胶板与聚

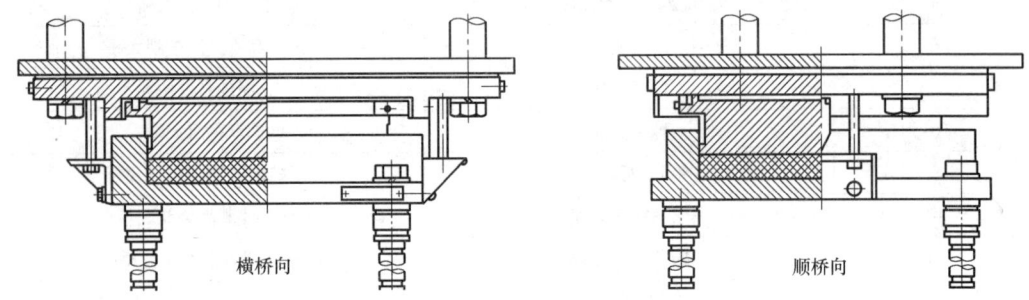

横桥向　　　　　　　　　　　顺桥向

图 8.2-1　盆式支座在城市轨道交通高架桥中应用的实例

(a)　　　　　　　　　　(b)　　　　　　　　　　(c)

图 8.2-2　盆式支座构造示例（意大利 AGOM 公司产品）

(a) 固定支座；(b) 双向或多向滑动支座；(c) 单向活动支座

四氟乙烯滑板之间，其下面凸出嵌入底盆凹槽内，可灵活转动，上顶面留有镶嵌聚四氟乙烯滑板的凹槽。

此外，我国在进行钱塘江二桥建设时，研制了一种盆式抗震型固定支座[11]，如图 8.2-3 所示，与普通固定支座相比，它增加了一个摩擦系数大于 0.2 的滑动面，并设置高阻尼橡胶减震条。当地震发生，水平力大于支座垂直反力的 0.2 倍时，支座滑动面滑移，橡胶减震条受压；当达到一定地震水平力（约支座垂直反力的 0.25 倍）时，橡胶减震条的侧挡板屈服，橡胶卸载，以此达到减震的功效。

盆式支座最早于 1959 年在德国研制成功，并在高速公路桥梁上使用，取得很好的效果，此后世界各国相继生产盆式支座，设计吨位也不断增大，并制定了相应的行业标准。英国标准 BS5400《钢桥、混凝土桥及结合梁桥》、美国《公路桥梁设计规范》、欧洲标准化委员会颁布的 PrEN1337-5《结构物支座-盆式橡胶支座》等都对盆式支座的设计做了详细的规定。中国铁道部科学研究院自 1975 年起对盆式支座的各项性能进行了全面系统的研究，目前已形成若干规格系列产品。1988 年，Mokha 和 Constantinou 等[12]针对盆式支座、盘形支座和橡胶滑板支座的滑动摩擦部件（Teflon-steel）的滑动隔震性能进行了试验研究和数值模拟，1990 年，Mokha 和 Constantinou 等[13]又对试验得到的模型进行了整理，提出了双向水平加载时滑动支座的本构模型。2013 年，赵虎等[14]研究轻轨线路上 U 形梁下盆式抗震支座的力学性能及减震效能，并通过有限元方法对采用该型抗震支座的轻轨桥跨结构进行地震反应分析。近年来，随着城市轨道交通和铁路客运专线的大规模建设，盆式支座技术又有了进一步发展。为了使盆式支座具有更好的抗震性能，中国铁道科学研究院设计了抗震型盆式支座，并在钱塘江二桥、上海奉浦大桥、南京长江二桥等多座桥梁上得到了应用。

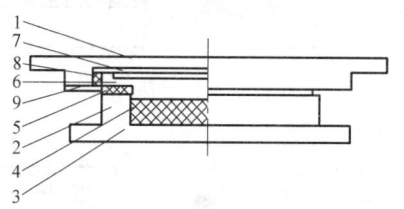

图 8.2-3　盆式抗震型固定支座构造示意图
1—上支座板；2—下支座板；3—承压橡胶板；
4—钢紧箍圈；5—橡胶密封圈；6—中间钢衬板；
7—不锈钢板；8—减震橡胶条；9—钢挡板

8.2.2　球形钢支座

球形支座（Spherical Bearing）是通过支座板平面部分沿曲面的滑动实现平动和转动。若曲面部分做成球面，支座就成为可全方位转动的球形支座；若做成圆柱面则变成单向移动的摆柱支座。球形支座由上支座板（含不锈钢板）、球冠衬板、下支座板、平面聚四氟乙烯板、球面聚四氟乙烯板和防尘结构等组成。

球形支座的构造见图 8.2-4，其工作原理是，通过上下部相吻合的球形部件来吸收构件产生的摆动，同时将垂直竖向力传给下部结构。下支座板主要起着固定球面聚四氟乙烯板的作用，并传递支座反力给下部结构；支座的转动是通过球冠衬板与球面聚四氟乙烯板之间的滑动来实现；支座的水平位移是通过平面聚四氟乙烯板与上支座板的不锈钢板之间滑动来实现；上支座板上设置不同的导向构造可约束支座的单向或多向的位移。

20 世纪 70 年代初国外就已开始研制球形支座，并逐渐生产和应用，形成行业标准。1988 年，中国铁道科学研究院和交通部新津筑路机械厂合作研制球形支座，并开始在桥梁上使用。2000 年完成国家标准的制定，2009 年进行了修订。1990 年，Mokha 和 Con-

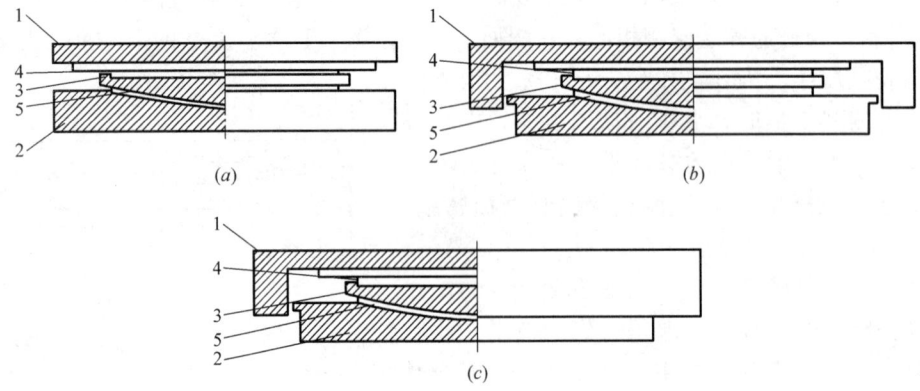

图 8.2-4　球形支座构造示意图

(*a*) 双向活动支座结构示意图；(*b*) 单向活动支座结构示意图；(*c*) 固定支座结构示意图

1—上支座板；2—下支座板；3—球冠衬板；4—平面聚氟乙烯板；5—球面聚四氟乙烯板。

stantinou 等[15]针对球形摩擦摆支座进行了一系列振动台试验及数值模型分析，发现与传统结构相比，该类支座能明显增强隔震能力，其典型力-位移关系曲线见图 8.2-5（*a*）。

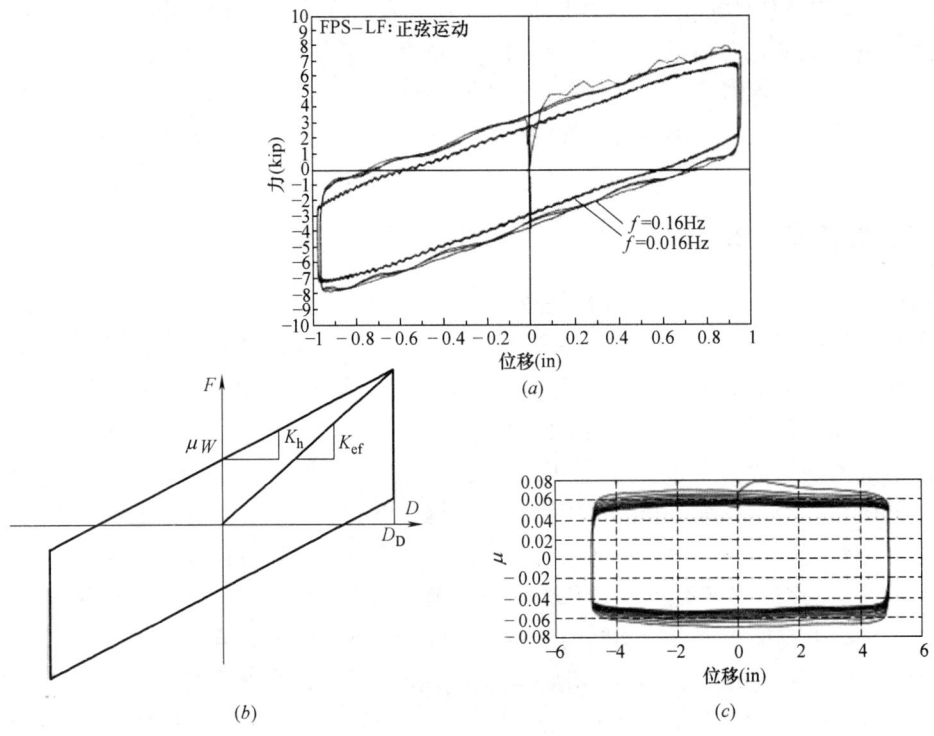

图 8.2-5　球形支座相关试验研究部分成果

(*a*) 典型力-位移关系曲线；(*b*) 双曲面球形支座的侧向滞回曲线；(*c*) 球形支座摩擦系数与位移关系

2007 年，彭天波等[16]开发的双曲面球形减隔震支座滞回曲线见图 8.2-5（b），并通过连续梁桥算例表明这种减隔震支座非常适用于连续梁桥的减隔震设计。2008 年，美国加州伯克利大学的 J. M. Kelly 和 D. Konstantinidis[17]对 PTFE 球形支座进行了一系列拟静力试验研究，发现动摩擦系数取决于速度和压力，也受到沿着滑动界面产生热的影响，摩擦系数与位移试验关系曲线见图 8.2-5（c）；尽管摩擦系数有所变化，使用平均摩擦系数的塑性模型仍可以得到令人满意的性能结果。

　　与盆式支座相比，球形支座的设计转角和承载能力的适用范围要更大一些。20 世纪 90 年代在我国大跨度桥梁上开始广泛使用。球形支座也可以设计成抗震支座，比如重庆朝天门大桥 145MN 的抗震球形支座，见图 8.2-6。支座上设置了由销钉和螺栓连接的抗震挡条，当地震水平作用超过设定的销钉承载力后，销钉被剪断，支座可发生少量地震位移，从而达到减震消能的目的。

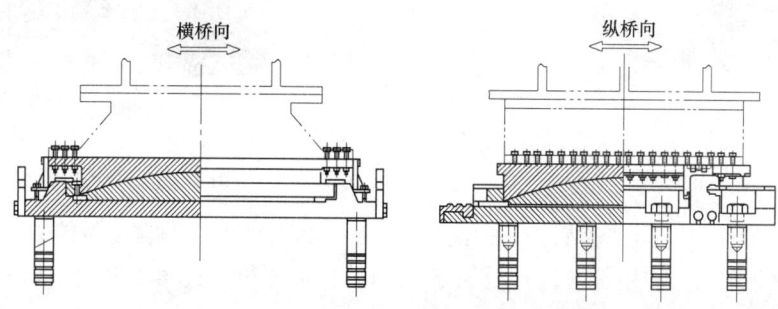

图 8.2-6　重庆朝天门大桥纵横向活动球形支座示意图

　　在固定支座上设置滑动面，作为盆式支座和球形支座减隔震功能改良的一种措施，其目标是通过摩擦和支座的位移消减地震作用。

8.2.3　隔震支座

　　隔震支座主要通过柔性支承来抵抗水平力，通过阻尼耗散振动能量、限制过大位移。在支座的布置方面，尽量使各下部结构共同承担地震作用，从而改善原有非隔震桥梁地震作用集中于某一固定支座桥墩的情况。对于高架区间，由于采用整体道床无缝线路，桥梁下部结构所承受的水平力除了普通公路桥梁所承受的水平力外，还增加了长钢轨的伸缩、挠曲、断轨力，这就更易使固定支座处的桥墩承受大的集中力。

　　目前应用较广的隔震支座主要为两类：橡胶隔震支座和滑动摩擦隔震支座。橡胶隔震支座常见的有铅芯橡胶支座（LRB）、高阻尼橡胶支座（HDR）等；滑动摩擦隔震支座常见的有摩擦摆隔震支座（FPI）、回弹摩擦基底隔震支座（R-FBI）等。

　　铅芯橡胶支座主要是通过在层叠橡胶支座中插入铅芯，使支座在低水平力作用下具有较高的初始刚度，变形小；在强地震作用下，因铅芯屈服而消耗地震能量，并延长结构的自振周期，从而达到隔震的目的。层叠橡胶因其垂直承压、水平受剪传递荷载，剪切水平移动、全方位弹性转动变形起到了隔振器的功效，而可与铅芯较好结合，具有较低屈服剪力和较高初始剪切刚度，很好耐疲劳性能的铅芯则起到了阻尼器的作用。自 20 世纪 60 年代末以来，铅芯橡胶支座在桥梁工程中已被广泛应用，并出现许多改进产品。如图 8.2-7所示日本生产的弹簧约束铅芯橡胶支座（SPR，Spring confined PB Rubber Bearing），就是在铅芯周边加入约束弹簧，以减小插入铅芯的受力，并使层叠橡胶受到的剪切力均匀传到铅芯上，防止开孔处橡胶的拉裂，并能减小整体支座体积。在轨道交通桥梁上，铅芯橡胶支座虽然在我国南疆铁路布谷孜桥上有使用的案例，但总体上应用的并不多。在日本则相对应用广泛一些，如日本 JR 九州日丰本线行桥高架桥、东北新干线奥入濑川桥等。

高阻尼橡胶支座是采用特殊配制的橡胶材料制成，具有较大的耗能能力。它主要是通过高阻尼橡胶使地震作用迅速衰减，来达到减震的目的。如图 8.2-8 所示为一种高阻尼橡胶支座。此类支座在国内轨道交通桥梁中尚无应用，而在日本应用较多。

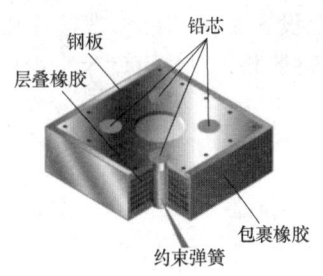

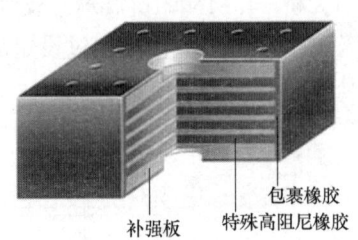

图 8.2-7　弹簧约束铅芯橡胶支座（SPR）　　　　图 8.2-8　高阻尼橡胶支座

摩擦摆隔震支座是通过结构在曲面上滑动时，其自重提供的自复位能力帮助上部结构回到原来的位置，并利用钟摆机理延长了结构的自振周期。图 8.2-9 为 FPI 构造示意图，图 8.2-10 为其隔震机理示意图。

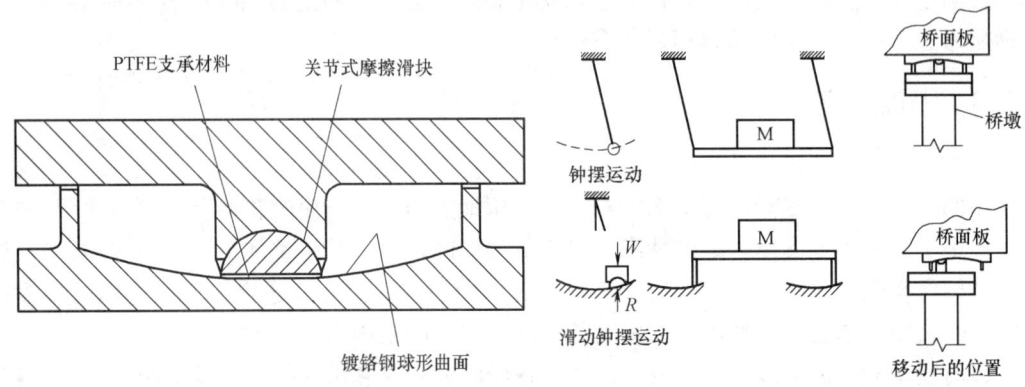

图 8.2-9　FPI 构造示意图　　　　　　图 8.2-10　FPI 隔震机理示意图

这类支座在国内外铁路桥中应用较多，国内城市轨道交通上应用尚不广泛，但北京地铁 15 号线一期采用了此类隔震思路的隔震支座。图 8.2-11 为一种摩擦摆减隔震支座的示意图。

总的来说，隔震支座发展思路是将隔震、减震、控制位移这些功能尽量集中于一个隔震支座中，占据的空间小，安装工序也少，但同时会使支座构造复杂，某一功能的丧失会影响到其他功能的作用。

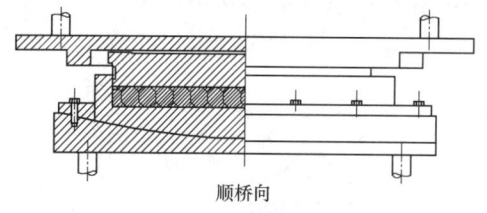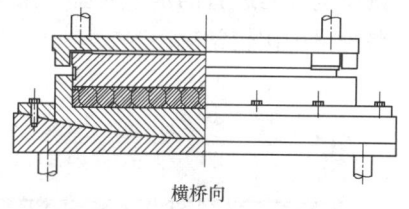

順桥向　　　　　　　横桥向

图 8.2-11　摩擦摆减隔震支座示意图

8.2.4　功能一体型支座与分离型组合式支承连接系统

功能一体型支座是将支座的基本功能与诸如耗能等其他功能一体化的一类支座。而功能分离型组合式支承连接系统的设计理念，是将不同功能的装置分离开设置，优点是各个装置功能单一，易于设计维护；缺点是设计时需考虑相互协调和制约。

（1）阻尼器＋支座的功能一体型支座

代表性的有速度锁定支座、弹塑性钢阻尼支座、剪力卡榫等，在铁路桥上应用较多。速度锁定支座主要用于连续桥梁活动墩，由速度锁定器和普通活动支座组合而成。一般情况下发挥活动支座功能，当地震或活载制动时变为固定支座，从而使连续桥梁活动墩分担部分水平载荷，以减小固定墩的水平载荷，使连续梁桥活动墩、固定墩受力更均匀合理。但这种设计思想是基于结构静力学基本概念，对于地震问题尚有可疑之处，需要进一步研究。弹塑性钢阻尼支座是一种阻尼元件与普通支座结合而成的抗（减）震支座，常见的有 E 形钢阻尼支座。图 8.2-12 列出了国内支座厂家生产的一些带阻尼器的支座[17]。

（2）分离型组合式支承连接系统

桥梁在正常使用时，支座的功能主要有支承竖向荷载、梁端转动、水平移动，而在地震时，其功能主

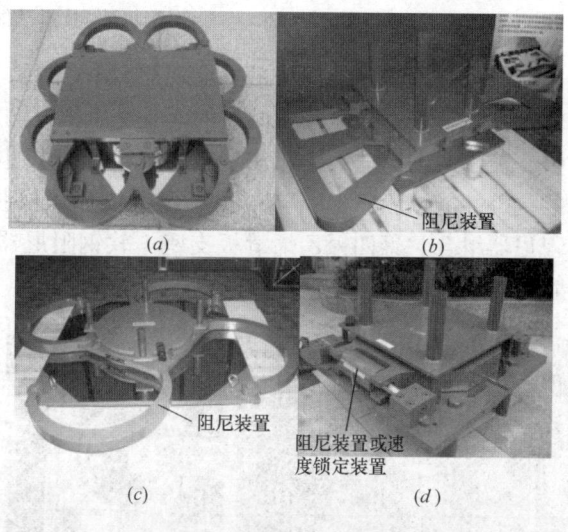

图 8.2-12　国内常见的一些带阻尼器的支座
（a）ε 形钢阻尼支座；（b）E 形钢阻尼支座；
（c）C 形钢阻尼支座；（d）阻尼或速度锁定支座

要有承受水平荷载、限位耗能、防止梁跳起脱落。隔震支座是将这些功能集成于一个支座上，这样会使得支座的尺寸较大，安装困难。另一种思路就是将正常使用条件下的支座功能与地震时的支座功能分离开来，分别设计，利用盆式支座作为执行正常情况下的支座功能，利用橡胶支座抵抗地震作用。横向支撑支座还可分为正常放置［利用橡胶的剪切变形，见图 8.2-13（a），在苏通大桥 5×35m 的连续梁引桥上有所应用］和横向放置［利用橡胶受压变形，见图 8.2-13（b）］两类。横向放置水平支座时，可以在主梁之间浇筑反力墙，再在其与主梁间设置横向放置的水平支座，也可以直接在主

梁的两侧设置横向放置的水平支座 [见图 8.2-13 (c)]，这种情况在钢桥中使用较多，在日本铁路桥梁中比较常见。

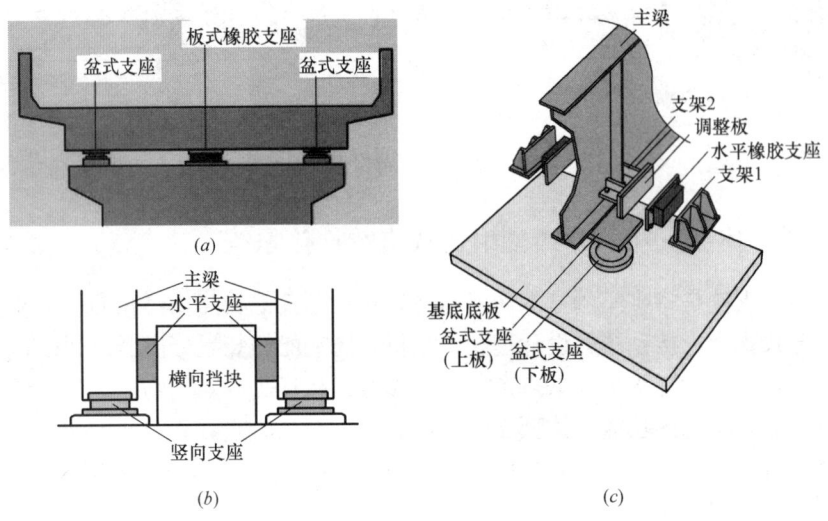

图 8.2-13 正常使用功能与抗震功能分离的支承连接系统

功能分离型支座的提法最早出现在日本，这方面的试验工作也较多。通过不同抗震性能的部件组合来达到减隔震的目的，是一个很好的思路，同时还能避免某一类单一支座的局限。美国纽约州立大学布法罗（Buffalo）分校也在其系列研究中，进行了许多组合设施的抗震性能试验[18-20]，包括平面滑动支座＋橡胶恢复力装置组合、平面滑动支座＋粘滞阻尼器组合、聚四氟乙烯滑板支座＋软钢阻尼器组合等，如图 8.2-14 是滑动支座＋粘滞阻尼器组合试验的情况。

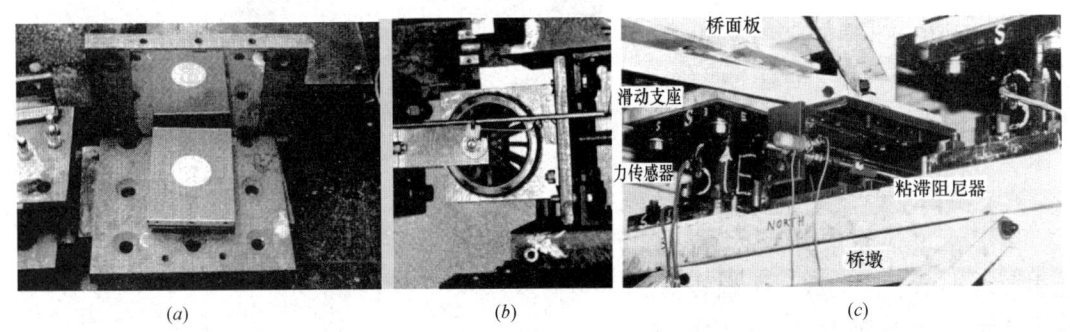

图 8.2-14 布法罗（Buffalo）大学组合减隔震装置试验
(a) 平面滑动支座；(b) 橡胶恢复力装置；(c) 滑动支座＋粘滞阻尼器组合试验

8.2.5 熔断保护装置

熔断保护装置工作原理：常规荷载下能阻止被连接部件之间的相对运动，以承受桥梁正常使用状态下的水平力；发生地震时，当地震水平作用超出该装置设定的水平抗剪能力时，该连接装置发生破断，被连接部件之间发生相对运动，从而达到以小的破坏代价保护主体结构安全的目的。

剪力销是一种典型的熔断保护装置，起横向限位作用。地震发生时，剪力销装置发生破坏，释放横向地震作用，剪力销设计为可更换构件。王君杰等[21]进行了剪力销构件的剪切试验，共进行了 4 个剪力销试件的试验，得到了剪力销的力学特性。试件样品和试验安装见图 8.2-15，试验工况见表 8.2-1，试验得到的剪力-位移曲线和破坏情况见图 8.2-16。

图 8.2-15 剪力销试件及试验安装

剪力销试验工况 表 8.2-1

工况号	试验构件	加载方式
1	剪力销试件×1	位移加载
2	剪力销试件×1	位移加载
3	剪力销试件×2	位移加载

工况 1 和 2 为平行的单销剪切试验，得到的破断剪力分别为 269.4kN 和 349.3kN，相应的破断位移分别为 23.8mm 和 28.9mm；单销平均破断力为 309.35kN，虽有一定的离散性，但与设定的 300 kN 的抗剪切能力接近。工况 3 为两个剪力销并联试验，剪力销总破坏的剪力为 694.9kN，对应位移为 43.2cm；单销平均破断力为 347.45kN，说明两个剪力销并联是完全可行的。通过细致的工艺设计，可以比较准确地控制剪力销组的破断力参数，达到对被连接构件地震受力状态的预定控制目标。

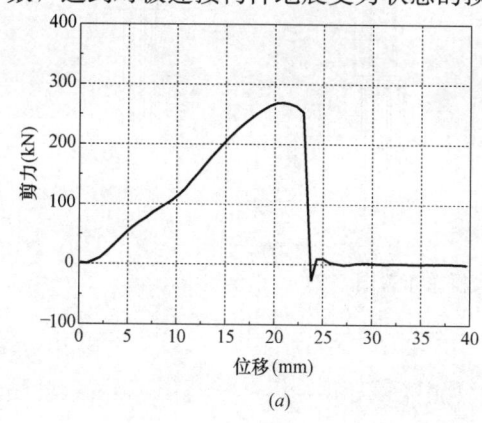 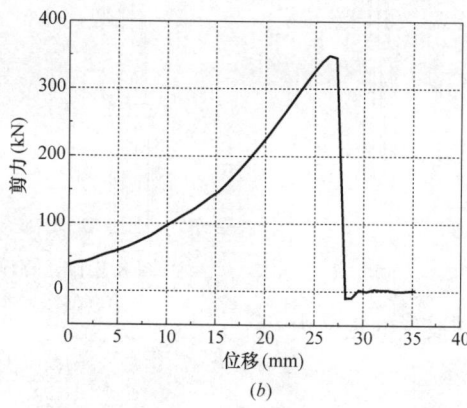

(a) (b)

图 8.2.16 剪力销构件纯剪破坏的力-位移曲线和破坏情况（一）
(a) 工况 1 力-位移曲线；(b) 工况 2 力-位移曲线

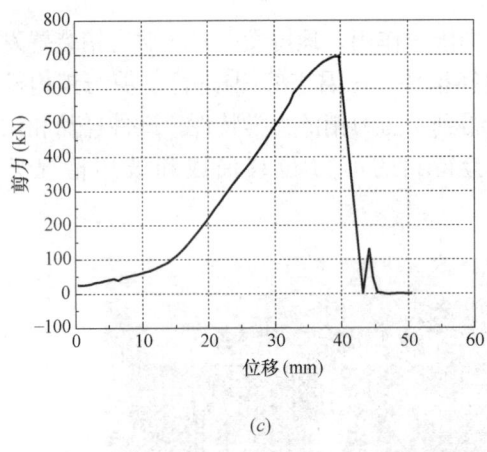

(c)   (d)

图 8.2-16 剪力销构件纯剪破坏的力-位移曲线和破坏情况（二）

(c) 工况 3 力-位移曲线；(d) 剪力销破坏断面

8.2.6 减隔震支座效果案例评价

目前，对减隔震产品效果的评价主要依据数值模拟结果。如商耀兆[22]以一座铁路桥梁（图 8.2-17）为例，评价了多种减隔震产品的效果。该桥位于抗震烈度 8 度区；主桥为 3 跨 98m 简支钢桁梁桥；采用钢筋混凝土空心桥墩，最高的 4 号墩高 92m，最矮的 6 号墩高 42m。每个墩顶布置两个支座，分别使用盆式支座、双曲面支座、铅芯橡胶支座；使用盆式支座、双曲面支座时，区分固定和活动；使用铅芯橡胶支座时，不区分固定和活动。以 3 条人工地震波为输入，计算结果见图 8.2-18。

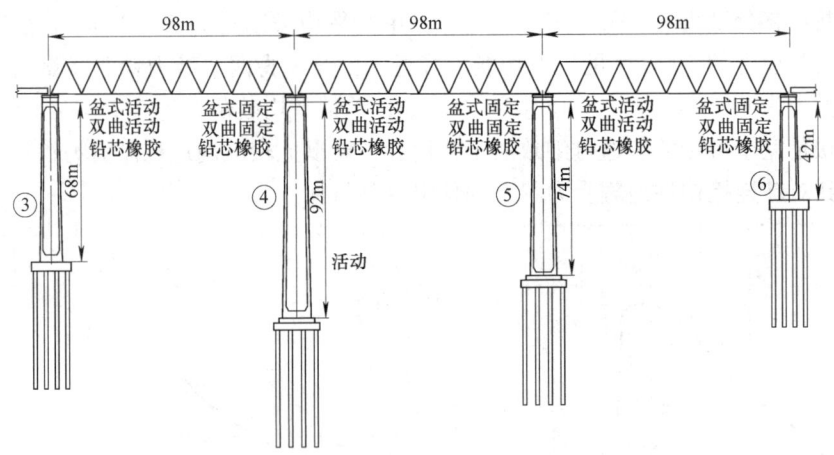

图 8.2-17 算例大桥总布置图

减震率的定义为：

$$\lambda = \frac{R_0 - R}{R_0} \times 100\%$$ (8.2-1)

式中 λ——减震率；

R_0——无减隔震措施时的地震反应；

R——有减隔震措施时的地震反应。

该桥例计算结果显示，三种支座都有一定的减震效果，减震率在 5%～40% 之间。不同支座对本桥的减震效果有所不同，影响因素比较复杂。

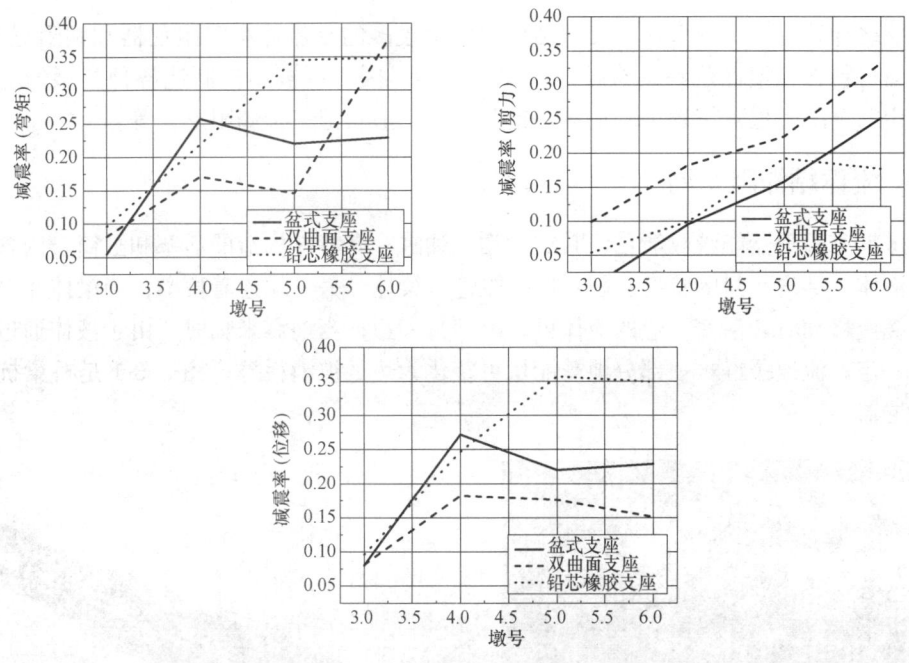

图 8.2-18　减隔震产品的平均减震率

减隔震桥梁在地震中的真实反应及效果的资料不多，即便有也多为中小振动下的情况。大多该类桥梁表现如预期那样，效果不十分清晰明显，比如，美国建于 1956 年后改用铅芯橡胶支座的 Sierra Point 高架桥（旧金山），曾在 1989 年的 Loma Prieta 地震中经历了 $0.09g$ 的地震作用，效果检验并不充分。新西兰采用铅芯橡胶支座的简支梁桥 TeTeko 桥在 1987 年 Edgecumbe 地震中经受了 $0.3\sim0.35g$ 地震的冲击，因西端桥台环形约束失效导致桥梁的中等破坏。比较典型的失败例子是 1999 年土耳其 Duzce 地震中 Bolu 高架桥减隔震盆式滑动支座和能量耗散装置因地震中的过大位移而失效，如图 8.2-19 所示。

(a)　　　　　　　　　　　　　　　　　　(b)

图 8.2-19　Bolu 高架桥减隔震设施破坏

可见，减隔震技术的工程实用性和适用性仍然需要地震检验，并对技术本身进行改进和完善。

8.3 阻尼耗能装置

耗能缓冲装置种类众多，在交通结构中应用较多的是流体粘滞阻尼器和钢阻尼器等。由于金属材料在弹塑性范围具有较好的滞回性能，因而可被用来制造各种类型的耗能装置。常用的金属阻尼器有软钢阻尼器、铅阻尼器、形状记忆金属阻尼器等。

8.3.1 流体粘滞阻尼器

流体粘滞阻尼器能吸收能量，其结构类似油缸，有特殊构造的活塞和缸筒，内含特殊材质的液体，结构呈封闭状态。阻尼器一端连着梁体，另一端连着桥墩；当梁体相对于桥墩发生缓慢移动时，活塞一边的液体可以流到另一边；当地震来临时，由于液体通过活塞的流量一定，流速缓慢，一部分地震能量可转化为热量被消耗掉。图8.3-1是桥梁抗震用粘滞阻尼器。

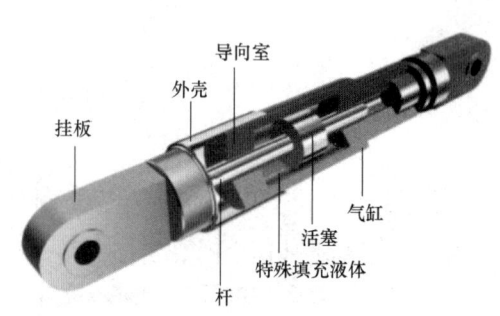

图 8.3-1 桥梁抗震用粘滞阻尼器

流体粘滞阻尼器在我国桥梁上的应用从四川省鹅公岩大桥开始，之后在我国公路和铁路桥梁中得到广泛应用。近年来，流体粘滞阻尼器在城市轨道交通高架区间上也得到应用。重庆菜园坝公轨两用长江大桥采用了4套最大阻尼力1500kN，最大行程±220mm的粘滞阻尼器，如图8.3-2所示。重庆粉房湾公轨两用长江大桥（双塔双索面斜拉桥，上层为城市道路双向六车道，下层预留重庆轨道交通5号线，主跨464m）也采用了4套最大阻尼力1800kN，最大行程±550mm的粘滞阻尼器。

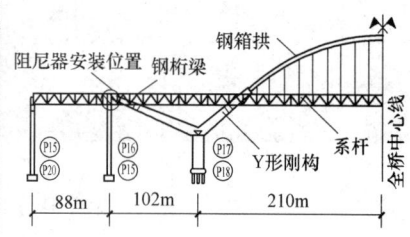

图 8.3-2 重庆菜园坝长江大桥及其所用的粘滞阻尼器

8.3.2 软钢阻尼装置

软钢阻尼器具有稳定的滞回特性、良好的低周疲劳特性、不受环境温度的影响等优点，因此在实际工程中使用广泛。钢阻尼器的工作机理见图 8.3-3。国内外对钢阻尼器进行了研制和开发，如图 8.3-4 所示。

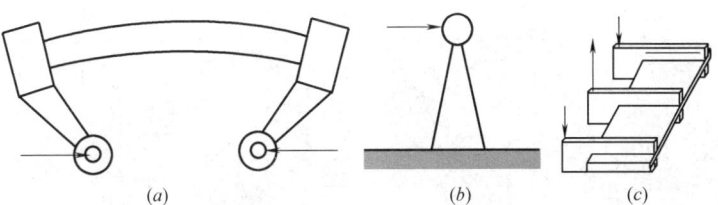

图 8.3-3　钢阻尼器工作机理

(a) 弯梁；(b) 扭梁；(c) 阻尼器

图 8.3-4　钢阻尼器

王君杰等[23]研制的一种可滑移柱形软钢阻尼装置（CN200810204146.2），见图 8.3-5，其软钢阻尼器变形耗能部分采用变截面圆柱体，可实现在平面内各向同性的力-位移本构行为。端部采用球冠形以获得理想的约束条件，从而实现等弯曲强度设计。通过滑槽的设计，可自由选择实现单向自由滑动。

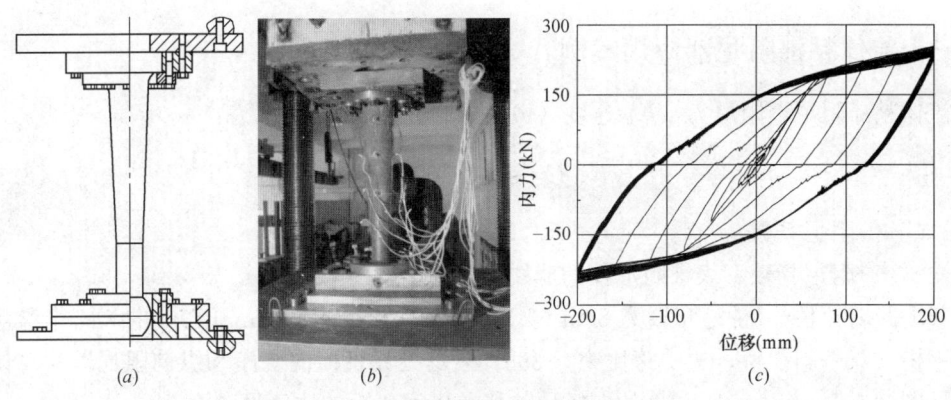

图 8.3-5　可滑移柱形阻尼器

(a) 设计图；(b) 试验情况；(c) 试验滞回曲线

可滑移柱形软钢阻尼器应竖直安装在桥梁墩顶中心位置，位于两个支座之间。由于该阻尼器产品本身不承受上部结构的竖向荷载，故不可代替支座功能。该产品的高度由设计阻尼力和位移行程的要求决定，一般会显著大于常用的支座的高度，因此安装阻尼器的桥墩墩顶中部应下凹以提供阻尼器的安装空间。

该产品在松原二桥和榕江大桥抗震中进行了探索性的应用，见图 8.3-6。

(a)

(b)

图 8.3-6　可滑移柱形阻尼器的应用
(a) 松原二桥；(b) 榕江大桥

8.3.3　流体粘滞阻尼器应用案例

流体粘滞阻尼器阻尼力（F）-速度（v）之间的关系可以表示为：

$$F = C \cdot \mathrm{sgn}(v) \cdot |v|^{\alpha} \tag{8.3-1}$$

式中　C——阻尼系数；

　　　α——阻尼指数，表征阻尼器的非线性特性。

某大跨斜拉桥[23]桥跨布置为 80m＋2×88m＋720m＋2×88m＋80m 的 7 跨半漂浮体系的钢桁梁双塔斜拉桥，边中跨比为 0.356；索塔处设置横向支座和纵向阻尼器；总体布置图见图 8.3-7。有、无阻尼器的左塔顶位移及塔底弯矩的比值见图 8.3-8。

可见阻尼器对位移反应和弯矩反应的抑制作用可以很大，但抑制作用的大小依赖于阻尼器的参数（C 和 α）。对于不同的反应量，优化的 C 和 α 不同。

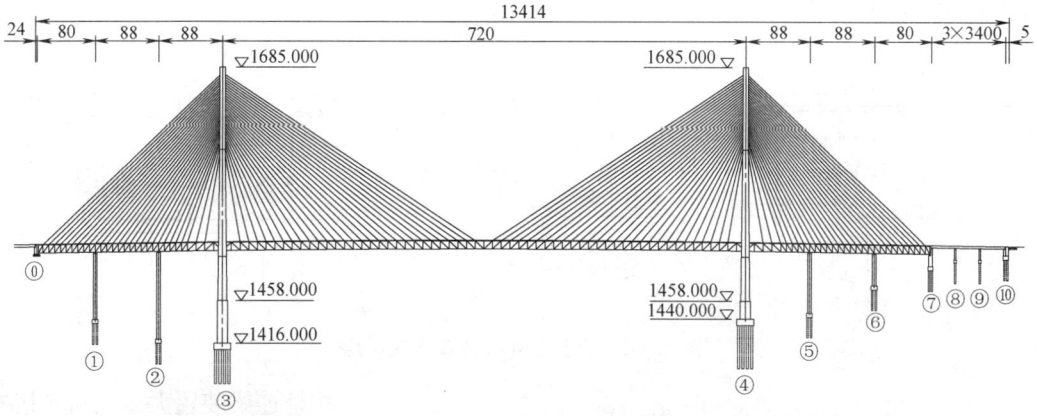

图 8.3-7 斜拉桥布置图

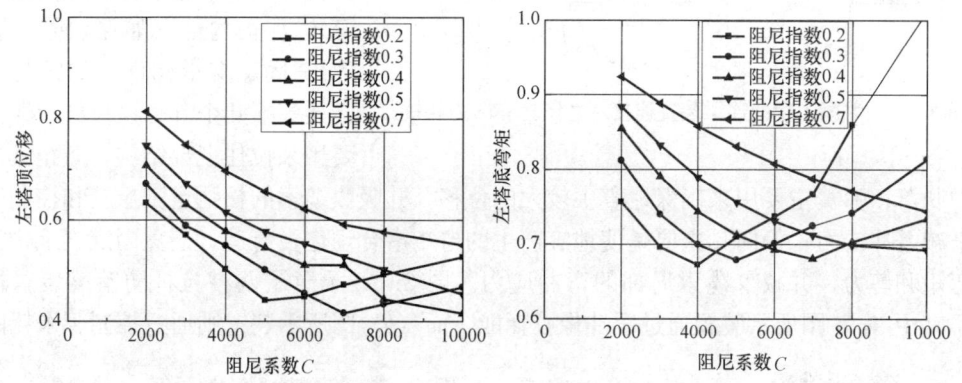

图 8.3-8 有阻尼器和无阻尼器的比值

8.4 高架区间连接系统

高架区间的防落梁系统包括连梁装置、限位装置、梁端搁置长度等，是有效减小地震破坏的第二道防线。连梁装置大多用于纵桥向防落梁，而限位装置既可用于纵桥向防落梁又可用于横桥向防落梁。从受力角度看，这些装置又可分为抗拉型（如拉杆、铁链等连梁装置）、抗压型（如挡块）、抗拉压型（如钢制限位器）、抗剪型（如橡胶支座）。

8.4.1 连梁装置

连梁装置主要是通过拉杆、钢束、铁链、钢板等将梁与梁、梁与桥台、梁与桥墩等连接起来，以防止过大位移导致落梁。作为第二道防线，它在起作用之前不应影响桥梁的正常使用功能。

（1）拉杆连梁装置

拉杆连梁装置在日本使用广泛，其在钢桥和混凝土桥上的常用连接形式分别如图8.4-1和图8.4-2所示。

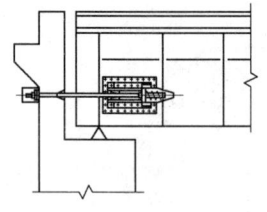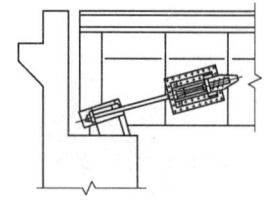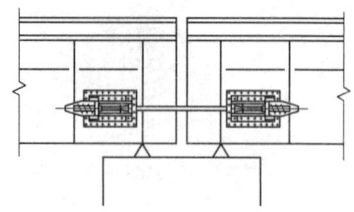

图 8.4-1　钢桥的连梁装置连接示意图

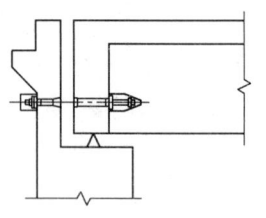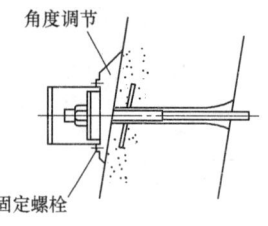

图 8.4-2　混凝土桥的连梁装置连接示意图（右图为斜桥）

拉杆连梁装置大多包括连接构件（如拉杆、缆索等），缓冲构件（如橡胶缓冲构件、控制管等），调整构件（如弹簧、偏向具、支压板等），保护构件（如保护壳、套管等），固定支承构件（如螺母、固定架等）几个部分。拉杆、缆索主要用来拉住上部结构，防止其在地震中脱落；弹簧主要用来确保地震中较大的位移，并吸收缆索的松弛量；橡胶和控制管是用来减缓冲击力；偏向具主要是使地震产生的弯矩沿合理途径传递，避免固定支承构件产生弯矩和剪力，并减少缆索局部的弯曲应力。图 8.4-3 示意了两种拉杆防落梁装置构造图，其中（a）图所示装置通过缓冲橡胶耗能，而（b）图所示装置则通过控制管来耗能。

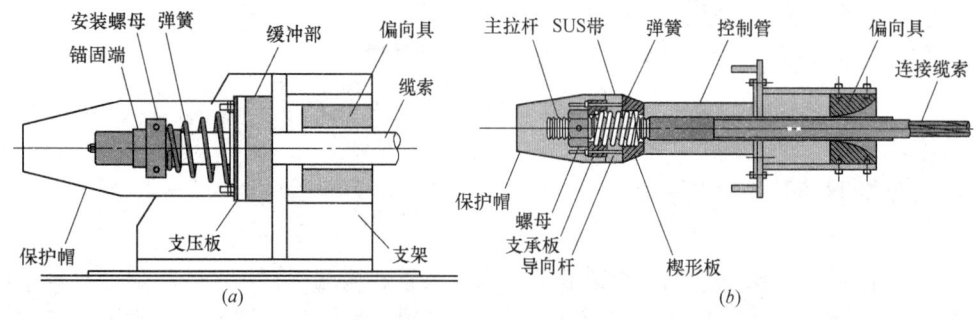

图 8.4-3　拉杆连梁装置构造图

拉杆连梁装置的工作机理如图 8.4-4 所示。正常情况下，温度和活载引起的支座移动由弹簧的伸缩来进行调整；小震时，由支座来抵抗地震作用；大震时，利用控制管与支座共同抵抗地震作用，控制管吸收地震能量的同时发生变形，并抑制主梁的位移；超过预想地震强度时，控制管完全变形后，由拉杆与梁搁置长度一起防止落梁的发生。

（2）链式连梁装置

链式连梁装置，如图 8.4-5 所示，铁链环数和安装位置可以调整，缓冲可通过包裹在铁链外的橡胶来实现，也可利用记忆合金等材料来实现。

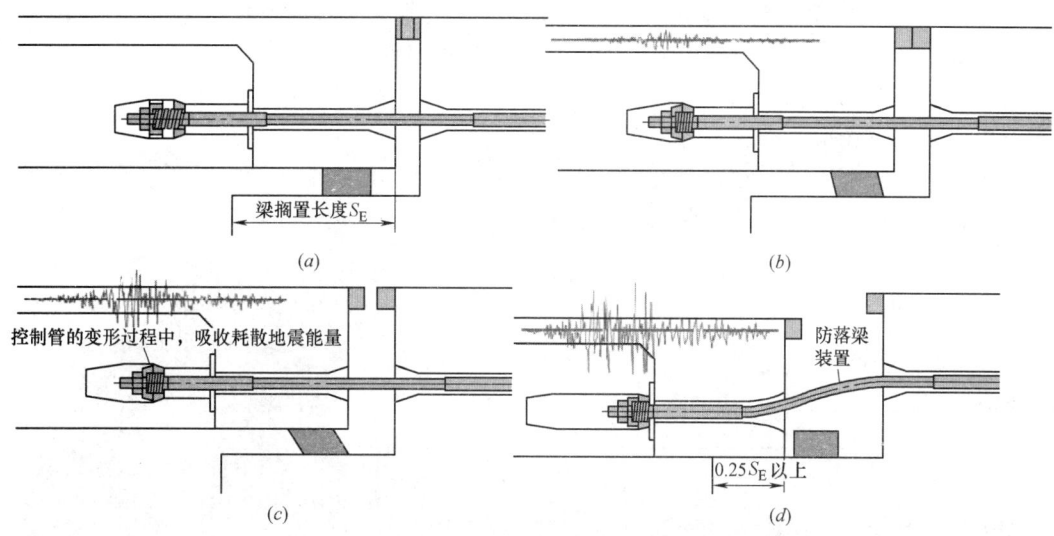

图 8.4-4　防落梁装置原理示意图

(*a*) 平时；(*b*) 小震时；(*c*) 大震时；(*d*) 超过预想地震强度时

（3）缓冲连梁装置

缓冲连梁装置实质上就是在普通连梁装置的连接构件处加入缓冲材料，使得连梁装置无论拉压，都可以缓冲，这样就能很好地解决垫板连梁装置发生无缓冲脆性拉裂的问题。其原理及实例见图 8.4-6。

（4）速度锁定装置

也称速度锁定器或冲击传递装置，是一种类似速度开关的限位装置。当桥梁运动到某一速度时启动，以锁定两个安置点间的相对位移。在温度和正常活荷载下可

图 8.4-5　链式连梁装置

以自由变形，但突发荷载作用时，则变为刚性连接，有效地起到减少、转移和限制桥梁各部分间运动和碰撞的作用。

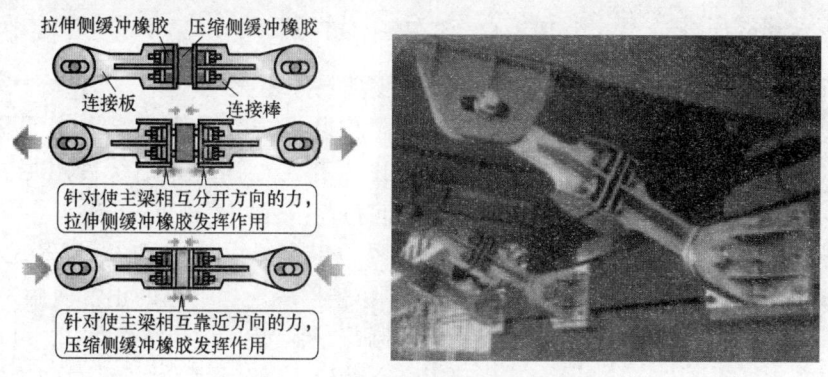

图 8.4-6　缓冲连梁装置原理及实例图

动态连接装置的内部结构如图 8.4-7 所示。工作油缸内充满高粘度硅树脂化合物介质，通过活塞与缸筒的间隙或者活塞上的小孔使活塞两边贯通。这种介质是反向触变特性的震凝流体，其粘度是速度梯度的增函数。当它不受外力时类似固体，但在慢速的恒定压力下可以缓慢地流动，在高速的突然冲击下转变为类固体。当桥梁只发生温度伸缩，或混凝土的蠕变、收缩等缓慢运动时，该介质始终保持着流体的性质，油缸不产生约束力。当地震时，活塞突然快速移动，介质粘度迅速增加，活塞因此被锁住。

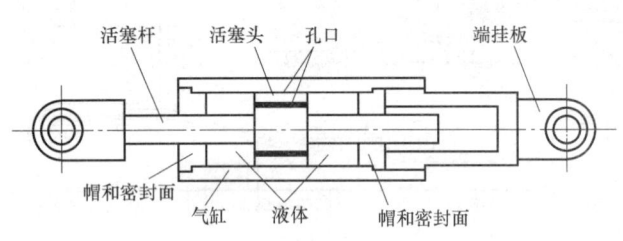 

图 8.4-7 速度锁定器的基本构造

8.4.2 限位装置

限位装置主要是用来限制上部结构的位移，防止梁间碰撞或落梁，其限位形式有阻尼限位和支挡限位，桥梁横向常用支挡限位形式。

（1）阻尼限位装置

阻尼限位装置利用阻尼器消耗地震能量的同时，减小相应的位移量，如图 8.4-8 所示桥梁支座处的装置就是阻尼限位装置。还有的阻尼限位装置可以连接梁与梁，如图 8.4-9 所示。

图 8.4-8 阻尼限位装置示例

图 8.4-9 连接梁与梁的阻尼限位装置

（2）支挡限位装置

支挡限位装置通常为缓冲挡块，见图 8.4-10。挡块可以由混凝土、钢或其他缓冲阻尼材料制成。挡块可纵向布置，也可横向布置。

支挡限位装置也可使用剪力键，见图 8.4-11（a）。为了防止挡块干扰支座的正常使用，有学者建议采用钢制限位装置，其构造见图 8.4-11（b）。这样只需一个限位装置就能应对桥纵向和横向的位移，而且减少支座周边的干扰。

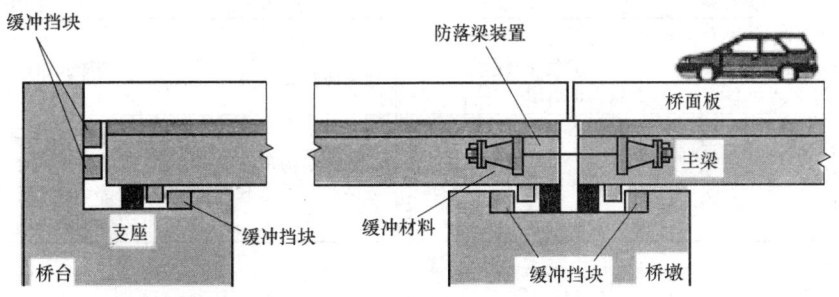

图 8.4-10 支挡限位装置示例

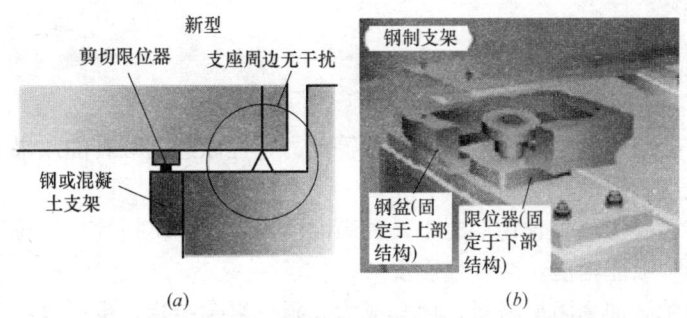

图 8.4-11 剪力键与钢制限位装置

钢制限位装置常见的形式有锚固钢棒或锚固钢箱,如图 8.4-12 所示,可埋入下部结构或上部结构。一些产品在支挡面上增加了粘滞阻尼材料,使得支挡的同时,产生耗能。

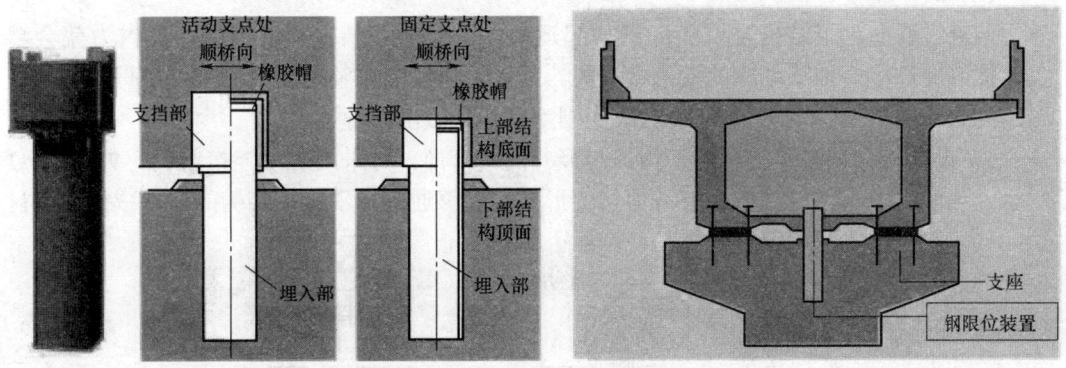

图 8.4-12 钢制限位装置示例

表 8.4-1 给出了各种装置的比较。

防落梁系统比较表 8.4-1

种类	拉杆、缆索连接	链式连接	阻尼限位	支挡限位
设置位置	梁与梁、桥墩、桥台	梁与梁、桥墩、桥台	梁与梁、桥墩、桥台	梁与桥墩、桥台
特点	在上部结构及下部结构安装支架,利用拉杆、缆索连接;实际工程较多	在上部结构及下部结构安装支架,利用钢链连接	在上部结构或下部结构处设置阻尼限位装置,地震时通过阻尼限位防止落梁	在上部结构或下部结构处设置钢制或混凝土支挡限位装置,地震时通过支挡防止落梁

续表

种类	拉杆、缆索连接	链式连接	阻尼限位	支挡限位
优点	可以吸收冲击;中间梁允许有移位;位移量大也适用	地震时可以吸收冲击;中间梁允许有移位;位移量大也适用	可纵横向分别设置;可以吸收地震冲击	可纵横向分别设置;可利用橡胶缓冲板吸收地震冲击
缺点	不能抵抗压力;拉杆、缆索较长,安装时不是很便利	不能抵抗压力	下部结构顶面狭窄时,安装空间可能不足	下部结构顶面狭窄时,安装空间可能不足;因上下部结构施工误差,设计位移量很难确保

8.5 地下结构减隔震技术

8.5.1 改变结构性能

主要通过改变结构的强度、阻尼、刚度等动力特性以达到减震的效果[2,24,25]。

（1）改变强度和阻尼

采用钢纤维混凝土或聚合物混凝土，提高混凝土延性、抗折性、抗拉性、韧性等，使地下结构在地震中吸能耗能，减轻地震反应。

在地下结构中添加高阻尼材料，使其成为高阻尼复合结构，也可以起到减震效果。增加阻尼有两种方法：一种方法是在地下结构衬砌表面或内部增加阻尼材料，通过地下结构的拉伸或剪切变形来耗能减震。另一种方法是在地下结构的接头部位施加减震装置，在地震中，这些减震装置耗能减震，从而避免地下结构进入非弹性状态或发生损坏。

（2）改变刚度

地震过程中地下结构主要随地层一起运动，因此地下结构刚度越大，其内力就会越大，但刚度过小，地下结构的变形会过大，因此可以适当调整地下结构刚度使得内力和变形达到合理的平衡。大塚久哲[24]对改变刚度的几种做法进行了总结。

1）设置可动连接结构。对于隧道与竖井的结合部，可采用可动连接结构。如图8.5-1所示，当地震引起隧道轴向变形或剪切变形时，能够通过可动连接结构的变形减少隧道衬

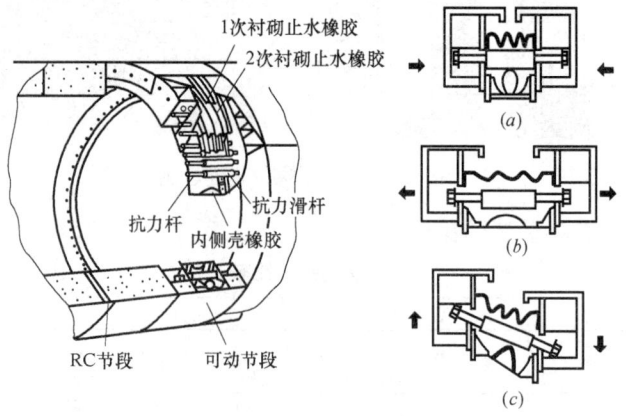

图 8.5-1 可动连接示意

(a) 压缩；(b) 拉伸；(c) 剪切

砌内力。该类连接在日本阪神地震中六甲岛联络污水干线的竖井和盾构连接处曾吸收了5cm 的剪切变形，减震效果得到了验证。

2）降低盾构隧道环间连接刚度。对于盾构隧道而言，环间连接的刚度影响着隧道轴向的刚度，因此，降低环间连接刚度能够降低隧道内力。与前边提到的可动连接相比，该做法构造简单、易于施工。降低环间连接刚度可以通过延长环间连接螺栓（图 8.5-2）和利用弹性垫片（图 8.5-3）等方法实现。

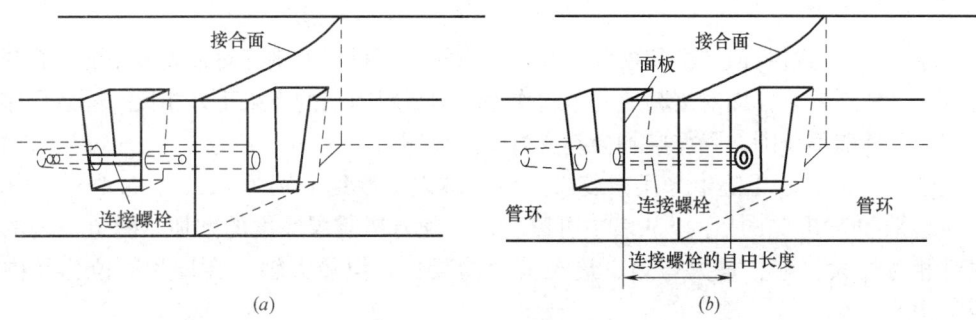

图 8.5-2　延长螺栓连接示意图

（a）连接前；（b）连接后

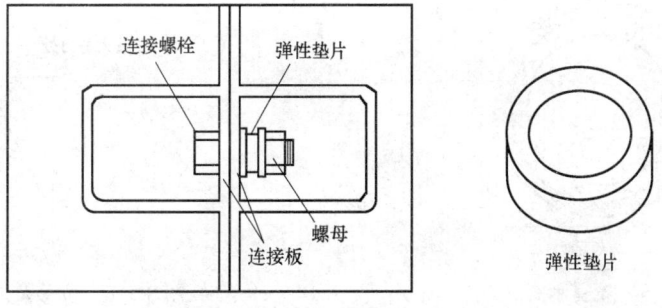

图 8.5-3　弹性垫片连接示意图

3）环间连接使用预应力。环间插入橡胶，用预应力钢筋拉紧，橡胶压缩变形，如图 8.5-4 所示。插入橡胶使得连接刚度变小，压缩变形吸收地震时地层传给隧道的拉压应变，并确保止水的性能。

8.5.2 设置减震层

爆炸冲击下设置减震层的研究已取得很多成果，例如设置减震地板、整体减震、离壁式减震、多级减震等。地下结构隔震最早在日本提出，其基本思想是在隧道衬砌与地层之间设置减震层，隔断周围地层对隧道的约束

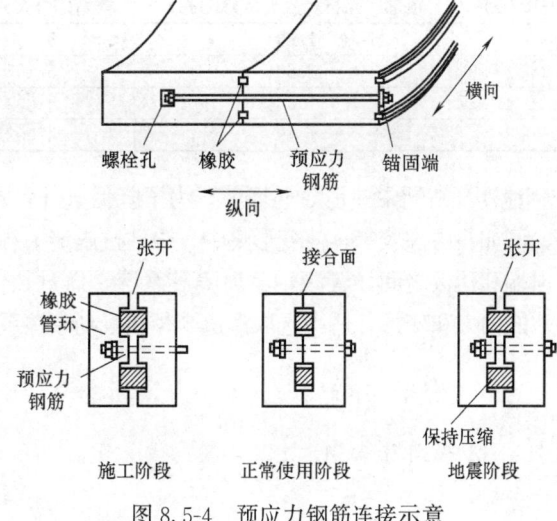

图 8.5-4　预应力钢筋连接示意

357

力，并利用减震层吸收隧道结构和地层之间的应变和相对位移。这种方法对横向和纵向均有效，地震中地层剪应力是一项重要荷载，减小地下结构周围剪应力可以减小地下结构内力。由于减震层吸收的是动应变，因此减震层的材料必须具有一定的弹性，使其在地震中不产生塑性，以便下次地震中仍可使用。减震材料可采用压注方式注入衬砌与围岩之间的孔隙内，从而形成减震层，如图 8.5-5 所示。在隧道和竖井周围充填缓冲材料，可吸收破坏荷载引起的位移、变形，在一次衬砌和二次衬砌之间注入加气砂浆作为缓冲材料，可减少二次衬砌的震害。

文献[26]中通过数值计算和模型试验，认为隔震层材料的刚度对地震波中的低频成分具有较好的减震效果，而对高频成分不起作用，但材料阻尼的效果正好相反；隔震层刚度存在一个合理取值范围；隔震层不会改变衬砌的破坏形式。

文献[27]以某软土隧道采用减震层为例，减震层厚度分别为 0.2m、0.4m、0.8m，计算后结果如表 8.5-1 所示。从表中可以看出，随着减震层厚度的增加，隧道衬砌的顶部底部相对最大位移、最大弯矩、最大剪力均减少，但最大轴力会增加。位移及内力示意见图 8.5-6。

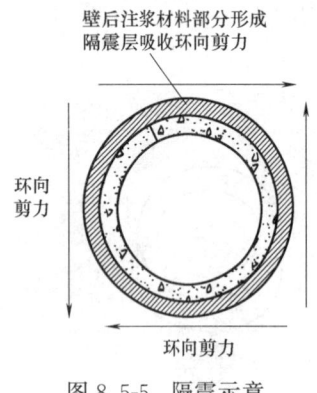

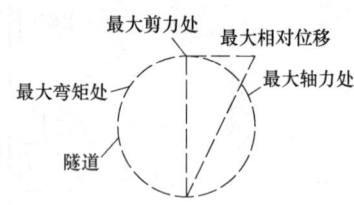

图 8.5-5　隔震示意　　　　　　　　　图 8.5-6　位移及内力示意

减震层变化厚度时隧道反应　　　　　　　　　表 8.5-1

厚度(m)	顶部底部相对最大位移(mm)	弯矩(kN·m)	轴力(kN)	剪力(kN)
0.0	1.68	5.759	47.913	2.395
0.2	1.60	5.167	48.212	2.107
0.4	1.58	4.803	53.471	1.893
0.8	1.49	4.002	61.913	1.486

地铁车站的中柱是薄弱环节，为了降低破坏，可以在中柱端部与顶、底面之间设置隔震层，例如叠层橡胶等，使变形集中，中柱抗震能力提高，但可行性有待研究。文献[28]中在中柱顶端和顶板之间设置滚轴摩擦隔震系统，通过数值计算，发现可有效减少结构（尤其是中柱）的内力和变形，适当选取滑道半径和滚动摩擦系数，隔震效果可达到 50%～70%。

8.6　防脱轨系统

列车车轮脱轨有可能造成重大倾覆事故，脱轨的原因很多，有轨道交通系统设备内在的原因，如线路、轨道、车辆、桥梁等专业的设计参数合理匹配问题，也有风、地震等天灾原因。设置防脱护轨是有效的防范措施之一。

我国城市轨道交通防脱轨措施，开始主要是将铁路上的碎石道床线路护轨结构移植到轨道交通整体道床上[29]，其原理是：当一侧车轮轮缘将要爬上轨顶面时，同一轮对的另一侧车轮的轮背与护轨接触，促使要爬轨的车轮恢复到正常位置，防止列车脱轨。该措施最早应用于上海轨道 3 号线高架区间上。

目前，我国城市轨道交通的防脱护轨措施主要采用两种结构形式，见图 8.6-1。一种是北京地铁和上海地铁采用的 DPII-60 型防脱护轨，它采用 15kg/m 轻轨，在 2 个扣件节点之间，用专用的支架将护轨固定到钢轨上；其优点是支架与轨枕不发生紧固关系，可适用于任何轨枕，支架拆装方便；但由于护轨支架下部高度较高，不适用于梯形轨枕等钢轨与道床之间空间小的情况，同时由于护轨型号较多，不利于施工和养护维修。另一种是广州地铁常采用的 UIC33 槽形护轨，是在铺设防脱护轨地段采用特殊的扣件系统，在扣件钢垫板上增加护轨支架，将护轨固定在支架上；其优点是施工方便，支架直接安装在轨枕上，整体强度较大，护轨抗横向力大；缺点是此处扣件与别处不同，运营后如要增设护轨，则需拆装钢轨扣件。

(a)　　　　　　　　　　　　　　　　(b)

图 8.6-1　两类防脱护轨
(a) DPII-60 防脱护轨；(b) UIC33 防脱护轨

近年，针对上述两类防脱护轨存在的问题进行了改进设计，如冉蕾[29]提出的新型护轨结构，如图 8.6-2 (a) 所示，已在北京房山线高架区间上使用。因无砟轨道的轨下空间较小，新型护轨的支架底部到钢轨轨底的高度为 30mm，安装距离可以满足所有轨道结构的要求。护轨采用 UIC33 槽形钢轨加工制造，强度大，安全系数高，耐磨损，使用寿命长。扣板与支架采用斜面压紧的方式，使扣板与钢轨密贴，消除了钢轨及各零部件制造公差而产生的缝隙。为防止护轨自身抵抗力不足，在支架底部粘贴一块橡胶垫层，支架产生过大的变形时，垫层与道床接触，可共同抵抗横向荷载。

日本东海道新干线在新潟地震导致列车脱轨事件之后，也加紧研制更为有效的防脱轨装置[30]，如图 8.6-2 (b) 所示，其基本原理见图 8.6-3。此外，为限制轨道交通高架桥横向和竖向过大位移影响行车安全，有时还需要针对结构加设控制位移和不平顺的装置或措施。如图 8.6-4 所示日本新干线上的一些处理方式。

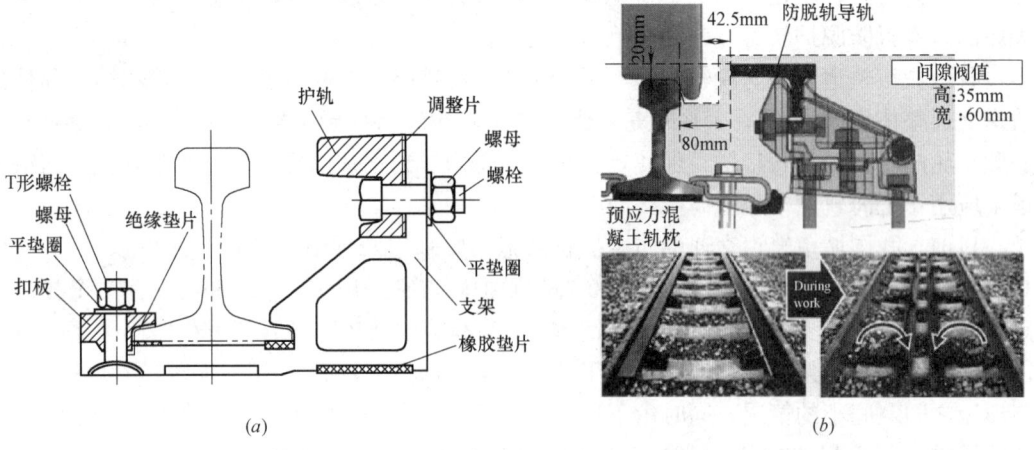

图 8.6-2　新型防脱护轨示意图

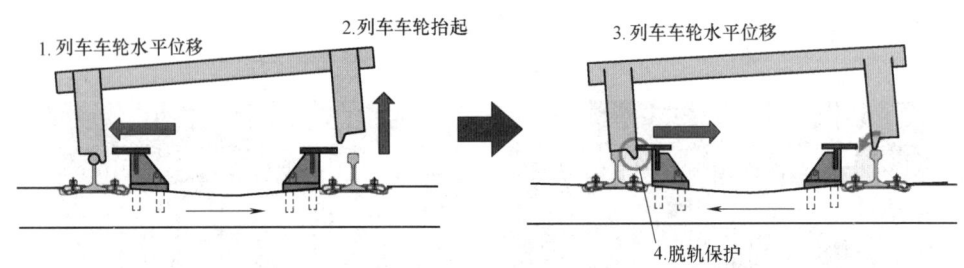

图 8.6-3　日本东海道新干线防脱护轨

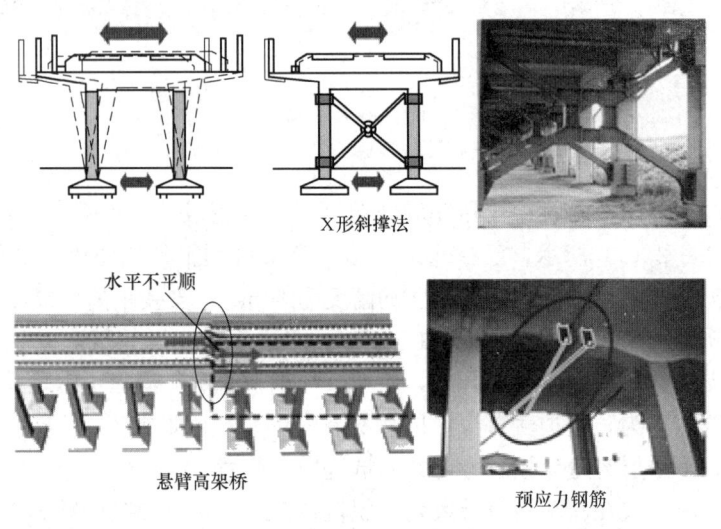

图 8.6-4　日本东海道新干线防止上部结构摆动和错位装置

参 考 文 献

［1］　中国土木工程学会. 5.12 汶川特大地震后震区城市轨道交通调研［C］. 中国科协 2008 防灾减灾论坛，2008.

［2］　川岛一彦. 地下構造物的耐震設計［M］. 鹿岛出版会，1994.

［3］　AASHTO. Guide Specifications for Seismic Isolation Design［S］. American Association of State Highway and Transportation Officials，Washington，DC，2010.

［4］　土木设计所. 建设省道路桥免震设计法指南［S］. 财团法人土木研究中心，1992.

［5］　Caltrans. Seismic Design Criteria Version 1.7［S］. California Department of Transportation，Sacramento，2013.

［6］　日本铁道技术综合研究所. 鉄道構造物等設計標準・同解說—耐震設計［S］. 日本东京：丸善株式会社出版事业部，2012.

［7］　日本道路协会. 公路桥梁设计规范（V 抗震设计篇）［S］. 日本东京：丸善株式会社出版事业部，2012.

［8］　AASHTO. Guide specifications for LRFD seismic bridge design［S］. American Association of State Highway and Transportation Officials，Washington，DC，2009.

［9］　Eurocode 8：Design provisions for earthquake resistance of structures［S］. Part2：Bridges，European Committee for Standardization，CEN，1996.

［10］　日本铁道技术综合研究所. 鉄道構造物等設計標準・同解說—变位制限［S］. 日本东京：丸善株式会社出版事业部，2006.

［11］　庄军生. 桥梁支座（第三版）［M］. 北京：中国铁道出版社，2008.

［12］　Mokha A，Constantinou M，Reinhorn A. Teflon bearings in aseismic base isolation：Experimental studies and mathematical modeling［J］. Earthquake Resistant Design，1988.

［13］　Mokha A，Constantinou M，Reinhorn A. Teflon Bearings in Base Isolation I：Testing［J］. Journal of Structural Engineering，1990，116（2）：438-454.

［14］　赵虎，蒲黔辉，陈志伟. 轻轨线路上盆式抗震支座力学性能及减震效能研究［J］. 地震工程与工程振动，2013，33（6）：171-177.

［15］　Mokha A S，Reinhorn A M. Constantinou M C. Experimental study and analytical prediction of earthquake response of a sliding isolation system with a spherical surface［R］. MCEER Technical Reports，1990.

［16］　彭天波，李建中，范立础. 双曲面球型减隔震支座的开发及应用［J］. 同济大学学报（自然科学版），2007，35（2）：176-180.

［17］　Konstantinidis D，Kelly J M，Makris N. Experimental investigations on seismic response of bridge bearings［R］. In EERC 2008-02（College of engineering university of California，Berkeley），2008.

［18］　Tsopelas P，Constantinou M C. NCEER-Taisei corporation research program on sliding seismic isolation systems for bridges：experimental and analytical study of systems consisting of sliding bearings，rubber restoring force devices and fluid dampers［R］. NCEER-94-0002，Buffalo，NY，1994.

［19］　Tsopelas P，Constantinou M C. NCEER-Taisei Research Program on Sliding Seismic Isolation Systems for Bridges：Experimental and Analytical Study of a System Consisting of Sliding Bearings and Fluid Restoring Force/Damping Devices［R］. NCEER-94-0014. Buffalo，NY，1994.

［20］　Tsopelas P，Constantinou M C. NCEER-Taisei Research Program on Sliding Seismic Isolation Systems for Bridges：Experimental and Analytical Study of a System Consisting of Lubricated PTFE Sliding Bearings and Mild Steel Dampers［R］. NCEER-94-0022. Buffalo，NY，1994.

［21］　王君杰. 国家自然科学基金重大项目"重大工程动力灾变"培育项目："缆索承重桥梁地震破坏机制的数值模拟方法研究"（90715022）结题报告［R］. 上海：同济大学，2011.

［22］　商耀兆. 高墩桥梁的减隔震技术研究［D］. 兰州：兰州交通大学，2007.

［23］　王君杰，苏俊省，董正方，等. 北盘江大桥抗震性能分析报告［R］. 上海：同济大学，2011.

［24］　大塚久哲. 最新地中基础构造的耐震设计［M］. 九州大学出版社，2001.

［25］　王明年，林国进，于丽，等. 隧道抗震与减震［M］. 北京：科学出版社，2012.

［26］　孙铁成. 双洞错距山岭隧道洞口段地震动力响应及减震措施研究［D］. 成都：西南交通大学，2009.

[27] 余行. 隧道结构横向地震响应数值分析与简化抗震设计方法 [D]. 上海：同济大学，2009.

[28] 陶连金，安军海，葛楠. 地铁车站工程应用双向 RFPS 支座隔震效果研究 [J]. 地震工程与工程振动，2016，36（1）：52-58.

[29] 冉蕾，冯健，李俊玺. 城市轨道交通高架桥防脱护轨设计研究 [J]. 铁道标准设计，2011（1）：42-44.

[30] Kenji Horioka. Clarification of mechanism of shinkansen derailment in the 2011 Great East Japan Earthquake and countermeasures against earthquake [J]. JR EAST Technical Review-No. 27：13-16.

附录 A　粘弹性边界和地震自由场反应

A.1　粘弹性边界

粘弹性边界吸收由内域向外域传播的外行波，推导过程假定外域介质为均匀线弹性。对于一维、二维和三维模型，外行波分别采用不同的假定形式。

A.1.1　一维模型[1]

（1）人工边界法向

外行波假定为平面 P 波，外行波位移沿人工边界法向（法向用下标 N 表示），可以表示为：

$$u_N = f(r - c_p t) \tag{A.1-1}$$

式中　r——人工边界外法向坐标；

　　　c_p——外域介质的 P 波波速；

　　　t——时间；

　　　f——任意函数。

外行波速度为：

$$\dot{u}_N = -c_p f'(r - c_p t) \tag{A.1-2}$$

式中　变量上的点号表示时间导数；撇号表示函数的导数。

平面 P 波传播条件下，传播方向上正应力-位移关系为：

$$\sigma_N = (\lambda + 2G)\frac{\partial u_N}{\partial r} = (\lambda + 2G) f'(r - c_p t) \tag{A.1-3}$$

式中　λ 和 G——外域介质的第一和第二拉梅常数，$\lambda + 2G = \rho c_p^2$，$\rho$ 为外域介质密度。

联立式（A.1-2）和式（A.1-3），消去函数 f 得：

$$\sigma_N = -\rho c_p \dot{u}_N \tag{A.1-4}$$

上式实际上是粘性边界。边界有限元节点的影响范围为 A_s，则由式（A.1-4）得粘性边界的集中阻尼系数为：

$$C_N = \rho c_p A_s \tag{A.1-5}$$

（2）人工边界切向

外行波假定为平面 S 波，外行波位移沿人工边界切向（切向用下标 T 表示），可以表示为：

$$u_T = f(r - c_s t) \tag{A.1-6}$$

式中　r——人工边界外法向坐标；

　　　c_s——外域介质的 S 波波速；

　　　t——时间；

f——任意函数。

外行波速度为：

$$\dot{u}_T = -c_s f'(r - c_s t) \tag{A.1-7}$$

式中　变量上的点号表示时间导数；撇号表示函数的导数。

平面 S 波传播条件下，传播方向上剪应力-位移关系为：

$$\sigma_T = G\frac{\partial u_T}{\partial r} = Gf'(r - c_s t) \tag{A.1-8}$$

式中　G——外域介质的第二拉梅常数，$G = \rho c_s^2$，ρ 为外域介质密度。

联立式（A.1-7）和式（A.1-8），消去函数 f 得：

$$\sigma_T = -\rho c_s \dot{u}_T \tag{A.1-9}$$

上式实际上是粘性边界。边界有限元节点的影响范围为 A_s，则由式（A.1-9）得粘性边界的集中阻尼系数为：

$$C_T = \rho c_s A_s \tag{A.1-10}$$

A.1.2　二维模型[2]

（1）人工边界法向

外行波为平面 P 波，外行波位移沿人工边界法向（法向用下标 N 表示）。考虑到二维模型中外行波的几何扩散效应，假定外行波由衰减和无衰减两部分构成，外行波位移可以表示为：

$$u_N = \left(\frac{a}{\sqrt{r}} + b\right) f(r - ct) \tag{A.1-11}$$

式中　r——人工边界外法向坐标；

　　　　t——时间；

　　　　f——任意函数；

　　　　c——P 波传播的视波速；

a 和 b——衰减波和无衰减波的含量。

外行波速度为：

$$\dot{u}_N = -c\left(\frac{a}{\sqrt{r}} + b\right) f'(r - ct) \tag{A.1-12}$$

式中　变量上的点号表示时间导数；撇号表示函数的导数。

平面 P 波传播条件下，传播方向上正应力-位移关系为：

$$\sigma_N = (\lambda + 2G)\frac{\partial u_N}{\partial r} = (\lambda + 2G)\left[-0.5ar^{-3/2}f(r - ct) + ar^{-1/2}f'(r - ct) + bf'(r - ct)\right]$$

$$\tag{A.1-13}$$

式中　λ 和 G——外域介质的第一和第二拉梅常数。

联立式（A.1-11）、式（A.1-12）和式（A.1-13），消去函数 f 得：

$$\sigma_N = -\frac{\lambda + 2G}{2r\left(1 + \frac{b}{a}\sqrt{r}\right)}u_N - \frac{\lambda + 2G}{c}\dot{u}_N \tag{A.1-14}$$

定义两个可变参数 $A = \frac{b}{a}\sqrt{r}$ 和 $B = \frac{c_p}{c}$，其中 $c_p = \sqrt{\frac{\lambda + 2G}{\rho}}$ 是外域介质 P 波波速，人工

边界有限元节点的影响范围为 A_s，则由式（A.1-14）得粘弹性边界的集中弹簧和集中阻尼系数分别为：

$$K_N=\frac{1}{1+A}\frac{\lambda+2G}{2r}A_s \qquad C_N=B\rho c_p A_s \qquad (\text{A.1-15})$$

（2）人工边界切向

外行波为平面 S 波，外行波位移沿人工边界切向（切向用下标 T 表示）。考虑到二维模型中外行波的几何扩散效应，假定外行波由衰减和无衰减两部分构成，外行波位移可以表示为：

$$u_T=\left(\frac{a}{\sqrt{r}}+b\right)f(r-ct) \qquad (\text{A.1-16})$$

式中　r——人工边界外法向坐标；

$\quad\quad$ t——时间；

$\quad\quad$ f——任意函数；

$\quad\quad$ c——S 波传播的视波速；

a 和 b——分别表示衰减波和无衰减波的含量。

外行波速度为：

$$\dot{u}_T=-c\left(\frac{a}{\sqrt{r}}+b\right)f'(r-ct) \qquad (\text{A.1-17})$$

式中　变量上的点号表示时间导数；撇号表示函数的导数。

平面 S 波传播条件下，传播方向上剪应力-位移关系为：

$$\sigma_T=G\frac{\partial u_T}{\partial r}=G\left[-0.5ar^{-3/2}f(r-ct)+ar^{-1/2}f'(r-ct)+bf'(r-ct)\right] \quad (\text{A.1-18})$$

式中　G——外域介质的第二拉梅常数。

联立式（A.1-16）、式（A.1-17）和式（A.1-18），消去函数 f 得：

$$\sigma_T=-\frac{G}{2r\left(1+\frac{b}{a}\sqrt{r}\right)}u_T-\frac{G}{c}\dot{u}_T \qquad (\text{A.1-19})$$

定义两个可变参数 $A=\frac{b}{a}\sqrt{r}$ 和 $B=\frac{c_s}{c}$，其中 $c_s=\sqrt{\frac{G}{\rho}}$ 是外域介质 S 波波速，人工边界有限元节点的影响范围为 A_s，则由式（A.1-19）得粘弹性边界的集中弹簧和集中阻尼系数分别为：

$$K_T=\frac{1}{1+A}\frac{G}{2r}A_s \qquad C_T=B\rho c_s A_s \qquad (\text{A.1-20})$$

A.1.3　三维模型[2]

（1）人工边界法向

外行波为平面 P 波，外行波位移沿人工边界法向（法向用下标 N 表示）。考虑到三维模型中外行波的几何扩散效应，假定外行波由衰减和无衰减两部分构成。外行波位移可以表示为：

$$u_N=\left(\frac{a}{r}+b\right)f(r-ct) \qquad (\text{A.1-21})$$

式中　r——人工边界外法向坐标；

t——时间；

f——任意函数；

c——P 波传播的视波速；

a 和 b——衰减波和无衰减波的含量。

外行波速度为：

$$\dot{u}_N = -c\left(\frac{a}{r}+b\right)f'(r-ct) \tag{A.1-22}$$

式中，变量上的点号表示时间导数；撇号表示函数的导数。

平面 P 波传播条件下，传播方向上正应力-位移关系为：

$$\sigma_N = (\lambda+2G)\frac{\partial u_N}{\partial r} = (\lambda+2G)\left[-ar^{-2}f(r-ct)+ar^{-1}f'(r-ct)+bf'(r-ct)\right] \tag{A.1-23}$$

式中　λ 和 G——外域介质的第一和第二拉梅常数。

联立式（A.1-21）、式（A.1-22）和式（A.1-23），消去函数 f 得：

$$\sigma_N = -\frac{\lambda+2G}{r\left(1+\frac{b}{a}r\right)}u_N - \frac{\lambda+2G}{c}\dot{u}_N \tag{A.1-24}$$

定义两个可变参数 $A=\frac{b}{a}r$ 和 $B=\frac{c_p}{c}$，其中 $c_p=\sqrt{\frac{\lambda+2G}{\rho}}$ 是外域介质 P 波波速，人工边界有限元节点的影响范围为 A_s，则由式（A.1-24）得粘弹性边界的集中弹簧和集中阻尼系数分别为：

$$K_N = \frac{1}{1+A}\frac{\lambda+2G}{r}A_s \qquad C_N = B\rho c_p A_s \tag{A.1-25}$$

（2）人工边界切向

外行波为平面 S 波，外行波位移沿人工边界切向（切向用下标 T 表示）。考虑到三维模型中外行波的几何扩散效应，假定外行波由衰减和无衰减两部分构成。外行波位移可以表示为：

$$u_T = \left(\frac{a}{r}+b\right)f(r-ct) \tag{A.1-26}$$

式中　r——人工边界外法向坐标；

t——时间；

f——任意函数；

c——S 波传播的视波速；

a 和 b——衰减波和无衰减波的含量。

外行波速度为：

$$\dot{u}_T = -c\left(\frac{a}{r}+b\right)f'(r-ct) \tag{A.1-27}$$

式中，变量上的点号表示时间导数；撇号表示函数的导数。

平面 S 波传播条件下，传播方向上剪应力-位移关系为：

$$\sigma_T = G\frac{\partial u_T}{\partial r} = G\left[-ar^{-2}f(r-ct) + ar^{-1}f'(r-ct) + bf'(r-ct)\right] \tag{A.1-28}$$

式中　G——外域介质的第二拉梅常数。

联立式（A.1-26）、式（A.1-27）和式（A.1-28），消去函数 f 得：

$$\sigma_T = -\frac{G}{r\left(1 + \dfrac{b}{a}r\right)}u_T - \frac{G}{c}\dot{u}_T \tag{A.1-29}$$

定义两个可变参数 $A = \dfrac{b}{a}r$ 和 $B = \dfrac{c_s}{c}$，其中 $c_s = \sqrt{\dfrac{G}{\rho}}$ 是外域介质 S 波波速，人工边界有限元节点的影响范围为 A_s，则由式（A.1-29）得粘弹性边界的集中弹簧和集中阻尼系数分别为：

$$K_T = \frac{1}{1+A}\frac{G}{r}A_s \qquad C_T = B\rho c_s A_s \tag{A.1-30}$$

A.1.4　应用说明

粘弹性边界也有其他的推导方式，如 Deeks 等[3]和刘晶波等[4-6]的研究工作，得到不同的弹簧和阻尼系数，由于粘弹性边界系数在一定范围内变化不使计算结果产生较大改变，因而不同推导得到的粘弹性边界在计算精度方面基本相当。

粘弹性边界假定外域介质为均匀线弹性，刘晶波等[7]研究了粘弹性边界在成层非线性介质情况中的应用。研究表明，粘弹性边界的弹簧和阻尼系数可以按照线弹性材料常数计算，各层选取本层的弹性材料常数。

A.2　平面体波倾斜入射二维均匀半空间时虚拟计算边界上的地震作用[8-13]

A.2.1　二维模型

二维问题地震动输入如图 A.2-1 所示，基于以下基本假设：

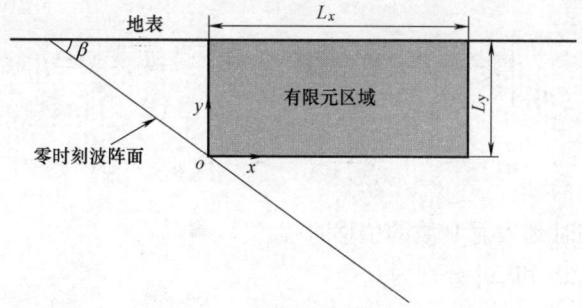

图 A.2-1　二维平面体波倾斜入射示意图

（1）人工边界外部介质假定为线弹性均匀半空间，质量密度为 ρ、拉梅常数为 λ 和 G、P 波和 S 波波速分别为 c_p 和 c_s。

（2）二维模型的三条人工边界线是矩形的三条边，底边界长度为 L_x，侧边界高度为 L_y。

（3）地震为任意角度倾斜入射的平面体波，零时刻入射波的位移时程为 $u(t)$，波传播方向向量与直角坐标系（x，y）两个坐标轴正方向的夹角分别为 $90°-\beta$、β。

自由场位移和应力根据 P 波或 SV 波输入情况分别确定如下。

A.2.2　P 波输入

人工边界上有限元节点处的自由场位移和应力分别为：

$$\mathbf{u}_{bf} = \sum_{l=1}^{3} \mathbf{T}_l{}^{\mathrm{T}} \mathbf{u}_l \tag{A.2-1}$$

$$\boldsymbol{\sigma}_{bf} = \sum_{l=1}^{3} \mathbf{T}_l{}^{\mathrm{T}} \boldsymbol{\sigma}_l \mathbf{T}_l \tag{A.2-2}$$

式中　转换矩阵为 $\mathbf{T}_1$、$\mathbf{T}_2$ 和 $\mathbf{T}_3$：

$$\mathbf{T}_1 = \begin{bmatrix} \cos\beta & -\sin\beta \\ \sin\beta & \cos\beta \end{bmatrix} \tag{A.2-3}$$

$$\mathbf{T}_2 = \begin{bmatrix} -\cos\beta & -\sin\beta \\ \sin\beta & -\cos\beta \end{bmatrix} \tag{A.2-4}$$

$$\mathbf{T}_3 = \begin{bmatrix} -\cos\beta_s & -\sin\beta_s \\ \sin\beta_s & -\cos\beta_s \end{bmatrix} \tag{A.2-5}$$

$$\beta_s = \arcsin\left(\frac{c_s \sin\beta}{c_p}\right) \tag{A.2-6}$$

波传播方向坐标系下的位移和应力分别为：

$$\mathbf{u}_1 = \left\{ \begin{array}{c} 0 \\ u(t-\Delta t_1) \end{array} \right\} \tag{A.2-7}$$

$$\mathbf{u}_2 = \left\{ \begin{array}{c} 0 \\ B_1 u(t-\Delta t_2) \end{array} \right\} \tag{A.2-8}$$

$$\mathbf{u}_3 = \left\{ \begin{array}{c} B_2 u(t-\Delta t_3) \\ 0 \end{array} \right\} \tag{A.2-9}$$

$$\boldsymbol{\sigma}_1 = \begin{bmatrix} \sigma_{xx}^1 & 0 \\ 0 & \sigma_{yy}^1 \end{bmatrix}, \sigma_{xx}^1 = -\frac{\lambda}{c_p}\dot{u}(t-\Delta t_1), \sigma_{yy}^1 = -\frac{\lambda+2G}{c_p}\dot{u}(t-\Delta t_1) \tag{A.2-10}$$

$$\boldsymbol{\sigma}_2 = \begin{bmatrix} \sigma_{xx}^2 & 0 \\ 0 & \sigma_{yy}^2 \end{bmatrix}, \sigma_{xx}^2 = -\frac{\lambda}{c_p}B_1\dot{u}(t-\Delta t_2), \sigma_{yy}^2 = -\frac{\lambda+2G}{c_p}B_1\dot{u}(t-\Delta t_2) \tag{A.2-11}$$

$$\boldsymbol{\sigma}_3 = \begin{bmatrix} 0 & \sigma_{xy}^3 \\ \sigma_{xy}^3 & 0 \end{bmatrix}, \sigma_{xy}^3 = -\frac{G}{c_s}B_2\dot{u}(t-\Delta t_3) \tag{A.2-12}$$

式中　$u(t)$ ——零时刻入射 P 波的位移时程。

延迟时间 Δt_1、Δt_2 和 Δt_3 分别为：

$$\Delta t_1 = (x\sin\beta + y\cos\beta)/c_p \tag{A.2-13}$$

$$\Delta t_2 = [x\sin\beta + (2L_y - y)\cos\beta]/c_p \tag{A.2-14}$$

$$\Delta t_3 = (L_y - y)/(c_s\cos\beta_s) + [x\sin\beta - (L_y - y)\tan\beta_s\sin\beta + L_y\cos\beta]/c_p \tag{A.2-15}$$

式中　x 和 y ——人工边界有限元节点的坐标。

地表反射波幅值 B_1 和 B_2 分别为：

$$B_1 = \frac{c_s^2 \sin 2\beta \sin 2\beta_s - c_p^2 \cos^2 2\beta_s}{c_s^2 \sin 2\beta \sin 2\beta_s + c_p^2 \cos^2 2\beta_s} \tag{A.2-16}$$

$$B_2 = -\frac{2c_p c_s \sin 2\beta \cos 2\beta_s}{c_s^2 \sin 2\beta \sin 2\beta_s + c_p^2 \cos^2 2\beta_s} \tag{A.2-17}$$

当角度 β 取 0°时，为竖直入射情况。

A. 2. 3　SV 波输入

说明：SV 波输入公式适用于 $\beta < \arcsin\left(\dfrac{c_s}{c_p}\right)$。

人工边界上有限元节点处的自由场位移和应力分别为：

$$\mathbf{u}_{bf} = \sum_{l=1}^{3} \mathbf{T}_l^T u_l \tag{A.2-18}$$

$$\boldsymbol{\sigma}_{bf} = \sum_{l=1}^{3} \mathbf{T}_l^T \boldsymbol{\sigma}_l \mathbf{T}_l \tag{A.2-19}$$

式中　转换矩阵为 $\mathbf{T}_1$、$\mathbf{T}_2$ 和 $\mathbf{T}_3$：

$$\mathbf{T}_1 = \begin{bmatrix} \cos\beta & -\sin\beta \\ \sin\beta & \cos\beta \end{bmatrix} \tag{A.2-20}$$

$$\mathbf{T}_2 = \begin{bmatrix} -\cos\beta & -\sin\beta \\ \sin\beta & -\cos\beta \end{bmatrix} \tag{A.2-21}$$

$$\mathbf{T}_3 = \begin{bmatrix} -\cos\beta_p & -\sin\beta_p \\ \sin\beta_p & -\cos\beta_p \end{bmatrix} \tag{A.2-22}$$

$$\beta_p = \arcsin\left(\frac{c_p \sin\beta}{c_s}\right) \tag{A.2-23}$$

波传播方向坐标系下的位移和应力分别为：

$$\mathbf{u}_1 = \begin{Bmatrix} u(t - \Delta t_1) \\ 0 \end{Bmatrix} \tag{A.2-24}$$

$$\mathbf{u}_2 = \begin{Bmatrix} A_1 u(t - \Delta t_2) \\ 0 \end{Bmatrix} \tag{A.2-25}$$

$$\mathbf{u}_3 = \begin{Bmatrix} 0 \\ A_2 u(t - \Delta t_3) \end{Bmatrix} \tag{A.2-26}$$

$$\boldsymbol{\sigma}_1 = \begin{bmatrix} 0 & \sigma_{xy}^1 \\ \sigma_{xy}^1 & 0 \end{bmatrix}, \sigma_{xy}^1 = -\frac{G}{c_s}\dot{u}(t - \Delta t_1) \tag{A.2-27}$$

$$\boldsymbol{\sigma}_2 = \begin{bmatrix} 0 & \sigma_{xy}^2 \\ \sigma_{xy}^2 & 0 \end{bmatrix}, \sigma_{xy}^2 = -\frac{G}{c_s}A_1\dot{u}(t - \Delta t_2) \tag{A.2-28}$$

$$\boldsymbol{\sigma}_3 = \begin{bmatrix} \sigma_{xx}^3 & 0 \\ 0 & \sigma_{yy}^3 \end{bmatrix}, \sigma_{xx}^3 = -\frac{\lambda}{c_p}A_2\dot{u}(t - \Delta t_3), \sigma_{yy}^3 = -\frac{\lambda + 2G}{c_p}A_2\dot{u}(t - \Delta t_3) \tag{A.2-29}$$

式中　$u(t)$——零时刻入射 SV 波的位移时程。

延迟时间 Δt_1、Δt_2 和 Δt_3 分别为：

$$\Delta t_1 = (x\sin\beta + y\cos\beta)/c_s \tag{A.2-30}$$

$$\Delta t_2 = [x\sin\beta + (2L_y - y)\cos\beta]/c_s \tag{A.2-31}$$

$$\Delta t_3 = (L_y - y)/(c_p\cos\beta_p) + [x\sin\beta - (L_y - y)\tan\beta_p\sin\beta + L_y\cos\beta]/c_s \tag{A.2-32}$$

式中 x 和 y——人工边界有限元节点的坐标。

地表反射波幅值 A_1 和 A_2 分别为：

$$A_1 = \frac{c_s^2\sin2\beta\sin2\beta_p - c_p^2\cos^2 2\beta}{c_s^2\sin2\beta\sin2\beta_p + c_p^2\cos^2 2\beta} \tag{A.2-33}$$

$$A_2 = \frac{2c_p c_s\sin2\beta\cos2\beta}{c_s^2\sin2\beta\sin2\beta_p + c_p^2\cos^2 2\beta} \tag{A.2-34}$$

当角度 β 取 $0°$ 时，为竖直入射情况。

A.3 平面体波倾斜入射三维均匀半空间时虚拟计算边界上的地震作用[8-13]

A.3.1 三维模型

三维问题地震动输入如图 A.3-1 所示，基于以下基本假设：

（1）人工边界外部介质假定为线弹性均匀半空间，质量密度为 ρ、拉梅常数为 λ 和 G、P 波和 S 波波速分别为 c_p 和 c_s。

（2）三维模型的五个人工边界面是长方体的五个面，底边界面的边长分别为 L_x 和 L_z，侧边界面的高度为 L_y。

（3）地震为任意角度倾斜入射的平面体波，初始时刻入射波的位移时程为 $u(t)$，波传播方向向量与直角坐标系 (x, y, z) 三个坐标轴正方向的夹角分别为 α、β、γ。

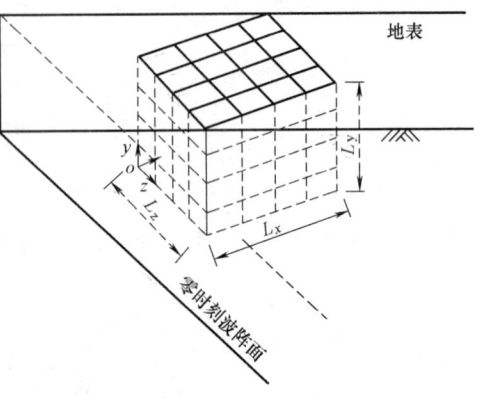

图 A.3-1 三维平面体波倾斜入射示意图

自由场位移和应力根据 P 波、SV 或 SH 波输入情况分别确定如下。

A.3.2 P 波倾斜输入

人工边界上有限元节点处的自由场位移和应力分别为：

$$\mathbf{u}_{bf} = \sum_{l=1}^{3} T_l^{\mathrm{T}} u_l \tag{A.3-1}$$

$$\boldsymbol{\sigma}_{bf} = \sum_{l=1}^{3} T_l^{\mathrm{T}} \sigma_l T_l \tag{A.3-2}$$

式中 转换矩阵为 $\mathbf{T}_1$、$\mathbf{T}_2$ 和 $\mathbf{T}_3$：

$$\mathbf{T}_1 = \begin{bmatrix} -\dfrac{\cos\gamma}{\sqrt{\cos^2\alpha+\cos^2\gamma}} & 0 & \dfrac{\cos\alpha}{\sqrt{\cos^2\alpha+\cos^2\gamma}} \\[3mm] \cos\alpha & \cos\beta & \cos\gamma \\[3mm] -\dfrac{\cos\alpha\cos\beta}{\sqrt{\cos^2\alpha+\cos^2\gamma}} & \sqrt{\cos^2\alpha+\cos^2\gamma} & -\dfrac{\cos\gamma\cos\beta}{\sqrt{\cos^2\alpha+\cos^2\gamma}} \end{bmatrix} \qquad (\text{A. 3-3})$$

$$\mathbf{T}_2 = \begin{bmatrix} -\dfrac{\cos\gamma}{\sqrt{\cos^2\alpha+\cos^2\gamma}} & 0 & \dfrac{\cos\alpha}{\sqrt{\cos^2\alpha+\cos^2\gamma}} \\[3mm] \cos\alpha & -\cos\beta & \cos\gamma \\[3mm] \dfrac{\cos\alpha\cos\beta}{\sqrt{\cos^2\alpha+\cos^2\gamma}} & \sqrt{\cos^2\alpha+\cos^2\gamma} & \dfrac{\cos\gamma\cos\beta}{\sqrt{\cos^2\alpha+\cos^2\gamma}} \end{bmatrix} \qquad (\text{A. 3-4})$$

$$\mathbf{T}_3 = \begin{bmatrix} -\dfrac{\cos\gamma_s}{\sqrt{\cos^2\alpha_s+\cos^2\gamma_s}} & 0 & \dfrac{\cos\alpha_s}{\sqrt{\cos^2\alpha_s+\cos^2\gamma_s}} \\[3mm] \cos\alpha_s & -\cos\beta_s & \cos\gamma_s \\[3mm] \dfrac{\cos\alpha_s\cos\beta_s}{\sqrt{\cos^2\alpha_s+\cos^2\gamma_s}} & \sqrt{\cos^2\alpha_s+\cos^2\gamma_s} & \dfrac{\cos\gamma_s\cos\beta_s}{\sqrt{\cos^2\alpha_s+\cos^2\gamma_s}} \end{bmatrix} \qquad (\text{A. 3-5})$$

$$\beta_s = \arcsin\left(\frac{c_s\sin\beta}{c_p}\right),\ \alpha_s = \arccos\left(\frac{\cos\alpha\sin\beta_s}{\sin\beta}\right),\ \gamma_s = \arccos\left(\frac{\cos\gamma\sin\beta_s}{\sin\beta}\right) \qquad (\text{A. 3-6})$$

波传播方向坐标系下的位移和应力分别为：

$$\mathbf{u}_1 = \left\{ \begin{array}{c} 0 \\ u(t-\Delta t_1) \\ 0 \end{array} \right\} \qquad (\text{A. 3-7})$$

$$\mathbf{u}_2 = \left\{ \begin{array}{c} 0 \\ B_1 u(t-\Delta t_2) \\ 0 \end{array} \right\} \qquad (\text{A. 3-8})$$

$$\mathbf{u}_3 = \left\{ \begin{array}{c} 0 \\ 0 \\ -B_2 u(t-\Delta t_3) \end{array} \right\} \qquad (\text{A. 3-9})$$

$$\boldsymbol{\sigma}_1 = \begin{bmatrix} \sigma_{xx}^1 & 0 & 0 \\ 0 & \sigma_{yy}^1 & 0 \\ 0 & 0 & \sigma_{zz}^1 \end{bmatrix},\ \sigma_{xx}^1 = \sigma_{zz}^1 = -\frac{\lambda}{c_p}\dot{u}(t-\Delta t_1),\ \sigma_{yy}^1 = -\frac{\lambda+2G}{c_p}\dot{u}(t-\Delta t_1)$$

$$(\text{A. 3-10})$$

$$\boldsymbol{\sigma}_2 = \begin{bmatrix} \sigma_{xx}^2 & 0 & 0 \\ 0 & \sigma_{yy}^2 & 0 \\ 0 & 0 & \sigma_{zz}^2 \end{bmatrix},\ \sigma_{xx}^2 = \sigma_{zz}^2 = -\frac{\lambda}{c_p}B_1\dot{u}(t-\Delta t_2),\ \sigma_{yy}^2 = -\frac{\lambda+2G}{c_p}B_1\dot{u}(t-\Delta t_2)$$

$$(\text{A. 3-11})$$

$$\boldsymbol{\sigma}_3 = \begin{bmatrix} 0 & 0 & 0 \\ 0 & 0 & \sigma_{yz}^3 \\ 0 & \sigma_{yz}^3 & 0 \end{bmatrix},\ \sigma_{yz}^3 = \frac{G}{c_s}B_2\dot{u}(t-\Delta t_3) \qquad (\text{A. 3-12})$$

式中 $u(t)$ ——零时刻入射 P 波的位移时程。

延迟时间 Δt_1、Δt_2 和 Δt_3 分别为：

$$\Delta t_1 = \frac{|x\cos\alpha + y\cos\beta + z\cos\gamma|}{c_p} \tag{A.3-13}$$

$$\Delta t_2 = \frac{|x\cos\alpha + (2L_y - y)\cos\beta + z\cos\gamma|}{c_p} \tag{A.3-14}$$

$$\Delta t_3 = \frac{|[x-(L_y-y)\cos\alpha_s/\cos\beta_s]\cos\alpha + L_y\cos\beta + [z-(L_y-y)\cos\gamma_s/\cos\beta_s]\cos\gamma|}{c_p}$$
$$+ \frac{(L_y-y)/\cos\beta_s}{c_s} \tag{A.3-15}$$

式中 x、y 和 z——人工边界有限元节点的坐标。

地表反射波幅值 B_1，B_2分别为：

$$B_1 = \frac{c_s^2\sin2\beta\sin2\beta_s - c_p^2\cos^2 2\beta_s}{c_s^2\sin2\beta\sin2\beta_s + c_p^2\cos^2 2\beta_s} \tag{A.3-16}$$

$$B_2 = -\frac{2c_p c_s\sin2\beta\cos2\beta_s}{c_s^2\sin2\beta\sin2\beta_s + c_p^2\cos^2 2\beta_s} \tag{A.3-17}$$

特殊输入情况说明：

当角度 $\alpha=90°$，$0°<\beta<90°$，$0°<\gamma<90°$时，为入射波阵面平行于 x 轴倾斜入射情况。

当角度 $\gamma=90°$，$0°<\beta<90°$，$0°<\alpha<90°$时，为入射波阵面平行于 z 轴倾斜入射情况。

当角度 $\beta=0°$，$\alpha=90°$，$\gamma=90°$时，为竖直入射情况，此时

$$\mathbf{T}_1 = \begin{bmatrix} 1 & 0 & 0 \\ 0 & 1 & 0 \\ 0 & 0 & 1 \end{bmatrix} \tag{A.3-18}$$

$$\mathbf{T}_2 = \begin{bmatrix} -1 & 0 & 0 \\ 0 & -1 & 0 \\ 0 & 0 & -1 \end{bmatrix} \tag{A.3-19}$$

$$\mathbf{T}_3 = \begin{bmatrix} 0 & 0 & 0 \\ 0 & 0 & 0 \\ 0 & 0 & 0 \end{bmatrix} \tag{A.3-20}$$

A.3.3 SV 波倾斜输入

说明：以下 SV 波输入公式适用于 $\beta < \arcsin\left(\dfrac{c_s}{c_p}\right)$。

人工边界上有限元节点处的位移和应力分别为：

$$\mathbf{u}_{bf} = \sum_{l=1}^{3} \mathbf{T}_l^{\mathrm{T}}\mathbf{u}_l \tag{A.3-21}$$

$$\boldsymbol{\sigma}_{bf} = \sum_{l=1}^{3} \mathbf{T}_l^{\mathrm{T}}\boldsymbol{\sigma}_l\mathbf{T}_l \tag{A.3-22}$$

式中，转换矩阵为 $\mathbf{T}_1$、$\mathbf{T}_2$ 和 $\mathbf{T}_3$：

$$\mathbf{T}_1 = \begin{bmatrix} -\dfrac{\cos\gamma}{\sqrt{\cos^2\alpha+\cos^2\gamma}} & 0 & \dfrac{\cos\alpha}{\sqrt{\cos^2\alpha+\cos^2\gamma}} \\ \cos\alpha & -\cos\beta & \cos\gamma \\ -\dfrac{\cos\alpha\cos\beta}{\sqrt{\cos^2\alpha+\cos^2\gamma}} & \sqrt{\cos^2\alpha+\cos^2\gamma} & -\dfrac{\cos\gamma\cos\beta}{\sqrt{\cos^2\alpha+\cos^2\gamma}} \end{bmatrix} \quad (A.3\text{-}23)$$

$$\mathbf{T}_2 = \begin{bmatrix} -\dfrac{\cos\gamma}{\sqrt{\cos^2\alpha+\cos^2\gamma}} & 0 & \dfrac{\cos\alpha}{\sqrt{\cos^2\alpha+\cos^2\gamma}} \\ \cos\alpha & -\cos\beta & \cos\gamma \\ \dfrac{\cos\alpha\cos\beta}{\sqrt{\cos^2\alpha+\cos^2\gamma}} & \sqrt{\cos^2\alpha+\cos^2\gamma} & \dfrac{\cos\gamma\cos\beta}{\sqrt{\cos^2\alpha+\cos^2\gamma}} \end{bmatrix} \quad (A.3\text{-}24)$$

$$\mathbf{T}_3 = \begin{bmatrix} -\dfrac{\cos\gamma_p}{\sqrt{\cos^2\alpha_p+\cos^2\gamma_p}} & 0 & \dfrac{\cos\alpha_p}{\sqrt{\cos^2\alpha_p+\cos^2\gamma_p}} \\ \cos\alpha_p & -\cos\beta_p & \cos\gamma_p \\ -\dfrac{\cos\alpha_p\cos\beta_p}{\sqrt{\cos^2\alpha_p+\cos^2\gamma_p}} & \sqrt{\cos^2\alpha_p+\cos^2\gamma_p} & -\dfrac{\cos\gamma_p\cos\beta_p}{\sqrt{\cos^2\alpha_p+\cos^2\gamma_p}} \end{bmatrix} \quad (A.3\text{-}25)$$

$$\beta_p = \arcsin\left(\frac{c_p\sin\beta}{c_s}\right), \alpha_p = \arccos\left(\frac{\cos\alpha\sin\beta_p}{\sin\beta}\right), \gamma_p = \arccos\left(\frac{\cos\gamma\sin\beta_p}{\sin\beta}\right) \quad (A.3\text{-}26)$$

波传播方向坐标系下的位移和应力分别为：

$$\mathbf{u}_1 = \begin{Bmatrix} 0 \\ 0 \\ u(t-\Delta t_1) \end{Bmatrix} \quad (A.3\text{-}27)$$

$$\mathbf{u}_2 = \begin{Bmatrix} 0 \\ 0 \\ A_1 u(t-\Delta t_2) \end{Bmatrix} \quad (A.3\text{-}28)$$

$$\mathbf{u}_3 = \begin{Bmatrix} 0 \\ A_2 u(t-\Delta t_3) \\ 0 \end{Bmatrix} \quad (A.3\text{-}29)$$

$$\boldsymbol{\sigma}_1 = \begin{bmatrix} 0 & 0 & 0 \\ 0 & 0 & \sigma_{yz}^1 \\ 0 & \sigma_{yz}^1 & 0 \end{bmatrix}, \sigma_{yz}^1 = -\frac{G}{c_s}\dot{u}(t-\Delta t_1) \quad (A.3\text{-}30)$$

$$\boldsymbol{\sigma}_2 = \begin{bmatrix} 0 & 0 & 0 \\ 0 & 0 & \sigma_{yz}^2 \\ 0 & \sigma_{yz}^2 & 0 \end{bmatrix}, \sigma_{yz}^2 = -\frac{G}{c_s}A_1\dot{u}(t-\Delta t_2) \quad (A.3\text{-}31)$$

$$\boldsymbol{\sigma}_3 = \begin{bmatrix} \sigma_{xx}^3 & 0 & 0 \\ 0 & \sigma_{yy}^3 & 0 \\ 0 & 0 & \sigma_{zz}^3 \end{bmatrix}, \sigma_{xx}^3 = \sigma_{zz}^3 = -\frac{\lambda}{c_p}A_2\dot{u}(t-\Delta t_3), \sigma_{yy}^3 = -\frac{\lambda+2G}{c_p}A_2\dot{u}(t-\Delta t_3)$$

$$(A.3\text{-}32)$$

式中　$u(t)$——零时刻入射 SV 波的位移时程。

延迟时间 Δt_1、Δt_2 和 Δt_3 分别为：

$$\Delta t_1 = \frac{|x\cos\alpha + y\cos\beta + z\cos\gamma|}{c_s} \tag{A.3-33}$$

$$\Delta t_2 = \frac{|x\cos\alpha + (2L_y - y)\cos\beta + z\cos\gamma|}{c_s} \tag{A.3-34}$$

$$\Delta t_3 = \frac{\left|[x - (L_y - y)\cos\alpha_p/\cos\beta_p]\cos\alpha + L_y\cos\beta + [z - (L_y - y)\cos\gamma_p/\cos\beta_p]\cos\gamma\right|}{c_s}$$

$$+ \frac{(L_y - y)/\cos\beta_p}{c_p} \tag{A.3-35}$$

式中　x、y 和 z——人工边界有限元节点的坐标。

地表反射波幅值 A_1，A_2 分别为：

$$A_1 = \frac{c_s^2 \sin2\beta\sin2\beta_p - c_p^2\cos^2 2\beta}{c_s^2 \sin2\beta\sin2\beta_p + c_p^2\cos^2 2\beta} \tag{A.3-36}$$

$$A_2 = \frac{2c_p c_s \sin2\beta\cos2\beta}{c_s^2 \sin2\beta\sin2\beta_p + c_p^2\cos^2 2\beta} \tag{A.3-37}$$

特殊输入情况说明：

当角度 $\alpha = 90°$，$0° < \beta < 90°$，$0° < \gamma < 90°$ 时，为入射波阵面平行于 x 轴倾斜入射情况。

当角度 $\gamma = 90°$，$0° < \beta < 90°$，$0° < \alpha < 90°$ 时，为入射波阵面平行于 z 轴倾斜入射情况。

当角度 $\beta = 0°$，$\alpha = 90°$，$\gamma = 90°$ 时，为竖直入射情况，输入公式见下面 SH 波输入情况。

A.3.4　SH 波倾斜输入

人工边界上有限元节点处的位移和应力分别为：

$$\mathbf{u}_{bf} = \sum_{l=1}^{2} T_l{}^{\mathrm{T}} u_l \tag{A.3-38}$$

$$\boldsymbol{\sigma}_{bf} = \sum_{l=1}^{2} T_l{}^{\mathrm{T}} \sigma_l T_l \tag{A.3-39}$$

式中　转换矩阵为 T_1 和 T_2：

$$\mathbf{T}_1 = \begin{bmatrix} \dfrac{\cos\alpha\cos\beta}{\sqrt{\cos^2\alpha + \cos^2\gamma}} & -\sqrt{\cos^2\alpha + \cos^2\gamma} & \dfrac{\cos\gamma\cos\beta}{\sqrt{\cos^2\alpha + \cos^2\gamma}} \\ \cos\alpha & \cos\beta & \cos\gamma \\ -\dfrac{\cos\gamma}{\sqrt{\cos^2\alpha + \cos^2\gamma}} & 0 & \dfrac{\cos\alpha}{\sqrt{\cos^2\alpha + \cos^2\gamma}} \end{bmatrix} \tag{A.3-40}$$

$$\mathbf{T}_2 = \begin{bmatrix} -\dfrac{\cos\alpha\cos\beta}{\sqrt{\cos^2\alpha + \cos^2\gamma}} & -\sqrt{\cos^2\alpha + \cos^2\gamma} & -\dfrac{\cos\gamma\cos\beta}{\sqrt{\cos^2\alpha + \cos^2\gamma}} \\ \cos\alpha & -\cos\beta & \cos\gamma \\ -\dfrac{\cos\gamma}{\sqrt{\cos^2\alpha + \cos^2\gamma}} & 0 & \dfrac{\cos\alpha}{\sqrt{\cos^2\alpha + \cos^2\gamma}} \end{bmatrix} \tag{A.3-41}$$

波传播方向坐标系下的位移和应力分别为：

$$\mathbf{u}_1 = \left\{ \begin{array}{c} 0 \\ 0 \\ u(t-\Delta t_1) \end{array} \right\} \tag{A.3-42}$$

$$\mathbf{u}_2 = \left\{ \begin{array}{c} 0 \\ 0 \\ u(t-\Delta t_2) \end{array} \right\} \tag{A.3-43}$$

$$\boldsymbol{\sigma}_1 = \begin{bmatrix} 0 & 0 & 0 \\ 0 & 0 & \sigma_{yz}^1 \\ 0 & \sigma_{yz}^1 & 0 \end{bmatrix}, \sigma_{yz}^1 = -\frac{G}{c_s}\dot{u}(t-\Delta t_1) \tag{A.3-44}$$

$$\boldsymbol{\sigma}_2 = \begin{bmatrix} 0 & 0 & 0 \\ 0 & 0 & \sigma_{yz}^2 \\ 0 & \sigma_{yz}^2 & 0 \end{bmatrix}, \sigma_{yz}^2 = -\frac{G}{c_s}\dot{u}(t-\Delta t_2) \tag{A.3-45}$$

式中　$u(t)$——零时刻入射 SH 波的位移时程。

延迟时间 Δt_1 和 Δt_2 分别为：

$$\Delta t_1 = \frac{|x\cos\alpha + y\cos\beta + z\cos\gamma|}{c_s} \tag{A.3-46}$$

$$\Delta t_2 = \frac{|x\cos\alpha + (2L_y - y)\cos\beta + z\cos\gamma|}{c_s} \tag{A.3-47}$$

式中　x、y 和 z——人工边界有限元节点的坐标。

特殊输入情况说明：

当角度 $\alpha=90°$，$0°<\beta<90°$，$0°<\gamma<90°$时，为入射波阵面平行于 x 轴倾斜入射情况。

当角度 $\gamma=90°$，$0°<\beta<90°$，$0°<\alpha<90°$时，为入射波阵面平行于 z 轴倾斜入射情况。

当角度 $\beta=0°$，$\alpha=90°$，$\gamma=90°$时，为竖直入射情况，此时

$$\mathbf{T}_1 = \begin{bmatrix} \cos\theta & 0 & \sin\theta \\ 0 & 1 & 0 \\ -\sin\theta & 0 & \cos\theta \end{bmatrix} \tag{A.3-48}$$

$$\mathbf{T}_2 = \begin{bmatrix} -\cos\theta & 0 & -\sin\theta \\ 0 & -1 & 0 \\ -\sin\theta & 0 & \cos\theta \end{bmatrix} \tag{A.3-49}$$

式中　θ——剪切波振动方向与 z 轴正方向的夹角。

参 考 文 献

[1] Lysmer J, Kuhlemeyer RL. Finite dynamic model for infinite media [J]. Journal of the Engineering Mechanics Division ASCE, 1969, 95 (EM4): 869-877.

[2] 杜修力, 赵密, 王进廷. 近场波动模拟的人工应力边界条件 [J]. 力学学报, 2006, 38 (1): 49-56.

[3] Deeks A J, Randolph M F. Axisymmetric time-domain transmitting boundaries [J]. Journal of Engineering Mechanics ASCE, 1994, 120 (1): 25-42.

[4] 刘晶波, 吕彦东. 结构-地基动力相互作用问题分析的一种直接方法 [J]. 土木工程学报, 1998, 31 (3): 55-64.

[5] 刘晶波, 王振宇, 杜修力, 等. 波动问题中的三维时域粘弹性人工边界 [J]. 工程力学, 2005, 22 (6): 46-51.

[6] 刘晶波, 李彬. 三维粘弹性静-动力统一人工边界 [J]. 中国科学 E 辑, 2005, 35 (9): 966-980.

[7] 王振宇，刘晶波. 成层地基非线性波动问题人工边界与波动输入研究 [J]. 岩石力学与工程学报，2004，23 (7)：1169-1173.

[8] 杜修力. 工程波动理论与方法 [M]. 北京：科学出版社，2009.

[9] 赵建锋，杜修力，韩强，等. 外源波动问题数值模拟的一种实现方式 [J]. 工程力学，2007，24 (4)：52-58.

[10] 杜修力，陈维，李亮，等. 斜入射条件下地下结构时域地震反应分析初探 [J]. 震灾防御技术，2007，2 (3)：290-296.

[11] 徐海滨，杜修力，赵密，等. 地震波斜入射对高拱坝地震反应的影响 [J]. 水力发电学报，2011，30 (6)：159-165.

[12] 黄景琦，杜修力，田志敏，等. 斜入射 SV 波对地铁车站地震响应的影响 [J]. 工程力学，2014，31 (9)：81-87.

[13] 杜修力，黄景琦，赵密，等. SV 波斜入射对岩体隧道洞身段地震响应影响研究 [J]. 岩土工程学报，2014，36 (8)：1400-1406.

附录 B　p-y 元件、t-z 元件和 q-z 元件参数的确定方法

　　土材料非线性行为的表示方式不是仅有 3.5.4 节中所阐述的一种，其他具有代表性的土材料非线性元件参数的详细确定方法介绍如下。需要指出的是，以下内容多数是基于静力试验结果得到，进行地震反应分析时，其滞回规则可参考 Boulanger 和 Taciroglu 等人提出的土材料非线性元件。

B.1　p-y 元件参数的具体确定方法

B.1.1　软粘土的 p-y 曲线

　　Matlock[1] 提出了水下软粘土的 p-y 曲线。式（B.1-1）描述了短期荷载作用下的软粘土 p-y 关系曲线，可以表示为：

$$\frac{p}{p_u}=0.5\left(\frac{y}{y_{50}}\right)^{1/3} \qquad \text{(B.1-1)}$$

式中　p_u——每单位桩长土体的极限抗力，是不排水抗剪强度与深度的函数；

　　　y_{50}——土体抗力达到极限抗力一半时所对应的桩身的变形值。

　　循环荷载作用下软粘土的 p-y 曲线和短期静载作用下的 p-y 曲线表现出一定的不同，如图 B.1-1。由于循环加载的影响，土体在大应变时，其抗力会发生一定程度的退化，表现为整体刚度下降。软粘土 p-y 关系曲线中的参数确定方法见表 B.1-1。

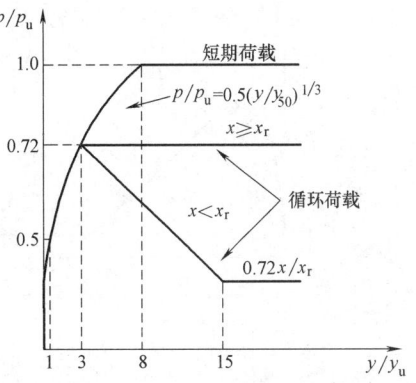

图 B.1-1　水下软粘土的 p-y 曲线
（Matlock, 1970）

软粘土 p-y 曲线的确定（Matlock，1970）：短期静载　　　　表 B.1-1（a）

1. 单位长度的桩基所对应土体的极限承载力 p_u	$p_u=\min\left\{\left[3+\dfrac{\gamma'}{c}x+\dfrac{J}{b}x\right]c_ub,\ 9c_ub\right\}$
2. 荷载达到土体极限承载力一半时所对应的桩的变形 y_{50}	$y_{50}=2.5\varepsilon_{50}b$
3. 确定 p-y 曲线	$p=\begin{cases}0.5\left(\dfrac{y}{y_{50}}\right)^{1/3}p_u, & y\leqslant 8y_{50}\\[2mm] p_u, & y>8y_{50}\end{cases}$

软粘土 p-y 曲线的确定（Matlock，1970）：循环荷载　　表 B.1-1（b）

1. 确定 p-y 曲线	与短期荷载下相同的方式确定 $p \leqslant 0.72 p_u$ 情况下的曲线
2. 求得临界深度 x_r	$x_r = \dfrac{6cb}{(\gamma b + Jc)}$
3. 当 $x > x_r$ 时	$p = 0.72 p_u$，$y \geqslant 3 y_{50}$
4. 当 $x < x_r$ 时	$p = \begin{cases} 0.72 p_u \left(\dfrac{x}{x_r}\right) & , \quad 3 y_{50} < y < 15 y_{50} \\ 常数 & , \quad y > 15 y_{50} \end{cases}$

表 B.1-1 中，c_u 为不排水抗剪强度；b 为桩径；J 为常数；p_u 为单位桩长对应土体的极限承载力；y_{50} 为桩周土达到极限土抗力一半时桩的挠曲变形；x 为深度；x_r 为临界深度；γ' 为土体的有效重度；ε_{50} 为土体最大理论应力的 $1/2$ 值对应的应变（软粘土：0.020；中等粘土：0.010；硬粘土：0.005）。

B.1.2　水下硬粘土的 p-y 曲线

Reese，Cox 和 Koop[3]（1975）在试验数据的反复分析与拟合的基础上，提出了水下硬粘土的 p-y 曲线，如图 B.1-2，其具体的确定方法可参考表 B.1-2。

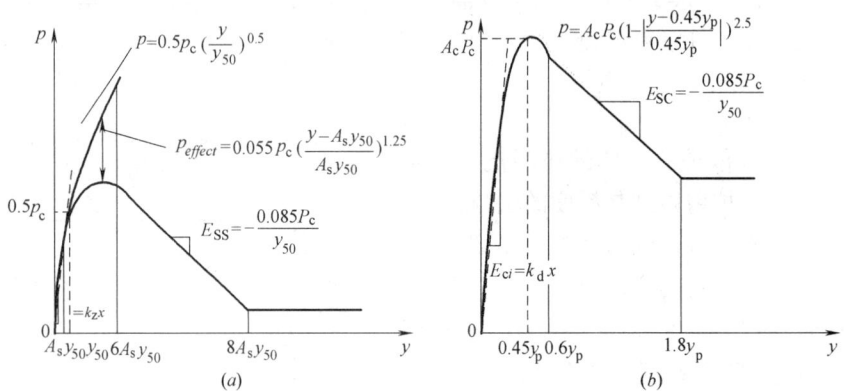

图 B.1-2　水下硬粘土的 p-y 曲线（Reese，Cox，Koop，1975）
（a）短期荷载；（b）循环荷载

初始刚度 k 的参考值　　　　表 B.1-2（a）

k 值	平均不排水剪切强度（kN/m²）		
	$52.8 \sim 105.6$	$105.6 \sim 211.2$	253.4
k_s（kN/m³）	135772	271544	543089
k_c（kN/m³）	54309	108618	217236

水下硬粘土 p-y 曲线的确定（Reese，Cox，Koop，1975）：短期静载　表 B.1-2（b）

1. 单位长度的桩基所对应土体的极限承载力 p_u	$p_u = \min\{p_{ct} = 2c_a b + \gamma' bx + 2.83 c_a x,\quad p_{cd} = 11cb\}$
2. 确定 p-y 曲线的初始直线段	$p = \begin{cases} (k_s x) y & 短期静载 \\ (k_c x) y & 循环荷载 \end{cases}$

续表

3. 确定 *p-y* 曲线的第一抛物线	$p=0.5p_c\left(\dfrac{y}{y_{50}}\right)^{0.5}, y_{50}=\varepsilon_{50}b$
4. 确定 *p-y* 曲线的第二抛物线 ($A_s y_{50} < y < 6A_s y_{50}$)	$p=0.5p_c\left(\dfrac{y}{y_{50}}\right)^{0.5}-0.055p_c\left(\dfrac{y-A_s y_{50}}{A_s y_{50}}\right)^{1.25}$
5. 确定 *p-y* 曲线的第二直线段 ($6A_s y_{50} < y < 18A_s y_{50}$)	$p=0.5p_c(6A_s)^{0.5}-0.411p_c-\dfrac{0.0625}{y_{50}}p_c(y-6A_s y_{50})$
6. 确定 *p-y* 曲线的最后一个直线段 ($y > 18A_s y_{50}$)	$p=0.5p_c(6A_s)^{0.5}-0.411p_c-0.75p_c A_s$

水下硬粘土 *p-y* 曲线的确定（Reese，Cox，Koop，1975）：循环荷载　表 B.1-2（*c*）

1. 与短期荷载①～③步相同	与短期荷载①～③步相同
2. 确定 *p-y* 曲线的抛物线部分（直到点 $y=0.6y_p$）	$p=A_c p_c\left(1-\left\|\dfrac{y-0.45y_p}{0.45y_p}\right\|^{2.5}\right), \quad y_p=4.1A_c y_{50}$
3. 确定 *p-y* 曲线的第二个直线段 ($0.6y_p < y < 1.8y_p$)	$p=0.936A_c p_c-\dfrac{0.085}{y_{50}}p_c(y-0.6y_p)$
4. 确定 *p-y* 曲线的最后一个直线段 ($y > 1.8y_p$)	$p=0.936A_c p_c-\dfrac{0.102}{y_{50}}p_c y_p$

表 B.1-2 中，A_s、A_c 为常数，通过图 B.1-3 确定；k_s、k_c 为初始地基模量，可参考表 B.1-2（*a*）取值；ε_{50} 为与土体最大理论应力一半时所对应的应变大小（0.004～0.007）。

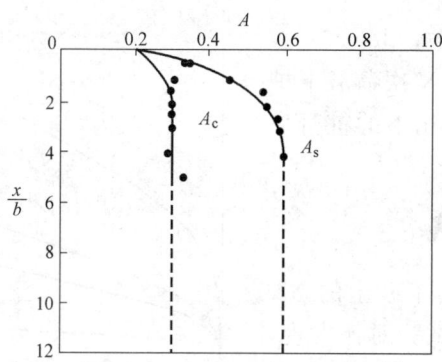

图 B.1-3　常数 A_s 和 A_c 的取值（Reese 等，1975）

B.1.3　水上硬粘土的 *p-y* 曲线

Welch 和 Reese[2] 在对试验的归纳研究的基础上提出了水上硬粘土的 *p-y* 曲线。图 B.1-4 为水上硬粘土的 *p-y* 曲线，其具体确定方法可参考表 B.1-3。

水上硬粘土 *p-y* 曲线的确定（Welch、Reese，1972）：短期静载　表 B.1-3（*a*）

1. 单位桩长上土体的极限承载力 p_u	$p_u=\min\left\{\left[3+\dfrac{\gamma'}{c}x+\dfrac{J}{b}x\right]cb, 9cb\right\}$
2. 荷载达到土体极限承载力一半时所对应的桩的变形 y_{50}	$y_{50}=2.5\varepsilon_{50}b$
3. 确定 *p-y* 曲线	$p=\begin{cases}0.5p_u\left(\dfrac{y}{y_{50}}\right)^{1/4}, & y\leqslant 16y_{50}\\[2mm] p_u, & y>16y_{50}\end{cases}$

水上硬粘土 p-y 曲线的确定（Welch、Reese，1972）：循环荷载　　表 B.1-3 (b)

1. 与短期荷载①～③步相同	与短期荷载①～③步相同
2. 确定描述循环次数对位移影响的参数	$C=9.6\left(\dfrac{p}{p_u}\right)^4$
3. 确定循环加载下的变形 y_c	$y_c=y_s+y_{50}C\log N$

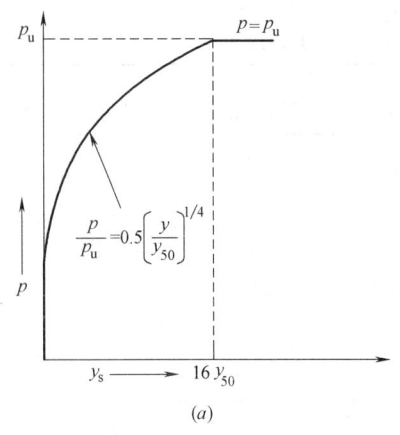

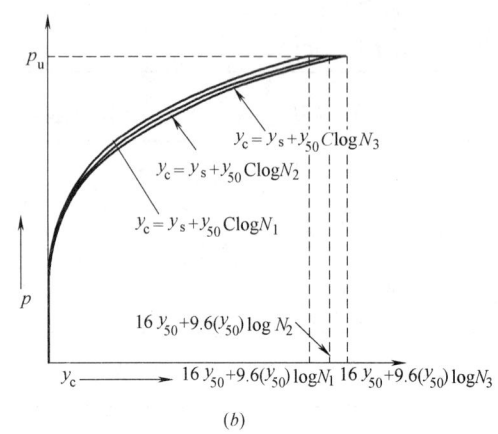

图 B.1-4　水上硬粘土的 p-y 曲线（Welch、Reese，1972）

(a) 短期荷载；(b) 循环荷载

表 B.1-3 中，J 为常数，取 0.5；N 为循环加载次数；y_c 为在 N 次荷载下桩身变形；y_s 为短期静载作用下的桩身变形值。

B.1.4　砂土的 p-y 曲线

Reese 等学者[2-4] 提出了砂土的 p-y 关系曲线，如图 B.1-5。试验对比发现，试验测得的土体极限抗力比上述方法确定值要大很多。为此引入修正系数 $\overline{A}$ 和 $\overline{B}$，如图 B.1-6。表 B.1-4 给出了砂土 p-y 曲线的具体确定方法。

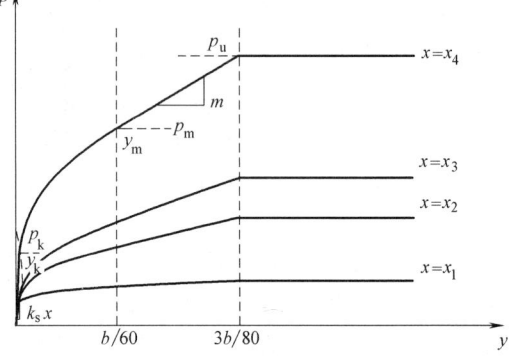

图 B.1-5　砂土的 p-y 曲线（Reese 等，1974）

砂土 p-y 曲线的确定（Reese 等，1974）　　表 B.1-4

1. 前期准备	$\alpha=\varphi/2,\beta=45°+\varphi/2,K_0=0.4,K_a=\tan^2(45°+\varphi/2)$
2. 用楔形失效理论确定的土体极限承载力 p_{st}	$p_{st}=\gamma'x\left[\dfrac{K_0\tan\varphi\sin\beta}{\tan(\beta-\varphi)\cos\alpha}+\dfrac{\tan\beta}{\tan(\beta-\varphi)}(b+x\tan\beta\tan\alpha)\right.$ $\left.+K_0x\tan\beta(\tan\varphi\sin\beta-\tan\alpha)-K_ab\right]$
3. 用流动失效理论确定的土体极限承载力 p_{sd}	$p_{sd}=K_ab\gamma'x(\tan^8\beta-1)+K_0b\gamma'x\tan\varphi\tan^4\beta$
4. 确定修正前所采用的极限抗力 p_s	$p_s=$ 步骤 2,3 求得的较小值

续表

5. 确定极限抗力 p_u	$p_u = \begin{cases} \overline{A}_s p_s : 短期静载 \\ \overline{A}_c P_s : 循环荷载 \end{cases}$
6. $y=b/60$ 对应的土体抗力	$p_m = \begin{cases} \overline{B}_s p_s : 短期静载 \\ \overline{B}_c p_s : 循环荷载 \end{cases}$
7. 确定 *p-y* 曲线的初始直线段部分	$p = (kx)y$
8. 确定 *p-y* 曲线的抛物线部分	$p = \overline{C} y^{1/n}, m = \dfrac{p_u - p_m}{y_u - y_m}, n = \dfrac{p_m}{m y_m}, \overline{C} = \dfrac{p_m}{y_m^{1/n}}, y_k = \left(\dfrac{\overline{C}}{kx}\right)^{n/n-1}$

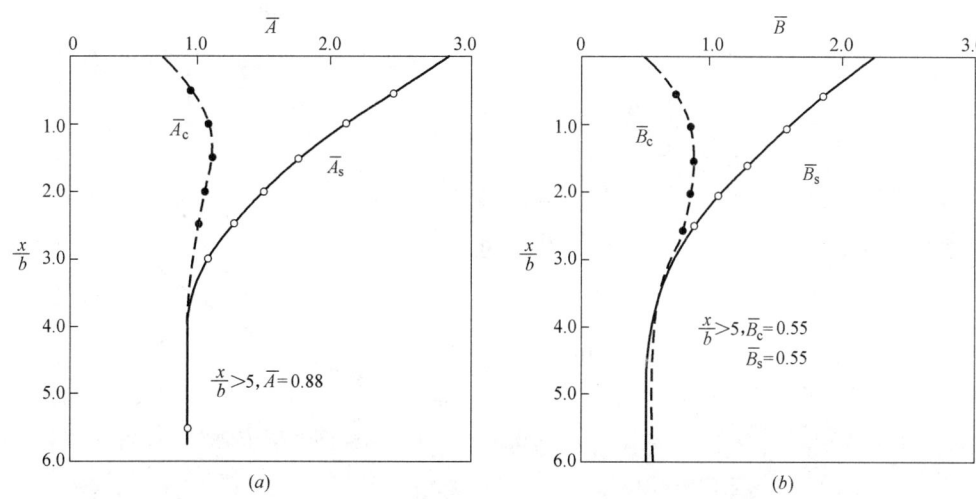

图 B.1-6　系数 $\overline{A}$ 和 $\overline{B}$ 随深度的变化

（*a*）修正系数 $\overline{A}$；（*b*）无量纲系数 $\overline{B}$

表 B.1-4 中：$\overline{A}_s$、$\overline{A}_c$ 为修正系数，如图 B.1-6 （*a*）；$\overline{B}_s$、$\overline{B}_c$ 为无量纲系数，如图 B.1-6 （*b*）；b 为桩径；k 为初始地基模量常数（松砂：水下取 5.4MN/m³，水上取 6.8MN/m³；中密：水下取 6.3MN/m³，水上取 22.4MN/m³；密实：水下取 34MN/m³，水上取 61MN/m³）；p_{st} 为楔形失效理论计算得到的土体极限抗力；p_{sd} 为流动失效理论计算得到的土体极限抗力；p_s 为修正前极限承载力；p_u 为土体的极限承载力；x 为深度；φ 为内摩擦角；γ' 为土体的有效重度。

B.1.5　API 砂土的 *p-y* 曲线

API[5]砂土 *p-y* 曲线用双曲正切函数来表示，具体确定方法见表 B.1-5。该方法将极限承载力用系数 C_1、C_2、C_3 来表示，它们与土体内摩擦角有关，可以通过图 B.1-7 （*a*）查得。这样就省去了大量复杂的公式，从而使计算过程得到了极大的简化。初始地基模量参考图 B.1-7 （*b*）。

API 砂土 *p-y* 曲线的确定（1987）　　　　　　　　　　　表 B.1-5

1. 用楔形失效理论计算得到的土体极限抗力 p_{st}	$p_{st} = (C_1/b + C_2)\gamma' x$
2. 用流动失效理论计算得到的土体极限抗力 p_{sd}	$p_{sd} = C_3 \gamma' x$
3. 确定修正前的土体极限抗力 p_s	$p_s =$ 步骤 1、2 求得的较小值

续表

4. 对短期静载和循环荷载确定修正系数 $\overline{A}$	$\overline{A}=\begin{cases}\left(3.0-0.8\dfrac{x}{b}\right)\geqslant0.9 & \text{短期荷载}\\=0.9 & \text{循环荷载}\end{cases}$
5. 确定 p-y 曲线	$p=\overline{A}p_{\mathrm{s}}\tan\varphi\left[\dfrac{kx}{\overline{A}p_{\mathrm{s}}}y\right]$

表 B.1-5 中：$\overline{A}$ 为修正系数，C_1、C_2、C_3 为随内摩擦角变化的系数，如图 B.1-7 (a)；b 为桩径；k 为初始地基模量常数（MN/m³），如图 B.1-7 (b)。

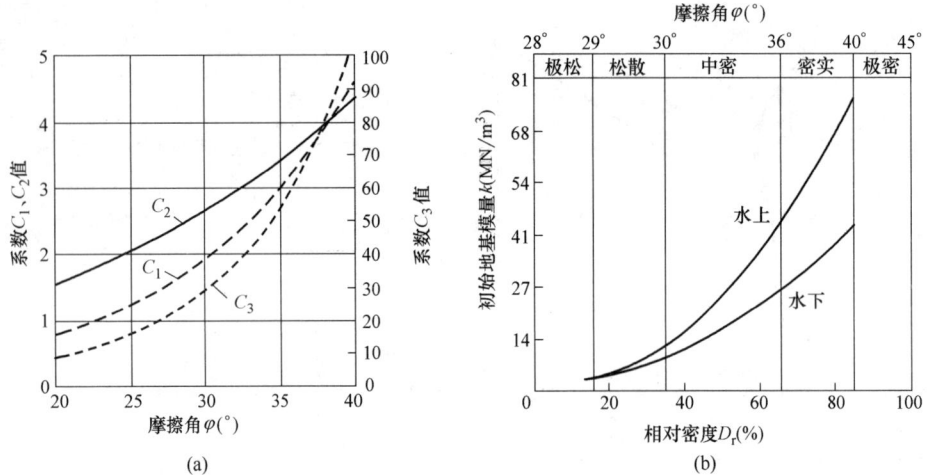

图 B.1-7　API 砂土 p-y 曲线用表

(a) 系数 C_1、C_2、C_3；（b) 初始地基模量

B.2　t-z 元件参数的具体确定方法

B.2.1　砂土 t-z 曲线 （Duan, 1999）

Duan[6] 提出了砂土 t-z 曲线的确定方法。Das 认为，桩侧单位面积上的摩阻力在达到临界深度之前随着深度的增加而增加，而达到临界深度后即保持为常数，如图 B.2-1。研

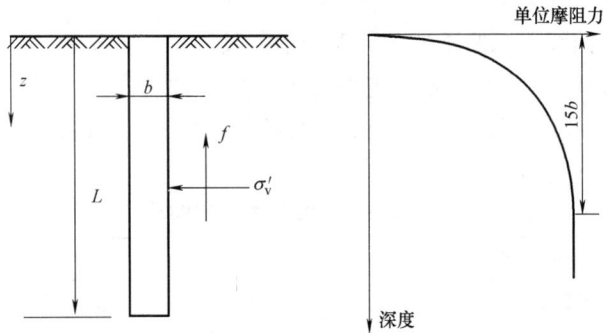

图 B.2-1　砂土单位摩阻力随深度的变化曲线

究表明，砂土的内摩擦角、密实度、相对密度都对临界深度有着一定影响。一般情况下，临界深度可以保守地取为桩径的 15 倍。砂土 *t-z* 曲线的具体确定方法见表 B. 2-1。

砂土 *t-z* 曲线的确定方法（Duan，1999）　　　　　　　　　　　　　　表 B. 2-1

1. 前期准备	$\delta=3/4\varphi, K_0=1-\sin\varphi$
2. 计算极限摩阻力，$f_{\max}$	$f_{\max}=K\sigma'_{\mathrm{v}}\tan\delta$
3. 确定砂土 *t-z* 曲线	$f=f_{\max}(2\sqrt{\dfrac{z}{z_{\mathrm{c}}}}-\dfrac{z}{z_{\mathrm{c}}})$

表 B. 2-1 中：φ 为内摩擦角（°）；δ 为桩-土摩擦角（°）；k_0 为静止土压系数；k 为土压力系数；$f_{\max}$ 为单位极限摩阻力（kPa）；σ_{v}' 为竖向有效应力（kPa）；z_{c} 为当单位摩阻力达到 $f_{\max}$ 时所对应的位移，通常取 $z_{\mathrm{c}}=0.51\mathrm{cm}$。

B. 2. 2　砂土 *t-z* 曲线（Wang 等，1993）

Wang 和 Reese[7] 提出了砂土 *t-z* 曲线。该曲线适用于：内摩擦角 $\varphi>30°$；深度 $1.5\mathrm{m}<z<26.7\mathrm{m}$。曲线形式如图 B. 2-2 所示，确定方法见表 B. 2-2。

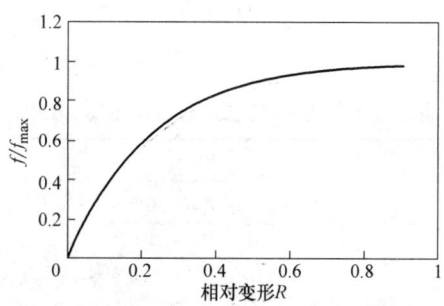

图 B. 2-2　砂土 *t-z* 曲线（Wang 等，1993）

砂土 *t-z* 曲线的确定方法（Wang 等，1993）　　　　　　　　　　　表 B. 2-2

1. 前期准备	$\beta=1.5-0.135\sqrt{z(ft)};0.25\leqslant\beta<1.2, R=\dfrac{z}{b}\times100$
2. 计算极限摩阻力，$f_{\max}$	$f_{\max}=K\sigma'_{\mathrm{v}}\tan\delta=\beta\sigma'_{\mathrm{v}}\leqslant2.0tsf(191.5\mathrm{kPa})$
3. 确定砂土 *t-z* 曲线	$f/f_{\max}=\begin{cases}-2.16R^4+6.34R^3-7.36R^2+4.15R & R\leqslant0.908333\\ 0.978112 & R>0.908333\end{cases}$

表 B. 2-2 中：β 为系数，$\beta=1.5-0.135\sqrt{z(ft)}$；$z$ 为桩身变形；b 为桩径；R 为相对变形（cm/m）。

B. 2. 3　粘土 *t-z* 曲线（Duan，1999）

Duan[6] 提出的 *t-z* 曲线仍采用 Lam、Martin 和 Imbsen 等学者提出的形式。用粘土有效应力来估计单位桩长的极限摩阻力，其具体确定方法参考表 B. 2-3。

表 B. 2-3 中：α 为经验粘结系数，对 $c_{\mathrm{u}}<160\mathrm{kN/m^2}$，取 $\alpha=1$；c_{u} 为土体的未排水剪切强度（kPa）。

饱和粘土 t-z 曲线的确定方法（Duan，1999）   表 B. 2-3

1. 计算极限摩阻力，f_{max}	$f_{max} = \alpha c_u$
2. 确定粘土 t-z 曲线	$f = f_{max}(2\sqrt{\dfrac{z}{z_c}} - \dfrac{z}{z_c})$

B. 2. 4 粘土 t-z 曲线（Wang 等，1993）

Wang 和 Reese[7] 提出了粘土 t-z 曲线形式，如图 B. 2-3，具体确定方法见表 B. 2-4。

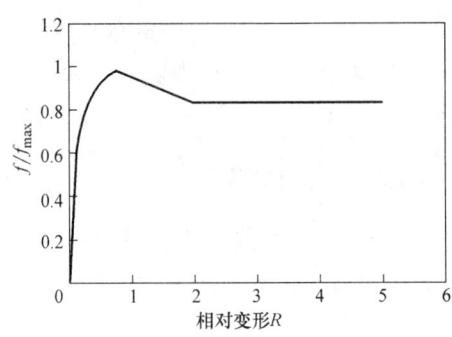

图 B. 2-3   粘土 t-z 曲线（Wang 等，1993）

粘土 t-z 曲线的确定方法（Wang 等，1993）   表 B. 2-4

1. 前期准备	$R = \dfrac{z}{b} \times 100$
2. 计算极限摩阻力，f_{max}	$f_{max} = \alpha_z c_u \leqslant 2.75 tsf (263\text{kPa})$
3. 确定粘土 t-z 曲线	$f/f_{max} = \begin{cases} 0.593157R/0.12 & R \leqslant 0.12 \\ R/(0.095155 + 0.892937R) & R \leqslant 0.74 \\ 0.978929 - 0.115817(R - 0.74) & R \leqslant 2.0 \\ 0.833 & R > 2.0 \end{cases}$

表 B. 2-4 中：α_z 为经验粘结系数（地表至其以下 1.5m，$\alpha_z = 0$；桩底至其以上 1 倍桩径，$\alpha_z = 0$；桩身其他部分 $\alpha_z = 0.55$）。

B. 3 q-z 元件参数的具体确定方法

B. 3. 1 砂土 q-z 曲线（Duan，1999）

Duan[6] 提出了砂土 q-z 曲线的确定方法。Lam、Martin 和 Imbsen（1991）等学者认为在达到临界嵌固深度 L_b 之前桩底砂土的极限承载力随着嵌固深度的增大而增加，超过临界嵌固深度 L_b 之后即保持不变，如图 B. 3-1。关于桩基础的埋深与临界嵌固深度 L_b 二者之间的关系，Myerhof（1976）认为：均匀砂土中，$L_b = L$，如图 B. 3-1（a）；成层砂土中，$L_b < L$，如图 B. 3-1（b）。临界埋深比（L_b/b）$_{cr}$是砂土摩擦角的函数，如图 B. 3-2。砂土 q-z 曲线的具体确定方法参考表 B. 3-1。

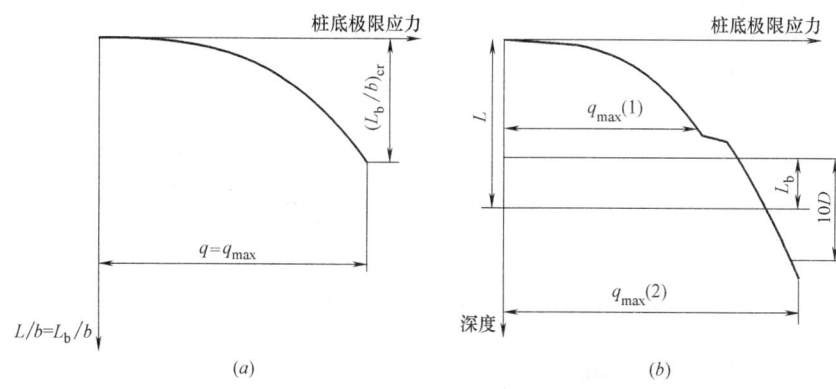

图 B.3-1 桩底极限应力随深度的变化曲线

（*a*）单层土；（*b*）成层土

砂土 *q-z* 曲线的确定方法（Duan，1999）　　　　表 B.3-1

1. 前期准备	$q_l(lb/ft^2)=1000N_q^* \tan\varphi$
2. 计算桩端处土的极限抗力，q_{max}	$q_{max}=\sigma_v' N_q^* < q_l$
3. 确定砂土 *q-z* 曲线	$q=\left(\dfrac{z}{z_c}\right)^{1/3} q_{max}$

表 B.3-1 中：N_q^* 为无量纲承载能力系数，按图 B.3-3 取值；q_{max} 为桩端的极限承载力（kPa）；z_c 为桩端力达到 q_{max} 所对应的临界位移（m）。

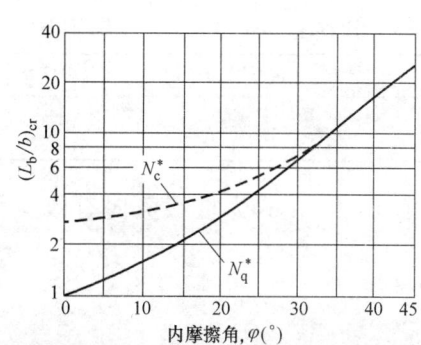

图 B.3-2 $(L_b/b)_{cr}$随摩擦角的变化

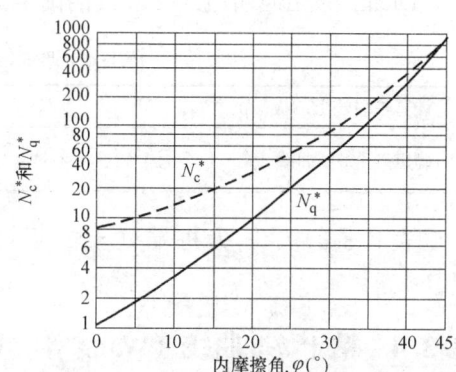

图 B.3-3 N_c^* 和 N_q^* 随摩擦角的变化

B.3.2 砂土 *q-z* 曲线（Wang 等，1993）

Wang 和 Reese[7]提出了砂土 *q-z* 曲线，其曲线形式如图 B.3-4 所示，具体确定方法见表 B.3-2。

砂土 *q-z* 曲线的确定方法（Wang 等，1993）　　　　表 B.3-2

1. 前期准备	$R=\dfrac{z}{b}\times100$
2. $b \leqslant 1.27$m 时，计算桩底极限承载力	$q_{max}=\begin{cases}57.5N_{SPT} & 0 \leqslant N_{SPT} \leqslant 50 \\ 2900 & N_{SPT}>50\end{cases}$

3. $b>1.27\mathrm{m}$ 时,计算桩底极限承载力 $q_{\max(1)}$	$q_{\max(1)}=\dfrac{1.27}{b}q_{\max}$
4. 确定砂土 $q\text{-}z$ 曲线	$q/q_{\max}=-0.0001079R^4+0.0035584R^3$ $-0.045115R^2+0.34861R$

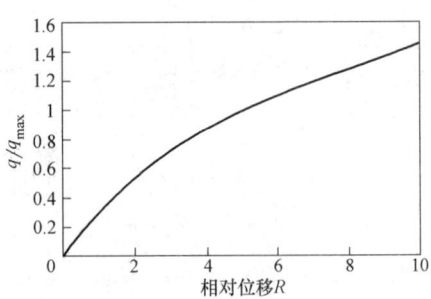

图 B.3-4　砂土 $q\text{-}z$ 曲线 (Wang 等，1993)

表 B.3-2 中：z 为桩身变形值 (m)；N_{SPT} 为标准贯入数；$q_{\max}$ 为 $b<1.27\mathrm{m}$ 时，计算桩底处土的极限抗力 (kPa)；$q_{\max(1)}$ 为 $b>1.27\mathrm{m}$ 时，计算桩底处土的极限抗力 (kPa)。

B.3.3　粘土 $q\text{-}z$ 曲线 (Duan，1999)

Duan[6] 提出了粘土 $q\text{-}z$ 曲线的确定方法，具体确定方法可参考表 B.3-3。

粘土 $q\text{-}z$ 曲线的确定方法 (Duan，1999)　　　　　　　　**表 B.3-3**

1. 计算桩端处土的极限抗力，$q_{\max}$	$q_{\max}=c_{\mathrm{u}}N_{\mathrm{c}}^*+\sigma'_{\mathrm{v}}N_{\mathrm{q}}^*$
2. 确定砂土 $q\text{-}z$ 曲线	$q=\left(\dfrac{z}{z_{\mathrm{c}}}\right)^{1/3}q_{\max}$

表 B.3-3 中：c_{u} 为桩端处土的不排水剪切强度 (kPa)；σ'_{v} 为桩底竖向有效应力 (kPa)。

B.3.4　粘土 $q\text{-}z$ 曲线 (Wang 等，1993)

Wang 和 Reese[7] (1993) 提出的粘土 $q\text{-}z$ 曲线形式如图 B.3-5 所示，其具体确定方法见表 B.3-4。

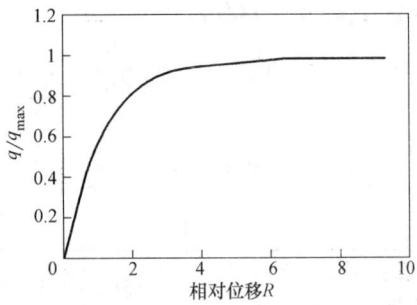

图 B.3-5　粘土 $q\text{-}z$ 曲线 (Wang 等，1993)

粘土 *q-z* 曲线的确定方法（Wang 等，1993）　　　　　　表 B. 3-4

1. 前期准备	$R = \dfrac{z}{b} \times 100$
2. $b < 1.90\text{m}$ 时，计算桩底极限承载力	$q_{\max} = N_c c_u \leqslant 3.83\text{MPa} \quad N_c - 6\left(1 + 0.2\dfrac{L}{b}\right) \leqslant 9$
3. $b > 1.90\text{m}$ 时，计算桩底极限承载力	$q_{\max(1)} = F_r q_{\max}$ $F_r - \dfrac{2.5}{[mb(in) + 2.5n]} \leqslant 1.0 \quad m = 0.0071 + 0.0021\dfrac{L}{b} \leqslant 0.015$ $n = 0.45\sqrt{c_u(ksf)}, 0.5 \leqslant n \leqslant 1.5$
4. 确定粘土 *q-z* 曲线	$\dfrac{q}{q_{\max}} = \begin{cases} 0.00011823R^5 - 0.0037091R^4 + 0.044944R^3 \\ \quad -0.26537R^2 + 0.78436R & R \leqslant 6.5 \\ 0.98 & R > 6.5 \end{cases}$

表 B. 3-4 中：L 为桩长；$q_{\max}$ 为 $b < 1.90\text{m}$ 时，计算桩底处土的极限抗力（kPa）；$q_{\max(1)}$ 为 $b > 1.90\text{m}$ 时，计算桩底处土的极限抗力（kPa）。

参 考 文 献

[1] Matlock H. Correlation for design of laterally loaded piles in soft clay [C] //Offshore Technology in Civil Engineering. ASCE, 1970：77-94.

[2] Reese L C，Welch R C. Lateral loading of deep foundations in stiff clay [J]. Journal of Geotechnical & Geoenvironmental Engineering, 1975, 101（7）：633-649.

[3] Reese L，Cox W，Koop F. Field testing and analysis of laterally loaded piles on stiff clay [C] //Offshore Technology in Civil Engineering. 1975：106-125.

[4] Reese L C，Cox W R，Koop F D. Analysis of Laterally Loaded Piles in Sand [C] //Offshore Technology in Civil Engineering，ASCE，1974：95-105.

[5] RP2A-WSD API. Recommended practice for planning，designing and constructing fixed offshore platforms-working stress design-American Petroleum Institute，2000. [C] //Twenty-. 2000.

[6] Duan Xiaojing. A soil structure-interaction analysis of tall buildings [D]. California，USA：University of Southern California，1999.

[7] Wang S，Reese L C. COM624P-laterally loaded pile analysis program for the microcomputer，version 2.0. final report [J]. Computer Graphics，1993.

附录 C 盾构隧道接头弹簧刚度

C.1 管片接头的转动弹簧刚度

C.1.1 概要

转动弹簧刚度 K_θ 定义为作用在管片接头上的弯矩 M 与接头所发生的转角 θ 之比，即 $K_\theta = M/\theta$。由于其受到接头处的轴力、接头板的变形、接头初始拧紧力等影响，表现出复杂的力学行为，可用三线性关系表示，如图 C.1-1 所示。

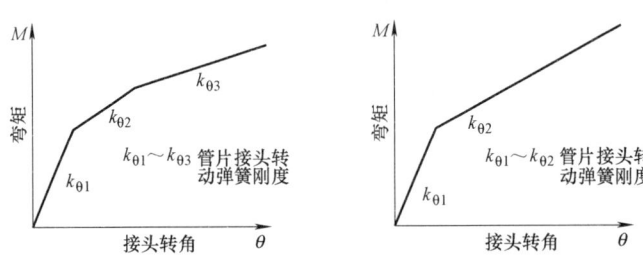

图 C.1-1 弯矩与接头转角的关系

由螺栓的初始拧紧力产生的接头上的轴压力，使接头全面处于受压状态，上述的第一斜率可认为无穷大。随着弯矩的增大，接头板压应变恢复，同时接头板的弹性弯曲变形导致在接头部位张开，变为第二斜率。随着弯曲变形的发展，接头板的一部分进入屈服，变为第三斜率。实际使用时，可考虑为双线性，也可不考虑轴力影响。

C.1.2 确定方法

确定方法有两种。一是试验确定，制作实物大小的模型，施加接头的初始拧紧力，进行接头弯曲试验，通过接头处的弯矩与接头面的转角来求转动弹簧刚度。在日本《铁路结构设计规范（抗震设计篇）》中给出了试验方法；文献 [1] 中给出了一些管片接头转动弹簧刚度的试验参考值。二是理论解，例如村上-小泉方法、《铁路结构设计规范（抗震设计篇）》中的方法等。

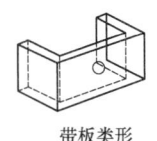
带板类形

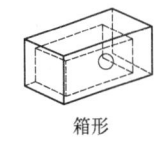
箱形

图 C.1-2 管片接头形状

（1）村上-小泉方法

该方法假设接头面混凝土受压区的压力按照矩形分布，受压区合力点到受压区边缘的距离为中性轴到受压区边缘距离的 1/3。管片接头形状有带板类形、箱形等，如图 C.1-2。然后根据力学平衡及相应几何关系求出。

1）根据力的平衡来计算转动弹簧刚度。第 4 章中给出了转动弹簧刚度的计算公式，则 1 处接头板的转动弹簧刚度如下式：

$$K_\theta = \frac{(d-f)(d-y)T}{2\delta} \tag{C.1-1}$$

由于螺栓的位置没有在接头中线处，所以正弯曲和负弯曲的情况不同。正弯曲只有弯矩作用时，如图 C.1-3，应用单筋矩形断面中性轴计算公式：

$$y = -\frac{n \cdot A_b}{b}\left(-1+\sqrt{1+\frac{2b \cdot h_d}{n \cdot A_b}}\right) \tag{C.1-2}$$

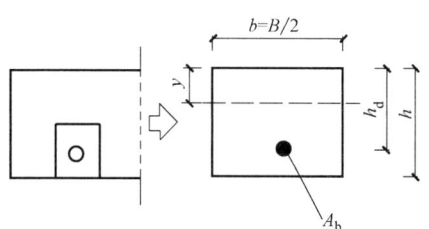

图 C.1-3　单筋矩形断面（正弯曲时）

式中　A_b——螺栓的有效断面面积；

　　　n——管片与螺栓的弹性模量比；

　　　b——宽度；

　　　h_d——有效高度。

分正弯曲、负弯曲两种情况，正弯曲时拉力作用在内边缘侧螺栓上，负弯曲时拉力作用在外边缘螺栓上，如图 C.1-4。1 处接头板的转动弹簧刚度：

正弯曲时：

$$K_{\theta+} = \frac{(d_1-f_1)(d_1-y_1)T_1}{2\delta_1} \tag{C.1-3}$$

负弯曲时：

$$K_{\theta-} = \frac{(d_2-f_2)(d_2-y_2)T_2}{2\delta_2} \tag{C.1-4}$$

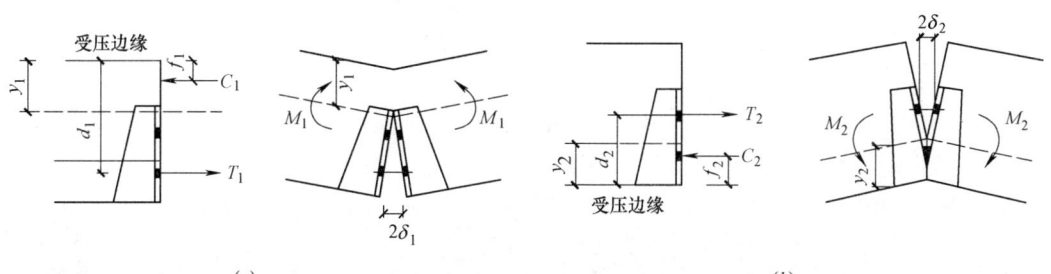

图 C.1-4　2 根螺栓时力的平衡

（a）正弯曲；（b）负弯曲

2）螺栓与接头板的弹簧刚度 K。由于受到螺栓初始拧紧力的作用，接头板产生压缩应变。在螺栓上有拉力作用时，接头板的两侧分离，预先施加的初始压应变得到释放，可用弹簧来表示螺栓及接头板，如图 C.1-5。螺栓与接头板的弹簧刚度为：

$$K = \begin{cases} \dfrac{2k_b \cdot k_{pu}}{2k_b + k_{pu}} + 2k_{pl} & \text{分离前} \\[3mm] \dfrac{2k_b \cdot k_{pu}}{2k_b + k_{pu}} & \text{分离后} \end{cases} \tag{C.1-5}$$

式中，k_b 为螺栓轴向刚度的弹簧刚度：

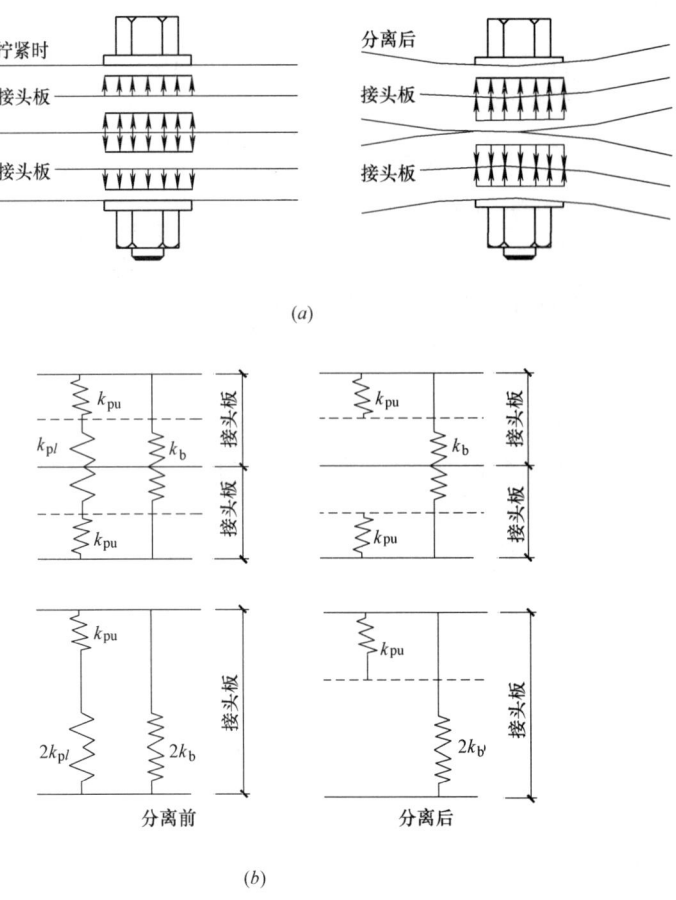

图 C.1-5　接头板的应力状态及弹簧

(a) 应力状态；(b) 弹簧

$$k_{\mathrm{b}}=\frac{E_{\mathrm{b}} \cdot A_{\mathrm{e}}}{l_l \cdot A_{\mathrm{e}}/A_{\mathrm{b}l}+l_{\mathrm{n}}+l_{\mathrm{e}}} \tag{C.1-6}$$

k_{pu} 为受到接头板螺栓约束部分的压缩弹簧刚度：

$$k_{\mathrm{pu}}=\frac{E \cdot A_{\mathrm{u}}}{t/2+t_{\mathrm{w}}} \tag{C.1-7}$$

$k_{\mathrm{p}l}$ 为接头板受到螺栓初始拧紧力的作用，预先施加的压应变得到释放时，板的弹簧刚度：

$$k_{\mathrm{p}l}=\frac{E \cdot A_l}{t} \tag{C.1-8}$$

此处，E_{b} 为螺栓的弹性模量；A 为螺栓带有螺纹部分的有效断面面积；$A_{\mathrm{b}l}$ 为螺栓的断面面积；l_{e} 为螺母部分的有效拧紧长度，$l_{\mathrm{e}}=0.6 \cdot l_{\mathrm{H}}$，$l_{\mathrm{H}}$ 为螺母的高度；l_l 为螺栓的轴部长度；l_{n} 为螺栓带有螺纹部分的长度，$l_{\mathrm{n}}=2 \cdot t+2 \cdot t_{\mathrm{w}}-l_l$，$t_{\mathrm{w}}$ 为垫圈厚度；E 为接头板的弹性模量；$A_{\mathrm{u}}=\pi \cdot (r_{\mathrm{u}}{}^2-r_{\mathrm{a}}{}^2)$，$A_l=\pi \cdot (r_l{}^2-r_{\mathrm{a}}{}^2)$，$r_{\mathrm{a}}$ 为螺栓孔半径，$r_{\mathrm{u}}=r_{\mathrm{w}}+t/12$，$r_l=r_{\mathrm{w}}+t/3$，$r_{\mathrm{w}}$ 为垫圈外半径；t 为接头板厚度。如图 C.1-6。

3）接头板挠度计算。将接头板作为圆周方向与半径方向上的梁构件，将螺栓与接头板作为弹簧来进行模型化。将螺栓的拉力 T 分解为作用在圆周方向上及半径方向上的梁

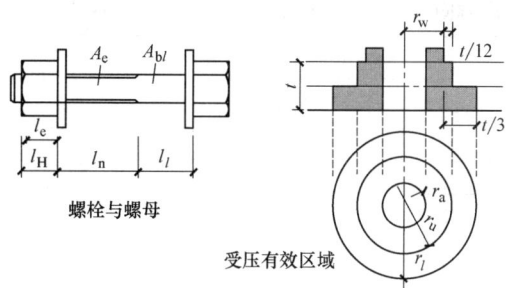

图 C.1-6 螺栓尺寸及接头板的受压有效区域

的力。

以 2 个螺栓的箱形为例，分正弯曲和负弯曲两种情况。正弯曲时，如图 C.1-7 所示，将螺栓的拉力 T_1 分解为作用在圆周方向上梁及半径方向上梁的力 P_1 和 P_2，这时将圆周方向梁、半径方向梁的挠度分别记为 δ_{11} 和 δ_{12}，且 $\delta_{11}=\delta_{12}$；设 $P_1=\alpha \cdot P_2$，α 为圆周方向梁与半径方向梁的力的分担比。则接头板的挠度 δ_1：

$$\delta_1=\delta_{11}+\frac{T_1}{K}=\frac{P_1 l_1^3}{192D}+\frac{T_1}{K}=\frac{T_1 l_1^3}{192D(1+\alpha)}+\frac{T_1}{K}=\frac{K l_1^3+192D(1+\alpha)}{192D(1+\alpha)K}T_1 \quad (C.1-9)$$

同理，负弯曲时，如图 C.1-8，挠度 δ_2：

$$\delta_2=\delta_{21}+\frac{T_2}{K}=\frac{K l_3^3+192D(1+\alpha)}{192D(1+\alpha)K}T_2, \alpha=\frac{l_3^3(l_4+l_5)^3}{64 l_4^3 l_5^3} \quad (C.1-10)$$

D 为接头板的梁的弯曲刚度：

$$D=\frac{b \cdot t^3}{12(1-v^2)}E \quad (C.1-11)$$

式中，b 为梁的有效宽度，$b=2\left(\gamma_w+\frac{t}{12}\right)$；$v$ 为接头板泊松比。

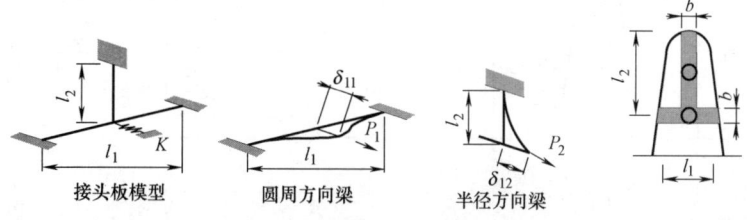

图 C.1-7 正弯曲时接头板的挠度

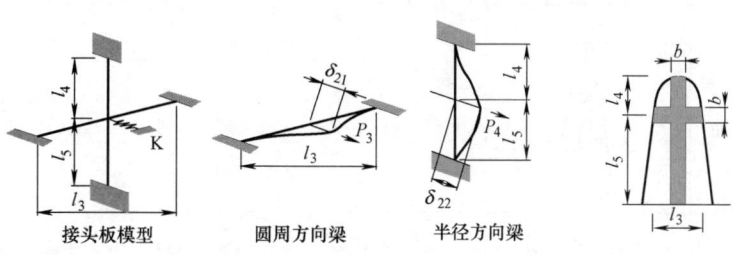

图 C.1-8 负弯曲时接头板的挠度

按照管片接头板形状，给出了圆周方向与半径方向梁的力的分担比及接头板的挠度，见表 C.1-1。

圆周方向与半径方向梁的力的分担比及接头板的挠度　　　　　表 C.1-1

			力的分担比	接头板的挠度
		平板形 1 个螺栓		
带板类形	正弯曲		$\alpha = 0$	$\delta_1 = \dfrac{kl_1{}^3 + 192D(1+\alpha)}{192D(1+\alpha)K} T_1$
	负弯曲		$\alpha = \dfrac{l^3}{64l_3{}^3}$	$\delta_2 = \dfrac{kl^3 + 192D(1+\alpha)}{192D(1+\alpha)K} T_2$
箱形	正弯曲		$\alpha = \dfrac{l^3}{64l_2{}^3}$	$\delta_1 = \dfrac{kl^3 + 192D(1+\alpha)}{192D(1+\alpha)K} T_1$
	负弯曲		$\alpha = \dfrac{l^3(l_2+l_3)^3}{64l_2{}^3 l_3{}^3}$	$\delta_2 = \dfrac{kl^3 + 192D(1+\alpha)}{192D(1+\alpha)K} T_2$
		平板形 2 个螺栓		
带板类形	正弯曲		$\alpha = 0$	$\delta_1 = \dfrac{kl_1{}^3 + 192D(1+\alpha)}{192D(1+\alpha)K} T_1$
	负弯曲		$\alpha = \dfrac{l_3{}^3}{64l_5{}^3}$	$\delta_2 = \dfrac{kl_3{}^3 + 192D(1+\alpha)}{192D(1+\alpha)K} T_2$
箱形	正弯曲		$\alpha = \dfrac{l_1{}^3}{64l_2{}^3}$	$\delta_1 = \dfrac{kl_1{}^3 + 192D(1+\alpha)}{192D(1+\alpha)K} T_1$
	负弯曲		$\alpha = \dfrac{l_3{}^3(l_4+l_5)^3}{64l_4{}^3 l_5{}^3}$	$\delta_2 = \dfrac{kl_3{}^3 + 192D(1+\alpha)}{192D(1+\alpha)K} T_2$

（2）日本《铁路结构设计规范（抗震设计篇）》中的方法

1）接头处没有连接件。依据接头处的力的平衡条件，如图 C.1-9（a），转动弹簧刚度：

$$K_\theta = \frac{x(3h-2x) \cdot b \cdot E_c}{24} \tag{C.1-12}$$

式中　x 为由受压外边缘到中性轴的距离；b 为管片宽度；h 为管片高度；E_c 为混凝土的弹性系数。

2）接头处有连接件。当中性轴位于螺栓与受拉边缘之间时，与接头处没有连接件时采用同样方法来求解。但在上下 2 层配置螺栓时，螺栓的位置为有效高度大的一方。当中性轴位于螺栓与受压边缘之间时，与考虑接头板弯曲刚度后的接头处的抗拉弹簧相比，螺栓-接头板的复合弹簧的刚度很大；如图 C.1-9（b），忽略螺栓-接头板的复合弹簧，依据格子梁模型来求解接头处的抗拉弹簧刚度 k_j：

$$k_j = (k_v + k_h)/1.2 \tag{C.1-13}$$

式中，1.2 为形状系数；$b_e = 2(r_w + t/6)$ 为由螺栓拧紧引起的接头板的受压有效宽度；$k_h = 192EI/b_l^3$ 为格子梁模型中水平梁的弹簧刚度；$k_v = 3EI/h_b^3$ 为格子梁模型中垂直梁的弹簧刚度；$I = b_e t^3/12 (1-r^2)$。

关于螺栓的拧紧力 $I = b_e t^3/12 (1-r^2)$，考虑到施工因素，可取为 0，此外在上下 2 层配有螺栓时，即使忽略有效高度小的螺栓，也不会产生过大的偏差，可以只考虑有效高度大的螺栓。

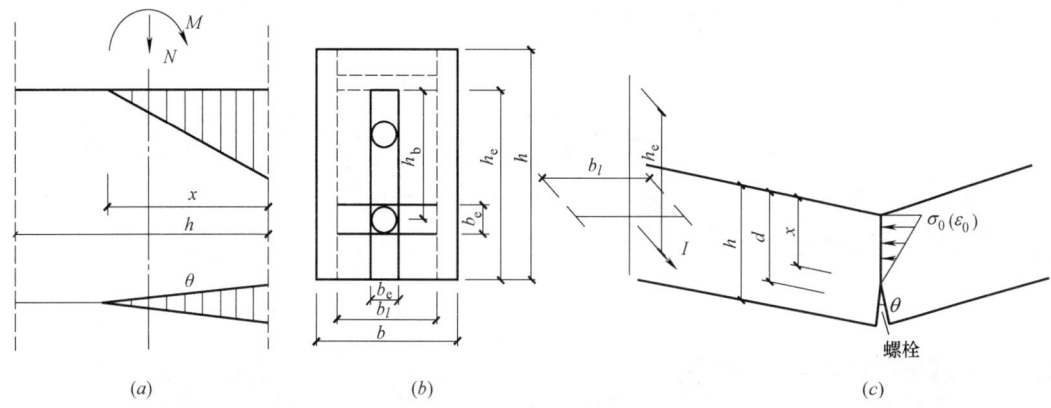

图 C.1-9　接头处的力的平衡

（a）无连接件；（b）接头板抗拉弹簧系数；（c）有连接件

假定接头面的受拉区域与受压区域分别保持平面，混凝土对压缩区域转角的影响深度为管片受压边缘到中性轴距离的 2 倍。给定断面力（M，N）及接头的各个参数，由下式可以计算出转动弹簧刚度 K_θ：

$$\frac{b \cdot N \cdot E_c}{3} x^3 + \left\{ b \cdot E_c\left(M - \frac{N \cdot h}{2}\right) + 4k_j\left[M - N\left(\frac{h}{2} - d\right)\right]\right\} x -$$

$$4k_j\left[M \cdot d - N\left(\frac{d \cdot h}{2} - d^2\right)\right] = 0, \quad \theta = \frac{N}{\dfrac{b \cdot x \cdot E_c}{4} - (d-x)k_j}, \quad K_\theta = \frac{M}{\theta} \tag{C.1-14}$$

C.2 环间接头的剪切弹簧刚度

环间接头可以分为切线方向与法线方向 2 个方向的剪切弹簧。切线方向上的剪切弹簧刚度可以定义为 $K_{st}=Q_{st}/\delta_{st}$，其中 Q_{st} 为切线方向作用的剪力，δ_{st} 为切线方向上的相对位移；同理可得半径方向的剪切弹簧刚度，记为 $K_{sr}=Q_{sr}/\delta_{sr}$，其中 Q_{sr} 为半径方向作用的剪力，δ_{sr} 为半径方向上的相对位移。现在还没有剪力剪切弹簧的解析求解方法，一般依据试验结果与经验来确定。

当剪力比环间接头面的摩擦力小时，两个管片一起变形，剪切弹簧刚度依赖于管片的刚

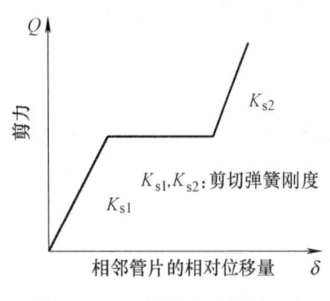

图 C.2-1 剪力与环间相对
位移的关系

度。当剪力大于摩擦力时，两个管片有滑动，由于螺栓与螺栓孔之间有孔隙，接头可以产生变形，剪切弹簧刚度近似为 0。当变形进一步增大，管片和螺栓又一起变形，剪切刚度变大，甚至可以等于初始剪切刚度，如图 C.2-1 所示。

试验表明，剪切弹簧刚度大约在 100000～500000kN/m 之间。在设计中，将环间接头的剪切弹簧刚度取大，偏于安全，因此将剪切弹簧刚度换取为无穷大或者很大数值。日本《铁路结构设计规范（抗震设计篇）》中在考虑管片弯曲及剪切变形的基础上，对混凝土管片（平板形）给出了计算方法：

$$k_{sr}=\frac{192EI}{(2b)^3} \quad \text{半径方向}$$

$$k_{st}=\frac{2L_j \cdot h \cdot G}{b}=\frac{L_j \cdot h \cdot E}{b(1+v)} \quad \text{切线方向} \tag{C.2-1}$$

式中 EI 为平板形管片轴向方向的抗弯刚度；L_j 为轴方向（环）接头间隔；h 为管片厚度；G 为管片剪切模量。

C.3 纵向转动弹簧刚度

假定隧道纵向方向只有弯矩，没有轴力，纵向转动弹簧刚度可以定义为纵向弯矩除以纵向转角。

C.3.1 志波等的计算方法

志波等[2]提出了纵向等效抗弯刚度计算公式，应用在日本很多的抗震设计标准中。对该计算公式进行修改后可以简略计算转动弹簧刚度。如图 C.3-1 所示，当在隧道纵向有弯矩 M 作用时，弹簧刚度为：

$$K_\theta=\frac{M}{\theta}=\frac{\cos^3\varphi}{\cos\varphi+(\pi/2+\varphi)\cdot\sin\varphi}\cdot\frac{E_s \cdot I_s}{l_s},\varphi+\cot\varphi=\pi\cdot\left(\frac{1}{2}+\frac{K_j}{E_s \cdot A_s/l_s}\right)$$

$$\tag{C.3-1}$$

这里，φ 为中性轴与圆环交点以及通过圆心水平轴与圆环的交点之间的夹角；E_s 为管片弹性模量；I_s 为管片的断面惯性矩；l_s 为管片宽度；K_j 为环间接头的轴向弹簧刚度的总和，$K_j = n \cdot k_j$，n 为环间接头数目，k_j 为环间接头 i 处的轴向弹簧刚度。

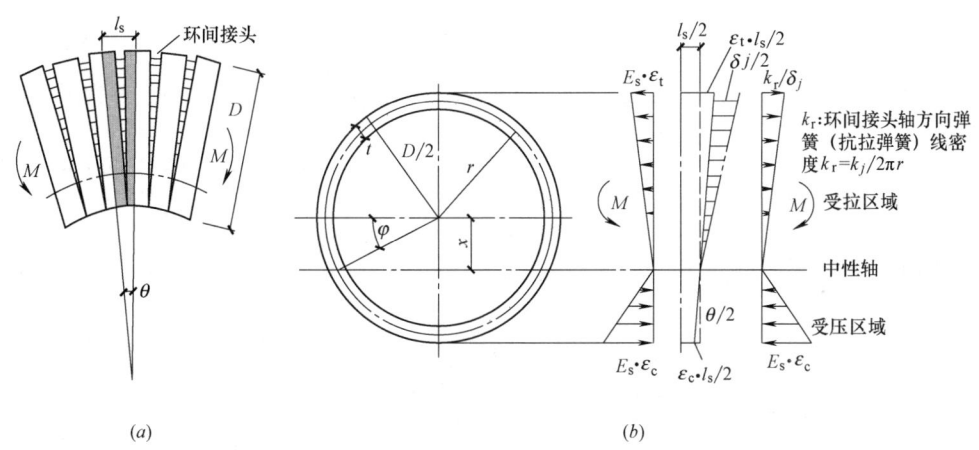

图 C.3-1　志波等的计算方法示意图

（a）弯曲变形；（b）环间接头的变形与应力

C.3.2　西野的计算方法

假定截面应变保持平面，如图 C.3-2 所示，西野给出了如下的计算公式：

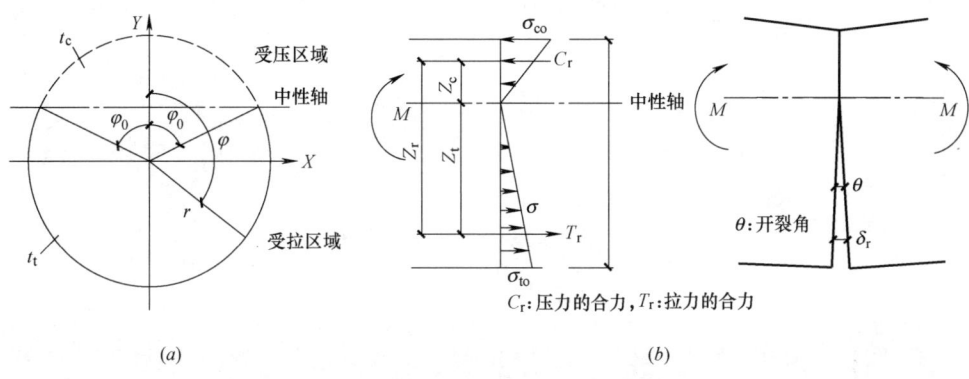

图 C.3-2　西野的计算方法示意图

（a）符号说明；（b）环间接头力的平衡与变形

$$K_\theta = 2 \cdot k_t \cdot r^3 \cdot D_\varphi \tag{C.3-2}$$

$$D_\varphi = \frac{\dfrac{\pi}{2} \cdot \sin^3 \varphi_0}{\sin \varphi_0 - \varphi_0 \cdot \cos \varphi_0} \tag{C.3-3}$$

φ_0 满足下式：

$$\tan \varphi_0 = \varphi_0 + \frac{1}{\xi - 1} \cdot \pi, \xi = \frac{E_c \cdot t_c}{E_s \cdot t_t}, t_c = \frac{A_c}{2\pi r}, t_t = \frac{A_t}{2\pi r}, k_t = \frac{n_r \cdot k_{ru}}{2\pi r} \tag{C.3-4}$$

式中，当 $\xi = 1$ 时，$\varphi_0 = \pi/2$；k_t 为环间接头处的拉弹簧（轴方向弹簧）的线密度；k_{ru} 为环间接头处的拉弹簧（轴方向弹簧），$k_{ru} = k_j$；φ_0 为表示中性轴位置的角度（由隧道顶部开始的中心角）；E_c 为管片的弹性模量；E_s 为环间接头螺栓的弹性模量；t_c 为有效受压断面的宽度；t_t 为有效受拉断面的宽度；A_c 为环间接头断面的有效受压断面面积；A_t 为环间接头螺栓的有效抗拉断面面积总和；n_r 为环间接头数目；r 为形心半径。

参 考 文 献

［1］ 小泉 淳. 盾构隧道管片设计-从容许应力设计法到极限状态设计法［M］. 官林星译. 北京：中国建筑工业出版社，2012.

［2］ 志波 由紀夫，川島 一彦，加納 尚史，等. シールドトンネルの耐震解析に用いる長手方向覆工剛性の評価法［J］. 土木学会論文集，1988，398，319-327.

附录 D 构件剪切和弯曲模型

D.1 型钢混凝土构件抗剪能力计算的若林·南模型

D.1.1 型钢部分抗剪计算

对于承受轴力、弯矩及剪力的型钢截面，精确确定其塑性极限承载力是很困难的。若林·南[1]根据下限定理，进一步简化计算，得到简化的 N_s-V_s 相关曲线，如图 D.1-1。当 $l_0 > l_b$ 时，$N_{s0} = 0$，V_{s0} 按式（D.1-1）计算；当 $l_0 \leqslant l_b$ 时，$V_{s0} = V_{sy}$，N_{s0} 由式（D.1-2）令 $V_s = V_{sy}$ 可得。其中，l_0 为构件高度，l_b 为界限高度。

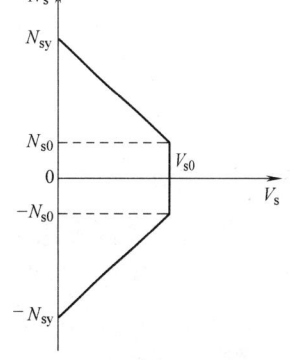

图 D.1-1 钢构件受剪承载力简化相关曲线

$$\frac{N_s}{N_{wy}} = \left[1 - \left(\frac{V_s}{V_{sy}} \right)^2 - \left(\frac{V_s l_0}{M_{wy}} - \frac{M_{fy}}{M_{wy}} \right) \sqrt{1 - \left(\frac{V_s}{V_{sy}} \right)^2} \right]^{\frac{1}{2}} \tag{D.1-1}$$

$$\frac{N_s}{N_{wy}} = \sqrt{1 - \left(\frac{V_s}{V_{sy}} \right)^2} + \frac{N_{fy}}{N_{wy}} \left(1 - \frac{V_s l_0}{M_{fy}} \right) \tag{D.1-2}$$

当 $N_s = 0$ 的剪力 V_{s0} 可由式（D.1-1）和（D.1-2）导出：

$$V_{s0} = \frac{M_{fy} l_0 + M_{wy} \sqrt{l_0^2 - (M_{fy}^2 - M_{wy}^2)/V_{sy}^2}}{l_0^2 + \dfrac{M_{wy}^2}{V_{sy}^2}} \tag{D.1-3}$$

$$\left[\frac{1}{V_{sy}^2} + \frac{N_{fy}}{N_{wy}} \left(\frac{l_0}{M_{fy}} \right)^2 \right] V_s^2 + 2 \frac{N_{fy}}{N_{sy}} \frac{l_0}{M_{fy}} V_s + \frac{N_{fy}}{N_{wy}} - 1 = 0 \tag{D.1-4}$$

$$N_{s0} = N_{fy}(1 - l_0/l_b) \tag{D.1-5}$$

式中，

$$N_{sy} = N_{wy} + N_{fy} \tag{D.1-6}$$

$$N_{wy} = t_w h_w \sigma_{sy} \tag{D.1-7}$$

$$N_{fy} = 2 t_f b_f \sigma_{sy} \tag{D.1-8}$$

$$V_{s0} = \frac{M_{sy}}{l_0} \tag{D.1-9}$$

$$M_{sy} = M_{fy} + M_{wy} \tag{D.1-10}$$

$$M_{fy} = t_f b_f h_f \sigma_{sy} \tag{D.1-11}$$

$$M_{wy} = \frac{1}{4} t_w h_w^2 \sigma_{sy} \tag{D.1-12}$$

$$l_b = \frac{M_{fy}}{V_{sy}} \tag{D.1-13}$$

$$V_{sy} = \frac{\sigma_{sy}}{\sqrt{3}} t_w h_w \tag{D.1-14}$$

式中，σ_{sy} 为型钢的设计屈服强度。图 D.1-2 为型钢截面示意图。

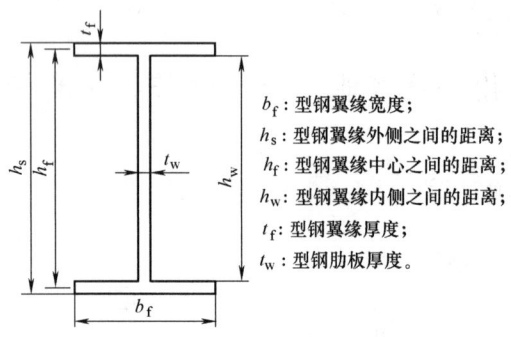

b_f：型钢翼缘宽度；
h_s：型钢翼缘外侧之间的距离；
h_f：型钢翼缘中心之间的距离；
h_w：型钢翼缘内侧之间的距离；
t_f：型钢翼缘厚度；
t_w：型钢肋板厚度。

图 D.1-2　型钢截面尺寸示意图

D.1.2　钢筋混凝土部分抗剪计算

极限状态下钢筋混凝土构件的抗剪机理通常形成梁机构和压杆机构，如图 D.1-3 所示。梁机构由箍筋、纵向钢筋及厚度为 b_r 的混凝土斜杆组成；压杆机构由厚度 $b-b_r$ 的无筋混凝土斜压杆构成。则构件的受剪承载力（M，N，V）由梁机构的承载力（M_r，N_r，V_r）和压杆机构的承载力（M_c，N_c，V_c）累加而成，即：

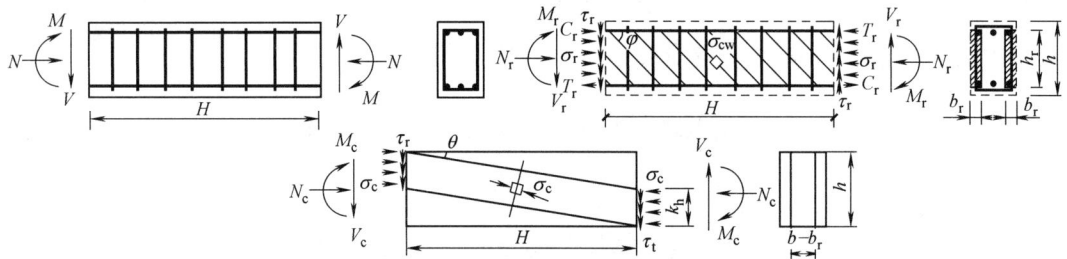

图 D.1-3　钢筋混凝土构件抗剪梁机构与压杆机构

$$\begin{cases} M = M_r + M_c \\ N = N_r + N_c \\ V = V_r + V_c \end{cases} \tag{D.1-15}$$

由于所考虑的受力状态为反对称剪切弯曲，因而存在如下关系：

$$\frac{M}{V} = \frac{M_r}{V_r} = \frac{M_c}{V_c} = \frac{H}{2} \tag{D.1-16}$$

（1）梁机构的 $N_r - V_r$ 相关方程

梁机构是由抗拉和抗压的纵向钢筋、抗拉的箍筋及与构件成 φ 角度、厚度为 b_r 的混凝土斜腹杆所组成。角度 φ 与达到极限状态之前所产生的构件斜裂缝角度无关。纵向钢筋对构件全长的粘结力 R 与混凝土斜腹杆中产生的压应力 σ_{cw} 之间存在以下关系：

$$R=b_r\sigma_{cw}\sin\varphi\cos\varphi \cdot H=C_r+T_r \tag{D.1-17}$$

式中，C_r 为纵向受压钢筋所在构件端部的受压合力；T_r 为纵向受拉钢筋所在构件端部的受压合力。

箍筋拉应力 σ_{rw} 与混凝土斜腹杆压应力 σ_{cw} 之间存在以下关系：

$$b_r\sigma_{cw}\sin^2\varphi=b\rho_{sv}\sigma_{rw} \tag{D.1-18}$$

式中 ρ_{sv} 为箍筋配筋率。

此外，由平衡条件：

$$N_r=V_r\cot\varphi+C_r-T_r \tag{D.1-19}$$

$$M_r=(T_r+C_r)\frac{h_r}{2} \tag{D.1-20}$$

$$V_r=2M_r/H \tag{D.1-21}$$

$$V_r=b_r\sigma_{cw}h_r\sin\varphi\cos\varphi \tag{D.1-22}$$

此外，由式（D.1-19）、式（D.1-20）和式（D.1-21）得：

$$-N_r+(\eta/h_{r1}+\cot\varphi)V_r=2T_r$$
$$N_r+(\eta/h_{r1}-\cot\varphi)V_r=2C_r \tag{D.1-23}$$

其中，$\eta=H/h$，$h_{r1}=h_r/h$。

由式（D.1-18）和式（D.1-22），得到：

$$V_r=bh_r\rho_{sv}\sigma_{rw}\cos\varphi \tag{D.1-24}$$

在式（D.1-23）中令 $C_r=T_r=A_rf_r$ 可分别得到纵向受拉、受压钢筋屈服时的 N_r 与 V_r 关系：

$$-N_r+(\eta/h_{r1}+\cot\varphi)V_r=2A_rf_r$$
$$N_r+(\eta/h_{r1}-\cot\varphi)V_r=2A_rf_r \tag{D.1-25}$$

因此，由纵向钢筋屈服决定的梁机构承载力可用以下无量纲形式表示：

$$-n_r+(\eta/h_{r1}+\cot\varphi)q_r=2\mu_r \tag{D.1-26a}$$

$$n_r+(\eta/h_{r1}-\cot\varphi)q_r=2\mu_r \tag{D.1-26b}$$

其中，$n_r=N_r/f_cbh$，$q_r=V_rf_cbh$，$\mu_r=A_rf_r/f_cbh$。式中，n_r、q_r 为无量纲化轴向压力和剪力；μ_r 为纵向钢筋配筋指标。

此外，上下端纵向钢筋同时屈服时的无量纲化轴向压力 n_{r0} 及剪力 q_{r0} 可由式（D.1-26）得到：

$$n_{r0}=2\mu_rh_{r1}\cot\varphi/\eta$$
$$q_{r0}=2\mu_rh_{r1}/\eta \tag{D.1-27}$$

式中 q_{r0} 为梁机构极限剪力的最大值。

由箍筋屈服决定的梁机构承载力，由式（D.1-24），令 $\sigma_{rw}=f_{yv}$ 可得到：

$$q_r=\mu_wh_{r1}\cot\varphi \tag{D.1-28}$$

式中 μ_w 为箍筋配筋指标，$\mu_w=\rho_{sv}f_{yv}/f_c$，$b_r$ 为梁机构所需要的混凝土厚度。

图 D.1-4 给出了梁机构的 n_r-q_r 相关曲线。直线 AC 为纵向受拉钢筋屈服决定的承载力 [式 D.1-26 (a)]；直线 EC 为纵向受压钢筋屈服决定的承载力 [式 D.1-26b]；直线 BD 为对应箍筋屈服所决定的承载力 [式 D.1-28]。点 C 为上下端纵向钢筋同时屈服的

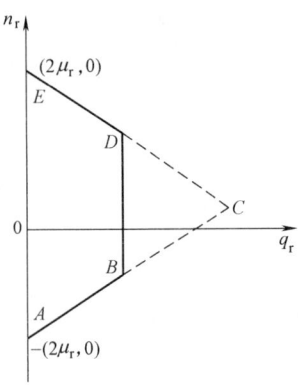

图 D.1-4　机构承载力相关曲线

状态，对应式（D.1-27）。

点 B、D 表示箍筋屈服与纵向受拉钢筋或受压钢筋屈服同时发生的状态，此时 n_r 为：

对应 D 点，

$$n_r = 2\mu_r + \mu_w \cot\varphi(\cot\varphi \cdot h_{r1} - \eta) \tag{D.1-29}$$

对应 B 点，

$$n_r = -2\mu_r + \mu_w \cot\varphi(\cot\varphi \cdot h_{r1} + \eta) \tag{D.1-30}$$

因此，根据轴向压力的大小，将梁机构的 $n_r - q_r$ 相关方程分为以下三部分：

$$-2\mu_r \leqslant n_r < -2\mu_r + \mu_w \cot\varphi(\cot\varphi \cdot h_{r1} + \eta)$$

$$q_r = \frac{(n + 2\mu_r)}{\cot\varphi + \eta/h_{r1}} \tag{D.1-31}$$

$$-2\mu_r + \mu_w \cot\varphi(\cot\varphi \cdot h_{r1} + \eta) \leqslant n_r < 2\mu_r + \mu_w \cot\varphi(\cot\varphi \cdot h_{r1} - \eta)$$

$$q_r = \mu_r h_{r1} \cot\varphi \tag{D.1-32}$$

$$2\mu_r + \mu_w \cot\varphi(\cot\varphi \cdot h_{r1} - \eta) \leqslant n_r < 2\mu_r$$

$$q_r = \frac{(n - 2\mu_r)}{\cot\varphi - \eta/h_{r1}} \tag{D.1-33}$$

因此，由式（D.1-22），令混凝土斜腹杆中的应力 $\sigma_{cw} = f_c$ 便可得到由 q_r 所决定的混凝土斜腹杆厚度 b_r 为：

$$b_r = \frac{V_r}{h_r f_c \sin\varphi\cos\varphi} \tag{D.1-34}$$

将 b_r 无量纲化为 $b_{r1} = b_r/b$，则：

$$b_{r1} = \frac{q_r}{h_{r1} \cdot \sin\varphi\cos\varphi} \tag{D.1-35}$$

当箍筋屈服时，由式（D.1-28）：

$$b_{r1} = \frac{\mu_w}{\sin^2\varphi} \tag{D.1-36}$$

当上下端纵向钢筋同时屈服时，由式（D.1-35）：

$$b_{r1} = \frac{2\mu_r}{\eta\sin\varphi\cos\varphi} \tag{D.1-37}$$

此时抗剪所必需的 μ_{w0} 可由式（D.1-27）和式（D.1-28）得到：

$$\mu_{w0} = \frac{\mu_r}{\eta\cot\varphi} \tag{D.1-38}$$

上式即为压弯破坏所必需的箍筋数量。

因此，由式（D.1-35）、式（D.1-36）和式（D.1-37）可得到压杆构件的无筋混凝土无量纲厚度 $b_{c1}(= b_c/b、b_c = b - b_r)$ 分别为：

$$b_{c1} = 1 - \frac{q_r}{h_{r1}\sin\varphi\cos\varphi} \tag{D.1-39}$$

$$b_{c1} = 1 - \frac{\mu_w}{\sin^2\varphi} \tag{D.1-40}$$

$$b_{c1} = 1 - \frac{2\mu_r}{\eta \sin\varphi \cos\varphi} \tag{D.1-41}$$

由式 (D.1-17):

$$\frac{dR}{d\varphi} = b_r \sigma_{ew}(\cos^2\varphi - \sin^2\varphi) = 0 \left(1 \leqslant \varphi \leqslant \frac{\pi}{2}\right) \tag{D.1-42}$$

可得到 $\varphi = \dfrac{\pi}{4}$，因此该模型中均采用 $\sin\varphi = \cos\varphi = \dfrac{\sqrt{2}}{2}$，$\cot\varphi = 1$。

(2) 压杆机构的 $N_r - V_r$ 相关方程

1) 静力可能的应力场

在图 D.1-3 所示的无筋混凝土压杆两端截面的受压区中，假定作用有正应力 σ_c 和剪应力 τ_c。由平衡条件可得:

$$M_c = N_c(1-K)h/2 \tag{D.1-43}$$

$$N_c = b_c K h \sigma_c \tag{D.1-44}$$

$$V_c = b_c K h \tau_c \tag{D.1-45}$$

式中，$K \cdot h$ 为受压区高度。另一方面，压杆端部截面上的 M_c、N_c、V_c 的作用线与构件轴线成 θ 角。因而由式 (D.1-44) 和式 (D.1-45) 可得到以下关系式:

$$\frac{V_c}{N_c} = \tan\theta = (1-K)\frac{h}{H} = \frac{1-K}{\eta} \tag{D.1-46}$$

端截面上的应力 σ_c 和 τ_c 与压杆中的单轴压应力 σ_h 之间存在关系:

$$\sigma_c = \sigma_h \cos^2\theta \tag{D.1-47}$$

$$\tau_c = \sigma_h \sin\theta\cos\theta \tag{D.1-48}$$

由式 (D.1-46)、式 (D.1-47) 和式 (D.1-48) 可求得:

$$\sigma_c = \frac{\sigma_h}{1 + \tan^2\theta} = \frac{\sigma_h \eta^2}{\eta^2 + (1-K)} \tag{D.1-49}$$

$$\tau_c = \frac{\sigma_h \tan^2\theta}{1 + \tan^2\theta} = \frac{\sigma_h(1-K)\eta}{\eta^2 + (1-K)^2} \tag{D.1-50}$$

2) 压杆机构承载力

当 σ_h 达到混凝土抗压强度 f_c 时，压杆机构达到机构极限状态。

由式 (D.1-44) 和式 (D.1-49) 可得无量纲的轴向压力:

$$n_c = \frac{b_{c1} K \eta^2}{\eta^2 + (1-K)^2} \tag{D.1-51}$$

由上式可得相对受压区高度 K 的计算式:

$$K^2 - \left(1 + \frac{b_{c1}\eta^2}{n_c}\right)K + (\eta^2 + 1) = 1 \tag{D.1-52}$$

其解:

$$K = \left(1 + \frac{b_{c1}\eta^2}{2n_c}\right) - \sqrt{\left(1 + \frac{b_{c1}\eta^2}{2n_c}\right)^2 - (\eta^2 + 1)} \tag{D.1-53}$$

因此，由式 (D.1-53) 可得到压杆机构的无量纲化的承载力 $q_c (=V_c/f_c bh)$:

$$q_c = \frac{n_c(1-K)}{\eta} \tag{D.1-54}$$

将式 (D.1-53) 代入上式，得到:

$$q_c = \frac{b_{c1}}{2}\left[\sqrt{\frac{4n_c}{b_{c1}}\left(1-\frac{n_c}{b_{c1}}\right)+\eta^2}-\eta\right] \tag{D.1-55}$$

其中，$0 \leqslant n_c \leqslant b_{c1}$。

将前述的式（D.1-39）、式（D.1-40）和式（D.1-41）所确定的 b_{c1} 代入上式，便可确定压杆机构的承载力。

此外，可将式（D.1-55）写成：

$$\left(n_c-\frac{b_{c1}}{2}\right)^2+\left(q_c+\frac{b_{c1}}{2}\eta\right)^2=\left(\frac{b_{c1}}{2}\sqrt{1+\eta^2}\right)^2 \tag{D.1-56}$$

如图 D.1-5 所示，上式表示式（D.1-55）为圆方程，其圆心点坐标为 $\left(-\frac{b_{c1}}{2}\eta, \frac{b_{c1}}{2}\right)$，半径为 $\frac{b_{c1}}{2}\sqrt{1+\eta^2}$。

（3）钢筋混凝土构件的 N_{rc}-V_{rc} 相关方程

1）累加方法的应用

根据梁机构承载力（n_r-q_r 相关方程）和压杆机构承载力（n_c-q_c 相关方程），应用累加方法，确定钢筋混凝土构件的承载力。

图 D.1-6 为累加示意图，其中 I_r 为梁机构的 n_r-q_r 相关曲线，I_{ca}、I_{cb}、I_{cc} 分别为 b_{c1}（$=1-b_{r1}$）杆机构的 n_c-q_c 相关曲线。在 a 点所示的梁机构承载力（$b_{r1}=2q_r/h_{r1}$）上累加压杆机构承载力即为 $I_{cb}(b_{c1}=1-2q_r/h_{r1})$，在 b 点（$b_{r1}=2q_{r1}/h_{r1}$）上累加压杆机构承载力即为 $I_{cb}(b_{c1}=1-2q_r/h_{r1})$，以及在 c 点（$b_{r1}=0$）上累加压杆机构承载力即为 $I_{cc}(b_{c1}=1)$。由 a 点至 c 点或由 a' 点至 c' 点，梁机构所需要的混凝土厚度 b_{r1} 逐步减小，而给予压杆机构的混凝土厚度 b_{c1} 逐渐增大。因此，应用累加方法时必须考虑对应于梁机构承载力的压杆机构承载力变化情况。

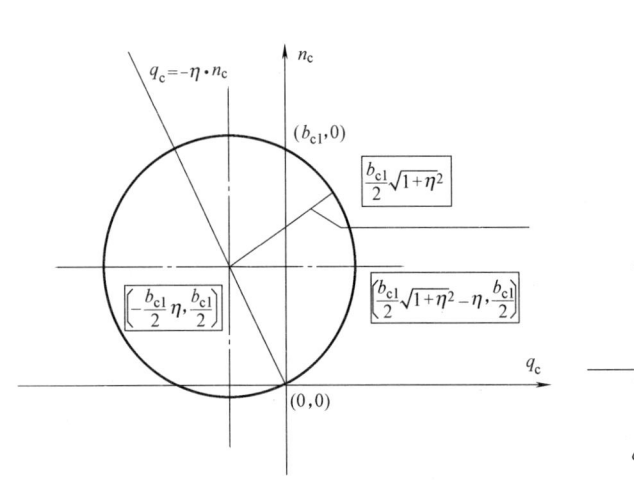

图 D.1-5　机构承载力相关曲线

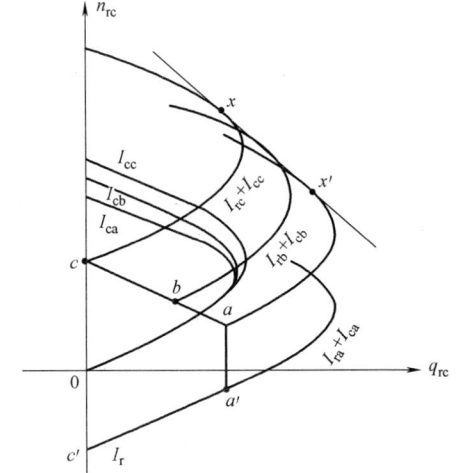

图 D.1-6　梁机构与压杆机构承载力
相关曲线累加示意图

2）N-V 相关曲线

图 D.1-7 表示将压杆机构相关曲线的原点平行移动至梁机构相关曲线上的特定点 A、

B、C、D、E 上时的圆群 C_A、C_B、C_C、C_D、C_E。各特定点的坐标（n_r，q_r）及相应的 b_{cl} 列于表 D. 1-1 中。

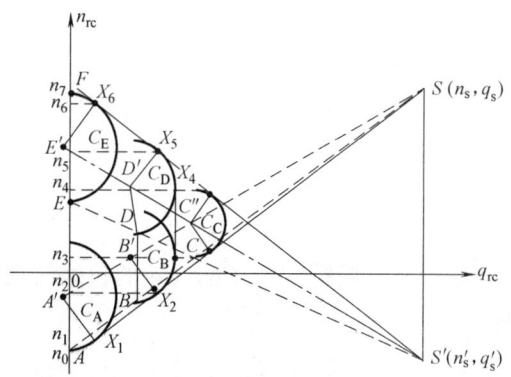

图 D. 1-7　梁机构与压杆机构承载力的累加

各特定点坐标（n_r、q_r）及相应的 b_{cl}　　　　　表 D. 1-1

坐标	A	B	C	D	E
n_r	$-2\mu_r$	$-2\mu_r+\mu_r(h_{r1}+\eta)$	$2\mu_r h_{r1}/\eta$	$2\mu_r+\mu_w(h_{r1}-\eta)$	$2\mu_r$
q_r	0	$\mu_w h_{r1}$	$2\mu_r h_{r1}/\eta$	$\mu_w h_{r1}$	0
b_{cl}	1	$1-2\mu_w$	$1-4\mu_r/\eta$	$1-2\mu_w$	1

在这些特定点上所累加的压杆机构相关曲线圆的中心点分别为 A'、B'、C'、D'、E'，交点 S 的坐标（n_s，q_s）和交点 S'（n_s'，q_s'）分别为：

$$n_s=-2\mu+\frac{1}{2}(h_{r1}+\eta) \tag{D. 1-57}$$

$$q_s=\frac{h_{r1}}{2} \tag{D. 1-58}$$

$$n_s'=2\mu_r+\frac{1}{2}(h_{r1}-\eta) \tag{D. 1-59}$$

$$q_s'=\frac{h_{r1}}{2} \tag{D. 1-60}$$

圆群 C_A、C_B、C_C 的包络线用直线 $X_1 S$ 表示，与 C_A 的切点 X_1 的坐标（n_1，q_1）为：

$$n_1=\left[\beta_1\gamma-\sqrt{(\beta_1\gamma)^2-\omega_1\rho}\right]\frac{\gamma}{\omega_1}+\frac{1}{2}(1-4\mu_r) \tag{D. 1-61}$$

$$q_1=\left[\alpha\gamma+\sqrt{(\alpha\gamma)^2-\omega_1\rho_1}\right]\frac{\gamma}{\omega_1}-\frac{\eta}{2} \tag{D. 1-62}$$

其中，

$$\alpha=\frac{1}{2}(h_{r1}+\eta)$$

$$\beta_1=(h_{r1}+\eta-1)/2$$

$$\gamma=\sqrt{1+\eta^2}/2$$

$$\rho=\gamma^2-\alpha^2$$

$$\rho_1 = \gamma^2 - \beta_1^2$$

$$\omega_1 = \alpha^2 + \beta_1^2$$

直线 $X_1 S$ 的斜率 λ_1 为：

$$\lambda_1 = \frac{q_s - q_1}{n_s - n_1} = \frac{\alpha\omega - [\alpha\gamma + \sqrt{(\alpha\gamma)^2 - \omega_1\rho_1}]\gamma}{\beta_1\omega_1 - [\beta_1\gamma - \sqrt{(\beta_1\gamma)^2 - \omega_1\rho_1}]\gamma} \tag{D.1-63}$$

切点 X_2 的坐标（n_2，q_2）为：

$$n_2 = 2\delta(n_1 + 2\mu_r) - 2\mu_r + \mu_w(h_{r1} + \eta) \tag{D.1-64}$$

$$q_2 = 2\delta q_1 + \mu_w h_{r1} \tag{D.1-65}$$

其中，$\delta = (1 - 2\mu_w)/2$。同样，圆群 C_E，C_D，C_C 的包络线用直线 $X_6 S'$ 表示，与圆 C_A 的切点 X_6 的坐标（n_6，q_6）为：

$$n_6 = [\beta_2\gamma + \sqrt{(\beta_2\gamma)^2 - \omega_2\rho}]\frac{\gamma}{\omega_2} + \frac{1}{2}(1 + 4\mu_r) \tag{D.1-66}$$

$$q_6 = [\alpha\gamma + \sqrt{(\alpha\gamma)^2 - \omega_2\rho_2}]\frac{\gamma}{\omega_2} - \frac{\eta}{2} \tag{D.1-67}$$

其中，$\beta_2 = (h_{r1} - \eta - 1)/2$，$\rho_2 = \gamma^2 - \beta_2^2$，$\omega_2 = \alpha^2 + \beta^2$。

直线 $X_6 S'$ 的斜率为：

$$\lambda_2 = \frac{q_s' - q_6}{n_s' - n_6} = \frac{\alpha\omega_2 - [\alpha\beta + \sqrt{(\alpha\gamma)^2 - \omega_2\rho_2}]\gamma}{\beta_2\omega_2 - [\beta_2\gamma + \sqrt{(\beta_2\gamma)^2 - \omega_2\rho_2}]\gamma} \tag{D.1-68}$$

切点 X_5 的坐标（n_5，q_5）为：

$$n_5 = 2\delta(n_6 - 2\mu_r) + 2\mu_r + \mu_w(h_{r1} - \eta) \tag{D.1-69}$$

$$q_5 = 2\delta q_6 + \mu_w h_{r1} \tag{D.1-70}$$

另外，与梁机构相关曲线上的特定点 B 和 D 相对应的圆群的包络线用直线 $X_3 X_4$ 表示。点 X_3 的坐标为：

$$n_3 = \delta - 2\mu_r + \mu_w(h_{r1} + \eta) \tag{D.1-71}$$

$$q_3 = \delta(\sqrt{1 + \eta^2} - \eta) + \mu_w h_{r1} \tag{D.1-72}$$

点 X_4 的坐标（n_4，q_4）为：

$$n_4 = \delta + 2\mu_r + \mu_w(h_{r1} - \eta) \tag{D.1-73}$$

$$q_4 = \delta(\sqrt{1 + \eta^2} - \eta) + \mu_w h_{r1} \tag{D.1-74}$$

因此，如图 D.1-8 所示的由梁机构和压杆机构相关曲线所得到的曲线群的包络线，一般由 4 段圆弧曲线（AX_1，X_2，X_3，X_4，X_5，X_6F）和 3 段直线（$X_1 X_2$，$X_3 X_4$，$X_5 X_6$）所构成。此包络线即为钢筋混凝土受剪构件 N-V（n-q）相关曲线，如图 D.1-8 所示，按以下公式确定：

$$n_0 \leqslant n_{rc} < n_1$$

$$q_{rc} = \frac{1}{2}[\sqrt{4(n_{rc} + 2\mu_r)(1 - n_{rc} - 2\mu_r) + \eta^2} - \eta]$$

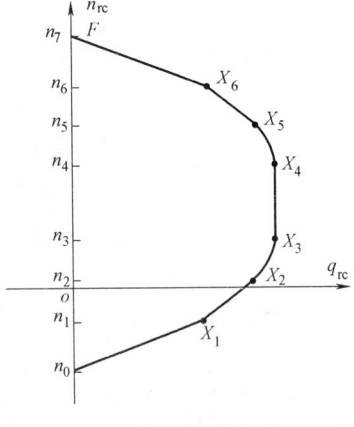

图 D.1-8　钢筋混凝土构件受剪承载力相关曲线

$$\tag{D.1-75}$$

$$n_1 \leqslant n_{rc} < n_2$$

$$q_{\mathrm{rc}}=\lambda_1(n_{\mathrm{rc}}-n_1)+q_1 \qquad\qquad \text{(D. 1-76)}$$

$$n_2 \leqslant n_{\mathrm{rc}} < n_3$$

$$q_{\mathrm{rc}}=\delta\big[\sqrt{4n_{\mathrm{a}}(1-n_{\mathrm{a}})+\eta^2}-\eta\big]+\mu_{\mathrm{w}}h_{\mathrm{r1}} \qquad \text{(D. 1-77)}$$

$$n_3 \leqslant n_{\mathrm{rc}} < n_4$$

$$q_{\mathrm{rc}}=\delta(\sqrt{1+\eta^2}-\eta)+\mu_{\mathrm{w}}h_{\mathrm{r1}} \qquad\qquad \text{(D. 1-78)}$$

$$n_4 \leqslant n_{\mathrm{rc}} < n_5$$

$$q_{\mathrm{rc}}=\delta\big[\sqrt{4n_{\mathrm{b}}(1-n_{\mathrm{b}})+\eta^2}-\eta\big]+\mu_{\mathrm{w}}h_{\mathrm{r1}} \qquad \text{(D. 1-79)}$$

$$n_5 \leqslant n_{\mathrm{rc}} < n_6$$

$$q_{\mathrm{rc}}=\lambda_2(n_{\mathrm{rc}}-n_6)+q_6 \qquad\qquad \text{(D. 1-80)}$$

$$n_6 \leqslant n_{\mathrm{rc}} \leqslant n_7$$

$$q_{\mathrm{rc}}=\frac{1}{2}\big[\sqrt{4(n_{\mathrm{rc}}-2\mu_{\mathrm{r}})(1-n_{\mathrm{rc}}+\mu_{\mathrm{r}})+\eta^2}-\eta\big] \qquad \text{(D. 1-81)}$$

$$n_0=-2\mu_{\mathrm{r}}, \quad n_7=1+2\mu_{\mathrm{r}}$$

其中，$n_{\mathrm{a}}=[n_{\mathrm{rc}}+2\mu_{\mathrm{r}}-\mu_{\mathrm{w}}(h_{\mathrm{r1}}+\eta)]/2\delta$，　　$n_{\mathrm{b}}=[n_{\mathrm{rc}}-2\mu_{\mathrm{r}}-\mu_{\mathrm{w}}(h_{\mathrm{r1}}-\eta)]/2\delta$。

D.1.3　基于若林·南模型的型钢混凝土构件受剪承载力 *N-V* 相关方程

将图 D.1-1 所绘出的简化 N_{s}-V_{s} 相关曲线无量纲化为 $n_{\mathrm{s}}(=N_{\mathrm{s}}/f_{\mathrm{c}}bh)-q_{\mathrm{s}}(=V_{\mathrm{s}}/f_{\mathrm{c}}bh)$ 相关曲线，示意于图 D.1-9，然后将 n_{s}-q_{s} 曲线的原点放在 n_{rc}-q_{rc} 曲线上并使其沿 n_{rc}-q_{rc} 曲线平行移动一周，则 n_{s}-q_{s} 曲线所走过的区域的外包线即为基于若林·南模型的型钢混凝土构件受剪承载力的 $n(=N/f_{\mathrm{c}}bh)-q(=V/f_{\mathrm{c}}bh)$ 相关曲线，示意于图 D.1-10。

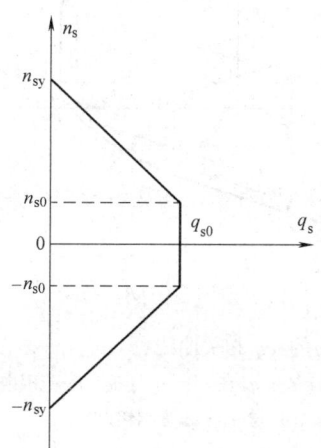

图 D.1-9　钢构件承载力相关曲线

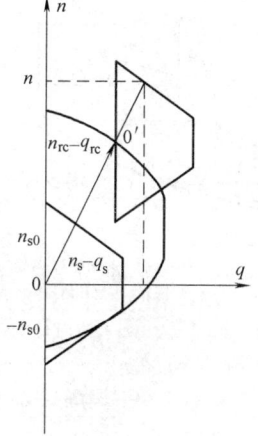

图 D.1-10　钢筋混凝土构件与型钢构件承载力的累加

根据 n_{s}-q_{s} 曲线斜率 $\lambda_{\mathrm{s}}=q_{\mathrm{s0}}/(n_{\mathrm{sy}}-n_{\mathrm{s0}})$ 与 n_{rc}-q_{rc} 曲线的相切关系，可能出现如图 D.1-11（*a*）、（*b*）、（*c*）、（*d*）所示的各种情况，相应的 *n-q* 相关方程可表示为以下形式。

（1）$n \geqslant n_3-n_{\mathrm{s0}}$

1）n_{s}-q_{s} 相关曲线与 n_{rc}-q_{rc} 相关曲线在 $n_4 \sim n_5$ 范围内相切时：

由图 D.1-11（*a*）：

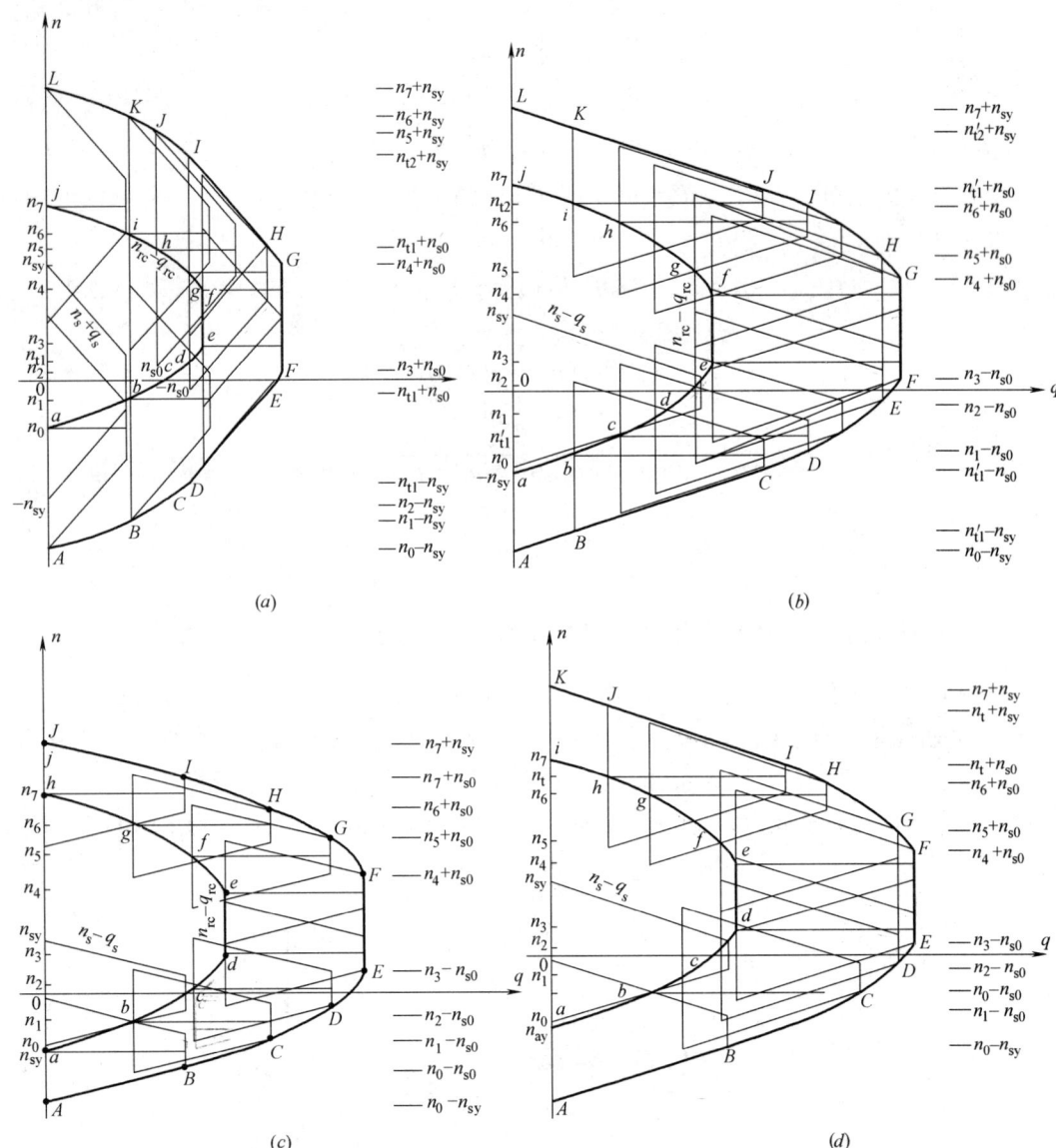

图 D. 1-11　型钢混凝土构件受剪承载力的 n-q 相关曲线

(a) n_s-q_s 与 $n_{rc}-q_{rc}$ 在 $n_4 \sim n_5$ 与 $n_2 \sim n_3$ 范围内相切；(b) n_s-q_s 与 $n_{rc}-q_{rc}$ 在 $n_6 \sim n_7$ 与 $n_0 \sim n_1$ 范围内相切；

(c) n_s-q_s 与 $n_{rc}-q_{rc}$ 在 $n_6 \sim n_7$ 范围内相切；(d) n_s-q_s 与 $n_{rc}-q_{rc}$ 无相切点

$$\left.\begin{array}{c} n_{t2}+n_{sy}<n\leqslant n_7+n_{sy} \\ q=q_{rc} \\ n_{rc}=n-n_{sy} \end{array}\right\} \tag{D. 1-82}$$

$$\left.\begin{array}{c} n_{t2}+n_{sy}<n\leqslant n_{t2}+n_{sy} \\ q=q_{t2}+q_{s0}\dfrac{n_{sy}-n_s}{n_{sy}-n_{s0}} \\ n_s=n-n_{t2} \end{array}\right\} \tag{D. 1-83}$$

$$n_4+n_{s0}<n\leqslant n_{t2}+n_{s0}$$

$$q = q_{rc} + q_{s0}$$
$$n_{rc} = n - n_{s0}$$
$$\left.\vphantom{\begin{array}{c} q \\ n \end{array}}\right\} \tag{D. 1-84}$$

$$n_3 - n_{s0} \leqslant n \leqslant n_4 + n_{s0}$$

$$q = q_{rcm} + q_{s0} \tag{D. 1-85}$$

2) n_s-q_s 相关曲线与 n_{rc}-q_{rc} 相关曲线在 $n_6 \sim n_7$ 范围内相切时：

$$n'_{t2} + n_{sy} < n \leqslant n_7 + n_{sy}$$

$$q = q_{rc}$$
$$n_{rc} = n - n_{sy}$$
$$\left.\vphantom{\begin{array}{c} q \\ n \end{array}}\right\} \tag{D. 1-86}$$

$$n'_{t2} + n_{s0} < n \leqslant n'_{t2} + n_{sy}$$

$$q = q_{t2} + q_{s0}\frac{n_{sy} - n_s}{n_{sy} - n_{s0}}$$
$$n_s = n - n'_{t2}$$
$$\left.\vphantom{\begin{array}{c} q \\ q \\ n \end{array}}\right\} \tag{D. 1-87}$$

$$n_4 + n_{s0} < n \leqslant n'_{t2} + n_{s0}$$

$$q = q_{rc} + q_{s0}$$
$$n_{rc} = n - n_{s0}$$
$$\left.\vphantom{\begin{array}{c} q \\ n \end{array}}\right\} \tag{D. 1-88}$$

$$n_3 - n_{s0} \leqslant n \leqslant n_4 + n_{s0}$$

$$q = q_{rcm} + q_{s0} \tag{D. 1-89}$$

3) n_s-q_s 相关曲线与 n_{rc}-q_{rc} 相关曲线无相切点时：

$$n_3 + n_{s0} < n \leqslant n_4 + n_{s0}$$

$$q = q_s$$
$$n_s = n - n_7$$
$$\left.\vphantom{\begin{array}{c} q \\ n \end{array}}\right\} \tag{D. 1-90}$$

$$n_4 + n_{s0} < n \leqslant n_7 + n_{s0}$$

$$q = q_{rc} + q_{s0}$$
$$n_{rc} = n - n_{s0}$$
$$\left.\vphantom{\begin{array}{c} q \\ n \end{array}}\right\} \tag{D. 1-91}$$

$$n_3 - n_{s0} \leqslant n \leqslant n_4 + n_{s0}$$

$$q = q_{rcm} + q_{s0} \tag{D. 1-92}$$

(2) $n \leqslant n_3 - n_{s0}$

1) n_s-q_s 相关曲线与 n_{rc}-q_{rc} 相关曲线在 $n_2 \sim n_3$ 范围内相切时：

$$n_3 - n_{s0} \leqslant n < n_{t1} - n_{s0}$$

$$q = q_{rc} + q_{s0}$$
$$n_{rc} = n + n_{s0}$$
$$\left.\vphantom{\begin{array}{c} q \\ n \end{array}}\right\} \tag{D. 1-93}$$

$$n_{t1} - n_{sy} < n \leqslant n_{t1} - n_{s0}$$

$$q = q_{t1} + q_{s0}\frac{n_{sy} + n_s}{n_{sy} - n_{s0}}$$
$$n_s = n - n_{t1}$$
$$\left.\vphantom{\begin{array}{c} q \\ q \\ n \end{array}}\right\} \tag{D. 1-94}$$

$$n_0 - n_{sy} \leqslant n \leqslant n_{t1} - n_{sy}$$

$$q = q_{rc}$$
$$n_{rc} = n + n_{sy}$$
$$\left.\vphantom{\begin{array}{c} q \\ n \end{array}}\right\} \tag{D. 1-95}$$

2) n_s-q_s 相关曲线与 n_{rc}-q_{rc} 相关曲线在 $n_0 \sim n_1$ 范围内相切时：

$$n'_{t1} - n_{s0} \leqslant n < n_3 - n_{s0}$$

$$\left. \begin{array}{l} q = q_{rc} + q_{s0} \\ n_{rc} = n + n_{s0} \end{array} \right\} \tag{D. 1-96}$$

$$n'_{t1} - n_{sy} < n \leqslant n'_{t1} - n_{s0}$$

$$\left. \begin{array}{l} q = q'_{t1} + q_{s0} \dfrac{n_{sy} + n_s}{n_{sy} - n_{s0}} \\[2mm] n_s = n - n'_{t1} \end{array} \right\} \tag{D. 1-97}$$

3）n_s-q_s 相关曲线与 n_{rc}-q_{rc} 相关曲线无切点时：

$$n_0 - n_{s0} \leqslant n < n_3 - n_{s0}$$

$$\left. \begin{array}{l} q = q_{rc} + q_{s0} \\ n_{rc} = n + n_{s0} \end{array} \right\} \tag{D. 1-98}$$

$$n_0 - n_{sy} < n \leqslant n_0 - n_{s0}$$

$$\left. \begin{array}{l} q = q_s \\ n_s = n - n_0 \end{array} \right\} \tag{D. 1-99}$$

其中：

$$n_{t1} = 2\delta n_{at1} - 2\mu_r + \mu_w(h_{r1} + \eta) \tag{D. 1-100}$$

$$q_{t1} = \delta\left[\sqrt{4n_{t1}(1 - n_{t1}) + \eta^2} - \eta \right] + \mu_w h_{r1} \tag{D. 1-101}$$

$$n_{t2} = 2\delta n_{bt2} + 2\mu_r + \mu_w(h_{r1} + \eta) \tag{D. 1-102}$$

$$q_{t2} = \delta\left[\sqrt{4n_{t2}(1 - n_{t2}) + \eta^2} - \eta \right] + \mu_w h_{r1} \tag{D. 1-103}$$

$$n'_{t1} = n_{at1} - 2\mu_r \tag{D. 1-104}$$

$$q'_{t1} = \frac{1}{2}\left[\sqrt{4(n^2_{t1} + 2\mu_r)(1 - n'_{t1} - 2\mu_r) + \eta^2} \right] \tag{D. 1-105}$$

$$n'_{t2} = n_{bt2} + 2\mu_r \tag{D. 1-106}$$

$$q'_{t2} = \frac{1}{2}\left[\sqrt{4(n'_{t2} - 2\mu_r)(1 - n'_{t2} + \mu_r) + \eta^2} - \eta \right] \tag{D. 1-107}$$

$$n_{at1} = \frac{1}{2} - \frac{1}{2}\sqrt{\frac{1 + \eta^2}{1 + \lambda^2_s}} \tag{D. 1-108}$$

$$n_{bt2} = \frac{1}{2} + \frac{1}{2}\sqrt{\frac{1 + \eta^2}{1 + \lambda^2_s}} \tag{D. 1-109}$$

$$\lambda_s = \frac{n_{sy} - n_{s0}}{q_{s0}} \tag{D. 1-110}$$

D. 2　型钢混凝土柱三折线模型

针对三折线模型，陶清林[2]给出了骨架曲线特征点的如下确定方法。

D. 2. 1　屈服点 F_y 和 Δ_y 的确定

忽略受拉区混凝土的抗拉作用，且认为柱截面的变形规律符合"平均应变平截面假定"，型钢和纵向钢筋的受压和受拉具有相同材料性能，受压区混凝土的应力-应变关系曲线依据现行《混凝土结构设计规范》取用。型钢混凝土柱支座截面屈服时（截面应力分布如图 D.2-1 所示），截面曲率按下式计算：

$$\phi_y = \varepsilon_0 / \xi_y h_0 \tag{D.2-1}$$

式中，ξ_y 为型钢混凝土柱屈服时的截面相对受压区高度，ε_0 为受压区边缘混凝土压应变，h_0 为柱截面有效高度。

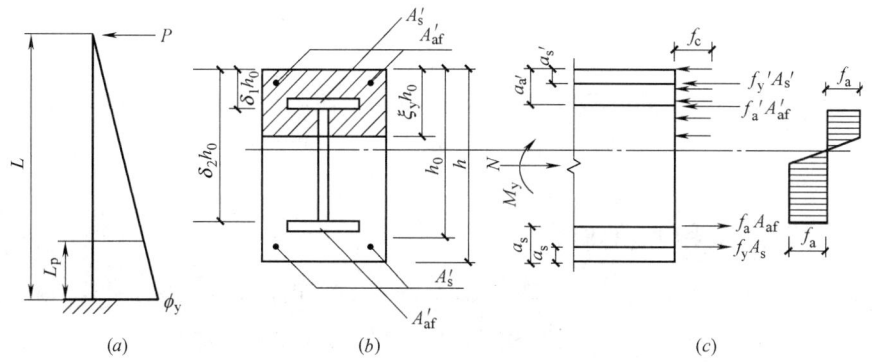

图 D.2-1 SRC 柱截面应力分布情况

(a) 构件整体几何；(b) 构件断面几何；(c) 断面应力分布

按下面式（D.2-2）、式（D.2-3）计算型钢混凝土柱支座截面屈服时的截面相对受压区高度，再依式（D.2-1）求解柱屈服时的截面曲率 ϕ_y。

$$N = f_c b \xi_y h_0 + f'_y A'_s + f'_a A'_{af} - \frac{f_y}{\xi_b - 0.8}(\xi_y - 0.8)A_s - \frac{f_a}{\xi_b - 0.8}(\xi_y - 0.8)A_{af} + N_{aw} \tag{D.2-2}$$

$$N(h_0 - h/2) + M_y = f_c b \xi_y h_0^2 (1 - 0.5\xi_y) + f'_y A'_s(h_0 - a'_s) + f'_a A'_{af}(h_0 - a'_a) + M_{aw} \tag{D.2-3}$$

式中 N 为轴向力；f_c 为混凝土轴心抗压强度设计值；b 为柱截面宽度；h 为截面高度；f'_y、f'_a 分别为压区内嵌纵筋和型钢的屈服强度；A'_s、A_s 分别为压区和拉区内嵌纵筋的横截面积；A'_{af}、A_{af} 分别为压区和拉区内嵌型钢的横截面积；a_s 和 a'_s 分别表示受拉区和受压区钢筋中心距保护层之间的距离；a_a、a'_a 分别表示受拉区和受压区型钢中心距保护层之间的距离；N_{aw}、M_{aw} 分别为型钢腹板承受的轴向合力及其对型钢受拉翼缘和纵向受拉钢筋合力点的力矩。

式（D.2-2）中，ξ_b 为截面界限相对受压区高度，按下式取用：

$$\xi_b = \frac{0.8}{1 + \dfrac{f_y + f_a}{2 \times 0.003 E_s}} \tag{D.2-4}$$

式中，f_a 和 f_y 分别表示拉区型钢和内嵌钢筋屈服强度，E_s 为钢筋和钢材弹性模量。

当 $\delta_1 h_0 < 1.25 \xi_y h_0$，$\delta_2 h_0 < 1.25 \xi_y h_0$ 时：

$$\left.\begin{aligned} N_{aw} &= (\delta_2 - \delta_1) t_w h_0 f_a \\ M_{aw} &= \left[\frac{1}{2}(\delta_1^2 - \delta_2^2) + (\delta_2 - \delta_1)\right] t_w h_0^2 f_a \end{aligned}\right\} \tag{D.2-5}$$

当 $\delta_1 h_0 < 1.25\xi_y h_0$，$\delta_2 h_0 < 1.25\xi_y h_0$ 时：

$$N_{aw} = [2.5\xi_y - (\delta_1 + \delta_2)]t_w h_0 f_a$$

$$M_{aw} = \left[\frac{1}{2}(\delta_1^2 + \delta_2^2) - (\delta_1 + \delta_2) + 2.5\xi_y - (1.25\xi_y)^2\right]t_w h_0^2 f_a$$

(D. 2-6)

δ_1、δ_2 分别为型钢腹板上端和下端至截面上边距离与 h_0 的比值，t_w 为型钢腹板厚度。

假定框架柱屈服时曲率分布取为直线，则型钢混凝土柱支座截面屈服时的柱顶水平位移可表达为：

$$\Delta_y = \frac{1}{3}\phi_y H^2$$

(D. 2-7)

根据力的平衡条件，可求得型钢混凝土柱支座截面屈服时的柱顶水平荷载：

$$F_{Hy} = \frac{M_y - N\Delta_y}{H}$$

(D. 2-8)

D. 2. 2　峰值点 F_m 和 Δ_m 的确定

陶清林结合国家现行《混凝土结构设计规范》和《型钢混凝土结构设计规程》，根据收集到的 84 组有效试验数据，回归分析得到最大位移和屈服位移之比：

$$\frac{\Delta_{max}}{\Delta_y} = 5.22 - 0.01f_{cu} - 0.07\lambda - 3.74n + 100.21\rho_v - 7.32\lambda_v$$

(D. 2-9)

式中，f_{cu} 为混凝土立方体抗压强度，n 为轴压比，λ 为剪跨比，ρ_v 为体积配箍率，λ_v 为配箍特征值。

根据最大位移和柱的最大受弯承载力，计算柱顶水平荷载最大值 F_{Hmax}：

$$F_{Hmax} = \frac{M_{max} - N\Delta_{max}}{H}$$

(D. 2-10)

D. 2. 3　极限点 F_u 和 Δ_u 的确定

根据《型钢混凝土结构设计规程》中对构件内力和变形计算的若干规定，给出型钢混凝土柱弹性刚度计算表达式：

$$K_e = \frac{1}{\dfrac{H^3}{12EI} + \dfrac{\beta H}{GA}}$$

(D. 2-11)

式中，β 为截面剪应力分布不均匀系数，矩形截面时取值 $\beta = 1.2$；E 为材料的弹性模量；I 为材料的截面惯性矩；G 为材料剪切模量；A 为材料截面横截面积，从形式上均可认为由钢筋混凝土部分的贡献和型钢部分的贡献组成。$EI = E_c I_c + E_s I_s$，$GA = G_c A_c + G_s A_s$，其中，E_c、I_c、G_c、A_c 分别为型钢混凝土部分的弹性模量、截面惯性矩、剪切模量、截面横截面积；E_s、I_s、G_s、A_s 分别为型钢混凝土部分的弹性模量、截面惯性矩、剪切模量、截面横截面积。

通过引入软化刚度系数 χ，实现利用 SRC 柱弹性刚度 K_e 表示软化刚度 K_d：

$$K_d = \chi K_e$$

(D. 2-12)

通过对 84 组试验数据进行拟合，得到 χ 与各影响因素之间的表达式：

$$\chi = \frac{K_d}{K_e} = \frac{F_{Hu} - F_{Hmax}}{\Delta_u - \Delta_{max}} \times \frac{1}{K_e} = -0.38 + 0.003f_{cu} + 0.011\lambda + 0.386n - 12.262\rho_v + 0.736\lambda_v$$

(D. 2-13)

将骨架曲线中水平荷载降至 85％极限荷载时的位移作为名义极限位移，即存在 $F_{Hu}=0.85F_{Hmax}$ 数学关系。因此，名义极限位移 Δ_u 可表达为：

$$\Delta_u=\Delta_{max}+\frac{0.15F_{Hmax}}{\chi \cdot K_e} \tag{D.2-14}$$

D.3 日本《公路桥梁设计规范（Ⅴ抗震设计篇）》对钢管混凝土构件抗弯能力的规定[3]

D.3.1 空心钢管墩

钢材的应力-应变曲线如图 D.3-1 所示采用双线性应力-应变曲线，图中 E_s 为钢材的弹性模量。双线性模型中的硬化弹性模量是通过比较钢制桥墩载荷试验最大水平力的结果得到的。

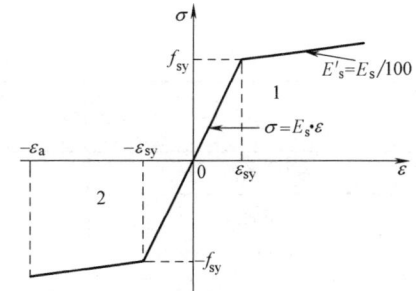

钢制桥墩的容许应变 ε_a：

$$\varepsilon_a=\begin{cases}(20-25R_F)\varepsilon_{sy} & \text{矩形截面}\\(20-140R_t)\varepsilon_{sy} & \text{圆形截面}\end{cases} \tag{D.3-1}$$

图 D.3-1 钢材双线性应力-应变关系模型

式中，ε_{sy} 为钢材的屈服应变；R_F 为矩形截面加劲肋之间钢截面相对宽厚比；R_t 为圆形截面相对宽厚比。

对于矩形断面：

$$R_F=\begin{cases}0.5, & R_R\leqslant 0.5\\R_R, & R_R>0.5\end{cases} \tag{D.3-2}$$

式中 R_R 为截面计算相对宽厚比。

$$R_R=\frac{b}{t}\sqrt{\frac{f_{sy}}{E_s}}\cdot\sqrt{\frac{12(1-\nu^2)}{\pi^2\cdot K_F}} \tag{D.3-3}$$

式中，b 为加劲肋之间钢截面板宽（mm）；t 为加劲肋之间钢截面板厚（mm）；f_{sy} 为钢材屈服强度（MPa）；ν 为钢材泊松比；K_F 为弹性屈曲系数，无加劲肋截面 $K_F=4$，有加劲肋截面 $K_F=4n^2$，n 为被纵向加劲肋所分割的区域数。

对于圆形截面：

$$R_t=\frac{R}{t}\cdot\frac{f_{sy}}{E_s}\sqrt{3(1-\nu^2)} \tag{D.3-4}$$

式中，R 为钢管厚度中心处的截面半径（mm）；t 为钢管壁厚（mm）；E_s 为钢的弹性模量。

上述计算钢材受压容许应变 ε_a 公式的适用条件见表 D.3-1。

表中，$\bar{\lambda}$ 为相对长细比：

$$\bar{\lambda}=\frac{1}{\pi}\sqrt{\frac{f_{sy}}{E_s}}\cdot\frac{l_0}{r} \tag{D.3-5}$$

式中，r 为截面回转半径（m）；l_0 为轴心受压杆件的计算长度（m），对于边界条件简单的等截面杆件，可按照表 D.3-2 所示计算，对于边界条件复杂或变截面杆件，可采用有限元方法确定。

钢管构件 ε_a 公式的适用条件　　　　　表 D.3-1

截面类型	适用条件
矩形	$0.2 \leqslant R_F \leqslant 0.5$ $0.3 \leqslant R_R \leqslant 0.5$ $0.2 \leqslant \bar{\lambda} \leqslant 0.4$ $0 \leqslant N \leqslant 0.2 N_y$ $\gamma \geqslant \gamma^*$
圆形	$0.03 \leqslant R_t \leqslant 0.08$ $0.2 \leqslant \bar{\lambda} \leqslant 0.4$ $0 \leqslant N \leqslant 0.2 N_y$

杆件的计算长度　　　　　表 D.3-2

边界条件	杆件计算长度 l_0	备注
两端简支	$l_0 = L$	L 为杆件有效约束间或有效约束与自由端之间的长度
两端固定	$l_0 = 0.5L$	
一端自由，另一端固定	$l_0 = 2.0L$	
一端简支，另一端固定	$l_0 = 0.7L$	

N 为轴向压力（kN）；N_y 为全截面屈服轴力（kN），$N_y = f_{sy} A$，A 为截面面积（mm^2）；γ 为纵向加劲肋和翼缘板的刚度比：

$$\gamma = \frac{I_s}{b \cdot t^3 / 11} \tag{D.3-6}$$

式中，I_s 为一条纵向加劲肋的截面二次矩（m^4），计算轴为纵向加劲肋与板的交界线；γ^* 为根据线性屈曲理论算得的临界刚度比：

$$\gamma^* = \begin{cases} 4\alpha^2 n(1+n\delta) - \dfrac{(1+\alpha^2)^2}{n}, & \alpha \leqslant \alpha_0 \\ \dfrac{1}{n}[2n^2(1+n\delta)-1]^2 - \dfrac{1}{n}, & \alpha > \alpha_0 \end{cases} \tag{D.3-7}$$

式中，α 为加劲板的长宽比；δ 为一条纵向加劲肋的截面积和板的截面积之比值。二者的计算公式为：

$$\alpha = a/b \tag{D.3-8}$$
$$\delta = A_l / bt \tag{D.3-9}$$

式中，a 为加劲板的长度（横隔板或刚性横向加劲肋的间距）；b 为加劲板的宽（腹板或刚性纵向加劲肋的间距）；t 为加劲板的厚度；α_0 为临界长宽比：

$$\alpha_0 = \sqrt[4]{(1+n\gamma)} \tag{D.3-10}$$

利用如图 D.3-1 所示的钢材双线性应力-应变关系模型，假设平面保持的设定成立，考虑轴力的影响，分别计算出初次达到受压屈服变形和受拉屈服变形时的曲率和弯曲力矩（φ_{yc}，M_{yc} 和 φ_{yt}，M_{yt}）；计算受压侧钢材板厚中心位置的变形初次达到容许变形 ε_a 时的曲率和弯曲力矩（φ_a，M_a）；连接上述 3 个点，构成的三折线 M-φ 关系，如图 D.3-2。

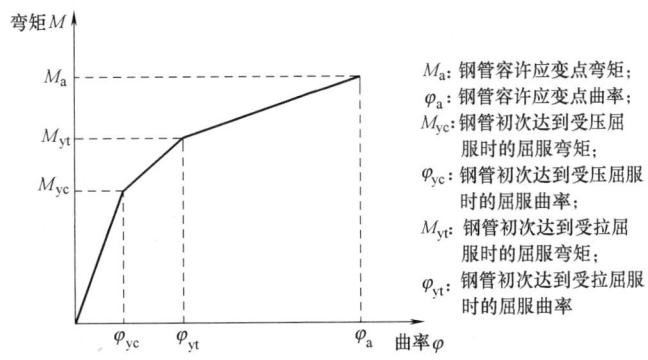

图 D.3-2　空心钢管构件截面弯矩-曲率关系

D.3.2　钢管混凝土桥墩

钢管混凝土构件中，混凝土的应力-应变关系如图 D.3-3。

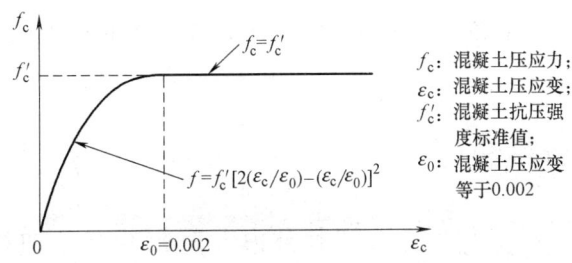

图 D.3-3　混凝土应力-应变关系

钢管混凝土桥墩中钢材的容许应变 ε_a：

$$\varepsilon_a = \begin{cases} 7\varepsilon_{sy} = 7 f_{sy}/E_s & \text{矩形试件} \\ 5\varepsilon_{sy} = 5 f_{sy}/E_s & \text{圆形试件} \end{cases} \tag{D.3-11}$$

上述计算钢材受压容许应变 ε_a 公式的适用条件见表 D.3-3。

钢管混凝土构件 ε_a 公式的适用条件　　　　　　　　表 D.3-3

截面类型	适用条件
矩形	$0.2 \leqslant R_F \leqslant 0.7$ $0.3 \leqslant R_R \leqslant 0.7$ $0.2 \leqslant \lambda \leqslant 0.4$ $0 \leqslant N \leqslant 0.2 N_y$
圆形	$0.03 \leqslant R_t \leqslant 0.12$ $0.2 \leqslant \lambda \leqslant 0.4$ $0 \leqslant N \leqslant 0.2 N_y$

若构件断面变形符合平截面假定，考虑轴力的影响，分别计算出受压侧钢管板厚中心处首次达到受压屈服应变或受拉侧钢管板厚中心处首次达到受拉屈服应变时对应的曲率和弯曲力矩（φ_y，M_y）；受压侧最外缘钢管板厚中心处达到受压容许应变 ε_a 对应的曲率和弯曲力矩（φ_u，M_a）。连接上述 2 点构成了二折线 M-φ 关系模型，如图 D.3-4。

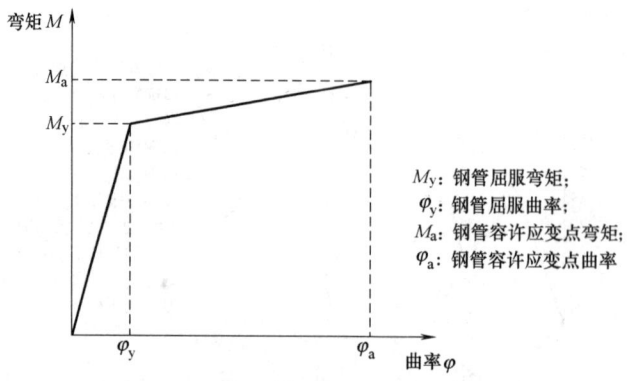

图 D.3-4 钢管混凝土构件截面弯矩-曲率关系

此外，上述容许应变的确定，应满足一定的适用前提，日本《公路桥梁设计规范（Ⅴ抗震设计篇）》给出了以相对宽厚比、相对长细比、轴向压力等要素表征的适用条件；当构件不满足这些条件时，其变形能力应专门研究。

日本《公路桥梁设计规范（Ⅴ抗震设计篇）》的相关规定来自于参考文献 [5]、[6]。

D.4 韩林海三折线模型

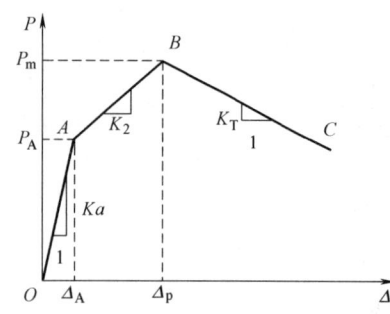

图 D.4-1 钢管混凝土柱力-位移模型

韩林海[4] 三折线骨架曲线方程可表示为式（D.4-1），示意图如图 D.4-1。

$$P=f(\Delta)=\begin{cases} K_a\Delta & 0\leqslant\Delta<\Delta_A \\ P_A+K_2(\Delta-\Delta_A) & \Delta_A\leqslant\Delta<\Delta_p \\ P_m+K_T(\Delta-\Delta_p) & \Delta\geqslant\Delta_p \end{cases}$$

(D.4-1)

D.4.1 圆形钢管混凝土柱

韩林海通过大量计算结果的分析，指出圆形钢管混凝土柱参数满足轴压比 $n=0\sim0.8$，含钢率 $\alpha=0.03\sim0.2$，柱长细比 $\lambda=10\sim80$，钢材屈服强度 $f_y=200\sim500$MPa，混凝土强度 $f_{cu}=30\sim90$MPa，约束效应系数 $\xi=0.2\sim4$，可以简化为三线性模型。圆形钢管混凝土在弹性阶段的刚度采用纯弯构件的计算方法，弹性阶段刚度：

$$K_a=3K_e/L_1^3 \tag{D.4-2}$$
$$L_1=L/2 \tag{D.4-3a}$$
$$K_e=E_sI_s+0.6E_cI_c \tag{D.4-3b}$$

式中，L 为钢管混凝土柱高度，E_s、E_c 分别为钢管和混凝土弹性模量，I_s、I_c 分别为钢管部分和混凝土部分截面的抗弯惯性矩。其中约束效应系数 $\xi=\dfrac{A_sf_y}{A_cf_{ck}}$，$A_s$、$A_c$ 分别为钢管横截面面积和核心混凝土横截面面积，f_{ck} 为混凝土抗压强度标准值。

A 点的水平荷载大小可取 $0.6P_m$（$P_A=0.6P_m$）。最大荷载 B 点处的位移 Δ_p 与钢筋屈服极限 f_y、长细比 λ 及轴压比 n 有关，其计算表达式为：

$$\Delta_p=\frac{6.74[(\ln r)^2-1.08\ln r+3.33]f_1(n)}{(8.7-s)}\times\frac{P_m}{K_a} \quad\quad (D.4\text{-}4)$$

$$r=\lambda/40 \quad\quad (D.4\text{-}5a)$$

$$f_1(n)=\begin{cases}1.336n^2-0.044n+0.804 & 0\leqslant n\leqslant 0.5 \\ 1.126-0.02n & 0.5<n<1\end{cases} \quad\quad (D.4\text{-}5b)$$

$$s=f_y/345 \quad\quad (D.4\text{-}5c)$$

式中，f_y 表示钢材屈服强度（MPa）。

最大水平荷载 P_m 为轴压比 n 和约束效应系数 ξ 的函数：

$$P_m=\begin{cases}1.05aM_m/L_1 & 1<\xi\leqslant 4 \\ a(0.2\xi+0.85)M_m/L_1 & 0.2\leqslant\xi\leqslant 1\end{cases} \quad\quad (D.4\text{-}6)$$

式中，

$$a=\begin{cases}0.96-0.002\xi & 0\leqslant n\leqslant 0.3 \\ (1.4-0.34\xi)n+0.1\xi+0.54 & 0.3<n<1\end{cases} \quad\quad (D.4\text{-}7)$$

M_m 为构件在一定轴压比 n 情况下的抗弯承载力：

$$M_m=\frac{A_1c+B_1}{(A_1+B_1)(pn+q)}M_u \quad\quad (D.4\text{-}8)$$

式中，M_u 为圆钢管混凝土构件的极限弯矩：

$$M_u=\gamma_m W_{scm}f_{scy} \quad\quad (D.4\text{-}9)$$

式中，γ_m 为抗弯承载力计算系数，W_{scm} 为构件截面抗弯模量，f_{scy} 为组合抗压强度指标。其中：

$$\gamma_m=1.1+0.48\ln(\xi+0.1) \quad\quad (D.4\text{-}10a)$$

$$f_{scy}=(1.14+1.02\xi)f_{ck} \quad\quad (D.4\text{-}10b)$$

式中，f_{ck} 为混凝土抗压强度标准值，ξ 为约束效应系数，$\xi=A_sf_y/A_cf_{ck}$。

式（D.4-8）中其他参数计算如下：

$$A_1=\begin{cases}-0.137 & b\leqslant 1 \\ 0.118b-0.255 & b>1\end{cases} \quad\quad (D.4\text{-}11a)$$

$$B_1=\begin{cases}-0.468b^2+0.8b+0.874 & b\leqslant 1 \\ 1.306-0.1b & b>1\end{cases} \quad\quad (D.4\text{-}11b)$$

$$p=\begin{cases}0.566-0.789b & b\leqslant 1 \\ -0.11b-0.113 & b>1\end{cases} \quad\quad (D.4\text{-}11c)$$

$$q=\begin{cases}1.195-0.34b & b\leqslant 1 \\ 1.025 & b>1\end{cases} \quad\quad (D.4\text{-}11d)$$

式中，

$$b=\alpha/0.1,\quad c=f_{cu}/60 \quad\quad (D.4\text{-}12)$$

式中，α 为构件截面含钢率，f_{cu} 为混凝土立方体抗压强度。

BC 段的刚度 K_T 的计算表达式为：

$$K_T=\frac{0.03f_2(n)f(r,\alpha)K_a}{(c^2-3.39c+5.41)} \quad\quad (D.4\text{-}13)$$

式中，

$$c = f_{cu}/60 \qquad\qquad (D.4\text{-}14a)$$

$$f_2(n) = \begin{cases} 3.043n - 0.21 & 0 \leqslant n \leqslant 0.7 \\ 0.5n + 1.57 & 0.7 < n < 1 \end{cases} \qquad (D.4\text{-}14b)$$

$$f(r, \alpha) = \begin{cases} (8\alpha - 8.6)r + 6\alpha + 0.9 & r \leqslant 1 \\ (15\alpha - 13.8)r + 6.1 - \alpha & r > 1 \end{cases} \qquad (D.4\text{-}14c)$$

D.4.2 矩形钢管混凝土柱

韩林海通过大量计算结果的分析，认为当矩形钢管混凝土柱参数满足轴压比 $n = 0 \sim 0.8$，含钢率 $\alpha = 0.03 \sim 0.2$，柱长细比 $\lambda = 10 \sim 80$，钢管屈服应力 $f_y = 200 \sim 500 \text{MPa}$，混凝土抗压强度 $f_{cu} = 30 \sim 90 \text{MPa}$，钢管初应力系数 $\beta = 1 \sim 2$，约束效应 $\xi = 0.2 \sim 4$ 时，可以简化为三线性模型。

矩形钢管混凝土柱在弹性阶段的刚度采用纯弯构件的计算方法，弹性阶段刚度：

$$K_a = 3K_e / L_1^3 \qquad\qquad (D.4\text{-}15)$$

式中，$L_1 = L/2$。K_e 计算如下：

$$K_e = E_s I_s + 0.2 E_c I_c \qquad\qquad (D.4\text{-}16)$$

其中，L 为钢管混凝土柱高度，E_s 和 E_c 分别为钢管和混凝土弹性模量，I_s 和 I_c 分别为钢管部分和混凝土部分截面的抗弯惯性矩。其中约束效应系数 $\xi = \dfrac{A_s f_y}{A_c f_{ck}}$，$A_s$ 和 A_c 分别为钢管横截面面积和核心混凝土横截面面积，f_{ck} 为混凝土抗压强度标准值。钢管初应力系数 $\beta = \dfrac{\sigma_{s0}}{\varphi_s f_y}$，其中 φ_s 为空心钢管的稳定性系数，σ_{s0} 为钢管初应力。

A 点的水平荷载大小可取 $0.6P_m$（$P_A = 0.6P_m$）。最大荷载 B 点处的位移 Δ_p 与轴压比 n 和约束效应系数 ξ 有关，其计算表达式为：

$$\Delta_p = \frac{(1.7 + n + 0.5\xi)P_m}{K_a} \qquad\qquad (D.4\text{-}17)$$

最大水平荷载 P_m：

$$P_m \begin{cases} (2.5n^2 - 0.75n + 1)M_y/L_1 & 0 \leqslant \xi \leqslant 0.4 \\ (0.63n + 0.848)M_y/L_1 & 0.4 < \xi < 1 \end{cases} \qquad (D.4\text{-}18)$$

M_m 为构件在一定轴压比 n 情况下的抗弯承载力：

$$M_m = M_u \qquad\qquad (D.4\text{-}19)$$

式中，M_u 为方、矩形钢管混凝土受弯构件极限弯矩。

$$M_u = \gamma_m W_{scm} f_{scy} \qquad\qquad (D.4\text{-}20)$$

式中，γ_m 为抗弯承载力计算系数，W_{scm} 为构件截面抗弯模量，f_{scy} 为组合抗压强度指标。其中：

$$\gamma_m = 1.04 + 0.48\ln(\xi + 0.1) \qquad\qquad (D.4\text{-}21)$$

$$f_{scy} = (1.18 + 0.85\xi)f_{ck} \qquad\qquad (D.4\text{-}22)$$

BC 段的刚度 K_T 的计算表达式为：

$$K_T = \frac{-9.83n^{1.2}\lambda^{0.75}f_y}{E_s\xi}K_a \qquad\qquad (D.4\text{-}23)$$

参 考 文 献

［1］ 若林実，南宏一. コンクリ-ト系構造部材のせん断強度について［J］. 京都大学防災研究所年報，1981：245-277.

［2］ 陶清林. 地震激励下 SRC 框架-RC 核心筒混合结构损伤模型研究［D］. 西安建筑科技大学，2011.

［3］ 日本道路協會. 道路橋示方書・同解説—Ⅴ耐震設計［S］. 日本東京：丸善株式会社，2002.

［4］ 韩林海. 钢管混凝土结构理论与实践［M］. 北京：科学出版社，2004.

［5］ 小野潔，西村宣男，高橋実，等. コンクリートを充填した鋼製橋脚のM-φ関係を利用した耐震性能評価手法に関する検討［A］. 第4回鋼構造物の非線形数値解析と耐震設計への応用に関する論文集，2002：193-202.

［6］ 小野潔，西村宣男，西川和虞，等. 円形断面鋼製橋脚の正負交番載荷実験結果に基づくM-φモデル設定手法に関する検討［A］. 鋼構造論文集，2001，8（31）：97-105.